C. Wollny · Unternehmensbewertung für die Erbschaftsteuer

🖱 Online-Version inklusive!

Stellen Sie dieses Buch jetzt in Ihre „digitale Bibliothek" in der NWB Datenbank und nutzen Sie Ihre Vorteile:

▶ Ob am Arbeitsplatz, zu Hause oder unterwegs: Die Online-Version dieses Buches können Sie jederzeit und überall da nutzen, wo Sie Zugang zu einem mit dem Internet verbundenen PC haben.

▶ Die praktischen Recherchefunktionen der NWB Datenbank erleichtern Ihnen die gezielte Suche nach bestimmten Inhalten und Fragestellungen.

▶ Die Anlage Ihrer persönlichen „digitalen Bibliothek" und deren Nutzung in der NWB Datenbank online ist kostenlos. Sie müssen dazu nicht Abonnent der Datenbank sein.

Ihr Freischaltcode: BDQXMARLEEOEPOSAPQ

Wollny, Unternehmensbewertung für die Erbschaftsteuer

So einfach geht's:

① Rufen Sie im Internet die Seite **www.nwb.de/go/online-buch** auf.

② Geben Sie Ihren Freischaltcode ein und folgen Sie dem Anmeldedialog.

③ Fertig!

Die NWB Datenbank – alle digitalen Inhalte aus unserem Verlagsprogramm in einem System.

www.nwb.de

Unternehmens- bewertung für die Erbschaftsteuer

Von
Wirtschaftsprüfer Steuerberater Dipl.-Kfm. Christoph Wollny

ISBN 978-3-482-**69391**-5 (online)
ISBN 978-3-482-**63381**-2 (print)

© NWB Verlag GmbH & Co. KG, Herne 2012
www.nwb.de

Alle Rechte vorbehalten.

Dieses Buch und alle in ihm enthaltenen Beiträge und Abbildungen sind urheberrechtlich geschützt. Mit Ausnahme der gesetzlich zugelassenen Fälle ist eine Verwertung ohne Einwilligung des Verlages unzulässig.

Satz: Griebsch & Rochol Druck GmbH & Co. KG, Hamm
Druck: Stückle Druck und Verlag, Ettenheim

VORWORT

Die Urteile „wertvoll" oder „wertlos", „überbewertet" oder „entwertet" werden im täglichen Sprachgebrauch meist unreflektiert verwendet, da ein allgemeines Verständnis hierzu unterstellt wird. Was aber ist unter dem Begriff „Wert" genau zu verstehen bzw. wie sollen Werte gemessen werden? Die Fragestellung ist alles andere als trivial und beschäftigt Ökonomen und Philosophen seit Jahrhunderten. Das klassische Wasser-Diamanten-Paradoxon vermittelt einen Eindruck von dem Problem im Umgang mit Werten: Wasser spendet großen Nutzen und hat einen geringen Wert, Diamanten spenden geringen Nutzen und haben einen großen Wert. Das Überspringen der Weltbevölkerungszahl von 7 Mrd. am 31. 10. 2011 und die absehbare Knappheit des Gutes Wasser mag Auslöser für eine künftige Auflösung dieses Wertparadoxons sein.

Abgesehen von der interessanten theoretischen Dimension des Themas bedarf es praktischer Lösungsvorschläge, wenn sich an das Werturteil finanzielle Konsequenzen etwa in Form von Steuerzahlungen knüpfen. Mit dem Urteil des Bundesverfassungsgerichts vom 7. 11. 2006 wurde festgelegt, dass der Gesetzgeber für erbschaftsteuerliche Zwecke eine für alle Nachlassgegenstände relationsgerechte Bewertung sicherzustellen habe und Maßstab hierfür der Verkehrswert oder synonym, der gemeine Wert, sein soll. Damit liegt aber zunächst nur das Bewertungsziel vor. Die Werkzeuge zur Zielerreichung, der Transformation von nicht in Geld bestehenden Vermögenspositionen in eine Geldwertgröße, stellen die Bewertungsverfahren dar. In der Betriebswirtschaftslehre bekannte Verfahren ermitteln allesamt eine Geldwertgröße, verwirklichen aber das Normziel der Abbildung eines typisierten Geldwertes, des gemeinen Wertes, nur mit mehr oder weniger großen Schätzdifferenzen. Mit dem Erbschaftsteuerreformgesetz vom 24. 12. 2008 hat der Gesetzgeber deshalb eine verbindliche Werkzeugsammlung vorgegeben, mittels dessen Finanzverwaltung, Steuerpflichtige und Steuerberater die für eine Besteuerung erforderlichen Werte ermitteln sollen. Allerdings wird es dem mit einer Bewertung Betrauten in der praktischen Anwendung nicht immer leicht gemacht, das richtige Werkzeug zu wählen, noch die Konsequenzen dieser Wahl abzuschätzen.

Auf der Grundlage dieser Diagnose traf der Verfasser abermals die Entscheidung im NWB Verlag ein Buch zur Bewertung zu veröffentlichen. Auch in der vorliegenden Publikation werden dem Leser die regelmäßig verwendeten Zitate auffallen. Deren Verwendung beruht auf der Überzeugung des Verfassers, dass jede vermeintlich sinngemäße Interpretation eines Urteiles oder einer Literaturmeinung subjektiv ist und die Gefahr in sich birgt, dass der Sinn unbeabsichtigt verändert oder unvollständig wiedergegeben

VORWORT

wird. Der Leser soll nach dem hier vertretenen Konzept somit immer klar trennen und erkennen können, welche Meinung der Verfasser vertritt und welche sich aus dem zitierten Text ergibt.

Das Bemühen, den gefühlten Zeitplan für das Buchprojekt mit der praktischen Umsetzung in Deckung zu bringen, beanspruchte die Geduld der Familie des Verfassers und die Geduld des Verlages. Trotz aller Schwierigkeiten, das multidimensionale Zielsystem des privaten und beruflichen Lebens unter einen Hut zu bringen, hat das Verfassen des Buches Spaß gemacht. Ich erhoffe für die Leser wenn nicht schon diesen, so doch hoffentlich Nutzen bei der Lektüre. Würde sich diese Hoffnung bestätigen, wäre das Buch die aufgewendete Arbeitszeit wert gewesen.

Berlin im Mai 2012   C. Wollny

INHALTSVERZEICHNIS

			Rdn.	Seite
Vorwort				5
Literaturverzeichnis				19
Abkürzungsverzeichnis				27

A. Einführung — 31

1. Das Erbschaftsteuerreformgesetz — 1 / 31
   - 1.1 Das verfassungsrechtliche Ziel des Erbschaftsteuerreformgesetzes — 1 / 31
   - 1.2 Die Ermittlung des gemeinen Wertes — 13 / 35
   - 1.3 Einfluss auf Bewertungen im Ertragsteuerrecht — 22 / 38
2. Konzeption und verwendete Quellen — 23 / 38
   - 2.1 Konzeption des Buches — 23 / 38
   - 2.2 Fachliche Grundlagen — 27 / 40
   - 2.3 Zeitlicher und sachlicher Anwendungsbereich der fachlichen Grundlagen — 29 / 41
3. Bewertungsanlässe — 32 / 41
   - 3.1 Ausgestaltung des Erbschaftsteuerrechts — 32 / 41
   - 3.2 Nachfolge in Unternehmen — 35 / 43
     - 3.2.1 Bewertungsanlass Unternehmensnachfolge — 35 / 43
     - 3.2.2 Geplante Unternehmensnachfolge — 37 / 44
     - 3.2.3 Nachfolge in Einzelunternehmen — 47 / 47
     - 3.2.4 Nachfolge in Personengesellschaften — 50 / 48
     - 3.2.5 Nachfolge in Kapitalgesellschaften — 57 / 50

B. Grundlagen der Unternehmensbewertung — 53

1. IDW S1 – Die Grundsätze zur Unternehmensbewertung — 61 / 53
2. Der Bewertungsstichtag — 64 / 54
3. Das Kapitalwertmodell – Gesamtbewertung — 72 / 58
   - 3.1 Berechnung bei nicht-uniformen Zahlungsreihen — 72 / 58
   - 3.2 Berechnung bei uniformen und unendlichen Zahlungsreihen – Barwert der Ewigen Rente — 81 / 62

	Rdn.	Seite
4. Die Äquivalenzgrundsätze	84	63
4.1 Problemstellung	84	63
4.2 Risikoäquivalenz	85	64
4.3 Laufzeitäquivalenz	87	65
4.4 Arbeitseinsatzäquivalenz	90	65
4.5 Steueräquivalenz	92	66
4.6 Ausschüttungsäquivalenz	96	68
4.7 Kaufkraftäquivalenz	98	69
4.8 Währungsäquivalenz	99	71
5. Die Perspektive der Bewertung – Bewertungskonzepte	100	71
5.1 Problemstellung	100	71
5.2 Der objektive Unternehmenswert	104	73
5.3 Der subjektive Unternehmenswert	106	74
5.4 Der objektivierte Unternehmenswert	109	78
6. Bewertung von betriebsnotwendigem und nicht betriebsnotwendigem Vermögen	126	85
7. Verfahren der Unternehmensbewertung	131	87
8. Rechtsformabhängige Unternehmensbewertung	145	91
8.1 Grundlagen	145	91
8.2 Bewertung von Kapitalgesellschaften	146	92
8.3 Bewertung von Einzelunternehmen und Personengesellschaften	154	94
9. Gesamtbewertungsverfahren	160	97
9.1 Grundlagen	160	97
9.2 Ertragswertverfahren	164	99
9.3 DCF-Verfahren	169	100
9.4 Vergangenheitsanalyse	175	102
9.4.1 Die Ermittlung des nachhaltigen operativen Unternehmensergebnisses	175	102
9.4.2 Die Eliminierung der Ergebnisse aus nicht betriebsnotwendigem Vermögen	185	107
9.5 Branchenanalyse	186	107
9.6 Unternehmensplanung	189	109
9.6.1 Die Unternehmensplanung als Grundlage der Unternehmensbewertung	189	109
9.6.2 Bilanz am Bewertungsstichtag – die Startbilanz	198	112
9.6.3 Die Phasen der Unternehmensplanung	200	113

			Rdn.	Seite
9.6.4	Investitionen und Substanzerhalt		205	115
9.6.5	Synergieeffekte		211	116
9.6.6	Wachstum und Inflation		217	119
9.6.7	Besteuerung der Zahlungsströme aus dem Bewertungsobjekt		231	125
9.6.8	Ausschüttungshypothese		237	128
9.6.9	Veräußerungsgewinnbesteuerung		246	131
9.6.10	Verlustvorträge und bewertbare Ausschüttungen		250	134
	9.6.10.1	Handelsrechtliche Verlustvorträge	250	134
	9.6.10.2	Steuerrechtliche Verlustvorträge	256	136
9.6.11	Managementfaktor		262	138
9.6.12	Szenarienplanung und Erwartungswert		263	138
9.7 Bestimmung des Kalkulationszinssatzes			269	141
9.7.1	Grundlagen		269	141
9.7.2	Objektivierter Risikozuschlag – das CAPM und Tax-CAPM		275	143
9.7.3	Basiszinssatz		280	144
9.7.4	Marktrisikoprämie		292	148
9.7.5	Beta-Faktor		301	153
	9.7.5.1	Grundlagen	301	153
	9.7.5.2	Ermittlung des Beta-Faktors	306	155
	9.7.5.3	Kriterien zur Beta-Verprobung	313	159
	9.7.5.4	Anpassung des Beta-Faktors an das Finanzierungsrisiko des Bewertungsobjekts	319	161
9.7.6	Inflation und Wachstum in der Fortführungsphase		321	163
9.7.7	Capital Asset Pricing Model für kleine und mittlere Unternehmen?		324	164
9.8 Beispiel einer Unternehmensbewertung nach dem Ertragswertverfahren			326	165
10. Einzelbewertungsverfahren			337	173
10.1 Begriffsabgrenzung Liquidationswert und Substanzwert			337	173
10.2 Wertansätze für Liquidationswert- und Substanzwertverfahren			348	176
10.3 Liquidationswertverfahren			360	181
10.3.1	Der Liquidationswert als Mindestunternehmenswert		360	181
	10.3.1.1	Liquidation als Fiktion – Konflikt mit der Wurzeltheorie	360	181
	10.3.1.2	Liquidationswert als Entscheidungswert	366	183

			Rdn.	Seite
	10.3.1.3	Liquidationswert im aktienrechtlichen bzw. umwandlungsrechtlichen Abfindungfall	367	183
	10.3.1.4	Liquidationswert bei Abfindung eines Gesellschafters einer Personengesellschaft	371	185
10.3.2	Ermittlung des Liquidationswertes für das betriebsnotwendige Vermögen		376	187
10.3.3	Rückstellungen für den Sozialplan		380	188
10.3.4	Ermittlung des Liquidationswertes für das nicht betriebsnotwendige Vermögen		389	191
10.4 Substanzwertverfahren			392	191
10.4.1	Das Konzept des Substanzwertverfahrens		392	192
10.4.2	Der Substanzwert als subjektiver oder objektivierter Wert?		401	195
10.4.3	Nicht betriebsnotwendiges Vermögen in der Substanzbewertung		405	196
10.4.4	Die Ermittlungstiefe des Substanzwertes – Beteiligungsbewertung im Substanzwert		410	198
10.4.5	Substanzwert als Teilreproduktionszeitwert		413	199
10.4.6	Substanzwert als Vollreproduktionszeitwert		414	199
10.4.7	Ermittlung des Geschäftswerts		419	201
10.4.8	Substanzwert als Teilreproduktionszeitwert – die praktische Substanzwertermittlung		427	205
	10.4.8.1	Grundlagen	427	205
	10.4.8.2	Immaterielle Vermögensgegenstände	429	206
	10.4.8.3	Immobilien	441	210
	10.4.8.4	Technische Anlagen und Maschinen	453	215
	10.4.8.5	Anteile an Unternehmen und Beteiligungen	455	216
	10.4.8.6	Eigene Anteile	457	216
	10.4.8.7	Vorräte	458	217
	10.4.8.8	Ausstehende Einlagen, Forderungen, Wertpapiere, Bankguthaben und Kasse, Aktive Rechnungsabgrenzung	459	217
	10.4.8.9	Sonderposten mit Rücklageanteil	461	218
	10.4.8.10	Sonstige Rückstellungen und Rückstellungen für Pensionen	464	218
	10.4.8.11	Steuerrückstellungen	467	219
	10.4.8.12	Latente Steuern auf stille Reserven	468	219
	10.4.8.13	Verbindlichkeiten	482	225

	Rdn.	Seite
10.4.9 Bedeutung des Substanzwertverfahrens für die Unternehmensbewertung	483	225
11. Multiplikatorverfahren	492	228
11.1 Bewerten heißt vergleichen – der Vergleich bei Multiplikatorverfahren	492	228
11.2 Verfahren der Multiplikatorbewertung	498	231
11.3 Nicht betriebsnotwendiges Vermögen und freie Liquidität bei Multiplikatorbewertungen	506	234
11.4 Datenbasis der Multiplikatorbewertung	510	236
11.5 Bedeutung der Multiplikatorverfahren für die Unternehmensbewertung	512	237
12. Börsenwert	516	238
13. Bewertung von Beteiligungen	531	243
13.1 Grundlagen	531	243
13.2 Paketzuschlag – Paketabschlag	537	244

C. Unternehmensbewertung gemäß Erbschaftsteuerreformgesetz		245
1. Gesetzliche Normen zur Unternehmensbewertung für Zwecke der Erbschaftsteuer und Schenkungsteuer	538	245
2. Sachlicher Anwendungsbereich der gesetzlichen Vorgaben zur Unternehmensbewertung	543	246
3. Zeitlicher Anwendungsbereich des Erbschaftsteuerreformgesetzes	546	247
4. Gemeiner Wert – das verfassungsrechtliche Ziel der Bewertung	548	248
4.1 Die Entscheidung des Bundesverfassungsgerichts vom 7.11.2006	548	248
4.2 Die Definition des gemeinen Wertes	553	250
4.3 Gemeiner Wert – objektiver Wert – objektivierter Wert – subjektiver Wert – Grenzpreis	570	257
4.4 Die Umsetzung der verfassungsrechtlichen Vorgaben in § 11 BewG	585	263
4.4.1 Bewertungsverfahren und das Ziel des gemeinen Wertes – eine Übersicht	585	263
4.4.2 Verfahren, die die Ertragsaussichten des Unternehmens berücksichtigen	611	271

			Rdn.	Seite
	4.4.3	Andere anerkannte, auch im gewöhnlichen Geschäftsverkehr für nichtsteuerliche Zwecke übliche Methoden	620	275
	4.4.4	Vereinfachtes Ertragswertverfahren	621	275
	4.4.5	Substanzwert als Mindestwert – die Geschäftswerthypothese	628	278
	4.4.6	Die Interpretation des § 11 Abs. 2 BewG in den Erbschaftsteuerrichtlinien	644	283
5.	Wer bewertet das Unternehmen?		646	284
6.	Sollte man eine Unternehmensbewertung durch einen Gutachter vornehmen lassen?		651	286
7.	Verschonungsabschlag und Verwaltungsvermögen		661	290
8.	Bewertungsstichtag nach ErbStG und BewG		667	292
	8.1	Gesetzliche Grundlagen des Bewertungsstichtages	667	292
	8.2	Bewertungsstichtag und Tag der Bewertung	675	295
		8.2.1 Grundsätzliche Fragestellung	675	295
		8.2.2 Ereignisse vor dem Bewertungsstichtag	677	295
		8.2.3 Ereignisse nach dem Bewertungsstichtag	679	296
		8.2.4 Informationen nach dem Bewertungsstichtag – Wurzeltheorie und Wertaufhellung	683	298
		8.2.5 Wertaufhellung – Zeitraum für Informationen nach dem Stichtag	689	302
	8.3	Statischer und dynamischer Stichtagsgedanke	691	303
	8.4	Bewertungsstichtag und Stichtagsbilanz	709	309
	8.5	Bewertungsstichtag und zivilrechtliche Vereinbarungen	714	311
	8.6	Bewertungsstichtag und Verfahrensrecht	717	312
	8.7	Bewertungsstichtag und Verwaltungsvermögenstest	718	312
9.	Betriebsnotwendiges Vermögen und nicht betriebsnotwendiges Vermögen		720	313
10.	Gesamtbewertung versus Einzelbewertung		724	314
	10.1	Gesamtbewertungsverfahren – Einzelbewertungsverfahren	724	314
	10.2	Sonderbetriebsvermögen – einzelne bzw. separierte Bewertung	743	320
	10.3	Nicht betriebsnotwendiges Vermögen – separierte Bewertung oder Bewertung im Ganzen	749	322
	10.4	Bereinigungen im Zusammenhang mit der separierten Bewertung des Sonderbetriebsvermögens	753	323

	Rdn.	Seite
10.5 Bereinigungen im Zusammenhang mit nicht betriebsnotwendigem Vermögen, Beteiligungen und eingelegten Wirtschaftsgütern	767	328
11. Der Bewertungsgegenstand des Bewertungsgesetzes	768	328
11.1 Die wirtschaftliche Einheit – der Gewerbebetrieb	768	328
11.2 Bedeutung der wirtschaftlichen Einheit Gewerbebetrieb für die Bewertung	779	332
12. Bewertungsrechtliches Betriebsvermögen	783	333
12.1 Der Begriff Betriebsvermögen	783	333
12.2 Eigentum am Betriebsvermögen	794	338
12.3 Betriebsvermögen bei bilanzierenden Gewerbetreibenden und freiberuflich Tätigen	797	338
12.3.1 Grundlagen	797	338
12.3.2 Der Umfang des Betriebsvermögens von Einzelunternehmen	802	340
12.3.3 Der Umfang des Betriebsvermögens von Personengesellschaften	810	342
12.3.3.1 Gesamthandsvermögen und bewertungsrechtliches Betriebsvermögen	810	342
12.3.3.2 Sonderbetriebsvermögen und bewertungsrechtliches Betriebsvermögen	816	344
12.3.3.3 Ergänzungsbilanzen und bewertungsrechtliches Betriebsvermögen	824	346
12.3.4 Der Umfang des Betriebsvermögens von Kapitalgesellschaften	831	349
12.4 Betriebsvermögen bei nicht bilanzierenden Gewerbetreibenden und freiberuflich Tätigen	835	350
12.5 Schulden im Betriebsvermögen	836	351
12.5.1 Der Schuldenbegriff des Bewertungsgesetzes	836	351
12.5.2 Gewinnansprüche im Sinne von § 103 Abs. 2 BewG	848	355
12.5.3 Rücklagen im Sinne des § 103 Abs. 3 BewG	853	357
12.5.4 Rücklagen im Sinne des § 137 BewG	858	358
12.5.5 Rückstellungen als Schulden im Sinne von § 103 BewG	859	359
13. Gesonderte Feststellung von Werten und Basiswertregelung	865	361
14. Verfahren zur Unternehmensbewertung nach dem Bewertungsgesetz	873	364
14.1 Kriterien zur Auswahl des Bewertungsverfahrens	873	364
14.1.1 Die Kriterien im Überblick	873	364

			Rdn.	Seite
	14.1.2	Ermittlung des gemeinen Wertes als Verfahrensqualität	880	368
	14.1.3	Methodenwahl durch den Erwerber	891	371
	14.1.4	Ergebnis der Kriterienanalyse	902	374
14.2	Börsennotierung als Unternehmenswert		906	375
	14.2.1	Bedeutung des Börsenkurses	906	375
	14.2.2	Der Begriff Wertpapiere	910	377
	14.2.3	Marktsegmente	913	378
	14.2.4	Ermittlung von Börsenkursen	928	382
	14.2.5	Bewertung börsennotierter Aktien	933	384
	14.2.6	Fehlende Notierung – Vergleichswert, Verkaufspreis oder Bewertungsverfahren	945	387
	14.2.7	Paketzuschlag – Abschlag wegen fehlenden Einflusses	957	391
	14.2.8	Substanzwert als Mindestwert	965	394
14.3	Verkaufspreise als Unternehmenswert		966	394
	14.3.1	Grundlagen	966	394
	14.3.2	Paketzuschlag – Abschlag wegen fehlenden Einflusses	978	399
	14.3.3	Substanzwert als Mindestwert	986	401
14.4	Gutachtenwert – Unternehmensbewertung nach IDW S1		987	401
	14.4.1	Verfahrenswahl	987	401
	14.4.2	Gutachtenwert als objektivierter Unternehmenswert	994	404
	14.4.3	Startbilanz und Bewertungsstichtag	997	405
	14.4.4	Phasenplanung schafft Transparenz	999	406
	14.4.5	Abfindungen im Rahmen der Nachfolgeregelung	1001	406
	14.4.6	Berücksichtigungsfähige Ausschüttungen	1004	407
		14.4.6.1 Jahresabschluss und Ergebnisverwendung	1004	407
		14.4.6.2 Verschonungsabschlag und Überentnahmen	1016	410
	14.4.7	Bewertung von Unternehmensgruppen	1020	412
	14.4.8	Managementfaktor	1024	413
	14.4.9	Paketzuschlag – Abschlag wegen fehlenden Einflusses	1026	414
	14.4.10	Substanzwert als Mindestwert	1035	417
	14.4.11	Ermittlung des Gutachtenwertes	1037	417
14.5	Andere anerkannte Methoden		1038	418
	14.5.1	Multiplikatorverfahren	1038	418
	14.5.2	Mittelwertverfahren	1040	418
	14.5.3	Übergewinnverfahren	1042	419
	14.5.4	Branchenspezifische Bewertungen	1045	420

			Rdn.	Seite
	14.5.4.1	Bewertung von Steuerberaterpraxen	1045	420
	14.5.4.2	Bewertung von Anwaltskanzleien	1055	425
	14.5.4.3	Bewertung von Apotheken	1065	428
	14.5.4.4	Bewertung von Arztpraxen	1069	430
	14.5.4.5	Bewertung von Handwerksbetrieben	1080	434
	14.5.4.6	Bewertung von Architektur- und Planungsbüros	1106	443
14.5.5	Paketzuschlag – Abschlag wegen fehlenden Einflusses		1117	447
14.5.6	Substanzwert als Mindestwert		1118	448
14.6	Vereinfachtes Ertragswertverfahren		1119	448
14.6.1	Intention für ein vereinfachtes Ertragswertverfahren		1119	448
14.6.2	Konzeptionelle Grundlagen		1120	449
14.6.3	Anwendungsbereich und Anwendungsgrenzen des vereinfachten Ertragswertverfahrens		1128	451
	14.6.3.1	Theoretischer Anwendungsbereich des vereinfachten Ertragswertverfahrens	1128	451
	14.6.3.2	Kein vereinfachtes Ertragswertverfahren bei Branchenüblichkeit anderer Verfahren	1132	452
	14.6.3.3	Kein vereinfachtes Ertragswertverfahren bei Ermittlung offensichtlich unzutreffender Ergebnisse	1137	453
	14.6.3.4	Praktischer Anwendungsbereich des vereinfachten Ertragswertverfahrens	1153	458
14.6.4	Separierte Bewertungen		1154	459
	14.6.4.1	Überblick	1154	459
	14.6.4.2	Separierte Bewertung des nicht betriebsnotwendigen Vermögens	1159	461
	14.6.4.3	Separierte Bewertung von Tochter- und Beteiligungsgesellschaften – Gruppenunternehmen	1167	463
	14.6.4.4	Separierte Bewertung von eingelegten Wirtschaftsgütern – junges Betriebsvermögen	1179	470
	14.6.4.5	Separierte Bewertung von Sonderbetriebsvermögen	1186	472
14.6.5	Der Ausgangswert zur Ermittlung des Betriebsergebnisses		1190	474

			Rdn.	Seite
	14.6.5.1	Ausgangswert bei bilanzierenden Gewerbetreibenden und freiberuflich Tätigen	1190	474
	14.6.5.2	Ausgangswert bei nicht bilanzierenden Gewerbetreibenden und freiberuflich Tätigen	1194	475
14.6.6	Bereinigung des Ausgangswerts zur Ermittlung des Betriebsergebnisses		1195	475
	14.6.6.1	Aufgabe und Ziel der Bereinigungen	1195	475
	14.6.6.2	Sonderbetriebsvermögen und Ergänzungsbilanzen – keine Bereinigungen	1198	477
	14.6.6.3	Hinzurechnungen	1202	478
	14.6.6.4	Kürzungen	1210	480
	14.6.6.5	Pauschaler Steuersatz	1228	486
	14.6.6.6	Übersicht zu einer Bereinigungsrechnung	1239	489
14.6.7	Ermittlung des Durchschnittsertrages – der zukünftig nachhaltig erzielbare Jahresertrag		1240	491
	14.6.7.1	Grundsatz der Durchschnittsbildung	1240	491
	14.6.7.2	Signifikante Ergebnisänderung im Wirtschaftsjahr des Bewertungsstichtages, § 201 Abs. 2 Satz 2 BewG	1243	492
	14.6.7.3	Änderung des Unternehmenscharakters, § 201 Abs. 3 Satz 1 BewG (Alternative 1)	1248	494
	14.6.7.4	Unternehmen ist neu entstanden, § 201 Abs. 3 Satz 1 BewG (Alternative 2)	1255	496
	14.6.7.5	Unternehmen, die durch Umwandlung, durch Einbringung von Betrieben oder Teilbetrieben oder durch Umstrukturierungen entstanden sind, § 201 Abs. 3 Satz 2 BewG	1260	498
14.6.8	Kalkulationszinssatz und Kapitalisierungsfaktor		1264	499
	14.6.8.1	Grundlagen zur Risikozuschlagsmethode	1264	499
	14.6.8.2	Basiszinssatz	1269	501
	14.6.8.3	Risikozuschlag und impliziter Beta-Faktor	1285	506
	14.6.8.4	Fungibilitätszuschlag	1291	508
	14.6.8.5	Wachstumsabschlag	1293	509
	14.6.8.6	Verletzung der Besteuerungsäquivalenz	1296	511
	14.6.8.7	Kapitalisierungsfaktor	1302	513

		Rdn.	Seite
14.6.9	Ermittlung des Werts einer Beteiligung	1305	514
14.6.9.1	Ermittlung des Anteilswerts an einer Kapitalgesellschaft	1305	514
14.6.9.2	Ermittlung des Anteils am Betriebsvermögen einer Personengesellschaft	1306	515
14.6.10	Paketzuschlag – Abschlag wegen fehlenden Einflusses	1307	516
14.6.11	Substanzwert als Mindestwert	1312	518
14.7 Liquidationswertverfahren im Bewertungsgesetz		1314	518
14.7.1	Zulässigkeit des Liquidationswertes im Rahmen des Bewertungsgesetzes	1314	518
14.7.2	Ermittlung des Liquidationswertes	1321	520
14.7.3	Anwendungsvoraussetzung für den Liquidationswert im Bewertungsgesetz	1333	523
14.7.4	Empfehlung zur Verwendung des Liquidationswertes	1338	525
14.8 Substanzwertverfahren nach dem Bewertungsgesetz		1341	526
14.8.1	Der Substanzwert nach dem alten Bewertungsgesetz	1341	526
14.8.2	Der Substanzwert nach dem neuen Bewertungsgesetz	1342	527
14.8.2.1	Substanzwert als objektivierter Unternehmenswert	1342	527
14.8.2.2	Substanzwert als Fortführungswert	1348	529
14.8.2.3	Substanzwert als Teilveräußerungswert	1354	530
14.8.2.4	Substanzwert und Betriebsveräußerung	1360	532
14.8.2.5	Substanzwert als Mindestwert	1372	536
14.8.2.6	Substanzwert – kein gemeiner Wert	1381	539
14.8.3	Ansatzvorschriften im Substanzwert gemäß neuem Bewertungsgesetz	1391	543
14.8.3.1	Grundlagen	1391	543
14.8.3.2	Substanzwert von Einzelunternehmen	1404	546
14.8.3.3	Substanzwert von Personengesellschaften	1405	546
14.8.3.4	Substanzwert von Kapitalgesellschaften	1406	546
14.8.3.5	Substanzwert nicht bilanzierender Gewerbetreibender und Freiberufler	1407	546
14.8.3.6	Substanzwert von Unternehmensgruppen	1408	547
14.8.4	Bewertungsvorschriften zum steuerrechtlichen Substanzwert – Gemeiner Wert als Wertkategorie	1410	547
14.8.5	Substanzwert zu Veräußerungspreisen – ausgewählte Aspekte der Substanzwertermittlung	1411	548

			Rdn.	Seite
	14.8.5.1	Grundlagen	1411	548
	14.8.5.2	Immaterielle Wirtschaftsgüter	1413	548
	14.8.5.3	Betriebsgrundstücke	1418	550
	14.8.5.4	Maschinen und Betriebs- und Geschäftsausstattung	1435	556
	14.8.5.5	Umlaufvermögen	1436	556
	14.8.5.6	Rückstellungen	1442	558
	14.8.5.7	Latente Steuern auf stille Reserven – Substanzwert nach BewG	1444	558
	14.8.6	Paketzuschlag – Abschlag wegen fehlenden Einflusses	1468	568
15. Bewertung von Beteiligungen			1470	568
15.1 Notwendigkeit der Aufteilung von Unternehmenswerten – Bewertung von Beteiligungen			1470	568
15.2 Beteiligung an einer nicht börsennotierten Kapitalgesellschaft			1474	569
	15.2.1	Ermittlung des Anteilswerts	1474	569
	15.2.2	Beispiel zur Ermittlung des Anteilswerts	1477	570
15.3 Beteiligung an einer Personengesellschaft			1480	571
	15.3.1	Aufteilung des Betriebsvermögens	1480	571
	15.3.2	Beispiel zur Aufteilung des Betriebsvermögens	1485	573
	15.3.3	Ausnahmeregelung zur Aufteilung des Gesamthandsvermögens	1486	574
Stichwortverzeichnis				577

LITERATURVERZEICHNIS

Bücher

Adolff, J., Unternehmensbewertung im Recht der börsennotierten Aktiengesellschaft, München 2007

Aristoteles, Politik, übersetzt von Schwarz, 2007, Erstes Buch

Ax/Große/Melchior, Abgabenordnung und Finanzgerichtsordnung, 20. Aufl., Stuttgart 2010

Ballwieser, W., Unternehmensbewertung, 3. Aufl., Stuttgart 2011

Behringer, S., Unternehmensbewertung der Mittel- und Kleinbetriebe, 4. Aufl., Berlin 2009

Bellinger/Vahl, Unternehmensbewertung in Theorie und Praxis, München 1992

Berufsrechtliches Handbuch, II. Berufsfachlicher Teil, 4.2.1 Hinweise der Bundessteuerberaterkammer für die Ermittlung des Wertes einer Steuerberaterpraxis - unter Berücksichtigung der Besonderheiten des Berufsstandes und der verschiedenen Bewertungsanlässe - Februar 2011

Betsch/Groh/Lohmann, Corporate Finance, München 1998

Bruns/Meyer-Bullerdiek, Professionelles Portfoliomanagement: Aufbau, Umsetzung und Erfolgskontrolle strukturierter Anlagestrategien, 4. Aufl., Stuttgart 2008

Busse von Colbe, W., Der Zukunftserfolg, Wiesbaden 1957

Busse von Colbe, W., Ergebnis je Aktie nach DVFA/SG, 3. Aufl., Stuttgart 2000

Copeland/Koller/Murrin, Unternehmenswert, 3. Aufl., Frankfurt/New York 2000

Crezelius, G., Unternehmenserbrecht - Erbrecht Gesellschaftsrecht Steuerrecht, 2. Aufl., München 2009

Damodaran, A., Investment Valuation, 2. Aufl., New York 2002

Daragan/Halaczinsky/Riedel, Praxiskommentar ErbStG und BewG, München 2010

Dimson/Marsh/Staunton, Triumph of the Optimists, 1. Aufl., Princeton/Oxford 2002

Drosdzol/Stemmler, Die neue Bewertung des Grundbesitzes nach dem Erbschaftsteuerreformgesetz, Kommentar, Sinzig 2010

Drukarczyk, J., Unternehmensbewertung, München 2001

Drukarczyk/Ernst, (Hrsg.) Branchenorientierte Unternehmensbewertung, 3. Aufl., München 2010

Drukarczyk/Schüler, Unternehmensbewertung, 6. Aufl., München 2009

Ebenroth/Boujong/Joost/Strohn, HGB, 2. Aufl., München 2009

Eisele, D., Erbschaftsteuerreform 2009, Herne 2009

Ellrott/Förschle/Kozikowski/Winkeljohann, (Hrsg.) Beck'scher Bilanzkommentar, München 2006

Ellrott/Förschle/Kozikowski/Winkeljohann, (Hrsg.) Beck'scher Bilanzkommentar, München 2010

Engels, Betriebswirtschaftliche Bewertungslehre im Licht der Entscheidungstheorie, Köln 1962

Epping/Hillgruber, Kommentar zum GG, Grundgesetz, Kommentar, München 2009

Ernst & Young/BDI, Die Erbschaftsteuerreform, Bonn 2009

Ernst/Schneider/Thielen, Unternehmensbewertungen erstellen und verstehen, Ein Praxisleitfaden, 4. Aufl, München 2010

Fischer/Jüptner/Pahlke/Wachter, ErbStG, Kommentar, 3. Aufl., Freiburg 2011

Fischer/Jüptner/Pahlke/Wachter, Erbschaft- und Schenkungssteuergesetz, Kommentar, 2. Aufl., Freiburg 2010

Franke/Hax, Finanzwirtschaft des Unternehmens und Kapitalmarkt, 6. Aufl., Berlin/Heidelberg 2009

Freygang, W., Kapitalallokation in diversifizierten Unternehmen: Ermittlung divisionaler Eigenkapitalkosten, Wiesbaden 1993

Gerke/Steiner, Handwörterbuch des Bank- und Finanzwesens, 3. Aufl., Stuttgart 2001

Götz/Holschbach/Jorde/Pach-Hanssenheimb/Roth/Siebing/Siemers, Praxis der Unternehmensnachfolge - Handbuch für die zivil- und steuerrechtliche Beratung, 4. Aufl., Düsseldorf 2009

Großfeld, B., Recht der Unternehmensbewertung, 6. Aufl., Köln 2011

Haider/Engel/Dürschke, Bewertungsgesetz, Bodenschätzungsgesetz, Beck'sche Steuerkommentare, München 1954

Halaczinsky, R., Die Erbschaft- und Schenkungsteuererklärung, 2. Aufl., Herne 2010

Handbuch Unternehmensbewertung im Handwerk, AWH Standard, Version 4.2, 19.4.2010

Handzik, P., Die neue Erbschaft- und Schenkungsteuer nach der Erbschaftsteuerreform 2008: Gesamtdarstellung mit den Änderungen des Bewertungsgesetzes, Berlin 2009

Heilmann, A., Die Anwendbarkeit betriebswirtschaftlicher Bewertungsmethoden im Erbschaft- und Schenkungsteuerrecht, Düsseldorf 2010

Helbling, C., Unternehmensbewertung und Steuern, 9. Aufl., Düsseldorf 1998

Henselmann/Barth, Unternehmensbewertung in Deutschland - Empirie zur Bewertungspraxis, Norderstedt 2009

Hilgers, H., Die Berücksichtigung vom Erblasser herrührender Einkommensteuervor- und nachteile bei der Nachlaßbewertung im Erbrecht, Aachen 2002

Hoffmann-Becking, M., Münchener Handbuch des Gesellschaftsrechts - Aktiengesellschaft, Band 4, 3. Aufl., München 2007

Hölters, W., Handbuch Unternehmenskauf, 7. Aufl., Köln 2010

Holzapfel/Pöllath, Unternehmenskauf in Recht und Praxis, Köln 2008

Horschitz/Groß/Schnur, Bewertungsrecht, Erbschaftsteuer, Grundsteuer, 17. Aufl., Stuttgart 2010

Hübner, H., Erbschaftsteuerreform 2009 - Gesetze Materialen Erläuterungen 2009, München 2008

Kapp/Ebeling, Erbschaftsteuer- und Schenkungsteuergesetz, Loseblatt-Kommentar, Köln 2011

Kirchhof, P., Bundessteuergesetzbuch - Ein Reformentwurf zur Erneuerung des Steuerrechts, Heidelberg 2011

Kleiber, W., Verkehrswertermittlung von Grundstücken: Kommentar und Handbuch, Köln 2010

Kreutziger/Schaffner/Stephany, Bewertungsgesetz: BewG, Kommentar, München 2009

Kroiß/Ann/Mayer, Kommentar Nomos Kommentar Band 5, BGB Erbrecht, Baden-Baden 2010

Krolle/Schmitt/Schwetzler, Multiplikatorverfahren in der Unternehmensbewertung, Stuttgart 2005

Kropff/Semler, Münchener Kommentar zum Aktiengesetz, München 2004

Kruschwitz, L., Investitionsrechnung, München 2005

Kuhner/Maltry, Unternehmensbewertung, Berlin/Heidelberg 2006

Kümpel/Wittig, Bank- und Kapitalmarktrecht, 4. Aufl., Köln 2011

Lange (Hrsg.), Personengesellschaften im Steuerrecht, 8. Aufl., Herne 2008

Leffson, U., Die Grundsätze ordnungsmäßiger Buchführung, Düsseldorf 1987

Lenski/Steinberg (Hrsg.), Gewerbesteuergesetz, Loseblatt-Kommentar, Köln 2011

Mandl/Rabel, Unternehmensbewertung - eine praxisorientierte Einführung, Wien/Frankfurt 1997

Matschke/Brösel, Unternehmensbewertung, 2. Aufl., Wiesbaden 2006

VERZEICHNIS — Literatur

Meincke, J. P., Erbschaftsteuer- und Schenkungsteuergesetz, Kommentar, München 2009

Mellerowicz, K., Der Wert der Unternehmung als Ganzes, Essen 1952

Metzger, B., Wertermittlung von Immobilien und Grundstücken, 4. Aufl., Freiburg 2010

Moral, F., Die Abschätzung des Wertes industrieller Unternehmungen, Berlin 1923

Moxter, A., Grundsätze ordnungsmäßiger Unternehmensbewertung, Wiesbaden 1998

Müller/Hoffmann (Hrsg.), Beck'sches Handbuch der Personengesellschaften, 3. Aufl., München 2009

Müller/Winkeljohann (Hrsg.), Beck'sches Handbuch der GmbH, 4. Aufl., München 2009

Nowak, K., Marktorientierte Unternehmensbewertung, 2. Aufl., Wiesbaden 2003

Obermaier, R., Bewertung, Zins und Risiko, Frankfurt 2004

Palandt, Bürgerliches Gesetzbuch, 71. Aufl., München 2011

Peemöller (Hrsg.), Praxishandbuch der Unternehmensbewertung, 4. Aufl., Herne 2009

Pindyck/Rubinfeld, Mikroökonomie, 7. Aufl., München 2009

Porter, M.E., Wettbewerbsstrategie, 10. Aufl., Frankfurt 1999

Pratt, S., Cost of Capital Estimation and Applications, Hoboken 2002

Pratt/Grabowski, Cost of Capital, Hoboken 2008

Praxis der Unternehmensnachfolge, IDW (Hrsg.), Düsseldorf 2009

Preißer/Hegemann/Seltenreich, Erbschaftsteuerreform 2009, Freiburg 2009

Rappaport, A., Shareholder Value, 2. Aufl., Stuttgart 1998

Richter/Timmreck (Hrsg.), Unternehmensbewertung, Stuttgart 2004

Rixecker/Säcker, Münchner Kommentar zum Bürgerlichen Gesetzbuch, Bd. 9, Erbrecht, München 2010

Rödder/Hötzel/Mueller-Thuns, Unternehmenskauf Unternehmensverkauf, München 2003

Rössler/Langner/Simon/Kleiber/Joeris/Simon, Schätzung und Ermittlung von Grundstückswerten, 8. Aufl., Köln 2004

Rössler/Troll, Bewertungsgesetz: BewG, Loseblatt-Kommentar, München 2011

Sachs, Kommentar zum GG, 5. Aufl., München 2009

Schmalenbach, E., Die Beteiligungsfinanzierung, Köln 1954

Schmidt, L., EStG Kommentar 2011, 30. Aufl., München 2011

Schneider, D., Investition, Finanzierung und Besteuerung, Wiesbaden 1992

Schultze, W., Methoden der Unternehmensbewertung - Gemeinsamkeiten, Unterschiede, Perspektiven, 2. Aufl., Düsseldorf 2003

Schultze, W., Methoden der Unternehmensbewertung - Gemeinsamkeiten, Unterschiede, Perspektiven, Düsseldorf 2001

Schulz, R., Größenabhängige Risikoanpassungen in der Unternehmensbewertung, Düsseldorf 2009

Schwark/Zimmer, Kapitalmarktrechts-Kommentar, München 2010

Sieben, G., Der Substanzwert der Unternehmung, Köln 1963

Simon, H., Die Bilanzen der Aktiengesellschaften und der Kommanditgesellschaften auf Aktien, Berlin 1898

Simon, S., Spruchverfahrensgesetz: SpruchG, Kommentar, München 2007

Stern, H., Mann aus Apulien - Die privaten Papiere des italienischen Staufers Friedrich II., römisch-deutscher Kaiser, König von Sizilien und Jerusalem, Erster nach Gott, über die wahre Natur der Menschen und der Tiere, geschrieben 1245 - 1250, München 1986

Tiedtke, K., ErbStG, Erbschaftsteuer- und Schenkungsteuergesetz Kommentar, Berlin 2009

Tipke/Lang, Steuerrecht, 20. Aufl., Köln 2010

Troll/Gebel/Jülicher, Erbschaftsteuer- und Schenkungsteuergesetz: ErbStG, Kommentar, 42 Aufl., München 2011

Viskorf/Knobel/Schuck, Erbschaftsteuer- und Schenkungsteuergesetz, Bewertungsgesetz, Kommentar, 3. Aufl., Herne 2009

Weinmann, N., Praktiker-Handbuch Erbschaftsteuer, 14. Aufl., Düsseldorf 2010

Winter, T., Der Unternehmenswert von Steuerberaterkanzleien, Wiesbaden 2009

Witte/Zur Mühlen, Apothekenbewertung, 3. Aufl., Stuttgart 2008

Wollny, C., Bewertung von Beratungsunternehmen, in Niedereichholz (Hrsg.), Das Beratungsunternehmen - Gründung, Aufbau, Führung, Nachfolge, München 2012

Wollny, C., Der objektivierte Unternehmenswert - Unternehmensbewertung bei gesetzlichen und vertraglichen Bewertungsanlässen, 2. Aufl., Herne 2010

WP-Handbuch, Band II, Düsseldorf 2002

Zimmermann, P., Schätzung und Prognose von Betawerten, Bad Soden 1997

Aufsätze

Balz/Bordemann, Ermittlung von Eigenkapitalkosten zur Unternehmensbewertung mittelständischer Unternehmen mithilfe des CAPM, FB 2007, S. 741

Berk/DeMarzo, Corporate Finance, 2007, S. 349 ff.

Binz/Sorg, Aktuelle Fragen der Bewertung von Stamm- und Vorzugsaktien im Steuerrecht, DStR 1994, S. 996

Blume, M. E., Betas and their Regression Tendencies, The Journal of Finance, 1975, S. 785 ff.

Brähler, G., Der Wertmaßstab der Unternehmensbewertung nach § 739 BGB, Wpg 2008, S. 211

BRAK-Ausschuss, Zur Bewertung von Anwaltskanzleien, BRAK-Mitt. 3/2007, S. 112

Creutzmann, A., Unternehmensbewertung im Steuerrecht, DB 2008, S. 2789 und S. 2791

Dörschell/Franken/Schulte, Ermittlung eines objektivierten Unternehmenswertes für Personengesellschaften nach der Unternehmensteuerreform 2008, Wpg 2008, S. 444

Drukarczyk, J., Zum Problem der angemessenen Barabfindung bei zwangsweise ausscheidenden Anteilseignern, AG 1973, S. 357 f.

Ehrhardt/Nowak, Viel Lärm um Nichts? – Zur Irrelevanz der Risikoprämie für die Unternehmensbewertung im Rahmen von Squeeze-outs, Fair Valuations, Sonderheft AG v. 20. 11. 2005, S. 3 ff.

Franken/Schulte, Beurteilung der Eignung von Betafaktoren mittels R2 und t-Test: Ein Irrweg? – Auch eine Replik zu Knoll, Wpg 2010, S. 1106 - 1109, Wpg 2011, S. 1112

Großfeld/Stöver, Ermittlung des Betafaktors in der Unternehmensbewertung: Anleitung zum „Do it yourself", BB 2004, S. 2799 ff.

Hecht/von Cölln, Unternehmensbewertung nach dem BewG i. d. F. des ErbStRG - Anmerkungen zu den Ländererlassen, BB 2010, S. 797

Hinweise zur Bewertung von Arztpraxen, Deutsches Ärzteblatt, 22. 12. 2008, S. 4

Hinz, M., Unternehmensbewertung im Rahmen erbschaft- und schenkungsteuerlicher Zwecke – Ein Vergleich des vereinfachten Ertragswertverfahrens mit „üblichen" Bewertungskalkülen nach den Grundsätzen des IDW S1 i. d. F. 2008, BFUP 2001, S. 323

Jonas, M., Die Bewertung mittelständischer Unternehmen - Vereinfachungen und Abweichungen, Wpg 2011, S. 300

Jonas, M., Relevanz persönlicher Steuern? – Mittelbare und unmittelbare Typisierung der Einkommensteuer in der Unternehmensbewertung, Wpg 2008, S. 828

Jung/Wachtler, Die Kursdifferenz zwischen Stamm- und Vorzugsaktien, AG 2001, S. 513

Knorr, E., Zur Bewertung von Unternehmungen und Unternehmensanteilen, Konkurs-, Treuhand- und Schiedsgerichtswesen, 23. Jahrgang der Zeitschrift Konkurs und Treuhandwesen, Heft 4, 1962, S. 196

Kruschwitz/Löffler, Unendliche Probleme bei der Unternehmensbewertung, DB 1998, S. 1041

Kußmaul/Pfirmann/Hell/Meyering, Die Bewertung von Unternehmensvermögen nach dem ERbStRG und Unternehmensbewertung, BB 2008, S. 477

Küting/Kaiser, Aufstellung oder Feststellung: Wann endet der Wertaufhellungszeitraum?, Wpg 2000, S. 579

Mannek, W., Diskussionsentwurf für eine Anteils- und Betriebsvermögensbewertungsverordnung – AntBVBewV, DB 2008, S. 428

Meier/Geberth, Behandlung des passiven Ausgleichspostens ("negativer Geschäftswert") in der Steuerbilanz, DStR 2011, S. 733

Olbrich/Hares/Pauly, Erbschaftsteuerreform und Unternehmensbewertung, DStR 2010, S. 1250

Piltz, D., Unternehmensbewertung im neuen Erbschaftsteuerrecht, DStR 2008, S. 752

Popp, M., Ausgewählte Aspekte der objektivierten Bewertung von Personengesellschaften, Wpg 2008, S. 935

Preißer/Preißer, Negativer Geschäftswert beim Asset Deal - Handelsrechtliche Überlegungen unter Einbeziehung der Steuersituation der Beteiligten, DStR 2011, S. 133

Scharfenberg/Marbes, Das Steuervereinfachungsgesetz 2011, DB 2011, S. 2289

Schich, S.T., Estimating the German term structure, Discussions Paper 4/97, Economic Research Group of the Deutsche Bundesbank, Oktober 1997, S. 21 f.

Schmidbauer, R., Die Bewertung von Konzernen als Problem in der Theorie der Unternehmensbewertung, DStR 2002, S. 1544

Sinewe/Frase, „Negativer Kaufpreis" und "negativer Geschäftswert" bei Unternehmenstransaktionen – Kein Grund zur Beunruhigung, SteuerConsultant, 2011, S. 26

Stehle, R., Die Festlegung der Risikoprämie von Aktien im Rahmen der Schätzung des Wertes von börsennotierten Kapitalgesellschaften, Wpg 2004, S. 921

Verband Beratender Ingenieure VBI und Bundesverband Deutscher Unternehmensberater BDU e.V., Nachfolge im Planungsbüro, 2009, S. 11

Wagner/Jonas/Ballwieser/Tschöpel, Unternehmensbewertung in der Praxis – Empfehlungen und Hinweise zur Anwendung von IDW S1, Wpg 2006, S. 1019

Wagner/Jonas/Ballwieser/Tschöpel, Weiterentwicklung der Grundsätze zur Durchführung von Unternehmensbewertungen (IDW S1), Wpg 2004, S. 894

Wagner/Jonas/Ballwieser/Tschöpel, Weiterentwicklung der Grundsätze zur Durchführung von Unternehmensbewertungen (IDW S1), Wpg 2004, S. 894

Wagner/Saur/Willershausen, Zur Anwendung der Neuerungen der Unternehmensbewertungsgrundsätze des IDW S1 i. d. F. 2008 in der Praxis, Wpg 2008, S. 733

Wenger, E., Verzinsungsparameter in der Unternehmensbewertung – Betrachtungen aus theoretischer und empirischer Sicht, AG Sonderheft 2005, S. 18

Wiese, J., Unternehmensbewertung und Abgeltungsteuer, Wpg 2007, S. 371

Wollny, C., "Führt der objektivierte Unternehmenswert zum Verkehrswert?" – eine Begriffsbestimmung, Bewertungspraktiker, Nr. 3, 2010, S. 12 ff.

Wollny, C., Substanzwert reloaded – Renaissance eines wertlosen Bewertungsverfahrens, DStR 2012, S. 716 ff. und S. 766 ff.

Wollny, C., Vereinfachtes Ertragswertverfahren – Anmerkungen zur Verletzung der Steueräquivalenz, DStR 2012, S. 1356 ff.

ABKÜRZUNGSVERZEICHNIS

A

ABB.	Abbildung
AG	Die Aktiengesellschaft
AktG	Aktiengesetz
AKU	Arbeitskreis Unternehmensbewertung

B

BAG	Bundesarbeitsgericht
BayObLG	Bayerisches Oberstes Landesgericht
BB	Betriebs-Berater
BewG	Bewertungsgesetz
BFH	Bundesfinanzhof
BFuP	Betriebswirtschaftliche Forschung und Praxis
BGB	Bürgerliches Gesetzbuch
BGBl	Bundesgesetzblatt
BGH	Bundesgerichtshof
BMF	Bundesfinanzministerium
BStBl	Bundessteuerblatt
BVerfG	Bundesverfassungsgericht

C

CAPM	Capital Asset Pricing Model

D

DB	Der Betrieb
DCF	Discounted Cashflow
DStR	Deutsches Steuerrecht

E

EBIT	Earnings before Interest and Tax
EBITDA	Earnings before Interest, Tax, Depreciation and Amortization
ErbStG	Erbschaftsteuergesetz
ErbStR	Erbschaftsteuerrichtlinien
ErbStRG	Erbschaftsteuerreformgesetz vom 24.12.2008
ESt	Einkommensteuer
EStG	Einkommensteuergesetz
EStR	Einkommensteuerrichtlinien
EuGH	Europäischer Gerichtshof

F

FAUB	Fachausschuss Unternehmensbewertung und Betriebswirtschaft

G

g	Inflationsrate
GbR	Gesellschaft bürgerlichen Rechts
GG	Grundgesetz
GLE AntBV v. 25. 6. 2009	Bewertung des Anteils- und Betriebsvermögens vom 25. 6. 2009
GLE AntBV v. 17. 5. 2011	Umsetzung des Gesetzes zur Reform des Erbschaftsteuer- und Bewertungsrechts; Anwendung der §§ 11, 95 bis 109 und 199 ff. BewG in der Fassung durch das ErbStRG vom 17. 5. 2011
GLE ErbStG	Anwendung der geänderten Vorschriften des Erbschaft- und Schenkungsteuergesetzes vom 25. 6. 2009
GLE Feststellung	Feststellung von Grundbesitzwerten, Anteilswerten und Betriebsvermögenswerten vom 30. 3. 2009
GLE Gr	Bewertung des Grundvermögens vom 5. 5. 2009
GmbH	Gesellschaft mit beschränkter Haftung
GmbHG	Gesetz betreffend die Gesellschaften mit beschränkter Haftung

H

HFA	Hauptfachausschuss
HGB	Handelsgesetzbuch
Hrsg.	Herausgeber

I

IDW	Institut der Wirtschaftsprüfer
IDW S1	IDW Standard: Grundsätze zur Durchführung von Unternehmensbewertungen
IDW S5	IDW Standard: Grundsätze zur Bewertung immaterieller Vermögenswerte
IDW S8	IDW Standard: Grundsätze für die Erstellung von Fairness Opinions
i. S.	im Sinne

K

KG	Kommanditgesellschaft
KMU	Kleine und mittlere Unternehmen
KStG	Körperschaftsteuergesetz

L

LG	Landgericht

M

m. E.	meines Erachtens
Mio.	Million

N

NV	nicht veröffentlicht

O

OFD	Oberfinanzdirektion
OHG	Offene Handelsgesellschaft
OLG	Oberlandesgericht

R

Rdn.	Randnummer

S

SEStEG	Gesetz über steuerliche Begleitmaßnahmen zur Einführung der Europäischen Gesellschaft und zur Änderung weiterer steuerrechtlicher Vorschriften
StSenkG	Steuersenkungsgesetz

T

Tax-CAPM	Capital Asset Pricing Model unter Berücksichtigung von Steuern
T€	Tausend Euro

U

u. U.	unter Umständen

W

w	Wachstumsrate
WACC	Weighted Average Cost of Capital
WP	Wirtschaftsprüfer
Wpg	Die Wirtschaftsprüfung
WpHG	Wertpapierhandelsgesetz
WPK	Wirtschaftsprüferkammer
WPO	Wirtschaftsprüferordnung

Z

z. B.	zum Beispiel
β	Beta-Faktor

„Der zeitgenössische Staat ist, wie jeder seiner mittelalterlichen und absolutistischen Vorgänger, ein nehmender Staat, der vom Vermögen seiner Bürger immer so viel abzieht, wie er nehmen kann, ohne öffentliche Unruhen zu provozieren."[1]

„Ein Verzicht auf die Erbschaftsteuer ist aus Gerechtigkeitsgründen keine sinnvolle Alternative."[2]

„Und ist es denn nicht vernünftig, die Armen zu besteuern, weil es ihrer so viele sind, dass das Unrecht für den Staat sich lohnt? Und die Reichen zu schonen, weil es ihrer so wenige sind, dass das Recht sich nicht lohnt?"[3]

A. Einführung

1. Das Erbschaftsteuerreformgesetz

1.1 Das verfassungsrechtliche Ziel des Erbschaftsteuerreformgesetzes

Die bisherige Ermittlung von Unternehmenswerten im Zusammenhang mit Erbschaftsteuer- bzw. Schenkungsteuerfällen wurde für nicht notierte Anteile von Kapitalgesellschaften nach dem **Stuttgarter Verfahren** vorgenommen. Das Stuttgarter Verfahren ist ein Mischverfahren vom Typ Übergewinnmethode, in welchem ein Ertragswertanteil sowie ein Substanzwertanteil Berücksichtigung findet. Für Personengesellschaften kamen, auf Grundlage des Steueränderungsgesetzes 1992, die **Steuerbilanzwerte** zum Ansatz, womit bei der Bewertung nur Substanzaspekte erfasst wurden und dabei sogar die stillen Reserven außer Acht blieben. Das Bewertungsergebnis wurde zusätzlich durch den Ansatz der **Schulden** zum Nominal- und damit Verkehrswert verzerrt. Eine Ermittlung von gemeinen Werten war somit weder für nicht notierte Anteile von Kapitalgesellschaften noch für Personengesellschaften zu erreichen.[4] In beiden

1

---

1 Sloterdijk, P., Warum ich doch recht habe, Die Zeit v. 2.12.2010, S. 51.
2 Allgemeiner Teil der Begründung des Regierungsentwurfs, abgedruckt in Hübner, H., Erbschaftsteuerreform 2009 Gesetze Materialien Erläuterungen, 2009, S. 130.
3 Stern, H., Mann aus Apulien – Die privaten Papiere des italienischen Staufers Friedrich II., römisch-deutscher Kaiser, König von Sizilien und Jerusalem, Erster nach Gott, über die wahre Natur der Menschen und der Tiere, geschrieben 1245 – 1250, 1986, S. 196.
4 BFH v. 22.8.2002 – II B 170/01 NWB Dok ID: AAAAA-68155, in Weinmann, N., Praktiker-Handbuch Erbschaftsteuer (u. andere), Weinmann, N., 2010, S. 345.

A. Einführung

Fällen kam es zu systematischen Unterbewertungen.[1] Die Besteuerungsergebnisse waren mit **Art. 3 Abs. 1 GG** unvereinbar.

„*Die durch § 19 Abs. 1 ErbStG angeordnete Erhebung der Erbschaftsteuer mit einheitlichen Steuersätzen auf den Wert des Erwerbs ist **mit dem Grundgesetz unvereinbar**, weil sie an **Steuerwerte** anknüpft, deren Ermittlung bei wesentlichen Gruppen von Vermögensgegenständen (Betriebsvermögen, Grundvermögen, Anteilen an Kapitalgesellschaften und land- und forstwirtschaftlichen Betrieben) den Anforderungen des Gleichheitssatzes aus **Art. 3 Abs. 1 GG nicht genügt.*"[2]

2 Mit der Entscheidung des **BVerfG vom 7.11.2006** wurde der Gesetzgeber aufgefordert, ein gerechtes Erbschaftsteuerrecht und die durchgängige Bewertung von zu übertragendem Vermögen mit dem **gemeinen Wert** sicherzustellen.

„*Die **Bewertung** des anfallenden Vermögens bei der Ermittlung der erbschaftsteuerlichen **Bemessungsgrundlage** muss wegen der dem geltenden Erbschaftsteuerrecht zugrunde liegenden Belastungsentscheidung des Gesetzgebers, den durch Erbfall oder Schenkung anfallenden **Vermögenszuwachs** zu besteuern, **einheitlich am gemeinen Wert als dem maßgeblichen Bewertungsziel ausgerichtet sein**. Die Bewertungsmethoden müssen gewährleisten, dass alle Vermögensgegenstände in einem **Annäherungswert** an den gemeinen Wert erfasst werden.*"[3]

3 Das **Erbschaftsteuerreformgesetz** wurde am 24.12.2008 verkündet.[4] Mit Wirkung ab dem 1.1.2009 ist nun für Vermögensübertragungen im Rahmen **erbschaftsteuerlicher Sachverhalte** generell der gemeine Wert als Bewertungsmaßstab zugrunde zu legen. Das neue Erbschaftsteuer- und Bewertungsgesetz verändert die einschlägigen Regeln zur Unternehmensbewertung von Grund auf.

4 Das neue Gesetz stellt für den steuerlichen Berater somit hinsichtlich der **Unternehmensbewertung** eine große Herausforderung dar, da für die einschlägigen Bewertungsfälle nicht nur die Anweisungen des Bewertungsgesetzes zu beachten sind, sondern zwangsläufig auch die hochkomplexen Erkenntnisse der allgemeinen Betriebswirtschaftslehre zur Unternehmensbewertung.

---

1 Möllmann, P., in Tiedtke (Hrsg.), ErbStG Kommentar, 2009, § 12, S. 310, Tz. 80.
2 BVerfG v. 7.11.2006 - 1 BvL 10/02, Leitsatz, BStBl 2007 II S. 192.
3 BVerfG v. 7.11.2006 - 1 BvL 10/02, Leitsatz, BStBl 2007 II S. 192.
4 Erbschaftsteuerreformgesetz v. 24.12.2008 – ErbStRG, BGBl 2008 I S. 3018.

*"§ 11 Abs. 2 Satz 2 BewG n. F. erklärt deshalb zukünftig grds. **nur noch die in der Betriebswirtschaftslehre** zur Unternehmensbewertung **entwickelten Methoden** für maßgeblich."*[1]

Das Argument, im Erbschaftsteuerreformgesetz seien ja auch umfangreiche **Verschonungsregelungen** vorgesehen und deshalb müsse hier der Bewertung keine erhöhte Beachtung geschenkt werden, geht fehl, da auf dem Steuerpflichtigen sonst für lange Zeiträume ein hohes **latentes Steuerrisiko** lastet.

5

*"Jeder Steuerpflichtige muss **unter allen Umständen** versuchen, eine **angemessene Bewertung** zu erreichen."*[2]

Mit der Beitrittsforderung im Beschluss des BFH vom 5. 10. 2011 geht es erneut um die Verfassungswidrigkeit des Erbschaftsteuergesetzes, die sich insbesondere aus den Verschonungsregelungen ergeben könnte.[3]

Der gemeine Wert stellt einen **typisierten Verkaufspreis** dar, der von „jedermann" unter „normalen" Bedingungen erzielt werden kann und zielt damit ab auf einen idealisierten Wert eines **Wirtschaftsgutes** oder einer **wirtschaftlichen Einheit**.[4] Die Legaldefinition des gemeinen Wertes findet sich in § 9 Abs. 2 BewG:

6

*"Der **gemeine Wert** wird durch den Preis bestimmt, der im gewöhnlichen Geschäftsverkehr nach der Beschaffenheit des Wirtschaftsgutes bei einer **Veräußerung** zu erzielen wäre. Dabei sind alle Umstände, die den Preis beeinflussen, zu berücksichtigen. Ungewöhnliche oder persönliche Verhältnisse sind nicht zu berücksichtigen."*

Der für den typisierten Veräußerungsfall zu bestimmende Preis soll für Unternehmen gemäß § 11 Abs. 2 BewG anhand einer **Methode** ermittelt werden, die der **Käufer** anwenden würde.

7

*"...dabei ist die **Methode** anzuwenden, die ein **Erwerber** der Bemessung des Kaufpreises zu Grunde legen würde."*[5]

---

1 Seer, R., in Tipke/Lang (Hrsg.) Steuerrecht, 2010, § 13 S. 507 Tz. 51.
2 Hübner, H., Erbschaftsteuerreform 2009 Gesetze Materialien Erläuterungen, 2009, S. 481.
3 BFH v. 5. 10. 2011 – II R 9/11.
4 Dass der gemeine Wert einer wirtschaftlichen Einheit nur durch eine Bewertung im Ganzen ermittelt werden kann, führt bereits Dürschke aus in Haider/Engel/Dürschke, Bewertungsgesetz Bodenschätzungsgesetz, 1954, § 2 S. 23; zum gemeinen Wert als Wert, der von „jedem Erben" erzielt werden kann siehe Lange, K.W., in Rixecker/Säcker (Hrsg.), Münchener Kommentar BGB Erbrecht, 2010, § 2311 S. 1931 Tz. 25.
5 § 11 Abs. 2 Satz 2 zweiter Halbsatz BewG.

A. Einführung

Als **Erwerber** im Sinne dieser Vorschrift gilt nicht der im Erbschaftsteuergesetz verwendete Begriff des Erwerbers im Sinne des § 20 Abs. 1 ErbStG, der von Todes wegen oder durch Schenkung unter Lebenden erwirbt, sondern in diesem Fall der Käufer, der fiktiv vom Erben oder Beschenkten kauft.[1] Die Vorschrift des § 11 Abs. 2 Satz 2 zweiter Halbsatz BewG ist an und für sich klar und eindeutig gehalten. Zu Verwirrungen führt aber offensichtlich die Regierungsbegründung in diesem Zusammenhang.

„Die Feststellungslast, **ob eine derartige Methode** *anstelle der Ertragswertmethode anwendbar ist, trägt der sich jeweils darauf Berufende. Um Schätzungsunschärfen, die zulasten des Steuerpflichtigen gehen würden, zu vermeiden, soll auf die* **Sicht eines gedachten Käufers** *abgestellt werden, da dieser im Unterschied zum Verkäufer bemüht sein wird, den Preis möglichst niedrig zu halten."*[2]

8   Aus der Regierungsbegründung wird ein Interpretationsbedürfnis für § 11 Abs. 2 Satz 2 zweiter Halbsatz BewG abgeleitet und geschlossen, der **Verkaufspreis** des Verkäufers werde vom **Käufer** und damit als subjektiver **Käufergrenzpreis** bestimmt.[3] Die Wahl des Werkzeugs (Bewertungsmethode) und dessen Nutzung (Kaufpreisermittlung) sind jedoch zu unterscheiden.

9   Eine ähnliche Definition wie die des gemeinen Wertes gemäß Bewertungsgesetz findet sich in § 194 BauGB. Dieser Wert wird als **Verkehrswert** bezeichnet.

„Der **Verkehrswert (Marktwert)** *wird durch den* **Preis** *bestimmt, der in dem Zeitpunkt, auf den sich die Ermittlung bezieht, im gewöhnlichen Geschäftsverkehr nach den rechtlichen Gegebenheiten und tatsächlichen Eigenschaften, der sonstigen Beschaffenheit und der Lage des Grundstücks oder des sonstigen Gegenstands der Wertermittlung ohne Rücksicht auf ungewöhnliche oder persönliche Verhältnisse* **zu erzielen wäre.** *"*

10   Der im Steuerrecht verwendete Begriff des **gemeinen Wertes** und der Begriff des **Verkehrswertes** aus dem Baugesetzbuch sind nach herrschender Meinung inhaltsgleich.

---

1 Siehe dazu ausführlich Meincke, J.P., ErbStG Kommentar, 2009, § 1 S. 19 Tz. 5 und § 12 S. 388 Tz. 19.
2 Begründung zum Gesetzentwurf der Bundesregierung, Teil 2. Materialien II Artikel 2, Änderung des BewG, Nr. 2, § 11 BewG, abgedruckt in Hübner, H., Erbschaftsteuerreform 2009 Gesetze Materialien Erläuterungen, 2009, S. 245.
3 Siehe zur Klärung dieser Thematik. Rdn. 570.

„Der über § 12 Abs. 1 ErbStG anwendbare § 9 Abs. 1 BewG nennt als Regelfall den gemeinen Wert, also den Verkehrswert."[1]

Verkehrswert und gemeiner Wert stellen Definitionen für einen **objektiven Wert** dar.[2] D.h. bei Ausblenden ungewöhnlicher und persönlicher Verhältnisse ist der Verkehrswert der Betrag, der im Verkaufsfall üblicherweise als Erlös erzielbar ist.[3] Der Verkehrswert ist damit der objektive Wert, den ein Wirtschaftsgut für **jedermann** hat.[4] Da „jedermann" eine **Fiktion** ist, ist auch der objektive Wert eine Fiktion. Im Weiteren soll jedoch auf die gesetzliche Definition des gemeinen Wertes zurückgegriffen werden. Objektive Werte im Sinne von gemeinen Werten oder Verkehrswerten sind für Wirtschaftsgüter verfügbar, für die ein aktiver Markt besteht (z. B. Aktienkurs). Der **Marktpreis** ist damit Ausdruck des objektiven Wertes.[5] Durch Bewertungsverfahren ermittelte Werte für Wirtschaftsgüter oder Sachgesamtheiten, für die kein aktiver Markt besteht, stellen nur **Näherungslösungen** hinsichtlich des gemeinen Wertes oder Verkehrswertes dar.

11

Durch die gesetzliche Anordnung einer **Mindestwertregel**, der durch den Ansatz des Substanzwertes gemäß § 11 Abs. 2 Satz 3 BewG nachzukommen ist, kommt es nunmehr zu einer systematischen Überbewertung in den Fällen ertragsschwacher Unternehmen. Diese Überbewertung ergibt sich aus der Anordnung eines Einzelbewertungsverfahrens, mit dem Ziel einen Fortführungswert zu ermitteln, ohne Berücksichtigung des im Fall der Ertragsschwäche tendenziell negativen Geschäftswertes.[6] Das Erbschaftsteuerreformgesetz hat damit das Problem der Unterbewertung behoben und das Problem der **Überbewertung** trotz verfassungsrechtlicher Vorgabe des Verkehrswertgedankens geschaffen.

12

1.2 Die Ermittlung des gemeinen Wertes

Gemeine Werte stellen **Marktpreise** dar, die sich im gewöhnlichen Geschäftsverkehr und damit auf Märkten, durch Angebot und Nachfrage ergeben. Da-

13

---

1 BVerfG v. 7.11. 2006 - 1 BvL 10/02, BStBl 2007 II S. 192.
2 Halaczinsky, R., in: Rössler/Troll (Hrsg.), Kommentar zum BewG, 2010, § 9 S. 1 Tz. 1.
3 Halaczinsky, R., in: Rössler/Troll (Hrsg.), Kommentar zum BewG, 2010, § 9 S. 4 Tz. 6.
4 Kreutziger, S., in Kreutziger/Schaffner/Stephany (Hrsg.), Kommentar zum Bewertungsgesetz, 2009, § 9 S. 38 Tz. 10.
5 Simon, H.V., Die Bilanzen der Aktiengesellschaften und der Kommanditgesellschaften auf Aktien, 1897, S. 295.
6 Siehe Rdn. 1381.

mit können gemeine Werte immer dann direkt „abgelesen" werden, wenn es für den jeweiligen Vermögensgegenstand einen aktiven Markt gibt.

„*Marktpreis, Börsenpreis sind Thatsachen, keine Urtheile. Wer aber ein Urtheil über den allgemeinen Verkehrswerth eines Gegenstandes abgeben will, muß den Markt- und Börsenpreis in Betracht ziehen; während der Urtheilende sonst die einzelnen Verkäufe gleichartiger Gegenstände erst mühsam zusammenstellen muß, gewährt ihm der **Marktpreis unmittelbar den Nachweis** der geschehenen Abschlüsse; und diese Abschlüsse sind solche, welche sich nicht geheim und zufällig, sondern **im offenen Wirken der wirthschaftlichen Kräfte** entwickelt haben. In Folge dessen ist das Werthurtheil in diesem Fall wesentlich vereinfacht; der Marktpreis bildet den Maßstab für den allgemeinen **Verkehrswerth**, und insofern kann man sagen, daß der **„objektive Tauschwerth"** seinen vollendetsten Ausdruck in dem **Marktpreis** findet.*"[1]

14 An **Börsen** gehandelte Wertpapiere sind ein Paradebeispiel für die Marktpreisbildung, da sie homogene Vermögensgegenstände darstellen, für die sich bei einem aktiven Markt Preise (Kurse) durch Angebot und Nachfrage bilden können. Für nicht notierte Anteile an Kapitalgesellschaften oder Beteiligungen an Personengesellschaften gibt es aber keine aktiven Märkte und deshalb in der Regel keine Marktpreise bzw. gemeinen Werte.

„Für **Handelsunternehmen** *existiert in der Regel* **kein Markt***, auf dem sich ein Preis bilden könnte, ..."*[2]

15 Deshalb müssen in diesen Fällen die gemeinen Werte annähernd über Bewertungsverfahren ermittelt werden. Die Wirtschaftswissenschaften haben für diese Zwecke Methoden entwickelt, die Marktpreise bzw. gemeine Werte unter der idealisierten Vorstellung ableiten, es gäbe effiziente Märkte.[3] Die Ertragswertverfahren bzw. DCF-Verfahren zur Unternehmensbewertung stellen z.B. solche Simulationsmodelle dar.[4] Ein so ermittelter Unternehmenswert stellt keinen **objektiven Unternehmenswert** dar. Bei Berücksichtigung der entsprechenden Bewertungsregeln kann jedoch ein sogenannter **objektivierter Unternehmenswert** ermittelt werden.[5]

---

1 Simon, H.V., Die Bilanzen der Aktiengesellschaften und der Kommanditgesellschaften auf Aktien, 1897, S. 355.
2 Lange, K.W., in Rixecker/Säcker (Hrsg.), Münchener Kommentar BGB Erbrecht, 2010, § 2311 S. 1936 Tz. 38.
3 Jonas, M., Die Bewertung mittelständischer Unternehmen – Vereinfachungen und Abweichungen, Wpg 2011 S. 300.
4 Schneider, D., Investition, Finanzierung und Besteuerung, 1992, S. 520.
5 Wollny, C., Der objektivierte Unternehmenswert – Unternehmensbewertung bei gesetzlichen und vertraglichen Bewertungsanlässen, 2010.

Die Differenzen zwischen den in der Realität auftretenden **Preisen** und den auf der Grundlage von Bewertungsverfahren errechneten **Unternehmenswerten** beruhen darauf, dass ohne aktiven Markt der Preis nicht durch Angebot und Nachfrage, sondern im Verhandlungswege zustande kommt. Die in einer Verhandlung wirkenden Machtgefüge zwischen Käufer und Verkäufer sind jedoch einer Quantifizierung nicht unmittelbar zugänglich. 16

Die Stufenlösung zur Bewertung von Unternehmen wird durch die Neufassung des **§ 11 BewG** beschrieben. 17

§ 11 Abs. 1 Satz 1 BewG

„**Wertpapiere** und Schuldbuchforderungen, die am Stichtag an einer **deutschen Börse** zum Handel im regulierten Markt zugelassen sind, werden mit dem niedrigsten am Stichtag für sie im regulierten Markt notierten **Kurs** angesetzt."[1]

§ 11 Abs. 2 Satz 1 und Satz 2 BewG

„**Anteile an Kapitalgesellschaften**, die **nicht unter Absatz 1** fallen, sind mit dem **gemeinen Wert** anzusetzen. Lässt sich der **gemeine Wert** nicht aus **Verkäufen** unter fremden Dritten ableiten, die weniger als ein Jahr zurückliegen, so ist er unter Berücksichtigung der Ertragsaussichten der Kapitalgesellschaft oder einer anderen anerkannten, auch im gewöhnlichen Geschäftsverkehr für nichtsteuerliche Zwecke üblichen Methode zu ermitteln; dabei ist die Methode anzuwenden, die ein Erwerber der Bemessung des Kaufpreises zu Grunde legen würde."[2]

Der **gemeine Wert** von Unternehmen soll damit primär aus „echten" **Verkäufen** abgeleitet werden. 18

Der gemeine Wert nicht notierter Anteile an einer Kapitalgesellschaft ist in **erster Linie aus Verkäufen** unter fremden Dritten abzuleiten."[3]

Nur soweit die Bestimmung des gemeinen Wertes nicht aus Verkäufen bzw. Börsenkursen abgeleitet werden kann, kommt die Anwendung von **Bewertungsverfahren** zum Tragen. 19

„**Kann der gemeine Wert nicht aus Verkäufen** abgeleitet werden, ist er unter Berücksichtigung der Ertragsaussichten der Kapitalgesellschaft oder einer anderen anerkannten, auch im gewöhnlichen Geschäftsverkehr für nichtsteuerliche Zwecke üblichen **Methode zu ermitteln**."[4]

---

1 § 11 Abs. 1 BewG.
2 § 11 Abs. 2 Satz 1 und Satz 2 BewG.
3 ErbStR 2011, RB 11.2 Abs. 1 Satz 1.
4 ErbStR 2011, RB 11.2 Abs. 2 Satz 1.

20 Da der durch Bewertungsverfahren (nicht durch Marktbewertung!) ermittelte gemeine Wert von Unternehmen dann nicht maßgeblich sein soll, wenn er unter dem **Substanzwert** des Unternehmens liegt, muss als **Mindestwert** jeweils die Summe der gemeinen Werte der Vermögensgegenstände des Unternehmens und seiner Schulden ermittelt werden (Substanzwert).

§ 11 Abs. 2 Satz 3 BewG

*„Die Summe der **gemeinen Werte** der zum Betriebsvermögen gehörenden Wirtschaftsgüter und sonstigen aktiven Ansätze abzüglich der zum Betriebsvermögen gehörenden Schulden und sonstigen Abzüge (Substanzwert) der Gesellschaft darf nicht unterschritten werden;..."*[1]

21 Da für einen wesentlichen Teil der Vermögensgegenstände eines Unternehmens, wie etwa Produktionshallen und Produktionsanlagen, Spezialmaschinen und Patente, ebenfalls keine aktiven Märkte vorhanden sind, müssen auch für diese Vermögensgegenstände Bewertungsverfahren zur näherungsweisen Ermittlung der gemeinen Werte eingesetzt werden.

1.3 Einfluss auf Bewertungen im Ertragsteuerrecht

22 Mit **BMF-Schreiben vom 22. 9. 2011** wurde mitgeteilt, dass die Bewertungsvorgaben für erbschaftsteuerliche Zwecke, insbesondere die überarbeiteten gleich lautenden Ländererlasse vom 17. 5. 2011 zur Anwendung der §§ 11, 95 bis 109 und 199 ff. BewG in der Fassung des ErbStRG, für ertragsteuerliche Zwecke bei der Bewertung von Unternehmen und Anteilen an Kapitalgesellschaften entsprechend anzuwenden sind.[2] Die Wirkung der veränderten gesetzlichen Vorgaben zur Unternehmensbewertung gehen somit weit über den Rahmen erbschaftsteuerlicher Sachverhalte hinaus und beziehen nunmehr auch **ertragsteuerrechtliche Bewertungsanlässe** mit ein.

2. Konzeption und verwendete Quellen

2.1 Konzeption des Buches

23 Das Buch richtet sich an den Praktiker, der mit Bewertungsfragen im Rahmen erbschaftsteuerlicher und ertragsteuerlicher Bewertungsfälle konfrontiert ist. Im Zuge dessen sind zum einen die speziellen steuerlichen Bewertungsvorschriften wie etwa das neu geschaffene vereinfachte Ertragswertverfahren zu

---

1 § 11 Abs. 2 Satz 3 BewG.
2 BMF v. 22. 9. 2011 – S 2170, BStBl 2011 I S. 859.

beachten, zum anderen sind aber zwangsläufig die „normalen" betriebswirtschaftlichen Bewertungserkenntnisse zu berücksichtigen. Dementsprechend ist die vorliegende Publikation in zwei zentrale Themenabschnitte aufgeteilt.

Der **Gliederungspunkt B.** behandelt die Grundlagen der Unternehmensbewertung, wie sie nunmehr auch der bewertungsgesetzlichen Regelung immanent sind, sowie das „reguläre" **Ertragswertverfahren** nach IDW S1. Die Beschränkung auf das Ertragswertverfahren – unter Berücksichtigung des **Capital Asset Pricing Model** zur Ermittlung des Kalkulationszinssatzes – ist dem Umstand geschuldet, dass gerichtliche Entscheidungen im Zusammenhang mit der Bewertung von Unternehmen bis heute ausschließlich auf das Ertragswertverfahren vertrauen bzw. soweit ersichtlich (noch) keine Entscheidungen unter Verwendung der **DCF-Verfahren** verfügbar sind. Diese redaktionelle Einschränkung stellt aber materiell kein Defizit dar, da das Ertragswertverfahren und die DCF-Verfahren zwingend zu gleichen Bewertungsergebnissen führen müssen. 24

„Ertragswert- und Discounted-Cashflow-Verfahren beruhen auf der gleichen konzeptionellen Grundlage (Kapitalwertkalkül); in beiden Fällen wird der Barwert zukünftiger finanzieller Überschüsse ermittelt. Konzeptionell können sowohl objektivierte Unternehmenswerte als auch subjektive Entscheidungswerte mit beiden Bewertungsverfahren ermittelt werden. Bei gleichen Bewertungsannahmen bzw. -vereinfachungen, insbesondere hinsichtlich der Finanzierung, führen beide Verfahren zu gleichen Unternehmenswerten."[1]

Der **Gliederungspunkt C.** konzentriert sich auf die Behandlung der neuen steuerlichen Welt der Unternehmensbewertung, wie sie im **Bewertungsgesetz** niedergelegt ist. Hier finden sich die Ausführungen zur gesetzlichen Bewertungssystematik bzw. den Rahmenbedingungen, unter denen die Bewertung im Zusammenhang mit erbschaftsteuerlichen bzw. schenkungsteuerlichen Bewertungsanlässen zu erfolgen hat. Die Zweiteilung soll dem Anwender die Orientierung zwischen betriebswirtschaftlichen Vorgaben und gesetzlichen Regelungen erleichtern und ein balastfreies problemorientiertes Arbeiten ermöglichen. 25

Redundanzen bei der Behandlung einzelner Fragestellungen wurden bewusst in Kauf genommen, um dem Leser so das Verfolgen von Verweisen im Buch „über Stock und Stein" bzw. das Springen zwischen den Gliederungspunkten zu ersparen. 26

---

1 IDW S1 i. d. F. 2008, Tz. 101.

2.2 Fachliche Grundlagen

27 Entsprechend der Konzeption des Buches liegen den Ausführungen zum einen der „IDW Standard: Grundsätze zur Durchführung von Unternehmensbewertungen" des Instituts der Wirtschaftsprüfer **IDW S1**, sowie das einschlägige Kapitel „Unternehmensbewertung" des **WP-Handbuchs Band II 2008** zugrunde. Zum anderen sind natürlich die durch das Erbschaftsteuerreformgesetz geänderten Abschnitte des **Bewertungsgesetzes** bzw. des **Erbschaftsteuergesetzes** Gegenstand der Untersuchung, soweit sie das Thema Bewertung von Unternehmen berühren.

28 Zur Erklärung der gesetzlichen Neuerungen wurden Anwendungserlasse (**Gleich lautende Ländererlasse**) und Richtlinien (**Erbschaftsteuerrichtlinien 2011**) veröffentlicht, die ebenso wie die Gesetzesmaterialien und aktuellen Kommentierungen dazu verwendet werden, den Themenkomplex Unternehmensbewertung für Zwecke der Erbschaftsteuer zu erklären.

Auf folgende Anwendungserlasse wird hierbei Bezug genommen:

▶ Rückanwendungsoption nach Art. 3 ErbStRG vom 23. 2. 2009, BStBl 2009 I S. 446.

▶ Feststellung von Grundbesitzwerten, Anteilswerten und Betriebsvermögenswerten vom 30. 3. 2009, BStBl 2009 I S. 546 (nachfolgend zitiert als „**GLE Feststellung vom 30. 3. 2009**").

▶ Bewertung des land- und forstwirtschaftlichen Vermögens vom 1. 4. 2009, BStBl 2009 I S. 552.

▶ Bewertung des Grundvermögens vom 5. 5. 2009, BStBl 2009 I S. 590 (nachfolgend zitiert als „**GLE Gr vom 5. 5. 2009**").

▶ Bewertung des Anteils- und Betriebsvermögens vom 25. 6. 2009, BStBl 2009 I S. 698 (nachfolgend zitiert als „**GLE AntBV vom 25. 6. 2009**").

▶ Umsetzung des Gesetzes zur Reform des Erbschaftsteuer- und Bewertungsrechts; Anwendung der §§ 11, 95 bis 109 und 199 ff. BewG in der Fassung durch das ErbStRG vom 17. 5. 2011, BStBl 2011 I S. 606 (nachfolgend zitiert als „**GLE AntBV vom 17. 5. 2011**").

▶ Anwendung der geänderten Vorschriften des Erbschaft- und Schenkungsteuergesetzes vom 25. 6. 2009, BStBl 2009 I S. 713 (nachfolgend zitiert als „**GLE ErbStG vom 25. 6. 2009**").

2.3 Zeitlicher und sachlicher Anwendungsbereich der fachlichen Grundlagen

Die gleich lautenden **Ländererlasse** zur Bewertung von Unternehmen und Betriebsvermögen wurden mit Datum 17. 5. 2011 überarbeitet.[1] Sie ersetzen die entsprechenden Ländererlasse vom 25. 6. 2009.[2] Die Änderungen der Erlasse betreffen im Wesentlichen die Erläuterungen zum vereinfachten Ertragswertverfahren. Die neuen Erlasse vom 17. 5. 2011 sind auf **Bewertungsstichtage** nach dem 30. 6. 2011 anzuwenden. Die gleich lautenden Erlasse vom 25. 6. 2009 sind mit Wirkung vom 1. 7. 2011 aufgehoben.

29

Mit **BMF-Schreiben** vom 22. 9. 2011 wurden die durch das Erbschaftsteuerreformgesetz geänderten Bewertungsvorschriften auch zur Anwendung auf **ertragsteuerliche Bewertungsanlässe** für verbindlich erklärt. Hierbei sollen insbesondere die gleich lautenden Ländererlasse vom 17. 5. 2011 zur Anwendung kommen.[3]

30

Mit Datum 4. 11. 2011 wurden die **Erbschaftsteuerrichtlinien 2011** veröffentlicht. Diese sind auf **Bewertungsstichtage** ab dem **3. 11. 2011** anzuwenden. Sie gelten auch für Bewertungsstichtage vor dem 3. 11. 2011, soweit sie geänderte Vorschriften des Erbschaftsteuer- und Schenkungsteuergesetzes und des Bewertungsgesetzes betreffen, die vor dem 3. 11. 2011 anzuwenden sind. Die Erbschaftsteuerrichtlinien ersetzen die gleich lautenden Ländererlasse.

31

3. Bewertungsanlässe

3.1 Ausgestaltung des Erbschaftsteuerrechts

Die Erbschaftsteuer kann als **Nachlasssteuersystem** ausgestaltet werden. Dann stellt die Erbschaftsteuer die finale Vermögensteuer des Erblassers dar. Der gesamte Nachlass ist in diesem Fall Gegenstand der Erbschaftsbesteuerung. Das gegenwärtige deutsche Recht stellt dagegen eine **Erbanfallsteuer** dar.[4] Die Erbschaftsteuer knüpft dabei an den Rechtsübergang auf den oder die Erben an. Besteuert wird somit nicht das hinterlassene Vermögen, sondern die Bereicherung des Erben.[5] Bei mehreren **Miterben** ist die mit dem Tod auf

32

---

1 GLE AntBV v. 17. 5. 2011, BStBl 2011 I S. 606.
2 GLE AntBV v. 25. 6. 2009, BStBl 2009 I S. 698.
3 Die einschlägigen Passagen der Erbschaftsteuerrichtlinien 2011 entsprechen mit geringen Änderungen den gleich lautenden Ländererlassen vom 17. 5. 2011.
4 Crezelius, G., Unternehmenserbrecht, 2009, S. 126 Tz. 178.
5 Seer, R., in Tipke/Lang (Hrsg.) Steuerrecht, 2010, § 13 S. 510 Tz. 102.

den Miterben entfallende **Erbqoute** für die Erbschaftsteuer relevant. Eine nachfolgende, gegebenenfalls zu abweichenden Verhältnissen führende **Erbauseinandersetzung** ist, abgesehen von den Verschonungsregelungen §§ 13a, 13b ErbStG, für die Erbschaftsteuer irrelevant. Das Erbschaftsteuergesetz bezieht auch die **vorweggenommene Erbfolge** in die erbschaftsteuerrechtlich relevanten Vorgänge mit ein. Die Schenkungsteuer stellt damit eine vorweggenommene Erbschaftsteuer dar.[1]

33 Nach Ansicht des Bundesverfassungsgerichts ist die Erbschaftsteuer aus der **Substanz** und nicht aus dem laufenden Ertrag zu bezahlen.[2]

*„Selbst bei Wirtschaftsgütern, **deren Wert** typischerweise durch ihren regelmäßig anfallenden Ertrag realisiert wird, ist **nicht notwendig der Ertragswert der einzig „wahre"** Wert zur Bestimmung des **Vermögenszuwachses**, weil auch bei ihnen die Realisierung des Verkehrswerts durch **Veräußerung nicht ausgeschlossen** ist. Daher bedarf es in dem generell am **Substanzzugewinn orientierten System** der Erbschaft- und Schenkungsteuer auch bei solchen Wirtschaftsgütern zur Vergewisserung einer belastungsgleichen Besteuerung des **Rückgriffs auf den Verkehrswert**, auch wenn dieser anhand einer **Ermittlungsmethode gewonnen werden mag**, die wesentlich durch die Summe in einer bestimmten Zeiteinheit zu **erwartender Erträge aus dem Wirtschaftsgut bestimmt wird**. In grundsätzlicher Übereinstimmung hiermit hat das Bundesverfassungsgericht bereits in seinem Beschluss zur Einheitsbewertung von Grundbesitz für die Erbschaftsteuer aus dem Jahre 1976 ausgeführt, dass die **Erbschaftsteuer eine auf die Substanz und nicht auf den Ertrag der zugewendeten Bereicherung gelegte Steuer ist**, weshalb es weniger nahe liege, den Grundbesitz mit Ertragswerten zu bewerten ...."*[3]

34 Damit ist der Wertmaßstab der Erbschaftsteuer auch der **Verkehrswert** bzw. der gemeine Wert und nicht der **Ertragswert**.[4] Die Hinweise auf ein mögliches Auseinanderfallen von Ertragswert und Verkehrswert können in der Realität beobachtet werden.[5] Allerdings ist der Ertragswert ein Wertbegriff, der aus seiner Definition heraus eine Ermittlung erlaubt. Dem Verkehrswert fehlt diese Qualität, da dieser Wert als normalisierter und damit idealisierter Marktpreis zwar das Ziel der Bewertung, aber nicht den Weg dorthin definiert. Im Ergeb-

---

1 Seer, R., in Tipke/Lang (Hrsg.) Steuerrecht, 2010, § 13 S. 511 Tz. 104.
2 BVerfG v. 14. 12. 1993 - 1 BvL 25/88, BStBl 1994 II S. 133; BVerfG v. 7. 11. 2006 - 1 BvL 10/02, BStBl 2007 II S. 192.
3 BVerfG v. 7. 11. 2006 - 1 BvL 10/02, S. 16, BStBl 2007 II S. 192.
4 § 9 Abs. 2 Satz 1 BewG i. V. m. § 194 BauGB; Seer, R., in Tipke/Lang (Hrsg.) Steuerrecht, 2010, § 13 S. 511 Tz. 104.
5 Seer, R., in Tipke/Lang (Hrsg.) Steuerrecht, 2010, § 13, S. 492 Tz. 13.

nis kann man sich bei der Ermittlung des Verkehrswertes somit wiederum nur die Frage stellen, welche Überlegungen Wirtschaftssubjekte anstellen, wenn sie einen angemessenen Preis für ein Wirtschaftsgut oder einen organisatorischen Verbund von Wirtschaftsgütern ermitteln wollen. Diese Überlegungen führen zwangsläufig zum Ertragswert, da dieser an den Nutzwert der Wirtschaftsgüter anknüpft.

3.2 Nachfolge in Unternehmen

3.2.1 Bewertungsanlass Unternehmensnachfolge

Unternehmen oder Anteile an Unternehmen können durch **Erbfall** oder durch **Schenkung** auf den Erwerber und Nachfolger übergehen. Der Vermögensanfall unterliegt bei dem Erwerber der Erbschaftsteuer bzw. Schenkungsteuer. Voraussetzung für die Besteuerung ist die **Bewertung** des Nachlasses der vom Erblasser bzw. Schenker auf den Erben oder Beschenkten übergegangen ist, damit dieser als Geldbetrag vorliegt und unter Verwendung des Erbschaftsteuertarifs die Erbschaftsteuer ermittelt werden kann.

35

„Um mittels dieses Tarifs zu einem in Geld zu entrichtenden Steuerbetrag zu gelangen, müssen die dem steuerpflichtigen *Erwerb* unterfallenden Vermögensgegenstände *in einem Geldbetrag* ausgewiesen werden. Bei nicht als Geldsumme vorliegenden Steuerobjekten ist deshalb die *Umrechnung in einen Geldwert mittels einer Bewertungsmethode* erforderlich, um eine Bemessungsgrundlage für die Steuerschuld zu erhalten. Das Erbschaftsteuer- und Schenkungsteuergesetz bestimmt in § 12 Abs. 1, dass sich die Bewertung, vorbehaltlich der in § 12 Abs. 2 bis Abs. 6 vorgesehenen Sonderregelungen, nach den Vorschriften des Bewertungsgesetzes ... richtet. Die Werte der einzelnen Vermögensgegenstände werden im Erbschaftsteuerrecht danach nicht einheitlich, sondern auf unterschiedliche Art und Weise ermittelt. Der über § 12 Abs. 1 ErbStG anwendbare § 9 Abs. 1 BewG nennt als Regelfall den *gemeinen Wert, also den Verkehrswert.*"[1]

Werden Unternehmen im Erbgang oder durch Schenkung erworben, sind die Verfahren der Unternehmensbewertung zur Wertermittlung anzuwenden. Die Unternehmensbewertung ist in diesen Fällen allerdings nicht nur aus **erbschaftsteuerlichen** Gründen erforderlich, sondern auch als Konsequenz **erbrechtlicher** Vorschriften. Beispiele hierfür sind etwa die erbrechtliche Auseinandersetzung von Erbengemeinschaften oder die Enterbung gesetzlicher Erben, mit der Folge des Auflebens von Pflichtteilsansprüchen. Als Wertmaß-

36

---

1 BVerfG v. 7.11.2006 - 1 BvL 10/02, S. 2, BStBl 2011 I S. 192.

stab gilt für erbrechtliche und erbschaftsteuerliche Zwecke einheitlich der gemeine Wert bzw. **Verkehrswert**.[1]

3.2.2 Geplante Unternehmensnachfolge

37 Ohne weitere Regelung erwerben die Erben durch den Erbfall gemäß der gesetzlichen **Erbfolge** nach § 1924 ff. BGB. Sind mehrere Erben vorhanden, erben diese nicht unmittelbar die Vermögensgegenstände des Nachlasses, sondern in gesamthänderischer Bindung als Erbengemeinschaft. Das Verteilungsverhältnis und damit die Höhe der Beteiligung am Erbe wird durch die **Erbquote** gemäß § 2047 Abs. 1 BGB bestimmt.[2] Mit der Erbquote ist aber bei mehreren Erben nicht das Recht an bestimmten Vermögensgegenständen des Nachlasses geregelt, sondern nur der Anteil am Nachlass in gesamthänderischer Bindung. Befindet sich im Nachlass ein Unternehmen, ist für die weitere Führung dieses Unternehmens die **Erbengemeinschaft** zuständig. Notwendige Entscheidungen im Unternehmen können dann unter Umständen nicht getroffen werden, wenn sich die Erbengemeinschaft nicht auf eine einheitliche Linie einigen kann, da Entscheidungen einstimmig zu treffen sind. Um das Unternehmen wieder unter einen einheitlichen Willen zu stellen, kann im Rahmen der **Auseinandersetzung** der Erbengemeinschaft gemäß § 2042 BGB das Unternehmen von einem der Miterben übernommen werden. Wertdifferenzen zwischen Unternehmen und restlichem Nachlass sind vom Übernehmer gegenüber den weichenden Erben auszugleichen. Die Ermittlung der Wertdifferenzen setzt bereits eine Unternehmensbewertung voraus, unabhängig davon welche Anforderungen sich im Zusammenhang mit dem Erbschaftsteuergesetz ergeben. Die Erbauseinandersetzung in der Folge des Erbfalls ist erbschaftsteuerlich irrelevant.[3] Allerdings führen **Ausgleichszahlungen** einkommensteuerlich zu Anschaffungskosten bzw. Veräußerungsgewinnen zwischen den Mitgliedern der Erbengemeinschaft. Diese Form der Lösung der Nachfolgefrage ist Teil des Einigungsprozesses innerhalb der Erbengemeinschaft. Welche Person aus dem Kreis der Erbengemeinschaft das Unternehmen letztlich in Zukunft führen wird, bleibt somit den Verhandlungen der Erbengemeinschaft überlassen. Das heißt im Ergebnis, dass die Unternehmensnachfolge vom Erblasser nicht gere-

---

1 Siehe z. B. die Entscheidung des BGH zum Pflichtteilsrecht, BGH v. 30.9.1954 – IV ZR 43/54, BGHZ 14 368, Tz. 24; für die Bewertung von Nachlassaktiven wie Nachlasspassiven wird hier auf den gemeinen Wert verwiesen.
2 Ann, C., in Rixecker/Säcker (Hrsg.), Münchener Kommentar BGB Erbrecht, 2010, § 2047 S. 719 Tz. 5.
3 Meincke, J.P., ErbStG Kommentar, 2009, § 3 S. 74 Tz. 20.

gelt wurde. Die Möglichkeit der aktiven Nachfolgeregelung ergibt sich z. B. aus den nachstehend beschriebenen Alternativen.

Die sogenannte **vorweggenommene Erbfolge** ist zivilrechtlich nicht definiert. Sie stellt eine Schenkung durch den künftigen Erblasser an einen oder mehrere künftige Erben dar.[1] Auf diese Weise kann der Zuwendende einen gezielten Übergang des Unternehmens auf den gewünschten Nachfolger sicherstellen.

38

*„Unter vorweggenommener Erbfolge sind Vermögensübertragungen unter Lebenden mit Rücksicht auf die künftige Erbfolge zu verstehen. Der Übernehmer soll nach dem Willen der Beteiligten **wenigstens teilweise eine unentgeltliche Zuwendung** erhalten ... Der Vermögensübergang tritt nicht kraft Gesetzes, sondern aufgrund einzelvertraglicher Regelungen ein."*[2]

Bei langfristiger Planung können so auch erbschaftsteuerliche Freibeträge ausgenutzt werden. Durch die Vermögenszuordnung zu Lebzeiten, hat der Schenker noch die Möglichkeit Einfluss auf den Unternehmensübergang und das Unternehmensschicksal zu nehmen. Da die Übergabe bei Familienunternehmen regelmäßig mit Zahlungen, etwa Versorgungsleistungen, an den oder die Schenker verbunden ist, wird der Vermögensübergang im Rahmen der Erbschaft- und Schenkungsteuer als **gemischte Schenkung** behandelt.[3] Der so teilentgeltlich gestaltete Unternehmensübergang hat eine schenkungsteuerliche und eine einkommensteuerliche Dimension. Bezogen auf die Schenkungsteuer ist anhand des Wertes des übergegangenen Unternehmens und des Wertes der entgeltlichen Gegenleistung der Umfang der Schenkung zu ermitteln.

39

Auch als Erblasser ist es möglich durch das **Testament** auf die Unternehmensnachfolge Einfluss zu nehmen. Mittel hierzu sind die Teilungsanordnung § 2048 BGB und das Vermächtnis bzw. Vorausvermächtnis § 2150 BGB. Werden einzelne Erben gezielt von der Erbfolge ausgeschlossen, leben bei diesen Pflichtteilsansprüche nach § 2311 BGB auf.

40

Die **Teilungsanordnung** ist ein Mittel, um die gezielte Verteilung des Nachlasses auf mehrere Erben zu regeln. Die Teilungsanordnung stellt somit die Anleitung zur Erbauseinandersetzung nach dem Willen des Erblassers dar.

41

*„Durch eine Teilungsanordnung (§ 2048 BGB) wird lediglich die **Art und Weise der Erbauseinandersetzung durch den Erblasser festgelegt**. Deshalb gehen auch bei der Teilungsanordnung zunächst alle Nachlassgegenstände auf die **Erben-***

---

1 Praxis der Unternehmensnachfolge, IDW (Hrsg.), 2009, S. 122 Tz. 479.
2 BMF v. 13. 1. 1993 - IV B 3 - S 2190 - 37/92, Tz. 1, BStBl 1993 I S. 80.
3 Praxis der Unternehmensnachfolge, IDW (Hrsg.), 2009, S. 155 Tz. 619.

A. Einführung

gemeinschaft und nicht einzelne Nachlassgegenstände unmittelbar auf denjenigen Miterben über, der sie aufgrund der Teilungsanordnung erhalten soll."[1]

42 Von der Erbquote abweichende Wertverschiebungen zwischen den Erben sind durch die Teilungsanordnung nicht möglich.

*„Bei der Teilungsanordnung **fehlt ein derartiger Begünstigungswille**, sie beschränkt sich auf die Verteilung der Nachlassgegenstände bei der Erbauseinandersetzung."*[2]

*„Eine **quotenverschiebende Teilungsanordnung gibt es** nach der Rechtsprechung des BGH, der sich der erkennende Senat anschließt, abgesehen vom Fall des § 2049 BGB (Übernahme eines Landguts) **nicht** ..."*[3]

43 Kommt es trotzdem dazu, ergeben sich **Ausgleichsverpflichtungen** zwischen den Miterben. Soll es in einem Zusammenhang mit einer durch die Teilungsanordnung tatsächlich erfolgten Wertverschiebung nicht zu Ausgleichspflichten kommen, ist ein Vorausvermächtnis anzunehmen.

*„Nach der in der zivilrechtlichen Rechtsprechung und Literatur überwiegend vertretenen Ansicht liegt bei einer **Teilungsanordnung**, durch die der Erblasser unter **Ausschluss einer Ausgleichspflicht** einem von mehreren Miterben **Gegenstände zuweist, die wertvoller sind**, als dies dem Erbteil des Miterben entspricht, eine reine Teilungsanordnung vor, soweit eine Anrechnung auf den Erbteil des Miterben möglich ist, und in Höhe des Mehrwerts ein **Vorausvermächtnis** .... Das Vorausvermächtnis bezieht sich danach in solchen Fällen nicht auf die dem Miterben zustehenden Gegenstände, sondern nur auf den Mehrwert. Eine solche Kombination von Teilungsanordnung und Vorausvermächtnis ist möglich ...."*[4]

44 Soll ein Erbe auch wertmäßig über seine Erbquote hinaus begünstigt werden, kann dies durch ein **Vorausvermächtnis** nach § 1939 i.V.m. § 2150 BGB realisiert werden.

*„Zur Abgrenzung zwischen Teilungsanordnung und Vorausvermächtnis ist von Bedeutung, dass sich die Teilungsanordnung in der Zuweisung bestimmter Nachlassgegenstände innerhalb des Rahmens des Erbteils erschöpft, während das **Vorausvermächtnis in der Zuweisung bestimmter Nachlassgegenstände außerhalb des Erbteils, d. h. über den Erbteil hinaus, besteht**. Mit dem Vorausvermächtnis*

---

1 BMF v. 14.3.2006 - IV B 2 - S 2242 - 7/06, Tz. 67, BStBl 2006 I S. 253.
2 BMF v. 14.3.2006 - IV B 2 - S 2242 - 7/06, Tz. 68, BStBl 2006 I S. 253.
3 BFH v. 6.10.2010 - II R 29/09 (NV) NWB Dok ID: AAAAD-61280.
4 BFH v. 6.10.2010 - II R 29/09 (NV) NWB Dok ID: AAAAD-61280.

*will der Erblasser einem der Erben einen **zusätzlichen Vermögensvorteil** zuwenden.*"¹

Der über das Vorausvermächtnis dem Erben zugewandte Gegenstand wird dem Bedachten nicht im Rahmen der Auseinandersetzung auf die Erbquote angerechnet. 45

Mit dem **Vermächtnis** nach § 1939 BGB i.V.m. § 2174 BGB kann einem **Dritten** ein Teil des Nachlasses zugeordnet werden. Der Dritte wird zwar nicht Erbe, aber er erhält einen schuldrechtlichen Anspruch gegen die Erbengemeinschaft auf Übertragung. 46

3.2.3 Nachfolge in Einzelunternehmen

Nach § 22 Abs. 1 HGB ist von der **Vererblichkeit** eines Einzelunternehmens auszugehen.² Das Einzelunternehmen wird Bestandteil des Nachlasses und wird damit im Rahmen der Gesamtrechtsnachfolge des § 1922 Abs. 1 BGB übertragen. Beim Erwerb des Einzelunternehmens durch mehrere Miterben wird das Unternehmen gemäß § 2032 Abs. 1 BGB Gesamthandsvermögen der **Erbengemeinschaft**. Obwohl das Ziel der Erbengemeinschaft auf Auseinandersetzung und damit Beendigung gerichtet ist, kann die Erbengemeinschaft das Einzelunternehmen ohne zeitliche Begrenzung fortführen. Die Unternehmensführung durch die Erbengemeinschaft folgt den Regeln, nach denen gemäß § 2038 BGB auch der übrige Nachlass verwaltet wird. Ein Automatismus des Wandels der Erbengemeinschaft in eine OHG oder KG ist damit nicht verbunden.³ 47

Einkommensteuerlich führt der Tod des Einzelunternehmers oder die Schenkung des Einzelunternehmens zu einer unentgeltlichen Übertragung an den Erwerber. Die stillen Reserven im Betriebsvermögen werden dabei gemäß § 6 Abs. 3 Satz 1 EStG nicht aufgedeckt. Der Erwerber hat vielmehr zwingend gemäß § 6 Abs. 3 Satz 3 EStG die Buchwerte fortzuführen und tritt somit mit dem Zeitpunkt des Erbfalls bzw. der Schenkung einkommensteuerlich in die Position des Erblassers bzw. Schenkers ein.⁴ 48

*„Wird ein Betrieb, ein Teilbetrieb oder der Anteil eines Mitunternehmers an einem Betrieb **unentgeltlich übertragen**, so sind bei der Ermittlung des Gewinns des bisherigen Betriebsinhabers (Mitunternehmers) die Wirtschaftsgüter mit den*

---

1 BMF v. 14.3.2006 - IV B 2 - S 2242 - 7/06, Tz. 68, BStBl 2006 I S. 253.
2 Crezelius, G., Unternehmenserbrecht, 2009, S. 165 Tz. 220.
3 Schmidt, K., Handelsrecht, 1999 S. 104.
4 BFH v. 9.9.2010 - IV R 22/07 (NV) NWB Dok ID: WAAAD-56599.

Werten anzusetzen, die sich nach den Vorschriften über die Gewinnermittlung ergeben; dies gilt auch bei der unentgeltlichen Aufnahme einer natürlichen Person in ein bestehendes Einzelunternehmen sowie bei der unentgeltlichen Übertragung eines Teils eines Mitunternehmeranteils auf eine natürliche Person. ...
Der Rechtsnachfolger ist an die in Satz 1 genannten Werte gebunden."[1]

49 Dies gilt aber nicht für bestehende Verlustvorträge nach § 10d EStG.[2] Geht das Einzelunternehmen auf mehrere Miterben über, dann wird die Erbengemeinschaft als Mitunternehmerschaft nach § 15 Abs. 1 Satz 1 Nr. 2 EStG qualifiziert und erzielt damit nachfolgend Einkommen aus Gewerbebetrieb.[3]

3.2.4 Nachfolge in Personengesellschaften

50 Nach geltender Rechtslage hat der Tod eines Gesellschafters nicht mehr die Auflösung und **Liquidation** der Gesellschaft zur Folge. Der Gesellschaftsvertrag kann allerdings die Auflösung vorsehen. Für diesen Fall erwirbt eine Erbengemeinschaft den Anteil an der Liquidationsgesellschaft im Wege der Gesamtrechtsnachfolge.[4] Für erbschaftsteuerliche Zwecke ist die **Bewertung** der Gesellschaft mit dem Liquidationswert gesetzlich nicht geregelt, aber zumindest in der Regierungsbegründung zu § 11 BewG vorgesehen.[5]

51 Nach der gesetzlichen Regelung der §§ 131 Abs. 3 Nr. 1, 161 Abs. 2 HGB führt der Tod des Gesellschafters zu seinem **Ausscheiden** aus der Gesellschaft. Den übrigen Gesellschaftern wächst der Anteil des Verstorbenen gemäß §§ 105 Abs. 3, 161 Abs. 2 HGB i. V. m. § 738 Abs. 1 Satz 1 BGB zu (**Anwachsung**) und sie führen die Gesellschaft im reduzierten Gesellschafterkreis weiter. Die Erben sind damit von der Nachfolge in das Unternehmen ausgeschlossen. Die Erben erhalten im Rahmen der Gesamtrechtsnachfolge nur einen Abfindungsanspruch gemäß § 738 Abs. 1 Satz 2 BGB. Der Abfindungsanspruch bemisst sich, soweit der Gesellschaftsvertrag keine **Abfindungsklausel** vorsieht, nach dem wahren Wert der Beteiligung und damit nach dem **Verkehrswert**. Dieser Wert ist durch eine Unternehmensbewertung zu ermitteln. Der erbschaftsteuerliche Erwerb regelt sich nach § 3 Abs. 1 Nr. 1 ErbStG. Die Verschonungs-

---

1 § 6 Abs. 3 Satz 1 und Satz 3 EStG.
2 BFH v. 17. 12. 2007 - GrS 2/04, BStBl 2008 II S. 608.
3 BFH v. 5. 7. 1990 - GrS 2/89, BStBl 1990 II S. 837.
4 Wälzholz, E., in Viskorf/Knobel/Schuck (Hrsg.), Erbschaftsteuer- und Schenkungsteuergesetz, Bewertungsgesetz Kommentar, 2009, ErbStG, § 3 S. 141 Tz. 84.
5 Begründung zum Gesetzentwurf der Bundesregierung, Teil 2. Materialien II Artikel 2, Änderung des BewG, Nr. 2, § 11 BewG abgedruckt in Hübner, H., Erbschaftsteuerreform 2009 Gesetze Materialien Erläuterungen, 2009, S. 245.

regelungen §§ 13a, 13b, 19a ErbStG gelten gemäß § 13a Abs. 3 Satz 2 ErbStG nicht für einen Abfindungsanspruch.[1]

Beim Vorhandensein einer Abfindungsklausel wird regelmäßig eine Abfindung unter dem wahren Wert des Anteils geregelt. In Höhe der **Wertdifferenz** kommt es zu einer Bereicherung der verbleibenden Gesellschafter aufgrund einer Schenkung auf den Todesfall nach § 3 Abs. 1 Nr. 2 Satz 2 ErbStG. 52

*„Als Schenkung auf den Todesfall gilt **auch** der auf dem Ausscheiden eines Gesellschafters beruhende Übergang des Anteils oder des Teils eines Anteils eines Gesellschafters einer Personengesellschaft oder Kapitalgesellschaft bei dessen Tod auf die anderen Gesellschafter oder die Gesellschaft, soweit der **Wert, der sich für seinen Anteil** zur Zeit seines Todes nach § 12 ergibt, **Abfindungsansprüche Dritter übersteigt.*** "[2]

Wird durch eine **einfache Nachfolgeklausel** die Übernahme des Anteils des verstorbenen Gesellschafters durch alle Erben geregelt, wird jeder einzelne Miterbe nach seiner Erbquote Gesellschafter durch **Sonderrechtsnachfolge**, da eine Erbengemeinschaft nicht Gesellschafter einer werbenden Gesellschaft sein kann.[3] 53

Mit einer **qualifizierten Nachfolgeklausel** kann nur eine Person oder mehrere Personen aus der Gruppe aller Miterben, zum Erben bzw. zu Erben der Beteiligung an der Personengesellschaft bestimmt werden. Der Erwerb bei den ausgewählten Erben erfolgt im Wege der **Sonderrechtsnachfolge**, ohne Durchgangserwerb bei den übrigen Miterben.[4] Durch die qualifizierte Nachfolgeklausel erhalten die Nachfolger mehr, als ihrer Erbquote entspricht. Daraus ergeben sich **Ausgleichsverpflichtungen** gegenüber den übrigen Miterben. Diese haben den Abfindungsanspruch als Erwerb zu versteuern. 54

*„Überträgt ein Erbe ein auf ihn übergegangenes Mitgliedschaftsrecht an einer Personengesellschaft unverzüglich nach dessen Erwerb auf Grund einer im Zeitpunkt des Todes des Erblassers bestehenden Regelung im **Gesellschaftsvertrag an die Mitgesellschafter** und ist der Wert, der sich für seinen Anteil zur Zeit des Todes des Erblassers nach § 12 ErbStG ergibt, **höher als der gesellschaftsvertraglich***

---

1 R E 3.4 Abs. 3 Satz 9, R E 13b.1 Abs. 2 Satz 4 und Satz 5 ErbStR 2011; Wälzholz, E., in Viskorf/Knobel/Schuck (Hrsg.), Erbschaftsteuer- und Schenkungsteuergesetz, Bewertungsgesetz Kommentar, 2009, ErbStG, § 3 S. 142 Tz. 86.
2 § 3 Abs. 1 Nr. 2 Satz 2 ErbStG.
3 Wälzholz, E., in Viskorf/Knobel/Schuck (Hrsg.), Erbschaftsteuer- und Schenkungsteuergesetz, Bewertungsgesetz Kommentar, 2009, ErbStG, § 3 S. 141 Tz. 84.
4 Wälzholz, E., in Viskorf/Knobel/Schuck (Hrsg.), Erbschaftsteuer- und Schenkungsteuergesetz, Bewertungsgesetz Kommentar, 2009, ErbStG, § 3 S. 144 Tz. 90.

A. Einführung

*festgelegte Abfindungsanspruch, so gehört **nur der Abfindungsanspruch** zum Vermögensanfall..."*[1]

55 Damit stellt sich die Frage, welchen Erwerb die qualifizierten Nachfolger nach dem Erbschaftsteuergesetz zu versteuern haben. Gemäß den Erbschaftsteuerrichtlinien 2011 haben die qualifizierten Nachfolger nur den Erwerb gemäß Erbquote zu versteuern, können aber die Ausgleichszahlung nicht als Passivposten berücksichtigen.[2] Nach einer anderen Meinung haben die qualifizierten Nachfolger den via Sonderrechtsnachfolge erhaltenen Beteiligungswert zu versteuern, allerdings unter Berücksichtigung der Ausgleichsverpflichtung.[3]

56 **Einkommensteuerlich** führt der Tod des Mitunternehmers oder die Schenkung des Mitunternehmeranteils zu einer unentgeltlichen Übertragung an den Erwerber. Die stillen Reserven im Betriebsvermögen werden dabei gemäß § 6 Abs. 3 Satz 1 EStG nicht aufgedeckt. Der Erwerber hat vielmehr zwingend gemäß § 6 Abs. 3 Satz 3 EStG die Buchwerte fortzuführen und tritt somit mit dem Zeitpunkt des Erbfalls bzw. der Schenkung einkommensteuerlich in die Position des Erblassers bzw. Schenkers ein.

*„Wird ein Betrieb, ein Teilbetrieb oder der Anteil eines Mitunternehmers an einem Betrieb **unentgeltlich übertragen**, so sind bei der Ermittlung des Gewinns des bisherigen Betriebsinhabers (Mitunternehmers) die Wirtschaftsgüter mit den **Werten anzusetzen, die sich nach den Vorschriften über die Gewinnermittlung ergeben**; dies gilt auch bei der unentgeltlichen Aufnahme einer natürlichen Person in ein bestehendes Einzelunternehmen sowie bei der unentgeltlichen Übertragung eines Teils eines Mitunternehmeranteils auf eine natürliche Person. ... **Der Rechtsnachfolger ist an die in Satz 1 genannten Werte gebunden.**"*[4]

3.2.5 Nachfolge in Kapitalgesellschaften

57 Anteile an einer GmbH sind gemäß § 15 Abs. 1 GmbHG **vererblich**. Die Vererblichkeit lässt sich per Satzung nicht verhindern oder beschränken.[5] Bei mehreren Miterben wird die **Erbengemeinschaft** als Gesamthandsgemeinschaft Gesellschafter. Eine Sondererbfolge wie bei der Personengesellschaft gibt es bei

---

1 R E 10.13 Abs. 1 Satz 4 ErbStR 2011.
2 R E 3.1 Abs. 1 ErbStR 2011.
3 Wälzholz, E., in Viskorf/Knobel/Schuck (Hrsg.), Erbschaftsteuer- und Schenkungsteuergesetz, Bewertungsgesetz Kommentar, 2009, ErbStG, § 3 S. 145 Tz. 93.
4 § 6 Abs. 3 Satz 1 und Satz 3 EStG.
5 Schacht, V., in Müller/Winkeljohann (Hrsg.) Beck'sches Handbuch der GmbH, 2009, S. 922 Tz. 210.

der GmbH nicht.¹ Der Erwerb durch einen qualifizierten Nachfolger kann nur durch Teilungsanordnung, ein Vorausvermächtnis oder die Bestimmung eines Alleinerben erreicht werden.² Führen diese Regelungen zu einer finanziellen Bevorzugung des Nachfolgers gegenüber der Erbquote, entstehen **Ausgleichsverpflichtungen** gegenüber den anderen Miterben. Diese haben den Abfindungsanspruch zu versteuern.³ Die Verschonungsregelungen der §§ 13a, 13b, 19a ErbStG gelten gemäß § 13a Abs. 3 Satz 2 ErbStG nicht für einen Abfindungsanspruch.⁴

Durch Gesellschaftsvertrag kann eine **Abtretungspflicht** seitens der Erbengemeinschaft zugunsten des vorgesehenen Nachfolgers geregelt werden. Alternativ kann eine **Einziehungsklausel** nach § 34 GmbHG vereinbart sein, kraft derer die GmbH den Anteil des Erben oder der Erbengemeinschaft einziehen kann. Auch die Abtretungsklausel oder die Einziehungsklausel führen zu einem Abfindungsanspruch der Erbengemeinschaft.⁵ Der Abfindungsanspruch bemisst sich nach dem **Verkehrswert** des Anteils. Bei einer Einziehung oder Abfindung unter dem Verkehrswert kommt es zu einer Schenkung auf den Todesfall an die anderen Gesellschafter oder die GmbH gemäß § 3 Abs. 1 Nr. 2 ErbStG.⁶ Bis zur Wirksamkeit der Abtretung oder Einziehung bleibt der GmbH-Anteil in der Zuständigkeit des Erben bzw. der Erbengemeinschaft. Die Regelungen für die AG entsprechen im Wesentlichen denjenigen für die GmbH.⁷

58

Der unentgeltliche Erwerb einer wesentlichen Beteiligung an einer Kapitalgesellschaft, wird **einkommensteuerlich** nicht als Veräußerung im Sinne § 17 EStG behandelt. Vielmehr tritt der Erwerber der Beteiligung in die Position des Rechtsvorgängers ein und führt die Anschaffungskosten der Beteiligung fort. Gemäß § 17 Abs. 1 Satz 4 EStG bleiben die Anteile für weitere fünf Jahre steuerverstrickt, auch wenn der Erwerber als Miterbe selbst nicht mehr wesentlich beteiligt ist.

59

---

1 Crezelius, G., Unternehmenserbrecht, 2009, S. 222 Tz. 320.
2 Crezelius, G., Unternehmenserbrecht, 2009, S. 224 Tz. 324.
3 ErbStR 2011, R E 10.13 Abs. 2.
4 ErbStR 2011, R E 3.4 Abs. 3 Satz 9; ErbStR 2011, R E 13b.1 Abs. 2 Satz 4 und Satz 5; Wälzholz, E., in Viskorf/Knobel/Schuck (Hrsg.), Erbschaftsteuer- und Schenkungsteuergesetz, Bewertungsgesetz Kommentar, 2009, ErbStG, § 3 S. 142 Tz. 86.
5 Schacht, V., in Müller/Winkeljohann (Hrsg.) Beck'sches Handbuch der GmbH, 2009 S. 923 Tz. 215.
6 Schacht, V., in Müller/Winkeljohann (Hrsg.) Becksches Handbuch der GmbH, 2009 S. 932 Tz. 241; keinen Anfall von Erbschaftsteuer vertritt Crezelius, G., Unternehmenserbrecht, 2009 S. 226 Tz. 326 und S. 228 Tz. 329.
7 Crezelius, G., Unternehmenserbrecht, 2009 S. 261 Tz. 380.

A. Einführung

*„Hat der **Veräußerer** den veräußerten Anteil innerhalb der letzten fünf Jahre vor der Veräußerung **unentgeltlich erworben**, so gilt **Satz 1 entsprechend**, wenn der Veräußerer zwar nicht selbst, aber der Rechtsvorgänger oder, sofern der Anteil nacheinander unentgeltlich übertragen worden ist, einer der Rechtsvorgänger innerhalb der letzten fünf Jahre im Sinne von Satz 1 beteiligt war."*[1]

60 Stellen unentgeltlich übergehende Beteiligungen an Kapitalgesellschaften Betriebsvermögen eines Einzelunternehmens oder einer Mitunternehmerschaft dar, führt die Anwendung des § 6 Abs. 3 Satz 3 EStG ebenfalls dazu, dass es zu keiner Auflösung stiller Reserven kommt.

---

1 § 17 Abs. 1 Satz 4 EStG.

B. Grundlagen der Unternehmensbewertung

1. IDW S1 – Die Grundsätze zur Unternehmensbewertung

Der IDW S1 repräsentiert den „IDW Standard: Grundsätze zur Durchführung von Unternehmensbewertungen" des Instituts der Wirtschaftsprüfer (IDW). Diese Grundsätze werden seit 1980 kontinuierlich weiterentwickelt und liegen in der aktuellen Fassung als **IDW S1 i. d. F. 2008** vor. Als Verfasser bemüht sich der Fachausschuss Unternehmensbewertung und Betriebswirtschaft des IDW (kurz FAUB) um Kürze und Prägnanz der Grundsätze. Ausführliche und weiterführende Erläuterungen zum IDW S1 liefert seitens des IDW deshalb das **WP-Handbuch Band II**.[1] Der IDW S1 ist als komprimierter Erkenntnisstand und „Expertenauffassung"[2] der angewandten Bewertungslehre aber nicht nur für Wirtschaftsprüfer zur Richtschnur bei Unternehmensbewertungen geworden. Steuerberater, Rechtsanwälte, Sachverständige, Richter und Unternehmensberater greifen ebenso auf das Regelwerk zurück.

61

„Bei der Bewertung nach dem Ertragswertverfahren wird weiter überwiegend auf einen vom IDW ... entwickelten Standard Bezug genommen."[3]

Der IDW S1 stellt als berufsständische Verlautbarung ein **verbindliches Regelwerk** dar, nach dem Wirtschaftsprüfer im Rahmen ihrer Eigenverantwortlichkeit gemäß § 43 WPO Unternehmensbewertungen durchzuführen haben. Für andere Berufsgruppen bzw. Berufsträger entfaltet der IDW S1 damit keine unmittelbare Bindungswirkung. Allerdings ergibt sich bei bestimmten Bewertungsanlässen eine mittelbare Bindungswirkung, da diese Bewertungsanlässe eine Vorgehensweise gemäß IDW S1 erfordern. Sind z. B. Abfindungen an Gesellschafter im Zuge aktienrechtlicher und umwandlungsrechtlicher Strukturmaßnahmen zu ermitteln, greift die Rechtsprechung auf den im IDW S1 dargestellten sogenannten **objektivierten Unternehmenswert**, einen typisierten Unternehmenswert, zurück. Ein Abweichen von den Bewertungsvorgaben des IDW S1 führt in diesem Zusammenhang unweigerlich zu Komplikationen, weswegen sich etwa Gutachter im Spruchstellenverfahren, auch wenn sie

62

---

1 WP-Handbuch, Band II, 2008, S. 1 Tz. 1; siehe auch Wollny, C., Der objektivierte Unternehmenswert – Unternehmensbewertung bei gesetzlichen und vertraglichen Bewertungsanlässen, 2010.
2 OLG Stuttgart v. 26. 10. 2006 – 20 W 14/05, AG 2007 S. 132; OLG Stuttgart v. 4. 5. 2011 – 20 W 11/08, AG 2011 S. 560.
3 LG Frankfurt v. 13. 3. 2009 – 3-5 O 57/06, AG 2009 S. 753.

B. Grundlagen der Unternehmensbewertung

kein Wirtschaftsprüfer sind, wiederum zwangsläufig am Regelwerk des IDW S1 orientieren.

63 Werden im Zuge des **Erbschaftsteuer- bzw. Schenkungsteuerfalls** Unternehmenswerte nach dem „regulären" Ertragswertverfahren ermittelt, sind diese Ertragswerte, wie sich noch zeigen wird, als objektivierte Unternehmenswerte zu ermitteln. Der Steuerberater ist in diesem Zusammenhang somit gehalten, sich an den Vorgaben des IDW S1 zu orientieren.

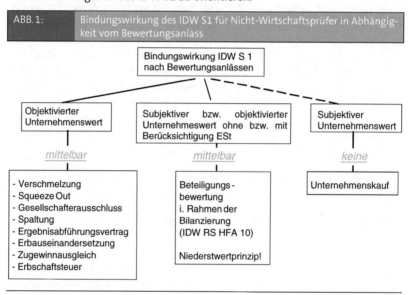

ABB. 1: Bindungswirkung des IDW S1 für Nicht-Wirtschaftsprüfer in Abhängigkeit vom Bewertungsanlass

2. Der Bewertungsstichtag

64 Werden Unternehmen verkauft, ist eine Unternehmensbewertung erforderlich, um Vorstellungen über einen realisierbaren Verkaufspreis zu entwickeln. Die Parteien ermitteln jeweils als Entscheidungsgrundlage einen **subjektiven Unternehmenswert**. Der Bewertungsstichtag kann durch die Parteien **frei gewählt** werden. Grundsätzlich ist dies der Zeitpunkt des vereinbarten Eigentumswechsels.

65 Für sogenannte gesetzliche Bewertungsanlässe wie z. B. die Bestimmung von Abfindungsansprüchen ausscheidender Gesellschafter, Erbauseinandersetzungen, Zugewinnausgleichsregelungen, die Bestimmung steuerlicher Bemessungsgrundlagen oder die handelsrechtliche Beteiligungsbewertung werden **objektivierte Unternehmenswerte** zugrunde gelegt. Der Bewertungsstichtag

ist in diesen Fällen **gesetzlich bestimmt** und damit den Gestaltungswünschen der Gesellschafter bzw. Verwaltungsorganen entzogen. Der objektivierte Unternehmenswert ist auch im Fall der Unternehmensbewertung für Zwecke der Erbschaftsteuer heranzuziehen.[1]

In allen Bewertungsanlässen gilt somit, dass Unternehmenswerte Werturteile mit einem klaren Zeitbezug darstellen.

*„Unternehmenswerte sind **zeitpunktbezogen** auf den Bewertungsstichtag zu ermitteln."*[2]

Wird ein Unternehmenswert nach den **Gesamtbewertungsverfahren** ermittelt, legt der Bewertungsstichtag fest, welche zukünftig erwarteten Gewinne auf diesen Stichtag zu diskontieren sind. Bei **Einzelbewertungsverfahren** ist mit dem Bewertungsstichtag der Zeitpunkt der Vermögensermittlung definiert. Da mit diesen Bewertungsarbeiten zwangsläufig immer die Verwendung von Informationen einhergeht, kommt dem Bewertungsstichtag zusätzlich eine Abgrenzungsaufgabe hinsichtlich der verwendbaren **Informationen** zu. Diese Abgrenzung entfaltet insbesondere bei den gesetzlichen Bewertungsanlässen im Zusammenhang mit Abfindungen Bedeutung, da dem verfassungsrechtlichen Äquivalenzgedanken folgend, mit einer Abfindung weder ein Vorteil noch ein Nachteil für den abzufindenden Gesellschafter verbunden sein soll. Wertveränderungen, die sich aus Entwicklungen nach dem Stichtag ergeben, müssen deshalb ausgeblendet werden.

66

*„Es ist nur der **Substanzverlust auszugleichen**, so dass in der Zukunft liegende voraussichtliche Wertsteigerungen, die sich als wertbildende Faktoren noch nicht ausgewirkt haben, ebenso außer Betracht bleiben wie sonstige hypothetische Wertentwicklungen, ...".*[3]

In der Zivilrechtsprechung findet sich zu dieser Abgrenzungsaufgabe der Begriff der **Wurzeltheorie**.[4] IDW S1 führt hierzu Folgendes aus:

67

*„Die Erwartungen der an der Bewertung interessierten Parteien über die künftigen finanziellen Überschüsse sowohl des Bewertungsobjekts als auch der bestmöglichen Alternativinvestition hängen von dem **Umfang der im Zeitablauf zufließenden Informationen** ab. Bei **Auseinanderfallen des Bewertungsstichtags***

---

1 Siehe hierzu Rdn. 570.
2 IDW S1 i. d. F. 2008, Tz. 22.
3 Wendt, in Sachs (Hrsg.), Kommentar zum GG, 2009, Art. 14 S. 638.
4 Erstmals verwendet in BGH v. 17.1.1973 – IV ZR 142/70, NJW 1973 S. 509; der Begriff geht soweit ersichtlich zurück auf Knorr, E., Zur Bewertung von Unternehmungen und Unternehmensanteilen, Konkurs-, Treuhand- und Schiedsgerichtswesen, 1962 S. 196.

und des Zeitpunkts der Durchführung der Bewertung ist daher nur der Informationsstand zu berücksichtigen, der bei angemessener Sorgfalt zum Bewertungsstichtag hätte erlangt werden können. Dies gilt auch für den Informationsstand über die Ertragsteuerbelastung der finanziellen Überschüsse, d. h. maßgeblich ist das am Bewertungsstichtag geltende bzw. das mit Wirkung für die Zukunft vom Gesetzgeber beschlossene Steuerrecht."[1]

68 Nach der Wurzeltheorie ist das Unternehmen aus dem Blickwinkel und Kenntnisstand des Bewertungsstichtags zu beurteilen und zu bewerten.[2] Der Unternehmenszustand wird für gesetzliche Bewertungsanlässe somit eingefroren. So ist die Definition des IDW S1 zu objektivierten Unternehmenswerten unter Umsetzung eines strikten Stichtagsprinzips zu verstehen.

*„Der objektivierte Unternehmenswert stellt einen intersubjektiv nachprüfbaren Zukunftserfolgswert aus Sicht der Anteilseigner dar. Dieser ergibt sich bei Fortführung des Unternehmens **auf Basis des bestehenden Unternehmenskonzepts** und mit allen realistischen Zukunftserwartungen im Rahmen der Marktchancen, -risiken und finanziellen Möglichkeiten des Unternehmens sowie sonstigen Einflussfaktoren."*[3]

69 Da die Bewertungsarbeiten regelmäßig mit größerem zeitlichen Versatz nach dem Bewertungsstichtag durchgeführt werden, ist die Abgrenzung, inwiefern Informationen ihre Wurzel vor dem Bewertungsstichtag haben, nicht immer einfach zu vollziehen. Das OLG München fasst die Thematik „Wurzeltheorie" wie folgt zusammen:

*„Maßgeblich ist grundsätzlich, **was man bei angemessener Sorgfalt zum Stichtag wissen konnte und was absehbar war**. Zukünftig nachweisbare Erfolgschancen können bei der Bewertung der Ertragskraft nur berücksichtigt werden, wenn die Voraussetzung der Nutzung dieser Chancen bereits am **Stichtag im Ansatz geschaffen** war. Jedoch müssen Entwicklungen, die erst später eintreten, aber schon in den am **Stichtag bestehenden Verhältnissen angelegt** sind, berücksichtigt werden."*[4]

70 Das so beschriebene Stichtagskonzept weist unmittelbare Parallelen zur Informationsnutzung in bilanzrechtlichen Fragestellungen auf. Gemäß § 252 Abs. 1

---

1 IDW S1 i. d. F. 2008, Tz. 23.
2 Die konsequente Anwendung der Wurzeltheorie wird in der Literatur auch für die Beurteilung erschaftsteuerlicher Bewertungsanlässe angemahnt, siehe dazu Geck, R., in Kapp/Ebeling (Hrsg.), Erbschaftsteuer- und Schenkungsteuergesetz Kommentar, April 2010, § 11, S. 12 Tz. 33 und April 2008, § 12, S. 52 Tz. 242.
3 IDW S1. i. d. F. 2008, Tz. 29.
4 OLG München v. 17. 7. 2007 – 31 Wx 060/06, AG 2008 S. 32.

2. Der Bewertungsstichtag

Nr. 4 HGB sind „alle vorhersehbaren Risiken und Verluste, die bis zum Abschlussstichtag entstanden sind, zu berücksichtigen, selbst wenn diese erst zwischen dem Abschlussstichtag und dem Tag der Aufstellung des Jahresabschlusses bekannt geworden sind". Damit ist zwischen sogenannten wertbegründenden und wertaufhellenden Tatsachen zu unterscheiden.[1] **Wertbegründende** Wertminderungen, Tatsachen und Ereignisse sind danach unbeachtlich, soweit sie sich nicht auf die Verhältnisse am maßgebenden Bilanzstichtag beziehen, da sie erst in der Zeit zwischen dem Bilanzstichtag und dem Tag der Aufstellung der Bilanz entstanden sind.[2] **Wertaufhellend** und damit berücksichtigungsfähig sind dagegen Tatsachen, die der Kaufmann nach dem Stichtag bis zum Tag der Aufstellung des Jahresabschlusses erlangt, diese über die Verhältnisse am Bilanzstichtag Aufschluss geben und sie ihren Grund vor dem Bilanzstichtag haben. Wertaufhellung und Wurzeltheorie sind nicht deckungsgleich, da die Wurzeltheorie auch Ereignisse nach dem Bewertungsstichtag berücksichtigt, wenn diese zumindest kausal durch Entwicklungen vor dem Bewertungsstichtag verursacht sind.[3]

Augenfällig ist der Unterschied zwischen Wurzeltheorie und bilanzrechtlicher **Stichtagsabgrenzung** hinsichtlich abzugrenzender Zeiträume. Während bilanzrechtlich Informationen zu beurteilen sind, die bis zum Zeitpunkt der Bilanzerstellung bekannt werden (also gemäß § 264 Abs. 1 Satz 4 HGB maximal nach sechs Monaten), sind in Fällen der Unternehmensbewertung und Anwendung der Wurzeltheorie unter Umständen mehrere Jahre zwischen Bewertungsstichtag und Durchführung der Bewertungsarbeiten abzugrenzen. Positiver Aspekt dieses schwierigen Rückbezugs auf den Wissensstand des Bewertungsstichtages ist eine Begrenzung der in der Bewertung zu verarbeitenden Informationen, da der Bewertungsprozess andernfalls kein Ende finden würde.

71

„Das Stichtagsprinzip bedeutet, dass die Bewertung allein aus der Sicht des jeweils maßgeblichen Zeitpunkts vorzunehmen ist, während spätere Entwicklungen unberücksichtigt bleiben, **weil andernfalls die Unternehmensbewertung ständig korrigiert werden müsste.**"[4]

---

1 WP-Handbuch, Band II, 2002, S. 26 Tz. 82; Winkeljohann/Geißler, in Ellrott/Förschle/Kozikowski/Winkeljohann (Hrsg.), Beck'scher Bilanzkommentar, 2006, § 252, Tz. 38; Leffson, U., Die Grundsätze ordnungsmäßiger Buchführung, 1987, S. 238; siehe auch Küting/Kaiser, Aufstellung oder Feststellung: Wann endet der Wertaufhellungszeitraum?, Wpg 2000 S. 579.
2 BFH v. 17. 5. 1978 - I R 89/76, BStBl 1978 II S. 497.
3 Siehe Rdn. 683.
4 LG Dortmund v. 19. 3. 2007 – 18 AktE 5/03, AG 2007 S. 792.

B. Grundlagen der Unternehmensbewertung

Der Bewertungsstichtag erfüllt für Unternehmensbewertungen zusammengefasst folgende Funktionen:

- ▶ Trennung von Daten für die Vergangenheitsanalyse und Daten für die Unternehmensplanung,
- ▶ Trennung von einwertigen, sicheren Ist-Daten bzw. Informationsständen und unsicheren, nur als Wahrscheinlichkeitsverteilung darstellbaren Plan-Daten und Erwartungen,
- ▶ Zeitpunkt zur Bestimmung des Status-quo hinsichtlich der Marktpositionierung des Unternehmens,
- ▶ Zeitpunkt zur Bestimmung des Status-quo hinsichtlich der Unternehmenssubstanz,
- ▶ Stichtag für den Übergang von Gewinnbezugsrechten,
- ▶ Stichtag für den Übergang von Kontrollrechten,
- ▶ Stichtag zur Festlegung des Preisniveaus,
- ▶ Stichtag zur Bestimmung der Berechnungsparameter der Alternativinvestition (Kalkulationszinssatz).

3. Das Kapitalwertmodell – Gesamtbewertung

3.1 Berechnung bei nicht-uniformen Zahlungsreihen

72 **Gesamtbewertungsverfahren** (z. B. Ertragswertverfahren, DCF-Verfahren) beruhen auf den konzeptionellen Grundlagen des Kapitalwertmodells.

„*Ertragswert- und Discounted Cash Flow-Verfahren beruhen auf der* **gleichen konzeptionellen Grundlage** *(Kapitalwertkalkül); ….*"[1]

Das Kapitalwertmodell stellt ein Entscheidungswerkzeug dar, um die **Vorteilhaftigkeit** eines Investitionsprojektes zu beurteilen. Investitionen stellen Zahlungsreihen dar, die mit einer Auszahlung beginnen, auf welche Einzahlungen folgen.

BEISPIEL: ▶ Die Beteiligung an einem Immobilienprojekt kostet 100 T€. In den nächsten 6 Jahren erhält der Investor garantierte 24 T€ pro Jahr.

Jahr	0	1	2	3	4	5	6
	T€	T€	T€	T€	T€	T€	T€
Auszahlung	-100						
Einzahlungen		24	24	24	24	24	24

---

1 IDW S1 i. d. F. 2008, Tz. 101.

3. Das Kapitalwertmodell – Gesamtbewertung

Ob die Investition eine Eigentumswohnung oder ein Unternehmen darstellt, ist insofern ohne Bedeutung, da die Zahlungsstruktur (Auszahlung, Einzahlung) in beiden Fällen der gleichen Systematik folgt. Unternehmen sind somit nichts weiter als Investitionsprojekte.

Investitionsprojekte sind vorteilhaft, wenn ihr **Nettokapitalwert** positiv ist, d. h. wenn der Barwert der Einzahlungen (**Bruttokapitalwert**) größer als die Auszahlung für die Anschaffung des Investitionsprojektes ist, d. h. der Nettokapitalwert größer 0 ist.

73

74

ABB. 2:	Der Kapitalwert als Vorteilhaftigkeitskriterium

$$BKW_0 - AK_0 = NKW_0 \quad > 0$$

BKW_0: Bruttokapitalwert am Bewertungsstichtag t_0
NKW_0: Nettokapitalwert am Bewertungsstichtag t_0
AK_0: Anschaffungskosten in t_0

Im Rahmen einer Unternehmensbewertung repräsentiert der **Unternehmenswert** den Bruttokapitalwert. Das Kapitalwertkriterium ist der in der Praxis beliebten Amortisationsrechnung deshalb als Entscheidungskriterium überlegen, da eine Amortisationsrechnung nur die Anzahl der Jahre bis zum Rückfluss der Investitionssumme angibt. Ob dabei die Kapitalkosten verdient werden, wird zumindest von der starren Amortisationsrechnung nicht beantwortet. Der Kapitalwert berücksichtigt dagegen auch die zeitliche Struktur eines Investitionsprojektes. Durch den Diskontierungseffekt sind später verfügbare Beträge weniger wert als früher verfügbare Beträge. Dies kommt im Kapitalwert, aber nicht in einer Amortisationsrechnung zum Ausdruck.

75

BEISPIEL:

Jahr	0	1	2	3	4	5	6
	T€	T€	T€	T€	T€	T€	T€
Auszahlung	-100						
Einzahlungen		0	0	0	0	0	120

i = 5 %
BKW_0 = 89,55
NKW_0 = -10,45

Im Beispiel amortisiert sich die Auszahlung von 100 T€ nach 6 Jahren. Das Projekt ist damit vorteilhaft, da die Investition zu diesem Zeitpunkt zurückgeflossen und darüber hinaus noch ein Überschuss von 120 T€ - 100 T€ = 20 T€ erwirtschaftet wurde. Nach dem Kapitalwertkriterium ist das Projekt dagegen **nicht** vorteilhaft, da der Net-

B. Grundlagen der Unternehmensbewertung

tokapitalwert negativ ist. D.h. der Barwert der einmaligen Einzahlung von 120 T€ im Jahr 6 von 120 T€ x $1{,}05^{-6}$ beträgt nur 89,55 T€. Das Projekt ist abzulehnen. Die Formel zur Ermittlung des Kapitalwertes von zukünftigen und in der Höhe unterschiedlichen Einzahlungen stellt sich wie folgt dar:[1]

ABB. 2a: Kapitalwertmodell bei Sicherheit

$$BKW_0 = \sum_{t=1}^{T} E\ddot{U}_t \, (1+i)^{-t}$$

BKW_0: Bruttokapitalwert bzw. Unternehmenswert am Bewertungsstichtag t_0
$E\ddot{U}_t$: Einzahlungsüberschüsse beim Bewertungssubjekt in t
i: Zinssatz (Sollzins = Habenzins)
t: Zeitpunkte der Nettozuflüsse (Planjahr 1 bis n)
T: Nutzungsdauer der Investition

---

76 Die Kapitalwertformel repräsentiert einen Vergleich. Verglichen werden die Einzahlungen mit einer Alternativrendite, repräsentiert durch den Kalkulationszinssatz.

77 **Unternehmenswerte** werden als Bruttokapitalwerte ermittelt. Die Vorteilhaftigkeit eines Unternehmenskaufs kann ebenfalls nach dem Nettokapitalwertkriterium bestimmt bzw. gesteuert werden, indem Anschaffungskosten unterhalb des ermittelten Unternehmenswertes bezahlt werden. Dass diese Rechnung richtig ist, setzt natürlich voraus, dass die der Bewertung zugrunde gelegte Planung der zu erwartenden Gewinne auch so eintritt. D.h. in der Realität sind die zu erwartenden Einzahlungen bzw. Gewinne aus einem Unternehmen unsicher bzw. risikobehaftet. Die prognostizierten Gewinne lassen sich damit nur als **Wahrscheinlichkeitsverteilung** nach verschiedenen Szenarien (Best Case, Worst Case, etc.) darstellen. Werden in der Kapitalwertformel „Gewinne" bzw. „Ausschüttungen" diskontiert, sind diese als „erwartete Gewinne" oder „erwartete Ausschüttungen" zu verstehen. D.h. diskontiert werden letztlich **Erwartungswerte**.

> **BEISPIEL:** Am Ende eines Wirtschaftsjahres erwartet die Geschäftsführung mit 40 %-iger Wahrscheinlichkeit den Zuschlag und die Realisierung eines lukrativen Auftrags. Für diesen Fall wird das Unternehmen einen Gewinn von 500.000 € erzielen. Ohne diesen Auftrag und deshalb mit einer Eintrittswahrscheinlichkeit von 60 %

---

[1] Zur Berechnung des Barwerts uniformer und unendlicher Zahlungsreihen (Ewige Rente) siehe Rdn. 81.

3. Das Kapitalwertmodell – Gesamtbewertung

wird nur ein Gewinn von 100.000 € erzielt. Der Erwartungswert des Gewinns für das Wirtschaftsjahr beträgt somit (0,4 x 500.000 €) + (0,6 x 100.000 €) = 260.000 €.

Diese unsicheren Einzahlungen können nicht mehr mit sicheren Zinssätzen verglichen werden, wenn man nicht Äpfel und Birnen vergleichen möchte. D.h. der Kalkulationszinssatz muss genauso risikoreich sein wie die erwarteten Ausschüttungen aus dem Unternehmen, er muss **risikoäquivalent** sein. Das Kapitalwertmodell bei Unsicherheit lässt sich damit wie folgt interpretieren:

78

ABB. 3:	Das Kapitalwertmodell bei Unsicherheit

$$BKW_0 = \sum_{t=1}^{T} D_t \, (1 + r_{Alt})^{-t}$$

BKW_0: Bruttokapitalwert bzw. Unternehmenswert am Bewertungsstichtag t_0
D_t: Erwartete Nettozuflüsse beim Bewertungssubjekt in t
r_{Alt}: Risikoäquivalente Alternativrendite
t: Zeitpunkte der Nettozuflüsse (Planjahr 1 bis n)
T: Lebensdauer des Unternehmens

Unternehmen, die zerschlagen werden sollen, können durch Bepreisung des Unternehmensvermögens mit Veräußerungspreisen und unter Abzug der Unternehmensschulden bewertet werden. Der in diesem Zusammenhang ermittelte **Liquidationswert** stellt ein **Einzelbewertungsverfahren** dar. Bei Unternehmen, die fortgeführt werden sollen, wird eine Bewertung der zukünftigen Gewinnerwartungen dieses Unternehmens notwendig. Man spricht in diesem Zusammenhang von **Gesamtbewertungsverfahren**, da der Wert des materiellen und des immateriellen Unternehmensvermögens in einem Zuge und somit „gesamt" ermittelt wird. Technisches Mittel der Gesamtbewertung ist wie bereits oben erwähnt das Kapitalwertmodell.

79

Ertragswertverfahren oder **Discounted-Cashflow-Verfahren** verwenden somit die gleiche Rechenmechanik, da sie beide auf Basis des Kapitalwertmodells arbeiten. Kapitalwertmodelle sind letztlich Näherungsrechnungen, da sie die Realität schon konzeptionell nur unvollständig erfassen. Das verwendete Kapitalwertmodell ist insofern ein Partialmodell, das unter Berücksichtigung der Unsicherheit der prognostizierten Unternehmensgewinne und unter der Annahme eines vollkommenen Kapitalmarktes „funktioniert".

80

3.2 Berechnung bei uniformen und unendlichen Zahlungsreihen – Barwert der Ewigen Rente

81 Unendliche und uniforme Zahlungsreihen kommen in der Unternehmensbewertung in der sogenannten **Fortführungsphase** (die Restwertphase bei anzunehmender Unternehmensfortführung) zur Anwendung.[1] Bewertet werden derartige Zahlungsreihen durch die Barwertformel der **Ewigen Rente**. Die Fortführungsphase stellt das letzte Planungssegment einer Unternehmensplanung dar, wenn die Annahme einer unendlichen Fortführungsfähigkeit getroffen wird. Das Unternehmen soll dann einen eingeschwungenen Zustand erreicht haben. Diese Annahme stellt den Standardfall der Unternehmensbewertung dar und ist auch als Ausdruck einer beschränkten Prognosefähigkeit zu verstehen.

BEISPIEL:

Unendliche und uniforme Zahlungsreihe									
Jahr	1	2	3	4	5	6	7	8	$\rightarrow \infty$
Unternehmen T€	100	100	100	100	100	100	100	100	100

82 Die Annahme einer ewigen Rente setzt voraus, dass keine offensichtlichen Umstände gegen eine **unendliche Lebensdauer** des Unternehmens sprechen.[2] Da die Prognosefähigkeit mit jeder zukünftigen Planperiode abnimmt, wird ab dem Planungshorizont – also dem Ende der detaillierten Unternehmensplanung – eine ewige Rente angenommen. Zur Barwertermittlung einer ewigen Rente kommt die folgende Formel zur Anwendung:

---

[1] Die letzte Planungsphase einer Unternehmensplanung ist die Restwertphase. Ist in dieser Phase von der Fortführung des Unternehmens auszugehen, wird diese Phase als Fortführungsphase bezeichnet.
[2] Bei der Bewertung eines Steinbruchunternehmens, mit einem einzigen Steinbruchgelände, von einer unendlichen Lebensdauer des Unternehmens auszugehen, wäre solch ein offensichtlicher Widerspruch.

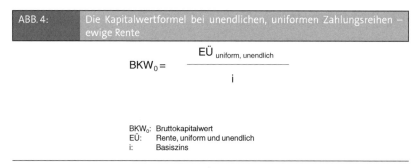

| ABB. 4: | Die Kapitalwertformel bei unendlichen, uniformen Zahlungsreihen – ewige Rente |

$$BKW_0 = \frac{E\ddot{U}_{uniform,\ unendlich}}{i}$$

BKW_0: Bruttokapitalwert
$E\ddot{U}$: Rente, uniform und unendlich
i: Basiszins

Die Barwertformel für unendliche Renten bzw. deren **Abzinsung** lässt sich einfach an einer „normalen" Verzinsungsrechnung bzw. **Aufzinsung** erklären. Bei einem Anlagebetrag von 1.000 € und einem Anlagezins von 5 % lassen sich jährlich 50 € entnehmen. Diese Entnahme ist theoretisch unendlich möglich. Die Berechnung stellt sich dar als Anlagebetrag x Zinssatz (Aufzinsung!). Fragt man nach dem Anlagebetrag, der eine jährliche Entnahme von 50 € bei einem Zinssatz von 5 % ermöglicht, ergibt sich zwangsläufig die Berechnung 50 € / 0,05 (Abzinsung!). Damit ist die Formel zur Ermittlung von Barwerten bei unendlicher Rente gefunden.

4. Die Äquivalenzgrundsätze

4.1 Problemstellung

Wie im vorhergehenden Kapitel festgestellt, stellt das Kapitalwertmodell einen **Vergleich** zwischen der zu diskontierenden Zahlenreihe und einer alternativen Rendite dar. Damit dieser Vergleich sinnvoll ablaufen kann, müssen die Zahlenreihe und der Kalkulationszinssatz vergleichbar sein, um das „Äpfel-Birnen-Problem" zu vermeiden. Durch die Unternehmensbewertungslehre wurden eine Reihe von Kriterien zur Sicherstellung der Vergleichbarkeit herausgearbeitet. Diese Kriterien, als Äquivalenzgrundsätze bezeichnet, stellen sich in der Übersicht wie folgt dar:

- ▶ Risikoäquivalenz
- ▶ Laufzeitäquivalenz
- ▶ Arbeitseinsatzäquivalenz
- ▶ Steueräquivalenz
- ▶ Ausschüttungsäquivalenz
- ▶ Kaufkraftäquivalenz
- ▶ Währungsäquivalenz

4.2 Risikoäquivalenz

85 Die erwarteten Gewinne aus Unternehmen sind unsicher, da sich hierin operative Risiken (Branchenrisiko!) und Finanzierungsrisiken ausdrücken. Die Alternativrendite, mit der diese Gewinne bzw. Ausschüttungen diskontiert und damit verglichen werden, muss ein identisches Risikomaß ausdrücken, um risikoäquivalent zu sein. Zur Ermittlung einer risikoäquivalenten Alternativrendite wird deshalb ausgehend vom sicheren Basiszinssatz ein Risikozuschlag berücksichtigt.

„Die national und international üblicherweise angewandte **Zinszuschlagsmethode** hat den Vorteil, dass sie sich auf empirisch beobachtbares Verhalten stützen kann und erlaubt damit eine marktorientierte Vorgehensweise bei der Bemessung von Risikozuschlägen."[1]

„Die **konkrete Höhe des Risikozuschlags** wird in der Praxis insbesondere hinsichtlich unterschiedlicher Grade der Risikoaversion nur mithilfe von **Typisierungen** und vereinfachenden Annahmen festzulegen sein. Am Markt beobachtete Risikoprämien sind hierfür geeignete Ausgangsgrößen, die an die Besonderheiten des Bewertungsfalls anzupassen sind."[2]

„Eine **marktgestützte Ermittlung** des Risikozuschlags kann insbesondere auf der Basis des **Capital Asset Pricing Model (CAPM)** oder des **Tax-Capital Asset Pricing Model (Tax-CAPM)** vorgenommen werden."[3]

86 Der Risikozuschlag auf den sicheren Basiszins muss somit genau den Risikoumfang des zu bewertenden Unternehmens abbilden.

> **BEISPIEL:** ▶ Die Ausschüttungen aus einem Unternehmen seien nachhaltig 100 T€. Der sichere Basiszins betrage 4 %. Der adäquate Risikozuschlag betrage 4,5 %. Im Rahmen der Bewertung werden die 100 T€ aber nur mit 4 % diskontiert. Der Unternehmenswert beträgt damit 100 T€ / 0,04 = 2,5 Mio. €. Diese Bewertung ist **falsch**, da unsichere Ausschüttungen mit einer sicheren Alternative verglichen werden. Eine korrekte Bewertung diskontiert die unsicheren Ausschüttungen mit einer entsprechend risikoangepassten Alternativrendite. Die richtige Bewertung wird wie folgt vorgenommen: 100 T€ / (0,04 + 0,045) = 1,176 Mio. €.

---

1 IDW S1 i. d. F. 2008, Tz. 90.
2 IDW S1 i. d. F. 2008, Tz. 91.
3 IDW S1 i. d. F. 2008, Tz. 92.

4.3 Laufzeitäquivalenz

Die Einzahlungen aus der Alternativrendite müssen danach zu den gleichen Zeitpunkten erfolgen, wie jene aus dem Bewertungsobjekt. Die Laufzeit muss bei dem Bewertungsobjekt und der Alternativrendite ebenfalls gleich sein.

87

*„Bei der Festlegung des Basiszinssatzes ist zu berücksichtigen, dass die Geldanlage im zu bewertenden Unternehmen mit einer **fristadäquaten alternativen Geldanlage** zu vergleichen ist, sodass der Basiszinssatz ein fristadäquater Zinssatz sein muss (Laufzeitäquivalenz)."*[1]

Da Unternehmen grundsätzlich unter der Annahme einer unendlichen Lebensdauer bewertet werden, ergibt sich vor allem bei der Bestimmung der Alternativrendite ein Problem, da auch die Zinsstrukturkurve zur Ableitung des Basiszinses nur auf Marktdaten bei maximal 30-jähriger Laufzeit zurückgreifen kann. In dieser Konstellation wird die Annahme gesetzt, dass das Zinsniveau aus dem Jahr 30 der Zinsstrukturkurve, für die verbleibende „Ewigkeit" den richtigen Wert aufweist.

88

BEISPIEL: Die Ausschüttungen aus einem Unternehmen mit unendlicher Laufzeit sind zu bewerten. Die Alternativrendite wird auf Basis einer Anleihe mit 5-jähriger Laufzeit bestimmt. Die Laufzeitäquivalenz ist verletzt.

Laufzeitäquivalenz									
Jahr	1	2	3	4	5	6	7	8	→ ∞
Unternehmen T€	120	130	145	150	200	200	205	205	210
Anleihe	5 %	5 %	5 %	5 %	5 %				

Laufzeitäquivalent wäre in diesem Fall ein Anleihezins der ebenso unendlich zur Verfügung steht.

89

4.4 Arbeitseinsatzäquivalenz

Alternativrenditen im Sinne von Kapitalmarktrenditen können ohne Arbeitseinsatz erzielt werden. D.h. um die Zinsen aus einer Anleihe oder die Dividenden aus einer Aktie zu vereinnahmen, muss der Kapitalanleger nichts tun. Gleiches muss für das zu bewertende Unternehmen als Investitionsobjekt gelten, da sonst wiederum der Vergleich „hinkt". Soll die Geschäftsführung durch das Bewertungssubjekt (den Investor!) ausgeübt werden, ist auf die Berücksichtigung einer angemessenen **Geschäftsführervergütung** im Rahmen der Unter-

90

---

1 IDW S1 i. d. F. 2008, Tz. 117.

nehmensplanung zu achten. Die Höhe dieser Vergütung sollte sich am Rahmen dessen orientieren, was auch ein Nicht-Gesellschafter als Geschäftsführer erhalten würde.

*„Soweit für die Mitarbeit der Inhaber in der bisherigen Ergebnisrechnung **kein angemessener Unternehmerlohn** berücksichtigt worden ist, sind die künftigen finanziellen Überschüsse entsprechend zu **korrigieren**. Die Höhe des Unternehmerlohns wird nach der Vergütung bestimmt, die eine **nichtbeteiligte Geschäftsführung** erhalten würde."*[1]

91 Gerade bei der Bewertung mittelständisch geprägter Unternehmen, bei denen die Familie wesentliche Geschäftsführungsfunktionen besetzt, wird die Arbeitseinsatzäquivalenz häufig verletzt.[2] D.h. für die Ausübung der Geschäftsführung wird kein entsprechender Aufwand verbucht und im Rahmen der Bewertung werden keine entsprechenden Anpassungen vorgenommen. Bei **Einzelunternehmen** werden keine Geschäftsführergehälter verbucht, da der Einzelunternehmer mit sich selbst keine Verträge schließen kann. Für **Personengesellschaften** wird das Ziel verfolgt, die Personengesellschafter wie Einzelunternehmer zu behandeln, weshalb auch hier in der Erfolgsrechnung regelmäßig keine adäquaten Geschäftsführergehälter berücksichtigt sind.

> **BEISPIEL:** ▶ Ein Unternehmen erzielt einen nachhaltigen und ausschüttungsfähigen Gewinn von 100 T€. Die risikoäquivalente Alternativrendite betrage 10%. Auf der Grundlage einer ewigen Rente ergibt sich ein Unternehmenswert von 100 T€ / 0,1 = 1 Mio. €. Eine anschließend durchgeführte Überprüfung der Finanzbuchhaltung zeigt, dass bisher kein Geschäftsführergehalt verrechnet wurde. Ein angemessenes Geschäftsführergehalt soll 100 T€ betragen. Damit ergibt sich ein laufender Gewinn von 0 €. Der Unternehmenswert ist damit 0 €.

4.5 Steueräquivalenz

92 Bewertungsrelevant sind die Zahlungsströme, die dem Gesellschafter zur Deckung seiner Konsumbedürfnisse zur freien Verfügung stehen.[3] Da Steuerzahlungen die verfügbaren Zahlungsströme reduzieren, sind die Ausschüttungen bzw. Entnahmen, die aus einem Unternehmen zu erwarten sind, nach Unternehmens- und Anteilseignersteuern der Unternehmensbewertung zugrunde zu legen. Auf der **Unternehmensebene** kommen somit bei Unternehmen mit Sitz in Deutschland für Kapitalgesellschaften Körperschaftsteuer, Solidaritäts-

---

1 IDW S1 i. d. F. 2008, Tz. 40.
2 Für Arbeitseinsatzäquivalenz findet sich auch der Ausdruck Kapitaleinsatzäquivalenz, siehe Ballwieser, W., Unternehmensbewertung, 2011, S. 92.
3 Kruschwitz, L., Investitionsrechnung, 2005, S. 12.

4. Die Äquivalenzgrundsätze

zuschlag und Gewerbesteuer, sowie bei Personengesellschaften die Gewerbesteuer zum Abzug. Gegebenenfalls sind auch die Grundsteuer und Verbrauchsteuern zu berücksichtigen. Auf der **Ebene des Gesellschafters** sind Einkommensteuer bzw. Abgeltungsteuer, Solidaritätszuschlag und gegebenenfalls Kirchensteuer zu berücksichtigen.

„*Der Wert eines Unternehmens wird durch die Höhe der* **Nettozuflüsse** *an den Investor bestimmt, die er zu seiner freien Verfügung hat. Diese Nettozuflüsse sind* **unter Berücksichtigung der inländischen und ausländischen Ertragsteuern** *des Unternehmens und grundsätzlich der aufgrund des Eigentums am Unternehmen entstehenden* **persönlichen Ertragsteuern** *der Unternehmenseigner zu ermitteln.*"[1]

Da diese Steuerlasten nicht nur ein Investment in das Bewertungsobjekt „Unternehmen" treffen, sondern auch die Alternativinvestition, sind die angegebenen Steuerwirkungen sowohl beim Bewertungsobjekt sowie auch bei der Alternativinvestition, die durch den Kalkulationszinssatz repräsentiert wird, zu berücksichtigen. 93

„*Sofern die zu diskontierenden finanziellen Überschüsse um* **persönliche Ertragsteuern vermindert** *werden, ist der Kapitalisierungszinssatz ebenfalls unter unmittelbarer Berücksichtigung persönlicher Ertragsteuern anzusetzen.*"[2]

Wird ein objektivierter Unternehmenswert ermittelt, erfolgt die Ermittlung des Kalkulationszinssatzes unter Verwendung des Tax-CAPM. 94

„*Aktienrenditen und Risikoprämien werden grundsätzlich durch persönliche Ertragsteuern beeinflusst. Das CAPM stellt ein Kapitalmarktmodell dar, in dem Kapitalkosten und Risikoprämien ohne die Berücksichtigung der Wirkungen von persönlichen Ertragsteuern erklärt werden. Eine Erklärung der empirisch beobachtbaren Aktienrenditen erfolgt durch das Tax-CAPM, welches das CAPM um die explizite Berücksichtigung der Wirkungen persönlicher Ertragsteuern erweitert.*"[3]

Diese Erfassung der gegebenen Steuerwirkungen im „Zähler" und im „Nenner" nennt man Steueräquivalenz.[4] 95

---

1 IDW S1 i.d.F. 2008, Tz. 28.
2 IDW S1 i.d.F. 2008, Tz. 93.
3 IDW S1 i.d.F. 2008, Tz. 119.
4 Siehe dazu Adolff, J., Unternehmensbewertung im Recht der börsennotierten Aktiengesellschaft, 2007, S. 211 ff.

Die **Besteuerung** des Bewertungsobjekts und der Alternativrendite ist so zu berücksichtigen, wie sie sich in der Realität darstellen würde.[1] Definitiv zu vermeiden ist der Vergleich von Vorsteuerwerten mit Nachsteuerwerten, wenn dies nicht den tatsächlichen Verhältnissen entspricht.

BEISPIEL: Unternehmensgewinne seien mit 30 % zu versteuern. Ausschüttungen seien mit 25 % zu versteuern. Im Ergebnis verbleiben bei einem Vor-Steuer-Gewinn von nachhaltig 100 T€ somit 52,5 T€.

Vorsteuer-Gewinn T€		100
Unternehmenssteuer	30 %	- 30
Ausschüttungsbesteuerung	25 %	- 17,5
Netto-Dividende T€		= 52,5

Die Alternativrendite betrage 8 % vor Steuern. Die Alternativrendite unterliege einer Besteuerung von ebenfalls 25 %.

Vorsteuer-Rendite		8 %
Rendite-Besteuerung	25 %	- 2 %
Nachsteuer-Rendite		6 %

Als Unternehmenswert wird auf Basis einer ewigen Rente ein Ergebnis von 52,5 T€ / 0,08 = 656.250 € ermittelt. Dieses Ergebnis ist **falsch**, da die Nachsteuer-Dividende mit einer Vorsteuer-Rendite diskontiert wurde. Korrekt ist die Netto- oder Nachsteuer-Dividende mit der Nachsteuer-Rendite zu diskontieren: 52,5 T€ / 0,06 = 875.000 €.

4.6 Ausschüttungsäquivalenz

96 Die Ausschüttungspolitik hat Einfluss auf die Innenfinanzierung des Unternehmens. Bei **Vollausschüttung** sind alle Wachstumsfinanzierungen mit Fremdkapital zu finanzieren. Vollausschüttung führt unter den steuerlichen Rahmenbedingungen der Abgeltungsteuer zu einer Maximalbesteuerung, da dann der Unternehmensgewinn zusätzlich zur Gänze mit Einkommensteuer belastet wird. Eine **Voll-Thesaurierung** wäre zwar steuerlich optimal (keine Einkommensteuer!), würde aber mangels Ausschüttungen zu einem Unternehmenswert von 0 führen, da sich der Wert eines Unternehmens nach seinen Ausschüttungen bemisst. Die Annahme einer üblichen Ausschüttungsquote trägt

---

1 Die Steueräquivalenz (siehe Moxter, A., Grundsätze ordnungsmäßiger Unternehmensbewertung, 1991, S. 177) wird in der Literatur teilweise als Verfügbarkeitsäquivalenz bezeichnet, siehe z. B. Mandl/Rabel, Unternehmensbewertung, 1997, S. 77; Ballwieser, W., Unternehmensbewertung, 2011, S. 118.

4. Die Äquivalenzgrundsätze

allen Aspekten Rechnung und führt zu einer Ausschüttungsäquivalenz zwischen Unternehmen und Alternative.[1]

Die Ausschüttungs- bzw. **Thesaurierungsquote** sollte zumindest im eingeschwungenen Zustand bei dem Bewertungsobjekt in der Höhe unterstellt werden, wie sie durch die Alternativrendite vorgegeben ist.[2] Bei Verwendung des CAPM, zur Bestimmung der Alternativrendite, kann auf die Ausschüttungsquote europäischer Aktiengesellschaften zurückgegriffen werden, wonach Ausschüttungsquoten von 40 % bis 60 % üblich sind.[3]

97

> **BEISPIEL:** ▶ Im zu bewertenden Unternehmen liegt eine Unternehmensplanung vor, die dauerhaft von einer Vollausschüttung der Unternehmensgewinne ausgeht. Die Alternativrendite wird auf Basis des Capital Asset Pricing Model (CAPM) ermittelt. Basis für die Ableitung der CAPM-Rendite ist der europäische Aktienmarkt. Europäische Aktiengesellschaften schütten im Mittel aber nur 50 % aus. Für das zu bewertende Unternehmen ist für die Fortführungsphase (Ewige Rente) ebenfalls nur eine Ausschüttung von 50 % zu unterstellen.
>
> Zur Vermeidung eines Absinkens des Unternehmenswertes wird eine interne Rendite für die thesaurierten Mittel unterstellt, die die Unternehmenswertabsenkung aufgrund der Teilausschüttung genau ausgleicht (**kapitalwertneutrale Wiederanlagerendite!**).

*„Im Rahmen der zweiten Phase … wird grundsätzlich angenommen, dass das Ausschüttungsverhalten des zu bewertenden Unternehmens äquivalent zum Ausschüttungsverhalten der Alternativanlage ist, sofern nicht Besonderheiten der Branche, der Kapitalstruktur oder der rechtlichen Rahmenbedingungen zu beachten sind. Für die **thesaurierten Beträge** wird die Annahme einer **kapitalwertneutralen Verwendung** getroffen."*[4]

4.7 Kaufkraftäquivalenz

Die Bewertung hat entweder einheitlich auf der Basis von Realwerten, d. h. unter Ausblendung der Inflation oder auf der Basis von Nominalwerten, d. h. unter Berücksichtigung der Inflationsentwicklung zu erfolgen. Bei einer **Realbe-**

98

---

1 Die Alternativrendite wird im CAPM aus Aktienrenditen abgeleitet. Aktiengesellschaften verfolgen eine bestimmte Ausschüttungspolitik als Maßnahme der Investor Relations und der Kurspflege.
2 Ein eingeschwungener Zustand sollte sich in den in der Fortführungsphase (Ewige Rente!) möglichen Ausschüttungen widerspiegeln. Das Unternehmen wächst in diesem Zustand nur noch maximal in Höhe der Inflationsrate, d. h. es läuft stabil auf einem „Normal-Niveau", dem eingeschwungenen Zustand.
3 Wagner/Jonas/Ballwieser/Tschöpel, Unternehmensbewertung in der Praxis – Empfehlungen und Hinweise zur Anwendung von IDW S1, Wpg 2006 S. 1009; WP-Handbuch, Band II, 2008, S. 32 Tz. 97.
4 IDW S1 i. d. F. 2008, Tz. 37.

B. Grundlagen der Unternehmensbewertung

wertung berücksichtigt die Unternehmensplanung kein Wachstum im Zusammenhang mit Preissteigerungen, die zur Abwehr von Inflationswirkungen auf der Aufwandseite vorgenommen werden. Der Basiszins in der Alternativrendite ist dann um den Inflationsausgleich zu kürzen. Bei einer **Nominalbewertung** werden in der Unternehmensplanung die Preissteigerungen als Folge der Inflation berücksichtigt. Eine Bewertung auf der Basis von Nominalwerten wird allgemein empfohlen, da auch die Besteuerung an Nominalwerte anknüpft.

*„Zu erwartende Preissteigerungen werden bei der Unternehmensbewertung im Rahmen einer **Nominalrechnung** berücksichtigt. **Finanzielle Überschüsse und Kapitalisierungszinssatz** sind in einer Nominalrechnung **einschließlich erwarteter Preissteigerungen** zu veranschlagen."*[1]

BEISPIEL: Der Basiszins betrage 4 %. Darin ist eine Inflationsrate von 1,5 % enthalten. Die Realgewinne eines Unternehmens betragen 100. Das Unternehmen soll eine Laufzeit von 5 Jahren haben. Die Bewertung auf Basis von Realwerten oder auf der Basis von Nominalwerten darf keinen Einfluss auf das Ergebnis haben.

Real-Bewertung						
Jahre		1	2	3	4	5
Ausschüttung real T€		100	100	100	100	100
Basiszins (nominal)	4,0 %					
Inflationsrate	1,5 %					
Realzins	2,5 %					
Barwerte T€		98	95	93	91	88
Unternehmenswert T€	465					

Nominal-Bewertung						
Jahre		1	2	3	4	5
Ausschüttung nominal T€		102	103	105	106	108
Basiszins (nominal)	4,0 %					
Inflationsrate	1,5 %					
Barwerte T€		98	95	93	91	89
Unternehmenswert T€	465					

---

1 IDW S1 i. d. F. 2008, Tz. 94.

4.8 Währungsäquivalenz

Wird ein Unternehmen mit Sitz im Ausland bewertet, z. B. eine Tochter- oder Beteiligungsgesellschaft, ist auf die **Äquivalenz** zwischen der Währung in der Unternehmensplanung und dem verwendeten Basiszins zu achten.[1] Wird das Unternehmen in Euro bewertet, kann der Basiszins aus dem europäischen Währungsraum verwendet werden. Wird das Unternehmen in der **Währung** des Sitzlandes bewertet, ist das dortige **Zinsniveau** für die Ableitung des Kalkulationszinssatzes zu verwenden.

5. Die Perspektive der Bewertung – Bewertungskonzepte

5.1 Problemstellung

Es gibt nicht den einen richtigen Unternehmenswert. Das soll nicht als Aufforderung zur Beliebigkeit bei der Ermittlung von Unternehmenswerten verstanden werden, sondern stellt eine grundlegende Erkenntnis der Bewertungslehre dar. Unternehmenswerte sind **zweckadäquat**.[2] Somit sind nach einem bestimmten **Bewertungskonzept** ermittelte Unternehmenswerte zunächst danach zu beurteilen, ob sie im jeweiligen Fall als Entscheidungsgrundlage dienen können. Für die Anwendungsfelder Kaufpreisbemessung, Abfindungsermittlung, steuerliche Bemessungsgrundlage oder bilanzielle Beteiligungsbewertung können deshalb unterschiedliche Schwerpunkte zu setzen sein. Diese Differenzierung ist nicht so spektakulär oder feinsinnig wie es den Anschein hat. Es gibt auch nicht das eine gute Auto. Wer daran Zweifel hat, stelle sich die Durchquerung einer Wüste mit einem exklusiven Sportwagen vor. Für derartige Outdoor-Aktivitäten dürfte vielmehr ein Geländewagen das adäquate Mittel der Wahl sein.

Die Bewertungslehre hat dementsprechend unterschiedliche Bewertungskonzepte entwickelt, die sich mit den Begriffen objektiv, subjektiv und objektiviert klassifizieren lassen. Der Versuch **objektive** und damit für jedermann gültige Unternehmenswerte ermitteln zu wollen, war letztlich hoffnungslos. Auf dieser Basis war nicht zu erklären, warum jemand ein Unternehmen erwerben sollte, denn der Wert musste für jedermann und somit auch für Käufer und Verkäufer gleich hoch sein. Warum also ein Unternehmen kaufen? Die Diskus-

---

1 Ballwieser, W., Unternehmensbewertung, 2011, S. 84.
2 Moxter, A., Grundsätze ordnungsmäßiger Unternehmensbewertung, 1991, S. 6.

sion mündete letztlich in die Unterscheidung **subjektive** und **objektivierte** Unternehmenswerte.

102 Diese Unterscheidung subjektiver und objektivierter Unternehmenswerte hat nichts mit unterschiedlichen Bewertungsverfahren zu tun, wie etwa der Unterscheidung von Ertragswert- und Discounted-Cashflow-Verfahren. Bewertungskonzepte wie der subjektive oder objektivierte Unternehmenswert lassen sich vielmehr danach unterscheiden, **welche Daten** verarbeitet werden. Dagegen unterscheiden sich die Bewertungsverfahren danach, **wie Daten** verarbeitet werden.

103 Subjektive Unternehmenswerte dienen primär zur Kaufpreisermittlung und verwenden deshalb auch Ertragsprognosen, die alle Wachstums- und Synergiefantasien des Käufers berücksichtigen. Objektivierte Unternehmenswerte kommen bei gesetzlichen Bewertungsanlässen wie z. B. der Ermittlung von Abfindungen zum Einsatz und berücksichtigen schon auf Grund des gesetzlich festgelegten Bewertungsstichtages nur Informationen zu den möglichen Ertragsaussichten des Unternehmens, wie sie am Bewertungsstichtag auf Basis des vorhandenen Unternehmenskonzeptes für das Unternehmen vorlagen.[1]

ABB. 5:	Bewertungskonzepte und ihre bestimmenden Merkmale		
	objektiver Unternehmenswert	subjektiver Unternehmenswert	objektivierter Unternehmenswert
Anwendungsbereich	überholt; allerdings wiederbelebt im neuen Bewertungsgesetz	Unternehmenskauf Unternehmensverkauf	gesetzliche Bewertungsanlässe wie z.B. Abfindungsbemessung
Verfahren	insbesondere Substanzwertverfahren	Ertragswertverfahren, DCF-Verfahren, Multiplikator-Verfahren	Ertragswertverfahren

---

[1] Die Abgrenzung zu verwendender Informationen wird durch die zivilrechtliche Wurzeltheorie vorgenommen, mit der der Stichtagsgedanke „ausgefüllt" wird.

	objektiver Unternehmenswert	subjektiver Unternehmenswert	objektivierter Unternehmenswert
Bewertungssubjekt (für wen wird bewertet)	„Jedermann" bzw. das Bewertungsobjekt selbst	der individuelle Käufer bzw. Verkäufer	typisierter Anteilseigner
Bewertungsobjekt (was wird bewertet)	vorhandener Unternehmensumfang	individuell geplanter Unternehmensumfang	vorhandener Unternehmensumfang sowie am Stichtag dokumentierte Kapazitätsänderungen

5.2 Der objektive Unternehmenswert

Der **objektive** Unternehmenswert, ein Konzept das bis in die 60er Jahre Bedeutung hatte, geht von einem Wert an sich aus, einem Wert der für **jedermann** Gültigkeit haben soll. Bezugspunkt der Bewertung ist das Unternehmen aus der Sicht des Unternehmens.[1] Durch jeglichen Verzicht auf eine Beziehung zwischen Bewertungsobjekt (Unternehmen!) und Bewertungssubjekt (Investor!), soll der gefundene Wert von jedermann realisiert bzw. fortgeführt werden können. Der Zweck der Unternehmensbewertung ist nach dieser Auffassung die Bestimmung des objektiven Nutzens eines Unternehmens, **unabhängig** von den Interessen und Möglichkeiten von Verkäufern oder Käufern.[2]

104

---

[1] Mellerowicz, K., Der Wert der Unternehmung als Ganzes, 1952, S. 11 f.
[2] Mellerowicz, K., Der Wert der Unternehmung als Ganzes, 1952, S. 12.

ABB. 6: Beziehung zwischen Bewertungssubjekt und Bewertungsobjekt bei objektiven Unternehmenswerten

Bewertungsobjekt
=
Bewertungssubjekt

105 Das Substanzwertverfahren steht dieser Denkrichtung der Ermittlung eines objektiv gültigen Wertes für jedermann sehr nahe. Bei Verwendung einer Ertragswertmethode zur Ermittlung des objektiven Unternehmenswertes wurde auf Vergangenheitsergebnisse abgestellt, aus denen ein **normierter** Ertrag abzuleiten war.[1] Der objektive Wertgedanke wurde durch das Konzept subjektiver Unternehmenswerte abgelöst.

5.3 Der subjektive Unternehmenswert

106 **Subjektive** Unternehmenswerte gehen von der grundlegenden Erkenntnis aus, dass Werte letztlich Urteile von **Bewertungssubjekten** (Gesellschafter oder potentieller Investor für den bewertet wird) in Bezug auf ein **Bewertungsobjekt** (Unternehmen welches bewertet wird) darstellen.[2] Wird der Unternehmenswert zum Zweck einer Kaufpreisbestimmung ermittelt, muss dieser Wert als subjektiver Unternehmenswert ermittelt werden, da sich nur dann die Möglichkeiten und Pläne des Investors im Unternehmenswert widerspiegeln.[3] Das heißt übrigens nicht, dass der Investor diesen Wert als Kaufpreis bezahlen wird, aber er weiß damit, was er im Grenzfall zahlen könnte. Es gilt die alte Kaufmannsweisheit: „Der Gewinn liegt im Einkauf".

---

1 Moral, F., Die Abschätzung des Wertes industrieller Unternehmungen, 1920, S. 130 f.
2 Engels, Betriebswirtschaftliche Bewertungslehre im Licht der Entscheidungstheorie, 1962, S. 39.
3 Busse von Colbe, W., Der Zukunftserfolg, 1957, S. 16 f.

5. Die Perspektive der Bewertung – Bewertungskonzepte

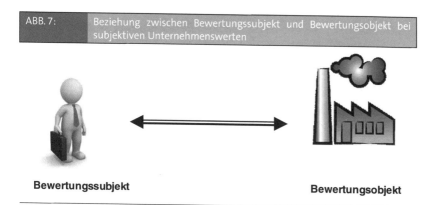

ABB. 7: Beziehung zwischen Bewertungssubjekt und Bewertungsobjekt bei subjektiven Unternehmenswerten

Bewertungssubjekt   **Bewertungsobjekt**

Diese Sichtweise hat sich nunmehr – übrigens beschäftigte diese Thematik bereits Aristoteles – durchgesetzt.[1] Durch den Fokus auf das Subjekt und seine Möglichkeiten, das Unternehmen als Bewertungsobjekt individuell zu nutzen, richtet sich der Blick auf die zukünftig in dieser Konstellation zu erwartenden Gewinne, bzw. noch präziser, die **Ausschüttungspotenziale**. Insbesondere durch die von einem Unternehmenskäufer beabsichtigten Änderungen der Unternehmensstruktur bzw. dessen Strategie und Investitionsvorhaben ergeben sich Änderungen des Ausschüttungsstromes aus dem Unternehmen – verglichen zu einem anderen Unternehmenskäufer. Die Unternehmensgewinne sind somit immer eine Funktion der Möglichkeiten, **Synergien** zu heben oder **Reorganisationspotenziale** aufzudecken oder einfacher – Ausdruck der Kombination Unternehmen und Unternehmer. Unternehmenswerte sind somit zwangsläufig in hohem Maße von den individuellen Fähigkeiten des Unternehmenskäufers abhängig und das drückt sich in der Entwicklung seines subjektiven Unternehmenswertes bzw. Grenzpreises aus.

107

---

1 Aristoteles, Politik, übersetzt von Schwarz, 2007, Erstes Buch, S. 92 f.

B. Grundlagen der Unternehmensbewertung

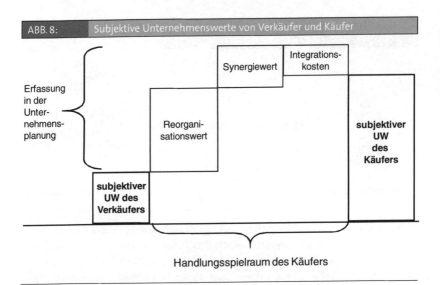

ABB. 8: Subjektive Unternehmenswerte von Verkäufer und Käufer

108 Die Bewertung erfolgt mit der besten risikoäquivalenten **Alternativrendite**, die dem jeweiligen Unternehmenskäufer bzw. Bewertungssubjekt zur Verfügung steht. Der ermittelte Unternehmenswert gilt damit nicht mehr für jedermann, sondern nur noch individuell für das Bewertungssubjekt. Ergebnis dieser Betrachtungsweise ist, dass es so viele Werte für ein Unternehmen wie Bewertungssubjekte gibt.[1]

---

[1] Matschke/Brösel, Unternehmensbewertung, 2005, S. 19.

5. Die Perspektive der Bewertung – Bewertungskonzepte

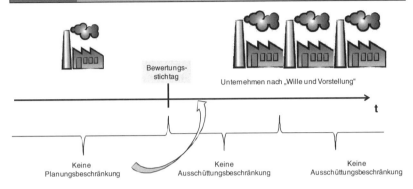

| ABB. 8a: | Subjektive Bewertung des Unternehmens, wie es sich nach den Plänen und Möglichkeiten des Investors zukünftig darstellt |

$$UW_0 = \sum_{t=1}^{T} D_t \, (1 + r_{ZEK})^{-t}$$

UW_0: Unternehmenswert am Bewertungsstichtag t_0
D_t: Erwartete Nettozuflüsse beim Bewertungssubjekt in t
t: Zeitpunkte der Nettozuflüsse
T: Lebensdauer des Unternehmens
r_{ZEK}: Zielrendite Eigenkapitalgeber

BEISPIEL: ▶ Das Unternehmen Y steht zum Verkauf. Der Käufer C plant erhebliche Investitionen in das Unternehmen Y, um seine Strategie umzusetzen. Aus der Verbindung mit dem von C bereits geführten Unternehmen Z ergeben sich für das Unternehmen Y große Einsparpotenziale und zusätzliche Vertriebskanäle. Aus seinem finanziellen Engagement erwartet C eine Rendite von mindestens 15 % vor Steuern (der Verkäufer strebte dagegen bisher nur eine Vorsteuer-Rendite von 10 % an). Die nachfolgende Gewinnplanung für die nächsten 5 Jahre schätzt C für das Unternehmen Y als realistisch ein. Zum Vergleich ist auch die Gewinnplanung des Verkäufers dargestellt.

Ist- / Planjahre		-3	-2	-1	1	2	3	4	5
Jahresüberschuss v. St.	T€	1.000	900	1.100					
Planung des Verkäufers	T€				1.200	1.250	1.250	1.300	1.300
Planung des Käufers	T€				2.100	2.500	4.700	5.100	5.500

5.4 Der objektivierte Unternehmenswert

109 **Objektivierte** Unternehmenswerte versuchen die Aspekte objektiver und subjektiver Unternehmenswerte in einem Bewertungskonzept zu vereinen. Der Unternehmensplanung und damit dem zu bewertenden Unternehmensumfang werden Zügel angelegt und insofern ein möglichst „objektiver" Wert ermittelt. Die notwendige Subjekt-Objekt Beziehung einer Wertermittlung wird berücksichtigt, allerdings nicht für ein Individuum, sondern für eine definierte Klasse typischer Anteilseigner.[1] Das Bewertungssubjekt ist damit durch **typisierende** Merkmale definiert.[2] Die Wertermittlung ist insofern zwar „entsubjektiviert", aber zumindest „gruppensubjektiv".

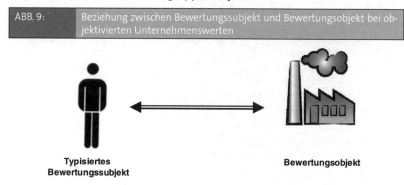

ABB. 9: Beziehung zwischen Bewertungssubjekt und Bewertungsobjekt bei objektivierten Unternehmenswerten

Typisiertes Bewertungssubjekt — Bewertungsobjekt

110 Diese Verfahrensweise ist dem Umstand geschuldet, dass das Konzept objektivierter Unternehmenswerte z. B. bei gesetzlichen Bewertungsanlässen zur Bemessung angemessener Abfindungen Verwendung findet. Diese Abfindungen sind aber im Einzelfall z. B. für eine **Vielzahl** anonymer Aktionäre zu ermitteln, wobei zusätzlich das gesellschaftsrechtliche **Gleichbehandlungsgebot** zu berücksichtigen ist.

„*Aktionäre sind unter gleichen Voraussetzungen gleich zu behandeln.*"[3]

111 Objektivierte Unternehmenswerte müssen deshalb nach möglichst objektiven Kriterien ermittelt werden und **intersubjektiv** nachprüfbar sein.[4] So ist im aktienrechtlichen Squeeze-out (Ausschluss der Minderheits-Aktionäre) eine

---

1 Siehe zur Ermittlung des gemeinen Werts, dessen Übereinstimmung mit dem objektivierten Unternehmenswert sich an dieser Stelle zeigt; Bock, R., in Kroiß/Ann/Mayer, BGB Erbrecht, 2010, § 2311, S. 1386, Tz. 24.
2 IDW S1 i. d. F. 2008, Tz. 31.
3 § 53a AktG.
4 Eine Überprüfung findet z. B. durch das Gericht oder einen vom Gericht bestellten Prüfer statt.

5. Die Perspektive der Bewertung – Bewertungskonzepte

Überprüfung des der Abfindung zugrunde liegenden Unternehmenswertes wie folgt vorgesehen:

*"Die **Angemessenheit** der Barabfindung ist durch einen oder mehrere **sachverständige Prüfer** zu prüfen. Diese werden auf Antrag des Hauptaktionärs **vom Gericht ausgewählt und bestellt**."*[1]

Die Aufklärung der Verhältnisse der Gesellschaft wird somit nicht der Informationseffizienz des Marktes überlassen (wie bei Börsenkursen!), sondern der personifizierten „prüfenden Hand" des neutralen Gutachters.[2]

112

Im Rahmen gesetzlicher Bewertungsanlässe werden Unternehmenswerte ermittelt, die das Unternehmen in exakt dem Zustand abbilden, wie es zum Bewertungsstichtag vorlag. Das bewertbare Ertragspotenzial wird somit schon durch die gesetzlichen Bestimmungen zum Bewertungsstichtag fixiert.

113

*„Die angemessene Barabfindung muss die **Verhältnisse** der Gesellschaft im **Zeitpunkt der Beschlussfassung** ihrer Hauptversammlung über den Vertrag berücksichtigen."*[3]

*„Die Barabfindung muss die **Verhältnisse** der Gesellschaft im **Zeitpunkt der Beschlussfassung** ihrer Hauptversammlung über die Eingliederung berücksichtigen."*[4]

*„Der Hauptaktionär legt die Höhe der Barabfindung fest; sie muss die **Verhältnisse** der Gesellschaft im **Zeitpunkt der Beschlussfassung** ihrer Hauptversammlung berücksichtigen."*[5]

D. h. das Unternehmen wird bewertet „wie es steht und liegt".[6]

*„Die Bewertung eines Unternehmens basiert auf der am **Bewertungsstichtag** vorhandenen Ertragskraft. Grundsätzlich beruht die vorhandene Ertragskraft auf den zum Bewertungsstichtag **vorhandenen Erfolgsfaktoren**."*[7]

Das gesetzgeberische Ziel der Bewertung eines zum Bewertungsstichtag „eingefrorenen" Unternehmens lässt sich aus **Art. 14 GG** ableiten. Danach soll z. B. ein Aktionär für die durch aktienrechtliche oder umwandlungsrechtliche Struk-

114

---

1 § 327c Abs. 2 Satz 2 und Satz 3 AktG.
2 IDW S1 i. d. F. 2008, Tz. 82 bis 84.
3 § 305 Abs. 3 Satz 2 AktG.
4 § 320b Abs. 1 Satz 5 AktG.
5 § 327b Abs. 1 Satz 1 AktG.
6 IDW S1 i. d. F. 2008, Tz. 29.
7 IDW S1 i. d. F. 2008, Tz. 32, S. 1 und S. 2.

turmaßnahmen aufgezwungene Beeinträchtigung seiner Rechtsposition entschädigt werden, allerdings nur für das, was er **aufgeben** muss.

*"Es ist **nur der Substanzverlust** auszugleichen, so dass in der **Zukunft liegende voraussichtliche Wertsteigerungen**, die sich als wertbildende Faktoren noch nicht ausgewirkt haben, ebenso **außer Betracht** bleiben wie sonstige hypothetische Wertentwicklungen, ..."*[1]

*"Daher soll sich der Eigentumsschutz nur auf solche Nutzungen erstrecken, die sich nach Lage der Dinge objektiv anbieten oder aufdrängen, die sich **zwingend oder folgerichtig aus den bisherigen Nutzungen ergeben** oder – noch strenger – dem **Eigentumsgegenstand wesensmäßig inhärent** sind."*[2]

115 Diese Leitlinie der Abfindungsbemessung spiegelt sich in den Entscheidungen der Zivilrechtsprechung wider.

*"Zu ermitteln ist **der Grenzpreis**, zu dem der Minderheitsaktionär **ohne Nachteil** aus der Gesellschaft **ausscheiden kann**."*[3]

116 Zur Abgrenzung der nach dem **Bewertungsstichtag** auf das Unternehmen wirkenden Einflüsse, die diesen Zustand möglicherweise verändern, wurde die **Wurzeltheorie** entwickelt.[4] Damit sind im Rahmen der Bewertung Änderungen gegenüber den Verhältnissen des Stichtags nur berücksichtigungsfähig, wenn deren **Wurzeln** vor dem Bewertungsstichtag angelegt waren.[5] Andere Entwicklungen, die ihre Wurzel nach dem Stichtag haben, müssen unberücksichtigt bleiben. Einflüsse als Folge aktienrechtlicher oder umwandlungsrechtlicher Strukturmaßnahmen, etwa in Form von **echten Synergieeffekten** (Verschmelzung!) oder Kosteneinsparungen (Squeeze out!), dürfen somit nicht berücksichtigt werden.[6]

*"Im Rahmen der Ermittlung des objektivierten Unternehmenswerts sind die Überschüsse aus **unechten** Synergieeffekten zu berücksichtigen; jedoch **nur inso-***

---

1 Wendt, in Sachs, Kommentar zum GG, 2009, Art. 14 S. 638.
2 Axer, in Epping/Hillgruber, Kommentar zum GG, 2009, Art. 14 S. 422.
3 BGH v. 4.3.1998 – II ZB 5/97, AG 1998 S. 287; LG Frankfurt a. M. v. 21.3.2006 – 3-5 O153/04, AG 2007, S. 42; OLG Stuttgart v. 5.5.2009 – 20W 13/08, AG 2009 S. 711.
4 Siehe BGH v. 17.1.1973 – IV ZR 142/70, NJW 1973 S. 509; die Erläuterung des Begriffes „Wurzel" in diesem Zusammenhang findet sich allerdings schon bei Knorr, E., Zur Bewertung von Unternehmungen und Unternehmensanteilen, Konkurs-, Treuhand- und Schiedsgerichtswesen, 1962 S. 196.
5 Siehe hierzu Rdn. 64 und Rdn. 667.
6 OLG Frankfurt/M. v. 17.6.2010 – 5 W 39/09, Fundstelle juris, Tz. 24.

5. Die Perspektive der Bewertung – Bewertungskonzepte

weit, *als die Synergie stiftenden Maßnahmen* **bereits eingeleitet** *oder im Unternehmenskonzept dokumentiert sind.*"[1]

Die Bewertung eines vorhandenen Unternehmensbestands führt zum Grundsatz des **Substanzerhalts**, d. h. in der Unternehmensplanung sind den Erfordernissen entsprechende Reinvestitionen zu planen, um den Erhalt des Unternehmens in der vorliegenden Form planungstechnisch sicherzustellen. Soweit **Kapazitätsänderungen** in Form geplanter Investitionen zum Bewertungsstichtag bereits ausreichend konkretisiert bzw. dokumentiert sind, sind sie bei der Bewertung ebenfalls zu berücksichtigen. Ohne diese Konkretisierung sind Kapazitätsänderungen unbeachtlich. 117

„*Mögliche, aber noch* **nicht hinreichend konkretisierte** *Maßnahmen (z. B. Erweiterungsinvestitionen/Desinvestitionen) sowie die daraus vermutlich resultierenden finanziellen Überschüsse sind danach bei der Ermittlung* **objektivierter Unternehmenswerte unbeachtlich.**"[2]

Damit ist Bewertungsgegenstand nicht zwingend nur der materielle Unternehmensumfang zum Bewertungsstichtag, sondern auch nachweislich angelegtes Wachstumspotenzial. 118

Die Notwendigkeit der Typisierung der Anteilseigner ist im Zusammenhang mit dem gesellschaftsrechtlichen **Gleichbehandlungsgebot** (z. B. § 53a AktG) zu verstehen. D.h. für Anteile gleicher Ausstattung sind gleiche Wertmaßstäbe anzulegen. Die Beteiligungshöhe ist für die Wertermittlung ohne Bedeutung, d. h. der objektivierte Beteiligungswert entspricht dem quotalen objektivierten Unternehmenswert.[3] Strategische Zuschläge im Sinne von Kontrollprämien finden damit keine Berücksichtigung. 119

Die Anwendung des Gleichbehandlungsgebotes erlaubt es „typusgerechte" Anteilswerte für eine Vielzahl von Anteilseignern in einem Bewertungsgang zu ermitteln, obwohl bei diesen tatsächlich von heterogenen Präferenzen und Rahmenbedingungen auszugehen ist. 120

„*Bei gesellschaftsrechtlichen und vertraglichen Bewertungsanlässen (z. B. Squeeze Out) wird der* **objektivierte Unternehmenswert** *im Einklang mit der langjährigen Bewertungspraxis und deutschen Rechtsprechung* **aus der Perspektive einer inländischen unbeschränkt steuerpflichtigen natürlichen Person als Anteilseigner** *ermittelt.* **Bei dieser Typisierung** *sind demgemäß zur unmittelbaren Berücksichti-*

---

1 IDW S1 i. d. F. 2008, Tz. 34.
2 IDW S1 i. d. F. 2008, S. 4 Tz. 32.
3 IDW S1 i. d. F. 2008, Tz. 13.

B. Grundlagen der Unternehmensbewertung

gung der persönlichen Ertragsteuern **sachgerechte Annahmen** zu deren Höhe sowohl bei den finanziellen Überschüssen als auch beim Kapitalisierungszinssatz zu treffen."[1]

121 Die Typisierung des Bewertungssubjekts[2] wird ergänzt durch eine Abstraktion von subjektiven Zielsystemen.[3] Die Festlegung einer Standard-Investitions-Alternative in Form des **Capital Asset Pricing Model** (CAPM) rundet das Bild eines „Durchschnittsanteilseigners" ab.[4] Der objektivierte Unternehmenswert ist damit auch ein verwaltungstechnisch praktikables Mittel zur Bewältigung von Massenverfahren. Bewertet wird aus der Sicht des typisierten Anteilseigners und damit eines potentiellen **Verkäufers**.[5]

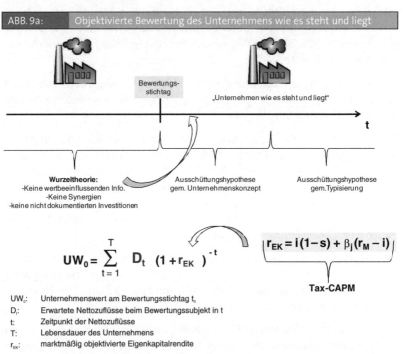

ABB. 9a: Objektivierte Bewertung des Unternehmens wie es steht und liegt

$$UW_0 = \sum_{t=1}^{T} D_t \, (1 + r_{EK})^{-t}$$

$$r_{EK} = i(1-s) + \beta_j(r_M - i)$$

Tax-CAPM

UW_0: Unternehmenswert am Bewertungsstichtag t_0
D_t: Erwartete Nettozuflüsse beim Bewertungssubjekt in t
t: Zeitpunkt der Nettozuflüsse
T: Lebensdauer des Unternehmens
r_{EK}: marktmäßig objektivierte Eigenkapitalrendite

---

1 IDW S1 i. d. F. 2008, Tz. 31.
2 IDW S1 i. d. F. 2008, Tz. 31.
3 IDW S1 i. d. F. 2008, Tz. 12.
4 IDW S1 i. d. F. 2008, Tz. 114.
5 IDW S1 i. d. F. 2008, Tz. 29.

5. Die Perspektive der Bewertung – Bewertungskonzepte

BEISPIEL: Das Unternehmen Y soll eine Gruppe von Gesellschaftern abfinden, die das Gesellschaftsverhältnis gekündigt haben. Die Geschäftsleitung hatte kurz vor der Kündigung der Gesellschafter eine kleinere Investition in die Erweiterung des Fuhrparks beschlossen. Ein Beschlussvorschlag zu einer umfassenden Investition in neue Marktsegmente fand vor der Kündigung der Gesellschafter keine Mehrheit mehr. Der Gutachter, der mit der Ermittlung des Abfindungsanspruchs beauftragt ist, bestimmt die Rahmenparameter zur Ermittlung des Kalkulationszinssatzes zum Bewertungsstichtag wie folgt: Basiszins 3,75 %, Marktrisikoprämie 4,5 %, Beta-Faktor 1,2. Die Gewinnplanung des Unternehmens, die auch von den ausscheidenden Gesellschaftern noch bestätigt wurde, stellt sich für die nächsten 5 Jahre wie folgt dar:

Ist - / Planjahre		-3	-2	-1	1	2	3	4	5
Jahresüberschuss v. St.	T€	1.000	900	1.100	1.200	1.250	1.250	1.300	1.300

Die Ermittlung von objektivierten Unternehmenswerten in einem normativen „Korsett" ist dem Umstand geschuldet, dass die Parteien bei **dominierten Verhandlungssituationen** (z. B. Gesellschafterausschluss, Ermittlung steuerlicher Bemessungsgrundlage) keine Möglichkeit zum Verhandlungsabbruch haben. D.h. am Ende muss im Zweifel durch ein Gericht eine Einigung herbeigeführt und ein Unternehmenswert gefunden werden.[1] Das Bewertungskonzept muss insofern justiziabel im Sinne von logisch, nachvollziehbar, manipulationsresistent und gerecht sein. Der objektivierte Unternehmenswert ist insofern auch ideal für die Ermittlung von Unternehmenswerten für Zwecke der Erbschaft- bzw. Schenkungsteuer.[2] Die Ermittlung von Unternehmenswerten nach dem Konzept des objektivierten Unternehmenswertes ist deshalb auch erklärtes Ziel des Gesetzgebers.

122

*„Es soll die Möglichkeit bieten, ohne hohen Ermittlungsaufwand oder Kosten für einen Gutachter einen **objektivierten Unternehmens- bzw. Anteilswert** auf der Grundlage der Ertragsaussichten nach § 11 Abs. 2 Satz 2 BewG zu ermitteln."*[3]

Die Überlegungen zum objektivierten Unternehmenswert, der ohne hohen Ermittlungsaufwand zu ermitteln ist, werden in der Regierungsbegründung allerdings zum **vereinfachten Ertragswertverfahren** angestellt. Auch dieser stellt in gewissem Sinne einen objektivierten Unternehmenswert dar, da er auf Typisierungen zurückgreift. Vom Normziel eines gemeinen Wertes trennen ihn aber derart vereinfachende Annahmen, dass er mit dem objektivierten Unter-

123

---

1 Drukarczyk/Schüler, Unternehmensbewertung, 2009, S. 82.
2 Entsprechende Empfehlung durch Heilmann, A., Die Anwendbarkeit betriebswirtschaftlicher Bewertungsmethoden im Erbschaft- und Schenkungsteuerrecht, 2010, S. 170 f.
3 Begründung des Finanzausschusses, Teil 2. Materialien. II. Artikel 2, Änderung des BewG, Nr. 2, § 199 BewG, abgedruckt in Hübner, H., Erbschaftsteuerreform 2009 Gesetze Materialien Erläuterungen, 2009, S. 348.

nehmenswert gemäß **IDW S1** auf Basis eines **normalen Ertragswertverfahrens** nicht vergleichbar ist.[1]

124 Die Zielrichtung des Gesetzgebers, das Bewertungskonzept des „objektivierten Unternehmenswertes" gemäß der Definition des IDW bei der Ermittlung erbschaftsteuerlicher Bemessungsgrundlagen zu verwenden, ergibt sich aus der weitestgehenden Übereinstimmung mit den rechtlichen Termini „Gemeiner Wert" und „Verkehrswert".[2] Für die Begriffe „gemeiner Wert" oder „Verkehrswert" findet sich in Gesetz und Rechtsprechung noch ein weiterer synonymer Begriff, der Marktwert.[3] Allen gemeinsam ist, dass sie nicht mit den in der Realität zustande gekommenen Verkaufspreisen gleichzusetzen sind.[4]

125 Die Kritik am objektivierten Unternehmenswert, die sich unter anderem aus der Verwendung des Capital Asset Pricing Model bzw. Tax-CAPM ergibt, stellt die Zulässigkeit der Annahme eines **voll diversifizierten** Investors in Frage. Die Kritik ist insbesondere dann berechtigt, wenn der Kreis der Gesellschafter wie bei kleinen und mittleren Unternehmen (**KMU**) überschaubar ist und deren Diversifikationsgrad im Einzelfall von der Annahme des CAPM bzw. Tax-CAPM abweicht. Eine Lösung des Problems ist aber soweit ersichtlich nicht erkennbar, da „Korrekturen" etwa in Form des Total-Beta-Konzepts von Damodaran das theoretische Fundament des CAPM bzw. Tax-CAPM auflösen.[5] Zumindest für die Ermittlung objektivierter Unternehmenswerte wird das Total-Beta-Konzept deshalb vom IDW abgelehnt.[6] Eine steuerliche Anpassung des Tax-CAPM an die konkreten Verhältnisse eines überschaubaren Gesellschafterkreises wird unter dem Begriff der anlassbezogenen Typisierung diskutiert.[7]

---

[1] Siehe auch Gliederungspunkt Rdn. 570 sowie zu den Einschränkungen des vereinfachten Ertragswertverfahrens Rdn. 1128.

[2] Kuhner/Maltry, Unternehmensbewertung, 2006, S. 65; Wollny, C., „Führt der objektivierte Unternehmenswert zum Verkehrswert?" – eine Begriffsbestimmung, Bewertungspraktiker, 2010, Nr. 3, S. 12 ff.

[3] Siehe § 194 BauGB.

[4] Kleiber, W., Verkehrswertermittlung von Grundstücken, 2010, S. 408 Tz. 14; aA BFH v. 5. 3. 1986 – R 232/82, NWB Dok ID: BAAAA-92206, Tz. 18.

[5] Balz/Bordemann, Ermittlung von Eigenkapitalkosten zur Unternehmensbewertung mittelständischer Unternehmen mithilfe des CAPM, FB 2007 S. 741; Damodaran, A., Investment Valuation, 2002, S. 668; Berk/DeMarzo, Corporate Finance, 2007, S. 349 ff.

[6] WP-Handbuch, Band II, 2008, Tz. 434.

[7] IDW S1 i. d. F. 2008 Tz. 29.

6. Bewertung von betriebsnotwendigem und nicht betriebsnotwendigem Vermögen

Um die Produkte oder Dienstleistungen zu erstellen, die Gegenstand des Unternehmenszwecks sind, benötigt das Unternehmen eine Ausstattung mit Aktiva und Finanzierungsspielräumen. Das insofern zweckorientiert eingesetzte Vermögen gilt als **betriebsnotwendiges** Vermögen. Der Wert des betriebsnotwendigen Vermögens wird bei Verwendung des Kapitalwertmodells als **Ertragswert** und damit als **Gesamtwert** ermittelt. 126

> **BEISPIEL:** Ein Unternehmen verfügt über Maschinen im Verkehrswert von 1 Mio.€ und Vorräte im Verkehrswert von 0,8 Mio.€. Der Buchwert dieser Aktiva beträgt 1,4 Mio.€. Das Unternehmen ist voll eigenfinanziert. Der Ertragswert dieses Unternehmens beträgt aufgrund der nachhaltig erzielbaren Gewinne von 0,2 Mio.€ p. a. und Kapitalkosten von 10 % somit 2,0 Mio.€ (0,2 Mio.€ / 0,1). Der Ertragswert repräsentiert somit den Gesamtwert des Unternehmens im Sinne des Wertes der Aktiva und des Geschäftswertes. Die Aktiva werden auf diese Weise mittelbar in ihrem organisatorischen Verbund „über die damit erzielbaren Gewinne" und nicht durch Ansatz der insolierten Verkehrswerte bewertet.

Über das betriebsnotwendige Vermögen hinaus vorhandenes Vermögen kann definitionsgemäß veräußert werden, ohne dass der Unternehmenszweck beeinträchtigt wird. Dieses Vermögen stellt **nicht betriebsnotwendiges** Vermögen dar. 127

*„Neben dem betriebsnotwendigen Vermögen verfügt ein Unternehmen häufig auch über nicht betriebsnotwendiges Vermögen. Solche Vermögensteile **können frei veräußert werden, ohne dass davon die eigentliche Unternehmensaufgabe berührt** wird (funktionales Abgrenzungskriterium)."*[1]

Die Bewertung des nicht betriebsnotwendigen Vermögens erfordert grundsätzlich zwei **Bewertungsschritte**. Zum einen wird der **Ertragswert** des nicht betriebsnotwendigen Vermögens ermittelt. Zum anderen wird dessen Veräußerungswert bzw. **Liquidationswert** ermittelt. Der höhere der Werte wird als Wert des nicht betriebsnotwendigen Vermögens dem Wert des betriebsnotwendigen Vermögens hinzugerechnet, womit sich in Summe der Unternehmenswert ergibt. 128

*„Sofern der Liquidationswert dieser Vermögensgegenstände unter Berücksichtigung der steuerlichen Auswirkungen einer **Veräußerung den Barwert** ihrer finanziellen Überschüsse bei Verbleib im Unternehmen **übersteigt**, stellt nicht die*

---

1 IDW S1 i. d. F. 2008, Tz. 59.

anderenfalls zu unterstellende Fortführung der bisherigen Nutzung, sondern die Liquidation die vorteilhaftere Verwertung dar."[1]

ABB. 10:	Bewertung des nicht betriebsnotwendigen Vermögens	
Wert des nicht betriebsnotwendigen Vermögens = EW		wenn EW > LW
Wert des nicht betriebsnotwendigen Vermögens = LW		wenn EW < LW
EW:	Ertragswert	
LW:	Liquidationswert	

129 Wird das nicht betriebsnotwendige Vermögen mit dem Liquidationswert zum Ansatz gebracht, ist fiktiv dessen Verkauf zu unterstellen und in der integrierten Unternehmensplanung, die der Unternehmensbewertung zugrunde liegt, zu berücksichtigen. Die Fiktion des Verkaufs soll alle Wirkungen im Zusammenhang mit dem Abgang dieses Vermögens korrekt erfassen. Neben dem Einfluss auf die Liquidität des Unternehmens ist hier vor allem die Ertragsauswirkung und die Auslösung von Steuern zu nennen.

*„Bei der Bewertung des nicht betriebsnotwendigen Vermögens mit dem Liquidationswert sind die Kosten der Liquidation von den Liquidationserlösen abzusetzen sowie die **steuerlichen Folgen auf Unternehmensebene zu berücksichtigen**."*[2]

BEISPIEL: Das Unternehmen X stellt Drehzentren her und verfügt über eine vermietete Immobilie mit 6 Wohnungen. Die Immobilie kann unter den Verhältnissen am Bewertungsstichtag nach den Angaben verschiedener Makler für mindestens 3,5 Mio.€ veräußert werden. Der Immobilienmarkt zeigt großes Interesse. Nach Steuern könnte das Unternehmen einen Wert von 2,9 Mio.€ realisieren. Der Ertragswert der Immobilie unter Berücksichtigung von Steuern beträgt 2,3 Mio.€. Der Wert des nicht betriebsnotwendigen Vermögens ist im Zuge der Unternehmensbewertung mit dem Liquidationswert von 2,9 Mio.€ anzusetzen.

130 Der Ansatz mit dem Liquidationswert erfordert eine **Bereinigung** der Unternehmensplanung um die laufenden Erträge und Aufwendungen, die dem entsprechenden Vermögensteil zugeordnet werden können. Andernfalls käme es zu einer Doppelerfassung. Weicht, wie im vorliegenden Beispiel, das Branchenrisiko des Unternehmens vom Branchenrisiko des nicht betriebsnotwendigen Vermögens (Immobilienvermietung) ab, ist der Ertragswert des nicht betriebsnotwendigen Vermögens mit einem Kalkulationszinssatz mit angepasstem Risikozuschlag zu diskontieren.

---

1 IDW S1 i. d. F. 2008, S. 2 Tz. 60.
2 IDW S1 i. d. F. 2008, S. 1 Tz. 61.

7. Verfahren der Unternehmensbewertung

Es gibt eine ganze Reihe unterschiedlicher **Bewertungsverfahren**. Diese sind nicht in falsch und richtig zu unterscheiden, sondern vielmehr heiligt der Zweck die Mittel. Das **Zweckadäquanzprinzip**, nachdem der Bewertungszweck die Art und Weise der Bewertung bestimmt, begegnet uns auch hier.[1] Ertragswertverfahren werden für gesetzliche Bewertungsanlässe zur Bewertung fortführungswürdiger Unternehmen verwendet. Discounted-Cashflow (DCF)-Verfahren erfüllen grundsätzlich den gleichen Zweck, werden aber vor allem von angelsächsisch geprägten Consulting-Unternehmen für die Transaktionsbewertung (M&A!) verwendet. Multiplikator-Bewertungen dienen der ersten Kaufpreiseinschätzung bzw. neuerdings der Erteilung von Fairness Opinions.

*„Zu den gängigen Verfahren zur Gewinnung von **Beurteilungsmaßstäben** gehören insbesondere kapitalwertorientierte Bewertungsverfahren (Discounted-Cash-Flow- oder Ertragswertverfahren) sowie **marktpreisorientierte Verfahren** (Analysen von Börsenkursen des Transaktionsobjektes und Multiplikatoren)."*[2]

Liquidationswerte sollen den Wert von Unternehmen abbilden, denen man die Fortführungsfähigkeit abspricht – ermittelt wird somit der Wert bei Unternehmenszerschlagung. Substanzwertverfahren gelten als überholt, da sie weder für den Fortführungsfall noch für den Zerschlagungsfall nutzbare Informationen liefern.[3]

Ertragswertverfahren und DCF-Verfahren stellen **Gesamtbewertungsverfahren** dar. Der Wert des Unternehmensvermögens (der Substanz!) wird nicht nach dem Einzelveräußerungspreis ggf. nach Abzug von Steuern bestimmt, sondern nach dem Nutzenwert, welcher der organisatorischen Verbindung der Unternehmenssubstanz zukommt. Der Nutzen kommt in den erzielbaren Gewinnen zum Ausdruck. Ist der Nutzenwert der Substanz höher als deren Einzelveräußerungspreis, muss es sinnvoll sein, diesen Vermögensverbund zu nutzen. Damit ist die Idee des positiven Geschäftswertes geboren.

*„Geschäftswert ist der **Mehrwert**, der einem gewerblichen Unternehmen **über den Wert der einzelnen materiellen und immateriellen Wirtschaftsgüter** des Betriebsvermögens hinaus innewohnt. Er ist Ausdruck für die **Gewinnchancen** eines*

---

1 Moxter, A., Grundsätze ordnungsmäßiger Unternehmensbewertung, 1991, S. 5.
2 IDW Standard: Grundsätze für die Erstellung von Fairness Opinions (IDW S8) v. 17.1.2011, Tz. 29.
3 Aus welchen Gründen auch immer hat dieser Wert aber den Weg in § 11 Abs. 2 Satz 3 BewG des neuen Bewertungsgesetzes gefunden.

Unternehmens soweit sie nicht in den einzelnen Wirtschaftsgütern verkörpert sind ...."[1]

134 Mit Ertragswert- wie auch DCF-Verfahren können subjektive und objektivierte Unternehmenswerte ermittelt werden.[2] Für die Ermittlung objektivierter Unternehmenswerte in aktienrechtlichen oder umwandlungsrechtlichen Strukturmaßnahmen kommt jedoch ausweislich der Rechtsprechung bisher ausschließlich das Ertragswertverfahren zum Einsatz.[3]

135 Liquidationswertverfahren und Substanzwertverfahren stellen **Einzelbewertungsverfahren** dar. D.h. jede Aktiv- und Schuldposition des Unternehmens wird bei diesen Verfahren einzeln bewertet. Die Summe der einzelnen positiven und negativen Werte ergibt einen Saldo. Dieser repräsentiert den Liquidations- oder Substanzwert.

136 Um den **Liquidationswert** zu ermitteln, wird die Auflösung des Unternehmens mit allen Höhen und Tiefen fingiert. D.h. den Mitarbeitern wird gekündigt, Sozialpläne zur Regelung der Abfindungen sind aufzustellen, die stillen Reserven kommen zur Auflösung, Steuern hierauf werden fällig, ein Liquidationsüberschuss wird nach Einkommensteuerbelastung an den Gesellschafter ausgekehrt. Der Liquidationswert zeigt somit realitätsnah an, welche Konsequenzen sich bei einer tatsächlichen Beendigung des Unternehmens ergeben würden.

137 **Substanzwertverfahren** sind dagegen als Fortführungswerte vorgesehen – oder wollen dies zumindest sein. D.h. der Wert der betriebsnotwendigen Substanz soll unter Auflösung der stillen Reserven gezeigt werden. Steuern auf die Auflösung dieser stillen Reserven dürfen dabei aber nicht berücksichtigt werden, da ja fortgeführt wird. Dieser Substanzwert ist nur aus dem Blickwinkel der Gesamtbewertungsverfahren sinnvoll interpretierbar. D.h. der Substanzwert zeigt dann „zufällig" den richtigen Unternehmenswert für den Fortführungsfall an, wenn weder ein positiver, noch ein negativer **Geschäftswert** vorliegt. Dieser Bewertungsfall wird sich in der Realität so gut wie nie finden lassen. Der Substanzwert ist somit in hohem Maße hypothetisch.[4]

---

1 BFH v. 7.11.1985 - IV R 7/83, BStBl 1986 II S. 176.
2 IDW S1 i. d. F. 2008, Tz. 101.
3 Siehe z. B. LG Dortmund v. 19.3.2007 – 18 AktE 5/03, AG 2007 S. 793.
4 Als einzigen Bereich, wo Substanzwerte noch sinnvoll eingesetzt werden können sollen, nennt IDW S1 i. d. F. 2008, Tz. 152 die Bewertung von Non-Profit-Unternehmen (etwa öffentliche Verkehrsbetriebe).

7. Verfahren der Unternehmensbewertung

Erklärbar ist die Geschäftswert = 0 - Prämisse aus der nachfolgend dargestellten Beziehung, die auch der bilanzrechtlichen Definition des Geschäftswertes gemäß § 246 Abs. 1 Satz 4 HGB zugrunde liegt.

138

ABB. 11:	Beziehung zwischen Geschäftswert, Substanzwert und Ertragswert

Ertragswert = Substanzwert + Geschäftswert
Ertragswert = Substanzwert wenn Geschäftswert weder < 0 noch > 0, d. h. = 0

Wenn man Ertragswerte als gegenwärtiges Maß der Dinge bei der Bewertung von Unternehmen ansieht, stellt der Substanzwert einen Spezialfall des Ertragswertes dar.[1]

BEISPIEL: Ein Unternehmen weist ein Eigenkapital von 1 Mio.€ aus. Bei Auflösung stiller Reserven ergibt sich ein Substanzwert von 1,5 Mio.€. Der nachhaltig ausschüttungsfähige Gewinn beträgt 150 T€. Der angemessene Kalkulationszinssatz beträgt 10 %. Der Ertragswert ergibt sich somit nach der Barwertformel für die ewige Rente in Höhe von 150 T€ / 0,1 = 1,5 Mio.€. Der Geschäftswert beträgt 0, da Ertragswert 1,5 Mio.€ - Substanzwert 1,5 € = 0. Der Substanzwert zeigt für diesen Grenzfall den „richtigen" Unternehmenswert an.

Dem Substanzwert liegt somit tatsächlich ein denkbar enger Anwendungsbereich zugrunde. Der Irrweg des Substanzwertes galt eigentlich lange als überwunden. Durch das Erbschaftsteuerreformgesetz hat dieses Verfahren jedoch wieder ein Revival erlebt und macht nunmehr, als falsch ermittelter Mindestwert, steuerlichen Beratern und ihren Mandanten das Leben schwer.[2]

139

DCF-Verfahren existieren in den Varianten **Bruttoverfahren** und **Nettoverfahren**. Brutto- und Nettoverfahren unterscheiden sich danach, ob der Unternehmenswert für die Anteilseigner über den „Umweg" des Gesamt-Unternehmenswertes nach Abzug der zinstragenden Verbindlichkeiten ermittelt wird (Brutto-Verfahren) oder ob der Unternehmenswert für die Anteilseigner in einem Zuge direkt ermittelt wird (Netto-Verfahren).[3]

140

Brutto- und Netto-DCF-Verfahren müssen letztlich den gleichen Wert ermitteln. **Ertragswertverfahren** ermitteln unmittelbar den Wert für die Anteilseig-

141

---

1 Ermittelt durch Ertragswertverfahren oder DCF-Verfahren. Auch aus der Bewertung mittels DCF-Verfahren resultiert somit ein Ertragswert!
2 Hübner, H., Erbschaftsteuerreform 2009 Gesetze Materialien Erläuterungen, 2009, S. 485; als richtiger Mindestwert kann nur der Liquidationswert zum Ansatz kommen.
3 Der Gesamt-Unternehmenswert der DCF-Welt darf nicht mit dem „Gesamtwert" wie oben beschrieben oder wie er § 2 Abs. 1 BewG zugrunde liegt verwechselt werden. Für den Gesamt-Unternehmenswert (Brutto-Verfahren) ist auch der Begriff Enterprise-Value oder Entity-Value gebräuchlich. Der Ertragswert (Netto-Verfahren) kann insofern als Equity-Value bezeichnet werden, da der Wert des Eigenkapitals direkt ermittelt wird.

ner, d. h. den Marktwert des Eigenkapitals, und repräsentieren somit ein Netto-Verfahren. Da Netto-DCF-Verfahren und Ertragswertverfahren wiederum die gleichen Werte ermitteln müssen, ist es für die Qualität des Bewertungsergebnisses irrelevant, welches Verfahren letztlich zum Einsatz kommt.

*„Ertragswert- und Discounted Cash Flow-Verfahren beruhen auf der **gleichen konzeptionellen Grundlage** (Kapitalwertkalkül); in beiden Fällen wird der Barwert zukünftiger finanzieller Überschüsse ermittelt. Konzeptionell können sowohl objektivierte Unternehmenswerte als auch subjektive Entscheidungswerte mit beiden Bewertungsverfahren ermittelt werden. **Bei gleichen Bewertungsannahmen** bzw. -vereinfachungen, insbesondere hinsichtlich der Finanzierung, **führen beide Verfahren zu gleichen Unternehmenswerten**. Beobachtet man in der Praxis unterschiedliche Unternehmenswerte aufgrund der beiden Verfahren, so ist dies regelmäßig auf unterschiedliche Annahmen – insbesondere hinsichtlich Zielkapitalstruktur, Risikozuschlag und sonstiger Plandaten – zurückzuführen."*[1]

142   DCF-Verfahren berücksichtigen nur Cash-flows, wobei diese nach der Interpretation des IDW auch ausschüttungsfähig sein müssen. Ertragswertverfahren berücksichtigen gesellschaftsrechtlich ausschüttungsfähige Gewinne, soweit diese durch entsprechenden Cashflow hinterlegt und somit auch tatsächlich ausschüttungsfähig sind. DCF-Verfahren greifen zur Bestimmung des Kalkulationszinssatzes generell auf das Capital Asset Pricing Model zurück. Bei Ertragswertverfahren stellt dies ein in der Praxis zwischenzeitlich zulässiges und opportunes Mittel dar.

143   **Multiplikatorverfahren** zielen gegenüber den bis hier beschriebenen Verfahren nicht auf Werte ab, sondern auf die Berechnung von Preisen. Die Daten aus der Preisbildung für das Vergleichsunternehmen werden auf das zu bewertende Unternehmen übertragen. Damit ist Vergleichsmaßstab nicht ein Wert, sondern ein Preis. Multiplikatorwerte sind damit strenggenommen keine Bewertungsverfahren, sondern Bepreisungsmodelle.

144   **Werte** und **Preise** sind damit zu unterscheiden. Der Wert stellt dar, was man erhält. Der Preis ist die Größe, die hierfür bezahlt wird. Werte und Preise müssen somit nicht deckungsgleich sein. Der alte Kaufmannssatz, dass der Gewinn im Einkauf liegt (da man weniger bezahlt, als man erhält!), lässt sich hier eindrucksvoll demonstrieren.

---

1 IDW S1 i. d. F. 2008, Tz. 101.

ABB. 12:	Begriffsübersicht zum Gliederungspunkt „Verfahren der Unternehmensbewertung"
Brutto-Kapitalwert	Marktwert der Investition vor Abzug der Anschaffungskosten.
Netto-Kapitalwert	Marktwert der Investition nach Abzug der Anschaffungskosten.
Einzelbewertungsverfahren	Substanzwertverfahren und Liquidationswertverfahren
Gesamtbewertungsverfahren	Ertragswertverfahren und DCF-Verfahren
Geschäftswert	Ertragswert bzw. DCF-Wert abzüglich Substanzwert
Gesamt-Unternehmenswert Brutto-Verfahren-Wert Entity-Value Enterprise-Value	Marktwert des Unternehmens für Eigenkapital- und Fremdkapitalgeber.
Unternehmenswert Netto-Verfahren-Wert Ertragswert Equity-Value	Marktwert des Unternehmens für die Eigenkapitalgeber. Bei Brutto-Verfahren wird dieser Wert ermittelt, indem vom Brutto-Verfahren-Wert die zinstragenden Verbindlichkeiten abgezogen werden.

8. Rechtsformabhängige Unternehmensbewertung

8.1 Grundlagen

Bewertungsrelevant sind die **Ausschüttungen** bzw. **Entnahmen**, die dem Gesellschafter nach Steuern zur freien Verfügung stehen. Die Möglichkeit Entnahmen oder Ausschüttungen vorzunehmen, hängt von der jeweiligen Rechtsform des Unternehmens ab. Personengesellschaften kennen mangels Haftungsbeschränkung keine gesetzlichen Restriktionen hinsichtlich der Entnahmemöglichkeiten. Allerdings werden diese regelmäßig durch den Gesellschaftsvertrag eingeschränkt bzw. präzisiert. Bei Gesellschaften mit beschränkter Haftung können Kapitalrücklagen gemäß § 272 Abs. 2 Nr. 4 HGB an den Gesellschafter zurückgezahlt werden. Bei Aktiengesellschaften sind Kapitalrücklagen aus Agio gemäß § 272 Abs. 2 Nr. 1 HGB nach § 150 AktG ausschüttungsgesperrt und dürfen nur zur Verlustverrechnung verwendet werden. Entnahmen aus Personengesellschaften unterliegen dem Spitzensteu-

145

ersatz von 45 % Einkommensteuer. Allerdings kann die Gewerbesteuer angerechnet werden. Ausschüttungen aus Kapitalgesellschaften werden mit Abgeltungsteuer von 25 % belastet. Die Rechtsform des Unternehmens hat somit Einfluss auf die Ausschüttungsmöglichkeit und die verfügbaren Nettoeinnahmen des Gesellschafters.

8.2 Bewertung von Kapitalgesellschaften

146 Die Bewertung von Kapitalgesellschaften ist zum einen durch die steuerliche Behandlung der Kapitalgesellschaft und zum anderen durch die steuerliche Behandlung der Anteilseigner geprägt. Seit der Unternehmensteuerreform 2008 beträgt der Körperschaftsteuersatz 15 % und die Gewerbesteuermesszahl 3,5 %. Die Gewerbesteuer ist nicht mehr abzugsfähige Betriebsausgabe bei der eigenen Bemessungsgrundlage und ebenso wenig bei der Körperschaftsteuer. Auf die Körperschaftsteuer fällt ein Solidaritätszuschlag von 5,5 % an.

147 Bei den Anteilseignern von Kapitalgesellschaften ist noch danach zu differenzieren, ob und in welcher Höhe Ausschüttungen an den Anteilseigner fließen oder wie beim Anteilsverkäufer der Verkaufspreis für die Veräußerung von Anteilen zu versteuern ist. Ausschüttungen unterliegen einheitlich der Abgeltungsteuer mit einem Steuersatz von 25 %. Eine **Typisierung** des persönlichen Steuerbelastungssatzes im Rahmen der Unternehmensbewertung ist somit nicht mehr erforderlich. Mit dem Wegfall des Anrechnungsverfahrens durch die Einführung des Halbeinkünfteverfahrens zum 1.1.2001 ist diese Einkommensteuer definitiv. Jede Ausschüttung führt deshalb zu einer zusätzlichen Steuerbelastung.

148 Die Definitivbelastung durch das Halbeinkünfteverfahren bzw. die Abgeltungsteuer hat zu weitreichenden Folgen hinsichtlich der Ausschüttungshypothese geführt, da jede Ausschüttung steuererhöhend und damit Unternehmenswert senkend wirkt. Mit der Überarbeitung des IDW S1 zum 18.10.2005 war deshalb die **Vollausschüttungshypothese** durch die **Teilausschüttungshypothese** ersetzt worden. Die Annahme einer Thesaurierungsquote machte wiederum eine Annahme zur Anlage der Gewinnrücklagen notwendig. Hier gilt nun grundsätzlich die Annahme der **kapitalwertneutralen Wiederanlagerendite**.[1]

---

[1] Der Kalkulationszinssatz wird durch „Herausrechnen" des Unternehmenssteuersatzes auf eine interne Rendite vor Unternehmenssteuern umgerechnet. Mit dieser Rendite verzinsen sich die thesaurierten Mittel annahmegemäß. Dies hat zur Folge, dass die fehlende Ausschüttung nicht zu einem Absinken des Unternehmenswertes führt. Damit wirkt die Rendite kapitalwertneutral.

8. Rechtsformabhängige Unternehmensbewertung

„Im Rahmen der zweiten Phase wird grundsätzlich angenommen, dass das Ausschüttungsverhalten des zu bewertenden Unternehmens äquivalent zum Ausschüttungsverhalten der Alternativanlage ist, sofern nicht Besonderheiten der Branche, der Kapitalstruktur oder der rechtlichen Rahmenbedingungen zu beachten sind. Für die **thesaurierten Beträge** wird die Annahme einer **kapitalwertneutralen Verwendung** getroffen."[1]

Der Umfang der Steuerpflicht für den Verkauf von Anteilen an Kapitalgesellschaften richtet sich nach der Beteiligungshöhe, die innerhalb der letzten 5 Jahre gehalten wurde. Als wesentliche Beteiligung, die bei Veräußerung zu einem steuerpflichtigen Gewinn im Sinne § 17 EStG führt, gelten gemäß § 17 Abs. 1 EStG Beteiligungen in Höhe von 1 % oder höher. Die Versteuerung erfolgt in diesem Fall nach dem Teileinkünfteverfahren. Beteiligungen unter 1 % gelten als nicht wesentlich. Ein Veräußerungsgewinn ist gemäß Unternehmensteuerreformgesetz 2008 seit dem 1.1.2009 mit dem Abgeltungsteuersatz zu versteuern. Dieser nicht wesentlich beteiligte Anteilseigner, der seine Beteiligung im Privatvermögen hält, stellt auch nach der Unternehmensteuerreform den Typus für die gesetzlichen Bewertungsanlässe und damit den objektivierten Unternehmenswert dar.[2] IDW S1 geht damit für objektivierte Unternehmenswerte von einer bestehenden Anteilseignerschaft aus und damit für Bewertungszwecke von einer potenziellen Veräußerungssituation. 149

Bei Kauf oder Verkauf von Kapitalgesellschaften kann noch danach unterschieden werden, ob die Gesellschaftsanteile (**Share Deal**) übertragen werden sollen oder gegebenenfalls der Betrieb im Wege eines **Asset Deals** übertragen wird. Bei dem Verkauf der Anteile gelten die steuerlichen Konsequenzen in Abhängigkeit von der Beteiligungshöhe bzw. Haltedauer, wie soeben ausgeführt. Beim Verkauf des Betriebs unterliegt der Verkauf der normalen Besteuerung zu Unternehmensteuersätzen und der anschließenden Besteuerung der Ausschüttung nach den Vorgaben der Abgeltungsteuer. 150

Die Berücksichtigung der **Besteuerung des Veräußerungsgewinns** erfolgt im Rahmen der Ermittlung objektivierter Unternehmenswerte durch die Anwendung eines effektiven Steuersatzes auf die Thesaurierungsbeträge. 151

---

1 IDW S1 i. d. F. 2008, Tz. 37.
2 Wagner/Saur/Willershausen, Zur Anwendung der Neuerungen der Unternehmensbewertungsgrundsätze des IDW S1 i. d. F. 2008 in der Praxis, Wpg 2008 S. 733.

B. Grundlagen der Unternehmensbewertung

*"Sofern im Rahmen des geltenden Steuersystems Veräußerungsgewinne zu versteuern sind, ist der **steuerliche Einfluss im Bewertungskalkül geeignet zu berücksichtigen.**"*[1]

152   Unter der Annahme einer langen Haltedauer der Anteile und einer nicht wesentlichen Beteiligung wird regelmäßig der halbe Abgeltungsteuersatz in Höhe von 12,5 % als **effektiver Steuersatz** verwendet.[2] Im Rahmen der Transaktionsbewertung wird der Effekt der Veräußerungsgewinnbesteuerung beim Verkäufer regelmäßig nicht berücksichtigt, obwohl damit die Grundlage des Kapitalwertkalküls verletzt wird. Da die Anschaffungskosten der Beteiligung für den Anteilskäufer bei Anteilen an Kapitalgesellschaften steuerlich nicht nutzbar sind, ist insofern im Rahmen der Bewertung für ihn nichts zu berücksichtigen.

153   Der Kalkulationszinssatz wird bei objektivierten Unternehmenswerten generell durch das CAPM bzw. Tax-CAPM ermittelt, womit die Vergleichsinvestition in Unternehmen gleicher Rechtsform erfolgt. Bei Transaktionsbewertungen und damit der Ermittlung subjektiver Unternehmenswerte kann der Kalkulationszinssatz statt über das CAPM auch nach der individuell verfügbaren Alternativrendite bestimmt werden. Durch die Identität der Besteuerung des Bewertungsobjekts und der Alternative in Form des CAPM eröffnet IDW S1 für Transaktionsbewertungen unter Verwendung des CAPM darüber hinaus die Möglichkeit der sogenannten **mittelbaren Typisierung**, d. h. der Wertermittlung ohne explizite Berücksichtigung der Einkommensteuer.[3]

8.3 Bewertung von Einzelunternehmen und Personengesellschaften

154   Auch die Bewertung von Einzelunternehmen und Personengesellschaften wird maßgeblich von den steuerlichen Rahmenbedingungen beeinflusst.[4] Die Gewerbesteuer ist wie bei Kapitalgesellschaften keine abzugsfähige Betriebsausgabe mehr. Im Gegenzug wurde die Anrechenbarkeit der Gewerbesteuer auf die Einkommensteuer ausgeweitet, womit gemäß § 35 Abs. 1 EStG ein Hebe-

---

1   WP-Handbuch, Band II, 2008, S. 2, Tz. 4.
2   Wagner/Saur/Willershausen, Zur Anwendung der Neuerungen der Unternehmensbewertungsgrundsätze des IDW S1 i. d. F. 2008 in der Praxis, Wpg 2008 S. 736.
3   IDW S1 i. d. F. 2008, Tz. 45.
4   Zu Details siehe Dörschell/Franken/Schulte, Ermittlung eines objektivierten Unternehmenswertes für Personengesellschaften nach der Unternehmensteuerreform 2008, Wpg 2008 S. 444 ff.; Popp, M., Ausgewählte Aspekte der objektivierten Bewertung von Personengesellschaften, Wpg 2008 S. 935 ff.

8. Rechtsformabhängige Unternehmensbewertung

satz von 380 % gegenüber den bisherigen 180 % zur Anwendung kommt. Die Gewerbesteuer ist damit weitestgehend neutralisiert. Die Einkommensteuer wird damit zu der entscheidenden Besteuerungsgröße der Personengesellschaft. Darauf reagiert auch IDW S1 i. d. F. 2008.

„Die Bewertung eines Einzelunternehmens oder einer Personengesellschaft erfordert stets eine Berücksichtigung persönlicher Ertragsteuern, wenn – wie im Fall des derzeitigen Steuersystems – die persönliche Einkommensteuer teilweise oder ganz an die Stelle der in der Alternativrendite bereits berücksichtigten Unternehmensteuer tritt."[1]

Ein **mittelbare Typisierung** wie bei der Bewertung von Kapitalgesellschaften ist für Einzelunternehmen und Personengesellschaften damit ausgeschlossen.[2] Ab dem 1.1.2008 gilt unabhängig von der Unternehmensteuerreform 2008 für gewerbliche Einkünfte ein Einkommensteuerspitzensatz von 45 %, da die Tarifentlastung des Veranlagungszeitraums 2007 für gewerbliche Einkünfte entfällt (Reichensteuer). Der Einkommensteuerspitzensatz für den ausgeschütteten (entnommenen) Betrag beläuft sich somit auf 45 %. Auf Antrag kann die **Thesaurierungsbegünstigung** in Anspruch genommen werden. Gemäß § 34a Abs. 1 Satz 1 EStG sind thesaurierte Beträge mit dem reduzierten Satz von 28,25 % zuzüglich Solidaritätszuschlag zu versteuern. Bei späterer Entnahme der ermäßigt besteuerten Rücklagen kommt es gemäß § 34a Abs. 4 Satz 2 EStG zu einer Nachversteuerung mit einem Steuersatz von 25 % zuzüglich Solidaritätszuschlag. Der effektive Belastungssatz ist eine Funktion der Zeit, womit für Bewertungszwecke bei unterstellter langer Haltedauer die Verwendung eines **effektiven Steuersatzes** von 12,5 % vorgeschlagen wird.[3] Auch für die Einkommensteuerbelastung aus der Nachversteuerung gilt die Anrechenbarkeit der Gewerbesteuer im Sinne § 35 EStG. Gegenüber dem für Personengesellschaften bisher gültigen **Zurechnungsprinzip** kommt es künftig hinsichtlich der Einkommensteuerbelastung auf den Ausschüttungsbeschluss bzw. die Beantragung der reduzierten Thesaurierungsbesteuerung an.

155

Im Gegensatz zur Bewertung von Kapitalgesellschaften ist die Festlegung des Einkommensteuerbelastungssatzes des Anteilseigners nicht durch den Gesetzgeber im Zuge der Unternehmensteuerreform typisiert worden. Bisher galt für

156

---

1 IDW S1 i. d. F. 2008, Tz. 47.
2 IDW S1 i. d. F. 2008, Tz. 45.
3 Popp, M., Ausgewählte Aspekte der objektivierten Bewertung von Personengesellschaften, Wpg 2008 S. 937.

Unternehmensbewertungen ein **typisierter Einkommensteuersatz** von 35 %.[1] Für die Bewertung von Personengesellschaften mit einer Vielzahl von Anteilseignern, deren steuerliche Verhältnisse unbekannt sind, wird dieser typisierte Einkommensteuersatz weiterhin empfohlen. Für die Bewertung von Einzelunternehmen und Personengesellschaften mit einer überschaubaren Gesellschafterstruktur und damit der Chance, die steuerlichen Verhältnisse der Gesellschafter zu analysieren, wird im Rahmen der **anlassbezogenen Typisierung** die Verwendung des tatsächlichen Einkommensteuersatzes des Unternehmers oder Gesellschafters bzw. im Zweifel tendenziell die Verwendung des Spitzensteuersatzes von 45 % empfohlen.[2]

157 Der Verkauf von Einzelunternehmen kann auch zivilrechtlich nur als Asset Deal vollzogen werden. Für die Veräußerung von Personengesellschaften bietet sich zivilrechtlich wie bei Kapitalgesellschaften die Veräußerung von Anteilen (Share Deal) oder die Veräußerung des Betriebs der Personengesellschaft (Asset Deal) an.[3] Der Verkauf von Betrieben oder von Anteilen an einer Personengesellschaft ist im Rahmen der §§ 16, 34 EStG generell steuerpflichtig. Die Höhe der Steuerbelastung ist eine Frage der Höhe der Anschaffungskosten und damit höchst individuell. Beim Kauf von Anteilen an einer Personengesellschaft ist für Zwecke der Unternehmensbewertung zu berücksichtigen, dass dieser Anteilskauf steuerlich wie ein Asset Deal behandelt wird. Der Käufer hat damit die Möglichkeit, die Anschaffungskosten der Beteiligung mittels **step-up** in der steuerlichen **Ergänzungsbilanz** steuerwirksam werden zu lassen.[4] Die Höhe des erzeugten Abschreibungsvolumens ist eine Funktion der Höhe der Anschaffungskosten der Beteiligung und damit zunächst des ermittelten Unternehmenswertes. Diese **Zirkularität** kann im Rahmen der Bewertung durch ein **Iterationsmodell** gelöst werden.

158 Für die Bewertung einer Transaktion und damit für die Ermittlung subjektiver Unternehmenswerte sind die steuerlichen Effekte aus dem Kauf oder Verkauf zu berücksichtigen, soll das Grenzpreiskalkül nicht verletzt werden. Für Zwecke der Ermittlung eines objektivierten Unternehmenswertes kann die Typisierung des Anteilseigners in IDW S1 und damit eine potenzielle Veräußerungssituation sinngemäß auf die Personengesellschaft übertragen werden. Die Berück-

---

1 IDW Standard: Grundsätze zur Durchführung von Unternehmensbewertungen (IDW S1), 18.10.2005, Tz. 53.
2 Dörschell/Franken/Schulte, Ermittlung eines objektivierten Unternehmenswertes für Personengesellschaften nach der Unternehmensteuerreform 2008, Wpg 2008 S. 450.
3 Sauter, W., in Müller/Hoffmann (Hrsg.), Beck'sches Handbuch der Personengesellschaften, 2009, S. 547 Tz. 49 u. Tz. 51.
4 Gröger, H., in Hölters (Hrsg.) Handbuch Unternehmenskauf, 2010, S. 355.

sichtigung von Ergänzungsbilanzen bzw. der Steuerbelastung aus dem Anteilsverkauf wird mit Verweis auf den **Gleichbehandlungsgrundsatz** abgelehnt.[1] Die Berücksichtigung des fiktiven Wegfalls aller gewerbesteuerlichen Verlustvorträge bei der Ermittlung des Abfindungswertes für den Gesellschafter einer Personengesellschaft verstößt dagegen nicht gegen den Gleichbehandlungsgrundsatz. Vielmehr orientiert sich diese Vorgehensweise an der normativen Bewertungsvorgabe des § 738 BGB. Eine Berücksichtigung ist damit meines Erachtens notwendig.[2]

Für die Ermittlung eines objektivierten Unternehmenswertes wird die **Alternativrendite** auch bei Personengesellschaften durch das CAPM bestimmt.

159

*„Den Ausgangspunkt für die Bestimmung der Rendite der Alternativanlage bildet die beobachtete Rendite einer Anlage in Unternehmensanteile. Dies gilt **unabhängig von der Rechtsform** des zu bewertenden Unternehmens, da diese Form der **Alternativanlage grundsätzlich allen Anteilseignern zur Verfügung steht.**"*[3]

Für Transaktionszwecke kann der Kalkulationszinssatz durch die beste äquivalente Alternativrendite bestimmt werden.

9. Gesamtbewertungsverfahren

9.1 Grundlagen

Unternehmen, die nicht zerschlagen werden sollen, leiten ihren Wert aus den mit ihnen zukünftig erzielbaren Gewinnen ab. Für die Ermittlung der Gewinnerwartungen sind Unternehmensplanungen zu entwickeln. Die zukünftigen Gewinne werden diskontiert und so ein Barwert, der Unternehmenswert, ermittelt. Man spricht in diesem Zusammenhang auch von **Gesamtbewertungsverfahren**, da der Wert des **materiellen und des immateriellen** Unternehmensvermögens (z. B. Kundendateien, Patente, Geschäftswert) **in einem Zuge** und somit „gesamt" ermittelt wird. Technisches Mittel der Gesamtbewertung ist das Kapitalwertmodell.

160

---

1 Popp, M., Ausgewählte Aspekte der objektivierten Bewertung von Personengesellschaften, Wpg, 2008 S. 938 ff.; Großfeld, B., Recht der Unternehmensbewertung, 2009, S. 44 Tz. 137; die Thematik wird auch unter dem Begriff des (TAB) „Tax Amortisation Benefit" diskutiert, siehe hierzu Brähler, G., Der Wertmaßstab der Unternehmensbewertung nach § 739 BGB, Wpg 2008 S. 211; die Position des IDW ist hierzu noch uneinheitlich, siehe Aktuelle Fragen zur betriebswirtschaftlichen Bewertung 52. IDW Arbeitstagung Baden-Baden, S. 76.
2 Siehe auch Kunowski/Popp, Berücksichtigung von Steuern, in Peemöller (Hrsg.) Praxishandbuch der Unternehmensbewertung, 2009, S. 955.
3 IDW S1 i. d. F. 2008, Tz. 114.

B. Grundlagen der Unternehmensbewertung

161 Die Frage, welche **Bewertungsverfahren** unter die Gesamtbewertungsverfahren zu subsumieren sind, kann wie folgt beantwortet werden. Als Gesamtbewertungsverfahren in „Reinstform" sind das Ertragswertverfahren und das Discounted Cash-flow-Verfahren zu verstehen.[1] Aber auch Multiplikatorverfahren oder das vereinfachte Ertragswertverfahren zielen auf den Unternehmenswert unter Berücksichtigung des Geschäftswertes ab und sind insofern als Gesamtbewertungsverfahren zu klassifizieren.[2] Als Kriterium zur Klassifizierung als Gesamtbewertungsverfahren ist aber nicht der Umstand zu werten, dass der Geschäftswert Berücksichtigung findet, da sonst die meisten Bewertungsverfahren in diese Verfahrensklasse fallen würden. So berücksichtigen z. B. Mischverfahren den Geschäftswert über die Einrechnung des Ertragswertes, das Stuttgarter Verfahren ergänzt den Vermögens- bzw. Substanzwert um den Ertragshundertsatz bzw. die Überrendite und damit den Geschäftswert, branchenübliche Verfahren der Freiberufler ergänzen den Substanzwert um den Praxiswert und damit den branchenüblichen Geschäftswert. Die Berücksichtigung des Geschäftswertes kann somit kein geeignetes **Differenzierungskriterium** sein, ein Bewertungsverfahren als Gesamtbewertungsverfahren zu bezeichnen. Sinnvoll ist dagegen eine Abgrenzung anhand der Anzahl der Arbeitsschritte zur Wertermittlung, womit auch eine erste Aussage zur Qualität des Verfahrens einhergeht. Als Gesamtbewertungsverfahren ist im Folgenden somit ein Verfahren zu verstehen, dass in **einem Rechengang**, sprich der Diskontierung der Gewinne, die materiellen Vermögenswerte (den Substanzwertanteil) und die immateriellen Vermögenswerte (den Geschäftswert sowie die geschäftwertbildenden Faktoren) erfasst.[3]

162 Ertragswertverfahren und das Discounted Cash-flow-Verfahren arbeiten auf Basis des Kapitalwertmodells. Mit beiden Verfahren können entweder subjektive oder objektivierte Unternehmenswerte ermittelt werden.

„Ertragswert- und Discounted Cash Flow-Verfahren beruhen auf der gleichen konzeptionellen Grundlage (Kapitalwertkalkül); in beiden Fällen wird der Barwert zukünftiger finanzieller Überschüsse ermittelt. Konzeptionell können so-

---

1 Ballwieser, W., Unternehmensbewertung, in Gerke/Steiner (Hrsg.) Handwörterbuch des Bank- und Finanzwesens, 2001, S. 2083; Mandl/Rabel, Methoden der Unternehmensbewertung, in Peemöller (Hrsg.) Praxishandbuch der Unternehmensbewertung, 2009, S. 54 und 77.

2 Auch Multiplikatorverfahren werden unter die Gesamtbewertungsverfahren subsumiert, siehe Bruns/Meyer-Bullerdiek, Professionelles Portfoliomanagement, 2008, S. 183 und 242; zum vereinfachten Ertragswertverfahren siehe Creutzmann, A., Unternehmensbewertung im Steuerrecht, DB 2008 S. 2789 und S. 2791.

3 Zur Differenzierung zwischen geschäftswertbildenden Faktoren und Geschäftswert siehe Rdn. 419.

wohl objektivierte Unternehmenswerte als auch subjektive Entscheidungswerte mit beiden Bewertungsverfahren ermittelt werden."[1]

Die Zivilgerichte präferieren für die Ermittlung objektivierter Unternehmenswerte bisher eindeutig das Ertragswertverfahren. 163

"Als **bester und plausibelster Weg zur Ermittlung des objektivierten Unternehmenswertes** *gilt nach wie vor die sog.* **Ertragswertmethode.** *Sie ist in Rechtsprechung und Schrifttum allgemein anerkannt ..."*[2]

9.2 Ertragswertverfahren

Die Ausschüttungen an die Gesellschafter des Unternehmens sind Gegenstand der Bewertung. 164

"Das **Ertragswertverfahren** *ermittelt den Unternehmenswert durch Diskontierung der den Unternehmenseignern künftig* **zufließenden finanziellen Überschüsse***, die aus den künftigen handelsrechtlichen Erfolgen (Ertragsüberschussrechnung) abgeleitet werden."*[3]

IDW S1 i. d. F. 2008 ändert diese Definition, indem es nunmehr auch möglich sein soll, die zu diskontierenden Ausschüttungen aus Planungsrechnungen auf Grundlage einer Rechnungslegung nach IFRS bzw. US GAAP abzuleiten. 165

"...wobei diese üblicherweise aus den für die Zukunft geplanten Jahresergebnissen abgeleitet werden. Die dabei zugrunde liegende Planungsrechnung kann nach **handelsrechtlichen** *oder nach anderen Vorschriften (z. B. IFRS, US GAAP) aufgestellt sein."*[4]

Diese Neuerung durch IDW S1 i. d. F. 2008 ist kritisch zu betrachten. Denn solange die Grundlage eines gesellschaftsrechtlich korrekten **Ausschüttungsbeschlusses** der Bilanzgewinn eines handelsrechtlichen Einzelabschlusses ist, solange können Planungsrechnungen nach IFRS oder US GAAP nur als Zwischenschritt zur Ableitung eines ausschüttungsfähigen Ergebnisses nach HGB fungieren.[5] Daran hat auch die Einführung des BilMoG nichts geändert. 166

---

1 IDW S1 i. d. F. 2008, Tz. 101.
2 LG Dortmund v. 19. 3. 2007 – 18 AktE 5/03, AG 2007 S. 793; OLG Zweibrücken v. 9. 3. 1995 - 3 W 133/92, 3 W 145/92, AG 1995 S. 421; OLG Stuttgart v. 1. 10. 2003 - 4 W 34/93, AG 2004 S. 43; OLG Düsseldorf v. 8. 7. 2003 - 19 W 6/00 AktE, AG 2003 S. 688.
3 IDW Standard: Grundsätze zur Durchführung von Unternehmensbewertungen (IDW S1), 18. 10. 2005, Tz. 111.
4 IDW S1 i. d. F. 2008, Tz. 102.
5 Siehe Rdn. 145.

B. Grundlagen der Unternehmensbewertung

„Der handelsrechtliche Jahresabschluss bleibt die Grundlage der Gewinnausschüttung und der steuerlichen Gewinnermittlung."[1]

167 Die Bewertung im Ertragswertverfahren erfolgt über die Bildung eines Barwertes der zukünftigen Zahlungen an die Gesellschafter. Die Zahlungen müssen zu **Konsumzwecken** frei verfügbar sein, deshalb sind auch persönliche Ertragsteuern zum Abzug zu bringen.

168 Kalkulationszinssatz ist die Rendite der besten verfügbaren, aber nicht mehr realisierbaren Investitionsalternative. Diese Rendite stellt damit **Opportunitätskosten** im Sinne einer entgangenen Eigenkapitalrendite dar. Der Kalkulationszinssatz wird deshalb als Eigenkapitalkosten bezeichnet. Die Eigenkapitalkosten können auch über das **Capital Asset Pricing Model** (CAPM) bestimmt werden. Damit der Vergleich der Zahlungen an den Gesellschafter mit den Eigenkapitalkosten zu sinnvollen Ergebnissen führt und damit das Ergebnis ein Unternehmenswert und nicht nur ein Barwert ist, müssen die **Äquivalenzprinzipien** eingehalten werden. Damit muss die beste verfügbare Alternativrendite unter anderem auch noch risikoäquivalent sein.

9.3 DCF-Verfahren

169 Bewertet werden die freien Cashflows (Zahlungsüberschüsse) im Unternehmen, die für eine Auszahlung an die Gesellschafter zur Verfügung stehen, also nicht mehr für Investitionen benötigt werden. Brutto-DCF-Verfahren bewerten in einem Zwischenschritt zunächst den **Free-Cashflow**, der für die Eigenkapitalgeber und die Fremdkapitalgeber zur Verfügung steht. Der Marktwert des Eigenkapitals wird in einem zweiten Schritt durch Abzug des Marktwertes der zinstragenden Verbindlichkeiten ermittelt. Netto-DCF-Verfahren ermitteln den Marktwert des Eigenkapitals, vergleichbar zum Ertragswertverfahren, unmittelbar und diskontieren hierzu die Zahlungsüberschüsse, die, als **Flow-to-Equity** bezeichnet, für die Eigenkapitalgeber zur Verfügung stehen.

170 Die Zahlungsüberschüsse der DCF-Verfahren entsprechen nicht den gesellschaftsrechtlich ausschüttungsfähigen Beträgen. In den vom IDW konzipierten Anforderungen an DCF-Verfahren, müssen die Cashflows, die für eine Auszahlung an die Gesellschafter frei sind, den ausschüttungsfähigen Beträgen des Ertragswertverfahrens entsprechen.

*„Die Cashflows stellen erwartete **Zahlungen an die Kapitalgeber** dar."*[2]

---

[1] Bundestag verabschiedet Bilanzrechtsreform, Informationen des Bundesjustizministeriums, WPK Newsletter Nr. 40 v. 23. 4. 2009.
[2] IDW S1 i. d. F. 2008 Tz. 124.

9. Gesamtbewertungsverfahren

*„Die künftigen Free Cashflows sind jene finanziellen Überschüsse, die **unter Berücksichtigung gesellschaftsrechtlicher Ausschüttungsgrenzen** allen Kapitalgebern des Unternehmens zur Verfügung stehen."*[1]

*„Auch bei der Unternehmensbewertung nach den DCF-Verfahren bestimmt sich der Wert des Unternehmens für den Unternehmenseigner nach den ihm **zufließenden Nettoeinnahmen.**"*[2]

Die IDW-Konzeption von DCF-Verfahren deckt sich somit nicht mit der angelsächsichen Interpretation der zu bewertenden Größe, die ausschließlich auf freien Cashflow abstellt.[3]

171

Nach den Vorgaben des IDW sind auch die persönlichen Ertragsteuern zum Abzug zu bringen, wobei dieser Abzug bei den DCF-Verfahren international nicht gebräuchlich ist. Die Eigenkapitalkosten werden über das CAPM bestimmt. Ein so konzipiertes DCF-Verfahren, mit einer Berücksichtigung von Ausschüttungssperren und persönlichen Ertragsteuern, unterscheidet sich nicht mehr vom Ertragswertverfahren.

172

Es gibt nicht nur das eine DCF-Verfahren. Vielmehr sind mehrere Varianten von DCF-Verfahren zu unterscheiden, Entity- und Equity-Verfahren bzw. gleichbedeutend Brutto- und Nettoverfahren.[4] Als Entity-Verfahren sind WACC-Verfahren, Total-Cashflow-Verfahren und Adjusted Present Value-Verfahren zu nennen.[5] Die Entity-Verfahren verfolgen einen Brutto-Ansatz (Brutto-Verfahren) und ermitteln somit zunächst einen Gesamt-Unternehmenswert, von dem aus durch Abzug des Marktwertes des Fremdkapitals der Eigenkapitalwert oder Unternehmenswert ermittelt wird. Das Equity-Verfahren oder Flow-to-Equity-Verfahren verfolgt den Netto-Ansatz (Netto-Verfahren) und ermittelt, wie das Ertragswertverfahren, direkt den Wert des Eigenkapitals, den Unternehmenswert.

173

---

1 IDW S1 i. d. F. 2008, Tz. 127, S. 1.
2 IDW S1 i. d. F. 2008 Tz. 139.
3 Siehe z. B. Copeland/Koller/Murrin, Unternehmenswert, 1998, S. 157 ff.
4 Mandl/Rabel, Unternehmensbewertung, 1997, S. 285.
5 Ballwieser, W., Unternehmensbewertung, 2004, S. 111; Mandl/Rabel, Unternehmensbewertung, 1997, S. 285.

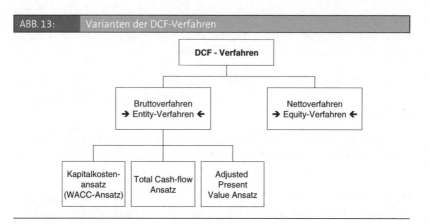

ABB. 13: Varianten der DCF-Verfahren

174 Eine detaillierte Behandlung der verschiedenen Varianten der DCF-Verfahren würde den Rahmen dieses Buches und insbesondere die bündig gehaltenen allgemeinen Ausführungen zur Unternehmensbewertung definitiv sprengen. Für nähere Erläuterungen der Verfahrensvarianten muss auf die entsprechende weiterführende Literatur verwiesen werden.[1]

9.4 Vergangenheitsanalyse

9.4.1 Die Ermittlung des nachhaltigen operativen Unternehmensergebnisses

175 Unternehmensbewertung ist zukunftsbezogen. Die **Vergangenheitsanalyse** ist notwendiger Bestandteil einer Unternehmensbewertung, da Prognosen bekanntermaßen schwierig sind.

„Vorhersagen von Finanzanalysten sagen viel mehr über die Gegenwart als über die Zukunft aus. Eine aktuelle Studie stellt Prognostikern ein Armutszeugnis aus."[2]

176 Datengrundlage der Vergangenheitsanalyse sind die Jahresabschlüsse des zu bewertenden Unternehmens für die letzten drei bis fünf Jahre. Aufgrund der Schwierigkeit der Prognose versucht man diese Vergangenheitsdaten als Ausgangsbasis einer Prognose zu verwenden. Diese „Prognose" geht somit noch von einer ersten Arbeitshypothese aus, was wäre, wenn sich auch in der Zukunft nichts verändern würde – weder im Unternehmen noch im Rest der Welt.

---

[1] Z. B. WP-Handbuch, Band II, 2008, S. 123 ff.
[2] Handelsblatt v. 7. 3. 2011, S. 18.

Die Vergangenheitsdaten können aber nicht einfach fortgeschrieben werden, weder die Gewinn- und Verlustrechnung des laufenden Jahres, noch des letzten Jahres, noch der Durchschnitt der letzten Jahre. Dieses „Verbot" ergibt sich noch nicht aus dem hehren Anspruch, man müsse doch einer möglicherweise anderen zukünftigen Entwicklung des Unternehmens Rechnung tragen. Vielmehr gilt auf dieser „Prognosestufe" der bescheidene Hinweis, dass in den vergangenen Zahlen regelmäßig **Einmaleffekte** enthalten sind, die gar nicht fortgeschrieben werden können.

177

> **BEISPIEL:** Das letzte Geschäftsjahr hat Unternehmen A mit einem Jahresüberschuss vor Ertragsteuern von 380 T€ abgeschlossen. Die Vergangenheitsanalyse dieses Jahres zeigt, dass in diesem Jahresüberschuss ein Ertrag aus dem Abgang eines Grundstückes in Höhe von 500 T€ enthalten ist. Das Unternehmen befindet sich somit in einer Verlustphase. Das Unternehmen hatte nur dieses eine wertvolle Grundstück. Für die folgenden Jahre ist das Unternehmen nur auf sein operatives Ergebnis angewiesen und dieses ist zunächst negativ.

Die Vergangenheitsanalyse und die daraus folgende Ergebnisbereinigung schafft somit eine Grundlage für Prognosen. In der Literatur finden sich Kataloge möglicher **Bereinigungen**.[1] Was zu bereinigen ist, lässt sich aber nur aus dem Verständnis des Unternehmens und seines **Geschäftsmodells** heraus beurteilen. Zu bereinigen ist danach immer, was nicht Teil des operativen Geschäftsmodells ist. Damit kann z. B. die Wertberichtigung auf Forderungen nicht automatisch bereinigt werden, wenn wie bei einem Versandhändler jährlich mit einem bestimmten Ausfall zu rechnen ist. Der Forderungsausfall bei einem Werkzeugmaschinenhersteller über mehrere Millionen Euro sollte dagegen nicht zum Geschäftsmodell dieses Unternehmens gehören.

178

Wir halten fest, dass Bereinigungen Transparenz über die Ergebnisse der Vergangenheit bringen sollen, um auf dieser Basis zumindest eine grundsätzliche Aussage zur Zukunft machen zu können. Dies setzt aber voraus, dass sich die Welt nicht verändert. Eine naive Vorstellung. Aber auch wenn sich die Welt tatsächlich verändern wird und das Unternehmen darauf durch Anpassung an die neuen Verhältnisse reagieren muss, liegen nach der Bereinigung der Vergangenheitsdaten Grundlagen vor, die, in welcher Form auch immer, in die Zukunft hinein „entwicklungsfähig" sind.

179

Die Unternehmensbewertung bewertet die zukünftigen **Ausschüttungen**. Ausschüttungen setzen handelsrechtliche **Gewinne** im handelsrechtlichen **Einzelabschluss** voraus. Die Bereinigungsrechnung konzentriert sich somit auf die

180

---

1 Siehe dazu auch das Bereinigungsschema des DVFA/SG, Busse von Colbe (et al), Ergebnis je Aktie nach DVFA/SG, 2000.

Gewinn- und Verlustrechnungen im Einzelabschluss des Unternehmens. Hier werden üblicherweise die letzten drei Jahre analysiert. Durch eine Untersuchung dieses Zeitraumes werden die konfligierenden Ziele hinreichend relevanter Zeitnähe und breiter Untersuchungsbasis in etwa zum Ausgleich gebracht. Bei der Verwendung der Jahresabschlüsse der letzten drei Jahre ist auf die Verlässlichkeit des Datenmaterials Augenmerk zu legen.

„Grundsätzlich sind die (bereinigten) Überschüsse der Vergangenheit unter Verwendung **geprüfter Jahresabschlüsse** abzuleiten. Sofern die vorgelegten Jahresabschlüsse **nicht geprüft** sind, muss sich der Wirtschaftsprüfer von der **Verlässlichkeit der wesentlichen Basisdaten** überzeugen und seine hierzu getroffenen Feststellungen im Bewertungsgutachten **darlegen** ...."[1]

181 Eine Vergangenheitsanalyse ersetzt aber keine **Prognose**. Die Notwendigkeit, dies zu betonen, zeigen leidvolle Erfahrungen aus der Praxis. D.h. die bereinigten Daten der Vergangenheit sind Grundlage der Prognose, stellen diese aber nicht dar.

„Die **Vergangenheitsanalyse** kann die **Prognose** der künftigen finanziellen Überschüsse **nicht ersetzen**."[2]

182 Auch die im Rahmen der **Phasenmethode** insbesondere für die ewige Rente verwendete „pauschale Planungsmethode" „...darf keinesfalls so verstanden werden, dass die finanziellen Überschüsse der Vergangenheit oder der näheren Phase ohne weitere Überlegungen fortgeschrieben werden."[3]

183 Ein leicht nachvollziehbares Beispiel in diesem Zusammenhang, sozusagen der Anfang der Thematik, stellen bestimmte zu bereinigende Positionen dar.

> **BEISPIEL:** Ein Unternehmen erhält seit 2 Jahren öffentliche Fördermittel. Am Bewertungsstichtag ist davon auszugehen, dass diese Fördermittel noch für 2 weitere Jahre vom Unternehmen vereinnahmt werden können. Als nicht operative Ergebniseinflüsse werden diese Fördermittel in der Vergangenheit bereinigt, um die eigene Ertragskraft des Unternehmens offen zu legen. Das so ermittelte Unternehmensergebnis kann unter der Prämisse stabiler Rahmenbedingungen nachhaltig erwirtschaftet werden. In der mittelfristigen Unternehmensplanung sind die Fördermittel aber wieder aufzunehmen, da sie dem Unternehmen tatsächlich zufließen werden. Bei einer Ausschüttung sieht man dem Euro nicht an, ob er aus operativem Ergebnis oder Fördermitteln stammt.

---

1 IDW S1 i. d. F. 2008, Tz. 83.
2 WP-Handbuch, Band II, 2008, S. 52, Tz. 155.
3 WP-Handbuch, Band II, 2008, S. 54, Tz. 160.

D. h. wird das bereinigte Ergebnis einfach in die Zukunft fortgeschrieben, versagt die Prognose schon an den einfachsten Entwicklungen, nämlich denen die im Unternehmen bereits angelegt sind. Damit sind die Bereinigungen hinsichtlich ihrer Bedeutung für die Unternehmensplanung wie folgt zu unterscheiden:

184

▶ Bereinigungen, die notwendig sind, um das operative, nachhaltige Ergebnispotenzial des Unternehmens sichtbar zu machen, die allerdings **keine Auswirkungen** auf die folgenden Planjahre haben (z. B. Sozialplanaufwendungen, Abschreibung uneinbringlicher Forderung – abgesehen von der USt-Korrektur).

▶ Bereinigungen, die notwendig sind, um das operative, nachhaltige Ergebnispotenzial des Unternehmens sichtbar zu machen, die aber **auch in die mittelfristige Zukunft** wirken (z. B. Geschäftswertabschreibung, Erträge aus langfristigen Forschungszuschüssen).

ABB. 14: Vergangenheitsanalyse, Bereinigungen und Planung – Detail- bzw. Konvergenzplanung für zehn Jahre

Vergangenheit				Planung		
	Vergangenheitsanalyse			Planungsphasen		
				Detailplanungsphase	Konvergenzplanung	Fortführungsphase
	Jahr -3	Jahr -2	Jahr -1	Jahre 1 bis 3	Jahre 4 bis 10	ewige Rente
Jahresüberschuss vor Bereinigungen	Jahresüberschuss vor Bereinigungen	Jahresüberschuss vor Bereinigungen				
Bereinigungen ohne Zukunftsbezug	Bereinigungen ohne Zukunftsbezug	Bereinigungen ohne Zukunftsbezug				
Bereinigungen mit Zukunftsbezug	Bereinigungen mit Zukunftsbezug	Bereinigungen mit Zukunftsbezug				
Jahresüberschuss nach Bereinigungen	Jahresüberschuss nach Bereinigungen	Jahresüberschuss nach Bereinigungen	Jahresüberschuss nach Bereinigungen	Jahresüberschuss nach Bereinigungen	Jahresüberschuss nach Bereinigungen	
			Bereinigungen mit Zukunftsbezug	Bereinigungen mit Zukunftsbezug		
			Plan-Jahresüberschüsse	Plan-Jahresüberschüsse	Plan-Jahresüberschüsse	

9. Gesamtbewertungsverfahren

9.4.2 Die Eliminierung der Ergebnisse aus nicht betriebsnotwendigem Vermögen

Wenn das nachhaltige, operative Ergebnispotenzial des Unternehmens Ziel der durchzuführenden Bereinigungen ist, sind automatisch auch die Aufwendungen und Erträge aus nicht betriebsnotwendigem Vermögen zu bereinigen. Zum einen sind diese nicht Teil des eigentlichen Unternehmensgegenstandes, zum anderen ist deren Neutralisierung notwendig um **Doppelzählungen** des nicht betriebsnotwendigen Vermögens zu vermeiden. Denn wie oben gezeigt wurde, ist nicht betriebsnotwendiges Vermögen zum Veräußerungs- bzw. Liquidationswert anzusetzen, wenn dieser höher als dessen Ertragswert ist.

185

9.5 Branchenanalyse

Da die Welt sich verändert und nicht der naiven Vorstellung des Stillstands, wie oben erwähnt, folgt, müssen Informationen über potenziell absehbare Entwicklungen gesammelt und analysiert werden. Hier ist insbesondere der „Teil der Welt" von Bedeutung, in dem sich das Unternehmen betätigt. Ein Aufgabengebiet vor dem insbesondere Vertreter der Berufsgruppen Steuerberater und Wirtschaftsprüfer zurückschrecken. Bedauerlicherweise ist dieses Thema nicht auch nur ansatzweise Teil der Ausbildung, obwohl das Verständnis der jeweiligen Märkte die Grundlage des Erfolgs unserer Mandanten ist.

186

Branchenanalyse ist kein Thema, das erst mit der Bewertung von „großen" Unternehmen zu behandeln ist.

> **BEISPIEL:** Eine Bäckerei ist zu bewerten. Die Ergebnisse der vergangenen zwei Jahre zeigen nach der Bereinigung ein relativ stabiles Bild. Ein extrem trockener Sommer im laufenden Jahr wird in der Tagespresse mit Hinweisen auf eine starke Schädigung der Getreideernte kommentiert. Die Preise für Mehl sind stark angestiegen. Auch langfristig ist mit einem Preisanstieg für die relevanten Mehlsorten zu rechnen, da immer mehr landwirtschaftliche Nutzflächen für den Anbau von Pflanzen zur Gewinnung von Biosprit genutzt werden. Die Debatte um die Sicherheit der deutschen Atomkraftwerke wird von Hinweisen auf zwingend steigende Energiekosten begleitet, die sich aufgrund der Wende in der deutschen Energiepolitik nachhaltig auf höherem Niveau einpendeln werden. Die durch die arabische Revolution verteuerten Ölimporte haben in der Eurozone eine starke Inflation bewirkt. Diese trifft die Verbraucher hart und beeinflusst deren Konsumverhalten.
>
> Für die Bewertung und damit die Unternehmensplanung der Bäckerei sind aus diesen Hinweisen auf globale Entwicklungen die folgenden Schlussfolgerungen zu ziehen: Die Materialeinsatzquote für Mehl dürfte steigen. Energiekosten im sonstigen betrieblichen Aufwand müssen ebenfalls nachhaltig nach oben korrigiert werden. Die Weiterbelastung dieser Kostensteigerungen über die Verkaufspreise (d. h. inflationierter Umsatzerlöse) dürfte aufgrund des inflationsbedingten Drucks auf die Verbraucher kaum möglich sein.

187 Das Beispiel sollte deutlich machen, dass bereits die Tagespresse eine Fülle planungsrelevanter Informationen für das Verständnis von Branchen enthält. Einschlägige Verbandsnachrichten runden dieses Bild noch ab. Die Nutzung des **Porter-Modells** verhilft darüber hinaus zu einem Einstieg in das Thema Verständnis von Märkten.[1] Porter untersucht die Wettbewerbsposition von Unternehmen anhand ihrer Beziehungen zu Lieferanten, Kunden und Wettbewerbern und ergänzt diese Erkenntnisse um die Folgen, die sich für das Unternehmen aus den Einflüssen technologischer Trends und möglicher Substitutionsmöglichkeiten ergeben. Das Porter-Modell kann wie folgt dargestellt werden.

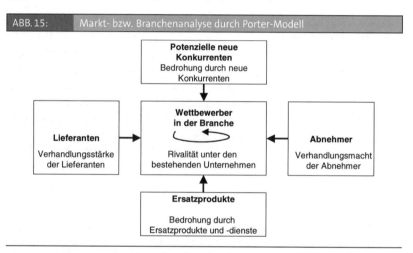

ABB. 15: Markt- bzw. Branchenanalyse durch Porter-Modell

188 Eine Beschäftigung mit den Fragestellungen des Porter-Modells eröffnet relativ schnell einen Blick auf die Problembereiche eines Unternehmens, soweit sie durch das Marktumfeld induziert sind. Damit liegt keine perfekte Branchenanalyse vor, allerdings ein erheblich verbessertes Verständnis der für das jeweilige Unternehmen relevanten Rahmenbedingungen.

Merke: Keine Unternehmensbewertung ohne Branchenanalyse!

Eigentlich eine Selbstverständlichkeit, da Unternehmen nicht unabhängig vom Rest der Welt existieren. Die Bewertungs-Praxis zeigt hier aber immer noch ein wenig professionelles Bild.

---

1 Porter, M.E., Wettbewerbsstrategie, 1999, S. 34; siehe auch die Vorgehensweise bei Rappaport, A., Shareholder Value, 1995, S. 91 ff.

9.6 Unternehmensplanung

9.6.1 Die Unternehmensplanung als Grundlage der Unternehmensbewertung

Gesamtbewertungsverfahren wie das Ertragswertverfahren oder das Discounted-Cashflow-Verfahren verwenden als Daten-Input die in der **Zukunft** zu erwartenden Ausschüttungen an die Gesellschafter. 189

*„Der **Wert eines Unternehmens** bestimmt sich unter der Voraussetzung ausschließlich finanzieller Ziele durch den Barwert der mit dem Eigentum an dem Unternehmen verbundenen **Nettozuflüsse an die Unternehmenseigner** (Nettoeinnahmen als Saldo von Ausschüttungen bzw. Entnahmen, Kapitalrückzahlungen und Einlagen)."*[1]

Damit wird für die Unternehmensbewertung eine Unternehmensplanung benötigt. Diese Unternehmensplanung wird bei größeren Unternehmen bereits vorliegen. Liegt eine Unternehmensplanung vor, ist diese sowie die hierfür verwendeten Basisdaten (z. B. letzte Jahresabschlüsse, Branchenanalysen, Berichte des Vertriebs, Planungsprämissen) im Rahmen der Erstellung eines Gutachterwertes zu analysieren bzw. überprüfen. 190

*„Der Wirtschaftsprüfer hat die **Verlässlichkeit und Vollständigkeit** der Bewertungsgrundlagen zu **beurteilen**."*[2]

*„Grundsätzlich sind die (bereinigten) Überschüsse der Vergangenheit unter Verwendung **geprüfter Jahresabschlüsse** abzuleiten. Sofern die vorgelegten Jahresabschlüsse **nicht geprüft** sind, muss sich der Wirtschaftsprüfer von der **Verlässlichkeit der wesentlichen Basisdaten überzeugen** und seine hierzu getroffenen Feststellungen im Bewertungsgutachten **darlegen** ...."*[3]

Bei kleinen und mittleren Unternehmen liegt aber unter Umständen keine Unternehmensplanung vor. Dann ist eine Unternehmensplanung für Zwecke der Unternehmensbewertung zu erstellen, gegebenenfalls unter Begleitung und Unterstützung durch den Gutachter, der einen Gutachterwert zu erstellen hat. 191

*„Im Falle einer fehlenden oder nicht dokumentierten Unternehmensplanung hat der Wirtschaftsprüfer die Unternehmensleitung aufzufordern, **speziell für die Zwecke der Unternehmensbewertung** eine Planung für den nächsten Zeitraum*

---

[1] IDW S1 i. d. F. 2008, Tz. 4.
[2] IDW S1 i. d. F. 2008, Tz. 82.
[3] IDW S1 i. d. F. 2008, Tz. 83.

*von **ein bis fünf Jahren** vorzulegen. Solche Planungsrechnungen sind im Hinblick auf ihre Zuverlässigkeit kritisch zu würdigen."*[1]

192 Hier ist für Klarheit zu sorgen, auf wen die jeweils getroffenen Planannahmen zurückgehen.

*„Aus der Berichterstattung muss hervorgehen, ob es sich bei den getroffenen Annahmen um solche des **Gutachters**, des **Managements** des zu bewertenden Unternehmens oder **sachverständiger Dritter** handelt."*[2]

193 Da die Zukunft unsicher ist, kann die durch eine Unternehmensplanung repräsentierte Zukunftsschau nur in **Szenarien** dargestellt werden. D.h. unter den Überschriften Best Case, Real Case und Worst Case werden Annahmen zur Entwicklung der für das Unternehmen wichtigen Einflussgrößen definiert und daraus die jeweiligen Szenarien entwickelt.

*„Aufgrund der Fülle von Einflussfaktoren kann es sich empfehlen, mehrwertige Planungen, **Szenarien** oder Ergebnisbandbreiten zu erstellen, um das Ausmaß der Unsicherheit der künftigen finanziellen Überschüsse zu verdeutlichen und erste Anhaltspunkte für die Berücksichtigung der Unsicherheit im Rahmen des Bewertungskalküls ... zu gewinnen."*[3]

Diese Beschreibung als Kann-Empfehlung trifft die Problematik nicht ganz. Wer kein Hellseher ist, muss in Szenarien planen.

194 Für die Unternehmensbewertung ist damit nicht eine Unternehmensplanung notwendig, sondern präzise formuliert **mehrere Unternehmensplanungen**. Die Anzahl der Unternehmensplanungen richtet sich nach den relevanten Szenarien, die für das Unternehmen unterschieden werden sollten. Hängt die mittelfristige Ertragsprognose für ein Unternehmen davon ab, ob es den Zuschlag für eine Ausschreibung erhält, ergeben sich automatisch zumindest zwei Szenarien. Ein Best Case Szenario für den Fall, dass das Unternehmen die Ausschreibung gewinnt. Ein Worst Case Szenario für den Fall, dass das Unternehmen leer ausgeht.

195 Die aus den Unternehmensplanungen abzulesenden Ausschüttungspläne können nun bewertet und damit für jedes Szenario ein Unternehmenswert ermittelt werden. Für Akquisitionszwecke und subjektive Unternehmenswerte ist dies eine vernünftige Vorgehensweise, damit die Streubreite und damit das Risiko der möglichen Unternehmenswerte verdeutlicht wird. Für gesetzliche Be-

---

1 IDW S1 i. d. F. 2008, Tz. 162.
2 IDW S1 i. d. F. 2008, Tz. 67.
3 IDW S1 i. d. F. 2008, Tz. 80.

wertungsanlässe unter Verwendung **objektivierter** Unternehmenswerte ist regelmäßig ein Unternehmenswert und nicht eine Bandbreite von Werten vorzulegen. Die Zusammenfassung der Werte erfolgt hier über den **Erwartungswert** der Unternehmenswerte. Der Erwartungswert bildet sich als der mit den Eintrittswahrscheinlichkeiten der Szenarien-Unternehmenswerte gewichtete Unternehmenswert.

> **BEISPIEL:**
>
> Best Case   Unternehmen erhält Auftrag   Unternehmenswert$_1$ = 2 Mio.€
>
> Worst Case   Unternehmen erhält Auftrag nicht   Unternehmenswert$_2$ = 1 Mio.€
>
> Die Szenarien sind gleich wahrscheinlich, d. h. die Eintrittswahrscheinlichkeit beträgt je 50 %. Der Erwartungswert der Unternehmenswerte 1 und 2 =
>
> (50 % x 2 Mio.€) + (50 % x 1 Mio.€) = 1,5 Mio.€

Diese Verfahrensweise der Gewichtung der Unternehmenswerte statt der Gewichtung der Ausschüttungspläne ist nicht ganz korrekt im Sinne der reinen Lehre, allerdings m. E. praktikabler, informativer und vor allem flexibler nutzbar. 196

Bei der Unternehmensbewertung mittels Multiplikatorverfahren muss genau genommen ebenfalls eine Unternehmensplanung vorgenommen werden, um einen nachhaltigen EBIT-Wert (z. B. als Durchschnitt) ableiten zu können. Die Begeisterung der Praxis für Multiplikatorbewertungen rührt allerdings auch daher, dass hierfür in der Regel keine Unternehmensplanungen entwickelt werden. Das Unternehmen wird vielmehr nach dem EBIT bewertet, das sich aus den Vergangenheitsdaten oder dem laufenden Geschäftsjahr oder dem „Gefühl" ableiten lässt. Für Akquisitionen ist man für seine Vorgehensweise niemandem Rechenschaft schuldig, es sei denn die finanzierenden Banken wünschen eine professionellere Bewertung für ein Kreditengagement. Für Gutachten bei gesetzlichen Bewertungsanlässen ist diese Vorgehensweise definitiv nicht ausreichend. Siehe dazu etwa eine aktuelle Entscheidung des BGH, nach der sogar die Bewertung einer freiberuflichen Praxis im Zusammenhang mit einem Zugewinnausgleich nach dem objektivierten Unternehmenswert zu erfolgen hat. 197

*„Das Umsatzwertverfahren als Praktikerverfahren finde insbesondere bei der Praxisübertragung unter Lebenden Anwendung, da das Ziel dieser Bewertung nicht in der Ermittlung eines konkreten, richtigen Wertes, sondern in einer Verhandlungsbasis für den Kaufpreis bestehe. Für Zwecke des **Zugewinnausgleichs** müsse – auch nach Auffassung der BStBK – ein **objektivierter, ausgleichender Praxiswert** ermittelt werden. ... Da dieser IDW S1 ausdrücklich das **Ertragswertverfahren** als gängige Wertermittlungsmethode nenne, sei dieses Verfahren für*

die Bewertung freiberuflicher Praxen im Zugewinnausgleich somit **generell vorzugswürdig.**"[1]

9.6.2 Bilanz am Bewertungsstichtag – die Startbilanz

198 Bewertungsrelevant sind die künftigen Ausschüttungen aus einem Unternehmen. Die Unternehmensplanung zielt deshalb auf die Ermittlung künftiger handelsrechtlicher Gewinne aus dem Einzelabschluss und der freien Liquiditätsspielräume, mit der die Ausschüttungen vollzogen werden können. Ein Teil der zu prognostizierenden Erträge und Aufwendungen sowie der zu prognostizierenden Liquiditätsspielräume liegen aber zum jeweiligen Bewertungsstichtag im Unternehmen bereits im **Vermögensbestand** des Unternehmens vor. Der Vermögensbestand stellt nichts anderes als die in der Bilanz verzeichneten Aktiva und Schulden dar. D.h. jede Unternehmensbewertung benötigt eine Unternehmensplanung und jede Unternehmensplanung setzt auf einer Stichtagsbilanz auf.

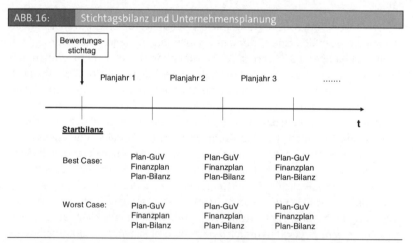

ABB. 16: Stichtagsbilanz und Unternehmensplanung

199 In der Praxis greift man teilweise auch auf die Bilanz des letzten vorhandenen Jahresabschlusses zurück. Der Zeitraum zwischen dem Bilanzstichtag laut letztem Jahresabschluss und dem **Bewertungsstichtag** wird dann anhand der für diesen Zeitraum vorliegenden Monatsergebnisse überbrückt und so eine Stichtagsbilanz auf den Bewertungsstichtag entwickelt.

---

1 BGH v. 2.2.2011 – XII ZR 185/08 NWB Dok ID: AAAAD-88296.

9.6.3 Die Phasen der Unternehmensplanung

Die Möglichkeiten der Prognose sind eingeschränkt. Trotzdem ist unser Leben durch fortwährende Prognosen gekennzeichnet. Die Wahl der Kleidung in Abhängigkeit vom zu erwartenden Wetter, die Entscheidung für einen Studiengang in der Einschätzung einer Bedarfssituation zum Studienende und die Wahl eines Kinofilms, in der Hoffnung den richtigen Film gewählt zu haben. Prognosen im Zusammenhang mit der Bewertung von Unternehmen sind aus dieser Perspektive betrachtet also nichts völlig exotisches.[1] Unabhängig davon erfordern Gesamtbewertungsverfahren eine Gewinn-Prognose. Da im Zusammenhang mit der Bewertung von Unternehmen regelmäßig Rechtspositionen verändert werden, muss ein Bewertungsverfahren – soll die Bewertung über eine gefühlsmäßige Schätzung hinausgehen – in allen Arbeitsstufen rationalen Kriterien genügen. Daraus ist der Versuch zu verstehen, auch die Erkenntnisgüte der Prognose zu klassifizieren.

Ein Schritt in diese Richtung ist die Unterteilung der Zukunft als Prognose- bzw. Planungszeitraum in **Planungssegmente**. Dadurch soll dokumentiert werden, für welche Zeiträume die Beteiligten relativ genaue Angaben zu Planwerten machen können (z. B. die Auswirkungen einer langfristigen Fertigung für die nächsten drei Jahre) und für welchen Zeitraum nur noch mehr oder weniger pauschale Planungsannahmen möglich sind. Der Planungszeitraum wird entsprechend in zwei oder besser noch drei Planungsphasen (1. Detailplanungsphase, 2. Konvergenzplanungsphase, 3. Restwertphase) eingeteilt.

In der **Detailplanungsphase** soll detailliert geplant werden. Eine detaillierte Planung im Sinne hoher Datengüte ist je nach den Verhältnissen des Unternehmens für ein bis drei Jahre denkbar. Dem unmittelbaren Anschluss der Restwertphase als ewige Rente an die Detailplanungsphase haftet der Makel eines sehr harten Bruchs zwischen hoher Datengüte und nur noch sehr pauschaler Ergebnisschätzung an. Als Vorschlag unterbreitet wurde an anderer Stelle das Einfügen eines **Konvergenzplanungszeitraums**, innerhalb dessen die im Unternehmen mittelfristig angelegten Planungsinhalte (Zins- und Tilgungspläne für Kredite, Geschäftswertabschreibungen, Sonderpostenauflösungen, Abwicklung von Leasingverträgen, etc.) noch explizit geplant werden können.[2] Erst anschließend sollte das Segment der Restwertphase Verwendung finden.

---

1 Siehe zur sogenannten Prognoseberichterstattung im Rahmen des Lageberichts §§ 289 Abs. 1 S. 4, 315 Abs. 1 S. 5 HGB.
2 Wollny, C., Der objektivierte Unternehmenswert – Unternehmensbewertung bei gesetzlichen und vertraglichen Bewertungsanlässen, 2010, S. 202.

B. Grundlagen der Unternehmensbewertung

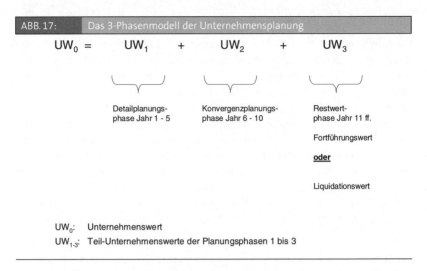

ABB. 17: Das 3-Phasenmodell der Unternehmensplanung

$UW_0 = UW_1 + UW_2 + UW_3$

Detailplanungsphase Jahr 1 - 5

Konvergenzplanungsphase Jahr 6 - 10

Restwertphase Jahr 11 ff.

Fortführungswert

oder

Liquidationswert

UW_0: Unternehmenswert
UW_{1-3}: Teil-Unternehmenswerte der Planungsphasen 1 bis 3

203 Für Unternehmen, bei denen nicht von der Standardannahme einer unendlichen Unternehmensfortführung ausgegangen werden kann (z. B. Kiesabbau, Steinbruch, kein nachhaltig konkurrenzfähiges Produktprogramm), kommt in der letzten Planungsphase (die dann keine Fortführungsphase ist) der **Liquidationswert** zum Ansatz.

204 Die **Detailplanungsphase** stellt im objektivierten Unternehmenswert in vielerlei Hinsicht auf das am Bewertungsstichtag vorhandene Unternehmenskonzept ab. D.h. am Bewertungsstichtag dokumentierte **Investitions- bzw. Desinvestitionsentscheidungen** können hier ebenso dargestellt werden, wie aus der Sicht des Bewertungsstichtages zu erwartende Unternehmensentwicklungen.[1] Dies kann insbesondere für **ertragsschwache** Unternehmen von Bedeutung sein.[2] Die Darstellung in Szenarien ermöglicht es, eine plausible Bandbreite möglicher Entwicklungspfade für das Unternehmen zu prognostizieren.[3]
Die **Ausschüttungshypothese** richtet sich in der Detailplanungsphase nach der bisherigen Ausschüttungspolitik bzw. nach der im Unternehmenskonzept zum Bewertungsstichtag dokumentierten anzustrebenden Ausschüttungspolitik.[4]
Erst für die **Restwertphase** ist grundsätzlich auf die Ausschüttungspolitik des

---

[1] IDW S1 i. d. F. 2008, Tz. 32, Tz. 76 und Tz. 77.
[2] IDW S1 i. d. F. 2008, Tz. 151.
[3] IDW S1 i. d. F. 2008, Tz. 80; siehe dazu Rdn. 263.
[4] IDW S1 i. d. F. 2008, Tz. 35 und Tz. 36.

Marktes abzustellen, wenn dem nicht Argumente entgegen gesetzt werden können.¹

9.6.4 Investitionen und Substanzerhalt

Investitionen in das Anlagevermögen haben eine begrenzte Nutzungsdauer. Unternehmensplanungen müssen deshalb Annahmen zum Investitionsverhalten im zu bewertenden Unternehmen treffen. Andernfalls würden die in den GuV-Planungen getroffenen Annahmen zur Abschreibungshöhe in der Plan-Bilanz ein negatives Anlagevermögen erzeugen. Die einfachste Annahme eines „Investitionsplanes" ist eine jährliche Investition in Höhe der Abschreibungsrate. Auf diese Weise bleibt der Bestand des Anlagevermögens zu den Verhältnissen am Bewertungsstichtag konstant erhalten.

205

Für die Annahme eines Investitionsplanes ist zuerst zu klären, ob ein subjektiver Unternehmenswert oder ein objektivierter Unternehmenswert ermittelt werden soll. Für **subjektive** Unternehmenswerte können Investitionen in der Art und Höhe geplant werden, wie sie den Vorstellungen des potenziellen Unternehmenskäufers entsprechen und ohne Rücksicht auf das bisherige Unternehmenskonzept.

206

„Bei der Ermittlung eines subjektiven Entscheidungswerts für den potenziellen Erwerber eines Unternehmens sind **auch solche strukturverändernden Vorhaben** *sowie bereits erkannte und realisierbare Möglichkeiten zu berücksichtigen,* **die (noch) nicht Bestandteil des zum Bewertungsstichtag dokumentierten Unternehmenskonzepts sind.** *Dies können z. B. vom Erwerber beabsichtigte* **Erweiterungsinvestitionen, Desinvestitionen, Bereinigungen des Produktprogramms oder Veränderungen der strategischen Geschäftsfelder** *sein, deren Auswirkungen auf die künftigen finanziellen Überschüsse den Grenzpreis eines Erwerbers beeinflussen."*²

Für **objektivierte** Unternehmenswerte gelten Restriktionen hinsichtlich der Investitionsplanung, da das Unternehmen **wie es steht und liegt** zu bewerten ist.

207

„Die Bewertung eines Unternehmens basiert auf der am Bewertungsstichtag **vorhandenen Ertragskraft***. Grundsätzlich beruht die vorhandene Ertragskraft auf den zum Bewertungsstichtag* **vorhandenen Erfolgsfaktoren***."*³

---

1 IDW S1 i. d. F. 2008, Tz. 37.
2 IDW S1 i. d. F. 2008, Tz. 49.
3 IDW S1 i. d. F. 2008, Tz. 32.

208 D.h. Investitionen sind grundsätzlich so zu planen, wie sie im Unternehmenskonzept vorgesehen waren. Das Unternehmenskonzept beschreibt die Unternehmensziele und die angestrebte Unternehmensentwicklung, wie sie zum Bewertungsstichtag „beschlossen" war. Bei kleineren Unternehmen wird dieses Unternehmenskonzept nicht in schriftlicher Form vorliegen. Dann ergibt sich aus den vorliegenden Unternehmensverhältnissen, welche Investitionen erforderlich sind, um das Unternehmen im vorliegenden Umfang fortführen zu können. Ein insbesondere bei kleineren Unternehmen vorzufindender Investitionsstau ist dann planungstechnisch kontinuierlich und nach der geplanten Leistungsfähigkeit des Unternehmens aufzuholen. Investitionen belasten auch in der Unternehmensplanung die finanziellen Verhältnisse, ganz wie im normalen Leben. Deutlich wird dies in der Liquiditätsplanung, als einem Teil der integrierten Unternehmensplanung.

209 Die Ermittlung eines objektivierten Unternehmenswertes, ist hinsichtlich der Investitionen dann nicht auf das Niveau des vorhandenen Anlagenbestands beschränkt, wenn zum Bewertungsstichtag bereits Erweiterungsinvestitionen in welcher Form auch immer dokumentiert oder konkretisiert sind.

*„Die bewertbare Ertragskraft beinhaltet die Erfolgschancen, die sich zum **Bewertungsstichtag** aus **bereits eingeleiteten Maßnahmen** oder aus **hinreichend konkretisierten Maßnahmen** im Rahmen des bisherigen Unternehmenskonzepts und der Marktgegebenheiten ergeben. Mögliche, aber **noch nicht hinreichend konkretisierte** Maßnahmen (z. B. Erweiterungsinvestitionen/Desinvestitionen) sowie die daraus vermutlich resultierenden finanziellen Überschüsse sind danach bei der Ermittlung objektivierter Unternehmenswerte **unbeachtlich**."*[1]

210 D.h. eine zum Bewertungsstichtag beschlossene oder ausgeschriebene oder vielleicht bereits begonnene Erweiterungsinvestition (z. B. neue Produktionshalle, Unternehmensakquisition im Ausland) ist in der Investitionsplanung zu berücksichtigen, auch wenn der Unternehmensumfang (z. B. neue Produktlinien) und das Ertragsniveau (z. B. verdoppelte Gewinne) des Unternehmens sich gegenüber dem am Bewertungsstichtag materialisierten Zustand grundsätzlich verändern.

9.6.5 Synergieeffekte

211 Synergieeffekte sind Kombinationseffekte nach dem Schlagwort 1+1=3. Synergieeffekte können in der Realität aber nicht nur **positiv**, sondern auch **negativ** sein. Die Hoffnung auf positive Synergieeffekte sind regelmäßig Auslöser für

---

[1] IDW S1 i. d. F. 2008, Tz. 32.

den Plan, Unternehmen zu verbinden. Die beschriebenen Synergieeffekte gelten als **echte** Synergieeffekte. Sogenannte **unechte** Synergieeffekte werden im Zusammenhang mit der gemeinsamen Nutzung steuerlicher Verlustvorträge diskutiert. Da es sich hierbei tatsächlich nicht um Synergieeffekte handelt, soll die Thematik hier nicht vertieft werden.

Beschließen zwei Unternehmen eine Verschmelzung und verfügen diese Unternehmen jeweils über nicht ausgelastete Vertriebsstrukturen in identischen Vertriebsregionen, dann kann eine dieser Strukturen wegrationalisiert und damit Aufwand gespart werden. Ergebnis der Unternehmensverbindung ist damit nicht eine reine Addition ihrer bisherigen Jahresüberschüsse, sondern durch den genannten Rationalisierungsvorgang ein Mehr an gemeinsamem Ergebnis. Dies stellt einen echten positiven Synergieeffekt dar. 212

Die Thematik Synergien ist in der Unternehmensbewertung insbesondere bei der Ermittlung von Abfindungsbeträgen bei aktienrechtlichen und umwandlungsrechtlichen Strukturmaßnahmen (wie z. B. der genannten Verschmelzung) von Bedeutung. Für die Berücksichtigung dieser Effekte ist in **objektivierten** Unternehmenswerten dann regelmäßig, abgesehen von unechten Synergieeffekten, kein Raum, da der Bewertungsstichtag durch den Tag definiert wird, an dem die Strukturmaßnahme beschlossen wird. Eine logische Sekunde vor diesem Beschluss existieren die angestrebten Synergien aber noch nicht, weswegen sie in der Bewertung der zu bewertenden Verschmelzungspartner auch nicht zu berücksichtigen sind. 213

*„Sogenannte **unechte** Synergieeffekte sind dadurch gekennzeichnet, dass sie sich ohne Durchführung der dem Bewertungsanlass zugrunde liegenden Maßnahme realisieren lassen. Im Rahmen der Ermittlung des objektivierten Unternehmenswerts sind die Überschüsse aus **unechten Synergieeffekten zu berücksichtigen**; jedoch nur insoweit, **als die Synergie stiftenden Maßnahmen bereits eingeleitet oder im Unternehmenskonzept dokumentiert sind.**"*[1]

Bei **subjektiven** Unternehmenswerten dürfen echte Synergieeffekt dagegen ohne jede Restriktion in der Bewertung berücksichtigt werden. 214

*„Für die Ermittlung subjektiver Entscheidungswerte potenzieller Käufer ist es **unerheblich, ob zu erwartende Synergieeffekte und die zu ihrer Erschließung erforderlichen Maßnahmen bereits eingeleitet sind** oder nicht. In den subjektiven Entscheidungswert eines Kaufinteressenten sind **sowohl unechte als auch echte**,*

---

[1] IDW S1 i. d. F. 2008, Tz. 34.

sich erst mit Durchführung der dem Bewertungsanlass zugrunde liegenden Maßnahme ergebende, Synergieeffekte in vollem Umfang einzubeziehen."[1]

215   Werden **objektivierte** Unternehmenswerte für Zwecke der Ermittlung einer erbschaftsteuerlichen Bemessungsgrundlage ermittelt, relativiert sich die Bedeutung dieses Themas in der täglichen Praxis. Denkbar wäre jedoch, dass zum Bewertungsstichtag die Akquisition eines Unternehmens „beschlossene Sache" war.[2] In diesem Fall wäre der Frage nachzugehen, inwiefern sich für diesen „Plan" Dokumentationen bzw. Nachweise im zu bewertenden Unternehmen oder im zu übernehmenden Unternehmen auffinden lassen. Können „handfeste" Nachweise für den Plan der angestrebten Unternehmensverbindung erbracht werden (z. B. Aufsichtsratsprotokolle), ist zu klären, welche Synergieeffekte mit der Unternehmensverbindung angestrebt wurden und ob sich diese Effekte in der vorliegenden Unternehmensplanung niedergeschlagen haben. Gegebenenfalls sind diese Effekte durch den Gutachter in der Unternehmensplanung entsprechend darzustellen.[3] In der Realität wird es nicht nur entweder positive oder negative Synergieeffekte geben, sondern auf den unterschiedlichen Unternehmensebenen und Funktionsbereichen werden sowohl die einen wie auch die anderen Synergieeffekte auftreten. Eine gelungene Unternehmensverbindung zeichnet sich somit durch ein Überwiegen der positiven Verbundeffekte aus. Das gleiche Bild zeigt sich über die Planphasen der einer Unternehmensbewertung zugrunde liegenden Unternehmensplanung, die ggf. zunächst negative Synergieeffekte zu berücksichtigen haben, in den späteren Phasen aber die angestrebten positiven Synergieeffekte darstellen müssen.

216   Ist ein **bestehender Unternehmensverbund** zu bewerten, ergeben sich daraus zwangsläufig Synergieeffekte. Diese Synergieeffekte, ob positiv oder negativ, haben sich bereits in der unternehmerischen Realität niedergeschlagen und sind Teil des Geschäftsmodells geworden. Für die Ermittlung eines **objektivierten** Unternehmenswertes ergeben sich hier keine Restriktionen bei der Berücksichtigung der Synergieeffekte, d. h. diese Effekte sind in vollem Umfang in der Unternehmensplanung und der Unternehmensbewertung zu berücksichtigen, da sie am Bewertungsstichtag eben bereits vorlagen.

---

1   IDW S1 i. d. F 2008, Tz. 50.
2   IDW S1 i. d. F. 2008, Tz. 32; siehe auch Rdn. 205.
3   Die Zielrichtung eines Gutachtenwertes wird im erbschaftsteuerlichen Bewertungsfall aber vermutlich darin bestehen, die positiven Konsequenzen der Unternehmensverbindung realistisch und nicht euphorisch einzuschätzen.

9.6.6 Wachstum und Inflation

Bei einem sich gut entwickelnden Unternehmen wachsen die Kapazitäten und die Umsatzerlöse. Der Grund hierfür liegt im stimmigen Unternehmenskonzept und der sich daraus ableitenden steigenden Nachfrage nach den Gütern und Dienstleistungen eines Unternehmens. Umsatzerlöse können in einer Welt, in der Inflation existiert, aber schon deshalb wachsen, weil das Unternehmen die Preise für seine Güter und Dienstleistungen anhebt. Im Extremfall stellen somit die über die Jahre wachsenden Umsatzerlöse nur ein „Wachstum" in Höhe der um die **Inflationsrate** angehobenen Verkaufspreise dar.

BEISPIEL: Das Unternehmen hat in der Vergangenheit jedes Jahr die Preise in Höhe der Inflationsrate von 2 % angehoben. Die Geschäftsleitung freut sich über das Unternehmenswachstum und die steigenden Gewinne.

Wirtschaftsjahr			- 4	- 3	- 2	- 1
Umsatz	Inflation p. a.	2 %	1.000.000	1.020.000	1.040.400	1.061.208
Jahresüberschuss	Umsatzrendite	5 %	50.000	51.000	52.020	53.060
Ausschüttung	Vollausschüttung	100 %	50.000	51.000	52.020	53.060

Diese Reaktion des Unternehmens, die Preise anzuheben, ist unter Umständen nur durch den Reflex motiviert, dass das Unternehmen seinerseits „Opfer" gestiegener Preise ist und sich gegenüber seinen Lieferanten und Dienstleistern gegen diese Preissteigerungen nicht wehren kann. Zur Kompensation der gestiegenen Kostenseite versucht das Unternehmen nun seinerseits, seine Preise anzuheben und somit die erlittenen Preissteigerungen „durchzuleiten" und an die Kunden weiterzugeben. Gelingt dies, bleibt für das Unternehmen real alles wie bisher. Die Gesellschafter des Unternehmens erhalten Gewinne, die genau um die Preissteigerungsrate gestiegen sind und können sich damit in einer Welt mit gestiegenen Preisen nicht mehr und nicht weniger kaufen als vor der Preissteigerung – obwohl die Gewinne höher „aussehen".

BEISPIEL: In Fortführung des obigen Beispiels bereinigt die Geschäftsführung das Unternehmenswachstum um die Inflationsrate. Das **reale**, d. h. das um die Inflationsrate bereinigte, Wachstum des Unternehmens ist ernüchternd.

Wirtschaftsjahr			- 4	- 3	- 2	- 1
Umsatz	Inflation p. a.	0 %	1.000.000	1.000.000	1.000.000	1.000.000
Jahresüberschuss	Umsatzrendite	5 %	50.000	50.000	50.000	50.000
Ausschüttung	Vollausschüttung	100 %	50.000	50.000	50.000	50.000

219 In der Realität stellt sich somit immer die Frage, inwiefern ein Unternehmen tatsächlich in der Lage ist, auftretende **Preissteigerungen** an die Kunden weiterzureichen. Nur bei positiver Beantwortung dieser Frage ist eine entsprechende Berücksichtigung in der Unternehmensplanung (als **Wachstumsrate** in der Detailplanungsphase und Konvergenzplanungsphase oder als **Wachstumsabschlag** in der Restwertphase) und Bewertung möglich. Dies sieht die Rechtsprechung ebenso:

*„Gleichwohl kann die **Preissteigerung** nicht mit der **Wachstumsrate** gleichgesetzt werden. Denn zum einen hängt der Abschlag vom Kapitalisierungszins davon ab, in welchem Umfang das konkrete Unternehmen die Fähigkeit besitzt, die laufende Geldentwertung aufzufangen, indem es die durch die Inflation gestiegenen Kosten mittels Preiserhöhungen auf seine Abnehmer überwälzen kann. Bereits insoweit – und darüber besteht Einigkeit zwischen den Beteiligten – handelt es sich beim Wachstumsabschlag stets um eine unternehmensspezifische Größe."*[1]

*„Dies **bedeutet indessen nicht, dass der Wachstumsabschlag notwendig der erwarteten Inflationsrate entsprechen müsste**. Stattdessen richtet sich der Wachstumsabschlag danach, ob das Unternehmen nachhaltig in der Lage sein wird, die in seinem Fall erwarteten, nicht notwendig mit der Inflationsrate identischen Preissteigerungen auf der Beschaffungsseite (z. B. Materialkosten und Personalkosten) durch entsprechende eigene Preissteigerungen an seine Kunden weiterzugeben."*[2]

220 Besonders eindrucksvoll lässt sich die Schwierigkeit dieser Inflations-Weitergabe am Beispiel der Preisbildung bei Lebensmitteln demonstrieren. Hierbei bestimmen psychologische Preissetzungen das Marktbild, womit trotz Kostensteigerungen der Verkaufspreis bei 1,99 € oder 2,49 € verharren muss, will man nicht ganze Kundengruppen verlieren. Nur großen Produzenten ist hier dauerhaft das Überleben möglich, indem ein Maximum der Inflationstendenzen bei den Lieferanten eingespart und somit an der Kostenseite abgeblockt wird bzw. Rationalisierungen einen Ausgleich schaffen. Die Weitergabe von Preissteigerungen ist also **kein Automatismus**, womit Unternehmensplanungen im Rahmen der Unternehmensbewertung ebenso wenig automatisch Preissteigerungen bei den Erträgen berücksichtigen können.

221 Idealerweise manifestiert sich das Wachstum eines Unternehmens aber nicht nur in den aufgrund von Inflationseffekten gestiegenen Umsatzerlösen, son-

---

[1] OLG Frankfurt v. 15. 2. 2010 – 5 W 52/09, AG 2010 S. 800.
[2] OLG Stuttgart v. 17. 3. 2010 – 20 W 9/08, AG 2010 S. 512.

dern aufgrund von **Mengenerhöhungen** und **Preiserhöhungen**, die ihre Berechtigung in der gestiegenen Nachfrage nach den Produkten des Unternehmens findet. D.h. in diesem Fall wachsen die abgesetzten Stückzahlen der vom Unternehmen angebotenen Produkte und Dienstleistungen, kombiniert mit aufgrund der hervorragenden Marktstellung des Unternehmens gerechtfertigten bzw. durchsetzbaren erhöhten Preisen. Die Preissetzung begnügt sich in diesem Fall nicht um eine Anpassung an die allgemeine Inflationsrate, sondern enthält noch einen zusätzlichen Preiszuschlag für die „Exzellenz" des Unternehmens bzw. seiner Produkte. Bestes Beispiel hierfür ist seit langen Jahren die Preispolitik des Automobilherstellers Porsche.

Die Unternehmensbewertung hat diese komplexen Zusammenhänge zwischen den Verteidigungsmöglichkeiten eines Unternehmens gegen die inflationsbasierten Kostensteigerungen und seine Fähigkeit der Preissteigerungsüberwälzung realitätsnah und auf das jeweils zu bewertende Unternehmen bezogen abzubilden. Berechnungsgrundlage zur Abbildung der Konsequenzen der Inflation im Unternehmen ist die Unternehmensplanung, in der abhängig von der Marktentwicklung steigende oder sinkende Umsatzerlöse und sinkende oder steigende Aufwandspositionen zu planen sind. 222

Warum der in der Literatur im Zusammenhang mit Wachstum häufig zu findende Begriff „Wachstumsabschlag" die Berücksichtigung nominal steigender Gewinne bewirken soll, erklärt sich anhand der unterschiedlichen Planungstechnik in den Planungssegmenten einer Unternehmensplanung. Die Unternehmensplanung für Zwecke der Unternehmensbewertung lässt sich wie oben dargestellt in drei Planungsphasen einteilen. Die 1. Phase der Detailplanung, die 2. Phase der Konvergenzplanung und die 3. Phase der Restwert- bzw. Fortführungsplanung. In der 1. und 2. Phase besteht die Unternehmensplanung aus einem **integrierten Planungsmodell**, bestehend aus GuV-Planung, Liquiditätsplanung und Bilanzplanung. Mögliches oder nicht mögliches Unternehmenswachstum ergibt sich in diesen Planungsphasen aus dem Zusammenspiel der zu erwartenden Entwicklungen im Bereich der Erträge (z. B. Preissteigerungen bei Produkt A, Preisstabilität bei Produkt B und Preisreduktionen bei Produkt C) und Aufwendungen (z. B. Preissteigerungen bei Energiekosten, stabile Kosten bei Dienstleistungen, Preissenkungen bei Investitionen in Maschinen). Positives oder negatives „Wachstum" setzt in der Detail- bzw. Konvergenzplanung somit unmittelbar bei den zu planenden Positionen an. 223

*„Die Berechnung des Inflations**abschlages** im angefochtenen Beschluss ist deshalb angemessen. Die **Ausnahme für die Jahre 1995 bis 1997** wurde für beide Unternehmen mit der nachvollziehbaren Begründung vorgenommen, dass inso-*

*weit **inflationäre Tendenzen** schon in **die Planrechnungen** Eingang gefunden hätten.*"[1]

224 Der **Wachstumsabschlag** kommt, wenn überhaupt, in der 3. Phase, der Restwert- bzw. Fortführungsplanung zum Ansatz. Aufgrund der mit zunehmender Ferne der zu planenden Größen abnehmenden Erkenntnisqualität kommt am Erkenntnishorizont die Barwertformel der ewigen Rente zum Einsatz. Während in der 1. und 2. Phase mit Hilfe der bekannten Kapitalwertformel jede für das jeweilige Plan-Jahr geplante Ausschüttungsgröße einzeln diskontiert wird, kann am Erkenntnishorizont nur noch eine Größe, die „ewige Rente", diskontiert werden. Die ewige Rente repräsentiert damit den vom Unternehmen erzielbaren Ausschüttungsbetrag, wenn sich das Unternehmen planungstechnisch in einem eingeschwungenen Zustand befindet.

ABB. 18:	Unternehmensbewertung in der 3. Planungsphase (Restwertphase) – Barwert der ewigen Rente ohne Wachstum

$$UW_3 = \frac{D_T}{r_{j,ESt}}$$

UW_3: Teil-Unternehmenswert der Phase 3
D_T: Ausschüttung nach ESt, uniform und unendlich
$r_{j,ESt}$: Kalkulationszinssatz Unternehmen j, nach ESt

225 Wenn das Unternehmen allerdings in der Vergangenheit bewiesen hat, dass die Gewinne Jahr für Jahr gestiegen sind, wäre es unlogisch, einen Stillstand des Unternehmens zu unterstellen. D.h. das Unternehmen sollte auch ab dem Ende der Detail- bzw. Konvergenzplanung rechentechnisch noch so wachsen, wie es dies in der „Vergangenheit" bzw. in der Detailplanungsphase bewiesen hat. Das sich in dieser Situation ergebende Rechenproblem, dass nur ein einziger Betrag (der Rentenwert!) durch die Rentenformel kapitalisiert werden kann, auf der anderen Seite aber ein steigender Ausschüttungsbetrag im Unternehmenswert „landen" soll, der das tatsächlich zu erwartende Wachstum des Unternehmens abbildet, wird durch den **Rechentrick** des **Wachstumsabschlags** gelöst.

---

[1] OLG Düsseldorf v. 14.4.2000 – 19 W 6/98 AktE, AG 2001 S. 192.

> **ABB. 19:** Unternehmensbewertung in der 3. Planungsphase (Restwertphase) – Barwert der ewigen Rente mit Wachstum

$$UW_3 = \frac{D_T}{(r_{j,ESt} - w)}$$

UW_3: Teil-Unternehmenswert der Phase 3
D_T: Ausschüttung nach ESt, uniform und unendlich
$r_{j,ESt}$: Kalkulationszinssatz Unternehmen j, nach ESt
w: Wachstumsabschlag

D.h. aus der Barwert-Formel der ewigen Rente = $D_T / r_{j,ESt}$ wird die Barwet-Formel der ewigen Rente unter Berücksichtigung des Wachstums = $D_T / (r_{j,ESt} - w)$. Die Kürzung des Kalkulationszinssatzes $r_{j,ESt}$ um die Wachstumsrate w bewirkt mathematisch ein „Wachsen" des in der Formel nur statischen Rentenwertes D_T um die Wachstumsrate w. Auch dieser Wachstumsabschlag w erklärt sich somit nicht aus der puren Existenz von Inflation, sondern enthält die Aussage, dass das Unternehmen für die Ewigkeit fähig sein wird, durch Wachstum in Höhe w die auftretende Inflation mehr oder weniger dadurch zu kompensieren, dass um w höhere Preise bei den Kunden durchsetzbar sind. Die **Wachstumsrate w** kann gleich der **Inflationsrate g** sein (w = g), kleiner als die Inflationsrate g sein (w < g) oder auch größer sein (w > g). Dieser Zusammenhang wird in Gutachten häufig missverstanden und der Wachstumsabschlag mit dem Hinweis auf das Äquivalenzprinzip zum Abzug gebracht, um der realen Größe „Rentenwert" eine reale Größe „Kalkulationszins" gegenüberzustellen.[1] Auch das Verfolgen des Äquivalenzprinzips ist jedoch nur bei Vorliegen der oben beschriebenen Voraussetzungen möglich.

226

Wie schwierig das Ziel der Weitergabe von Preissteigerungen in der Realität ist, belegt eine Studie der Deutschen Bundesbank, zitiert in einem Urteil des LG Frankfurt.

227

*„Außerdem ist zu berücksichtigen, dass es deutschen Unternehmen in der Vergangenheit im Durchschnitt nicht gelungen ist, inflationsbedingte Kostensteigerungen vollständig auf die Absatzpreise umzulegen, so **dass die nominalen Steigerungen der Jahresüberschüsse deutscher Unternehmen durchschnittlich unter der Inflationsrate liegen**. Nach den Erhebungen der Deutschen Bundesbank ... wuchsen im Zeitraum 1971 bis Ende 2003 die Jahresüberschüsse deutscher Un-*

---

1 Rdn. 98.

B. Grundlagen der Unternehmensbewertung

ternehmen durchschnittlich jährlich ca. 1,4 % p. a., bei einer durchschnittlichen Inflationsrate im Mittel von 3,1 % p. a. ... Unter Berücksichtigung der zum Stichtag zu erwartenden Inflationsraten von bis zu 2 % erscheint deshalb der Wachstumsabschlag von 0,5 % bei der hier gewählten Vollausschüttungshypothese der Erträge noch vertretbar."[1]

228 Diese statistischen Daten belegen nichts anderes als das reale Schrumpfen der überwiegenden Zahl deutscher Unternehmen. Ungerührt von diesen Fakten erfreut sich ein reflexhaft angewendeter Wachstumsabschlag von 1 % bei Unternehmensbewertern größter Beliebtheit. Die Rechtsprechung muss der Begeisterung der Bewerter für die Verwendung der „Wachstumsrate 1 %" regelmäßig Einhalt gebieten. Das OLG Stuttgart führt dazu aus:

„*Entgegen der Auffassung einzelner Antragsteller ist der Wachstumsabschlag* **nicht im Regelfall mit 1 %** *zu bemessen. Zwar hat der Senat in einer Reihe von Entscheidungen einen Wachstumsabschlag in dieser Höhe nicht beanstandet .... Die Funktion des Wachstumsabschlags* **verbietet** *aber – auch in Form eines Regel-Ausnahme-Verhältnisses -* **seine pauschale Festsetzung**; *entscheidend sind die Verhältnisse des jeweiligen Bewertungsobjekts im Einzelfall.*"[2]

229 Im jeweiligen Bewertungsfall kann es aufgrund der Analyse des zu bewertenden Unternehmens aber auch gerechtfertigt sein, vollständig von einem Wachstumsabschlag abzusehen.

„*Es erscheint plausibel von einem* **Inflationsabschlag abzusehen**, *weil in einer angespannten Konkurrenzsituation jede* **Preiserhöhung zu Wettbewerbsnachteilen** *führt.*"[3]

„*Da für den Stahlbereich auf Grund der Preiseinbrüche in der Vergangenheit* **keine Überwälzung der Preissteigerungsrate** *möglich erschien, hat er im Prognosezeitraum dort* **keinen Wachstumsabschlag** *vorgenommen.*"[4]

230 Selbst wenn im jeweiligen Bewertungsfall kein Wachstumsabschlag in der ewigen Rente vorgenommen wurde, kann tatsächlich das Unternehmenswachstum insgesamt höher als durch die bekannten Abschläge berücksichtigt sein. Dieser auf den ersten Blick verwirrende Gegensatz erklärt sich aus der **Länge der Detail- bzw. Konvergenzplanungsphase**, die im jeweiligen Bewertungsmodell Verwendung findet. Das übliche Vorgehen in Bewertungsgutach-

---

1 LG Frankfurt v. 21. 3. 2006 – 3-5 O 153/04, AG 2007 S. 47.
2 OLG Stuttgart v. 17. 3. 2010 – 20 W 9/08, AG 2010 S. 513.
3 OLG Düsseldorf v. 27. 2. 2004 – 19 W 3/00 AktE, AG 2004 S. 329.
4 OLG Düsseldorf v. 15. 1. 2004 – I-19 W 5/03 AktE, AG 2004 S. 214.

ten zeigt eine Vorliebe für einen dreijährigen Detailplanungszeitraum, an den dann die Rest- bzw. Fortführungsphase mit dem Barwert der ewigen Rente anschließt. Dem Barwert der ewigen Rente kommt in derartigen Unternehmensbewertungen eine dominierende Rolle von regelmäßig 80 % des Unternehmenswertes zu.[1] Die Unternehmensentwicklung ab dem Planungsjahr 4 (Restwert- bzw. Fortführungsphase) wird dann regelmäßig durch einen wie auch immer bemessenen Wachstumsabschlag berücksichtigt. Bei Ausweitung der integrierten Planung durch Verwendung einer langen Detail- und Konvergenzplanung, in der Wachstum explizit geplant wird, reduziert sich die Bedeutung der Restwert- bzw. Fortführungsphase und eines dort ggf. nicht mehr angesetzten Wachstumsabschlags.

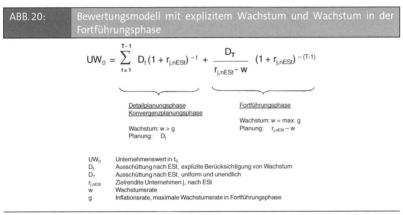

ABB. 20: Bewertungsmodell mit explizitem Wachstum und Wachstum in der Fortführungsphase

$$UW_0 = \sum_{t=1}^{T-1} D_t (1 + r_{j,nESt})^{-t} + \frac{D_T}{r_{j,nESt} - w} (1 + r_{j,nESt})^{-(T-1)}$$

Detailplanungsphase / Konvergenzplanungsphase
Wachstum: w > g
Planung: D_t

Fortführungsphase
Wachstum: w = max. g
Planung: $r_{j,nESt} - w$

UW_0 Unternehmenswert in t_0
D_t Ausschüttung nach ESt, explizite Berücksichtigung von Wachstum
D_T Ausschüttung nach ESt, uniform und unendlich
$r_{j,nESt}$ Zielrendite Unternehmen j, nach ESt
w   Wachstumsrate
g   Inflationsrate, maximale Wachstumsrate in Fortführungsphase

9.6.7 Besteuerung der Zahlungsströme aus dem Bewertungsobjekt

Bewertungsrelevant sind die Ausschüttungen bzw. Entnahmen nach allen Steuern, da nur diese dem Gesellschafter für Konsumzwecke zur freien Verfügung stehen.[2] Voraussetzung für eine Ausschüttung ist ein geplanter handelsrechtlicher Gewinn. D.h. für jedes Planjahr der Unternehmensplanung sind in der GuV-Planung die Steuerfolgen zu planen. Zunächst ist die Versteuerung der Gewinne auf der **Unternehmensebene** zu berücksichtigen. Bei Kapitalgesellschaften mit Sitz in Deutschland sind dies die Gewerbesteuer und die Körperschaftsteuer zuzüglich Solidaritätszuschlag, bei Einzelunternehmen und Personengesellschaften nur die Gewerbesteuer.

231

---

1 Wollny, C., Der objektivierte Unternehmenswert – Unternehmensbewertung bei gesetzlichen und vertraglichen Bewertungsanlässen, 2010, S. 215 ff.
2 Zu den Details siehe Rdn. 145.

B. Grundlagen der Unternehmensbewertung

232 Für **Kapitalgesellschaften** sind die Bestimmungen des SEStEG zum Körperschaftsteuerguthaben zu beachten.[1] Mit dem StSenkG vom 23.10.2000 und der Aufgabe des Anrechnungssystems bzw. der Einführung des Halbeinkünfteverfahrens zum 1.1.2001 war die Anrechenbarkeit der Körperschaftsteuer auf die persönliche Einkommensteuer aufgehoben worden.[2] Noch vorhandene Körperschaftsteuerguthaben sind in der Steuerplanung der Unternehmensgewinne zu berücksichtigen. Mit dem am 13.12.2006 in Kraft getretenen SEStEG wurden die vorhandenen Körperschaftsteuerguthaben zum 31.12.2006 letztmals festgestellt und werden gemäß § 37 Abs. 4 bis 6 KStG ab 2008 unabhängig von etwaigen Gewinnausschüttungen gleichmäßig auf zehn Jahre verteilt zurückgewährt.[3] Aufgrund des Auszahlungszeitraumes 2008 bis 2017 ist der Barwert des bilanzierten Körperschaftsteuerguthabens in der integrierten Unternehmensplanung „detailliert" unter Berücksichtigung der Ertrags- und Liquiditätswirkung fortzuentwickeln. Für einen Bewertungsstichtag 1.12.2012 erfordert dies eine Detail- bzw. Konvergenzplanung über fünf Jahre.[4]

233 In Abhängigkeit von der getroffenen Ausschüttungshypothese sind in der Unternehmensplanung (Bilanzplanung und Finanzplanung) Ausschüttungen an die Gesellschafter zu planen. Auf der **Gesellschafterebene** kommen daraufhin Steuern auf Ausschüttungen bzw. Entnahmen zum Abzug. Ausschüttungen aus Kapitalgesellschaften unterliegen der Abgeltungsteuer zuzüglich Solidaritätszuschlag, Entnahmen aus Einzelunternehmen und Personengesellschaften dem persönlichen Einkommensteuersatz, wobei nicht entnommene Gewinne reduziert besteuert werden. Spätere Entnahmen dieser thesaurierten Beträge lösen eine Nachversteuerung aus. Bei Einzelunternehmen und Personengesellschaften ist die Gewerbesteuer auf die persönliche Einkommensteuer anrechenbar.

234 Für die Ermittlung **objektivierter** Unternehmenswerte im Rahmen unternehmerischer Initiativen (z.B. für einen Unternehmenskauf) schlägt IDW S1 die so-

---

[1] Gesetz über steuerliche Begleitmaßnahmen zur Einführung der Europäischen Gesellschaft und zur Änderung weiterer steuerrechtlicher Vorschriften (SEStEG) v. 7.12.2006, BGBl 2006 I S. 2782.

[2] Gesetz zur Senkung der Steuersätze und zur Reform der Unternehmensbesteuerung (Steuersenkungsgesetz – StSenkG) v. 23.10.2000, BStBl 2000 I S. 1428.

[3] Körperschaftsteuerguthaben, bilanzielle Behandlung nach Änderung durch das SEStEG, BMF v. 14.1.2008 - IV B 7 - S 2861/07/0001, BStBl 2008 I S. 280.

[4] Zur Detail- und Konvergenzplanung als Teil der Unternehmensplanung siehe Wollny, C., Der objektivierte Unternehmenswert – Unternehmensbewertung bei gesetzlichen und vertraglichen Bewertungsanlässen, 2010, S. 201 ff.

genannte **mittelbare Typisierung** vor.[1] Im Ergebnis soll damit von der Einkommensteuer der Gesellschafter abstrahiert werden, um die Komplexität des Bewertungsmodells zu reduzieren. Die Möglichkeit zur Nutzung dieser Näherungslösung besteht aber nur für die Bewertung einer Kapitalgesellschaft. Bei Personengesellschaften stellt die Einkommensteuer durch die Anrechenbarkeit der Gewerbesteuer die zentrale Besteuerungsgröße dar. Damit muss hier generell unter Berücksichtigung der Einkommensteuer bewertet werden.

*„Die Bewertung eines **Einzelunternehmens oder einer Personengesellschaft** erfordert stets eine Berücksichtigung persönlicher Ertragsteuern, wenn – wie im Fall des derzeitigen Steuersystems – die persönliche Einkommensteuer teilweise oder ganz an die Stelle der in der Alternativrendite bereits berücksichtigten Unternehmenssteuer tritt."*[2]

Bei gesetzlichen Bewertungsanlässen ist für die Ermittlung **objektivierter** Unternehmenswerte in jedem Fall die Einkommensteuer im Bewertungskalkül zu berücksichtigen.

235

*„Von der Unternehmensbewertungstheorie und -praxis sowie der Rechtsprechung ist die Notwendigkeit der **Berücksichtigung persönlicher Ertragsteuern** allgemein anerkannt ..."*[3]

Für die Bemessung des persönlichen Einkommensteuersatzes gilt bei der Bewertung von Personengesellschaften die **Typisierung** des Einkommensteuersatzes in Höhe von 35 %. Solidaritätszuschlag und gegebenenfalls Kirchensteuer sind in diesem Satz bereits berücksichtigt. Bei Kenntnis der persönlichen Verhältnisse des Bewertungssubjekts (im Erbschaftsteuerfall der Erwerber), wird die Berücksichtigung der persönlichen Steuerverhältnisse im Sinne der sogenannten **anlassbezogenen Typisierung** sinnvoll sein.

236

*„Wegen der Wertrelevanz der persönlichen Ertragsteuern sind zur Ermittlung des **objektivierten Unternehmenswerts anlassbezogene Typisierungen** der steuerlichen Verhältnisse der Anteilseigner erforderlich."*[4]

---

1 IDW S1 i. d. F. 2008, Tz 30 u. Tz 45.
2 IDW S1 i. d. F. 2008, Tz. 47.
3 IDW S1 i. d. F. 2008, Tz. 43.
4 IDW S1 i. d. F. 2008, Tz. 29.

9.6.8 Ausschüttungshypothese

237 Der Wert eines Unternehmens bestimmt sich nach den Ausschüttungen an den Anteilseigner. Ein Unternehmen, das – aus welchen Gründen auch immer – nicht ausschütten kann, ist keinen Heller wert.[1] Bei gesetzlichen Bewertungsanlässen unter Verwendung des objektivierten Unternehmenswerts galt deshalb unter dem Regime des **Anrechnungsverfahrens** die **Vollausschüttungshypothese**, mit dem Ziel den „wahren Wert" des Unternehmens zu bestimmen. Diese Lösung war zum einen justiziabel, da durch Ausschüttungsgestaltung seitens des abfindungsverpflichteten Unternehmens der Unternehmenswert nicht beeinflusst werden konnte, und zum anderen entsprach sie dem Bewertungsgrundsatz des objektivierten Unternehmenswertes, das Unternehmen zu bewerten „wie es steht und liegt". Ohne Gewinnthesaurierungen war dies sichergestellt, denn ohne Gewinnthesaurierung kann ein Unternehmen keine Eigenmittel zur Finanzierung von Erweiterungsinvestitionen bereitstellen. Nebenbei war die Vollausschüttungshypothese unter dem steuerlichen Anrechnungsverfahren steuerminimierend und damit Unternehmenswert maximierend. Die Welt war insoweit in Ordnung.

238 Das Koordinatensystem verschob sich zum 1.1.2001 radikal mit der Abschaffung des Anrechnungsverfahrens und der Einführung des **Halbeinkünfteverfahrens**. Unter dem Halbeinkünfteverfahren führte nun jede Ausschüttung zu einer zusätzlichen Einkommensteuerbelastung auf der Ebene des Anteilseigners, ohne Möglichkeit der Anrechnung von Steuern der Unternehmensebene. Seither und auch nach Einführung der Abgeltungsteuer zum 1.1.2009 führt jede Ausschüttung zu einer steuerlich suboptimalen Konstellation, da zusätzliche und ungekürzte Einkommensteuer anfällt.

---

[1] Kruschwitz/Löffler, Unendliche Probleme bei der Unternehmensbewertung, DB 1998, S. 1041.

9. Gesamtbewertungsverfahren

ABB. 21:	Vollausschüttung und Steuerwirkung nach unterschiedlichen Steuerbedingungen					
			Anrechnungsverfahren	Halbeinkünfte-Verfahren		Abgeltungssteuer und Unternehmenssteuerreform
				ab 1.1.2001		ab 1.1.2009
Jahresüberschuss vor Steuern			100,00	100,00		100,00
GewSt-Satz (H = 400 %)		16,67 %	16,67	16,67	14,00 %	14,00
KSt-Bemessungsgrundlage			83,33	83,33		100,00
KSt-Thesaurierungssatz		40,00 %	33,33			
KSt-Ausschüttungssatz		30,00 %	25,00			
KSt-Definitivbelastung		25,00 %		20,83	15,00 %	15,00
Jahresüberschuss			50,00	62,50		71,00
Ausschüttung		100,00 %	58,33	62,50		71,00
ESt-Bemessungsgrundlage			83,33	31,25		71,00
ESt-Satz (typisiert)		35,00 %	29,17	10,94	25,00 %	17,75
KSt-Gutschrift			25,00	0,00		0,00
ESt-Belastung			4,17	10,94		17,75
Netto-Dividende			54,17	51,56		53,25
Steuerfolgen Ausschüttung:						
KSt-Ersparnis		+	8,33	0,00		0,00
ESt-Belastung		-	4,17	10,94		17,75
Steuerersparnis			4,17			
Steuererhöhung				10,94		17,75

129

B. Grundlagen der Unternehmensbewertung

239 Die steuerlichen Konsequenzen seit dem 1.1.2001 führen somit dazu, dass jede Ausschüttung Zusatzsteuern in Form von Einkommensteuer auslöst und somit den Unternehmenswert mindert, denn bewertungsrelevant ist der Betrag, der dem Anteilseigner netto zur Verfügung steht.

„Von der Unternehmensbewertungstheorie und -praxis sowie der Rechtsprechung ist die Notwendigkeit der Berücksichtigung **persönlicher Ertragsteuern** allgemein anerkannt."[1]

240 Dies müsste zu der Handlungsempfehlung führen, keine Ausschüttungen vorzunehmen, um die Einkommensteuer zu sparen. Jeder nicht ausgeschüttete Gewinn führt allerdings zu weniger Unternehmenswert. Ein Dilemma. Soweit das Zwischenergebnis.

241 Mit der Neufassung des IDW S1 zum 18.10.2005 wurde in Folge der Einführung des Halbeinkünfteverfahrens die Vollausschüttungshypothese aufgegeben und die **Teilausschüttungshypothese** eingeführt. Dies auch mit Verweis auf die tatsächliche Ausschüttungspolitik der am Kapitalmarkt notierten Unternehmen, die zwischen 41,8 % und 69,5 % ausschütten.[2] Konsequenz so einer Ausschüttungspolitik ist nach erstem Ansehen die Reduzierung von Unternehmenswerten, da die Thesaurierungsbeträge das Ausschüttungsvolumen kürzen.

242 Mit Verweis auf die Thesaurierungspolitik der Unternehmen ist allerdings zu bedenken, dass diese Gewinne thesaurieren und somit eine Teilausschüttungspolitik verfolgen, um **Wachstum** finanzieren zu können. Vollausschüttung heißt nämlich im Gegenzug, dass Wachstumsinvestitionen vollständig fremdfinanziert werden müssen. Fehlende Ausschüttungen bedeuten damit nicht zwingend eine Reduzierung des Unternehmenswertes und lassen diesen idealerweise unverändert, wenn die thesaurierten Mittel in Projekten investiert werden, die eine Rendite genau in Höhe des Kalkulationszinssatzes vor Steuern erbringen. Dies ist der Wert der **kapitalwertneutralen Wideranlagerendite**. Im praktischen Bewertungsfall ist die Höhe einer möglichen internen Rendite genau zu analysieren.

243 Für die Unternehmensbewertung zu objektivierten Unternehmenswerten bedeutet dies folgendes:

---

1 IDW S1 i.d.F. 2008, Tz. 43.
2 Wagner/Jonas/Ballwieser/Tschöpel, Weiterentwicklung der Grundsätze zur Durchführung von Unternehmensbewertungen (IDW S1), Wpg 2004, S. 894.

▶ Detailplanungsphase bzw. Konvergenzplanungsphase: Berücksichtigung einer Ausschüttungspolitik, die dem Unternehmenskonzept des Unternehmens entspricht.

▶ *„Soweit die Planung zwei Phasen unterscheidet, ist die Aufteilung der finanziellen Überschüsse auf Ausschüttungen und Thesaurierungen für die **erste Phase der Planung (Detailplanungsphase)** ... auf der **Basis des individuellen Unternehmenskonzepts** und unter Berücksichtigung der bisherigen und geplanten Ausschüttungspolitik, der Eigenkapitalausstattung und der steuerlichen Rahmenbedingungen vorzunehmen. Sofern für die Verwendung thesaurierter Beträge keine Planungen vorliegen und auch die Investitionsplanung keine konkrete Verwendung vorsieht, ist eine **sachgerechte Prämisse zur Mittelverwendung** zu treffen. Unterliegen die thesaurierungsbedingten Wertzuwächse einer effektiven Veräußerungsgewinnbesteuerung, so ist dies bei der Bewertung zu berücksichtigen."*[1]

▶ Restwert- bzw. Fortführungsphase: Berücksichtigung der üblichen Ausschüttungsquote mit Verweis auf die Alternativinvestition CAPM.

▶ *„Im Rahmen der **zweiten Phase** (bzw. bei drei Phasen, der dritten Phase) ... wird grundsätzlich angenommen, dass das Ausschüttungsverhalten des zu bewertenden Unternehmens **äquivalent zum Ausschüttungsverhalten der Alternativanlage** ist, sofern nicht Besonderheiten der Branche, der Kapitalstruktur oder der rechtlichen Rahmenbedingungen zu beachten sind. Für die thesaurierten Beträge wird die Annahme einer **kapitalwertneutralen Verwendung** getroffen."*[2]

Bei objektivierten Unternehmenswerten führt eine an das Unternehmenskonzept angelehnte Teilausschüttungspolitik in der Detailplanungsphase somit grundsätzlich zur Reduzierung des Unternehmenswertes. In der Fortführungsphase wird die fehlende Ausschüttung durch die Annahme einer internen Verzinsung neutralisiert.

Bei Unternehmensakquisitionen und damit bei der Ermittlung subjektiver Unternehmenswerte bestimmt der Unternehmenskäufer die Ausschüttungspolitik, die seinen Vorstellung zur Eigenfinanzierung des Unternehmens folgt.

9.6.9 Veräußerungsgewinnbesteuerung

Thesaurierte Mittel stehen zur Eigenfinanzierung von Investitionen zur Verfügung und zwar über das Maß der Mittel hinaus, die durch Abschreibungen

---

[1] IDW S1 i. d. F. 2008, Tz. 36.
[2] IDW S1 i. d. F. 2008, Tz. 37.

im Unternehmen gebunden werden. Thesaurierung steht somit gedanklich immer mit Unternehmenswachstum in Verbindung, da Kapazitätsausweitungen bzw. Erweiterungsinvestitionen finanziert werden können. Im Idealfall hat die Thesaurierung von Mitteln somit grundsätzlich eine Wertsteigerung des Unternehmens zur Folge.

247 Bis zum 1.1.2001 war unter dem Anrechnungsverfahren für objektivierte Unternehmensbewertungen die Vollausschüttungshypothese zu unterstellen. Das Thema Unternehmenswachstum aufgrund von Thesaurierungen war insofern nicht zu thematisieren. Unabhängig von diesen Rahmenbedingungen konnte der Verkauf von unwesentlichen Beteiligungen an Kapitalgesellschaften, bei entsprechender Haltedauer, steuerfrei gehalten werden. Diese Konstellation entsprach der Typisierung, wie sie im objektivierten Unternehmenswert Verwendung fand. Eine Beschäftigung mit der Thematik Veräußerungsgewinnbesteuerung war somit bei den klassischen Anwendungsfällen objektivierter Unternehmensbewertung (aktienrechtlichen und umwandlungsrechtlichen Strukturmaßnahmen) nicht notwendig.

248 Ab dem 1.1.2009 sind jegliche Veräußerungsgewinne aus Anteilsverkäufen, bei Beteiligungen unter 1% wie bei Beteiligung von 1% und mehr, zu versteuern. Wertsteigerungen für ein Unternehmen unterstellt, lastet auf Anteilen somit latente Einkommensteuer. Die Höhe dieser Einkommensteuerlast ist eine Funktion des Zeitpunktes des Anteilsverkaufs.[1] D.h. die effektive Einkommensteuerbelastung lässt sich anhand der unterstellten Haltedauer bestimmen. Hier stellt eine effektive Steuerbelastung in Höhe der Hälfte des Abgeltungsteuersatzes eine sinnvolle Annahme dar. Bewertungsmodelle zur Erfassung der Veräußerungsgewinnbesteuerung verwenden dementsprechend einen effektiven Einkommensteuersatz für die latente Einkommensteuer in Höhe von $0{,}5 \times 25\% = 12{,}5\%$.[2]

249 Für die Berücksichtigung der Veräußerungsgewinnbesteuerung im Bewertungskalkül bieten sich mehrere Berechnungsvarianten an. So können die Thesaurierungsbeträge als Indikator einer Wertsteigerung dem Anteilseigner fiktiv und unter Berücksichtigung der effektiven Steuerbelastung zugerechnet werden. Alternativ können die internen Renditen aus den Thesaurierungsbeträgen (kapitalwertneutrale Wideranlagerendite) als Steigerung der Ausschüttungsbeträge im Kalkül explizit abgebildet werden. Der daraus abgeleitete nachhaltige Ausschüttungsbetrag der Fortführungsphase, bestehend aus dem realen

---

1 WP-Handbuch, Band II, 2008, S. 36, Tz. 108.
2 Wiese, J., Unternehmensbewertung und Abgeltungsteuer, Wpg, 2007, S. 371.

9. Gesamtbewertungsverfahren

Ausschüttungsbetrag nach Abgeltungsteuer und dem fiktiven Zurechnungsbetrag nach effektiver Einkommensteuer, wird so neben den realen Ausschüttungen der Detailplanungsphase bewertet. Die angeführten Bewertungsmodelle können dann noch um die inflationsinduzierten Wachstumseffekte aus Preisanpassungen, sogenanntes organisches Wachstum, ergänzt werden.[1]

ABB. 22:	Veräußerungsgewinnbesteuerung bei thesaurierungsbedingtem Wachstum – fiktive Zurechnung des Wertbeitrags aus Thesaurierung (Thesaurierungsquote 55 %)			
Jahr		1	2	3	Rente
Gewinn		100,00	100,00	100,00	100,00
GewSt	14,00 %	14,00	14,00	14,00	14,00
KSt	15,00 %	15,00	15,00	15,00	15,00
Gewinn nach Steuern		71,00	71,00	71,00	71,00
Fiktive Zurechnung Wertbeitrag aus Thesaurierung	55,00 %	39,05	39,05	39,05	39,05
Eff. Veräußerungsgewinnsteuer	12,50 %	4,88	4,88	4,88	4,88
zu diskontierende Größe 1		34,17	34,17	34,17	34,17
Ausschüttung vor ESt (ohne Thesaurierung)	45,00 %	31,95	31,95	31,95	31,95
Abgeltungsteuersatz	25,00 %	7,99	7,99	7,99	7,99
zu diskontierende Größe 2		23,96	23,96	23,96	23,96
zu diskontierende Größe		58,13	58,13	58,13	58,13
Ausschütt. n. ESt org. Wachstum					
Zielrendite nach ESt	7,05 %				
= Kalkulationszinssatz		7,05 %	7,05 %	7,05 %	7,05 %
Barwert Ausschüttung		54,30	50,73	47,39	
Rentenbarwert					824,56
Unternehmenswert	824,56				

---

[1] Zu den alternativen Modellen siehe WP-Handbuch, Band II, 2008, S. 113 bis S. 123.

9.6.10 Verlustvorträge und bewertbare Ausschüttungen

9.6.10.1 Handelsrechtliche Verlustvorträge

250 Ein vom Unternehmen verursachter Jahresfehlbetrag kann bei **Kapitalgesellschaften** entweder durch die Auflösung von Gewinn- oder Kapitalrücklagen ausgeglichen werden oder als Verlustvortrag auf neue Rechnung vorgetragen werden. Dieser Vortrag stellt den **handelsrechtlichen Verlustvortrag** dar. Da Voraussetzung für einen Ausschüttungsbeschluss der Bilanzgewinn ist (§ 29 Abs. 1 GmbHG, § 58 Abs. 4 AktG), also ein Jahresüberschuss nach Verrechnung mit etwaigen aus Vorjahren herrührenden Verlustvorträgen, reduziert ein Verlustvortrag immer Ausschüttungspotenzial. Dies gilt mittelbar auch, soweit Gewinn- oder Kapitalrücklagen zum Ausgleich zur Verfügung stehen. Da Gewinn- oder Kapitalrücklagen „geparktes" Ausschüttungspotenzial darstellen, führt ihr Verbrauch dazu, dass sie zum Auffüllen künftigen Bilanzgewinns (bei einem Jahresfehlbetrag) nicht mehr zur Verfügung stehen. Die potentielle Verschlechterung des Kreditratings aufgrund einer reduzierten Eigenkapitalquote, mit der Folge steigender Kreditzinssätze, spielt hier zusätzlich eine Rolle.

251 Diese Mechanik gilt ebenso für **Personengesellschaften**. Für die Strukturierung des Eigenkapitals von Personengesellschaften werden unterschiedliche **Kontenmodelle** verwendet. Für den Ausweis des Eigenkapitals im **Gesamthandsvermögen** werden für die Gesellschafter, insbesondere für Kommanditisten, Kapitalkonten geführt, die in Fest-Kapitalkonten und variable Kapitalkonten unterteilt sind. Diese Konten werden im **Gesellschaftsvertrag** der Personengesellschaft in bis zu 4 Kapitalkonten, wie nachfolgend dargestellt, aufgeteilt:[1]

Kapitalkonto I:

Festes Kapitalkonto (= Hafteinlage): Von diesem Kapitalkonto ist die Beteiligung am Jahresergebnis bzw. am Liquidationserlös bei Unternehmensbeendigung abhängig. Das Feste Kapitalkonto bestimmt auch den Umfang der Stimmrechte.

Kapitalkonto II:

Auf diesem Kapitalkonto werden Gewinnanteile verbucht, die nicht entnommen werden dürfen.

---

[1] OFD Hannover v. 7. 2. 2008 - S 2241 a - 96 - StO 222/221, NWB Dok ID: GAAAC-78295.

Kapitalkonto III:

Auf diesem Kapitalkonto werden entnahmefähige Gewinnanteile, Zinsen und gegebenenfalls Tätigkeitsvergütungen verbucht. Entnahmen werden hier ebenfalls verbucht.

Konto IV:

Auf diesem Konto werden Verluste verbucht. Auf dem Kapitalkonto IV werden Gewinnanteile des Gesellschafters solange gutgeschrieben, bis die Verlustvorträge wieder ausgeglichen sind.

Die gesetzlichen Entnahmerechte des Kommanditisten sind in § 169 HGB wie folgt geregelt: 252

*„§ 122 findet auf den Kommanditisten keine Anwendung. Dieser hat nur Anspruch auf Auszahlung des ihm zukommenden Gewinns; er **kann auch die Auszahlung des Gewinns nicht fordern, solange sein Kapitalanteil durch Verlust unter den auf die bedungene Einlage geleisteten Betrag herabgemindert ist** oder durch die Auszahlung unter diesen Betrag herabgemindert werden würde."*[1]

„Ausschüttungen" an einen Kommanditisten sind somit nicht möglich, solange sein Verlustkonto nicht ausgeglichen ist und seine bedungene Einlage nicht wieder erreicht ist. Die Unternehmensbewertung hat sich an diese Realität zu halten, wenn sie ernstzunehmende Werte ermitteln will. § 169 HGB ist dispositives Recht.[2] Typische **Gesellschaftsverträge** bei Personengesellschaften bestätigen jedoch regelmäßig die Regelung des Gesetzes und erweitern die Gewinnentnahmemöglichkeiten nicht. Die gesellschaftsvertraglichen Regelungen lesen sich dann z. B. wie folgt: 253

*„Verlustanteile der Gesellschafter sind auf gesondert einzurichtende Verlustvortragskonten zu verbuchen, die nicht zu verzinsen sind. **Später Gewinne sind vorab zur Tilgung dieser Verlustvortragskonten zu verwenden**."*

Im Extremfall der bilanziellen **Überschuldung** eines zu bewertenden Unternehmens, sind somit Gewinne bei Kapitalgesellschaften solange mit dem handelsrechtlichen Verlustvortrag zu verrechnen, bzw. bei Personengesellschaften solange die negativen Kapitalkonten und die bedungenen Einlagen aufzufüllen, bis die korrespondierende bilanzielle Überschuldung beseitigt ist und das jeweilige Haft- oder Einlagekapital wieder hergestellt ist. Erst dann können ge- 254

---

1 § 169 Abs. 1 HGB.
2 Weipert, L., in Ebenroth/Boujong/Joost/Strohn, HGB, 2008, § 169, S. 1787 Tz. 18.

B. Grundlagen der Unternehmensbewertung

plante Jahresüberschüsse wieder als Ausschüttungsbeträge im Unternehmenswert berücksichtigt werden.

255 Diese Hinweise zur Berücksichtigung von Ausschüttungsgrenzen in der Unternehmensbewertung gelten auch bei Verwendung einer DCF-Methode.

„Die künftigen **Free Cashflows** *sind jene finanziellen Überschüsse, die* **unter Berücksichtigung gesellschaftsrechtlicher Ausschüttungsgrenzen** *allen Kapitalgebern des Unternehmens zur Verfügung stehen."*[1]

9.6.10.2 Steuerrechtliche Verlustvorträge

256 Steuerrechtliche Verlustvorträge sind letztlich die Konsequenz von Verlusten, die das Unternehmen erlitten hat und die sich in der Handelsbilanz niedergeschlagen haben. Aufschluss über die Existenz geben die **Feststellungsbescheide** über den verbleibenden Verlustvortrag gemäß § 10d Abs. 4 Satz 1 EStG, § 10a Satz 4 GewStG. Die vorhandenen **gewerbesteuerlichen** und **körperschaftsteuerlichen** Verlustvorträge unterscheiden sich regelmäßig in ihrer Höhe. Dies liegt an den Hinzurechnungen bzw. Kürzungen gemäß §§ 8 und 9 GewStG. Andererseits unterscheiden sich die **steuerrechtlichen** Verlustvorträge von den **handelsrechtlichen** Verlustvorträgen zum einen aufgrund der abweichenden Gewinnermittlungsvorschriften des Steuerrechts und zum anderen können handelsrechtliche Verlustvorträge durch die Auflösung von Gewinn- und Kapitalrücklagen oder durch Zuzahlungen der Gesellschafter ausgeglichen worden sein.

257 Der für die Einkommensteuer und Körperschaftsteuer mögliche **Verlustrücktrag** und **Verlustvortrag** nach § 10d EStG ermöglicht die Nutzung der steuerlichen Verluste über u. U. mehrere Planjahre. Gewerbesteuerlich ist gemäß § 10a Satz 1 GewStG nur ein Verlustvortrag möglich. Seit dem Steuervergünstigungsabbaugesetz ist der Verlustvortrag ab dem 1.1.2004 in der Höhe eingeschränkt, § 10d Abs. 2 EStG (1 Mio.€ unbeschränkt, darüber hinaus 60 % der Einkünfte).

258 Der persönliche Verlustvortrag einer **natürlichen Person** ist nicht vererblich.[2] Für die Berücksichtigungsfähigkeit von steuerlichen Verlustvorträgen einer **Kapitalgesellschaft** ist § 8c KStG zu beachten. Der Untergang der steuerlichen Verlustvorträge der Kapitalgesellschaft wird unter den weiteren Voraussetzun-

---

1 IDW S1 i.d.F. 2008, S. 1 Tz. 127.
2 BFH v. 17.12.2007 - GrS 2/04, BStBl 2008 II S. 608, NWB Dok ID: IAAAC-73423.

gen auch durch eine Schenkung ausgelöst. Der Anteilsübergang im Erbfall ist dagegen unschädlich.

„*Der Erwerb der Beteiligung kann entgeltlich oder unentgeltlich erfolgen, z. B. im Wege der* **Schenkung**. *Ein Erwerb seitens einer natürlichen Person durch* **Erbfall** *einschließlich der unentgeltlichen Erbauseinandersetzung und der unentgeltlichen vorweggenommenen Erbfolge wird von* **§ 8c KStG nicht erfasst**; *dies gilt nicht, wenn der Erwerb in auch nur geringem Umfang entgeltlich erfolgt.*"[1]

Diese Regelung gilt entsprechend für die gewerbesteuerlichen Verlustvorträge.

„*Auf gewerbesteuerliche Fehlbeträge ist § 8c KStG gemäß § 10a Satz 9 GewStG entsprechend anzuwenden.*"[2]

Die gewerbesteuerlichen Verlustvorträge einer **Personengesellschaft** gehen anteilsmäßig unter, wenn eine Beteiligung an der Personengesellschaft übertragen wird. Der Rechtsgrund des Anteilsübergangs ist hierfür ohne Bedeutung.[3]

259

Der **Wert** steuerlicher Verlustvorträge ergibt sich aus dem nicht entstehenden Steueraufwand und den ersparten Cashflows. Steuerliche Verlustvorträge sind damit ein Wertfaktor.[4] Dieser Wert wird implizit und im Rahmen der **integrierten Unternehmensplanung** im Unternehmenswert berücksichtigt, indem für die jeweiligen Planjahre im Rahmen des § 10d EStG keine Steuern vom Einkommen und Ertrag berücksichtigt werden müssen und das ausschüttbare Ergebnis entsprechend höher ausfällt. Zur Klarstellung: Der Wert steuerlicher Verlustvorträge wird damit nicht separat ermittelt und dem Unternehmenswert in einer Art Nebenrechnung zugeschlagen, sondern ist integrierter Teil des Planungs- und Bewertungsmodells.

260

Der Verbrauch der Verlustvorträge ist für die Gewerbesteuer und die Körperschaftsteuer aufgrund der abweichenden Vorschriften zur Ermittlung der Bemessungsgrundlagen separiert zu ermitteln.

261

---

1 BMF v. 4. 7. 2008 - IV C 7 - S 2745 a/08/10001, Tz. 4, BStBl 2008 I S. 736, NWB Dok ID: GAAAC-84535.
2 BMF v. 4. 7. 2008 - IV C 7 - S 2745 a/08/10001, Tz. 2, BStBl 2008 I S. 736, NWB Dok ID: GAAAC-84535.
3 BFH v. 3. 5. 1993 - GrS 3/92, BStBl 1993 II S. 616, NWB Dok ID: ZAAAA-94567.
4 OLG Stuttgart v. 28. 1. 2004 – 20 U 3/03, DB 2004 S. 749; OLG Düsseldorf v. 14. 4. 2000 – 19 W 6/98 AktE, AG 2001 S. 192.

9.6.11 Managementfaktor

262 U.U. ist der Wegfall der bisherigen Geschäftsführung in der Bewertung zu berücksichtigen. Dies gilt insbesondere dann, wenn eine hohe Eigentümerbindung zum Unternehmen gegeben ist. Diese Situation ist bei kleinen und mittleren Unternehmen häufig anzutreffen und symptomatisch für kleine Beratungsunternehmen bzw. freiberufliche Praxen. D.h. die Frage lautet, kann das Unternehmen durch einen Unternehmenskäufer oder einen Erwerber im erbschaftsteuerlichen Sinne bzw. durch einen angestellten Fremdgeschäftsführer unverändert fortgeführt werden? Zum Beispiel können durch den Wegfall des bisherigen Eigentümers Probleme im Vertrieb auftreten, da die Kontakte zum Kunden vom Inhaber ausschließlich persönlich betreut wurden.[1] Soweit die Frage der Fortführung überhaupt zu verneinen ist, kommt bei der Ermittlung eines objektivierten Unternehmenswertes der Liquidationswert zum Ansatz.

*„Steht die bisherige Unternehmensleitung **künftig nicht mehr zur Verfügung** und ist eine Unternehmensfortführung ohne die bisherige Unternehmensleitung **nicht möglich**, so ist regelmäßig davon auszugehen, dass der Unternehmenswert dem **Liquidationswert** entspricht."*[2]

9.6.12 Szenarienplanung und Erwartungswert

263 Die Zukunft ist unsicher bzw. mit **Risiko** behaftet. Einen bekannten Ausdruck findet dieser Umstand in der Unternehmensbewertung im Risikozuschlag, der einen Teil des Kalkulationszinssatzes darstellt. Wäre die Zukunft sicher, wäre der Risikozuschlag überflüssig. Sicherheit bedeutet in diesem Zusammenhang Klarheit über die künftige Entwicklung des Unternehmens, womit eine einwertige Planung möglich wäre.

264 **Operatives Risiko** drückt sich im unternehmerischen Leben darin aus, dass die zukünftigen Gewinne hoch oder niedrig sein können oder sogar Verluste auftreten. Das **Finanzierungsrisiko** drückt sich in einer mit zunehmender Verschuldung steigenden Belastung der verfügbaren Cashflows mit Zins- und Tilgungszahlungen aus. Das Finanzierungsrisiko lässt sich am Leverage-Effekt deutlich machen und als zunehmende Renditeforderung der Eigenkapitalgeber bei zunehmender Verschuldung interpretieren.

---

[1] Zur Situation bei Beratungsunternehmen siehe Wollny, C., Bewertung von Beratungsunternehmen, in Niedereichholz (Hrsg.), Das Beratungsunternehmen - Gründung, Aufbau, Führung, Nachfolge, 2012, S. 312.
[2] IDW S1 i. d. F. 2008, Tz. 42.

9. Gesamtbewertungsverfahren

Unter welchen Bedingungen durch das operative Risiko und das Finanzierungsrisiko kritische Situationen für das zu bewertende Unternehmen eintreten, lässt sich durch Unternehmensplanungen darstellen. Eine Unternehmensplanung stellt somit ein Bündel von Annahmen und deren rechentechnische Umsetzung in einer GuV-Planung, Finanzplanung und Bilanzplanung dar (integriertes Planungsmodell). Durch Unternehmensplanungen können mögliche zukünftige Unternehmensentwicklungen simuliert werden. Die Varianten **Best Case**, **Real Case** und **Worst Case** repräsentieren dann gute, durchschnittliche und nachteilige Entwicklungspfade für das Unternehmen. Der Eintritt jedes der **Szenarien** hat eine gewisse Wahrscheinlichkeit für sich. Die Darstellung der vollständigen Bandbreite möglicher Unternehmensentwicklungen muss in Summe die Wahrscheinlichkeit 100 % ergeben. Wenn jede Unternehmensplanung mit einer gewissen Eintrittswahrscheinlichkeit eintreten kann, gilt das auch für den korrespondierenden Unternehmenswert. Bei drei Szenarien resultieren somit drei Unternehmenswerte. Werden diese unterschiedlich wahrscheinlichen Unternehmenswerte zu einem Wert zusammengefasst, ist dies der **Erwartungswert**.[1] Der Erwartungswert stellt ein rationales Entscheidungskriterium unter Unsicherheit dar.

265

Die Unternehmensbewertung diskontiert genau genommen weder ausschüttbare Erträge noch Cashflows, sondern vielmehr erwartete ausschüttbare Erträge oder erwartete Cashflows. Die alternative Verfahrensweise zur Erwartungswertbildung der Unternehmenswerte besteht somit darin, Erwartungswerte der Ausschüttungen zu ermitteln und diese zu diskontieren. Ein Unterschied zwischen der Diskontierung von Szenarien-Unternehmenswerten und der Diskontierung von erwarteten Ausschüttungen bzw. Cashflows besteht in der praktischen Arbeit nicht.

266

BEISPIEL: ▸ Ein Unternehmen soll auf fünf Jahre angelegt sein. Die möglichen Ausschüttungspotenziale aus dem Unternehmen liegen in zwei Szenarien vor. Die Ausschüttungen der Szenarien werden anhand der Eintrittswahrscheinlichkeiten zu Erwartungswerten je Planjahr aggregiert und anhand dieser erwarteten Ausschüttungen wird der Unternehmenswert ermittelt. Alternativ werden die Unternehmenswerte je Szenario berechnet und diese anhand der Eintrittswahrscheinlichkeiten zu einem erwarteten Unternehmenswert zusammengefasst.

---

1 In der Literatur wurde darauf hingewiesen, dass auch das Insolvenzszenario bei KMU eine bedeutende Rolle spielt und im Rahmen der Unternehmensbewertung zu berücksichtigen ist.

B. Grundlagen der Unternehmensbewertung

Plan-Jahre	Eintrittswahrscheinlichkeit	Unternehmenswerte	1	2	3	4	5
Szenario 1	60 %	466.889	100.000	120.000	130.000	135.000	140.000
Szenario 2	40 %	342.356	80.000	90.000	95.000	95.000	95.000
	100 %						
Erwartungswert Unternehmenswerte		417.076					
Barwert erwarteter Ausschüttungen		417.076	92.000	108.000	116.000	119.000	122.000
KZF = 10 %							

267 Wie die Abbildung zeigt, entspricht der Erwartungswert der Unternehmenswerte aus den Szenarien 1 und 2 dem Barwert der erwarteten Ausschüttungen. Trotzdem spricht einiges für die Erwartungswertbildung anhand der Szenarien-Unternehmenswerte. Das soll am nachfolgenden Beispiel noch einmal deutlich gemacht werden.

BEISPIEL:

Plan-Jahre	Eintrittswahrscheinlichkeit	Unternehmenswerte	1	2	3	4	5
Szenario 1	50 %	1.308.064	300.000	320.000	350.000	380.000	400.000
Szenario 2	50 %	107.591	15.000	15.000	35.000	40.000	45.000
	100 %						
Erwartungswert Unternehmenswerte		707.827					
Barwert erwarteter Ausschüttungen		707.827	157.500	167.500	192.500	210.000	222.500
KZF = 10 %							

268 Auch hier sind die Erwartungswerte der Ausschüttungen und der Szenarien-Unternehmenswerte identisch. Ein Blick auf die Unternehmenswerte je Szenario zeigt aber, dass die Informationen über den erheblichen Unterschied der denkbaren Ergebnisausprägungen für einen Investor von großer Bedeutung sein werden. Obwohl in Abfindungsfällen der Gutachter **einen** Wert vorzule-

gen hat, ist allen Beteiligten klar, dass Unternehmenswerte letztlich nur in **Bandbreiten** sinnvolle Informationen bieten.[1] Sind diese Bandbreiten erkennbar, ist dies sicher nicht von Nachteil.

9.7 Bestimmung des Kalkulationszinssatzes

9.7.1 Grundlagen

Bewerten heißt vergleichen. Aus dem Preis einer äquivalenten Investitionsalternative wird auf den Wert des Bewertungsobjekts geschlossen.[2] Bei Gesamtbewertungsverfahren erfolgt die Bewertung mittels der Kapitalwertformel. Im Rahmen dieser Formel werden die erwarteten Ausschüttungen aus einem Unternehmen mit dem Kalkulationszinssatz diskontiert. Die Diskontierung stellt nichts anderes dar, als den **Vergleich** der erwarteten Ausschüttungen mit der durch den Kalkulationszinssatz repräsentierten Alternativrendite.

269

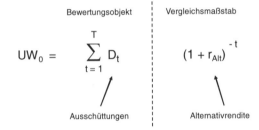

ABB. 23: Der Kalkulationszinssatz als Vergleichsmaßstab

$$UW_0 = \sum_{t=1}^{T} D_t \qquad (1 + r_{Alt})^{-t}$$

Bewertungsobjekt → Ausschüttungen
Vergleichsmaßstab → Alternativrendite

UW$_0$: Unternehmenswert in t$_0$
D$_t$: Ausschüttungen an das Bewertungssubjekt
r$_{Alt}$: Alternativrendite
t: Zeitpunkte der Nettozuflüsse (Planjahr 1 bis T)
T: (Rest)-Lebenszeitraum des Unternehmens

Der Kalkulationszinssatz ist der Maßstab, an dem die Ausschüttungen aus einem Unternehmen „gemessen" werden. Er repräsentiert die Alternativrendite. Eine hohe Alternativrendite führt dazu, dass der Wert des Investments relativ sinkt, eine niedrige Alternativrendite führt dazu, dass der Wert des Investments relativ steigt.

270

---

1 OLG Stuttgart v. 4. 5. 2011 – 20 W 11/08, AG 2011, S. 560.
2 Zur Äquivalenz Rdn. 84.

B. Grundlagen der Unternehmensbewertung

> **BEISPIEL:** Aus einem Unternehmen ist ein unendlicher und uniformer Ausschüttungsbetrag von 100 T€ zu erwarten. Die beste Alternative rentiert mit:
> a) 2 %: Unternehmenswert = 100 T€ /0,02 = 5.000.000 €
> b) 8 %: Unternehmenswert = 100 T€ /0,08 = 1.250.000 €

271 Der Wert des Unternehmens schwankt damit für den Investor mit den Alternativen, die ihm offen stehen. Ein nachvollziehbarer Zusammenhang. Wenn Mercedes den Preis für die S-Klasse auf 25.000 € senkt, ist ein VW Golf nicht mehr für 25.000 € zu verkaufen. Der Preis der Alternative hat somit Einfluss auf den „Wert" eines Gutes.

272 Im Rahmen von Unternehmenskäufen wird der Kalkulationszinssatz häufig „aus dem Bauch" oder anhand von Benchmarks bestimmt. Der Kalkulationszinssatz wird dann als **eine Größe** mit z. B. 12 % bestimmt. Auf die Zusammensetzung des Kalkulationszinssatzes bzw. der Zielrendite wird in diesem Fall im Zweifel kein Wert gelegt.

273 Wird ein Unternehmenswert ermittelt um, in welcher Form auch immer, zwischen den gegensätzlichen Interessen von Parteien vor Gericht zu vermitteln (z. B. Abfindungsfall), muss der Gutachter die Bestimmung des Kalkulationszinssatzes nachvollziehbar darlegen. Dies umso mehr, als der Kalkulationszinssatz einen gravierenden Einfluss auf die Höhe des Unternehmenswertes hat. Der Kalkulationszinssatz ist dann aus den **Komponenten** Basiszinssatz, Risikozuschlag, Wachstumsabschlag (für das Planungssegment Ewige Rente) und Besteuerung zu entwickeln.

274 Der Risikozuschlag als eine Komponente des Kalkulationszinssatzes kann theoretisch intuitiv auf Basis der individuellen Risikoaversion des Investors ermittelt werden. Dieses Vorgehen hat den Nachteil, dass es intersubjektiv nicht überprüfbar ist und die Risikoaversion einer Vielzahl von Parteien oder Abfindungsberechtigten so nicht berücksichtigungsfähig ist. Ein so ermittelter Risikozuschlag wäre in der ohnehin komplizierten Situation einer **dominierten Verhandlungssituation** kaum objektiv zu vertreten. Einen Ausweg zur Ermittlung eines objektivierten Risikozuschlags bietet das Capital Asset Pricing Model (CAPM).

9.7.2 Objektivierter Risikozuschlag – das CAPM und Tax-CAPM

Das **Capital Asset Pricing Model** (CAPM) stellt eine Theorie zur objektivierten Ermittlung von Risikozuschlägen dar.[1] Die Risikoaversion eines einzelnen Investors wird dabei durch die Risikoeinschätzung des Marktes ersetzt. Das CAPM soll als kapitalmarkttheoretisches Modell erklären, in welcher Höhe Aktionäre Eigenkapitalrenditen fordern, wenn das Unternehmen einem bestimmten Umfang an Risiken unterworfen ist. 275

Der Kalkulationszinssatz bzw. die Eigenkapitalkosten für das Unternehmen j ergeben sich bei Verwendung des CAPM aus der **Marktrendite** r_M, dem **Basiszinssatz** i und dem **Beta-Faktor** β_j. Die **Marktrisikoprämie** ($r_M - i$) ergibt sich als Unterschied zwischen der Rendite risikoreicher Anlagen (Marktrendite) r_M und risikolosen Anlagen, repräsentiert durch den Basiszinssatz i. Für die Übernahme des Risikos, welches im Unternehmen j herrscht, findet der **Beta-Faktor** des Unternehmens j (β_j) Verwendung, mit dem die Anpassung des allgemeinen Risikos (Marktrisikoprämie) an das Risiko des Unternehmens bzw. Bewertungsobjekts j bewerkstelligt wird. 276

ABB. 24: Eigenkapitalkosten gemäß CAPM

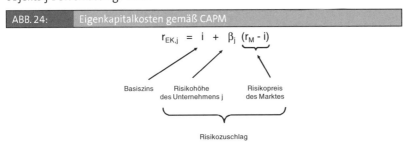

Das CAPM ist eine Theorie, deren Aussagen in einem Umfeld gelten, welches sich durch erhebliche Unterschiede gegenüber den realen Bedingungen des Kapitalmarktes auszeichnet. Das hat dem überwältigenden Einfluss dieser Theorie auf die Bewertung von Markttransaktionen keinen Abbruch getan. 277

Das CAPM berücksichtigt in seiner Ausgangsform keine Steuern. Um das CAPM realitätsgerechter auszugestalten, wurde dieses zu einer Theorie unter Berücksichtigung der deutschen steuerlichen Verhältnisse modifiziert. Letztlich war die Verwendung eines Nachsteuer-CAPM auch zur Sicherstellung der Steueräquivalenz geboten, da nur so die Zahlungsströme diskontiert werden können, die gekürzt um Steuerzahlungen, letztlich in den Verfügungsbereich des Ge- 278

---

1 Jonas, M., Relevanz persönlicher Steuern? – Mittelbare und unmittelbare Typisierung der Einkommensteuer in der Unternehmensbewertung, Wpg 2008, S. 828.

sellschafters kommen.[1] Das Ergebnis der steuerlichen Modifikation des CAPM wird als **Tax-CAPM** bezeichnet und berücksichtigt zum einen die Besteuerung der Zinskomponente in der Formel, sowie den steuerlichen Einfluss auf die Höhe der Marktrisikoprämie.[2]

ABB. 25:	Eigenkapitalkosten nach Einkommensteuer gemäß Tax-CAPM

$$r_{EK,j,nESt} = i(1 - s_{ESt}) + \beta_j (r_M - i)$$

279 Das Ziel des Gesetzgebers bei der Ermittlung gemeiner Werte für Unternehmen sind objektivierte Werte. Der objektivierte Unternehmenswert wird unter Zuhilfenahme des Tax-CAPM ermittelt. Die nachfolgenden Ausführungen behandeln demgemäß die Ableitung des Kalkulationszinssatzes nach dem Tax-CAPM.

9.7.3 Basiszinssatz

280 Der Basiszinssatz erfüllt die Funktion einer für jedermann verfügbaren sicheren Investitionsalternative.[3] Durch die Forderung nach Verfügbarkeit, erhält der Begriff Basiszinssatz einen realen Inhalt in Form des **Marktzinses**. Der Anlage-Marktzins gibt Auskunft, zu welchem Zinssatz ein Investor Geld am Kapitalmarkt sicher anlegen kann.[4] Er wird bestimmt durch das Angebot und die Nachfrage nach Darlehensmitteln sowie die Maßnahmen der Geldpolitik der Zentralbank.[5] Der „**Basiszinssatz**" ist ein Terminus technicus der Unternehmensbewertungslehre und Ausdruck der Ausgangs-„Basis" für die Berechnung des Kalkulationszinssatzes, letztlich aber nur begriffliche Hülle für den Marktzins.

---

[1] Rdn. 92.
[2] Rdn. 292.
[3] Drukarczyk, J., Unternehmensbewertung, 2003, S. 352; Obermaier, R., Bewertung, Zins und Risiko, 2004, S. 159; Ballwieser, W., Unternehmensbewertung, 2004, S. 84.
[4] Wenn in der Folge vom Basiszinssatz gesprochen wird, geht es also letztlich immer um den Marktzins (in welchen Spielformen auch immer).
[5] Pindyck/Rubinfeld, Mikroökonomie, 2005, S. 747 ff.

ABB. 26: Entwicklung des Kalkulationszinssatzes ausgehend vom Basiszinssatz (Risikozuschlagsmethode) und einer Anlage in ein Aktienportfolio[1]

Basiszins vor ESt	4,00	%
− Steuerbelastung (25%)	1,00	%
+ Risikozuschlag nach ESt	4,50	%
− Wachstumsabschlag	1,00	%
= Kalkulationszinssatz	6,50	% (Fortführungsphase)

Im Rahmen des Kapitalwertmodells stellt der Basiszinssatz damit die Ausgangsbasis für die Bestimmung der risikoäquivalenten Opportunitätskosten dar.[2] D.h. wer ein Unternehmen erwirbt, verzichtet damit automatisch auf den Ertrag, der sich aus der Anlage des Unternehmenskaufpreises zum Basiszinssatz ergibt. Die nicht vereinnahmten Zinserträge stellen somit Opportunitätskosten dar. Damit aus der risikofreien Anlage eine risikoäquivalente Alternativrendite wird, ist der Basiszinssatz um einen **Risikozuschlag** zu erhöhen. Der Risikozuschlag wird so bemessen, dass das Risiko des Bewertungsobjektes in der Alternativrendite äquivalent abgebildet ist. 281

Diese mehrstufige Vorgehensweise zur Bestimmung des Kalkulationszinssatzes ist vor allem Teil des Bewertungskonzeptes „**objektivierter Unternehmenswert**", da hier gegenüber einer ganzen Reihe von Parteien der Nachweis hinsichtlich der korrekten Ableitung der Berechnungsparameter für die Unternehmensbewertung geführt werden muss. Für den Bewertungsanlass Kauf- und Verkauf von Unternehmen und somit **subjektive Unternehmenswerte** wird teilweise nur mit Zielrenditen gearbeitet, denen vernünftigerweise dieselbe Ableitung zugrunde liegen sollte. 282

Seit der Neufassung des IDW S1 i.d.F. 2008, wird der Basiszinssatz für Zwecke der Unternehmensbewertung unter Verwendung der **Zinsstrukturkurve** ermittelt. 283

„*Bei der Festlegung des Basiszinssatzes ist zu berücksichtigen, dass die Geldanlage im zu bewertenden Unternehmen mit einer fristadäquaten alternativen*

---

1 Für die Ermittlung objektivierter Unternehmenswerte gilt seit dem IDW S1 i.d.F. 2008 eine Anlage in Aktien als Alternativinvestition. Daraus folgt eine Besteuerung der Alternativrendite auf der Basis von Kursgewinnen und Dividenden. Seit dem 1.1.2009 unterliegen Kapitalerträge der Abgeltungsteuer in Höhe von 25 %.
2 Pindyck/Rubinfeld, Mikroökonomie, 2005, S. 727.

B. Grundlagen der Unternehmensbewertung

Geldanlage zu vergleichen ist, sodass der Basiszinssatz ein fristadäquater Zinssatz sein muss (Laufzeitäquivalenz). Sofern ein Unternehmen mit zeitlich unbegrenzter Lebensdauer bewertet wird, müsste daher als Basiszinssatz die am Bewertungsstichtag beobachtbare Rendite aus einer Anlage in zeitlich nicht begrenzte Anleihen der öffentlichen Hand herangezogen werden. In Ermangelung solcher Wertpapiere empfiehlt es sich, den Basiszins ausgehend von aktuellen Zinsstrukturkurven und zeitlich darüber hinausgehenden Prognosen abzuleiten."[1]

284 Zinsstrukturkurven beschreiben den Zusammenhang zwischen der **Anlagedauer** und den erzielbaren **Zinssätzen**. Eine längere Anlage- und damit Bindungsdauer sollte im Normalfall mit höheren Zinssätzen einhergehen. In Abhängigkeit von der Verfassung der Märkte sind aber auch andere Zinsentwicklungen möglich.

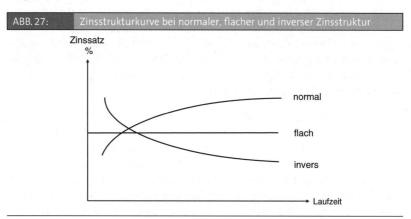

ABB. 27: Zinsstrukturkurve bei normaler, flacher und inverser Zinsstruktur

285 Inverse Zinsstrukturen gehen regelmäßig mit einer gewissen Verunsicherung der Märkte einher.

„Verkehrte Welt an den Rentenmärkten: Entgegen der normalen Situation sind seit Ende vergangener Woche die **Renditen für kurz laufende Staatspapiere höher als für Papiere mit längerer Laufzeit**. In der Vergangenheit war eine solche **inverse Zinsstrukturkurve** häufig Vorbote für eine von Zinserhöhungen ausgelöste Rezession. So weit muss es nach der Ansicht von Experten zwar nicht kommen, doch Helaba-Analyst Ulrich Wortberg spricht von „Warnsignalen"."[2]

---

[1] IDW S1 i. d. F. 2008, Tz. 117.
[2] Auf den Kopf gestellte Zinsen lösen Angst vor Rezession aus, Die Welt, 11. 6. 2008, S. 23.

Der Extremfall einer inversen Zinsstruktur sind negative Zinsen bei längeren Anlagefristen. 286

„*Deutsche Bundesanleihen mit zehn Jahren Restlaufzeit rentierten mit 1,65 Prozent so tief wie noch nie. Amerikanische Staatsanleihen mit derselben Restlaufzeit rentierten vorübergehend mit 1,75 Prozent auf dem niedrigsten Stand seit beinahe 60 Jahren. Auch Staatsanleihen der Schweiz waren gefragt. **Titel mit einer zweijährigen Restlaufzeit weisen mittlerweile sogar eine negative Rendite auf, was bedeutet, dass ihre Käufer quasi Zinsen bieten, um Geld in dieser Fristigkeit an die Alpenrepublik zu verleihen.***"[1]

Seit 1997 berechnet die Deutsche Bundesbank die Zinsstrukturschätzungen nach dem so genannten **Svensson-Modell**.[2] 287

ABB. 28:	Svensson-Modell zur Schätzung von Zinsstrukturkurven

$$i_t = \beta_0 + \beta_1 \left(\frac{1-e^{\left(\frac{-t}{\tau_1}\right)}}{\left(\frac{t}{\tau_1}\right)} \right) + \beta_2 \left(\frac{1-e^{\left(\frac{-t}{\tau_1}\right)}}{\left(\frac{t}{\tau_1}\right)} - e^{\left(\frac{-t}{\tau_1}\right)} \right) + \beta_3 \left(\frac{1-e^{\left(\frac{-t}{\tau_2}\right)}}{\left(\frac{t}{\tau_2}\right)} - e^{\left(\frac{-t}{\tau_2}\right)} \right)$$

Kurzfristiger Zinssatz (t gegen Null)

Langfristiger Zinssatz (t gegen unendlich)

Konvergiert gegen Null, bei sehr langer Laufzeit (t gegen unendlich)

Die Zinsstruktur beschreibt den Zusammenhang von Zinssätzen und Laufzeiten von Nullkuponanleihen, also von **Spot Rates**.[3] Die Parameter zur Zinsstrukturschätzung ($\beta_0, \beta_1, \beta_2, \beta_3, \tau_1, \tau_2$) werden börsentäglich ermittelt und im Internet veröffentlicht.[4] Darüber hinaus sind Zeitreihen rückwirkend bis 1997 abrufbar.[5] 288

---

1 Angst vor Abschwung treibt Staatsanleihen, FAZ v. 23.9.2011, S. 13.
2 Deutsche Bundesbank, Schätzung von Zinsstrukturkurven, 10/1997, S. 64; das Modell zur Zinsstrukturschätzung wurde 1987 von Nelson und Siegel entwickelt und 1994 von Svensson durch die Einführung zusätzlicher Parameter verbessert (auch NSS-Modell).
3 Deutsche Bundesbank, Schätzung von Zinsstrukturkurven, Monatsbericht 10/1997, S. 61.
4 http://www.bundesbank.de/statistik/statistik_zeitreihen.php?func=list&tr=www_s300_it03; Deutsche Bundesbank, Schätzung von Zinsstrukturkurven, Monatsbericht 10/1997, S. 65.
5 Unter www.forensika.de sind die berechneten Basiszinssätze abrufbar.

289 Grundlage der Parameterschätzung sind die Kurse von Bundesanleihen, Bundesobligationen und Bundesschatzanweisungen und damit nicht nur von originären Nullkupon-Anleihen.[1] Auf diese Weise werden die zum Bewertungsstichtag aktuellen Marktdaten verwendet. Da die Zinsstrukturkurve aus Anleihekursen mit bis zu **30-jähriger Laufzeit** gebildet wird, ist insbesondere bei der Bewertung von Unternehmen mit unendlicher Lebensdauer auch das Kriterium der **Laufzeitäquivalenz** bestmöglich erfüllt.

290 Zur Ermittlung von Zinsstrukturkurven unter Verwendung von Marktdaten ist eine Funktion notwendig, die zinsrelevante Einflüsse über die Laufzeit modelliert und die Realität damit möglichst genau beschreibt. Diese Funktion stellt das Svensson-Modell dar. Zur Ableitung von Spot Rates werden die Bestimmungsparameter ($\beta_0,\beta_1,\beta_2,\beta_3,\tau_1,\tau_2$) solange variiert, bis die theoretischen Renditen den beobachteten Renditen entsprechen.[2]

291 Die aus den von der Bundesbank veröffentlichten Berechnungsparametern abgeleiteten Zinsstrukturkurven können unter www.forensika.de mit wöchentlicher Aktualisierung und für jeden Börsentag abgerufen werden. Für die Bewertung stehen damit theoretisch für einen Detailplanungszeitraum von 30 Planjahren, 30 unterschiedliche und – bei einer normalen Zinsstruktur – ansteigende Basiszinssätze zur Verfügung. Der FAUB des IDW empfiehlt zur einfacheren Berechnung von Unternehmenswerten den aus der Zinsstrukturkurve abgeleiteten kapitalwertneutralen **Durchschnittszinssatz**. Dieser Durchschnittszinssatz wird so ermittelt, dass das Ergebnis der Diskontierung von 30 Planjahren mit den unterschiedlichen Zinssätzen aus der Zinsstrukturkurve identisch ist zu der Diskontierung dieser 30 Planjahre mit dem Durchschnittszinssatz. Das Tabellenkalkulationsprogramm Excel ermöglicht diese Berechnung durch die Funktion „Zielwertsuche". Auch diese Durchschnittszinssätze sind für jeden Börsentag unter www.forensika.de abrufbar.

9.7.4 Marktrisikoprämie

292 Marktrisikoprämien sind in der Realität nicht unmittelbar beobachtbar. Die **Marktrisikoprämie** (r_M – i) gemäß CAPM gibt den Renditeaufschlag an, den man als Investor erhält, wenn man im Vergleich zu einer sicheren Kapitalanlage mit der sicheren Rendite (i) eine risikobehaftete Kapitalanlage wählt. Als

---

1 Schich, S.T., Estimating the German term structure, Discussions Paper 4/97, Economic Research Group of the Deutsche Bundesbank, Oktober 1997, S. 21 f.

2 Deutsche Bundesbank, Schätzung von Zinsstrukturkurven, Monatsbericht 10/1997, S. 63; zu den einzelnen Arbeitsschritten siehe Schich, S.T., Estimating the German term structure, Discussions Paper 4/97, Economic Research Group of the Deutsche Bundesbank, Oktober 1997, S. 19 f.

Anlagen mit Risiko gelten theoretisch alle weltweit verfügbaren Anlagemöglichkeiten, die nicht sicher sind (Unternehmen, Immobilien, Gold, Diamanten etc.). Die Summe dieser Anlagemöglichkeiten erbringen die **Marktrendite** (r_M). Um die Theorie des CAPM für die Praxis handhabbar zu machen, wird dieser undefinierte Umfang riskanter Anlagemöglichkeiten durch einen Aktienindex ersetzt. Um die Marktrisikoprämie zu ermitteln, wird die Performance des Aktienindex als Marktrendite (r_M) den Renditen des Anleihenmarktes (i) – als Repräsentant des Basiszinses – gegenübergestellt und so die Renditedifferenz (r_M – i) als Prämie für die Übernahme von Risiko ermittelt.[1]

Im nationalen wie internationalen Bereich fanden bisher überwiegend Marktrisikoprämien von 4 % bis 7 % Verwendung.[2] Der Arbeitskreis Unternehmensbewertung des IDW (**AKU**) empfahl für Bewertungsstichtage ab dem 31.12.2004 die Verwendung einer Marktrisikoprämie von 4 % bis 5 % vor persönlichen Ertragsteuern und von 5 % bis 6 % nach persönlichen Ertragsteuern.[3] Stehle ermittelt in seiner Analyse Marktrisikoprämien von 6,66 % (als **arithmetisches** Mittel) und 3,83 % (als **geometrisches** Mittel), jeweils nach typisierter Einkommensteuer.[4] Grundlage für die Berechnung dieser Risikoprämien ist nach der Stehle-Studie der deutsche Kapitalmarkt. Verwendet werden die Indizes **CDAX** (für Aktien) und der **REXP** (für Anleihen). Nach Abzug eines Korrekturabschlages von rund 1,5 %, schlägt Stehle eine Marktrisikoprämie nach Einkommensteuer von 5,5 %[5] vor und wählt damit als Ausgangswert die höhere Marktrisikoprämie, die als arithmetisches Mittel berechnet wurde (für Bewertungsstichtage ab dem 1.1.2009 gelten nur noch 4,5 %).[6] Der **Abschlag** von 1,5 % wird wie folgt begründet:[7]

293

---

1 Die Marktrendite berücksichtigt damit bereits die betrieblichen Ertragsteuern, siehe Stehle, R., Die Festlegung der Risikoprämie von Aktien im Rahmen der Schätzung des Wertes von börsennotierten Kapitalgesellschaften, Wpg 2004, S. 919 ff.
2 Dimson/Marsh/Staunton, Triumph of the Optimists, 2002, S. 223 und 254.
3 Berichterstattung über die 84. Sitzung des AKU vom 10.12.2004.
4 Stehle, R., Die Festlegung der Risikoprämie von Aktien im Rahmen der Schätzung des Wertes von börsennotierten Kapitalgesellschaften, Wpg 2004, S. 921.
5 Dieser Wert wurde im Zusammenhang mit der Einführung des Halbeinkünfteverfahrens und den dort geltenden differenzierten Steuerbelastungen für Zinsen, Dividenden und Kursgewinnen (s = 0) im Rahmen des Tax-CAPM abgeleitet.
6 Die reduzierte Marktrisikoprämie ist Folge der ab dem 1.1.2009 durch die Einführung der Abgeltungsteuer veränderten steuerlichen Rahmenbedingungen.
7 Stehle, R., Die Festlegung der Risikoprämie von Aktien im Rahmen der Schätzung des Wertes von börsennotierten Kapitalgesellschaften, Wpg 2004, S. 921.

B. Grundlagen der Unternehmensbewertung

1. Heute bestehen bessere Möglichkeiten der Risikoreduzierung durch **Diversifikation** (als in den Zeiträumen, die der Durchschnittsbildung zugrunde lagen).
2. Das Risiko von **Kursschwankungen** von Aktien wird für die Zukunft als geringer angenommen.
3. Die **Transaktionskosten** sind in den heutigen Kapitalmärkten gesunken.

294 Der Ermittlung der Marktrisikoprämie von 5,5 % − und damit auch der daraus abgeleiteten reduzierten Marktrisikoprämie von 4,5 % − ist in der Literatur auf **Kritik** gestoßen. Kritisiert wird dabei folgendes:

1. Die Marktrisikoprämie sei zu hoch.
2. Der Untersuchungszeitraum hinsichtlich der Differenz zwischen Aktienrenditen und Anleiherenditen dürfe nicht die Aufbaujahre nach dem zweiten Weltkrieg einbeziehen.
3. Der REXP (Abkürzung für Deutscher Rentenindex) dürfe, da aus zu kurz laufenden Anleihen gebildet, nicht als Benchmark für den sicheren Basiszinssatz Verwendung finden. Der REXP enthält als synthetisches Anlageportfolio 30 Anleihen mit Laufzeiten von 1 bis 10 Jahren (Durchschnitt 5,5 Jahre!). Den Renditen aus Aktien liegen unendliche Laufzeiten zugrunde.
4. Das arithmetische Mittel dürfe nicht für die Ermittlung der durchschnittlichen Marktrendite verwendet werden. Dem arithmetischen Mittel liegt der sogenannte Cooper-Schätzer für Barwerte zugrunde, dem geometrischen Mittel der Blume-Schätzer für Endwerte.[1]
5. Die Marktrisikoprämie sei daher maximal in Höhe von 1,5 % bis 2 % zu veranschlagen.[2]

Es sei darauf hingewiesen, dass sich diese Position in etwa mit der Position der älteren **Rechtsprechung** deckt, die lange Zeit nur in Ausnahmefällen Risikoprämien über 2 % als gerechtfertigt ansah.[3]

---

[1] Wenger, E., Verzinsungsparameter in der Unternehmensbewertung − Betrachtungen aus theoretischer und empirischer Sicht, AG Sonderheft 2005, S. 18; siehe hierzu auch Nowak, K., Marktorientierte Unternehmensbewertung, 2003, S. 92.

[2] Schutzgemeinschaft der Kapitalanleger e.V. (SdK), Stellungnahme vom 27. 6. 2005 zur Neufassung des IDW Standards S1 Grundsätze zur Durchführung von Unternehmensbewertungen, AG Sonderheft 2005, S. 44.

[3] BayObLG 28. 10. 2005 − 3 Z BR 71/00, AG 2006 S. 44; BGH, 13. 3. 1978 − II ZR 142/76; juris Fundstelle, Tz. 35 (4 % als Risikozuschlag sei „zumindest vertretbar").

Der **FAUB** Fachausschuss für Unternehmensbewertung des IDW (FAUB, früher AKU Arbeitskreis Unternehmensbewertung) empfiehlt für Bewertungsstichtage bis zum 6.7.2007 die Anwendung der Marktrisikoprämie von 5,5 %[1] für die Berechnung objektivierter Unternehmenswerte.[2] Folgt man dieser Empfehlung, relativiert sich die Komplexität der Tax-CAPM-Formel und führt zu folgendem Ausdruck:

ABB. 29: Eigenkapitalkosten nach Einkommensteuer gemäß Tax-CAPM – Bewertungsstichtag bis 6.7.2007

$$r_{EK,j,nESt} = i(1 - s_{ESt}) + \beta_j (r_M - i)$$

$$r_{EK,j,nESt} = i(1 - 0,35) + \beta_j (5,5\%)$$

Damit reduzieren sich die zu prognostizierenden Größen auf den sicheren Basiszinssatzsatz (i) und den Betafaktor des Unternehmens j (β_j). Der ursprünglichen Ableitung des Tax-CAPM lag das ab 2001 gültige Halbeinkünfteverfahren und ein typisierter Einkommensteuersatz (s) von 35 %[3] zugrunde.

Die **Unternehmensteuerreform** 2008 verändert die Bedingungen, unter denen Stehle die Marktrisikoprämie von 5,5 % abgeleitet hat. Zinsen werden nun durch die Abgeltungsteuer von 25 % in gleicher Höhe besteuert wie Dividenden oder Kursgewinne.[4] Dem von dieser Regelung betroffenen Anlegerkreis wird nicht genug Marktmacht zugetraut, um diesen Steuernachteil durch höhere Renditeforderungen auszugleichen.[5] Konsequenz wäre eine gesunkene Marktrisikoprämie nach Einkommensteuer.

Die höhere Steuerbelastung der Aktienrenditen ist danach zu unterscheiden, ob Bewertungsstichtage vor dem 1.1.2009 oder nach dem 31.12.2008 vorlie-

---

1 Im Rahmen der steuerlichen Bedingungen des Halbeinkünfteverfahrens. Ab dem 1.1.2009 lautet die Empfehlung mit Verweis auf die Steuerwirkungen der Abgeltungsteuer 4,50 %.
2 Wagner/Jonas/Ballwieser/Tschöpel, Unternehmensbewertung in der Praxis – Empfehlungen und Hinweise zur Anwendung von IDW S1, Wpg 2006, S. 1019; Stehle, R., Die Festlegung der Risikoprämie von Aktien im Rahmen der Schätzung des Wertes von börsennotierten Kapitalgesellschaften, Wpg 2004, S. 921.
3 IDW Standard: Grundsätze zur Durchführung von Unternehmensbewertungen (IDW S1), 18.10.2005, Tz. 54.
4 Ausgenommen Fälle des § 17 EStG in denen Veräußerungsgewinne dem Teileinkünfteverfahren unterliegen.
5 WP-Handbuch, Band II, 2008, S. 109 Tz. 299.

gen. Da die Besteuerung von Veräußerungsgewinnen erst ab dem 1.1.2009 wirksam wird, soweit Wertpapierkäufe ab dem 1.1.2009 betroffen sind, gelten neue vom FAUB empfohlene **Marktrisikoprämien** wie folgt:[1]

ABB. 30:	Marktrisikoprämien vor und nach ESt	
	vor Einkommensteuer	nach Einkommensteuer
Bewertungsstichtag bis 6.7.2007	4,50 %	5,50 %
Bewertungsstichtag ab 7.7.2007 bis 31.12.2008	5,00 %	5,00 %
Bewertungsstichtag ab 1.1.2009	5,00 %	4,50 %

299 Für aktuelle Bewertungsanlässe im Zusammenhang mit **Erbschaftsteuerfällen** ist damit eine Marktrisikoprämie von 4,5 % nach Einkommensteuer zu verwenden.

ABB. 31:	Eigenkapitalkosten nach Einkommensteuer gemäß Tax-CAPM – Bewertungsstichtage ab 1.1.2009

$$r_{EK,j,nESt} = i(1 - s_{ESt}) + \beta_j (r_M - i)$$

$$r_{EK,j,nESt} = i(1 - 0{,}25) + \beta_j (4{,}5\%)$$

300 Die bisher getroffenen Aussagen zu Risikoprämien, insbesondere im Zusammenhang mit der zitierten Stehle-Studie, betreffen die Verhältnisse des **deutschen Kapitalmarktes**. Neuere Tendenzen in der Forschung zu Marktrisikoprämien befürworten dagegen deren Ableitung auf der Basis europäischer oder **internationaler Kapitalmärkte**.[2] Hierfür spricht die Konzeption des CAPM, die ohnehin alle weltweit vorhandenen Risikoanlagen einbeziehen möchte bzw. der Umstand, dass z. B. die Hälfte der DAX-Unternehmen mindestens 30 % des Umsatzes im Ausland erwirtschaften.[3] Gegen eine Internationalisierung der Marktrisikoprämie spricht der empirische Befund des „**home buy**". D.h. in die-

---

[1] Aktuelle Entwicklungen der Unternehmensbewertung, Diskussionsunterlagen der Arbeitsgruppe Unternehmensbewertung, IDW Arbeitstagung Baden-Baden 2008, S. 8; Wagner/Saur/Willershausen, Zur Anwendung der Neuerungen der Unternehmensbewertungsgrundsätze des IDW S1 i. d. F. 2008 in der Praxis, Wpg 2008, S. 741.
[2] Siehe z. B. Stehle, R., Wissenschaftliches Gutachten zur Ermittlung des kalkulatorischen Zinssatzes, der den spezifischen Risiken des Breitbandausbaus Rechnung trägt, 24.11.2010.
[3] FAZ, 12.11.2011, Der Dax braucht Europa nicht; FAZ, 19.5.2012, Geschäfte rund um den Globus sichern den Erfolg.

sem Falle bevorzugen deutsche Anleger auch deutsche Anlagen, womit die deutschen Kapitalmarktverhältnisse relevant wären.

9.7.5 Beta-Faktor

9.7.5.1 Grundlagen

Beta-Faktoren (β) messen den Einfluss einer **Renditeänderung** des zugrunde liegenden Marktportfolios r_M (z. B. Aktienindex DAX, MDAX, CDAX, EURO STOXX, MSCI World) auf die Rendite des Bewertungsobjekts $r_{EK, j}$. Dieser Zusammenhang, ausgedrückt in der CAPM-Gleichung, ist linear. 301

ABB. 32:	Die CAPM-Gleichung – linearer Zusammenhang zwischen $r_{EK,j}$ und β_j
	$r_{EK,j} = i + \beta_j (r_M - i)$

Das Bewertungsobjekt j, ein börsennotiertes Unternehmen, ist dabei Teil des Marktportfolios M. Das Beta des Unternehmens j wird aus der **Regression** der Aktienrendite des Bewertungsobjekts j ($r_{EK, j}$) mit der Rendite des Marktportfolios (r_M) ermittelt.[1] 302

ABB. 33:	Ermittlung des Beta-Faktors[2]
	$\beta_j = \dfrac{Cov(r_j, r_M)}{\sigma^2(r_M)}$

β_j: Beta der Aktie j
$Cov(r_j, r_M)$: Kovarianz der Aktien j mit dem Marktportfolio
$\sigma^2(r_M)$: Varianz des Marktportfolio

Der Beta-Faktor lässt sich somit als **Kovarianz** zwischen Unternehmens- und Marktrendite im Verhältnis zur **Varianz** der Marktrendite darstellen. 303

Um die Bedeutung des Beta-Faktors für die Ermittlung des Risikozuschlags zu verstehen, muss man sich die Annahme der vollständigen **Diversifikation** im CAPM bewußt machen. Portfolios aus Investitionsobjekten werden gebildet, um Risiken durch Diversifikation zu vernichten. Die Risikovernichtung gelingt 304

---

[1] WP-Handbuch, Band II, 2002, S. 119, Tz. 328 f.; WP-Handbuch, Band II, 2008, S. 66 Tz. 192 und S. 110 Tz. 300 f.

[2] Drukarczyk, J., Unternehmensbewertung, 2001, S. 354; Damodaran, A., Investment Valuation, 2002, S. 668, WP-Handbuch, Band II, 2008, S. 67 Tz. 192 und S. 110 Tz. 303.

B. Grundlagen der Unternehmensbewertung

am besten, wenn die **Korrelation** zwischen den Renditen der Invesitionsobjekte vollständig negativ bzw. -1 ist.

> **BEISPIEL:** Ein Investor erwirbt ein Unternehmen, das Badehosen herstellt, und ein Unternehmen das Regenschirme herstellt. Damit ist der Investor der Sorge enthoben, dass eine bestimmte Wetterlage seine Unternehmen insgesamt in Schieflage bringt, denn die Renditen der beiden Unternehmen entwickeln sich zueinander vollständig gegenläufig bzw. mit einer Korrelation von -1.

305 Statistisch betrachtet werden durch Portfoliobildung oder Diversifikation die Sigmas (σ) als **Einzelrisiken** der Investitionsobjekte vernichtet, womit im Portfolio nur noch das Kovarianzrisiko übrig bleibt. In der Welt des CAPM heißt das, die **unsystematischen** Unternehmensrisiken werden vernichtet und nur die nicht diversifizierbaren **systematischen** Risiken, die aus politischen Entscheidungen, Naturkatastrophen etc. erwachsen, bleiben erhalten und damit bewertungsrelevant. Für den Investor, der ein Bewertungsobjekt j in sein Portfolio aufnimmt, ist damit nicht das unsystematische Risiko (σ_j) des Bewertungsobjekts j, sondern nur noch der systematische Risikobeitrag zum Portfolio bewertungsrelevant. Der Beta-Faktor ist Ausdruck dieses Risikobeitrags bzw. graphisch ausgedrückt, Steigungsmaß der Wertpapiermarktlinie.

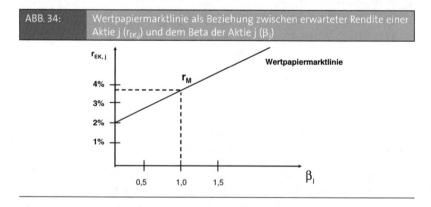

ABB. 34: Wertpapiermarktlinie als Beziehung zwischen erwarteter Rendite einer Aktie j ($r_{EK,j}$) und dem Beta der Aktie j (β_j)

9.7.5.2 Ermittlung des Beta-Faktors

Soll ein Unternehmenswert für ein **börsennotiertes** Unternehmen ermittelt werden, kann grundsätzlich auf den Beta-Faktor dieses Unternehmens zurückgegriffen werden.[1] Beta-Faktoren können für die bekannten Aktienportfolios als **Regressionswerte** der Vergangenheit aus dem Handelsblatt oder der Börsenzeitung oder im Internet von Finanzdienstleistern (z. B. onvista, Deutsche Börse AG, etc.) abgerufen werden. Betas werden dort als **30** bzw. **250** Tage-Betas dargestellt. Hinsichtlich des Zeitraums, aus dem Beta-Werte gewonnen werden, gilt die Faustregel, dass längere Schätzperioden und damit ein größerer Stichprobenumfang zu bevorzugen sind, da hiermit die Stabilität der Betas zunimmt.[2] Betas **liquide** Aktien können vergleichsweise zuverlässig geschätzt werden. Für **illiquide** Aktien führen auch längere Renditeintervalle zu keinen brauchbaren Betas. Beta-Faktoren können auch selbst berechnet werden.[3]

306

Die Verwendung aus der Vergangenheit abgeleiteter Beta-Faktoren geht mit der Annahme einher, dass Betas weitgehend **stabil** sind und sich somit die Vergangenheitswerte für die Zukunft fortschreiben lassen. Darüber hinaus werden auch für den deutschen Kapitalmarkt Beta-Faktoren von so genannten Beta Services als Prognosewerte angeboten (z. B. von MSCI BARRA). Die genaue Verfahrensweise zur Ermittlung dieser Prognosewerte wird aus Wettbewerbsgründen häufig nicht offengelegt.[4] Die Fähigkeit der verwendeten Verfahren, Beta-Werte bei Änderungen der Rahmenbedingungen zu prognostizieren, sollte skeptisch gesehen werden.[5] Die Beta-Prognose erfolgt bei Bloomberg auf Basis des empirischen Befunds einer Studie von Blume.[6] Das aus Regressionen gewonnene **Raw Beta** wird danach durch Adjustierungen zum **Adjusted Beta**.

307

---

1 Probleme ergeben sich bei Unternehmensbewertungen im Zusammenhang mit einem squeeze-out, da hier keine signifikanten Börsenumsätze mehr vorliegen um ein repräsentatives Beta abzuleiten; siehe Ehrhardt/Nowak, Viel Lärm um Nichts? – Zur Irrelevanz der Risikoprämie für die Unternehmensbewertung im Rahmen von Squeeze-outs, Fair Valuations, Sonderheft AG v. 20.11.2005, S. 3 ff.
2 Zimmermann, P., Schätzung und Prognose von Betawerten, 1997, S. 341.
3 Zur Umsetzung siehe zum Beispiel Großfeld/Stöver, Ermittlung des Betafaktors in der Unternehmensbewertung: Anleitung zum „Do it yourself", BB 2004, S. 2799 ff.
4 Zimmermann, P., Schätzung und Prognose von Betawerten, 1997, S. 337.
5 Zimmermann, P., Schätzung und Prognose von Betawerten, 1997, S. 339.
6 Blume, M. E., Betas and their Regression Tendencies, The Journal of Finance, 1975, S. 785 ff.

B. Grundlagen der Unternehmensbewertung

ABB. 35:	Überleitung des Raw Beta in ein prognostizierbares Adjusted Beta – nach Blume[1]

Adjusted Beta = (0,67 x Raw Beta) + (0,33 x 1,0)

308 Bei der Bewertung **nicht börsennotierter** Unternehmen bzw. kleinen und mittleren Unternehmen (**KMU**) stehen derartige Informationen nicht zur Verfügung. Um derartige Unternehmen trotzdem auf der Grundlage des CAPM bewerten zu können, werden börsennotierte Vergleichsunternehmen gesucht. Eine Gruppe solcher Unternehmen wird **Peer Group** genannt. Existiert nur ein Vergleichsunternehmen, wird dessen Beta als **Pure Play Beta** oder Pure Beta bezeichnet.[2]

309 Das Beta eines oder mehrerer Peer Group Unternehmen wird anschließend zur Bewertung des nicht börsennotierten Unternehmens verwendet. Peer-Group Unternehmen müssen dem zu bewertenden Unternehmen in möglichst vielen Aspekten ähnlich sein. Das ist erforderlich, da der Beta-Faktor das **operative Risiko** und damit das branchenspezifische Risiko widerspiegelt und damit das Peer Group Beta das richtige Branchensegment des zu bewertenden Unternehmens treffen soll.[3] Börsennotierte Unternehmen werden zwar regelmäßig größer als das zu bewertende Unternehmen sein, aber hinsichtlich der Produkte, der Absatzgebiete, des Geschäftsmodells etc. sollte weitestgehend Vergleichbarkeit bestehen. Die Unterschiede hinsichtlich der Finanzierungsstruktur können durch „unlevern" und „relevern" neutralisiert werden.[4] **Unlevern** heißt dabei, dass das Finanzierungsrisiko des Peer Group Unternehmens aus dem entsprechenden Levered Beta des Unternehmens neutralisiert wird.[5] **Relevern** nennt man die anschließende Anpassung des unlevered Beta an das Finanzierungsrisiko des zu bewertenden Unternehmens. Liegen die Voraussetzungen der Vergleichbarkeit vor, wird daraus geschlossen, dass das Bewertungsobjekt ein Beta entsprechend dem Beta der Peer-Group Unternehmen hätte, wenn es

---

[1] Timmreck, C., Bestimmung der Eigenkapitalkosten, in Richter/Timmreck (Hrsg.), Unternehmensbewertung, 2004, S. 64.

[2] Nowak, K., Marktorientierte Unternehmensbewertung, 2003, S. 100

[3] Um keine Verwirrung zu stiften, der Beta-Faktor repräsentiert das systematische, also nicht mehr durch Diversifikation vernichtbare Risiko. Dieses Risiko entfällt im Wesentlichen auf das operative Risiko, also das Risiko der Ergebnisschwankung und zu einem Rest auf das Finanzierungsrisiko, also das Risiko des Anteilsverlustes durch zu viel Fremdkapital.

[4] Siehe dazu Rdn. 319.

[5] Das Beta repräsentiert das systematische operative und Finanzierungsrisiko eines Unternehmens.

börsennotiert wäre. Der Beta-Faktor des oder der Peer-Group Unternehmen wird durch diese Annahme auf das Bewertungsobjekt übertragen. Das Beta der Peer Group Unternehmen wird als repräsentativ für das Bewertungsobjekt angenommen. Es sei darauf hingewiesen, dass diese Übertragung des Beta-Faktors im CAPM selbst nicht vorgesehen ist.

Das gewählte **Marktportfolio** (DAX, CDAX, etc.) enthält das bzw. die Peer Group Unternehmen und hat selbst zwangsläufig ein Beta von 1,0. Der Beta-Faktor ist Repräsentant des unternehmensindividuellen, bewertungsrelevanten, systematischen Risikos des Bewertungsobjekts.[1] Würde das Bewertungsobjekt ebenfalls ein Beta von 1,0 aufweisen, dann würde das Risiko des Bewertungsobjekts dem durchschnittlichen Risiko des Portfolios entsprechen.[2] Eine Renditeänderung des Portfolios hat dann exakt im gleichen Umfang eine Renditeänderung des Bewertungsobjekts zur Folge. Bei einem Beta größer 1,0, führen Renditeänderungen des zugrunde liegenden Portfolios zu einer höheren Renditeänderung des Bewertungsobjekts. Das Bewertungsobjekt verfügt damit über größere Rendite-Chancen, birgt aber auch das Risiko, dass Renditeverluste sich stärker als im Portfolio auswirken. Bei einem Beta kleiner 1,0 haben Renditeänderungen des Portfolios geringere Renditeänderungen beim Bewertungsobjekt zur Folge.

310

Eine Alternative zur Ermittlung von Peer Group Betas bietet sich in Form der Verwendung von Betas an, die für die Branche abgeleitet wurden, in der das zu bewertende nicht-börsennotierte Unternehmen tätig ist. Dieser Ansatz besteht somit in der Verwendung von so genannten **Branchenbetas**.

311

---

[1] Zimmermann, P., Schätzung und Prognose von Betawerten, 1997, S. 1.
[2] Diese Annahme wurde bei der Konzeption des vereinfachten Ertragswertverfahrens getroffen. Rdn. 1285.

B. Grundlagen der Unternehmensbewertung

ABB. 36:	Branchenbetas für den Zeitraum 4.Q 2009 bis 3.Q 2010 – Berechnung FORENSIKA[1]			
Branchenbetas im Zeitverlauf	Raw Betas levered			
	Q4 2009	Q1 2010	Q2 2010	Q3 2010
DAXsector Automobile	1,11	1,14	1,15	1,15
DAXsector Consumer	0,73	0,72	0,73	0,72
DAXsector Industrial	1,16	1,15	1,14	1,12
DAXsector Media	0,83	0,81	0,83	0,78
DAXsector Pharma & Healthcare	0,55	0,54	0,56	0,55
DAXsector Software	0,82	0,83	0,82	0,81
DAXsector Technology	1,25	1,24	1,24	1,20
DAXsector Telecommunation	0,63	0,61	0,65	0,67
DAXsector Chemicals	0,92	0,91	0,92	0,93
DAXsector Construction	1,12	1,15	1,17	1,14
Mittelwert	0,91	0,91	0,92	0,91
Branchenbetas im Zeitverlauf	Raw Betas unlevered			
	Q4 2009	Q1 2010	Q2 2010	Q3 2010
DAXsector Automobile	0,53	0,42	0,48	0,54
DAXsector Consumer	0,61	0,64	0,63	0,62
DAXsector Industrial	0,87	0,93	0,90	0,95
DAXsector Media	0,50	0,51	0,54	0,53
DAXsector Pharma & Healthcare	0,42	0,40	0,40	0,40
DAXsector Software	0,80	0,81	0,79	0,75
DAXsector Technology	1,15	1,15	1,17	1,14
DAXsector Telecommunation	0,35	0,35	0,35	0,37
DAXsector Chemicals	0,79	0,75	0,74	0,76
DAXsector Construction	0,69	0,65	0,62	0,63
Mittelwert	0,67	0,66	0,66	0,67

1 Monatlicher up-date von Branchenbetas auf www.forensika.de.

BEISPIEL: Ein mittelständisches Werkzeugmaschinenbauunternehmen XY GmbH ist zu bewerten. Das Unternehmen ist nicht börsennotiert. Zur Ermittlung des Risikozuschlags soll das CAPM verwendet werden. Dazu bieten sich die Alternativen a) oder b) an.

a) Unter börsennotierten Unternehmen werden die Werkzeugmaschinenbauunternehmen Z AG und A AG gefunden, die in vielerlei Hinsicht zur XY GmbH vergleichbar sind. Die A AG und die Z AG stellen damit die Peer Group zur Bewertung der XY GmbH dar.

b) Zur Bewertung wird das Branchenbeta „Industrial" verwendet.

Der Vollständigkeit halber sei darauf hingewiesen, dass Betas auch direkt durch individuelle Einschätzung der Unternehmensrisiken entwickelt werden können. Diese Betas werden als **Fundamental-Betas** bezeichnet.[1]

312

9.7.5.3 Kriterien zur Beta-Verprobung

Die ermittelten Beta-Faktoren werden im Rahmen der Bewertung darauf hin untersucht, ob sie statistisch **valide** bzw. tauglich oder geeignet sind. Anlass für diese Untersuchung bieten regelmäßig Bewertungen im Zusammenhang mit dem Ausschluss von Aktionären, dem sogenannten **Squeeze Out** nach § 327a AktG. Die Aktiengesellschaften, an denen ein Hauptaktionär 95 % des Grundkapitals hält, zeigen regelmäßig stark gesunkene Beta-Faktoren und damit kaum noch systematisches Risiko. Mit der Frage, ob eine Änderung der Beteiligungsverhältnisse Einfluss auf das operative Risiko eines Unternehmens bzw. sein Geschäftsmodell haben kann, verbindet sich dann regelmäßig die Kritik an der Belastbarkeit des gewonnenen Unternehmensbetas.

313

Da Beta-Faktoren durch Regression gewonnen werden, können zum einen die **Regressionsfunktion** und zum anderen die **Regressionskoeffizienten** auf ihre statistische Güte untersucht werden.[2] Zu diesem Zweck wird regelmäßig das **Bestimmtheitsmaß R^2** ermittelt bzw. der **t-Test** durchgeführt.

314

R^2 erklärt den Anteil der Volatilität und damit das Risiko einer Aktie, soweit es durch den Markt und damit systematisch veranlasst ist. Bei einem R^2 von 30 % erklären sich 30 % des Aktienrisikos aus dem Marktgeschehen und 70 % aus dem unternehmensindividuellen bzw. unsystematischen Risiko.[3] Da sich ein

315

---

1 Freygang, W., Kapitalallokation in diversifizierten Unternehmen: Ermittlung divisionaler Eigenkapitalkosten, 1993, S. 245 ff.
2 Franken/Schulte, Beurteilung der Eignung von Betafaktoren mittels R^2 und t-Test: Ein Irrweg? – Auch eine Replik zu Knoll, Wpg 2010, S. 1106–1109, Wpg 2011, S. 1112.
3 Damodaran, A., Investment Valuation, 2002, S. 183.

Mindestwert für R^2 nicht aus dem CAMP heraus herleiten lässt, ist R^2 kein Maßstab, anhand dessen Beta-Faktoren aussortiert werden könnten.

316 Der **t-Test** gibt Auskunft über den Einfluss der Marktrendite (r_M) auf die Aktienrendite (r_j), also den Einfluss der unabhängigen Variable auf die abhängige Variable. Im Rahmen der **Nullhypothese** wird überprüft ob der Beta-Faktor mit 95 %-iger oder 99 %-iger Wahrscheinlichkeit von Null verschieden ist. Allerdings ist auch ein Beta-Faktor von Null mit dem CAPM vereinbar. Damit ist auch dieser Test kein eindeutiges Qualitätssiegel für ermittelte Beta-Faktoren.

317 Als Hilfslösung wird deshalb häufig die **Liquidität** der Aktie, d. h. der mit Aktien des jeweiligen Unternehmens durchgeführte Handel, untersucht. Dieser Untersuchungsgegenstand ergibt sich zum einen bereits aus der Frage, ob Börsenkurse als Mindestabfindungswert auf einem funktionierenden Aktienhandel beruhen, bzw. aus der Kritik an Beta-Faktoren im Zusammenhang mit dem oben genannten Squeeze out, bei dem der Handel in der betreffenden Aktie zwangsläufig fast vollständig zum Erliegen kommt. Bereits bisher wurde die zu geringe Liquidität einer Aktie für dann zu niedrige Beta-Faktoren, insbesondere Beta-Faktoren kleiner 0,5, verantwortlich gemacht.[1] Eine Überprüfung dieser These konnte durch den Verfasser nicht bestätigt werden, da auch Unternehmen mit umfangreichem Handel Beta-Faktoren unter 0,5 aufwiesen.[2]

318 Die Forderung nach ausreichendem Handel einer Aktie ist aber gerechtfertigt, da sich sonst Informationen im Börsenkurs nicht entsprechend niederschlagen können. Die **Informationsverarbeitung** in den Kursen ist aber Voraussetzung dafür, dass die Kursinformationen überhaupt für die Betaermittlung im Rahmen des CAPM Verwendung finden können.[3] Die Rechtsprechung hat unter dem Begriff der **Marktenge** bereits Vorgaben zur notwendigen Liquidität entwickelt und bestimmt anhand dieser Kriterien, ab wann der beobachtete Aktienhandel als ausreichender Aktienhandel gewertet werden kann, um daraus für die Mindestabfindungsregel verwendbare Börsenkurse abzuleiten.[4] Die für die Prüfung des Börsenkurses entwickelten Kriterien im Zusammenhang mit

---

1 Zimmermann, P., Schätzung und Prognose von Betawerten, 1997, S. 341.
2 Siehe Wollny, C., Der objektivierte Unternehmenswert – Unternehmensbewertung bei gesetzlichen und vertraglichen Bewertungsanlässen, 2010, S. 379.
3 Franken/Schulte, Beurteilung der Eignung von Betafaktoren mittels R2 und t-Test: Ein Irrweg? – Auch eine Replik zu Knoll, Wpg 2010, S. 1106 – 1109, Wpg 2011, S. 1115.
4 BVerfG v. 27. 04. 1999 – 1 BvR 1613/94, DB 1999, S. 1693; OLG München v. 11. 07. 2006 – 31 Wx 41, 66/05, ZIP 2006, S. 1723 f.; OLG Stuttgart v. 16. 2. 2007 – 20 W 6/06, AG 2007, S. 212; OLG Stuttgart v. 14. 2. 2008 – 20 W 9/06, AG 2008, S. 787.

der Mindestabfindungsregel sollen für die Anforderungen an die Liquidität zur Betaprüfung nicht ausreichend sein.[1] Die entwickelten Kriterien können dann aber zumindest als Minimalbedingung zur Beta-Verprobung gewertet werden.

9.7.5.4 Anpassung des Beta-Faktors an das Finanzierungsrisiko des Bewertungsobjekts

Das Risiko eines Unternehmens zeigt sich zum einen durch die Schwankungsbreite der Einnahmeströme, also das **operative Risiko** und zum anderen durch das Insolvenzrisiko in Abhängigkeit vom Verschuldungsgrad. Letzteres durch den Umfang an Fremdkapital ausgelöstes Risiko wird als **Finanzierungsrisiko** bezeichnet. Der Beta-Faktor (raw beta, levered) einer börsennotierten Gesellschaft repräsentiert das operative Risiko und das Finanzierungsrisiko eines börsennotierten Unternehmens.

Soll ein nicht börsennotiertes Unternehmen bewertet werden und greift man hierfür auf ein Peer Group Beta zurück, dann enthält der ermittelte Beta-Faktor zwangläufig das Finanzierungsrisiko des zugrunde liegenden Peer Group Unternehmens. Um das aus der Peer Group abgeleitete Beta auf das Bewertungsobjekt zu übertragen, muss dieses Beta zunächst um das Finanzierungsrisiko des Peer Group Unternehmens bereinigt werden. Hierfür wird der **Verschuldungsgrad** des Peer Group Unternehmens zu Marktwerten benötigt. Der Verschuldungsgrad zu Marktwerten (VG) ergibt sich aus dem Verhältnis des Marktwertes des zinstragenden Fremdkapitals (F) zum Marktwert des Eigenkapitals (E). Der Marktwert des zinstragenden Fremdkapitals (F) wird vereinfachend durch den bilanziellen Bestand an zinstragenden Verbindlichkeiten beschrieben. Der Marktwert des Eigenkapitals (E) wird vereinfachend durch den Börsenwert des Eigenkapitals repräsentiert. Da Fremdkapitalzinsen steuerlich abzugsfähige **Betriebsausgaben** darstellen, wird für das Unlevern der **Unternehmenssteuersatz** des Peer Group Unternehmens benötigt. Um anschließend den Beta-Faktor an das Finanzierungsrisiko des Target oder Bewertungsobjekts anzupassen (Relevern), wird der Unternehmenssteuersatz des Bewertungsobjekts benötigt. Der Vorgang des Unlevern und des Relevern wird nach den folgenden Formeln vorgenommen, die auf dem Modigliani-Miller-Theorem basieren.[2]

---

1 Franken/Schulte, Beurteilung der Eignung von Betafaktoren mittels R2 und t-Test: Ein Irrweg? – Auch eine Replik zu Knoll, Wpg 2010, S. 1106–1109, Wpg 2011, S. 1115.
2 Drukarczyk/Schüler, Unternehmensbewertung, 2009, S. 117.

B. Grundlagen der Unternehmensbewertung

ABB. 37: Unlevern des Peer Group Beta – Neutralisierung des Finanzierungsrisikos des Peer Group Unternehmens

$$\beta_{uP} = \frac{\beta_{vP}}{\left[1 + (1 - s_P) \dfrac{F_P}{E_P}\right]}$$

β_{uP} Beta Peer Group Unternehmen, ohne Finanzierungsrisiko (unlevered)
β_{vP} Beta Peer Group Unternehmen, mit Finanzierungsrisiko (levered)
s_P Unternehmenssteuersatz Peer Group Unternehmen
F_P Fremdkapital zu Marktwerten des Peer Group Unternehmens
E_P Eigenkapital zu Marktwerten des Peer Group Unternehmen

BEISPIEL: Das Peer Group Unternehmen weist ein Beta von 1,2 und einen Verschuldungsgrad von 0,45 auf. Der Unternehmenssteuersatz beträgt 29,83 % bei einem Hebesatz von 400 %.

$$\beta_{uP} = \frac{1,2}{(1 + (1 - 0,2983) * 0,45)} = 0,9120$$

$s_P \;\;\; = \;\; s_{KSt} \;\; + \;\; s_{GewSt} \;\; + \;\; s_{KSt} \; s_{Soli}$
$0,2983 \;\; = \;\; 0,15 \;\; + \;\; 0,14 \;\;\;\; + \;\; 0,15 * 0,055$

ABB. 38: Relevern des Peer Group Beta um das Finanzierungsrisiko des Bewertungsobjekts – Anpassung an das Finanzierungsrisiko des Bewertungsobjekts

$$\beta_{vT} = \beta_{uP}\left[1 + (1 - s_T) \dfrac{F_T}{E_T}\right]$$

β_{uP} Beta Peer Group Unternehmen, ohne Finanzierungsrisiko (unlevered)
β_{vT} Beta Target Unternehmen, mit Finanzierungsrisiko (levered)
s_T Unternehmenssteuersatz Target Unternehmen
F_T Fremdkapital zu Marktwerten des Target Unternehmen
E_T Eigenkapital zu Marktwerten des Target Unternehmen

BEISPIEL: Das zu bewertende Unternehmen weist einen Verschuldungsgrad von 0,25 auf. Der Unternehmenssteuersatz beträgt 27,73 % bei einem Hebesatz von 340 %.

$$\beta_{vT} = 0,9120 \,(1 + (1 - 0,2773) * 0,25) = 1,07$$

$s_T \;\;\; = \;\; s_{KSt} \;\; + \;\; s_{GewSt} \;\; + \;\; s_{KSt} \; s_{Soli}$
$0,2773 \;\; = \;\; 0,15 \;\; + \;\; 0,119 \;\;\; + \;\; 0,15 * 0,055$

Das Bewertungsobjekt oder Target hat damit ein um sein Finanzierungsrisiko angepasstes Beta von 1,07.

9.7.6 Inflation und Wachstum in der Fortführungsphase

Die Berücksichtigung von Inflation und Wachstum betrifft den Kalkulationszinssatz nur in der **Fortführungsphase** (Restwertphase), wenn bei der Annahme einer unendlichen Lebensdauer die Formel für den Barwert der ewigen Rente zum Einsatz kommt. Um mathematisch ein Wachstum des Zählers zu erzeugen, wird der Kalkulationszinssatz um die Wachstumsrate gekürzt. Soll die Wachstumsrate w nur das nominelle Wachstum darstellen, dass als Folge existierender Inflation g abzubilden ist, setzt dies die Fähigkeit des Unternehmens voraus, entsprechende Preissteigerungen bei den Kunden durchsetzen zu können (w = g). Diese Wachstumsrate bzw. Inflationsrate wird nicht der Besteuerung unterworfen.

ABB. 39:	Kalkulationszinssatz in der ewigen Rente mit Wachstum

$$r_{EKj,nESt} = \left[i(1-s) + \beta_j \, MRP \right] - w$$

$r_{EK\,j,nESt}$ Zielrendite für Unternehmen j, nach ESt
i   risikoloser Basiszinssatz
s   Abgeltungsteuersatz 25%
β_j Beta Faktor des Unternehmens j
MRP   Marktrisikoprämie nach ESt (ab 1.1.2009 4,5%)
w   Wachstumsfaktor (wird nicht versteuert!!)

Der mit dem um die Wachstumsrate w bzw. Inflationsrate g gekürzte Kalkulationszinssatz wird zwar zur Berechnung des Barwerts der ewigen Rente in der Fortführungsphase verwendet (dieser Barwert „landet" am Anfang des Planjahres, ab dem die ewige Rente geplant ist). Um den Barwert der ewigen Rente auf den Bewertungsstichtag zu diskontieren, ist der ungekürzte Kalkulationszinssatz zu verwenden.

B. Grundlagen der Unternehmensbewertung

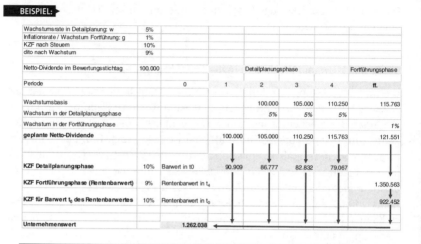

323 Das Beispiel zeigt, dass das Wachstum in der Detailplanungsphase direkt durch Erhöhung der Ausschüttungsbeträge bzw. Netto-Dividenden geplant wird. In der Fortführungsphase wird ein konstantes Wachstum dadurch „erzeugt", in dem der Kalkulationszinssatz um den Wachstumsfaktor gekürzt wird. Der Barwert dieser Rente „mit Wachstum", muss auf den Bewertungsstichtag t_0 „transportiert" werden. Dies geschieht mit dem normalen, ungekürzten Kalkulationszinssatz.

9.7.7 Capital Asset Pricing Model für kleine und mittlere Unternehmen?

324 Das CAPM verwendet einen Annahmenkatalog der sich mit der Realität in vieler Hinsicht nicht in Deckung bringen lässt. Besonders deutlich werden diese Abweichungen, wenn KMU bewertet werden sollen. Diese Unternehmen dürften den überwiegenden Teil der in Erbschaftsteuerfällen zu bewertenden Unternehmen ausmachen. Mehrfach wurde darauf hingewiesen, dass zur Ermittlung des sogenannten Gutachterwertes nach dem „normalen" Ertragswertverfahren im Sinne von § 11 Abs. 2 BewG, sinnvollerweise nur das Bewertungskonzept des objektivierten Unternehmenswertes zur Anwendung kommen kann.[1] Für die Ermittlung des objektivierten Unternehmenswertes ist die Verwendung des CAPM vorgesehen.

---

1 Entsprechende Empfehlung siehe z. B. Heilmann, A., Die Anwendbarkeit betriebswirtschaftlicher Bewertungsmethoden im Erbschaft- und Schenkungsteuerrecht, 2010, S. 170 f.

Die Kritik am CAPM stellt z. B. die Zulässigkeit der Annahme eines **voll diversifizierten** Investors in Frage. Die Kritik ist insbesondere dann berechtigt, wenn der Kreis der Gesellschafter wie bei kleinen und mittleren Unternehmen (**KMU**) überschaubar ist und deren Diversifikationsgrad im Einzelfall von den Annahmen des CAPM abweicht. Eine Lösung des Problems ist aber, soweit ersichtlich, nicht erkennbar, da „Korrekturen", etwa in Form des Total-Beta-Konzepts von Damodaran, das theoretische Fundament des CAPM auflösen.[1] Zumindest für die Ermittlung objektivierter Unternehmenswerte wird das Total-Beta-Konzept deshalb vom IDW und in der Literatur abgelehnt.[2] Eine Anpassung des CAPM an die konkreten steuerlichen Verhältnisse eines überschaubaren Gesellschafterkreises wird unter dem Begriff der anlassbezogenen Typisierung diskutiert.[3] Pauschalen Abschlägen auf den Unternehmenswert bzw. Zuschlägen zum Kalkulationszinssatz, wie etwa dem Fungibilitätszuschlag, wird für die Ermittlung objektivierter Unternehmenswerte ebenfalls eine Absage erteilt.[4] Soll „sicheres" theoretisches Terrain nicht verlassen werden, kann somit nur die Anwendung des CAPM bzw. Tax-CAPM empfohlen werden.

325

9.8 Beispiel einer Unternehmensbewertung nach dem Ertragswertverfahren

Prämissen Bilanzplanung:

326

Sachanlagen	Substanzerhalt (Investition = Abschreibung)
Vorräte	konstant
Ford. LuL	siehe Liquiditätsplanung
Liquide Mittel	Planung gemäß Ausschüttungen
Gez. Kapital	konstant
GewinnRL	konstant
Bilanzgewinn o. RL	abhängig von Ausschüttungsplanung
Sonst. RückSt	konstante Planung (Aufwand=Auszahlung)

---

1 Balz/Bordemann, Ermittlung von Eigenkapitalkosten zur Unternehmensbewertung mittelständischer Unternehmen mithilfe des CAPM, FB 2007, S. 741; Damodaran, A., Investment Valuation, 2002, S. 668; Berk/DeMarzo, Corporate Finance, 2007, S. 349 ff.
2 WP-Handbuch, Band II, 2008, Tz. 434; Jonas, M., Die Bewertung mittelständischer Unternehmen – Vereinfachungen und Abweichungen, Wpg 2011, S. 307.
3 IDW S1 i. d. F. 2008, Tz. 29.
4 Ballwieser, W., Unternehmensbewertung, 2004, S. 99; Ballwieser, W., Unternehmensbewertung, Sp. 2090, in Gerke/Steiner (Hrsg.), Handwörterbuch des Bank- und Finanzwesens, 2001; Schulz, R., Größenabhängige Risikoanpassungen in der Unternehmensbewertung, 2009, S.110, 116 und 130; Behringer, S., Unternehmensbewertung der Mittel- und Kleinbetriebe, 2009, S.199.

Verb. KI	EB-Wert 100 T€, Tilgung 20 T€ p.a.
Verbl. LuL	siehe Liquiditätsplanung
Sonstige Verbl.	konstant

327 **Prämissen GuV-Planung**

Umsatz	3,0 % p.a. Wachstum in Detailplanungsphase
Materialaufwand	1,5 % p.a. Inflationierung in Detailplanungsphase
Personalaufwand	2,0 % p.a. Inflationierung in Detailplanungsphase
Abschreibungen	Abschreibungen = Investitionen
sbA	1,5 % p.a. Inflationierung in Detailplanungsphase
Zinsaufwand	Verzinsung des Bankdarlehens mit 6 % p.a.
Untern.-Steuern	Unternehmenssteuersatz 29,83 %

328 **Prämissen Liquiditätsplanung**

Umsatz	Zahlungsziel 45 Tage
Materialaufwand	Zahlungsziel 30 Tage
Personalaufwand	ohne Zahlungsziel
sbA	Zahlungsziel 30 Tage (Material, sbA)
Zinsaufwand	ohne Zahlungsziel
Steuern	ohne Zahlungsziel
Ausschüttung	gemäß Ausschüttungsplanung
Tilgung Darlehen	siehe Bilanzplanung

329 **Prämissen Bewertung**

Allgemein
- ▶ Objektivierte Bewertung nach IDW S1
- ▶ Ausschüttung an natürliche Person, Ansatz Abgeltungsteuer zzgl. SolZ
- ▶ Ausschüttungen jeweils zum 31.12.
- ▶ Bewertungsstichtag 1.1.2011

330 **Ausschüttungsplanung**

Detailplanung
- ▶ Ausschüttung 100 % des Jahresüberschusses

9. Gesamtbewertungsverfahren

Ewige Rente
▶ Ausschüttungsquote 60 %
▶ Wertbeitrag Thesaurierung: eff. VG-Steuer
= 0,5*Abgeltungssteuer

Kalkulationszinsfuß KZF 331
▶ Basiszinssatz: kapitalwertneutraler Basiszinssatz, 3-M-Durchschnitt, auf 0,25 %-Punkte gerundet
▶ Betafaktor: 1,2 (unlevered, aus Peer Group)
▶ Marktrisikoprämie: 4,5 % nach Steuern (Stehle, FAUB)
▶ Steuern auf den KZF: Abgeltungssteuer zzgl. SolZ
▶ Wachstumsabschlag vom KZF in der eR: 1 %

B. Grundlagen der Unternehmensbewertung

332

ABB. 40: Bilanzplanung

Bilanz Muster GmbH Angaben in T€	2008	2009	2010	Plan 2011	2012	2013	2014	eR
Sachanlagevermögen	200	200	200	200	200	200	200	200
Vorräte	125	125	125	125	125	125	125	125
Forderungen aus Lieferungen	141	145	147	149	153	158	163	163
Liquide Mittel	120	98	77	57	34	31	28	71
Bilanzsumme Aktiva	**587**	**568**	**549**	**530**	**512**	**514**	**516**	**558**
Gezeichnetes Kapital	25	25	25	25	25	25	25	25
Gewinnrücklagen	225	225	225	225	225	225	225	225
Bilanzgewinn/ - ohne Rücklagen								42
Sonstige Rückstellungen	200	200	200	200	200	200	200	200
Verbindlichkeiten Kreditinstitute	80	60	40	20				
Verbindlichkeiten aus Lieferungen	50	51	52	53	55	57	58	58
Sonstige Verbindlichkeiten	7	7	7	7	7	7	8	8
Bilanzsumme Passiva	**587**	**568**	**549**	**530**	**512**	**514**	**516**	**558**

9. Gesamtbewertungsverfahren

ABB. 41: GuV-Planung

GuV Muster GmbH Angaben in T€	2008	2009	2010	Plan 2011	2012	2013	2014	eR
Umsatzerlöse	950	975	990	1.000	1.030	1.061	1.093	1.093
Materialaufwand	-333	-341	-347	-355	-366	-377	-388	-388
Personalaufwand	-285	-293	-297	-306	-315	-325	-334	-334
Abschreibungen	-20	-20	-20	-20	-20	-20	-20	-20
Sonstige betriebliche Aufwendungen	-171	-176	-178	-183	-188	-194	-200	-200
EBIT	**142**	**146**	**148**	**136**	**141**	**146**	**151**	**151**
Zinsen und ähnliche Aufwendungen	-6	-5	-4	-2	-1			
Ergebnis	**136**	**141**	**145**	**134**	**140**	**146**	**151**	**151**
Steuern Einkommen/ Ertrag	-40	-42	-43	-40	-42	-43	-45	-45
Jahresüberschuss/ -fehlbetrag	**95**	**99**	**102**	**94**	**98**	**102**	**106**	**106**

ABB. 42: Liquiditätsplanung

Liquiditätsplanung Muster GmbH				Plan				
Angaben in T€	2008	2009	2010	2011	2012	2013	2014	eR
Umsatzeinzahlungen	856	972	988	999	1.026	1.057	1.089	1.093
Materialauszahlungen	-405	-341	-346	-355	-365	-376	-387	-388
Personalauszahlungen	-285	-293	-297	-306	-315	-325	-334	-334
sonstige betriebliche Auszahlungen	-157	-175	-178	-182	-188	-193	-199	-200
Zinsen und ähnliche Auszahlungen	-6	-5	-4	-2	-1			
Ertragsteuerauszahlungen	-40	-42	-43	-40	-42	-43	-45	-45
Ergebnis	-37	117	120	114	116	120	123	126
Anlagekäufe	-20	-20	-20	-20	-20	-20	-20	-20
Veränderung des Kapitals	-95	-99	-102	-94	-98	-102	-106	-63
Aufnahme und Tilgung Darlehen	-20	-20	-20	-20	-20			
Umsatzsteuer, Finanzamt	-74	-83	-84	-84	-86	-89	-92	-92
Umsatzsteuer, Vorsteuer	66	83	84	84	86	89	92	92
laufende Liquidität	-180	-22	-21	-20	-23	-3	-3	42
Liquidität mit Vortrag	120	98	77	57	34	31	28	71

ABB. 43: Kalkulationszinssatz

Ermittlung des Kalkulationszinssatzes Muster GmbH

Tax-CAPM-Ansatz	Plan				
Währungsangaben in T€	2011	2012	2013	2014	eR
Basiszinssatz vor Steuern	3,25%	3,25%	3,25%	3,25%	3,25%
Abgeltungsteuer zzgl. SoliZ	-0,9%	-0,9%	-0,9%	-0,9%	-0,9%
Basiszinssatz nach Steuern	**2,39%**	**2,39%**	**2,39%**	**2,39%**	**2,39%**
MP nach ESt ab 1.1.2009 (lt. FAUB)	4,5%	4,5%	4,5%	4,5%	4,5%
Beta unlevered Peer Group	1,200	1,200	1,200	1,200	1,200
Verschuldungsgrad zu Marktwerten	0,035	0,017			
Unternehmenssteuern	29,8%	29,8%	29,8%	29,8%	29,8%
Beta relevered	1,229	1,214	1,200	1,200	1,200
Marktrisikoprämie vor/ nach Steuern adj.	**5,53%**	**5,46%**	**5,40%**	**5,40%**	**5,40%**
Kalkulationszinssatz Tax-CAPM vor Wachstumsabschlag	7,92%	7,86%	7,79%	7,79%	7,79%
Inflations-/ Wachstumsabschlag für Ewige Rente					1,00%
Kalkulationszinssatz Tax-CAPM	**7,92%**	**7,86%**	**7,79%**	**7,79%**	**6,79%**

335

ABB. 44: Bewertung

Unternehmensbewertung Muster GmbH

Tax-CAPM-Ansatz	Plan				
Währungsangaben in T€	2011	2012	2013	2014	eR
Ausschüttungen vor persönlichen Steuern	94	98	102	106	63
nachrichtlich: Ausschüttungsquote	*100%*	*100%*	*100%*	*100%*	*60%*
Fiktive Zurechnung Wertbeitrag aus Thesaurierung					42
zu versteuernder Zufluss	**94**	**98**	**102**	**106**	**106**
persönliche Steuern auf Ausschüttungen	-25	-26	-27	-28	-17
persönliche Steuern auf Wertbeitrag aus Thesaurierung					-6
Diskontierbare Beträge	**69**	**72**	**75**	**78**	**83**
davon Wertbeitrag aus Thesaurierung					37
Ermittlung Wertbeitrag aus Thesaurierung					
Jahresüberschuss					*106*
Thesaurierungsquote					*40%*
Fiktive Zurechnung Wertbeitrag aus Thesaurierung					*42*
persönliche Steuern (Abgeltungsteuer)					*26%*
Anteil eff. Veräußerungsgewinnsteuersatz an St.-Satz					*50%*
Eff. Veräußerungsgewinnsteuer					*13%*
Steuern					*-6*
Wertbeitrag aus Thesaurierung					*37*
Diskontierungsfaktor	0,927	0,860	0,798	0,741	10,904
Diskontierte Beträge auf den Bewertungsstichtag	64	62	60	58	909
Periodenspezifische Unternehmenswerte	1.152	1.175	1.194	1.210	1.227
Unternehmenswert Tax-CAPM-Ansatz	**1.152**				

10. Einzelbewertungsverfahren

10.1 Begriffsabgrenzung Liquidationswert und Substanzwert

Die Diskussion, ob und wie Substanzwertverfahren sinnvoll oder nicht sinnvoll zur Bewertung von Unternehmen eingesetzt werden können, wird unter anderem durch eine nicht immer trennscharfe **Begriffswahl** erschwert.

337

Deshalb empfiehlt sich:

„Zunächst bedarf es einer Abgrenzung des Substanzwerts vom Liquidationswert."[1]

Das Ziel des **Substanzwertverfahrens** besteht in der Ermittlung der Kosten die notwendig wären, um das zu bewertende Unternehmen im vorliegenden Zustand „auf der grünen Wiese" nachzubauen bzw. zu **rekonstruieren**.[2]

338

„Der Substanzwert ergibt sich als Rekonstruktions- oder Wiederbeschaffungswert aller im Unternehmen vorhandenen immateriellen und materiellen Werte (und Schulden). Er ist insoweit Ausdruck vorgeleisteter Ausgaben, die durch den Verzicht auf den Aufbau eines identischen Unternehmens erspart bleiben."[3]

Damit ist das zu bewertende Unternehmensvermögen mit den **Wiederbeschaffungszeitwerten** zu bewerten. Bei der Ermittlung des Substanzwertes geht man von der **Fortführung** des Unternehmens aus.

339

„Im Gegensatz zum Liquidationswert als Verkaufs- oder Zerschlagungswert handelt es sich bei dem Substanzwert um den Gebrauchswert der betrieblichen Substanz."[4]

Die typischen Fragen eines Liquidationsszenarios, nach den Kosten für den Abbau der Belegschaft (Sozialplan), den Verwertungskosten oder den Steuern auf aufgelöste stille Reserven, stellen sich damit im Substanzwertverfahren nicht. Steuerbelastungen sind nur bei der Bewertung des nicht betriebsnotwendigen Vermögens zu berücksichtigen, da dieses auch im Substanzwertverfahren zu Liquidationswerten zu bewerten ist, wenn dessen Liquidationswert (Veräußerungserlös) den Ertragswert übersteigt.[5]

340

---

1 WP-Handbuch, Band II, 2008, S. 156 Tz. 437.
2 Siehe Kuhner/Maltry, Unternehmensbewertung, 2006, S. 43.
3 IDW S1 i. d. F. 2008, Tz. 170.
4 IDW S1 i. d. F. 2008, Tz. 170.
5 Latente Steuern sind für das zu Liquidationswerten anzusetzende nicht betriebsnotwendige Vermögen zu berücksichtigen; OLG Düsseldorf v. 20.11.2001 – 19 W 2/00 AktE, AG, 2002, S. 401; IDW S1 i. d. F. 2008, Tz. 21 u. Tz. 60.

*"Für die Ermittlung von Substanzwerten gelten sinngemäß die **allgemeinen Grundsätze** ... der gesonderten Bewertung des **nicht betriebsnotwendigen** Vermögens ..."*[1]

341 Das **Liquidationswertverfahren** zielt im Gegensatz zum Substanzwertverfahren auf die Wertermittlung für ein **fiktiv aufgelöstes Unternehmen**.

*"Der Liquidationswert wird ermittelt als Barwert der Nettoerlöse, die sich aus der **Veräußerung** der Vermögensgegenstände abzüglich Schulden und Liquidationskosten ergeben."*[2]

"Bei der Ermittlung des Liquidationswerts sind zu Recht Liquidationskosten abgezogen worden. Da auch der Liquidationswert ein fiktiver Wert ist, sind neben den Verbindlichkeiten die Liquidationskosten einschließlich etwaiger Ertragsteuern oder auch bei Liquidation noch fortbestehender Verpflichtungen (z. B. Pensionsverpflichtungen) unabhängig davon abzuziehen, ob liquidiert wird oder eine Liquidationsabsicht besteht ..."[3]

342 Bei der Bewertung des Unternehmensvermögens kommen damit **Veräußerungspreise** zur Anwendung. Da Liquidationswertverfahren wie die Gesamtbewertungsverfahren auf die Zuflüsse beim Gesellschafter abstellen – allerdings bei Unternehmensbeendigung und nicht bei Fortführung –, sind die **Nettozuflüsse** beim Gesellschafter bewertungsrelevant. Deshalb sind die Ertragsteuerbelastungen auf den Liquidationsüberschuss zu berücksichtigen.

*"Dabei ist ggf. zu berücksichtigen, dass zukünftig entstehende **Ertragsteuern** diesen Barwert mindern."*[4]

"Zu den Liquidationskosten gehören auch die vom Unternehmen infolge der für die fiktive Liquidation unterstellten Veräußerung von Betriebsvermögen auf Veräußerungsgewinne nach § 11 KStG, § 7 Abs. 1 Satz 2 GewStG zu entrichtenden Steuern ..."[5]

343 Zusätzlich sind die weiteren Konsequenzen eines – wenn auch nur **fiktiven** – Liquidationsbeschlusses zum Bewertungsstichtag zu antizipieren. Damit einhergehend ist ein verändertes Finanzierungsverhalten der Banken zu berücksichtigen. Bei der Abwicklung des Auftragsbestandes ist von einem Nachlassen der Effizienz in den Produktionsabläufen auszugehen, da die Belegschaft mit

---

[1] IDW S1 i. d. F. 2008, Tz. 172.
[2] IDW S1 i. d. F. 2008, Tz. 141.
[3] OLG Stuttgart v. 14. 2. 2008 – 20 W 9/0, AG, 2008, S. 789.
[4] IDW S1 i. d. F. 2008, Tz. 141.
[5] OLG Stuttgart v. 14. 2. 2008 – 20 W 9/0, AG, 2008, S. 789; siehe auch BGH 7. 5. 1986, NJW RR 1986, Heft 18, S. 1086.

Bekanntgabe der Liquidation „mental kündigt". Als gewichtiger Aspekt sind Sozialplanaufwendungen nach dem jeweiligen Tarifvertrag als Minusposten in der Liquidationswertermittlung aufzunehmen.

Im Ergebnis trennen den Substanzwert eines Unternehmens und den Liquidationswert eines Unternehmens somit Welten. Es ist damit wenig hilfreich und führt letztlich immer zu Missverständnissen, wenn von Liquidationswerten als besonderer Form des Substanzwertes gesprochen wird. 344

„Steht fest, dass die Gesellschaft nicht weiter betrieben werden soll, ist der Liquidationswert als besondere Ausprägung des Substanzwerts die Untergrenze."[1]

Auch die zivilrechtliche Rechtsprechung trennt diese Begriffe regelmäßig nicht eindeutig. Dies zeigt sich an der begrifflichen Behandlung nicht betriebsnotwendigen Vermögens im Rahmen von Abfindungsfällen. Gemäß IDW S1 ist nicht betriebsnotwendiges Vermögen unter den genannten Voraussetzungen mit dem Liquidationswert anzusetzen, unabhängig davon ob ein Gesamtbewertungsverfahren (Ertragswert, DCF-Wert) oder ein Einzelbewertungsverfahren (Liquidationswert, Substanzwert) verwendet wird. 345

„Sofern der Liquidationswert dieser Vermögensgegenstände unter Berücksichtigung der steuerlichen Auswirkungen einer Veräußerung den Barwert ihrer finanziellen Überschüsse bei Verbleib im Unternehmen übersteigt, stellt nicht die anderenfalls zu unterstellende Fortführung der bisherigen Nutzung, sondern die Liquidation die vorteilhaftere Verwertung dar."[2]

„Bei der Bewertung des nicht betriebsnotwendigen Vermögens mit dem Liquidationswert sind die Kosten der Liquidation von den Liquidationserlösen abzusetzen sowie die steuerlichen Folgen auf Unternehmensebene zu berücksichtigen."[3]

Die **Rechtsprechung** zielt im Zusammenhang mit der Behandlung nicht betriebsnotwendigen Vermögens zwar auf den Liquidationswert ab, verwendet die Begriffe Substanzwert und Liquidationswert aber mit einer gewissen Übung synonym, wie die nachfolgende Auswahl zeigt. 346

„Dem Ertragswert ist außerdem der Substanzwert des nicht betriebsnotwendigen Vermögens hinzuzurechnen."[4]

---

1 Begründung zum Gesetzentwurf der Bundesregierung, Teil 2. Materialien II Artikel 2, Änderung des BewG, Nr. 2, § 11 BewG, abgedruckt in Hübner, H., Erbschaftsteuerreform 2009 Gesetze Materialien Erläuterungen, 2009, S. 245.
2 IDW S1 i. d. F. 2008, S. 2 Tz. 60.
3 IDW S1 i. d. F. 2008, S. 1 Tz. 61.
4 OLG Stuttgart v. 19. 3. 2008 - 20 W 3/06, AG 2008, S. 515.

*„Zusätzlich zum Ertragswert ist das nicht betriebsnotwendige Vermögen mit dem **Substanzwert (Liquidationswert)** anzusetzen."*[1]

*„Schließlich ist gesondert der **Substanzwert (Liquidationswert)** des nicht betriebsnotwendigen Vermögens zu berücksichtigen, das in den Ertragswert nicht eingegangen ist, weil ihm ein ggü. dem Ertragswert höherer Veräußerungswert zukommt..."*[2]

*„Nur das betriebsneutrale Vermögen, d. h. solches Vermögen, das für die werbende Tätigkeit des Unternehmens nicht benötigt wird, ist nach dem **Substanzwert** zu bewerten."*[3]

*„Bei der Ermittlung des Wertes eines Unternehmens ist regelmäßig von dem Wert auszugehen, der lediglich um den **Liquidationswert** des betriebsneutralen Vermögens zu erhöhen ist."*[4]

*„... und schließlich gesondert den **Substanzwert (Liquidationswert)** des nicht-betriebsnotwendigen Vermögens berücksichtigt hat, das in den Ertragswert nicht eingegangen ist, weil ihm ein gegenüber dem Ertragswert höherer Veräußerungswert zukommt."*[5]

*„Zur Feststellung des Wertes der W am Stichtag haben Sachverständiger und LG in Übereinstimmung mit Betriebswirtschaftslehre und Rechtsprechung (Senat, AG 1988 S. 275; DB 1990 S. 1395 f.) den Ertragswert des betriebsnotwendigen und den **Substanzwert** des nicht betriebsnotwendigen Vermögens ermittelt und addiert."*[6]

347 In den nachfolgenden Ausführungen wird dagegen zwischen den Begriffen Substanzwert und Liquidationswert sowie ihren Inhalten streng unterschieden.[7]

10.2 Wertansätze für Liquidationswert- und Substanzwertverfahren

348 Für die Substanzwertermittlung sind **Wiederbeschaffungskosten** zu ermitteln, für Liquidationswerte die realisierbaren **Veräußerungspreise**. Es geht also ein-

---

1 LG Dortmund v. 19. 3. 2007 - 18 AktE 5/03, AG 2007, S. 793.
2 OLG Celle v. 19. 4. 2007 - 9 W 53/06, AG 2007, S. 865.
3 OLG Karlsruhe v. 5. 5. 2004 - 12 W 12/01, AG 2005, S. 47.
4 OLG Düsseldorf v. 27. 2. 2004 - 19 W 3/00 AktE, AG 2004, S. 327.
5 OLG Düsseldorf v. 12. 2. 1992 - 19 W 3/91, AG 1992, S. 203.
6 OLG Düsseldorf v. 16. 10. 1990 - 19 W 9/88, AG 1991, S. 106.
7 Entsprechend WP-Handbuch, Band II, 2008, S. 156 Tz. 437.

mal um die **fiktive Beschaffung** und einmal um den **fiktiven Absatz** der Vermögensgegenstände des zu bewertenden Unternehmens. Reden wir hier bei den Werten, die den Vermögensgegenständen beizulegen sind, grundsätzlich über eine identische Wertkategorie? Man kann als Argument für eine Differenzierung anführen, dass Wiederbeschaffungskosten ohne jeglichen Veräußerungsdruck zu bilden sind, wogegen die für eine Liquidationssituation zu antizipierenden Veräußerungserlöse entscheidend von der Liquidationsgeschwindigkeit und der Liquidationsintensität abhängen.[1] In beiden Fällen, also zur Ermittlung des Substanzwertes wie zur Ermittlung des Liquidationswertes, würde der Gutachter aber versuchen auf dem Markt verfügbare Preise zu ermitteln.

Am Beispiel der Bewertung von im Unternehmen bilanzierten Aktien börsennotierter Gesellschaften zeigt sich, dass der für den Bewertungsstichtag relevante **Kurswert** im Falle der Substanzwert- wie auch der Liquidationsbewertung unmittelbar zur Anwendung käme. Dass im Beschaffungsfall Anschaffungsnebenkosten, wie etwa eine Courtage bzw. Maklergebühr, anfallen, ist Teil des Preisbildungsprozesses und somit kein grundsätzliches Differenzierungsmerkmal. Gesucht ist also immer der **Marktpreis** (als Ausgleich aus dem Geldkurs für die Nachfrage und dem Briefkurs für das Angebot). Dieser ist dann verfügbar, wenn für den zu bewertenden Vermögensgegenstand ein **aktiver Markt** vorhanden ist.

Marktpreise sind natürlich für die genannten Wertpapiere verfügbar. Aber auch für Gebrauchtfahrzeuge oder Gebrauchtmaschinen haben sich Online-Börsen entwickelt, aus denen Marktpreise mehr oder weniger gut abgeleitet werden können.[2] Für Immobilien können Marktpreise umso leichter bezogen werden, je homogener die zu bewertende Immobilie ist. Bei auf die Belange eines Unternehmens zugeschnittenen Produktions- und Lagerhallen, wird die unmittelbare Verwendung von Marktpreisen ihre Grenzen finden.

Daraus kann der allgemeine und schließlich simple Schluss gezogen werden, dass Marktpreise für die Vermögensgegenstände Verwendung finden, die **homogen** sind und für die deshalb ein aktiver Markt vorhanden ist. Die Wertansätze für die Ermittlung von Substanzwerten oder Liquidationswerten sind

---

1 Mandl/Rabel, Methoden der Unternehmensbewertung, in Peemöller (Hrsg.) Praxishandbuch der Unternehmensbewertung, 2009, S. 85.
2 Z. B. www.Gebrauchtwagen.de; www.mobile.de; www.Gebrauchtmaschinen.de; www.maschinensucher.de.

hier grundsätzlich identisch.¹ Bei der Bewertung **inhomogener** Vermögensgegenstände, wie etwa speziell auf die Belange eines Unternehmens zugeschnittener Produktionsgebäude bzw. Produktionsanlagen oder Spezialmaschinen, werden keine Marktpreise verfügbar sein. Hier muss auf Bewertungsverfahren zurückgegriffen werden, um Zeitwerte zu ermitteln. Dieser Gedankengang findet sich auch in § 255 HGB.

*„Der beizulegende Zeitwert entspricht dem **Marktpreis**. Soweit kein aktiver Markt besteht, anhand dessen sich der Marktpreis ermitteln lässt, ist der beizulegende Zeitwert mit Hilfe allgemein anerkannter **Bewertungsmethoden** zu bestimmen."*²

352 Die sich dabei ergebende Problematik kann anhand einer speziell auf die Produktionsabläufe eines Unternehmens errichteten **Immobilie** beleuchtet werden. Die Wertermittlung von Immobilien wird durch die Immobilienwertermittlungsverordnung (ImmoWertV) geregelt.³ Ziel der Wertermittlung ist dabei die Bestimmung des Verkehrswerts der Immobilie.

*„Bei der Ermittlung der **Verkehrswerte (Marktwerte)** von Grundstücken, ihrer Bestandteile sowie ihres Zubehörs und bei der Ableitung der für die Wertermittlung erforderlichen Daten einschließlich der Bodenrichtwerte ist diese Verordnung anzuwenden."*⁴

353 Was unter dem **Verkehrswert** zu verstehen ist, definiert das Baugesetzbuch in § 194.

*„Der Verkehrswert (Marktwert) wird **durch den Preis bestimmt**, der in dem Zeitpunkt, auf den sich die Ermittlung bezieht, im gewöhnlichen Geschäftsverkehr nach den rechtlichen Gegebenheiten und tatsächlichen Eigenschaften, der sonstigen Beschaffenheit und der Lage des Grundstücks oder des sonstigen Gegenstands der Wertermittlung ohne Rücksicht auf ungewöhnliche oder persönliche Verhältnisse **zu erzielen wäre**."*

354 Die Bewertung von Immobilien nach der ImmoWertV soll somit zur Ermittlung eines **typisierten Marktpreises** führen. Für die eingangs als Beispiel angeführte Spezialimmobilie lassen sich aber regelmäßig keine Mieten bestimmen, da

---

1 Bei Liquidationswerten geht mit dem Ansatz von Verkaufspreisen allerdings immer die Frage nach der Erfassung der Steuerbelastung einher, Rdn. 468.
2 § 255 Abs. 4 Satz 1 u. Satz 2 HGB.
3 Verordnung über die Grundsätze für die Ermittlung der Verkehrswerte von Grundstücken (Immobilienwertermittlungsverordnung - ImmoWertV) vom 19. 5. 2010, BGBl 2010 I S. 639.
4 § 1 Abs. 1 Verordnung über die Grundsätze für die Ermittlung der Verkehrswerte von Grundstücken (Immobilienwertermittlungsverordnung - ImmoWertV) vom 19. 5. 2010, BGBl 2010 I S. 639.

derartige Immobilien so speziell auf die Belange des ursprünglichen Nutzers angepasst sind, dass sie für Dritte nicht sinnvoll nutzbar sind.

Sofern für eine Immobilie keine Mieten ermittelt werden können, ist nach der ImmoWertV nicht das **Ertragswertverfahren**, sondern das **Sachwertverfahren** anzuwenden. Mittels des Sachwertverfahrens werden die Normalherstellungskosten der Immobilie ermittelt.[1] Dabei ist die Alterswertminderung zu beachten.

355

*„Der **Sachwert** der baulichen Anlagen (ohne Außenanlagen) ist ausgehend von den **Herstellungskosten** (§ 22) unter Berücksichtigung der Alterswertminderung (§ 23) zu ermitteln."*[2]

Das Sachwertverfahren der Immobilienbewertung muss sich die gleiche Kritik wie das Substanzwertverfahren der Unternehmensbewertung gefallen lassen – es orientiert sich nicht am **Nutzen** für einen objektiven Dritten, sondern nur am Nutzen für den bisherigen Eigentümer. Es überrascht somit nicht, dass zu einem nach dem Sachwertverfahren ermittelten Verkehrswert bzw. „Preis", auch unter Berücksichtigung des Typisierungsgedankens, der dem Verkehrswert und seiner Konzeption innewohnt, für eine Spezialimmobilie unter dieser Bewertung kein Käufer zu finden sein wird.[3] Das Problem wird auf alle Fälle übertragbar sein, in denen Vermögensgegenstände (Maschinen, Betriebsvorrichtungen, Immobilien etc.) derart auf die Anforderungen des bisherigen Nutzers zugeschnitten sind, dass sich für diese Vermögensgegenstände keine sinnvolle Drittnutzung und damit kein Markt eröffnen. Die im Fall der Spezialimmobilie nach dem Sachwertverfahren zweifellos korrekt ermittelten **Rekonstruktionskosten** für den Substanzwert, werden signifikant von einem zu erwartenden **Veräußerungserlös** für den Liquidationswert abweichen.[4] Bei der genannten Spezialimmobilie müsste eine Bewertung zur Ermittlung des Liquidationswertes im Extremfall vom Abriss der baulichen Anlagen ausgehen. Ein positiver Veräußerungserlös der Immobilie wäre damit nur zu realisieren,

356

---

1 Als Herstellungskosten des Gebäudes gelten nicht die Herstellungskosten im bilanzrechtlichen Sinne gemäß § 255 Abs. 2 HGB, sondern die sogenannten Normalherstellungskosten, die auf Erfahrungswerten beruhen und in der Fachliteratur für die jeweiligen Herstellungsjahre veröffentlicht werden.
2 § 21 Abs. 1 Verordnung über die Grundsätze für die Ermittlung der Verkehrswerte von Grundstücken (Immobilienwertermittlungsverordnung - ImmoWertV) vom 19.5.2010, BGBl 2010 I S. 639; zur Anwendung des Sachwertverfahrens siehe Rdn. 441.
3 Siehe zum Verkehrswertbegriff Wollny, C., „Führt der objektivierte Unternehmenswert zum Verkehrswert?" – eine Begriffsbestimmung, Bewertungspraktiker, 2010, Nr. 3, S. 12 ff.
4 Zur Typisierung der Immobilienbewertung nach BewG siehe auch Böge, C., in Tiedtke (Hrsg.), ErbStG Kommentar, 2009, § 12, S. 362 Tz. 232.

wenn der Wert des geräumten Grund und Bodens die Abrisskosten überkompensiert.

357 Als Ergebnis ist festzuhalten, dass die für die Ermittlung des Substanzwertes oder des Liquidationswertes eines Unternehmens zu ermittelnde Wertgröße jeweils der Marktpreis des jeweiligen Vermögensgegenstandes ist. Diese werden für homogene Güter mit aktiven Märkten vorhanden sein. Von einem Abweichen der Wertgrößen für Zwecke der Substanzwert- oder der Liquidationswertermittlung ist aber dann auszugehen, wenn mangels verfügbarer Marktpreise Bewertungsverfahren zur Wertermittlung verwendet werden müssen und hierfür auf Rekonstruktionswerte abgestellt wird. Insbesondere für Spezialmaschinen oder speziell auf die Belange von Unternehmen errichtete Produktionshallen lassen sich dann zwar Wiederbeschaffungszeitwerte im Sinne von Herstellungskosten für Zwecke des Substanzwertes ermitteln. Diese Werte werden aber unter Umständen signifikant von zu erwartenden Veräußerungserlösen abweichen, wie sie durchgängig für die Ermittlung des Liquidationswertes zu verwenden wären.

358 Damit weichen die Substanzwerte und Liquidationswerte eines Unternehmens nicht nur wegen der viel zitierten Gründe Liquidationskosten oder Liquidationsbesteuerung voneinander ab, sondern auch da bei der Ermittlung von Substanzwerten Wiederbeschaffungskosten zum Ansatz kommen, in deren Höhe im Liquidationswert im Zweifel kein Veräußerungserlös zu erwarten wäre. Die Wertkonzepte **Substanzwert** und **Liquidationswert** weichen damit aufgrund der **unterschiedlichen Bewertungsziele** – Fortführung vs. Beendigung – bereits bei den für die Bewertung der Vermögensgegenstände zugrunde zu legenden **Wertansätzen** voneinander ab.[1]

359 Bei der Ermittlung der Wertansätze ist beim Substanzwertverfahren wie beim Liquidationswertverfahren grundsätzlich wie folgt vorzugehen:

a) Ermittlung aktuell verfügbarer Marktpreise für neue und in der Regel technisch fortschrittlichere Vermögensgegenstände. Durch pauschale Abschläge können diese Neupreise zu Wiederbeschaffungszeitwerten der im Unternehmen vorhandenen, gebrauchten und technisch veralteten Vermögensgegenstände modifiziert werden.

---

[1] Zur Differenz zwischen Herstellungskosten und Veräußerungspreisen bzw. Verkehrswerten im Fall der Immobilienbewertung siehe Kleiber, W., Verkehrswertermittlung von Grundstücken, 2010, S. 989 Tz. 175 ff.

b) Verwendung von Marktpreisen für gebrauchte Vermögensgegenstände. Entsprechende Börsen existieren z. B. für Gebrauchtmaschinen.[1]

c) Ermittlung von Herstellungskosten (Spezialimmobilien) oder fiktiven Marktpreisen (Unternehmen bzw. Beteiligungen), falls keine Marktpreise verfügbar sind. Diese Werte sind für Substanzwerte uneingeschränkt verwendbar. Für die Ermittlung von Liquidationswerten ist zu hinterfragen, ob zu dem so ermittelten synthetischen Wert eine Veräußerung denkbar ist.

10.3 Liquidationswertverfahren

10.3.1 Der Liquidationswert als Mindestunternehmenswert

10.3.1.1 Liquidation als Fiktion – Konflikt mit der Wurzeltheorie

Der Wert eines Unternehmens bestimmt sich nach den Ausschüttungen bzw. Entnahmen, die der Gesellschafter aus dem Unternehmen beziehen kann. Dieses „Grundgesetz" der Unternehmensbewertung führt zur Anwendung von Gesamtbewertungsverfahren, also Ertragswert- bzw. DCF-Verfahren, um die erwarteten Ausschüttungspotenziale der Zukunft zu kapitalisieren. Dieses „Grundgesetz" erfährt eine Einschränkung bei **unrentablen** Unternehmen. Hier wird, wenn rationales Verhalten unterstellt wird, der Kaufmann abwägen, ob er das Unternehmen fortführt, oder ob gegebenenfalls eine Liquidation die vorteilhaftere Nutzung des Unternehmens darstellt. Auf dieser Grundlage gilt folgender Hinweis: 360

*„Insbesondere bei schlechter Ergebnislage kann der **Barwert** der finanziellen Überschüsse, die sich bei **Liquidation** des gesamten Unternehmens ergeben, den **Fortführungswert übersteigen**. In diesem Falle bildet grundsätzlich der Liquidationswert des Unternehmens die Wertuntergrenze für den Unternehmenswert;..."*[2]

Der **Liquidationswert** wird unter der **Fiktion der Liquidation** ermittelt. D.h. eine tatsächliche Liquidation ist nicht erforderlich, um den Liquidationswert für Zwecke der Unternehmensbewertung zu ermitteln. 361

*„Es bleibt festzuhalten, dass der **Liquidationswert ein fiktiver Wert** ist, weil das Unternehmen **tatsächlich nicht liquidiert** worden ist und weiterläuft."*[3]

---

1 Siehe z. B. www.gebrauchtmaschinen.de.
2 IDW S1 i. d. F. 2008, Tz. 140; siehe auch im Zusammenhang mit der Ermittlung von Abfindungen im Zugewinnausgleich und bei Pflichtteilsansprüchen HFA 2/1995, zur Unternehmensbewertung im Familien- und Erbrecht, 5. Bedeutung des Liquidationswertes, S. 293.
3 BayObLG v. 31. 5. 1995 - 3Z-BR-67/89, AG 1995, S. 509.

B. Grundlagen der Unternehmensbewertung

362 Im Zusammenhang mit dieser fiktiven Mindestwertermittlung ist auf die **Wurzeltheorie** hinzuweisen. Obwohl zum Bewertungsstichtag kein Liquidationsbeschluss vorliegt, wird der Liquidationswert bei zivilrechtlichen Abfindungsentscheidungen als Kontrollwert ermittelt und u. U. der Abfindungsbemessung zugrunde gelegt, wenn der Ertragswert durch den Liquidationswert übertroffen wird. Ein aus dem Blickwinkel des Stichtagsgedankens erstaunliches Ergebnis, das die Wurzeltheorie klar verletzt.

363 Bei der Ermittlung des Liquidationswertes kommen auch die **Steuern** zum Abzug, die sich aus der Auflösung der stillen Reserven ergeben würden.

„Zu den **Liquidationskosten** gehören auch die vom Unternehmen infolge der für die **fiktive Liquidation** unterstellten Veräußerung von Betriebsvermögen auf **Veräußerungsgewinne** nach § 11 KStG, § 7 Abs. 1 Satz 2 GewStG zu entrichtenden **Steuern**, ... da nur das danach verbleibende Vermögen zur Verteilung ... zur Verfügung steht. ..."[1]

„Die **Kosten der Liquidation** sind abzusetzen und die steuerlichen Folgen für das Unternehmen zu beachten (z. B. **Ertragsteuern auf den Erlös**) – unabhängig davon, ob liquidiert wird oder liquidiert werden soll."[2]

364 Ebenso zum Abzug kommen die Abfindungszahlungen an die Belegschaft, die sich in Folge der Auflösung des Unternehmens im Rahmen eines **Sozialplans** ergeben würden.

„Zutreffend haben die Sachverständigen dem Grunde nach **Kosten des Sozialplans**, Abwicklungskosten und Pensionsrückstellungen ... abgezogen."[3]

365 Bei der Anwendung der Regel, nach der ein den Ertragswert übersteigender Liquidationswert der relevante Unternehmenswert ist, muss nach dem Bewertungsanlass differenziert werden. Hierbei sind folgende **Bewertungsanlässe** zu unterscheiden:

▶ Unternehmensverkauf,

▶ Abfindung im Rahmen einer aktienrechtlichen bzw. umwandlungsrechtlichen Strukturmaßnahme,

▶ Abfindung eines Gesellschafters einer Personengesellschaft.

---

[1] OLG Stuttgart v. 14. 2. 2008 - 20 W 9/06, AG 2008, S. 789.
[2] Großfeld, B., Recht der Unternehmensbewertung, 2011, S. 330.
[3] BayObLG v. 31. 5. 1995 - 3Z-BR-67/89, AG 1995, S. 509.

10.3.1.2 Liquidationswert als Entscheidungswert

Beim Unternehmensverkauf ist der Liquidationswert für den Kaufmann, der sich mit Verkaufsabsichten trägt und insofern einen **subjektiven** Ertragswert ermittelt, der Mindestwert bei der Analyse seiner Handlungsalternativen. Der Verkauf zum Ertragswert, bei höherem Liquidationswert, ist nur bei altruistischen Motiven oder gesellschaftlichem Zwang denkbar. Damit kann als Zwischenergebnis festgehalten werden, dass der Liquidationswert das **Minimum** des Entscheidungswertes beim Verkauf darstellt.[1] Der Verkäufer hat das Unternehmen für diesen Fall aber auch tatsächlich zu zerschlagen, um den Liquidationserlös zu vereinnahmen. Ein Unternehmenskäufer wird regelmäßig an der Fortführung des Unternehmens interessiert sein und deshalb das Unternehmen nur zum Fortführungswert erwerben. Ein Erwerb zum Liquidationswert, bei der Annahme gleicher Verwertungsmöglichkeiten wie sie dem Verkäufer offenstehen, ist ökonomisch unsinnig, da dann der Käufer das Unternehmen zu liquidieren hat und nur das erlösen kann, was er zunächst an den Verkäufer bezahlt hat.

366

10.3.1.3 Liquidationswert im aktienrechtlichen bzw. umwandlungsrechtlichen Abfindungfall

Für den Abfindungsfall bei aktienrechtlichen und umwandlungsrechtlichen Strukturmaßnahmen gilt diese Mechanik – höherer Liquidationswert als relevanter Unternehmenswert – seit der Entscheidung des **BGH vom 17.1.1973** nicht mehr uneingeschränkt.

367

Der BGH hatte am 17.1.1973 im Zusammenhang mit der Bewertung eines Handelsunternehmens zum Zwecke der Pflichtteilsberechnung entschieden. Dabei wurden folgende Grundsätze formuliert:

368

„Ob der Unternehmer den **Liquidationswert** realisieren will, obliegt seiner **unternehmerischen Entscheidung**. Führt er den Betrieb fort, obwohl der Gesamtwert unter den Liquidationswert abgesunken ist, dann wird die Liquidationsbewertung, da sie nur zur Bestimmung der Wertuntergrenze des Unternehmens herangezogen worden ist, nicht wirksam. Dann ist aber auch im Rahmen von Rechtsbeziehungen des Unternehmers zu Dritten grundsätzlich nicht gerechtfertigt, den Liquidationswert der Unternehmensbewertung zugrunde zu legen. Das muss jedenfalls gelten... wenn der Unternehmer dem Pflichtteilsberechtigten

---

1 Schmalenbach, E., Die Werte von Anlagen und Unternehmungen in der Schätzungstechnik, zfhf, 1917, S. 10; Sieben/Maltry, Der Substanzwert der Unternehmung, in Peemöller (Hrsg.), Praxishandbuch der Unternehmensbewertung, 2009, S. 563.

*gegenüber nicht zur Liquidation verpflichtet ist. Etwas **anderes** könnte allenfalls in Betracht kommen, wenn ein **unrentables, liquidationsreifes Unternehmen aus wirtschaftlich nicht vertretbaren Gründen weitergeführt** wird..."*[1]

369 Diese Entscheidung war auch ein **Paradigmenwechsel** in der Rechtsprechung zur Behandlung des Liquidationswertes als Mindestwert bei aktienrechtlichen und umwandlungsrechtlichen Strukturmaßnahmen. Damit kommt es auf folgende Aspekte an, um den Liquidationswert als Mindestwert der Unternehmensbewertung in Betracht zu ziehen:

- ▶ Hat der Unternehmer die Absicht zu liquidieren?
- ▶ Ist die Weiterführung des unrentablen Unternehmens wirtschaftlich nicht vertretbar?
- ▶ Ist der Unternehmer dem Abfindungsberechtigten gegenüber zur Liquidation verpflichtet?

370 Nach der Rechtsprechung des BGH kommt es nunmehr auf die unternehmerische **Entscheidung** zur Fortführung an. Dies gilt allerdings nicht, wenn das unrentable Unternehmen aus wirtschaftlich nicht vertretbaren Gründen fortgeführt wird. Die Rechtsprechung der folgenden Jahre hat die neue Position des BGH manifestiert. Dazu die nachfolgenden Zitate aus der Rechtsprechung:

*„So hat der BGH bereits in der Entscheidung vom 17.1.1973 ... deutlich gemacht, dass es **keinen Automatismus** gebe, wonach stets der **Liquidationswert** anzusetzen sei, **wenn dieser über dem Ertragswert** liegt. So bildet der Liquidationswert eines **unrentablen Unternehmens** nicht die untere Grenze, wenn das Unternehmen nicht liquidiert, sondern fortgeführt werden soll. Im vorliegenden Fall war der Liquidationswert schon deshalb nicht zur Ermittlung des Unternehmenswertes heranzuziehen, weil **nicht die Absicht** bestand und besteht, ...zu liquidieren."*[2]

*„Als **Mindestwert** kommt er in Frage bei einer Pflicht zur Liquidation oder bei einer **dauerhaft schlechten Ertragslage** im Sinne einer Liquidationsreife. Damit **scheidet er aber bereits dann aus**, wenn das Unternehmen **fortgeführt werden soll** und dies **wirtschaftlich vertretbar ist**..."*[3]

„Hierbei ist maßgeblich der volle wirtschaftliche Wert des fortzuführenden Unternehmens, da das Unternehmen auch nach dem Ausscheiden des Gesellschaf-

---

1 BGH v. 17.1.1973 – IV ZR 142/70, NJW 1973, S. 510.
2 OLG Düsseldorf v. 27.5.2009 – I-26 W 1/07 AktE, AG 2009, S. 909.
3 LG München I v. 23.4.2009 – 5 HK O 542/09, AG 2009, S. 634.

ters von den anderen Gesellschaftern **fortgeführt** wird. Demzufolge gilt als wahrer Wert in der Regel der **Fortführungswert und nicht der Liquidationswert**."[1]

„Nach **früherer Rechtsprechung** war der **Liquidationswert** stets als Untergrenze des Unternehmenswertes anzusehen .... Nunmehr wird **differenziert** und darauf abgestellt, ob die **Absicht** besteht, das Unternehmen fortzuführen und dies **nicht unvertretbar** erscheint..."[2]

10.3.1.4 Liquidationswert bei Abfindung eines Gesellschafters einer Personengesellschaft

Soweit Gesellschafter einer Personengesellschaft abgefunden werden sollen, werden in der Literatur unterschiedliche Meinungen vertreten. Vertreter, die den Liquidationswert uneingeschränkt als Mindestwert der Abfindungsermittlung zugrunde legen wollen, verweisen auf § 738 BGB. Dieser gilt über § 105 HGB und § 161 HGB auch für die Abfindungsfälle bei der OHG und KG. § 738 Abs. 1 BGB geht von einem fiktiven Unternehmensverkauf zum Bewertungsstichtag aus, um den Abfindungsanspruch zu ermitteln.

371

„**Scheidet ein Gesellschafter aus** der Gesellschaft aus, so wächst sein Anteil am Gesellschaftsvermögen den übrigen Gesellschaftern zu. Diese sind verpflichtet, dem Ausscheidenden ... dasjenige zu zahlen, was er bei der Auseinandersetzung erhalten würde, wenn die **Gesellschaft** zur Zeit seines Ausscheidens **aufgelöst** worden wäre."[3]

Obwohl das Gesetz von **Auflösung** der Gesellschaft spricht, ist heute gemeinsames Verständnis der Norm, dass die Auflösung der **Gesellschaft** nicht die Auflösung des **Unternehmens** bedeutet. D.h. die Ermittlung eines Liquidationswertes kann nicht aus § 738 BGB geschlossen werden. Damit tritt aber wieder die oben genannte Entscheidungsregel auf den Plan, dass der Liquidationswert dann der relevante Unternehmenswert ist, wenn er höher als der **Ertragswert** bzw. Verkaufspreis des fortgeführten Unternehmens zu veranschlagen ist.

372

Hier scheiden sich die Geister hinsichtlich der Frage, auf welcher Grundlage der Abfindungsanspruch des abzufindenden Gesellschafters ermittelt werden soll. Befürworter des höheren Liquidationswertes als Abfindungsgrundlage sehen in § 738 eine Anweisung zur optimalen, wenn auch fiktiven Verwertung des Unternehmens. Gegner einer **Automatik** – hier insbesondere Karsten Schmidt als prominentester Vertreter dieser Ansicht –, dass der höhere Liqui-

373

---

1 OLG Koblenz v. 20.2.2009 – 10 U 57/05, www.betriebs-berater.de – Archiv.
2 OLG Düsseldorf v. 28.1.2009 – I-26 W 7/07 AktE, AG 2009, S. 667.
3 § 738 Abs. 1 Satz 1 und Satz 2 BGB.

dationswert automatisch den Abfindungsanspruch bestimmen soll, argumentieren wie folgt:[1]

374 Ein unrentables Unternehmen ist nicht automatisch liquidationsreif. Die Annahme einer positiven Fortführungsprognose für das Unternehmen setzt die objektive Fortführungswürdigkeit des Unternehmens voraus und nicht die subjektive Entscheidung der verbleibenden Gesellschafter. Der abzufindende Gesellschafter hat ein lebendes Unternehmen verlassen und kann deshalb auch nur den Wertanteil an diesem lebenden Unternehmen beanspruchen, womit der Abfindungsanspruch unter Fortführungsgesichtspunkten mit Hilfe der Gesamtbewertungsverfahren (Ertragswert- bzw. DCF-Verfahren) ermittelt wird. Eine automatische Wahl des höheren Liquidationswertes als Abfindungsgrundlage, hätte unter Umständen die Schließung abfindungsverpflichteter Unternehmen zur Folge, wenn der Abfindungsbetrag nicht aus dem laufenden Geschäft gewonnen werden kann, sondern nur durch die tatsächliche Zerschlagung des Unternehmens realisierbar ist.

375 Eine Entscheidung des BGH lässt allerdings wenig Spielraum zur Hoffnung, dass Abfindungsverpflichtete in der beschriebenen Fallkonstellation nur eine Abfindung zum Fortführungswert bezahlen müssen. Mit Urteil vom 13. 3. 2006 hatte sich der BGH bei einer BGB-Gesellschaft für den Liquidationswert als Mindestwert der Unternehmensbewertung entschieden. Bei der BGB-Gesellschaft war der ausgeschiedene Gesellschafter abzufinden. Laut Gesellschaftsvertrag war der verbleibende Gesellschafter berechtigt, das Unternehmen der Gesellschaft unter Ausschluss der Liquidation zu übernehmen und fortzuführen. Das Unternehmen bestand in der Führung eines Feriendorfes. Der Ertragswert lag bei rund 2 Mio. DM. Der Liquidationswert lag bei rund 7 Mio. DM. Bei Kündigung der Gesellschaft sollte die Abfindung nach dem Ertragswert bemessen werden. Der BGH führte dazu aus:

*„Der Beklagte kann den Kläger nicht auf den vereinbarten **Ertragswert** verweisen, weil **dieser so sehr unter dem Liquidationswert liegt**, dass ein vernünftiger Gesellschafter auf dieser Grundlage von dem ihm an sich zustehenden Kündigungsrecht keinen Gebrauch machen würde. ...Dem Beklagten ist die Liquidation schon deswegen zumutbar, weil er bei einer Verwertung des Unternehmensvermögens nicht gezwungen ist, alle Ferienhausparzellen zu veräußern...**Unter Umständen muss er sich aber auch dann, wenn nur eine Gesamtverwertung des***

---

[1] Schmidt, K., in Schmidt (Hrsg.) Münchener Kommentar Handelsgesetzbuch, 2006, § 131, S. 607 f.

Gesellschaftsvermögens zu einem den Ertragswert erheblich übersteigenden Erlös in Betracht kommt, damit abfinden."[1]

Dieses Urteil wird in der Literatur allerdings nicht als Grundsatzentscheidung für den Liquidationswert als Mindestwert gesehen, sondern in den Kontext unzulässiger vertraglicher Abfindungsregeln gestellt.

10.3.2 Ermittlung des Liquidationswertes für das betriebsnotwendige Vermögen

Für das Anlagevermögen sind erwartete Veräußerungserlöse anzusetzen, Aufträge unter Verwendung der Bestände und zu generierender Margen fertigzustellen und Forderungen einzuziehen. Für die Bewertung von Immobilien können Immobilienwertgutachten eingeholt werden oder überschlägige Schätzungen nach den Vorgaben der ImmoWertV vorgenommen werden.[2] Für Maschinen und maschinelle Anlagen kann auf die Verkehrwertschätzungen von Gebrauchtmaschinenbörsen zurückgegriffen werden. Die durch die, wenn auch nur fiktive, Veräußerung des Vermögens ausgelösten latenten **Steuern** sind als Schulden zu erfassen. Steuerschulden wie anderweitige Schulden im Zusammenhang mit Lieferungen und Leistungen oder Darlehensverhältnissen sind aus den erzielten Erlösen zu begleichen. **Aufwandsrückstellungen** entfallen bei der Liquidationsbetrachtung, da aufgrund des Rückstellungsgrundes gegebenenfalls bereits die korrespondierenden Aktivwerte zu kürzen waren. **Drohverlustrückstellungen** sind zu berücksichtigen, da sie den noch erforderlichen Aufwand zur Abwicklung verlustbehafteter Aufträge repräsentieren, denen kein Aktivwert mehr zugerechnet werden kann. Für den Abbau der Arbeitsplätze sind Abfindungszahlungen im Rahmen eines **Sozialplanes** zu berücksichtigen.

376

Die Konsequenzen der Liquidation hängen von der **Liquidationsgeschwindigkeit** und **Liquidationsintensität** ab. Letztere ist davon abhängig, ob Teilbetriebe zu einem Wert veräußert werden können, der die Summe der Einzelwerte der diesem Teilbetrieb zuzuordnenden Vermögensgegenstände übersteigt. Für diese Teilbetriebe muss anders ausgedrückt ein Geschäftswert identifizierbar sein. Für das Liquidationsszenario ist die bestmögliche Verwertung zu unterstellen. Allerdings sind auch die realistischen Konsequenzen einer Liquidation zu berücksichtigen. D.h. gegebenenfalls können längerfristige Aufträge nicht

377

---

1 BGH v. 13. 3. 2006 – II ZR 295/04, DB 2006, S. 1000, NWB Dok ID: BAAAB-97955.
2 Verordnung über die Grundsätze für die Ermittlung der Verkehrswerte von Grundstücken (Immobilienwertermittlungsverordnung - ImmoWertV) vom 19. 5. 2010, BGBl 2010 I S. 639.

mehr oder zumindest nicht fristgerecht fertiggestellt werden. Die Motivation der Belegschaft wird sich unter der Fiktion einer Liquidation in Grenzen halten. Das Finanzierungsverhalten von Banken und Lieferanten wird sich grundsätzlich ändern.

378 Für die Liquidationsüberschüsse ist die Auskehrung an die Anteilseigner zu unterstellen. Die hiermit verbundenen Steuerwirkungen sind nach den einschlägigen steuerlichen Regelungen zu berücksichtigen.[1]

379 Nimmt die Liquidation erwartungsgemäß einen längeren Zeitraum ein, sind die mit der Liquidation verbundenen Einzahlungen und Auszahlungen in einer **Unternehmensplanung** zu erfassen und die Liquidationsüberschüsse zu **diskontieren**. Bei der Diskontierung ist nicht der Kalkulationszinssatz zu verwenden, der für die Fortführungsprämisse ermittelt wurde, da mit der Auflösung des Unternehmens das operative Risiko entfällt. Damit dürfte der Basiszinssatz einen angemessenen Diskontierungszinssatz darstellen.

10.3.3 Rückstellungen für den Sozialplan

380 Der Liquidationswert wird unter der Fiktion ermittelt, dass das zu bewertende Unternehmen zum Bewertungsstichtag liquidiert wird. Konsequenz der Liquidation ist die **Vernichtung der Arbeitsplätze**. Durch die Liquidation des Unternehmens würden die Arbeitnehmer ihren Arbeitsplatz verlieren. Sozialpläne sollen diesen Verlust für die Zukunft kompensieren.

„Sozialpläne haben nach der ständigen Rechtsprechung des Senats eine zukunftsbezogene Ausgleichs- und Überbrückungsfunktion. Die in ihnen vorgesehenen Leistungen stellen kein zusätzliches Entgelt für die in der Vergangenheit erbrachten Dienste dar, sondern sollen gemäß § 112 Abs. 1 Satz 2 BetrVG die künftigen Nachteile ausgleichen oder abmildern, die den Arbeitnehmern durch die Betriebsänderung entstehen können ..."[2]

381 Die Betriebsparteien haben bei der Ausgestaltung von Sozialplänen erhebliche **Beurteilungs- und Gestaltungsspielräume**.[3] Diese unterliegen allerdings der gerichtlichen Rechtmäßigkeitskontrolle.

„Dabei ist es nicht Aufgabe der Gerichte, bessere Lösungen als die Betriebsparteien zu finden, sondern lediglich, rechtswidrige Sozialplangestaltungen zu verhindern. Dementsprechend sind Sozialpläne daraufhin zu überprüfen, ob sie mit hö-

---

1 WP-Handbuch, Band II, 2008, S. 142 Tz. 388.
2 BAG v. 22. 9. 2009 – 1 AZR 316/08, Tz. 12, NWB Dok ID: XAAAD-32422.
3 BAG v. 26. 5. 2009 – 1 AZR 198/08, Tz. 23, NWB Dok ID: JAAAD-26126.

herrangigem Recht wie insbesondere dem betriebsverfassungsrechtlichen Gleichbehandlungsgrundsatz vereinbar sind."[1]

Zur Berechnung der Sozialplanabfindung können die abfindungsberechtigten Mitarbeiter in **Gruppen** eingeteilt werden, die sich an den vollendeten **Beschäftigungsjahren** orientieren.

382

*"Diese an der **Betriebszugehörigkeit** orientierte Gruppenbildung verletzt weder den betriebsverfassungsrechtlichen Gleichbehandlungsgrundsatz noch das Verbot der Altersdiskriminierung."*[2]

Damit ist der Zeitpunkt des **Beginns des Arbeitsverhältnisses** für die Berechnung des der Abfindung zugrunde zu legenden Zeitraums entscheidend. Der Beginn der Berufsjahre ist in diesem Zusammenhang unerheblich und hat nur Bedeutung für die Höhe der tariflichen Vergütung.[3] Das Ende der Betriebszugehörigkeit wird durch die **Beendigung des Arbeitsverhältnisses** definiert. Eine an der Betriebszugehörigkeit orientierte Regelung trägt auch der tatsächlichen Belastung beim Arbeitnehmer Rechnung.

383

*"Zum einen wird der durch den Sozialplan auszugleichende oder abzumildernde **Verlust des Arbeitsplatzes** maßgeblich auch durch die **Dauer der Betriebszugehörigkeit** bestimmt .... Zum anderen liegt es innerhalb des Beurteilungsspielraums der Betriebsparteien, typisierend davon auszugehen, dass sich mit der **Dauer der Betriebszugehörigkeit** die Qualifikation des Arbeitnehmers zunehmend auf die spezifischen Bedürfnisse des bisherigen Beschäftigungsbetriebs verengt und damit seine Chancen auf dem Arbeitsmarkt abnehmen..."*[4]

Auch dass der Ermittlung des Abfindungsbetrages der letzte **Bruttomonatsverdienst** zugrunde gelegt wird, verletzt weder den betriebsverfassungsrechtlichen Gleichbehandlungsgrundsatz noch das Verbot der Diskriminierung teilzeitbeschäftigter Arbeitnehmer.

384

*"Der durch die Sozialplanleistung **auszugleichende oder abzumildernde wirtschaftliche Nachteil** wird maßgeblich bestimmt durch die in dem bisherigen Arbeitsverhältnis bezogene Vergütung. Daher ist es gerechtfertigt, diese zur Bezugsgröße für die in dem Sozialplan vorgesehenen Überbrückungsleistungen zu machen. Auch der Gesetzgeber stellt in § 10 Abs. 3 KSchG für Abfindungen sowie in § 113 Abs. 1 2. Halbs. BetrVG beim Nachteilsausgleich nicht auf absolute Be-*

---

1 BAG v. 22. 9. 2009 – 1 AZR 316/08, Tz. 11, NWB Dok ID: XAAAD-32422.
2 BAG v. 26. 5. 2009 – 1 AZR 198/08, Tz. 21, NWB Dok ID: JAAAD-26126.
3 BAG v. 22. 9. 2009 – 1 AZR 316/08, Tz. 9, NWB Dok ID: XAAAD-32422.
4 BAG v. 26. 5. 2009 – 1 AZR 198/08, Tz. 24, NWB Dok ID: JAAAD-26126.

träge, sondern auf den **letzten Monatsverdienst** des einzelnen Arbeitnehmers ab. Dabei **kommt es nicht darauf an**, ob die zu unterschiedlichen Abfindungsleistungen führenden **Unterschiede** bei der zuletzt bezogenen **Vergütung** ihre Ursache in unterschiedlichen Tätigkeiten, Vergütungsvereinbarungen oder Arbeitszeiten oder einer Kombination dieser Faktoren haben."[1]

385 Neben dem Bruttogehalt können auch **Zulagen** berücksichtigt werden. Hat sich innerhalb der letzten zwei Jahre vor Abschluss des Sozialplans eine wesentliche Veränderung der regelmäßigen wöchentlichen Arbeitszeit ergeben, ist auf das Durchschnittsgehalt abzustellen.

„... bei denjenigen Arbeitnehmern, bei denen innerhalb der **letzten zwei Jahre** vor dem Abschluss des Sozialplans eine **wesentliche Veränderung der regelmäßigen wöchentlichen Arbeitszeit** eingetreten ist, nicht auf das letzte Bruttomonatsgehalt, sondern auf eine die **gesamte Dauer des Arbeitsverhältnisses einbeziehende Durchschnittsberechnung** abzustellen."[2]

386 Durch die Freiheit der Betriebsparteien bei der Ausgestaltung des Sozialplans ist auch die der Berechnung zugrunde zu legende **Formel** Gegenstand der Gestaltung.[3]

ABB. 45:	Formel zur Ermittlung der Sozialplanrückstellung

Lebensalter x Betriebszugehörigkeit x Brutto-Monatsverdienst : 40 = Sozialplanrückstellung

387 Die Parteien sind nicht dazu verpflichtet, nur eine Formel zu verwenden.[4] Auch eine **Kombination** von Formeln ist zulässig.[5]

ABB. 46:	Kombinierte Formeln zur Ermittlung der Sozialplanrückstellung

Bis zu 59-jährige Mitarbeiter erhalten:

Faktor 1,36 x vollendete Beschäftigungsjahre x letztes Jahresbruttoeinkommen

Mitarbeiter, die äter als 59 Jahre sind erhalten:

Für jeden bis zum 63. Lebensjahr noch fehlenden Monat einen Betrag von 1.700 € zuzüglich einer Zahlung von 20.000 €.

---

1 BAG v. 22. 9. 2009 – 1 AZR 316/08, Tz. 16, NWB Dok ID: XAAAD-32422.
2 BAG v. 22. 9. 2009 – 1 AZR 316/08, Tz. 23, NWB Dok ID: XAAAD-32422.
3 BAG v. 22. 9. 2009 – 1 AZR 316/08, Tz. 23, NWB Dok ID: XAAAD-32422.
4 BAG v. 26. 5. 2009 – 1 AZR 198/08, Tz. 53, NWB Dok ID: JAAAD-26126.
5 BAG v. 26. 5. 2009 – 1 AZR 198/08, Tz. 4, NWB Dok ID: JAAAD-26126.

Somit lässt sich als Anhaltspunkt für die überschlägige Ermittlung einer Sozialplanrückstellung festhalten, dass sich die Berechnung an der Betriebszugehörigkeit des Mitarbeiters und dessen Bruttoeinkommen orientieren sollte.

10.3.4 Ermittlung des Liquidationswertes für das nicht betriebsnotwendige Vermögen

Nicht betriebsnotwendiges Vermögen kann dem Unternehmen entzogen werden, ohne dass dadurch die Umsetzung des Unternehmenszwecks beeinträchtigt würde. Diese Definition folgt dem funktionalen Abgrenzungskriterium.[1] Ebenso wie beim **betriebsnotwendigen** Vermögen ist auch beim **nicht betriebsnotwendigen** Vermögen zu hinterfragen, ob der Liquidationswert nicht unter Umständen den Ertragswert dieses Vermögens übersteigt.

Im Rahmen der Unternehmensbewertung sind deshalb die mit dem nicht betriebsnotwendigen Vermögen zusammenhängenden Erträge und Aufwendungen zu separieren und der daraus abgeleitete Ertragswert dem Wert gegenüberzustellen, der sich bei einer **fiktiven** Veräußerung ergäbe. Da zum Bewertungsstichtag im Zweifel keine Beschlüsse der Geschäftsleitung zum Verkauf des nicht betriebsnotwendigen Vermögens vorliegen, stellt auch diese fiktive Veräußerung eine Verletzung des Stichtagsgedankens und der **Wurzeltheorie** dar.

Die im Zuge eines fiktiven Verkaufs anfallenden latenten **Steuern** auf die stillen Reserven sind vom Veräußerungserlös zu kürzen.

„Sofern der Liquidationswert dieser Vermögensgegenstände unter Berücksichtigung der steuerlichen Auswirkungen einer Veräußerung den Barwert ihrer finanziellen Überschüsse bei Verbleib im Unternehmen übersteigt, stellt nicht die anderenfalls zu unterstellende Fortführung der bisherigen Nutzung, sondern die Liquidation die vorteilhaftere Verwertung dar."[2]

10.4 Substanzwertverfahren

*„Zum weitaus größten Teil dürfte die **hohe Einschätzung des Substanzwertes jedoch auf die mangelnde Kenntnis der theoretischen Grundlagen** der Gesamt- und insbesondere der Substanzbewertung zurückzuführen sein. ... Offensichtlich ist es den Bewertungstheoretikern bis heute noch nicht gelungen, dem Mythos, der die Substanzbewertung umgibt, erfolgreich entgegenzutreten".*[3]

---

1 IDW S1 i. d. F. 2008, Tz. 59.
2 IDW S1 i. d. F. 2008, Tz. 60.
3 Sieben, G., Der Substanzwert der Unternehmung, 1963, S. 10.

10.4.1 Das Konzept des Substanzwertverfahrens

392 Was mit dem Substanzwert eigentlich ausgedrückt werden soll, wurde in der Literatur zur Bewertungslehre lange Zeit intensiv und konträr diskutiert. Folgende **Funktionen** wurden vorgeschlagen:[1]

- ▶ Gesamtwert der Unternehmung
- ▶ Ersatz- und Vergleichsgröße für den Ertragswert
- ▶ Komponente des Gesamtwertes der Unternehmung
- ▶ Grenzpreis bei Unternehmenskäufen
- ▶ Maßstab zur Abschätzung der Konkurrenzgefahr
- ▶ Reservoir künftiger Abschreibungen
- ▶ Rechengröße zur Ermittlung des Kapitalisierungsmehr- oder -minderwertes

393 Bei näherer Betrachtung zeigt sich, dass diese Funktionen allesamt nicht sinnvoll durch den Substanzwert abgebildet werden können. Sieben entwickelte auf dieser Grundlage das **Konzept des Unternehmensnachbaus** und der im Substanzwert repräsentierten „**vorgeleisteten Ausgaben**".[2] Ziel des Substanzwertverfahrens ist die Ermittlung des Betrages, der aufgewendet werden müsste um das zu bewertende Unternehmen nachzubauen. Um diesen Wert zu ermitteln, müssen alle bilanzierten und nicht bilanzierten Vermögensgegenstände und Schulden einzeln mit ihren **Wiederbeschaffungskosten** bewertet werden. Ergebnis einer solchen Bewertung, die soweit möglich auf die aktuellen **Marktpreise** der zu bewertenden Substanz zurückgreifen würde, wäre der **Rekonstruktions-Neuwert** des zu bewertenden Unternehmens. Um allerdings das Unternehmen in seinem tatsächlichen „gebrauchten" Zustand zu bewerten, muss für die Bewertung des Unternehmensvermögens dessen **Abnutzungsgrad** berücksichtigt werden. Nach entsprechender Korrektur um die erfolgte Abnutzung der Vermögenswerte resultiert der **Rekonstruktions-Zeitwert**. Verfahrensziel ist damit die Ermittlung der Nachbaukosten des Unternehmens in seinem vorhandenen Zustand.

„Der Substanzwert ergibt sich als **Rekonstruktions- oder Wiederbeschaffungswert** aller im Unternehmen vorhandenen immateriellen und materiellen Werte (und Schulden). Er ist insoweit Ausdruck **vorgeleisteter Ausgaben**, die durch den Verzicht auf den Aufbau eines identischen Unternehmens erspart bleiben."[3]

---

1 Übersicht bei Sieben, G., Der Substanzwert der Unternehmung, 1963, S. 49 ff.
2 Sieben, G., Der Substanzwert der Unternehmung, 1963, S. 79 ff.
3 IDW S1 i. d. F. 2008, Tz. 170.

Tragender Gedanke dieser Wertvorstellung ist, dass man durch Kauf des Unternehmens zum Substanzwert die Anschaffung der einzelnen Vermögensgegenstände zum Nachbau des Unternehmens erspart.[1]

„Nach ihr wird der Substanzwert **als Investitionsvoraus, als vorgeleistete Ausgaben** verstanden, deren Höhe sich danach bestimmt, inwieweit **geplante Ausgaben durch die Übernahme von Substanz ersetzt werden können**. Die Ausgabereihe des Investors wird also in **zwei Bestandteile** zerlegt, in **vorgeleistete** und **noch zu tätigende** Ausgaben. Jedes vorhandene und verwendbare Mehr an Anlagen, Vorräten, Rechten und dergleichen erspart ihm künftige Ausgaben und erhöht seine Einnahmeüberschüsse. Diesen Betrag kann der Investor für die Substanz vergüten, denn er empfängt dafür einen entsprechenden Gegenwert in der Form und der Höhe der ersparten Ausgaben."[2]

Sieben legt der Substanzbewertung damit die Entscheidungssituation eines **Unternehmenskaufs** und damit die **subjektiven** Vorstellungen des Unternehmenskäufers zugrunde.

„Wird der Substanzwert als vorgeleistete Ausgaben in der geschilderten Form begriffen, **trifft keines seiner herkömmlichen Definitionsmerkmale mehr zu**: Er kann nicht mehr als eine objektive, gegenwartsbezogene und nach dem Prinzip der Einzelbewertung zu ermittelnde Wertgröße gekennzeichnet werden; vielmehr ist er als eine subjektive, zukunftsbezogene und global zu bestimmende Wertkategorie aufzufassen."[3]

Ein so verstandener Substanzwert weicht damit konzeptionell von den Vorgaben ab, die der Substanzwertermittlung in § 11 Abs. 2 Satz 3 BewG zugrunde liegen.[4]

Damit der Substanzwert als Grundlage für eine Entscheidung (Entscheidungswert!) genutzt werden kann, müsste das bewertete Unternehmen in all seinen Einzelpositionen genau in Art und Umfang dem Unternehmen entsprechen, welches der Investor zu erwerben beabsichtigt hatte.[5] Wünscht der Investor aber z. B. einen moderneren Maschinenpark, bezahlt er mit dem Substanzwert zunächst einen aus seiner Sicht veralteten Maschinenpark, um anschließend zusätzlich Ausgaben für die Modernisierung des Maschinenparks zu leisten.

---

1 Mandl/Rabel, Unternehmensbewertung, 1997, S. 278.
2 Sieben, G., Der Substanzwert der Unternehmung, 1963, S. 17.
3 Sieben, G., Der Substanzwert der Unternehmung, 1963, S. 81.
4 Wollny, C., Substanzwert reloaded – Renaissance eines wertlosen Bewertungsverfahrens, DStR 2012, S. 716 ff. und S. 766 ff.
5 Sieben, G., Der Substanzwert der Unternehmung, 1963, S. 80.

B. Grundlagen der Unternehmensbewertung

Unter der Annahme, dass sich ein Unternehmen überhaupt vollständig durch den Substanzwert als Summe vorgeleisteter Ausgaben abbilden lässt, bleibt die Frage offen, ob sich der Erwerb für den Investor zu diesem Preis lohnt.

398 Die Substanzbewertung ist nach Moxter vom Gedanken einer **„Normalverzinsung"** bestimmt.[1] Diese Normalverzinsung soll im Gleichgewichtszustand gelten und den Substanzwert als Entscheidungswert rechtfertigen. Aus Investitionen in Höhe des Substanzwertes ist danach im Gleichgewicht (immer!) ein nachhaltiger Ausschüttungsstrom in Höhe der **volkswirtschaftlichen „Normalrendite"** zu erwarten.

BEISPIEL:

Substanzwert des Unternehmens	1.000.000 €
Volkswirtschaftliche Normalrendite (Annahme)	5 %
Nachhaltiger Ausschüttungsstrom	1.000.000 x 0,05 = 50.000 €

399 Für diesen Fall deckt sich der Substanzwert aber auch mit dem **normalisierten Ertragswert**, also dem Ertragswert des Unternehmens im Gleichgewichtszustand, da sich aus den nachhaltigen Ausschüttungen wiederum der Ertragswert ableiten lässt.

BEISPIEL (FORTFÜHRUNG):

Nachhaltiger Ausschüttungsstrom	50.000 €
Volkswirtschaftliche Normalrendite (Annahme)	5 %
Ertragswert (Barwert ewiger Rente)	50.000 / 0,05 = 1.000.000

▶ Ertragswert im Gleichgewicht ≙ Substanzwert

Als Zwischenergebnis ist somit Folgendes festzuhalten:

400 Das Konzept des Substanzwertes steht und fällt mit der Annahme, dass Unternehmen mittelfristig immer die Normalrendite erwirtschaften. Diese Renditeautomatik muss unabhängig von der mehr oder weniger intelligenten Kombination der investierten Substanz im Unternehmen gelten, d. h. entscheidend ist nur die Summe an investierter Substanz. Die Managementleistung zur Organisation knapper Unternehmensressourcen nimmt in diesem Modell eine zu vernachlässigende Größe ein. Ein insgesamt realitätsfernes Bewertungsmodell, da sich die kapitalisierten Zukunftserfolge und der Rekonstruktionswert in der Praxis nur selten decken werden.[2] Das Problem, die Nachbaukosten

---

[1] Moxter, A., Grundsätze ordnungsmäßiger Unternehmensbewertung, 1991, S. 45.
[2] Busse von Colbe, Der Zukunftserfolg, 1957, S. 23.

des Unternehmens vollständig im Sinne eines Vollreproduktionszeitwertes zu ermitteln, ist hierbei noch ausgeblendet.[1]

10.4.2 Der Substanzwert als subjektiver oder objektivierter Wert?

Unternehmenswerte werden entweder als **subjektive** oder **objektivierte** Unternehmenswerte ermittelt. Allerdings wird diese Systematik im IDW S1 für Unternehmenswerte nach den **Gesamtbewertungsverfahren** verwendet, also für Ertragswerte oder DCF-Werte.

401

*„Ertragswert- und Discounted Cash Flow-Verfahren beruhen auf der gleichen konzeptionellen Grundlage (Kapitalwertkalkül); in beiden Fällen wird der Barwert zukünftiger finanzieller Überschüsse ermittelt. Konzeptionell können sowohl **objektivierte** Unternehmenswerte als auch **subjektive** Entscheidungswerte mit beiden Bewertungsverfahren ermittelt werden."*[2]

Diese Konzentration auf Gesamtbewertungsverfahren erklärt sich daraus, dass Substanzwerte nach einhelliger Meinung keine geeigneten Verfahren zur Unternehmensbewertung darstellen.

402

*„Dagegen kommt dem **Substanzwert** bei der Ermittlung des Unternehmenswerts keine eigenständige Bedeutung zu."*[3]

Damit stellt sich die Frage, ob auch Substanzwerte unter der Systematik **objektivierter Substanzwert** oder **subjektiver Substanzwert** ermittelt werden können. Nach der Entwicklungsgeschichte des Substanzwertes sollte dieser immer eine objektive Unternehmensbewertung ermöglichen, was dafür spricht, dass dieser zumindest eine „objektivierte Seite" hat. Andererseits sollte mit Hilfe des Substanzwertes die Ermittlung des Grenzpreises für einen Unternehmenskäufer über den Reproduktionsgedanken möglich sein, was für eine subjektive Ausrichtung des Substanzwertes spricht.[4] IDW S1 löst das Problem durch einen Verweis und lässt somit die Substanzwertermittlung objektiviert und subjektiv zu.

403

*„Für die Ermittlung von Substanzwerten gelten **sinngemäß** die allgemeinen Grundsätze der Maßgeblichkeit des Bewertungszwecks (vgl. Abschn. 4.1.)...."*[5]

---

1 Siehe hierzu Rdn. 414.
2 IDW S1 i. d. F. 2008, Tz. 101.
3 IDW S1 i. d. F. 2008, Tz. 6.
4 Sieben, G., Der Substanzwert der Unternehmung, 1963, S. 81.
5 IDW S1 i. d. F. 2008, Tz. 172.

> *„4.1. Maßgeblichkeit des Bewertungszwecks*
>
> *In Abhängigkeit vom zu ermittelnden Unternehmenswert (**objektivierter Unternehmenswert, subjektiver Entscheidungswert**, Einigungswert) ergeben sich i. d. R. unterschiedliche Annahmen über die Prognose und Diskontierung der künftigen finanziellen Überschüsse, Art und Umfang einzubeziehender Synergien sowie zu persönlichen Verhältnissen der Anteilseigner bzw. deren anlassbezogener Typisierung. Daher setzt eine sachgerechte Unternehmenswertermittlung voraus, dass im Rahmen der Auftragserteilung festgelegt wird, in welcher **Funktion der Wirtschaftsprüfer** tätig wird, um daraus die dem **jeweiligen Bewertungszweck** entsprechenden Annahmen und Typisierungen herleiten zu können."*[1]

404 Substanzwerte können somit ebenso als objektivierter Substanzwert oder als subjektiver Substanzwert ermittelt werden. Diese Unterscheidung hat Bedeutung bei der Bestimmung des **nicht betriebsnotwendigen Vermögens**, denn die Nichtbetriebsnotwendigkeit ist keine Eigenschaft, die ein Vermögensgegenstand per se hat, sondern eine Frage der Definition. Wird ein objektivierter Substanzwert ermittelt, ist bei der Einteilung des Unternehmensvermögens in betriebsnotwendiges Vermögen und nicht betriebsnotwendiges Vermögen das **Unternehmenskonzept** am Bewertungsstichtag heranzuziehen. Bei Ermittlung eines subjektiven Substanzwertes steht die Zuordnung zu einer der Kategorien letztlich im Belieben des Bewertungssubjekts.

10.4.3 Nicht betriebsnotwendiges Vermögen in der Substanzbewertung

405 Gemäß der Empfehlung im WP-Handbuch Band II, sind die Vermögensgegenstände in der Substanzbewertung mit **Wiederbeschaffungszeitwerten** zu bewerten, soweit betriebsnotwendiges Vermögen vorliegt. Für nicht betriebsnotwendiges Vermögen sollen dagegen generell die **Netto-Veräußerungserlöse** zum Ansatz kommen.[2] Die für Gesamtbewertungsverfahren geltenden Vorschriften zur Bewertung nicht betriebsnotwendigen Vermögens sollen sinngemäß angewendet werden.

ABB. 47:	Bewertungsmaßstab im Substanzwertverfahren
Betriebsnotwendiges Vermögen:	Wiederbeschaffungszeitwert
Nicht betriebsnotwendiges Vermögen:	Veräußerungspreis nach Steuern

406 Was als **nicht betriebsnotwendiges Vermögen** zu klassifizieren ist, richtet sich zunächst danach, ob ein subjektiver oder objektivierter Substanzwert ermittelt

---

1 IDW S1 i. d. F. 2008, Tz. 17.
2 WP-Handbuch, Band II, 2008, S. 158.

wird.[1] Bei einem **objektivierten Substanzwert** ist das nicht betriebsnotwendige Vermögen durch das Unternehmenskonzept zum Bewertungsstichtag festgelegt. Bei einem **subjektiven Substanzwert** liegt die Bestimmung der Betriebsnotwendigkeit im Belieben und den Zielen des Bewertungssubjektes.

Auch bei der Unternehmensbewertung mit Gesamtbewertungsverfahren, erfolgt die Bewertung des Betriebsvermögens getrennt nach den Bereichen betriebsnotwendig und nicht betriebsnotwendig. Während das betriebsnotwendige Vermögen anhand seiner Einnahmen-Überschüsse mit dem Ertragswert bzw. DCF-Wert bewertet wird, ist das nicht betriebsnotwendige Vermögen alternativ mit dem Liquidationswert, d. h. mit dem Netto-Veräußerungserlös, zu bewerten.

407

*„Für die Ermittlung des Gesamtwerts ist dann der **Liquidationswert** des nicht betriebsnotwendigen Vermögens dem Barwert der finanziellen Überschüsse des betriebsnotwendigen Vermögens hinzuzufügen."*[2]

Der Wertansatz mit dem Liquidationswert stellt allerdings keine Automatik dar, sondern folgt dem **Gewinnmaximierungsziel**, das den Gesamtbewertungsverfahren letztlich zugrunde liegt. Damit ist der **Liquidationswert** des nicht betriebsnotwendigen Vermögens dann anzusetzen, wenn er höher ist als der **Ertragswert** der dem Unternehmen daraus zufließenden Einnahmen-Überschüsse.

408

*„Sofern der Liquidationswert dieser Vermögensgegenstände unter Berücksichtigung der steuerlichen Auswirkungen einer **Veräußerung den Barwert** ihrer finanziellen Überschüsse bei Verbleib im Unternehmen **übersteigt**, stellt nicht die anderenfalls zu unterstellende Fortführung der bisherigen Nutzung, sondern die Liquidation die vorteilhaftere Verwertung dar."*[3]

Substanzwertverfahren betrachten aufgrund des Nachbaugedankens nur die **Ausgabenseite**.[4] Damit ist zu unterstellen, dass die Wiederherstellung unter der **Zielsetzung sparsamer Ressourcenverwendung** von statten gehen sollte. D.h. der Liquidationswert des nicht betriebsnotwendigen Vermögens sollte danach nur zur Anwendung kommen, wenn er niedriger ist als der Wiederbeschaffungszeitwert. Ist der Nachbau günstiger (ggf. Herstellungskosten), sollte es bei dem Wiederbeschaffungszeitwert bleiben. Wird der Nachbaugedanke nicht nur auf das Gesamtunternehmen, sondern auch auf den einzelnen Ver-

409

---

1 Siehe hierzu Rdn. 401.
2 IDW S1 i. d. F. 2008, Tz. 60.
3 IDW S1 i. d. F. 2008, Tz. 60.
4 Sieben, G., Der Substanzwert der Unternehmung, 1963, S. 17.

mögensgegenstand bezogen, kann es zu Abweichungen zwischen Wiederbeschaffungszeitwert und Liquidationswert (Marktpreis!) kommen.[1]

10.4.4 Die Ermittlungstiefe des Substanzwertes – Beteiligungsbewertung im Substanzwert

410 Wenn ein Unternehmen zum Substanzwert zu bewerten ist, sollen dann die **Beteiligungen,** die dieses Unternehmen hält, auch nach dem Substanzwertverfahren bewertet werden, oder können diese Beteiligungen mit dem Ertragswert zum Ansatz kommen? Anhand dieser Fragestellung erklärt sich die Thematik dieses Gliederungspunktes.

411 Bei der Substanzwertberechnung werden die Kosten ermittelt, die notwendig sind, um das Unternehmen „auf der grünen Wiese" nachzubauen. Den Vermögensgegenständen des Unternehmens müssen damit Anschaffungskosten zugeordnet werden. Für gängige Vermögensgegenstände, für die ein aktiver Markt besteht, können die Anschaffungskosten oder **Marktpreise** vom Markt abgerufen werden. Für Vermögensgegenstände ohne aktiven Markt müssen die Preise mit Rechenmodellen simuliert werden. Für Produktionsgebäude wird diese **Preisbildungssimulation** anhand der **ImmoWertV** vorgenommen.[2] Für Beteiligungen oder Tochtergesellschaften wird der Preis anhand des Unternehmenswertes über Kapitalwertmodelle nach den Vorgaben des **IDW S1** bestimmt. Daraus folgt dann aber, dass die Berechnung des Substanzwertes der Obergesellschaft einer Unternehmensgruppe nicht zwangsläufig bedeutet, dass für die vom Unternehmen gehaltenen Tochterunternehmen und Beteiligungsgesellschaften ebenfalls Substanzwerte ermittelt werden müssen. Auch die Bewertung der Immobilien würde nicht zwangsläufig nach dem Sachwertverfahren erfolgen, nur weil die Bewertung des die Immobilie haltenden Unternehmens nach dem Substanzwertverfahren durchgeführt wird. Vielmehr würde, soweit Marktmieten verfügbar sind, das Ertragswertverfahren der ImmoWertV zum Einsatz kommen. Damit endet der Verfahrensansatz bzw. die **Ermittlungstiefe** für den Substanzwert m. E. auf der Ebene des zu bewertenden Unternehmens und wirkt nicht in die Unternehmen hinein, an denen das zu bewertende Unternehmen beteiligt ist.

412 Im WP-Handbuch findet sich dagegen die Empfehlung, dass Beteiligungsunternehmen, die sich aus der Ausgliederung von originären Unternehmens-

---

[1] Siehe hierzu Rdn. 348.
[2] Verordnung über die Grundsätze für die Ermittlung der Verkehrswerte von Grundstücken (Immobilienwertermittlungsverordnung - ImmoWertV) v. 19. 5. 2010, BGBl 2010 I S. 639.

funktionen ergeben, als „quasi Substanz des Unternehmens" ebenfalls mit ihrem Substanzwert in den Substanzwert des zu bewertenden Unternehmens einbezogen werden sollen.[1]

10.4.5 Substanzwert als Teilreproduktionszeitwert

Der Teilreproduktionszeitwert enthält alle materiellen und immateriellen Vermögensgegenstände und Schulden eines Unternehmens, unabhängig davon ob diese bisher bilanziert wurden oder nicht. Zu den immateriellen Vermögensgegenständen gehören auch die sogenannten eigenständig bewertbaren **geschäftswertbildenden Faktoren** wie Patente, Technologien oder Rezepturen.[2] Anhand des Kriteriums der selbständigen Bewertbarkeit kann anhand IDW S5 damit bestimmt werden, was als selbständiger geschäftswertbildender Faktor einzeln ausgewiesen werden kann und somit Teil des Teilreproduktionszeitwertes wird. Liegt diese Voraussetzung nicht vor, ist die Restgröße als Geschäftswert auszuweisen. Der Geschäftswert kann im Teilreproduktionszeitwert nicht zum Ansatz kommen.

413

10.4.6 Substanzwert als Vollreproduktionszeitwert

Die bisherigen Ausführungen zum Substanzwert legten die Annahme nahe, dass es technisch möglich ist, die Nachbaukosten für ein Unternehmen in ihrem **Gesamtumfang** zu ermitteln. Diese Annahme muss verworfen werden, da der vollständige Nachbau eben auch den **Geschäftswert** umfasst und dieser eine Saldogröße darstellt.[3] Zum genauen Verständnis ist ein Blick auf die einschlägige BFH-Rechtsprechung hilfreich.

414

„Geschäftswert ist der Mehrwert, der einem gewerblichen Unternehmen über den Substanzwert der einzelnen materiellen und immateriellen Wirtschaftsgüter abzüglich Schulden hinaus innewohnt. Er wird durch die Gewinnaussichten bestimmt, die, losgelöst von der Person des Unternehmers, aufgrund besonderer, dem Unternehmen eigenen Vorteile (z. B. Ruf, Kundenkreis, Organisation, usw.) höher oder gesicherter erscheint als bei einem anderen Unternehmen mit sonst vergleichbaren Wirtschaftsgütern."[4]

---

1 WP-Handbuch, Band II, 2008, S. 160 Tz. 447.
2 Eine Übersicht zu immateriellen Vermögensgegenständen enthält IDW S5, Tz. 13; siehe dazu auch Rdn. 1413.
3 Zur Ermittlung als Saldogröße siehe Mellerowicz, K., Der Wert der Unternehmung als Ganzes, 1952, S. 109; kritisch zu diesem Ermittlungsweg Sieben/Maltry, Der Substanzwert der Unternehmung, in Peemöller (Hrsg.) Praxishandbuch der Unternehmensbewertung, 2009, S. 546.
4 BFH v. 27.03.1996 - I R 60/95, BStBl 1996 II S. 576, NWB Dok ID: KAAAA-95664.

415 Damit umfasst der **Vollreproduktionszeitwert** alle Vermögensgegenstände, ob bilanziert oder nicht bilanziert, die Schulden, aber auch den Geschäfts-, Praxis- oder Firmenwert eines Unternehmens.[1] Ohne Geschäftswert – als Überbegriff für einen Geschäfts-, Praxis- oder Firmenwert – wäre das Unternehmen eben nicht vollständig nachgebaut. Das gleiche Verständnis dieses Zusammenhanges zeigt § 246 HGB zur Bilanzierung eines Asset Deals.

"Der Unterschiedsbetrag, um den die für die Übernahme eines Unternehmens bewirkte Gegenleistung den Wert der einzelnen Vermögensgegenstände des Unternehmens abzüglich der Schulden im Zeitpunkt der Übernahme übersteigt (entgeltlich erworbener Geschäfts- oder Firmenwert), gilt als zeitlich begrenzt nutzbarer Vermögensgegenstand."[2]

416 D.h. will man ein Unternehmen vollständig erwerben, muss man es vollständig, also einschließlich des Geschäfts- oder Firmenwerts, bezahlen. Sinngemäß gilt dies für die Substanzwertermittlung hinsichtlich des Vollreproduktionszeitwertes. Die Vollreproduktion erfordert auch die Berücksichtigung des Geschäftswertes.

417 Die Erörterung der Definition des **Vollreproduktionszeitwertes** ist von Bedeutung, da das WP-Handbuch II 2008 hierzu eine andere Meinung vertritt. Dort wird der Begriff des **„Gesamtrekonstruktionswertes"** verwendet, der als Synonym für den Vollreproduktionszeitwert zu betrachten ist.[3] Dieser soll, so die Ausführungen in einer Fußnote, den Geschäftswert nicht umfassen.[4] Tatsächlich ist die Diskussion zum Umfang der im Substanzwert zu erfassenden Positionen, mit oder ohne Geschäftswert, nicht neu.[5] Die Diskussion hierzu soll nicht weiter vertieft werden. Im Folgenden wird die, wie aus obigen Ausführungen zu ersehen, nicht unplausible Position vertreten, dass ein Vollreproduktionszeitwert auch den **Geschäftswert** enthalten muss.

418 Mit diesem Bekenntnis zum theoretischen Umfang des Vollreproduktionszeitwertes soll nicht behauptet werden, dass dessen Ermittlung nach der Systematik des Substanzwertes praktisch möglich wäre. Auch diese Erkenntnis ist so alt wie das Konzept des Substanzwertes.[6] Um mit den oben zitierten Ausführungen des BFH zu sprechen, können die Gewinnaussichten, die sich für

---

1 Gleiche Ansicht, Mandl/Rabel, Unternehmensbewertung, 1997, S. 278.
2 § 246 Abs. 1 S. 4 HGB.
3 Siehe hierzu Sieben, G., Der Substanzwert der Unternehmung, 1963, S. 24.
4 WP-Handbuch, Band II, 2008, S. 156, Tz. 437 und dort die Fußnote 717.
5 Sieben, G., Der Substanzwert der Unternehmung, 1963, S. 23 ff.
6 Mellerowicz, K., Der Wert der Unternehmung als Ganzes, 1952, S. 38; Sieben, G., Der Substanzwert der Unternehmung, 1963, S. 24.

ein Unternehmen in dem Kaufpreis ausdrücken, der über den Substanzwert der materiellen und immateriellen Vermögensgegenstände und Schulden hinaus bezahlt wird, eben nicht durch einen Einzelbewertungsansatz ermittelt werden. In der praktischen Anwendung ist der Substanzwert somit nur als **Teilreproduktionszeitwert** realisierbar. Der Schlüssel zur Ableitung des Geschäftswertes liegt dagegen in obigem Hinweis auf den Kaufpreis für ein Unternehmen, der – bei rationalem Verhalten – aus der Ermittlung eines Ertragswertes abgeleitet wird.

10.4.7 Ermittlung des Geschäftswerts

Der **Geschäftswert** wird auch als **Firmenwert**, Goodwill oder **Praxiswert** bezeichnet.[1] Dabei betreffen Geschäftswert und Firmenwert gewerbliche Unternehmen. Der Praxiswert ist der Geschäftswert der freiberuflichen Praxis. Er findet bei Freiberuflern wie Steuerberatern, Ärzten und Rechtsanwälten Verwendung.[2] Nach der Rechtsprechung des BFH ist der Praxiswert aufgrund der hohen Eigentümerbindung stark flüchtig und mit einem gewerblichen Geschäftswert nicht zu vergleichen.

419

„Nach diesen Entscheidungen ist der personenbezogene *Praxiswert als grundsätzlich verschieden vom unternehmensbezogenen Geschäftswert anzusehen,* .... *Diese Unterscheidung hat die Rechtsprechung damit begründet, dass der Wert einer freiberuflichen Praxis im Wesentlichen auf dem **persönlichen Vertrauensverhältnis zum Praxisinhaber** beruhe, das nach dessen Ausscheiden ende. Blieben die alten Klienten (Patienten etc.) dem Übernehmenden **weiterhin treu**, so werde dieser Umstand nach einiger Zeit nicht mehr auf die Übernahme der Praxis zurückgeführt werden können, sondern darauf, **dass sich zwischen dem Übernehmenden und der Klientel (Patientenschaft) ein neues Vertrauensverhältnis entwickelt habe** ....*"[3]

Zu unterscheiden sind derivative und originäre Geschäftswerte. Mit Einführung des BilMoG gilt ab dem 1.1.2010 der derivative **Geschäftswert** nach § 246 Abs. 1 Satz 4 HGB als zeitlich begrenzt nutzbarer und aktivierungspflich-

420

---

1 Der Begriff Goodwill wird bereits in einer englischen Gerichtsentscheidung aus dem Jahr 1810 verwendet; zitiert nach Mellerowicz, K., Der Wert der Unternehmung als Ganzes, 1952, S. 109.
2 Zu Details siehe Wollny, C., Bewertung von Beratungsunternehmen, in Niedereichholz (Hrsg.), Das Beratungsunternehmen - Gründung, Aufbau, Führung, Nachfolge, 2012, S. 341 ff.
3 BFH v. 24.2.1994 - IV R 33/93, BStBl 1994 II S. 590, NWB Dok ID: LAAAA-94925.

tiger Vermögensgegenstand.[1] Als **derivativ** gelten Geschäftswerte, die im Rahmen einer Unternehmensübernahme erworben wurden. **Orginäre**, d. h. selbst geschaffene Geschäftswerte, sind auch weiterhin nach § 248 Abs. 2 HGB nicht aktivierbar. Die bilanzrechtliche Unterscheidung in derivative und originäre Geschäftswerte ist im Zusammenhang mit der Unternehmensbewertung ohne Bedeutung. Geschäftswerte, unabhängig davon ob als derivativ oder originär zu klassifizieren, sind nicht Teil des **Teilreproduktionszeitwertes**, da sie einer isolierten Bewertung nicht zugänglich sind.[2]

421 Zur Abgrenzung des Begriffes Geschäftswert sind **selbständige geschäftswertbildende** Faktoren und **unselbständige geschäftswertbildende** Faktoren zu unterscheiden.[3] Selbstständige geschäftswertbildende Faktoren sind **immaterielle Vermögensgegenstände**. Unselbständige geschäftswertbildende Faktoren sind nicht isoliert aktivierbar, unabhängig vom Parteienwillen, sondern gehen im „Geschäftswert auf". Dazu führt der BFH aus:

*„Demgemäß kommt ein Ansatz von **Anschaffungskosten für immaterielle Einzelwirtschaftsgüter** oder Anteile an solchen nicht in Betracht, wenn zwar nach den Erklärungen der Vertragsparteien bei der Bemessung des gesamten Entgelts bestimmte tatsächliche und rechtliche Verhältnisse des Unternehmens ausdrücklich berücksichtigt wurden, diese Verhältnisse aber bei Berücksichtigung der **Verkehrsanschauung** und der besonderen Umstände des Einzelfalles **nicht als immaterielle Einzelwirtschaftsgüter**, d. h. wirtschaftliche Werte, für die eine selbständige Bewertung möglich ist ..., sondern lediglich als **unselbständige geschäftswertbildende Faktoren** zu beurteilen sind. Dabei kann für die Unterscheidung zwischen immateriellen Einzelwirtschaftsgütern und geschäftswertbildenden Faktoren in Zweifelsfällen auch bedeutsam sein, **ob die Vertragsparteien bei oder vor Vertragsabschluß im Rahmen der Preisfindung erkennbar eine rational nachvollziehbare Einzelbewertung** bestimmter tatsächlicher oder rechtlicher Verhältnisse des Unternehmens vorgenommen und damit deren selbständige Bewertbarkeit indiziert haben."*[4]

---

1 § 246 HGB geändert durch das Gesetz zur Modernisierung des Bilanzrechts (Bilanzrechtsmodernisierungsgesetz - BilMoG) vom 25.5.2009. § 246 ist in dieser Fassung gemäß Art. 66 Abs. 3 EGHGB erstmals auf Jahres- und Konzernabschlüsse für das nach dem 31.12.2009 beginnende Geschäftsjahr anzuwenden.

2 Engels, W., Betriebswirtschaftliche Bewertungslehre im Licht der Entscheidungstheorie, 1962, S. 35; auch im derivativer Geschäftswert stellt nur eine Restgröße nicht mehr verteilbarer stiller Reserven bei der Kaufpreisverteilung, dem step-up, dar.

3 Zur Bewertung immaterieller Vermögensgegenstände bzw. selbständiger geschäftswertbildender Faktoren siehe Rdn. 429.

4 BFH v. 7.11.1985 - IV R 7/83, BStBl 1986 II S. 176, NWB Dok ID: VAAAA-92127.

10. Einzelbewertungsverfahren

Ausgangspunkt der folgenden Überlegungen ist die Erkenntnis, dass sich der Wert **fortführungswürdiger** Unternehmen nicht durch die Summe der bewerteten Einzelkomponenten ermitteln lässt, sondern nur durch die Gesamtbewertung, d. h. durch die Verwendung von Ertragswert- oder Discounted-Cashflow-Verfahren. Stellt man diesen Ertragswert oder DCF-Wert bzw. den daraus abgeleiteten Kaufpreis dem **Teilreproduktionszeitwert** des Unternehmens gegenüber, bleibt als Delta der Geschäftswert des Unternehmens übrig.[1] Der Teilreproduktionszeitwert ist dabei einschließlich der immateriellen Vermögensgegenstände zu verstehen, wobei letztere gegebenenfalls geschäftswertbildende Faktoren umfassen.

422

> **BEISPIEL:**
>
> | Kaufpreis für ein Unternehmen | 2.500.000 € |
> |---|---|
> | Teilreproduktionszeitwert | 1.000.000 € |
> | Geschäftswert (Delta) | 1.500.000 € |

D.h. die Zahlung eines Kaufpreises für ein Unternehmen, der den Substanzwert des Unternehmens übersteigt, ist dem Umstand geschuldet, dass dieses Unternehmen entsprechend hohe Gewinne erwarten lässt. Aus dem Blickwinkel der Unternehmensbewertung ist die Unterscheidung in originäre oder derivative Geschäftswerte ohne Bedeutung, da der Geschäftswert im Zusammenhang mit einem Unternehmenskauf oder eine solche Transaktion ermittelt werden kann. Das **Bundesverfassungsgericht** definiert den Geschäftswert wie folgt:

423

*„Geschäfts- oder Firmenwert eines Unternehmens, also der **Mehrwert, der einem gewerblichen Unternehmen über den Substanzwert der einzelnen materiellen und immateriellen Wirtschaftsgüter abzüglich der Schulden hinaus innewohnt** (vgl. § 255 Abs. 4 Satz 1 HGB). Er wird dem Grunde und der Höhe nach **durch die Gewinnaussichten bestimmt**, die, losgelöst von der Person des Unternehmers, aufgrund besonderer, dem Unternehmen eigener Vorteile (z. B. Ruf, Kundenkreis, Organisation) höher oder gesicherter erscheinen als bei einem anderen Unternehmen mit sonst vergleichbaren Wirtschaftsgütern ...."*[2]

---

1 Mellerowicz, K., Der Wert der Unternehmung als Ganzes, 1952, S. 109; Münstermann, H., Wert und Bewertung der Unternehmung, 1966, S. 140; Helbling, C., Unternehmensbewertung und Steuern, 1998, S. 291; Sieben/Maltry, Der Substanzwert der Unternehmung, in Peemöller (Hrsg.) Praxishandbuch der Unternehmensbewertung, 2009, S. 545; die Berechnungssystematik entspricht grundsätzlich (Zeitwerte!) der Vorgehensweise zur Bestimmung des Geschäftswertes in IFRS 3.32, siehe auch Moser, U., Bewertung immaterieller Vermögenswerte, 2011, S. 245; zum Geschäftswert als objektiven Unternehmenswert siehe das Zitat bei Simon, H.V., Die Bilanzen der Aktiengesellschaften und der Kommanditgesellschaften auf Aktien, 1897, S. 308.
2 BVerfG v. 7. 11. 2006 - 1 BvL 10/02, NWB Dok ID: GAAAC-96599.

424 Kaufpreise für Unternehmen orientieren sich somit am **Gewinnpotenzial** und nicht am Wert der „verbauten Ziegelsteine". Dieser Logik folgt neben dem bereits zitierten § 246 Abs. 1 Satz 4 HGB auch die **Stufentheorie** des BFH.

> *„Scheidet ein Gesellschafter aus einer OHG oder KG aus und zahlen der oder die verbleibenden Gesellschafter eine **Abfindung, die höher ist als der Buchwert des Gesellschaftsanteils**, also höher als das Kapitalkonto des ausgeschiedenen Gesellschafters im Zeitpunkt seines Ausscheidens, so spricht, wie der Bundesfinanzhof (BFH) wiederholt entschieden hat, eine widerlegbare tatsächliche Vermutung dafür,*
>
> *a) dass die bilanzierten materiellen und immateriellen Wirtschaftsgüter des Gesellschaftsvermögens stille Reserven enthalten oder dass nicht bilanzierte immaterielle Einzelwirtschaftsgüter oder ein **originärer Geschäftswert** vorhanden sind, an denen der ausgeschiedene Gesellschafter teilhatte, und*
>
> *b) der den Buchwert übersteigende Teil der Abfindung **Entgelt für** den Anteil des ausscheidenden Gesellschafters an den stillen Reserven und/oder an einem **Geschäftswert** ist und danach für den oder die verbleibenden Gesellschafter als Anschaffungskosten für den Anteil des ausgeschiedenen Gesellschafters an den stillen Reserven und/oder am Geschäftswert zu aktivieren ist."*[1]

425 Für **unrentable** Unternehmen ist nach der gleichen Mechanik denkbar, dass ein Ertragswert ermittelt wird, der kleiner als der Teilreproduktionszeitwert ist, und entsprechend ein Kaufpreis unterhalb des Teilreproduktionszeitwertes (Substanzwert) bezahlt wird. Diese Konstellation drückt aus, dass das Unternehmen einen **negativen Geschäftswert** aufweist. Ein negativer Geschäftswert ist nicht zwingend mit einer Verlustsituation im Unternehmen verbunden, sondern resultiert aus einer Verzinsung des eingesetzten Eigenkapitals, die unterhalb der risikoäquivalenten Rendite liegt.

> **BEISPIEL:** Substanz bzw. Eigenkapital 1 Mio.€
>
> Nachhaltiger ausschüttbarer Gewinn nach Steuern 0,01 Mio. €
>
> Eigenkapitalrendite 0,01 Mio.€ / 1 Mio.€ = 1 %
>
> Risikoäquivalente Rendite = 6 %
>
> Ertragswert = 0,01 Mio.€ / 6 % = rd. 0,167 Mio. €
>
> Geschäftswert = 0,167 Mio.€ - 1 Mio.€ = - 0,833 Mio.€

---

[1] BFH v. 7. 6. 1984 - IV R 79/82, BStBl 1984 II S. 584.

Bilanztechnisch führt ein negativer Geschäftswert oder bad will bei einem Asset Deal bzw. dem Erwerb einer Personengesellschaft (Behandlung wie ein Asset Deal!) zu einer **Abstockung** der Werte der einzelnen Vermögensgegenstände.[1] Eine darüber hinausgehende Notwendigkeit zur Abstockung (für Buch- oder Bargeld ist eine Abstockung nicht möglich) führt zu einem **passiven Ausgleichsposten**.[2]

Als Zwischenergebnis bleibt festzuhalten, dass die Ermittlung eines Vollreproduktionszeitwertes für ein Unternehmen nach der Substanzwertmethode an der Wertermittlung für den Geschäftswert scheitert. Die Ermittlung des Geschäftswertes ist somit nur über die Ermittlung des Ertragswertes bzw. den daraus abgeleiteten Kaufpreis und der Gegenüberstellung des Teilreproduktionszeitwertes möglich. In der Praxis wird diese Vorgehensweise zivilrechtlich bzw. bilanzrechtlich zur Aufteilung von Unternehmenskaufpreisen bei einem Asset Deal erforderlich. Bei dem Erwerb einer Personengesellschaft erfordert die steuerliche Transparenz der Personengesellschaft die Kaufpreisverteilung auf die erworbenen Vermögensgegenstände bzw. den Geschäftswert im Rahmen des sogenannten step-up in der Ergänzungsbilanz des Käufers.

426

10.4.8 Substanzwert als Teilreproduktionszeitwert – die praktische Substanzwertermittlung

10.4.8.1 Grundlagen

Der Teilreproduktionszeitwert umfasst alle Vermögensgegenstände, ob bilanziert oder nicht bilanziert (z. B. nicht aktivierte selbst erstellte Patente!), sowie die Schulden des Unternehmens. Der Unterschied zum Vollreproduktionszeitwert besteht lediglich darin, dass der Geschäftswert im Teilreproduktionszeitwert nicht enthalten ist.

427

Die Erläuterungen zu den einzelnen Bilanzpositionen folgen grundsätzlich der Bilanz-Gliederung in § 266 HGB. Die nachfolgende Darstellung weicht von dieser Gliederung ab, wenn dies für die Zwecke der Substanzwertermittlung förderlich ist und die Transparenz dadurch erhöht wird.

428

---

1 Rödder/Hötzel/Mueller-Thuns, Unternehmenskauf Unternehmensverkauf, 2003, S. 542, § 23, Tz. 12; Holzapfel/Pöllath, Unternehmenskauf in Recht und Praxis, 2008, S. 166, Tz. 349.
2 BFH v. 12.12.1996 - IV R 77/93, BStBl 1998 II S. 10; siehe auch Preißer/Preißer, Negativer Geschäftswert beim Asset Deal – Handelsrechtliche Überlegungen unter Einbeziehung der Steuersituation der Beteiligten, DStR 2011, S. 133; Sinewe/Frase, „Negativer Kaufpreis" und „negativer Geschäftswert" bei Unternehmenstransaktionen – Kein Grund zur Beunruhigung, StC 2011 S. 26; Meier/Geberth, Behandlung des passiven Ausgleichspostens („negativer Geschäftswert") in der Steuerbilanz, DStR 2011, S. 733.

10.4.8.2 Immaterielle Vermögensgegenstände

429 Zur Ermittlung immaterieller Vermögenswerte hat der FAUB des IDW am 12.7.2007 den IDW Standard: Grundsätze zur Bewertung immaterieller Vermögenswerte (IDW S5) verabschiedet. **IDW S5** liegt zwischenzeitlich mit Ergänzungen in der Fassung Stand 23.5.2011 vor.[1] Zur Bindungswirkung dieses Standards für Nicht-Wirtschaftsprüfer kann auf die Ausführungen unter Rdn. 63 verwiesen werden, die sinngemäß gelten.

430 IDW S5 beschreibt betriebswirtschaftliche Bewertungsgrundsätze. Fragen der Rechnungslegung immaterieller Vermögensgegenstände werden in IDW S5 damit nicht behandelt.[2] Die Bewertung nimmt der Wirtschaftsprüfer in den Funktionen unabhängiger Sachverständiger, Berater, Schiedsgutachter oder Abschlussprüfer vor. Die Ermittlung eines **typisierten Wertes** nimmt der Wirtschaftsprüfer als unabhängiger Sachverständiger vor.[3]

431 Hinsichtlich möglicher **Bewertungsobjekte** deckt IDW S5 einen breiten Rahmen von Marken, Kundenbeziehungen, Lizenzen, Ausbeutungsrechten, Patenten, unpatentierten Technologien, Formeln, Rezepturen oder kunstbezogenen Rechten an Theaterstücken, Bildern oder Fernsehprogrammen ab, um nur eine Auswahl zu nennen.[4] Diese Bewertungsobjekte sind als **geschäftswertbildende Faktoren** zu definieren, die einer isolierten Bewertung zugänglich sind, als immaterielle Wirtschaftsgüter ausgewiesen werden können und einzeln veräußert werden können.

432 Als Bewertungsverfahren bietet IDW S5 folgende Verfahren an:

a) **Marktpreisorientierte Verfahren** – hierfür ist ein aktiver Markt und der Zugriff auf Vergleichstransaktionen notwendig. Der Ansatz dürfte damit in der Praxis kaum zum Zuge kommen.[5]

b) **Kapitalwertorientierte Verfahren** – hierfür ist die Separierung von Cashflow auf den zu bewertenden immateriellen Vermögensgegenstand erforderlich. Um diesen für die Bewertung notwendigen Cashflow zu separieren, macht IDW S5 vier Vorschläge. Praktisch umsetzbar scheinen hier insbesondere das Modell der Lizenzpreisanalogie, sowie die Mehrgewinnmethode.

---

1 Nachfolgend zitiert als IDW S5.
2 IDW S5, Tz. 1.
3 IDW S5, Tz. 8.
4 IDW S5, Tz. 13.
5 IDW S5, Tz. 21.

b 1) Beim **Lizenzpreisanalogieverfahren** wird gefragt, welche Lizenzen zu bezahlen wären, wenn man nicht Eigentümer des jeweiligen immateriellen Vermögensgegenstandes wäre.[1] Die ersparten Lizenzzahlungen können bewertet werden. Hier ist Frage einer angemessenen Lizenzrate[2] sowie des üblichen Lizenzierungszeitraumes[3] zu klären. Lizenzraten können in der kostenpflichtigen Datenbank „Amadeus" recherchiert werden. Die Lizenzzahlung ergibt sich aus der Multiplikation der Lizenzrate (%) mit der Bezugsbasis, regelmäßig dem zuzuordnenden Umsatz.

b 2) Bei der **Mehrgewinnmethode** wird der Unternehmenswert nach einem Gesamtbewertungsverfahren (z. B. Ertragswert) ermittelt. Die Unternehmensbewertung erfolgt dabei einmal mit dem immateriellen Vermögensgegenstand und einmal unter der Annahme, das Unternehmen hätte den immateriellen Vermögensgegenstand nicht. Die Differenz der Unternehmenswerte ergibt den Wert des immateriellen Vermögensgegenstandes. Entsprechende Verfahren werden z. B. angewendet, um den Wert von Marken zu ermitteln. Man stelle sich die Bewertung des Unternehmens „The Coca Cola Company" einmal mit und einmal ohne diesen Markennamen vor. Das Delta ist bekanntermaßen erheblich und entfällt auf die Marke „Coca Cola", als laut Interbrand mit 70,45 Milliarden Dollar weltweit wertvollste Marke in 2010.[4]

Die so separierten, erwarteten Cashflows sind im Wege der Vereinfachung direkt als Besteuerungsgrundlage der Besteuerung mit Unternehmenssteuern zu unterwerfen.[5] Eine Besteuerung mit Einkommensteuer kommt bei der Ermittlung eines typisierten Wertes (Ermittlung durch unabhängigen Sachverständigen!)[6] nicht in Frage.[7] Die Netto-Cashflows werden mit den Gewichteten Kapitalkosten (WACC) des Unternehmens diskontiert, um deren Barwert und damit den Wert des immateriellen Vermögensgegenstandes zu bestimmen.[8] Der WACC wird in nachfolgender Darstellung mit k bezeichnet. Damit berechnet sich k wie folgt:

---

1 IDW S5, Tz. 31.
2 IDW S5, Tz. 63.
3 IDW S5, Tz. 71.
4 http://www.interbrand.com/de/news-room/press-releases/Best-Global-Brands-2010.aspx.
5 IDW S5, Tz. 45.
6 IDW S5, Tz. 8.
7 IDW S5, Tz. 53.
8 IDW S5, Tz. 41.

B. Grundlagen der Unternehmensbewertung

$$k = i_f (1 - (0{,}75 s_{GewSt} + s_{KSt} + s_{KSt} s_{SoliZ})) \frac{FK}{GK} + r_{EKj} \frac{EK}{GK}$$

FK: Marktwert des verzinslichen Fremdkapitals
GK: Marktwert des „Gesamtkapitals" (FK + EK)
EK: Marktwert des Eigenkapitals = Unternehmenswert
i_f: Verschuldungszins
s_{GewSt}: Gewerbesteuersatz (Zinsen nur zu 75% abzf. BA, ab 1.1.2008)
s_{KSt}: Körperschaftsteuersatz (ab 1.1.2008 definitiv 15 %)
s_{SoliZ}: Solidaritätszuschlag (5,5% auf die Körperschaftsteuer)
r_{EKj}: Renditeforderung der EK - Geber des Unternehmens j

434 Die Verwendung des WACC zur Diskontierung, statt der Eigenkapitalkosten, ist zieladäquat,

1) da der Wert des immateriellen Vermögensgegenstandes aus Sicht des Unternehmens (und nicht der Eigenkapitalgeber!) ermittelt wird und

2) eine Aufteilung des Cashflows in Eigenkapitalgeber- und Fremdkapitalgeber-Anteile zur Berücksichtigung der steuerlichen Abzugsfähigkeit von Fremdkapitalzinsen unterbleiben kann, da der Steuervorteil (Tax-Shield) über den WACC berücksichtigt wird.

435 Der **Eigenkapitalkostensatz** r_{EKj} bestimmt sich nach dem Capital Asset Pricing Model (**CAPM**).[1] Die praktische Ermittlung des Eigenkapitalkostensatzes richtet sich wie in der Bewertung von Unternehmen nach den Möglichkeiten, diese bei börsennotierten Unternehmen direkt unter Verwendung der Kapitalmarktdaten des zu bewertenden Unternehmens zu ermitteln oder über Peer Group Analysen aus den Daten von Vergleichsunternehmen zu bestimmen.[2]

436 Wie bei der Bewertung ganzer Unternehmen ergibt sich durch die Verwendung des WACC das Problem der **Zirkularität**. D.h. um k zu ermitteln, benötigt man den Unternehmenswert des Unternehmens für die Anteilseigner (EK). Das Problem lässt sich bekanntermaßen in der einfachen Variante durch die Verwendung eines fixen Verschuldungsgrades FK/GK lösen. Bei der Vorgabe von FK/GK = 0,7 ergibt sich EK/GK = 1 − 0,7 = 0,3. Bei einem anspruchsvolleren Lösungsmodell wird mit Iterationen (in Excel vorhanden) gearbeitet.

---

[1] IDW S5, Tz. 43.
[2] Siehe zur Ermittlung des Eigenkapitalkostensatzes Rdn. 269.

c) **Kostenorientierte Verfahren** – diesem Verfahren wird konzeptionelle Schwäche attestiert, da der Nutzen aus einem immateriellen Vermögensgegenstand eben nichts damit zu tun hat, welcher Betrag in diesen Vermögensgegenstand investiert wurde.[1]

Der **Bewertung von Marken** widmet IDW S5 einen eigenen Abschnitt. Hier wird nach Produkt-, Dach- und Unternehmensmarken unterschieden.[2] Hinsichtlich der Bewertungsverfahren gelten die obigen Ausführungen. Allerdings wird dem kostenorientierten Verfahren eine Rolle im Zusammenhang mit steuerrechtlich relevanten Fragestellungen zugebilligt.[3] Marktpreisorientierte Verfahren sind dagegen nicht anwendbar, da für Marken kein aktiver Markt existiert.[4]

437

Im Zusammenhang mit der Markenbewertung werden insbesondere die Bestimmung der **Nutzungsdauer** und damit der Zeitraum für die Bestimmung diskontierbarer **Cashflows** thematisiert.[5] Die Verwendung der **ewigen Rente** sei in diesem Zusammenhang unzulässig. Die zeitlich begrenzte Nutzungsdauer von Produktmarken kann danach aus Produktlebenszyklen, Erfahrungswerten und Marktanalysen abgeleitet werden.

438

Unter kundenorientierten immateriellen Werten werden Kundenlisten, Auftragsbestände und Kundenbeziehungen verstanden.[6] Hinsichtlich der Bewertungsverfahren und der Bestimmung der Nutzungsdauern kann auf die obigen Ausführungen verwiesen werden.

439

Bei der Bewertung von Innovationen und technischen Erfindungen können Betriebsgeheimnisse, technische Prozesse, Rezepturen, Datensammlungen und Computersoftware unterschieden werden.[7] Technologien sind einzeln zu bewerten, können aber im Einzelfall zu einem Bewertungsobjekt zusammengefasst werden.[8] Zur Bewertung wird die Mehrgewinnmethode präferiert.[9] Insofern kann auf die obigen Hinweise verwiesen werden.

440

---

1 IDW S5, Tz. 48.
2 IDW S5, Tz. 61 und Tz. 62.
3 IDW S5, Tz. 68.
4 IDW S5, Tz. 69.
5 IDW S5, Tz. 71.
6 IDW S5, Tz. 82 bis Tz. 85.
7 IDW S5, Tz. 109.
8 IDW S5, Tz. 117.
9 IDW S5. Tz. 122.

10.4.8.3 Immobilien

441 In der Regel werden keine Preise aus aktuellen Markttransaktionen verfügbar sein, die zum einen zeitnah zum Bewertungsstichtag vorliegen und zum anderen Immobilien betreffen, die ausreichend vergleichbar zur jeweils zu bewertenden Immobilie sind. Es verbleibt damit nur

1. die Bewertung der Immobilien nach den hierfür einschlägigen Vorschriften und Verfahren, oder
2. die pauschale Bewertung des Immobilienbestandes nach einem vereinfachenden Konzept.

442 Die einschlägigen Vorschriften zur Bewertung von Grund und Boden sowie Gebäuden fanden sich bisher in der „Verordnung über Grundsätze für die Ermittlung der Verkehrswerte von Grundstücken" (WertV).[1] Die WertV wurde aufgehoben und ersetzt durch die „Immobilienwertermittlungsverordnung vom 19. 5. 2010", kurz **ImmoWertV**, gültig für Stichtage ab dem **1. 7. 2010**.[2]

Gemäß § 1 Abs. 1 der ImmoWertV gilt:

„Bei der Ermittlung der **Verkehrswerte (Marktwerte) von Grundstücken**, ihrer Bestandteile sowie ihres Zubehörs und bei der Ableitung der für die Wertermittlung erforderlichen Daten einschließlich der Bodenrichtwerte **ist diese Verordnung anzuwenden**."

443 Je nach **Art der Immobilie**, stehen gemäß § 8 ImmoWertV unterschiedliche Verfahren zur Wertermittlung zur Verfügung:

„Zur Wertermittlung sind das **Vergleichswertverfahren** (§ 15) einschließlich des Verfahrens zur Bodenwertermittlung (§ 16), das **Ertragswertverfahren** (§§ 17 bis 20), das **Sachwertverfahren** (§§ 21 bis 23) oder mehrere dieser Verfahren heranzuziehen. Die Verfahren sind nach der Art des Wertermittlungsobjekts ..., zu wählen; ..."

444 Das **Ertragswertverfahren** kann zur Bewertung von Immobilien eingesetzt werden, für die am Markt Vermietungserlöse erzielt werden können (Einfamilienhäuser, Verwaltungsgebäude, Lagerhallen, Produktionshallen). Das Ertragswertverfahren zur Ermittlung von Immobilienwerten stellt gemäß § 17 Abs. 1 ImmoWertV auf einen nachhaltigen Reinertrag und einen darauf anzuwendenden Barwertfaktor (Multiplikator) ab.

---

[1] Verordnung über Grundsätze für die Ermittlung der Verkehrswerte von Grundstücken vom 6. 12. 1988, BGBl 1988 I S. 2209.

[2] Verordnung über die Grundsätze für die Ermittlung der Verkehrswerte von Grundstücken (Immobilienwertermittlungsverordnung - ImmoWertV) vom 19. 5. 2010, BGBl 2010 I S. 639.

*„Im **Ertragswertverfahren** wird der Ertragswert auf der **Grundlage marktüblich erzielbarer Erträge** ermittelt. Soweit die Ertragsverhältnisse absehbar wesentlichen Veränderungen unterliegen oder wesentlich von den marktüblich erzielbaren Erträgen abweichen, kann der Ertragswert auch auf der Grundlage periodisch unterschiedlicher Erträge ermittelt werden."*

Bei den **Ertragswertverfahren** wird gemäß § 17 Abs. 2 ImmoWertV zwischen einem allgemeinen Ertragswertverfahren § 17 Abs. 2 Nr. 1 ImmoWertV und einem vereinfachten Ertragswertverfahren § 17 Abs. 2 Nr. 2 ImmoWertV unterschieden. Die Wertermittlung trennt konzeptionell die Ermittlung des Bodenwertes von der Ermittlung des Gebäudewertes. Durch Kürzung der Mieterträge um die Bodenwertverzinsung wird der Rohertrag ermittelt. Nach Kürzung des Rohertrages um die Bewirtschaftungskosten resultiert der Reinertrag nach § 18 Abs. 1 ImmoWertV.

445

*„Der **Reinertrag** ergibt sich aus dem jährlichen **Rohertrag abzüglich der Bewirtschaftungskosten (§ 19)**."*

Der Reinertrag ist gemäß § 17 Abs. 2 ImmoWertV mit dem Barwertfaktor gemäß § 20 ImmoWertV zu kapitalisieren.

446

*„Der Kapitalisierung und Abzinsung sind **Barwertfaktoren** zugrunde zu legen. Der jeweilige Barwertfaktor ist unter Berücksichtigung der **Restnutzungsdauer** (§ 6 Abs. 6 Satz 1) und des jeweiligen **Liegenschaftszinssatzes** (§ 14 Abs. 3) der Anlage 1 oder der Anlage 2 zu entnehmen oder nach der dort angegebenen Berechnungsvorschrift zu bestimmen."*

Die Summe aus kapitalisiertem Reinertrag und Bodenwert ergibt nach § 17 Abs. 2 ImmoWertV den **Ertragswert der Immobilie**.

Für in Grund und Boden vorhandene industrielle Verunreinigungen (Altlasten) und die notwendigen Abschläge auf den Bodenwert, wird bei Anwendung der aufwendigen Einzelbewertung der Immobilien, mit dem Ziel einer möglichst präzisen Immobilienwertermittlung, das Einholen eines Altlastengutachtens das Mittel der Wahl sein.

447

B. Grundlagen der Unternehmensbewertung

BEISPIEL: Ertragswertverfahren nach der ImmoWertV

Schritt 1	
Jahresrohertrag (§ 18 ImmoWertV)	
Nachhaltig erzielbare Miete / m²	12,00
Mietfläche in m²	120,00
=	**17.280,00**
Bewirtschaftungskosten (§ 19 ImmoWertV)	
Verwaltungskosten	
Instandhaltungskosten	
Mietausfallwagnis	
Pauschal	22%
=	**3.801,60**
Reinertrag des Grundstücks	**13.478,40**

Schritt 2	
Bodenwert (§ 16 ImmoWertV)	
Bodenrichtpreis / m²	500,00
Grundstücksfläche in m²	100,00
=	**50.000,00**
Bodenwertverzinsung (§ 17 Abs. 2 ImmoWertV)	
Bodenwert	50.000,00
Liegenschaftzinssatz (§ 14 ImmoWertV)	6,5%
=	**3.250,00**
Reinertrag bauliche Anlagen	**10.228,40**

10. Einzelbewertungsverfahren

Schritt 3	
Restnutzungsdauer * (§ 6 ImmoWertV)	
Baujahr	1990
Jahr - Bewertungsstichtag	2011
Nutzungsdauer **	50
=	**29,00**
Vervielfältiger * (§ 20 u. Anlage 1 ImmoWertV)**	
Restnutzungsdauer	29,00
Liegenschaftszinssatz (§ 14 ImmoWertV)	6,5%
=	**12,91**
Gebäudeertragswert ****	**132.022,97**
sonst. wertbeeinflussende Merkmale	
	=
Ertragswert der baulichen Anlagen	**132.022,97**
Bodenwert	50.000,00
Verkehrswert	**182.022,97**

Legende:
* * Restnutzungsdauer = Nutzungsdauer − (Aktuelles Jahr − Baujahr)
* ** Laut NHK 2005, Nutzungsdauer von industriellen Produktionsstätten 40-60 Jahre
* *** Kapitalisierungsfaktor = $(q^n - 1) / (q^n \times (q - 1))$; $q = 1 + p / 100$
   p = Liegenschaftszinssatz
   n = Restnutzungsdauer
* **** Gebäudeertragswert = Reinertrag bauliche Anlagen × Vervielfältiger

Das **Sachwertverfahren** ist dagegen dann anzuwenden, wenn, aufgrund der Art (Theater) oder Struktur (auf bestimmte Produktionsabläufe angepasste Produktionshallen) der Immobilie, eine Vermarktung der Immobilie im Sinne einer Vermietbarkeit auszuschließen ist. Der Sachwert ermittelt sich gemäß § 21 Abs. 2 ImmoWertV ausgehend von den Herstellungskosten der Immobilien.

„Der **Sachwert** der baulichen Anlagen (ohne Außenanlagen) ist ausgehend von den **Herstellungskosten** (§ 22) unter Berücksichtigung der **Alterswertminderung** (§ 23) zu ermitteln."

448

449 Der Bodenwert und der Wert der baulichen Anlagen werden ebenfalls getrennt ermittelt. Als Herstellungskosten des Gebäudes gelten nicht die Herstellungskosten im bilanzrechtlichen Sinne gemäß § 255 Abs. 2 HGB, sondern die sogenannten **Normalherstellungskosten**, die auf Erfahrungswerten beruhen und in der Fachliteratur für die jeweiligen Herstellungsjahre veröffentlicht werden.[1] Das Bundesministerium für Verkehr, Bau und Stadtentwicklung hat im Jahre 2005 ein Forschungsprojekt zum Thema „Aktuelle Gebäudesachwerte in der Verkehrswertermittlung" vergeben. Dieser Forschungsbericht liegt mittlerweile vor.[2] Der Forschungsbericht ersetzt nicht das geltende Tabellenwerk der NHK 2000, da die NHK 2005 mit der ImmoWertV aufgrund nicht abgestimmter Sachwertfaktoren nicht gemeinsam anwendbar sind.[3] Normalherstellungskosten beziehen sich entweder auf Quadratmeter der Brutto-Grundfläche, oder sie werden nach dem Kubikmeterverfahren ermittelt und als Preis je Kubikmeter umbauten Raums angegeben.[4] Die Normalherstellungskosten 2000 (NHK 2000) beziehen sich nur noch auf die Bruttogrundfläche.[5]

450 Alternativ zu einer Einzelbewertung anhand der ImmoWertV kann eine **pauschale Bewertung** des Immobilienbestandes des Unternehmens angemessen sein.[6] Ausgehend vom Anlageregister sind dabei zunächst die historischen Anschaffungs- und Herstellungskosten des zum Bewertungsstichtag im Unternehmen vorhandenen Immobilienbestandes zu ermitteln. Ausgehend von diesen historischen Anschaffungs- bzw. Herstellungskosten können, durch die Verwendung von Preisindizes, theoretische Wiederbeschaffungsneuwerte auf den Bewertungsstichtag hochgerechnet werden. Die Indizes sind dabei auf die nach Anschaffungszeitpunkten zusammengefassten Gruppen der Immobilien und deren Anschaffungs- bzw. Herstellungskosten anzuwenden. Zur Ermittlung der Wiederbeschaffungszeitwerte können lineare Abschreibungsraten verrechnet werden. Abschläge für technische Veralterung oder Gebäudeschäden werden bei diesem pauschalen Ansatz nur mit gesundem Augenmaß vorgenommen werden können. Für in Grund und Boden vorhandene industrielle Verunreinigungen (Altlasten) können gegebenenfalls Erfahrungswerte aus entsprechenden Dekontaminationsmaßnahmen verwendet werden. Hierfür

---

1 Metzger, B., Wertermittlung von Immobilien und Grundstücken, 2010, S. 128.
2 Aktuelle Gebäudesachwerte in der Verkehrswertermittlung, www.bmvbs.de/SharedDocs/DE/Artikel/SW/endbericht-des-forschungsprojekts-aktuelle-gebaeudesachwerte-in-der-verkehrswertermittlung.
3 Kleiber, W., Verkehrswertermittlung von Grundstücken, 2010, S. 1844, Tz. 78.
4 Die Volumenberechnung des umbauten Raums erfolgt nach DIN 277.
5 Metzger, B., Wertermittlung von Immobilien und Grundstücken, 2010, S. 128.
6 Nachfolgende Ausführungen gemäß Vorschlag in WP-Handbuch, Band II, 2008, S. 159.

sind allerdings Rahmendaten zur Art und Intensität der Verunreinigung und zur betroffenen Fläche, bzw. dem betroffenen Volumen, erforderlich.

Soweit sich im Immobilienbestand des Unternehmens **nicht betriebsnotwendige Immobilien** befinden (Immobilien, die für den Unternehmenszweck nicht erforderlich sind), sind diese mit dem Veräußerungspreis (Liquidationswert) nach Steuern zu erfassen. 451

Da bei Änderungen des Unternehmenskonzeptes letztlich jede Immobilie neu den Bereichen betriebsnotwendig und nicht betriebsnotwendig zugeordnet werden kann, ist entscheidend, welche **Bewertungskonzeption** gewählt wird. Bei der Anwendung von Gesamtbewertungsverfahren wie auch beim Substanzwertverfahren besteht die Wahlmöglichkeit zwischen objektivierten und subjektiven Unternehmenswerten.[1] Objektivierte Unternehmenswerte gehen von der Unternehmensfortführung im bestehenden Unternehmenskonzept aus. D.h. überträgt man das Bewertungskonzept des **objektivierten** Unternehmenswertes auf eine Unternehmensbewertung die anhand eines Gesamtbewertungsverfahrens oder anhand des Substanzwertverfahrens vorgenommen wird, ist die Zuordnung der Immobilien nach dem am Bewertungsstichtag vorhandenen Unternehmenskonzept vorzunehmen. Bei einem **subjektiven** Unternehmenswert hängt die Zuordnung zu den Kategorien betriebsnotwendig bzw. nicht betriebsnotwendig von den Plänen des Unternehmenskäufers ab.[2] 452

10.4.8.4 Technische Anlagen und Maschinen

Für die Bewertung von technischen Anlagen und Maschinen gelten die Aussagen zur Wertermittlung sinngemäß. Soweit Marktpreise für gängige Maschinen aus **Gebrauchtmaschinen-Börsen** bezogen werden können, sind diese zu verwenden. Ist dies nicht der Fall, bleibt nur die Bewertung über einschlägige **Bewertungsverfahren**.[3] Als letzte Lösung kann die **pauschale Bewertung** über die Gruppierung des Anlageregisters nach Anschaffungszeitpunkten, die Anwendung von Indizes auf die historischen Anschaffungs- und Herstellungskosten des vorhandenen Maschinenparks und die Vornahme von linearen Abschreibungen bzw. Abschlägen zur Berücksichtigung des Abnutzungsgrades und gegebenenfalls der technischen Veralterung angewendet werden. 453

---

1 IDW S1 i. d. F. 2008, Tz. 29 und Tz. 172.
2 Zur Subjektivität der Klassifizierung „betriebsnotwendig" oder „nicht betriebsnotwendig" siehe Moxter, A., Grundsätze ordnungsmäßiger Unternehmensbewertung, 1991, S. 41.
3 Siehe etwa die bereits 1991 zurückgezogene VDI-Richtlinie „VDI 2527" zur Bewertung gebrauchter Werkzeugmaschinen.

454 Für abgeschriebene aber noch genutzte Maschinen wird der pauschale Ansatz mit 20% bis 30% der Wiederbeschaffungsneuwerte vorgeschlagen.[1] Das gleiche Konzept soll auf die Bewertung des noch vorhandenen Bestandes an geringwertigen Wirtschaftsgütern angewendet werden, wobei hier 50% der Wiederbeschaffungsneuwerte zum Ansatz kommen sollen. Alternativ wäre zu überlegen, in diesen Fällen das Verhältnis der geschätzten Restnutzungsdauer zur wirtschaftlichen Nutzungsdauer zu ermitteln und diesen Quotienten auf die Wiederbeschaffungsneuwerte anzuwenden, um so einen Rest-Substanzwert abzuleiten.

10.4.8.5 Anteile an Unternehmen und Beteiligungen

455 Das WP-Handbuch Band II schlägt vor, bei **hoher Intensität** der Beziehungen zwischen Obergesellschaft und Beteiligungsgesellschaft (Beteiligungsgesellschaft übt ausgelagerte Funktion der Obergesellschaft aus), den anteiligen Substanzwert der Beteiligungsgesellschaft im Substanzwert der Obergesellschaft aufzunehmen.[2] Bei **weniger intensiven Beziehungen** soll die Beteiligung nach den Grundsätzen des IDW S1, d.h. nach den Gesamtbewertungsverfahren, bewertet werden. Die Empfehlung des WP-Handbuches erscheint wenig systematisch und die Trennung zwischen intensiv und weniger intensiv dürfte sich in der Praxis als schwierig erweisen.

456 Hier wird deshalb die Position vertreten, dass die Anwendung des Substanzwertverfahrens auf den jeweiligen **Rechtsträger** beschränkt ist, für den ein Substanzwert zu ermitteln ist. Für die zu bewertende Substanz, einschließlich der Beteiligungen, wird deshalb der jeweils zweckmäßige Bewertungsansatz gewählt. D.h. für Beteiligungen wäre IDW S1 und die dort beschriebenen Gesamtbewertungsverfahren anzuwenden.[3] Soweit es sich bei den Beteiligungen um nicht betriebsnotwendiges Vermögen handelt, kommen die einschlägigen Bewertungsempfehlungen zur Anwendung.[4]

10.4.8.6 Eigene Anteile

457 Eigene Anteile sollen als nicht betriebsnotwendiges Vermögen behandelt werden.[5] Damit müsste nach den Vorgaben im WP-Handbuch Band II eine Bewer-

---

1 WP-Handbuch, Band II, 2008, S. 160 Tz. 446.
2 WP-Handbuch, Band II, 2008, S. 160 Tz. 447.
3 Siehe hierzu Rdn. 410.
4 Siehe hierzu Rdn. 405.
5 WP-Handbuch, Band II, 2008, S. 161 Tz. 449.

tung zum **Liquidationserlös** erfolgen.[1] Tatsächlich wird aber eine Bewertung nach folgender Formel vorgeschlagen:

$$Y = NW \frac{SW}{GezK - NW}$$

Y: gesuchter Wert der eigenen Anteile
SW: Vermögensgegenstände zu Wiederbeschaffungszeitwerten abzgl. Schulden ohne Wert der eigenen Anteile
NW: Nominalwert der eigenen Anteile
GezK: Gezeichnetes Kapital

BEISPIEL: Das Gezeichnete Kapital betrage 100 T€. Der Nominalwert der eigenen Anteile betrage 20 T€. Der Substanzwert des Unternehmens, ohne Berücksichtigung des Wertes der eigenen Anteile betrage 500 T€. Der Wert der eigenen Anteile berechnet sich mit:

$$125.000 = 20.000 \ \frac{500.000}{100.000 - 20.000}$$

10.4.8.7 Vorräte

Roh-, Hilfs- und Betriebsstoffe werden mit dem **Marktpreis** einschließlich der Anschaffungsnebenkosten am Bewertungsstichtag bewertet. Unfertige Erzeugnisse und Fertige Erzeugnisse werden zu Vollkosten zuzüglich der allgemeinen Verwaltungsgemeinkosten bewertet. Eine retrograde Bewertung ist alternativ möglich. Unfertige und Fertige Erzeugnisse werden damit nicht zum Marktpreis, sondern anhand der aufgewendeten **Kosten** bewertet.

10.4.8.8 Ausstehende Einlagen, Forderungen, Wertpapiere, Bankguthaben und Kasse, Aktive Rechnungsabgrenzung

Ausstehende Einlagen und Forderungen sind mit ihrem am Bewertungsstichtag beizulegenden Wert anzusetzen. Unverzinsliche oder niedrig verzinsliche langfristige Forderungen sind abzuzinsen.

Wertpapiere werden zum Börsenkurs des Bewertungsstichtages angesetzt.[2] Dem Wiederbeschaffungsgedanken folgend, müssten hierbei auch Anschaffungsnebenkosten wie eine Maklergebühr berücksichtigt werden.

---

1 WP-Handbuch, Band II, 2008, S. 158.
2 Der Begriff Wertpapier ist nicht einheitlich definiert. Wertpapiere im Sinne der erbschaftsteuerrechtlichen Verschonungsvorschriften sind ausschließlich auf dem Markt gehandelte Wertpapiere im Sinne des § 2 Abs. 1 des Wertpapierhandelsgesetzes (WpHG).

Der Ansatz von Bankguthaben und Kasse erfolgt zum Nominalwert.

Aktive Rechnungsabgrenzungsposten sind im Substanzwert nur zu erfassen, wenn sie Forderungscharakter haben.

10.4.8.9 Sonderposten mit Rücklageanteil

461 Aus bilanzrechtlicher Sicht bestehen Sonderposten mit Rücklageanteil aus Eigenkapital und einer **latenten Steuerlast**. Diese Konstellation ergab sich aus der Möglichkeit, den Steuerbilanzgewinn durch Abgrenzungsbuchungen zu kürzen, wenn dies gemäß § 247 Abs. 3 HGB a. F. auch in der Handelsbilanz nachvollzogen wurde.

> **BEISPIEL:** Aus dem Verkauf einer Immobilie entsteht ein Veräußerungsgewinn von 100.000 €. Dieser Gewinn kann nach den Vorgaben einer § 6b-Rücklage steuerfrei gehalten werden. Bilanziell wird der unversteuerte Gewinn in Form der § 6b-Rücklage im Sonderposten mit Rücklageanteil „geparkt", bis er entweder auf eine Neuinvestition übertragen werden kann oder aufgelöst wird.

462 Diese steuerlichen „Rücklagen" sind somit tatsächlich keine Rücklagen, sondern kürzen bei ihrer Bildung den steuerpflichtigen Gewinn und erhöhen ihn bei ihrer Auflösung. Für Wirtschaftsjahre ab dem 31.12.2009 können Sonderposten mit Rücklageanteil in der Handelsbilanz nicht mehr gebildet werden. Korrespondierend dazu ist ihre Bildung in der Steuerbilanz für Veranlagungszeiträume ab dem Veranlagungszeitraum 2010 nicht mehr davon abhängig, dass sie in der Handelsbilanz gebildet werden.

463 Der Ertragsteueranteil des Sonderpostens mit Rücklageanteil stellt somit eine Steuerschuld auf **unversteuerte Gewinne** dar und ist entsprechend als Steuerrückstellung auszuweisen.

10.4.8.10 Sonstige Rückstellungen und Rückstellungen für Pensionen

464 Nur Rückstellungen mit Verpflichtungscharakter gegenüber **Dritten** sind zu erfassen (z. B. keine Aufwandsrückstellungen). Der Ausweis erfolgt in Höhe der wahrscheinlichen **Inanspruchnahme**. D. h. das Pensionsrückstellungen nicht mit dem steuerlichen Teilwert, berechnet mit 6 % gemäß § 6a Abs. 3 EStG aufzunehmen sind, sondern mit dem höheren „wahren" handelsrechtlichen Wert. Auszuweisen ist deshalb gemäß § 253 Abs. 1 HGB (i. d. F. d. BilMoG) der **Erfüllungsbetrag** unter Berücksichtigung objektiv nachweisbarer, künftiger Preis- und Kostensteigerungen.

*"... Rückstellungen in Höhe des nach vernünftiger kaufmännischer Beurteilung notwendigen **Erfüllungsbetrages** anzusetzen."*[1]

Für laufende Pensionen und Anwartschaften kann abweichend vom Einzelbewertungsgrundsatz in § 253 Abs. 2 Satz 1 HGB (i. d. F. d. BilMoG) eine pauschale Abzinsung mit einem **Durchschnitts-Marktzins** vorgenommen werden. 465

*"... dürfen Rückstellungen für Altersversorgungsverpflichtungen oder vergleichbare langfristig fällige Verpflichtungen pauschal mit dem **durchschnittlichen Marktzinssatz** abgezinst werden, der sich bei einer angenommenen **Restlaufzeit von 15 Jahren** ergibt."*[2]

Drohverlustrückstellungen ergeben sich aus einem Verpflichtungsüberhang im Zusammenhang mit einem „Verlustauftrag" gegenüber dem Auftraggeber. D. h. da die Höchstgrenze einer Wertkorrektur durch Abschreibungen auf die zum Bewertungsstichtag aktivierten Herstellungskosten begrenzt ist, muss der darüber hinausgehende antizipierte Verlust durch eine Verlustrückstellung erfasst werden.[3] 466

10.4.8.11 Steuerrückstellungen

Steuerrückstellungen sind als Schuldposten auszuweisen und kürzen insoweit den Substanzwert. 467

10.4.8.12 Latente Steuern auf stille Reserven

Latente Steuern stellen „verborgen vorhandene" Steuerlasten dar. Bezogen auf den Substanzwert beziehen sich diese latenten Steuern auf die Steuerbelastungen, die sich bei der Realisierung der **stillen Reserven** (Verkehrswert minus Buchwert) ergeben, die in der Unternehmenssubstanz vorhanden sind.[4] Der Begriff „latente Steuern" im Sinne von § 274 HGB soll dagegen die Steuerbelastung auf die Bewertungsdifferenzen zwischen handelsrechtlichen und steuerrechtlichen Bewertungsansätzen abbilden. 468

„Bestehen zwischen den handelsrechtlichen Wertansätzen von Vermögensgegenständen, Schulden und Rechnungsabgrenzungsposten und ihren steuerlichen Wertansätzen Differenzen, die sich in späteren Geschäftsjahren voraus-

---

1 § 253 Abs. 1 Satz 2 HGB.
2 § 253 Abs. 2 Satz 2 HGB.
3 Ellrott/Roscher, in Ellrott/Förschle/Kozikowski/Winkeljohann (Hrsg.), Beck'scher Bilanzkommentar, 2010, S. 492 Tz. 524.
4 Bellinger/Vahl, Unternehmensbewertung in Theorie und Praxis, 1992, S. 350.

B. Grundlagen der Unternehmensbewertung

sichtlich abbauen, so ist eine sich daraus insgesamt ergebende Steuerbelastung als **passive latente Steuern** ... in der Bilanz anzusetzen."[1]

469 Die Begriffe „latente Steuern" im Sinne der Substanzbewertung und im Sinne des Bilanzrechts sind somit nicht deckungsgleich.

470 Vermögensgegenstände enthalten **stille Reserven**, wenn ihr Verkehrswert über dem ausgewiesenen Buchwert liegt. Stille Reserven im Umlaufvermögen werden über den Leistungserstellungsprozess des Unternehmens geschaffen und lösen sich kurzfristig über die anschließende Realisierung auf. Sie unterliegen damit als ausgewiesener Gewinn der Besteuerung. Die Substanzbewertung der Fertigen und Unfertigen Erzeugnisse erfasst nur aufgelaufene Kosten aber keine Gewinnbestandteile.[2] Bei stillen Reserven im Anlagevermögen hängt die Auflösung der stillen Reserven von der Zweckbestimmung des Anlagevermögens ab.

471 **Betriebsnotwendiges Anlagevermögen** verbraucht sich über den Zeitraum seiner Nutzung. Ein Verkauf dieses Anlagevermögens, mit der Konsequenz der Auflösung der stillen Reserven ist plangemäß nicht vorgesehen. Über dem **nicht betriebsnotwendigen Vermögen** schwebt dagegen das Damoklesschwert der Veräußerung, die nach betrieblichen Erfordernissen erfolgt bzw. für Bewertungszwecke unterstellt wird und zur Realisierung der stillen Reserven führt. Die stillen Reserven in dem nicht betriebsnotwendigen Anlagevermögen stellen somit latente Gewinne dar, die durch **latente Steuern** belastet sind. Über die Möglichkeit, auch diese latenten Gewinne durch die Bildung einer 6b-Rücklage zu kompensieren und damit die Gefahr latenter Steuern zu neutralisieren, ist im Einzelfall zu entscheiden.[3] Soweit die Grundzüge.

472 Die Intention der Substanzwertermittlung ist die Unternehmenswertermittlung anhand der theoretischen **Nachbaukosten** des Zielunternehmens. Dabei ist zu berücksichtigen, dass dieser Nachbau eine **Fiktion** darstellt, die nur als Vehikel der Wertermittlung bemüht wird. Das tatsächliche Interesse gilt dem **Erwerb des Zielunternehmens** und nicht der Errichtung eines baugleichen Unternehmens. Sieben beschreibt die Vorgehensweise des Investors wie folgt:

„Nach ihr wird der Substanzwert **als Investitionsvoraus, als vorgeleistete Ausgaben** verstanden, deren Höhe sich danach bestimmt, inwieweit **geplante Ausgaben durch die Übernahme von Substanz ersetzt werden können**. Die **Ausgabereihe** des Investors wird also in **zwei Bestandteile** zerlegt, in **vorgeleistete** und

---

[1] § 274 Abs. 1 Satz 1 HGB.
[2] WP-Handbuch, Band II, 2008, S. 162, Tz. 451.
[3] Helbling, C., Unternehmensbewertung und Steuern, 1998, S. 313.

*noch zu tätigende Ausgaben. ... Diesen Betrag kann der **Investor** für die Substanz vergüten, denn er empfängt dafür einen entsprechenden Gegenwert in der Form und der Höhe der **ersparten Ausgaben.***"[1]

Bei der Bewertung der Vermögensgegenstände und Schulden des Zielunternehmens anhand der Wiederbeschaffungskosten bzw. Wiederbeschaffungszeitwerte sind die oben skizzierten Überlegungen zur potenziellen Belastung mit latenten Steuern anzustellen. Allerdings stellt sich diese potenzielle Belastung in Abhängigkeit davon ein, auf welchem Wege das Zielunternehmen letztlich erworben wird. D.h. die Entscheidung, ob das Zielunternehmen im Wege des **Asset Deals** oder **Share Deals** erworben wird entscheidet darüber, ob ein Problem latenter Steuern besteht. Warum ist das so?

473

Für die folgenden Ausführungen ist als Unternehmenskäufer eine **natürliche Person** zu unterstellen. Diese bewertet das Unternehmen zum Substanzwert. Die stillen Reserven sollen in einem **nicht betriebsnotwendigen** Grundstück vorhanden sein. Nach dem Unternehmenskauf wird dieses Grundstück fiktiv umgehend **verkauft**. Die Betrachtung latenter Steuern bezieht sich auf die Unternehmenssteuern, mithin auf die Gewerbesteuer und die Körperschaftsteuer.

474

Wird das Zielunternehmen auf dem Wege des **Asset Deals** erworben, ist Verkäufer der Unternehmenssubstanz ein Rechtsträger, also eine Kapitalgesellschaft, ein Einzelunternehmer oder eine Personengesellschaft. Der Kaufpreis für die Substanz wird im Wege des step-ups auf die erworbenen materiellen und immateriellen Vermögensgegenstände verteilt. Die Verteilung des Kaufpreises erfolgt in Abhängigkeit von den in den erworbenen Vermögensgegenständen vorhandenen stillen Reserven. Ein anschließend noch nicht verteilter Kaufpreis wird als Geschäftswert ausgewiesen.[2] Dieses Vorgehen entspricht der Stufentheorie des BFH.

475

Ein Problem latenter Steuern entsteht hier für den Unternehmenskäufer nicht, da die **Realisierung** und Versteuerung der stillen Reserven beim Verkäufer vollzogen wird.[3] D.h. der unmittelbar nach dem Unternehmenskauf erfolgende Weiterverkauf des nicht betriebsnotwendigen Grundstückes führt zu keinem Veräußerungsgewinn mehr, da der durch den step-up aufgestockte Buchwert des Grundstücks dem Zeitwert entspricht. Dieser Zusammenhang gilt für einen Asset Deal bei dem Verkäufer eine Kapitalgesellschaft, eine Personenge-

476

---

1 Sieben, G., Der Substanzwert der Unternehmung, 1963, S. 17.
2 Siehe hierzu Rdn. 419.
3 Helbling, C., Unternehmensbewertung und Steuern, 1998, S. 296.

sellschaft oder ein Einzelunternehmen ist gleichermaßen. Der Ansatz von **latenten Steuern** im Substanzwert **entfällt** somit bei einem unterstellten **Asset Deal**.[1]

477 Der Kauf von **Anteilen an einer Personengesellschaft** wird steuerlich ebenfalls wie ein Asset Deal behandelt. Allerdings wird der Step-up nicht in der Gesamthandsbilanz der Personengesellschaft vollzogen, sondern in der Ergänzungsbilanz des erwerbenden Gesellschafters.

„*Die **Aufwendungen des Erwerbers** für den Gesellschaftsanteil sind demgemäß, soweit diese höher sind als der Buchwert des Gesellschaftsanteils, in einer **Ergänzungsbilanz als Anschaffungskosten** für einen entsprechenden Anteil an den stillen Reserven der materiellen und bilanzierten immateriellen Wirtschaftsgüter oder an den nicht bilanzierten immateriellen Einzelwirtschaftsgütern oder am Geschäftswert der Personengesellschaft zu aktivieren.*"[2]

478 In dieser Ergänzungsbilanz werden die bezahlten stillen Reserven auf der Aktivseite, im vorliegenden Fall unter der Position Grundstücke, ausgewiesen. Auf der Passivseite der Ergänzungsbilanz erfolgt der Ausweis der stillen Reserven als sogenanntes Mehrkapital. Die Ergänzungsbilanz ist in die Gewerbesteuerberechnung der **Gesamthand** einzubeziehen.[3] Bei einem nach dem Unternehmenskauf vollzogenen Verkauf des nicht betriebsnotwendigen Grundstücks, resultiert in der Gesamthandsbilanz ein gewerbesteuerpflichtiger Veräußerungsgewinn in Höhe der stillen Reserven. Diesem Gewinn steht allerdings der Aufwand aus dem durch den Grundstückverkauf verursachten Abgang der stillen Reserven der Ergänzungsbilanz gegenüber. Im Ergebnis resultiert damit ein gewerbesteuerpflichtiges Ergebnis aus dem Grundstücksverkauf von Null. Der Ansatz **latenter Steuern** unter den genannten Voraussetzungen **entfällt** damit.

479 Grundsätzlich andere Folgen ergeben sich beim Kauf von **Anteilen an Kapitalgesellschaften**. Die Anschaffungskosten beziehen sich hier auf die Anteile an der Gesellschaft. Eine Auflösung der stillen Reserven in den Vermögensgegenständen der Gesellschaft, im Zuge des Unternehmensübergangs, wird damit nicht vollzogen. Der Erwerber des Unternehmens trägt deshalb mittelbar als Gesellschafter die Steuerfolgen, die sich beim Verkauf von Vermögensgegenständen der Gesellschaft ergeben, deren Zeitwert über dem Buchwert liegt. Wird im vorliegenden Fall das nicht betriebsnotwendige Grundstück nach

---

1 WP-Handbuch, Band II, 2008, S.164, Tz. 459.
2 BFH v. 7.11.1985 - IV R 7/83, BStBl 1986 II S. 176, NWB Dok ID: VAAAA-92127.
3 Roser, F., in Lenski/Steinberg (Hrsg.), Gewerbesteuergesetz, Kommentar, § 7, Tz. 152 ff.

dem Unternehmenserwerb verkauft, kommt es zur Auflösung der darin enthaltenen stillen Reserven und zur Steuerbelastung auf Unternehmensebene. Diese Steuerfolgen sind im Rahmen der Substanzwertermittlung durch den Ansatz **latenter Steuern** zu berücksichtigen.

Der Ausweis der latenten Steuerbelastung wird aus Gründen der Transparenz als entsprechende **Steuerrückstellung** im Substanzwertstatus und nicht als Kürzung des jeweiligen Vermögenszeitwertes berücksichtigt. In Abhängigkeit vom zu erwartenden Zeitpunkt der Realisierung der stillen Reserven, sollen die latenten Steuern diskontiert werden.[1]

480

---

[1] Helbling, C., Unternehmensbewertung und Steuern, 1998, S. 309 und 314.

B. Grundlagen der Unternehmensbewertung

ABB. 48: Latente Steuern in Abhängigkeit vom Weg des Unternehmenskaufs – Substanzwert nach allgemeinen Bewertungsregeln

Bewertungsmaßstab	Wiederbeschaffungskosten				
Perspektive	Käufer	nat. Person	nat. Person	nat. Person	nat. Person
Unternehmenskauf zum SW		Asset Deal aus Kapital-Ges.	Asset Deal aus Personen-Ges.	Share Deal Personen-Ges.	Share Deal Kapital-Ges.
Gezeichnetes / Fest-Kapital	10.000.000,00				
Substanzwert	12.000.000,00				
stille Reserven	2.000.000,00				
(nicht betriebsnotwendiges Grundstück)					
1.) Anschaffungsvorgang (Jahr 1):					
Anschaffungskosten Unternehmen		12.000.000,00	12.000.000,00	12.000.000,00	12.000.000,00
aufgelöste stille Reserven Untern.Bil.		2.000.000,00	2.000.000,00	0,00	0,00
aufgelöste stille Reserven Ergänz.Bil.				2.000.000,00	
Ausweis bilanzielles Eigenkapital HB/StB		12.000.000,00	12.000.000,00	12.000.000,00	10.000.000,00
2.) laufendes Ergebnis (Jahr 1):					
Latenter Unternehmens-Gewinn		0,00	0,00	0,00	2.000.000,00
Latente Ertragsteuern	KSt-Satz 15%	0,00	0,00	0,00	300.000,00
Latente Ertragsteuern	GewSt-Satz 14%	0,00	0,00	0,00	280.000,00

Der Ausweis latenter Steuern hängt bei der Substanzwertermittlung somit 481
vom unterstellten Weg des Unternehmenskaufs (Asset Deal oder Share Deal)
und im Share Deal vom erworbenen Rechtsträger ab. Soweit ersichtlich, existiert keine Typisierung für den Übernahmeweg, wenn der Unternehmenswert als objektivierter Substanzwert ermittelt wird. Bei der Ermittlung eines subjektiven Substanzwertes hängt die Berücksichtigung der stillen Reserven von dem beabsichtigten Weg des Unternehmenskaufs durch den Unternehmenskäufer ab.

10.4.8.13 Verbindlichkeiten

Verbindlichkeiten sind ebenso wie die Aktiva mit ihrem Wiederbeschaffungs- 482
wert anzusetzen. Der Wiederbeschaffungswert entspricht dem **Rückzahlungsbetrag**.

„*Der Substanzwert ergibt sich als* **Rekonstruktions- oder Wiederbeschaffungswert** *aller im Unternehmen vorhandenen immateriellen und materiellen Werte (und* **Schulden**).*"*[1]

Damit können die bilanziell zum Bewertungsstichtag erfassten Verbindlichkeiten in die Substanzwertermittlung übernommen werden.

10.4.9 Bedeutung des Substanzwertverfahrens für die Unternehmensbewertung

Um die nachfolgende Kritik am Substanzwert sofort in die richtigen Bahnen 483
zu lenken, soll an dieser Stelle bereits der Unterschied zwischen **Substanz** und **Substanzwert** betont werden. Natürlich wird im Zuge einer Unternehmensbewertung mit Hilfe des Ertragswertverfahrens oder des DCF-Verfahrens das Unternehmensvermögen und damit die „Substanz" analysiert. Hierbei ist insbesondere das Anlagevermögen hervorzuheben, dessen Zustand zum Bewertungsstichtag Auskunft über den in der Finanzplanung zu berücksichtigenden Reinvestitionszyklus gibt. Das Unternehmenskonzept sieht gegebenenfalls die Durchführung von Wachstumsinvestitionen vor, womit ebenfalls Abflüsse aus dem geplanten Cashflow im Finanzplan zu berücksichtigen sind.

Für die Finanzierung der Investitionen bzw. Reinvestitionen fehlender 484
Cashflow ist durch planerische Inanspruchnahme der verfügbaren Kreditlinien zu planen. Daraus ergeben sich Konsequenzen hinsichtlich künftiger Zins- und Tilgungszahlungen. Die vorhandene Eigenkapitalquote des Unternehmens hat

---

1 IDW S1 i. d. F. 2008, Tz. 170.

Einfluss auf die im Planungsmodell aufzunehmenden Kreditkonditionen bzw. den Kreditspielraum. Aus dem Bestand an Anlagevermögen und den geplanten Reinvestitionen bzw. den gegebenenfalls zu planenden Wachstumsinvestitionen ergeben sich die zu planenden Abschreibungsvolumen für die Plan-Gewinn- und Verlustrechnung. Anhand dieses kleinen Beispiels zeigt sich also schnell, dass die **Unternehmenssubstanz** unmittelbar Einfluss auf die der Unternehmensbewertung zugrunde zu legende Unternehmensplanung und damit der zu erwartenden **Ausschüttungen** und damit das Bewertungsergebnis hat. Die Substanz ist insofern relevant für die Unternehmensbewertung.[1] Irrelevant ist allerdings die Ermittlung eines Substanzwertes. Dies ist der Tenor der folgenden Ausführungen.

485 Der Substanzwert stellt eine schlichte Addition durch Wiederbeschaffungskosten bewerteter Einzelposten dar. Welchen subjektiven Wert der Investor der organisatorischen Einheit des Unternehmens beimisst, könnte er aber nur aus dem **Nutzen** ableiten, den ihm das zu bewertende Unternehmen spendet. Die Art dieses Nutzens leitet sich aus dem Zweck ab, den man mit der Investition in ein Unternehmen verbindet. Dies ist regelmäßig die Erwirtschaftung von **Gewinnen**, die zum privaten Konsum oder der Kaufpreisfinanzierung zur Verfügung stehen.[2] Die Höhe des Nutzens wird damit anhand der Höhe der zu erwartenden (und nicht der normalisierten fiktiven) Gewinne gemessen.[3] Genau diesen Zusammenhang bildet der Substanzwert nicht ab. Damit ist das Urteil des **IDW S1** zum Substanzwert als Unternehmensbewertungsverfahren eindeutig:

„Dagegen kommt dem Substanzwert bei der Ermittlung des Unternehmenswerts keine eigenständige Bedeutung zu."[4]

*„Dem Substanzwert, verstanden als (Netto-)Teilrekonstruktionszeitwert, fehlt grundsätzlich der direkte Bezug zu künftigen finanziellen Überschüssen. Daher kommt ihm bei der Ermittlung des Unternehmenswerts **keine eigenständige Bedeutung** zu."*[5]

486 Aus nachvollziehbaren Gründen wird diese Position von einer breiten Literaturmeinung getragen. So schreibt etwa Widmann im Zusammenhang mit der Nutzbarkeit von Substanzwerten beim Unternehmenskauf:

---

1 WP-Handbuch, Band II, 2008, S. 157, Tz. 439.
2 Kruschwitz, L., Investitionsrechnung, 2005, S. 12.
3 IDW S1 i. d. F. 2008, Tz. 28.
4 IDW S1 i. d. F. 2008, Tz. 6.
5 IDW S1 i. d. F. 2008, Tz. 171.

*"Diesem Verfahren kommt deshalb in der Praxis grundsätzlich **keine eigenständige Bedeutung** zu."*[1]

Das Urteil zum Substanzwert fällt aber auch im Zusammenhang mit der Ermittlung von Unternehmenswerten zur Bemessung von Abfindungsbeträgen nicht anders aus: 487

*"Daher hat er für den Unternehmenswert **keine eigenständige Bedeutung**."*[2]

Die Rechtsprechung behandelt den Substanzwert bzw. Rekonstruktionswert entsprechend der vorherrschenden Meinung in der Literatur:[3] 488

*"Allgemeine Grundlage der Bewertung des **betriebsnotwendigen** Vermögens ist der **Ertragswert, nicht ... der Substanzwert** des Unternehmens. Ungeachtet aller nicht zu verkennenden Schwierigkeiten, den Zukunftsertrag eines Unternehmens einigermaßen zuverlässig zu bestimmen, besteht heute darüber Einigkeit, dass der Ertragswert bei der Bewertung lebender Betriebe eine mehr oder weniger wichtige, wenn nicht die entscheidende Rolle spielt, weil sich Käufer und Verkäufer mit ihren Preisvorstellungen wesentlich **an dem zu erwartenden Nutzen auszurichten** pflegen. Die Sachverständigen L. und C. sind in ihrem Gutachten zutreffend davon ausgegangen, dass ein Interessent keinen Preis zahlen wird, bei dem sich das investierte Kapital nicht genügend verzinst, die Substanz also außer Verhältnis zu dem mit ihr zu erzielenden Nutzen steht, und haben **deshalb mit Recht den Substanzwert überhaupt nicht berücksichtigt**. Sie befinden sich dabei in Übereinstimmung mit der nahezu **einhelligen Meinung** in der Betriebswirtschaftslehre, die allein den **Ertragswert maßgebend** sein lässt, wenn dieser niedriger als der Substanzwert ist."*[4]

*"Der **Rekonstruktions- oder Substanzwert**, d. h. die Summe der Aufwendungen, die nötig wären, um ein gleiches Unternehmen zu errichten, ist für die Bewertung des Unternehmenswertes im Rahmen des § 12 UmwG (a. F.) jedoch **ungeeignet**. Die **Substanz an sich hat für die Aktionäre nämlich keinen Wert**, denn die (hypothetischen) Rekonstruktionskosten haben keinen Einfluss auf den Ertrag und können auch auf andere Weise nicht zugunsten der Aktionäre realisiert werden."*[5]

---

1 Widmann, B., in Hölters (Hrsg.) Handbuch Unternehmenskauf, 2010, S. 122.
2 Großfeld, B., Recht der Unternehmensbewertung, 2009, S. 331.
3 Zum synonymen Gebrauch des Begriffes Substanzwert und Liquidationswert in der Zivilrechtsprechung und der daraus entstehenden Begriffsverwirrung siehe Rdn. 337.
4 OLG Celle v. 4. 4. 1979 – 9-Wx-2/77, Fundstelle juris.
5 OLG Düsseldorf v. 22. 1. 1999 – 19 W 5/96 AktE, AG 1999 S. 324.

489 Der mangelnde Bezug des Substanzwertes zu finanziellen Überschüssen ergibt sich aber nicht nur bei Verfolgung des Fortführungsgedankens, da bei Beendigung des Unternehmens der Substanzwert auch nicht als finanzieller Überschuss zur Verfügung steht. Eine **Beendigung** des Unternehmens geht vielmehr regelmäßig mit Liquidationskosten (z. B. Sozialplankosten) und der Ertragsbesteuerung des Liquidationsergebnisses einher. Genau diese Positionen sind im Rechenschema des Substanzwertes aber nicht vorgesehen, womit er sich grundsätzlich vom **Liquidationswert** unterscheidet. D.h. den Substanzwert erhält der Gesellschafter auch bei Beendigung des Unternehmens in keinem Fall als finanziellen Überschuss.

490 Einzig ersatzweiser und damit legitimer Einsatzbereich bleibt die Bewertung von Unternehmen, die aufgrund ihres Unternehmenszwecks keine Gewinnerzielungsabsicht verfolgen, also z. B. Unternehmen der öffentlichen Hand mit Versorgungsauftrag (z. B. öffentlicher Personennahverkehr).

*„Stehen bei einem Unternehmen mit unzureichender Rentabilität nicht finanzielle Zielsetzungen, sondern **Gesichtspunkte der Leistungserstellung im Vordergrund** (z. B. Non-Profit-Unternehmen), so ist als Wert des Unternehmens aus der Sicht des Leistungserstellers nicht der Zukunftserfolgswert, sondern ein **Rekonstruktionswert maßgeblich.**"*[1]

491 Es steht zu befürchten, dass die im Zuge der Erbschaftsteuerreform erfolgte Reanimation des Substanzwertes in Zukunft wieder die Praxis der Unternehmensbewertung kontaminiert. Der Autor durfte im Rahmen eines Schiedsgerichtsverfahrens bereits leidvolle Erfahrungen mit dem wiederauferstandenen Substanzwert sammeln, dessen Eingängigkeit sich wie Mehltau über das Urteilsvermögen legt.[2] Totgeglaubte leben manchmal länger.

11. Multiplikatorverfahren

11.1 Bewerten heißt vergleichen – der Vergleich bei Multiplikatorverfahren

492 Das **Kapitalwertmodell** repräsentiert einen Vergleich. Verglichen werden die zu erwartenden Gewinne aus dem Bewertungsobjekt mit einer Rendite, zur der die Investitionssumme alternativ angelegt werden kann. Der Vergleich ist Bestandteil des Rechenganges zur Barwertermittlung.

---

1 IDW S1 i. d. F. 2008, Tz. 152; siehe auch WP-Handbuch, Band II, 2008, S. 157, Tz. 439.
2 Der auf Basis des Substanzwertes ermittelte, völlig überhöhte Abfindungsbetrag hat zwischenzeitlich zur Insolvenz des Unternehmens geführt.

11. Multiplikatorverfahren

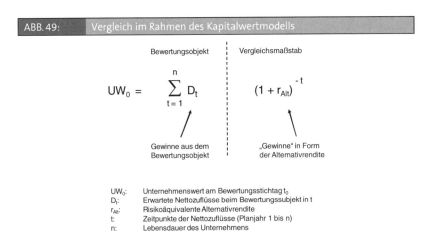

ABB. 49: Vergleich im Rahmen des Kapitalwertmodells

$$UW_0 = \sum_{t=1}^{n} D_t \qquad (1 + r_{Alt})^{-t}$$

Gewinne aus dem Bewertungsobjekt / „Gewinne" in Form der Alternativrendite

UW_0: Unternehmenswert am Bewertungsstichtag t_0
D_t: Erwartete Nettozuflüsse beim Bewertungssubjekt in t
r_{Alt}: Risikoäquivalente Alternativrendite
t: Zeitpunkte der Nettozuflüsse (Planjahr 1 bis n)
n: Lebensdauer des Unternehmens

Die zur Diskontierung der erwarteten Nettoausschüttungen (D_t) verwendete Rendite (r_{Alt}) wird entweder als Zielrendite „aus dem Bauch heraus" festgelegt. Der Kaufmann bestimmt diese Rendite somit tendenziell intuitiv auf Basis seiner Branchenkenntnis und seiner individuellen Vorstellungen von den Verhältnissen des Bewertungsobjekts. Dieses „Verfahren" kommt bei kleineren Unternehmenskäufen zum Einsatz. Die Rendite kann aber auch wissenschaftlich unter Verwendung des CAPM und damit aus den Marktdaten Basiszinssatz, Betafaktor und Marktrisikoprämie abgeleitet werden. Dieses Vorgehen ist bei größeren Transaktionen sowie bei gutachterlichen Stellungnahmen üblich. Auch die zutreffende Bewertung durch das Kapitalwertmodell hängt somit davon ab, dass das **Vergleichsobjekt** in Form der verwendeten Rendite tatsächlich **äquivalent** ist. Eine fehlerhafte Bestimmung der Alternativrendite führt zu einer falschen Bewertung. Vorteil des Kapitalwertmodells ist das Bewusstsein bei den Anwendern, dass eine derartige Bewertung mit umfangreichen Bewertungsarbeiten verbunden ist. Die Gefahr für einen Schnellschuss ist somit reduziert. 493

Die Grundüberlegung der **Multiplikatorverfahren** ist ebenfalls ein Vergleich. Von bekannten Marktpreisen wird auf den Preis des Bewertungsobjekts geschlossen. Soweit Transaktionspreise für vergleichbare Unternehmen bekannt geworden sind, werden diese Preise verwendet (**Comparable Transaction Approach**). Liegen Börsennotierungen vergleichbarer Unternehmen vor, können diese zugrunde gelegt werden (**Comparable Company Approach**). 494

B. Grundlagen der Unternehmensbewertung

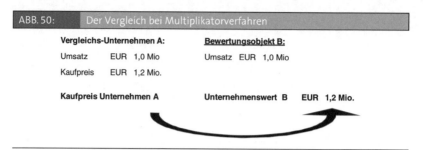

495 Die Multiple-Bewertung soll regelmäßig eine erste schnelle Einschätzung des Unternehmenswertes ermöglichen. Multiplikatorbewertungen werden vorwiegend für die Akquisitionsbewertung bei tendenziell kleineren Transaktionen verwendet. Auch hier ist, wie beim Einsatz einer Fundamentalbewertung durch das Kapitalwertmodell, darauf zu achten, das Vergleichsobjekt und Bewertungsobjekt über vergleichbare Verhältnisse verfügen.

> **BEISPIEL:** Bäckerei A wurde bei 2 Mio.€ Umsatz für 1,0 Mio.€ verkauft. Bäckerei B erzielt nur die Hälfte dieses Umsatzes, d. h. 1 Mio.€. Kann die Bäckerei B dann zum halben Preis und somit für 0,5 Mio.€ verkauft werden?

Im genannten Beispiel spricht auf Basis der vorliegenden Daten zunächst nichts gegen die Überlegung, die Bäckerei B für 0,5 Mio.€ zu verkaufen, wenn der Kaufpreis in linearer Abhängigkeit vom Umsatz gesehen wird. Die aus diesem Beispiel abzuleitende Faustformel hieße dann für alle künftigen Käufer von Bäckereien: Der Kaufpreis beträgt 0,5 x Umsatz.

Bei näherer Betrachtung der Finanzdaten zeigt sich jedoch, dass die Bäckerei A bei dem angegebenen Umsatzniveau einen nachhaltigen Jahresüberschuss von 100.000 € erzielt hatte. Die Bäckerei B kann dagegen nur einen Jahresüberschuss von 30.000 € aufweisen. Aufgrund der unterschiedlichen Profitabilität verbietet sich bereits eine Übertragung der Preisqualität der Bäckerei A. Die Verfeinerung der Analysetiefe hat die Einschätzung zum Wert der Bäckerei B verändert.

496 Die Treffsicherheit einer Multiplikatorbewertung hängt damit entscheidend von der **Vergleichbarkeit** der Verhältnisse bei Vergleichsunternehmen und Bewertungsobjekt ab. Die vermeintlich schnelle und überschlägige Bewertung eines Unternehmens durch eine Multiplikatorbewertung birgt die Gefahr, dass Marktpreise für eine Bewertung zugrunde gelegt werden, die für den Bewertungsfall nicht einschlägig sind.

497 Unabhängig davon erfreuen sich bei Unternehmenskäufern zusehens Kaufpreisformeln großer Beliebtheit, die etwa lauten 4 bis 7 x EBIT, Cash and Debt

free. Hier wird häufig nicht überprüft, woher diese Multiplikatoren stammen. Die kritische Frage nach dem Vorliegen vergleichbarer Verhältnisse kommt erst gar nicht auf. D.h. die sinnvolle Verwendung von Multiplikatoren setzt voraus, dass der Anwender Vorstellungen von der Branche des zu bewertenden Unternehmens und den in dieser Branche üblichen Renditen oder Benchmarks hat (z. B. für EBIT oder EBITDA). Industrieunternehmen verwenden Benchmarks zur Unternehmenssteuerung.

*„Zielbänder: Die neu definierten Renditeziele sind künftig nur noch auf die Sektoren Industrie, Energie und Medizintechnik ausgerichtet. So sollen über den gesamten Verlauf von Zyklen **Ebitda-Margen** erzielt werden und im Vergleich zum Wettbewerb höher ausfallen. Es handelt sich um Branchen-Renditen. Für die Industrie gelten 10 bis 15 Prozent (aktuell 12,9 Prozent), ebenso für Energie (15,5 Prozent), in der Medizintechnik gelten 15 bis 20 Prozent (20,9 Prozent)."*[1]

11.2 Verfahren der Multiplikatorbewertung

Multiplikatorbewertungen lassen sich nach den verwendeten Multiplikatoren in **Enterprise Value-Verfahren** und **Equity Value-Verfahren** einteilen. Die Unterscheidung entspricht der begrifflichen Trennung in **Bruttoverfahren** und **Nettoverfahren**, die bereits von den DCF-Verfahren bekannt ist. Diese Parallele zu den DCF-Verfahren ist kein Zufall. Konzeptionell wird auch bei Multiplikatorverfahren je nach verwendetem Multiple entweder ein Gesamtunternehmenswert (Enterprise oder Entity Value) oder unmittelbar der Anteilseignerwert (Equity Value oder Shareholder Value) ermittelt.

ABB. 51:	Multiplikatorverfahren und Unternehmenswerte	
	Enterprise Value Verfahren	**Equity Value Verfahren**
Zielgröße für Multiplikatoren	Umsatz EBITDA EBIT Free Cash Flow	Jahresüberschuss Flow to Equity
Unternehmenswerte	Gesamt-Unternehmenswert bzw. Enterprise Value	Unternehmenswert bzw. Equity Value

---

1 Das neue Steuerungssystem von Siemens, FAZ v. 12.11.2010, S. 15.

499 Bei der Verwendung von Multiplikatorverfahren ist somit darauf zu achten, dass bei der Verwendung von Enterprise Value Multiplikatoren als Berechnungsergebnis nicht der Transaktionswert, sondern der Gesamtunternehmenswert resultiert. Soll der Gesellschafter über den Wert seiner Beteiligung informiert werden (Equity Value), sind vom Enterprise Value noch die zinstragenden Verbindlichkeiten zum Abzug zu bringen.

ABB. 52: Vom Enterprise Value zum Equity Value

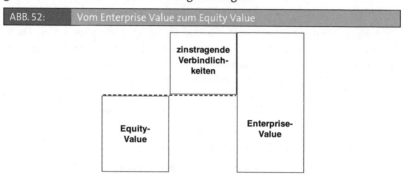

500 Aber warum sollte man Multiplikatoren verwenden, die nicht zielgerichtet das berechnen, was letztlich von Interesse ist, nämlich den Wert für den Anteilseigner? Warum also der Umweg über den Gesamt-Unternehmenswert, der die Werte für die Anteilseigner und die Fremdkapitalgeber zusammenfasst?

501 Bei der vermeintlich umständlichen Berechnungsweise via Enterprise Value ist an das Thema Vergleichbarkeit zu erinnern. Um aus den Daten eines **Vergleichsunternehmens** einen sinnvollen Multiplikator für das Bewertungsobjekt ableiten zu können, müssen vergleichbare Verhältnisse vorliegen. Hinsichtlich der **Finanzierungsstruktur** unterscheiden sich die meisten Unternehmen aber grundsätzlich. Deshalb wird in der überwiegenden Zahl der Multiple-Bewertungen auf eine Vergleichsbasis vor Finanzierungseinflüssen abgestellt. Dies sind die Größen Umsatz, EBITDA und EBIT, die sich „nur" auf das **operative Geschäft** beziehen.

ABB. 53: Ableitung von EBITDA und EBIT

Umsatz	
- Materialaufwand	
- Personalaufwand	
- sonstiger betrieblicher Aufwand	
+ operativer Zinsertrag	
= **EBITDA**	operativer Ergebnis- Bereich
- Abschreibungen	
= **EBIT**	
- Zinsaufwand	Finanzierungseinfluss
- Ertragsteuern	
= **Jahresüberschuss**	

Wird mit aus diesen Größen abgeleiteten Multiplikatoren gearbeitet, wird eben auch ein Unternehmenswert vor Fremdfinanzierung ermittelt – der Gesamt-Unternehmenswert. D.h. ist das zu bewertende Unternehmen mit Fremdkapital finanziert (Bankdarlehen, Gesellschafterdarlehen, stille Beteiligung etc.), sind diese **zinstragenden Verbindlichkeiten** im letzten Schritt zum **Abzug** zu bringen, um den Wert für den Anteilseigner zu berechnen. 502

Um den Enterprise Value-Multiple (z. B. auf Basis EBIT) aus dem Vergleichsunternehmen abzuleiten, wird entsprechend auch dort zunächst der Enterprise Value oder Gesamt-Unternehmenswert benötigt. Kennt man den Kaufpreis für das Vergleichsunternehmen, ist dieser um die **zinstragenden Verbindlichkeiten** des Vergleichsunternehmens zu **erhöhen**, um eine Gesamt-Unternehmenswertbasis zur Berechnung des Enterprise Value Multiples zu gewinnen. 503

BEISPIEL:

Vergleichsunternehmen A			Bewertungsobjekt B		
		Mio.€			Mio.€
(1) EBIT		4,0	(6) EBIT		2,8
(2) Kaufpreis für A		21,0	(7) **Unternehmenswert B**	**(9) - (8)**	**16,6**
(3) Zinstragende Verbl.		7,0	(8) Zinstragende Verbl.		3,0
(4) Gesamt-UW	(2) + (3)	28,0	(9) Gesamt-UW (5) x (6)	(5) x (6)	19,6
(5) Multiple	(4) : (1)	7			

Da das Unternehmen vor Fremdfinanzierungseffekten und damit auf der Ebene EBIT bewertet wird, erfolgt als letzter Schritt bei der Bewertung des **Bewer-** 504 tungsobjekts eine Korrektur um die zinstragenden Verbindlichkeiten (im Beispiel Abzug der Position 8). Eine Korrektur um die Ertragsteuern erfolgt nicht, obwohl EBIT (Earnings before Interest and Tax) eine Größe nicht nur vor Zinsen (Interest) sondern auch vor Steuern (Tax) repräsentiert. Warum erfolgt keine Korrektur?

505 Die Thematik **Steuern** kann dann vereinfachend ausgeblendet werden, wenn das Vergleichsunternehmen und das Bewertungsobjekt den gleichen steuerlichen Belastungen unterworfen sind. Auch hier zeigt sich wieder, dass zur richtigen Anwendung und Interpretation der Multiplikatorbewertung darauf zu achten ist, dass diese Bewertung unter einer Reihe vereinfachender Annahmen erfolgt.

11.3 Nicht betriebsnotwendiges Vermögen und freie Liquidität bei Multiplikatorbewertungen

506 **Nicht betriebsnotwendiges** Vermögen ist auch bei den Multiplikatorverfahren separiert zu bewerten und dem Ergebnis der Multiplikatorbewertung hinzuzurechnen. Besteht das nicht betriebsnotwendige Vermögen in Form von **Liquidität**, ist hiermit ein weiterer Aspekt möglicher Fehlbewertungen identifiziert. Hierzu ist zunächst noch einmal auf das Thema der zinstragenden Verbindlichkeiten zurückzukommen.

507 **Zinstragende Verbindlichkeiten** sind vom Ergebnis der Multiplikatorbewertung zum Abzug zu bringen, wenn die Multiplikatorbewertung (z. B. über die Größen Umsatz, EBITDA oder EBIT) einen Enterprise Value ermittelt hat. Insbesondere in der angelsächsischen Praxis werden die zinstragenden Verbindlichkeiten netto berücksichtigt, d. h. nach Abzug der Bankguthaben. Die Betrachtung erfolgt somit als **Net Debt**. Hier drohen Fehlerpotenziale.

508 Zunächst unterstellt eine Saldierung von Bankguthaben und Bankverbindlichkeiten, dass dieser Liquiditätsbestand tatsächlich zur Rückführung der jeweiligen Bankverbindlichkeiten zur Verfügung steht (freie Liquidität!) und eine Rückführung dieser Verbindlichkeiten faktisch möglich ist (z. B. jederzeitige außerplanmäßige Tilgung langfristiger Kreditverträge). Da für die Finanzierung des laufenden Betriebs Liquidität benötigt wird, ist diese zunächst als notwendiger Liquiditätsbestand zu separieren. Ermittelt wird der **notwendige Liquiditätsbestand** durch den Cash-to-Cash Zyklus. Als Näherungsrechnung kann die Debitorenlaufzeitquote auf den Umsatz bezogen werden (30 Tage Debitorenlaufzeit, Umsatz 12 Mio.€, 30/360 x 12 Mio.€ = 1 Mio.€ Finanzierungsbedarf). Nur der darüber hinaus verfügbare Liquiditätsbestand kann theoretisch mit den Bankschulden saldiert werden, soweit die Bedingung der jederzeitigen Til-

gung gegeben ist. Wird dieses Liquiditätspolster allerdings jeweils für anstehende Investitionen vorgehalten, ist die Rechnung falsch. Bei einer derartigen Fehlinterpretation der Unternehmensverhältnisse wird der Multiplikator aus dem Vergleichsunternehmen falsch abgeleitet (zu starke Kürzung der zinstragenden Verbindlichkeiten) und das EBIT des Bewertungsobjekts ebenso falsch ermittelt (Zinsertrag wäre dann Teil des operativen Ergebnisses).

Ist Bestandteil der vorhandenen Liquidität ein Betrag an Überschussliquidität, der nicht betriebsnotwendig ist, ist der korrespondierende Zinsertrag bei der EBIT-Ermittlung zu separieren und der nicht betriebsnotwendige Liquiditätsbetrag separiert dem Unternehmenswert hinzuzurechnen.

BEISPIEL: Das Unternehmen B verfügt über 10 Mio.€ langfristige Bankkredite, die bei 6 % Verschuldungszinssatz zu Zinsaufwand von 0,6 Mio.€ führen. Daneben verfügt das Unternehmen über nicht betriebsnotwendige Liquidität in Höhe von 5 Mio.€, die zu 2 % angelegt, einen Zinsertrag von 0,1 Mio.€ erwirtschaftet. Dieser Zinsertrag ist kein operativer Zinsertrag und deshalb bei der EBIT-Ermittlung zu neutralisieren. Die Ermittlung des EBIT des **Unternehmens B** stellt sich wie folgt dar:

GuV	Mio.€		EBIT-Ermittlung	Mio.€
Umsatz	50,0		Umsatz	50,0
Materialaufwand	15,0	-	Materialaufwand	15,0
Personalaufwand	20,0	-	Personalaufwand	20,0
sonstiger betrieblicher Aufwand	4,5	-	sonstiger betrieblicher Aufwand	4,5
		+	operativer Zinsertrag	0,0
		=	**EBITDA**	10,5
Abschreibungen	4,0	-	Abschreibungen	4,0
		=	**EBIT**	**6,5**
Zinsaufwand	0,6			
Zinsertrag	0,1			
Ertragsteuern	2,8			
Jahresüberschuss	3,2			

Ausgehend von dem so ermittelten EBIT kann die EBIT-Multiplikatorbewertung des Unternehmens B vorgenommen werden, wobei als **Vergleichsunternehmen** das **Unternehmen A** dient.

B. Grundlagen der Unternehmensbewertung

Vergleichsunternehmen A			Bewertungsobjekt B		
		Mio.€			Mio.€
(1) EBIT		4,0	(6) EBIT		6,5
(2) Kaufpreis für A		21,0	(7) Unternehmenswert B	(9) - (8) + (10)	**40,5**
(3) Zinstragende Verbl.		7,0	(8) Zinstragende Verbl.		10,0
(4) Gesamt-UW	(2) + (3)	28,0	(9) Gesamt-UW (5) x (6)	(5) x (6)	45,5
			(10) nicht betriebnot. Liq.		5,0
(5) Multiple	(4) : (1)	7			

Würde der Zinsertrag aus der nicht betriebsnotwendigen Liquidität (0,1 Mio.€) in das operative EBIT-Ergebnis mit einbezogen, käme es zu einer Fehlbewertung, denn der Zinsertrag würde dann nicht mit dem Anlagezinssatz von 2 % kapitalisiert und als Anlagebetrag erfasst, sondern mit dem das operative Unternehmensrisiko ausdrückenden EBIT-Multiple (1/7 x 100 =14,3 %) kapitalisiert. Der Unternehmenswert B würde gegenüber der korrekten Bewertung von 40,5 Mio.€ auf 36,2 Mio.€ absinken (40,5 Mio.€ + (7 x 0,1 Mio.€) – 5 Mio.€ = 36,2 Mio.€).

11.4 Datenbasis der Multiplikatorbewertung

510 Die Datenbasis zur Ableitung des Multiplikators (z. B. EBIT-Multiplikator) bezieht sich auf den Zeitpunkt, zu dem der **Transaktionspreis** des Vergleichsunternehmens realisiert wurde oder der **Börsenwert** vorliegt. Dieser Multiplikator findet anschließend Anwendung auf die korrespondiere Ertragsgröße (dann entsprechend EBIT) des Bewertungsobjekts. Die Multiplikatorbewertung ist wie jede ertragsorientierte Form der Unternehmensbewertung zukunftsbezogen. Tatsächlich werden Multiplikatoren bei Akquisitionen jedoch vorwiegend auf die gegenwärtigen Ertragsverhältnisse angewendet. D.h. die Multiple-Bewertung bezieht sich auf das zu erwartende EBIT des laufenden Geschäftsjahres oder einen EBIT-Durchschnitt vergangener Jahre. Dieses Verfahren ist nicht zu beanstanden, wenn das Unternehmen über ein **stabiles Geschäftsmodell** ohne Ertragseinbrüche und ohne nennenswertes Wachstum verfügt, da die Multiplikatorbewertung letztlich die Bewertung einer ewigen Rente unterstellt.

BEISPIEL: ▶ Der EBIT-Multiplikator beträgt 5. Das EBIT des Bewertungsobjekts beträgt 6 Mio.€. Damit ergibt sich ein Gesamtunternehmenswert von 5 x 6 Mio.€ = 30 Mio.€. Das entspricht der Bewertung einer ewigen Rente von 6 Mio.€.

1/5 x 100 = 20 % = Kalkulationszinssatz als Kehrwert des Multiplikators.

6 Mio.€ / 0,2 = 30 Mio.€ = Barwert der ewigen Rente.

Insbesondere sofern sich das Unternehmen auf einem Wachstumspfad befindet (Junges Unternehmen, MBO etc.), führt die Multiplikatorbewertung auf Basis aktueller Ertragsdaten für den Verkäufer zu keinen fairen Ergebnissen, da dann die Potenziale ausschließlich dem Erwerber zufließen.

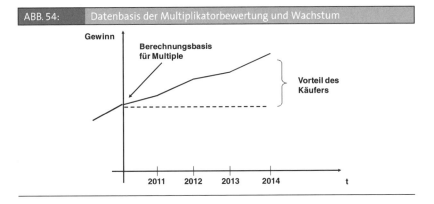

ABB. 54: Datenbasis der Multiplikatorbewertung und Wachstum

11.5 Bedeutung der Multiplikatorverfahren für die Unternehmensbewertung

Multiplikatorbewertungen werden vorwiegend bei der Akquisitionsbewertung im Zusammenhang mit kleinen und mittleren Transaktionen eingesetzt. Hier geht es vorwiegend um die Bestimmung von **Argumentationswerten**, die die eigene Verhandlungsstrategie unterstützen sollen. Eindeutige Multiplikatoren sind so einfach oder kompliziert abzuleiten wie der richtige Kalkulationszinssatz. In der Praxis hat sich der Anwender dann mit so präzisen Hinweisen abzugeben wie, der EBIT-Multiple beträgt in der Branche zwischen 4 bis 7. Bei einem EBIT von 2,5 Mio.€ heißt das, der Gesamtunternehmenswert beträgt zwischen 10 Mio.€ und 17,5 Mio.€. Nicht verwunderlich, wenn man sich dessen bewusst ist, dass jede Transaktion unter einer Reihe von Besonderheiten abläuft. Einen „reinen" branchenbezogenen Transaktionspreis erhielte man nur, wenn man den bekanntgewordenen Transaktionspreis um diese Besonderheiten korrigieren könnte. Die Situation ändert sich nicht, wenn als Vergleichsdaten Börsenwerte verwendet werden. Auch diese unterliegen börsentäglich Trends und Spekulationen.

Zunehmend erlangen Multiplikatorbewertungen aber auch Bedeutung als Qualitätsurteil bzw. als **Fairness Opinion**. Dem Vorstand bzw. der Geschäftsführung eines mit einer Akquisition befassten Unternehmens soll damit bestätigt werden, dass das jeweilige Akquisitionsvorhaben auf Basis der verhandelten Konditionen vorteilhaft ist bzw. die Konditionen angemessen sind.

„Die *finanzielle Angemessenheit des Transaktionspreises* ist aus Sicht des/der Adressaten der Fairness Opinion unter Berücksichtigung subjektiver Faktoren (bspw. erwartete Synergien und geplante Wertbeiträge aus Restrukturierungsmaßnahmen) zu beurteilen. Hierzu dienen zum **Vergleich** herangezogene **Transaktionspreise** als Beurteilungsmaßstäbe."[1]

514   Welchen Informationsgehalt eine Fairness Opinion auf Multiple-Basis bei spekulativ angeheizten Märkten haben soll, ist erklärungsbedürftig. Steigende Vergleichspreise führen zur Angemessenheit gestiegener Preise. Fundamentalbewertungen auf Basis Ertragswert- oder DCF-Verfahren leisten hier m. E. stabilere Ergebnisse.

Im Rahmen objektivierter Unternehmensbewertung soll der Multiplikatorbewertung die Funktion als **Verprobung** zukommen.

„*Vereinfachte Preisfindungen (z. B. Ergebnismultiplikatoren, umsatz- oder produktmengenorientierte Multiplikatoren) können im Einzelfall Anhaltspunkte für eine* **Plausibilitätskontrolle der Ergebnisse der Bewertung nach dem Ertragswertverfahren bzw. nach den DCF-Verfahren** *bieten.*"[2]

515   Welche Schlussfolgerungen bei Abweichungen zwischen der Multiplikatorbewertung und dem Ergebnis eines Kapitalwertmodells zu ziehen sind, lässt IDW S1 allerdings offen. Durch die starre Datenbasis der Multiplikatorbewertung sind Abweichungen gegenüber der Bewertung durch Ertragswert- bzw. DCF-Verfahren fast zwangsläufig.

12. Börsenwert

516   Börsenwerte finden in folgenden Bewertungssituationen Verwendung:

- ▶ Plausibilitätsbeurteilung von Fundamentalbewertungen (d. h. bei Ertragsbewertung, DCF-Bewertung);
- ▶ Vergleichspreis für Multiplikatorbewertungen (Comparable Company Approach),[3] insbesondere im Zusammenhang mit Akquisitionsbewertungen bzw. Fairness Opinions;[4]

---

1 IDW Standard: Grundsätze für die Erstellung von Fairness Opinions (IDW S8) v. 17.1.2011, Tz. 26.
2 IDW S1 i. d. F. 2008, Tz. 143.
3 Siehe Rdn. 492.
4 IDW Standard: Grundsätze für die Erstellung von Fairness Opinions (IDW S8) v. 17.1.2011.

▶ Mindestwert in aktienrechtlichen bzw. umwandlungsrechtlichen Abfindungsfällen.

Bei der Verwendung von Börsenkursen sind die folgenden Zusammenhänge zu berücksichtigen.

Für die Aktien der an der Börse notierten Aktiengesellschaften, werden börsentäglich durch Angebot und Nachfrage **Börsenkurse** und damit Preise ermittelt. Die Börsennotierung bezieht sich auf ein Stück einer Aktie und enthält damit keine anteilige **Kontrollprämie**. Anders ausgedrückt repräsentiert ein zur Kontrolle berechtigendes Aktienpaket einen höheren Wert, als er durch die Multiplikation der das Aktienpaket bildenden Anzahl an Aktien mit dem Börsenkurs zum Ausdruck kommt. Das ist der Grund für die in der Wirtschaftspresse mitunter kommentierten, sogenannten „**strategischen Zuschläge**" bzw. „Kontrollprämien" bei Paketkäufen. Die gezahlten Prämien streuen dabei breit.[1] Hier sei noch einmal darauf hingewiesen, dass Zuschlagsbasis dieser Zuschläge der Börsenkurs ist. Strategische Zuschläge sind jedoch kein Allheilmittel, um mühsam ermittelte Unternehmenswerte, die alle Synergieeffekte und Reorganisationspotenziale enthalten, „durch einen passenden Zuschlag" aufzustocken, um so den geforderten Kaufpreis doch noch vertreten zu können. D.h. durch eine **Fundamentalbewertung** ermittelte Unternehmenswerte müssen all die Effekte, die in einem strategischen Zuschlag bzw. in einer Kontrollprämie zum Ausdruck kommen, bereits enthalten, oder sie sind für Akquisitionszwecke falsch ermittelt.

517

Der Börsenkurs unterliegt den täglichen **Schwankungen**, welche durch die Unternehmensentwicklung, die allgemeine wirtschaftliche Entwicklung, politische und rechtliche Rahmenbedingungen, globale Einflüsse und spekulative Einflüsse bewirkt werden. Der Börsenwert repräsentiert damit in erheblichem Umfang auch unternehmensexterne Veränderungen (z. B. weltpolitische oder weltwirtschaftliche Veränderungen), die unter Umständen tatsächlich keinen Einfluss auf den Fundamentalwert des Unternehmens haben. Zum Börsenwert kann eine Aktie täglich gekauft oder verkauft werden. Der Börsenwert muss aber nicht unbedingt mit dem entsprechenden quotalen Unternehmenswert übereinstimmen. D.h. der **Fundamentalwert** des Unternehmens kann bezogen auf eine Aktie höher oder niedriger sein. Dies ist keine Erkenntnis unserer Tage.

518

„Zu berücksichtigen bei der Bewertung einer industriellen Unternehmung, d. h. bei der Bildung ihres „Marktwertes" durch die Börse ist jedoch der Umstand, dass

---

1 Siehe z. B. bei Betsch/Groh/Lohmann, Corporate Finance, 1998, S. 143, 15 % bis 150 %.

*an der Börse die Wertbildung, sich **nicht immer auf sachlichen, richtigen Unterlagen aufbaut, sondern vielfach rein willkürlich bzw. spekulativ geschieht**. Daraus ergibt sich wiederum die häufig beobachtete Tatsache, dass die Bewertung durch die Börse oft unrichtig ist, d. h. dass der **Kurs der Aktien dem wirklichen Werte der betreffenden Unternehmung nicht entspricht**.*"[1]

519 Der Zusammenhang zwischen Börsenkursentwicklung und wirtschaftlichen Rahmenbedingungen lässt sich einprägsam auch wie folgt formulieren.

„Das Verhältnis von Börse und Wirtschaft ist wie das eines Mannes auf einem Spaziergang mit seinem Hund. Der Mann geht langsam vorwärts, der Hund rennt vor und zurück."[2]

520 Die Skepsis gegenüber der Qualität des Wertmaßstabes Börsenwert führte auch in der **Rechtsprechung** dazu, dass eine Abfindung von Gesellschaftern zum Börsenwert in aktienrechtlichen und umwandlungsrechtlichen Strukturmaßnahmen lange Zeit ausgeschlossen wurde.

*„Der **Börsenkurs kann sich mit dem wahren Wert der Aktien decken**, er kann aber auch niedriger oder höher sein. Er ergibt sich aus dem im Augenblick der Kursbildung vorhandenen Verhältnis von Angebot und Nachfrage, das von der Größe oder Enge des Marktes, von zufallsbedingten Umsätzen, von spekulativen Einflüssen und sonstigen nicht wertbezogenen Faktoren wie politischen Ereignissen, Gerüchten, Informationen, psychologischen Momenten oder einer allgemeinen Tendenz abhängt. Außerdem unterliegt der Börsenkurs unberechenbaren Schwankungen und Entwicklungen, wie die Aktienkurse der letzten Jahre besonders deutlich gemacht haben. Das **schließt es aus, der Berechnung der angemessenen Abfindung den Börsenkurs zugrunde zu legen**."*[3]

521 Allerdings war diese Position verfassungsrechtlich nicht haltbar, da Aktionäre damit gegenüber einer freien Desinvestition schlechter gestellt wurden, wenn der Börsenkurs über dem Fundamentalwert lag. Das BVerfG entschied deshalb in der **DAT/Altana-Entscheidung** wie folgt:

*„Der Vermögensverlust, den der Minderheitsaktionär durch den Unternehmensvertrag oder die Eingliederung erleidet, stellt sich für ihn als **Verlust des Verkehrswerts der Aktie** dar. Dieser ist mit dem Börsenkurs der Aktie regelmäßig identisch. Da der Verkehrswert aber die **Untergrenze** der „wirtschaftlich vollen Entschädigung" bildet, die Art. 14 Abs. 1 GG für die Entwertung oder Aufgabe*

---

1 Moral, F., Die Abschätzung des Wertes industrieller Unternehmungen, 1920, S. 140.
2 Kostolany, A. Kostolanys beste Börsenweisheiten, http://www.handelsblatt.com/finanzen/boerse-maerkte/boerse-inside/kostolanys-beste-boersenweisheiten/2705292.html.
3 BGH v. 30.3.1967 – II ZR 141/64, Fundstelle juris.

12. Börsenwert

der Anteilsrechte fordert, steht es mit diesem Grundrecht grundsätzlich nicht in Einklang, im aktienrechtlichen Spruchstellenverfahren eine Barabfindung festzusetzen, die niedriger ist als der Börsenkurs. Sonst erhielten die Minderheitsaktionäre für ihre Aktien weniger, als sie ohne die zur Entschädigung verpflichtende Intervention des Mehrheitsaktionärs bei einem Verkauf erlöst hätten."[1]

Damit kommt dem Börsenkurs in aktien- und umwandlungsrechtlichen Abfindungsfällen nunmehr erhebliche Bedeutung bei, allerdings nur 522

▶ wenn der Börsenkurs den Verkehrswert der Aktie widerspiegelt
▶ und wenn der Börsenkurs höher ist als der geschätzte Unternehmenswert.

Der Börsenkurs repräsentiert den Verkehrswert der Aktie **nicht**, wenn kein ausreichender Handel in der Aktie nachzuweisen ist, d. h. im Fall der **Marktenge**, da dann Informationen des Marktes über die Aktie nicht im Kurs verarbeitet werden können. Die Gleichstellung von Börsenwert und Verkehrswert beruht somit auf der **Annahme**, dass die Börse auf Grundlage der vorhandenen Informationen, die Ertragskraft einer börsennotierten Aktiengesellschaft zutreffend bewertet.[2] Fraglich ist damit, wann eine Marktenge anzunehmen ist. 523

Im DAT / Altana Fall hatte der BGH eine Marktenge ausgeschlossen, da ein Handel mit den entsprechenden Aktien an folgenden Handelstagen vorlag: 524

▶ April 1988   15 Tage
▶ Mai 1988   8 Tage
▶ Juni 1988   9 Tage
▶ Juli 1988   8 Tage.

Der Hauptaktionär hatte zu dieser Zeit 91,31 % Aktienmehrheit erreicht, d. h. noch 8,69 % waren im freien Handel. Dass sich die Aktienbestände der DAT im Jahr 1988 nur zwischen 2,5 % und 3,7 % des Aktienbestandes der DAT bewegt haben, sei unerheblich. Damit sei es den Abfindungsberechtigten nicht unmöglich gewesen, die Aktien zum Börsenkurs zu veräußern. 525

Im Zusammenhang mit einem Squeeze-out hatte das OLG München bei 0,45 % freiem Aktienanteil und 7,6 % Handel dieses **Free-float** keine Marktenge festgestellt.[3] Das OLG Stuttgart konnte in einem Squeeze-out mit Verweis auf einen freien Aktienanteil von 0,73 % bzw. 6.218 Stück (99,27 % bzw. 844.082 Stück hielt somit der Mehrheitsaktionär) und einem höheren Handel im 3-Mo- 526

---

1 BGH v. 27. 4. 1999 - 1 BvR 1613/94, NWB Dok ID: MAAAB-85466.
2 BGH v. 12. 3. 2001 – II-ZB-15/00, NWB Dok ID: YAAAB-97580.
3 OLG München v. 11. 7. 2006 – 31 Wx 41, 66/05, ZIP 2006, S. 1723 f.

nats-Zeitraum auch keine Marktenge feststellen.[1] Eine Marktenge hatte das OLG Stuttgart bei einem Handel von weniger als 2 % des Free-float (0,1 % der begebenen Aktien) an weniger als einem Drittel aller Handelstage im Drei-Monats-Zeitraum vor der Hauptversammlung am 2. 7. 2004 festgestellt. Selbst im Zeitraum vom Januar bis zum Juni 2004 umfasste der Aktienhandel nur 0,164 % der begebenen Aktien bzw. 3,37 % des Free-floats.[2]

527 **IDW S1** trägt der gestiegenen Bedeutung des Börsenkurses Rechnung und führt dazu aus:

*„Gegebenenfalls vorgenommene **Plausibilitätsbeurteilungen** des Bewertungsergebnisses **anhand von Börsenkursen** des zu bewertenden Unternehmens sind darzustellen. In den Fällen, in denen der Börsenkurs von Unternehmensanteilen **grundsätzlich als Mindestwert** heranzuziehen ist, ist ausdrücklich auf den Börsenkurs und dessen Eignung einzugehen."*[3]

528 Schwankungen des Börsenkurses und damit eine Beliebigkeit bei der Stichtagsbewertung soll durch eine **Durchschnittsbildung** der Börsenkurse für einen **Drei-Monats-Zeitraum** vor dem Bewertungsstichtag begegnet werden. Da dieser Durchschnitt ab dem Zeitpunkt der Beschlussfassung der Strukturmaßnahme als gesetzlichem Bewertungsstichtag ermittelt wurde, kam es jedoch zu spekulativen Kursbewegungen und damit einer Beeinflussung des Durchschnittskurses.[4]

529 Der Zeitpunkt für die Durchschnittsbildung wurde deshalb durch eine Änderung der BGH-Rechtsprechung (STOLLWERCK-Entscheidung) vom Tag der **Beschlussfassung** auf den Tag der **Bekanntgabe** der Strukturmaßnahme vorverlegt, um spekulative Kursbewegungen auszuschalten.

*„Zur Ermittlung des Verkehrswerts der Aktie ist der **Referenzzeitraum vor Bekanntwerden der Maßnahme geeigneter** …. Die Informationspflichten insb. nach § 15 WpHG wirken einer verzögerten Bekanntgabe und einer verdeckten Abfindungswertspekulation entgegen. Dieser Zeitpunkt stimmt mit der Einschätzung des Verordnungsgebers in § 5 Abs. 1 WpÜG-AngVO überein, dass ein **Referenzzeitraum vor Bekanntgabe des zur Abfindung führenden Vorgangs den Börsenkurs richtig abbildet.*"*[5]

---

1 OLG Stuttgart v. 16. 2. 2007 – 20 W 6/06, AG 2007, S. 212.
2 OLG Stuttgart v. 14. 2. 2008 – 20 W 9/06, AG 2008, S. 787.
3 IDW S1 i. d. F. 2008, Tz. 178.
4 OLG Stuttgart v. 16. 2. 2007 – 20 W 6/06, AG 2007, S. 211 f.; OLG Düsseldorf v. 9. 9. 2009 – I-26 W 13/06 (AKtE), AG 2010, S. 38.
5 BGH v. 19. 7. 2010 – II ZB 18/09, AG 2010 S. 631, NWB Dok ID: VAAAD-47779.

Im Ergebnis ist der Börsenkurs damit bei der Bestimmung von Abfindungen im aktienrechtlichen oder umwandlungsrechtlichen Abfindungsfall zu berücksichtigen. Bei der Verwendung als Vergleichspreis oder Plausibilitätsmaßstab in Akquisitionsfällen ist der „besonderen Wertqualität" des Börsenkurses Rechnung zu tragen.

13. Bewertung von Beteiligungen

13.1 Grundlagen

Der Wert eines Unternehmens wird bestimmt nach den erwarteten und kapitalisierten Ausschüttungen aus dem Unternehmen. Um eine Beteiligung an einem Unternehmen zu bewerten, sind damit die Ausschüttungen zu kapitalisieren, die aufgrund der Beteiligungshöhe beansprucht werden können. Dieses Vorgehen ermittelt den Beteiligungswert **direkt** (direkte Methode). Nach der **indirekten** Methode wird zunächst der Wert des Unternehmens ermittelt und anschließend den Beteiligungshöhen quotal zugeordnet. Dies stellt entsprechend die indirekte Methode dar.

Für objektivierte Unternehmensbewertungen bei gesetzlichen Bewertungsanlässen ergibt sich die Methodenwahl aus dem Gesetz, da Grundlage der Abfindungsermittlung die Verhältnisse der **Gesellschaft** (und nicht des Gesellschafters!) am Bewertungsstichtag sind. So bestimmt das Aktiengesetz für die Abfindung von Aktionären im Eingliederungsfall:

„*Die Barabfindung muß die **Verhältnisse der Gesellschaft** im Zeitpunkt der Beschlußfassung ihrer Hauptversammlung über die Eingliederung berücksichtigen.*"[1]

„*Die Barabfindung muß die **Verhältnisse** des übertragenden **Rechtsträgers** im Zeitpunkt der Beschlußfassung über die Verschmelzung berücksichtigen.*"[2]

IDW S1 bildet diese gesetzliche Bewertungsvorgabe in einer entsprechenden Handlungsempfehlung ab.

„*Der **objektivierte** Wert des Unternehmensanteils entspricht dem **quotalen Wertanteil** am objektivierten Gesamtwert des Unternehmens.*"[3]

Das Abstellen auf die Verhältnisse der Gesellschaft und daraus abgeleitet die indirekte Methode sind unter dem Blickwinkel des gesellschaftsrechtlichen

---

1 § 320b Abs. 1 Satz 5 AktG.
2 § 30 Abs. 1 Satz 1 UmwG.
3 IDW S1 i. d. F. 2008, Tz. 13.

Gleichbehandlungsgrundsatzes zu verstehen (z. B. § 53a AktG), wonach Anteile gleicher Gattung gleich zu behandeln sind.

*„Aktionäre sind unter gleichen Voraussetzungen **gleich zu behandeln**."*[1]

Ein bestimmter Beteiligungsumfang ist damit bewertungsirrelevant.

535 Ein völlig anderes Bild zeichnet sich für den Akquisitionsfall. Der Wert einer Beteiligung wird dabei signifikant vom Umfang einer Beteiligung bestimmt.

*„Der Preis, den ein Mehrheitsaktionär an die Minderheitsaktionäre für Aktien der gemeinsamen Gesellschaft **zu zahlen bereit ist**, hat zu dem „wahren" Wert des Anteilseigentums in der Hand des Minderheitsaktionärs regelmäßig keine Beziehung. In ihm kommt der Grenznutzen zum Ausdruck, den der Mehrheitsaktionär aus den erworbenen Aktien ziehen kann. Dieser ist vielfach dadurch bestimmt, daß der **Mehrheitsaktionär** mit Hilfe der erworbenen Aktien ein **Stimmenquorum erreicht, das aktien- oder umwandlungsrechtlich für bestimmte gesellschaftsrechtliche Maßnahmen erforderlich** ist. Deshalb ist der Mehrheitsaktionär zumeist bereit, für die Aktien, die ihm noch für ein bestimmtes Quorum fehlen, einen „**Paketzuschlag**" zu zahlen."*[2]

536 Bestimmte Mehrheitsbeteiligungen (Sperrminorität, einfache Mehrheit, qualifizierte Mehrheit) verschaffen die Möglichkeit Einfluss auf die **Firmenpolitik** zu nehmen. Dieser Einfluss ist Geld wert und drückt sich in den sogenannten **Kontrollprämien** aus, die Käufer von Anteilen für einen bestimmten Einflussumfang zu zahlen bereit sind.[3] Für den Akquisitionsfall gilt somit bei der Wertermittlung kein gesellschaftsrechtlicher Gleichbehandlungsgrundsatz, sondern quantifizierte Machtpolitik. Der Umfang des Beteiligungswertes einschließlich der Kontrollprämie ergibt sich aus dem quotalen Unternehmenswert bei der Verfolgung einer Geschäftspolitik, die von dem maßgeblich beteiligten Investor vorgegeben wird.

13.2 Paketzuschlag – Paketabschlag

537 Soweit der Gutachtenwert nach IDW S1 für Zwecke der Erbschaftsteuer und Schenkungsteuer zum Ansatz kommt, ist § 11 Abs. 3 BewG zu beachten. Danach muss ein Paketzuschlag berücksichtigt werden, wenn dieser noch nicht Teil des Bewertungsergebnisses ist.[4]

---

1 § 53a AktG.
2 BVerfG v. 27. 4. 1999 - 1 BvR 1613/94, Tz. 58, NWB Dok ID: MAAAB-85466.
3 Siehe hierzu Rdn. 516.
4 Zu den Rdn. 1026.

C. Unternehmensbewertung gemäß Erbschaftsteuerreformgesetz

1. Gesetzliche Normen zur Unternehmensbewertung für Zwecke der Erbschaftsteuer und Schenkungsteuer

Das Erbschaftsteuergesetz legt die **Bewertungsanlässe** fest (§ 1 ErbStG), aufgrund derer Unternehmensbewertungen vorzunehmen sind. Das Erbschaftsteuergesetz und das Bewertungsgesetz enthalten die Regelungen, wie der **Umfang** der zu bewertenden Unternehmen abzugrenzen ist (§§ 2 und 3 BewG, § 18 BewG, §§ 95 bis 103 BewG) und nach welchen Maßstäben und **Verfahren** diese zu bewerten sind (§ 12 ErbStG, §§ 9, 11 und 109 BewG).

538

Erwerbe von Todes wegen und **Schenkungen unter Lebenden** unterliegen gemäß § 1 Abs. 1 Nr. 1 und Nr. 2 ErbStG als steuerpflichtige Vorgänge der Erbschaftsteuer. Das Ziel der in diesem Zusammenhang erforderlich werdenden Bewertungen beschreibt das **Bundesverfassungsgericht** wie folgt:

539

Um zu ... „einem in Geld zu entrichtenden Steuerbetrag zu gelangen, müssen die dem steuerpflichtigen Erwerb unterfallenden Vermögensgegenstände in einem Geldbetrag ausgewiesen werden. Bei nicht als Geldsumme vorliegenden Steuerobjekten ist deshalb die Umrechnung in einen Geldwert mittels einer Bewertungsmethode erforderlich, um eine Bemessungsgrundlage für die Steuerschuld zu erhalten."[1]

Hinsichtlich der Bewertung verweist § 12 Abs. 1 ErbStG auf das **Bewertungsgesetz**.

540

*„Die Bewertung richtet sich, soweit nicht in den Absätzen 2 bis 7 etwas anderes bestimmt ist, nach den Vorschriften des Ersten Teils des Bewertungsgesetzes (**Allgemeine Bewertungsvorschriften**) in der Fassung der Bekanntmachung vom 1. Februar 1991 (BGBl 1991 I S. 230), zuletzt geändert durch Artikel 2 des Gesetzes vom 24. Dezember 2008 (BGBl 2008 I S. 3018), in der jeweils geltenden Fassung."*

Die „Allgemeinen Bewertungsvorschriften" werden durch die §§ 1 bis 16 BewG repräsentiert. Diese lassen sich betreffend der Bewertungsvorgaben in **drei Gruppen** einteilen:[2]

541

---

[1] BVerfG v. 7.11.2006 - 1 BvL 10/02, S. 2, BStBl 2007 I S. 192, NWB Dok ID: GAAAC-36599.
[2] Meincke, J.P., ErbStG Kommentar, 2009, § 11, S. 382 Tz. 8.

C. Unternehmensbewertung gemäß Erbschaftsteuerreformgesetz

§§ 1 bis 8 BewG: u.a. Behandlung schwebender Posten
§§ 9 bis 11 BewG: Unternehmensbewertung zum gemeinen Wert
§§ 12 bis 16 BewG: Bewertung von Kapitalforderungen und Schulden sowie von wiederkehrenden Nutzungen und Leistungen

542 Soweit § 11 Abs. 2 BewG zur Unternehmensbewertung unter Berücksichtigung der Ertragsaussichten führt, kommen für einen **Gutachterwert** regelmäßig die Bewertungsregeln der berufsständischen Verlautbarung der Wirtschaftsprüfer **IDW S1** zur Anwendung.[1] Dieser Verlautbarung kommt kein Normencharakter zu. Gleichlautend urteilt das LG Frankfurt in der Entscheidung vom 21.3.2006.

„Bewertungsgrundsätze sind nämlich nicht mit dem zum Stichtag geltenden Recht vergleichbar, sondern eher mit der zum Stichtag geltenden Rechtsprechung. In beiden Fällen geht es um Erkenntnisse im wissenschaftlichen Sinne."[2]

2. Sachlicher Anwendungsbereich der gesetzlichen Vorgaben zur Unternehmensbewertung

543 Die Vorschriften zur Bewertung von Unternehmen gemäß Bewertungsgesetz gelten entsprechend § 1 Abs. 2 ErbStG i.V.m. § 12 ErbStG[3] sowohl für Erwerbe von Todes wegen wie für unentgeltliche Übertragungen. Sie gelten daneben sowohl für **inländisches** wie für **ausländisches** Vermögen.[4]

544 Der Gesetzgeber ist der Vorgabe des Bundesverfassungsgerichtes, die Bewertung von Unternehmen am **gemeinen Wert** auszurichten, durch eine **rechtsformneutrale** Ausgestaltung des Bewertungsrechts nachgekommen. Dies bringt § 109 Abs. 2 BewG zum Ausdruck.[5]

*„Der Wert eines Anteils am Betriebsvermögen einer in § 97 genannten **Körperschaft**, **Personenvereinigung oder Vermögensmasse** ist mit dem gemeinen Wert anzusetzen."*[6]

---

[1] IDW Standard: Grundsätze zur Durchführung von Unternehmensbewertungen, IDW S1 i.d.F. 2008, Stand: 2.4.2008.
[2] LG Frankfurt a. M. v. 21.3.2006 – 3-5 O 153/04, AG 2007, S. 45.
[3] Die Vorschrift stellt weiterhin die Verbindung des ErbStG zu den Bewertungsregeln des BewG her. Begründung zum Gesetzentwurf der Bundesregierung, Nr. 9, § 12 ErbStG, Hübner, H., Erbschaftsteuerreform 2009 Gesetze Materialien Erläuterungen, 2009, S. 169.
[4] Siehe § 152 BewG.
[5] Regierungsbegründung, siehe Begründung zum Gesetzentwurf der Bundesregierung, Teil 2. Materialien II Artikel 2, Änderung des BewG, Nr. 2, § 109 BewG, abgedruckt in Hübner, H., Erbschaftsteuerreform 2009 Gesetze Materialien Erläuterungen, 2009, S. 254.
[6] § 109 Abs. 2 Satz 1 BewG.

Grundlegende Vorschrift zur Unternehmensbewertung ist § 11 BewG.   545

§ 11 Abs. 1 BewG betrifft die Bewertung von Anteilen an **börsennotierten** Kapitalgesellschaften nach dem Börsenkurs.

§ 11 Abs. 2 BewG ist in Verbindung mit § 157 Abs. 4 BewG unmittelbar auf die Bewertung von Anteilen an **nicht börsennotierten** Kapitalgesellschaften anzuwenden:

- ▶ Nicht börsennotierte Kapitalgesellschaften § 97 Abs. 1 Nr. 1 BewG
  - Aktiengesellschaften
  - Kommanditgesellschaften auf Aktien
  - Gesellschaften mit beschränkter Haftung
  - Europäische Gesellschaften

§ 11 Abs. 2 BewG ist in Verbindung mit § 157 Abs. 4 und Abs. 5 und § 109 Abs. 1 und Abs. 2 BewG auch auf das folgende Betriebsvermögen anzuwenden:[1]

- ▶ Gewerbliche Einzelunternehmen § 95 BewG
- ▶ Freiberuflich tätige Einzelunternehmen §§ 95, 97 Abs. 1 Nr. 5, 96 BewG
- ▶ Gewerblich tätige Personengesellschaften § 97 Abs. 1 Nr. 5 BewG
- ▶ Freiberuflich tätige Personengesellschaften §§ 95, 97 Abs. 1 Nr. 5, 96 BewG

3. Zeitlicher Anwendungsbereich des Erbschaftsteuerreformgesetzes

Das neue Erbschaftsteuergesetz und Bewertungsgesetz in der Fassung des   546
Erbschaftsteuerreformgesetzes vom 24.12.2008 gilt gemäß § 37 Abs. 1 ErbStG für Erwerbe, für die die Steuer nach dem 31.12.2008 entsteht. Hiervon abweichend gewährte Art. 3 ErbStRG ein bis zum 30.6.2009 befristetes **Wahlrecht** zur rückwirkenden Anwendung der neuen Vorschriften.

„Ein Erwerber kann bis zur Unanfechtbarkeit der Steuerfestsetzung beantragen, dass die durch dieses Gesetz **geänderten Vorschriften** *des Erbschaftsteuer- und Schenkungsteuergesetzes, mit Ausnahme des § 16 des Erbschaftsteuer- und Schenkungsteuergesetzes,* **und des Bewertungsgesetzes** *auf* **Erwerbe von Todes**

---

1 Das Gesetz trennt begrifflich die Bewertung von Anteilen an Kapitalgesellschaften und die Bewertung des Betriebsvermögens (von Einzelunternehmen und Personengesellschaften), obwohl die Bewertung in beiden Fällen nach dem Gesamtbewertungsverfahren und mit dem gemeinen Wert zu erfolgen hat – die Bewertung somit rechtsformneutral ist, siehe z. B. Eisele, D., in Rössler/Troll (Hrsg.), BewG Bewertungsgesetz Kommentar, Oktober 2009, § 95, S. 10 Tz. 16 und S. 18 Tz. 28.

wegen anzuwenden sind, für die die Steuer **nach dem 31. Dezember 2006 und vor dem 1. Januar 2009** entstanden ist. In diesem Fall ist § 16 des Erbschaftsteuer- und Schenkungsteuergesetzes in der Fassung der Bekanntmachung vom 27. Februar 1997 (BGBl 1997 I S. 378), der zuletzt durch Artikel 19 Nr. 4 des Gesetzes vom 19. Dezember 2000 (BGBl 2000 I S. 1790) geändert worden ist, anzuwenden."[1]

547 Mit dem **Wachstumsbeschleunigungsgesetz** vom 22.12.2009 wurden die Steuersätze für Erwerber der Steuerklasse II gemäß § 19 Abs. 1 ErbStG herabgesetzt. Der im Zuge des Wachstumsbeschleunigungsgesetzes angepasste § 37 Abs. 1 ErbStG sieht eine Anwendung des geänderten § 19 Abs. 1 ErbStG für Erwerbe nach dem 31.12.2009 vor.

4. Gemeiner Wert – das verfassungsrechtliche Ziel der Bewertung

4.1 Die Entscheidung des Bundesverfassungsgerichts vom 7.11.2006

548 Auch im alten Erbschaftsteuer- bzw. Bewertungsgesetz war der **gemeine Wert** als Bewertungsmaßstab verankert. So forderte § 11 BewG a. F.:

„*Anteile an Kapitalgesellschaften (Aktiengesellschaften, Kommanditgesellschaften auf Aktien, Gesellschaften mit beschränkter Haftung, bergrechtlichen Gewerkschaften), die nicht unter Absatz 1 fallen,* **sind mit dem gemeinen Wert anzusetzen.**"[2]

549 Allerdings galt diese Vorgabe, soweit nichts anderes vorgeschrieben ist.[3] Da in der überwiegenden Zahl der Fälle die Bewertung der Unternehmen nicht aus Verkäufen oder Kurswerten ablesbar ist, sind deren Werte gemäß § 162 Abs. 1 AO zu schätzen, d. h. aus der Anwendung von **Bewertungsverfahren** abzuleiten.[4] Dabei stellte die gesetzlich angeordnete Maßgeblichkeit der **Steuerbilanzwerte** gemäß § 98a BewG a. F. bei der Bewertung des Betriebsvermögens (Einzelunternehmen, Personengesellschaften) den unmittelbaren, bzw. bei Kapitalgesellschaften (Stuttgarter Verfahren) den mittelbaren Bewertungsansatz dar.

---

1 Art. 3 Abs. 1 ErbStRG.
2 § 11 Abs. 2 Satz 1 BewG a. F.
3 Meincke, J.P., ErbStG Kommentar, 2009, § 12, S. 388 Tz. 17.
4 Halaczinsky, R., in Rössler/Troll (Hrsg.), Bewertungsgesetz Kommentar, § 9, Tz.17.

4. Gemeiner Wert

Als Folge „...*schlägt die aus dem **Steuerbilanzwertansatz** resultierende **Verfassungswidrigkeit** auf das gesamte Bewertungsgefüge auch bei den Anteilen an Kapitalgesellschaften durch. Wie beim Betriebsvermögen haftet der Bewertung Zufälliges und Willkürliches an. Eine Ermittlung von Werten, die die Wertverhältnisse in ihrer Relation realitätsgerecht abbilden, findet nicht statt.*"[1]

Ergebnis der umfassenden Untersuchung der bis dahin im Erbschaftsteuer- bzw. Bewertungsgesetz gängigen Bewertungsverfahren für Betriebsvermögen, Grundvermögen, Anteile an Kapitalgesellschaften und land- und forstwirtschaftliches Vermögen ist, dass das Bundesverfassungsgericht deren **Unvereinbarkeit** mit dem Gleichheitssatz **Art. 3 Abs. 1 GG** feststellt und Folgendes anordnet:

550

„*Zwar ist der Gesetzgeber, ..., verfassungsrechtlich gehalten, sich auf der Bewertungsebene **einheitlich am gemeinen Wert** als dem maßgeblichen Bewertungsziel zu orientieren. In der Wahl der Wertermittlungsmethoden für die einzelnen Arten von Vermögensgegenständen ist er jedoch grundsätzlich frei; es **muss lediglich gewährleistet sein, dass alle Vermögensgegenstände in einem Annäherungswert an den gemeinen Wert erfasst werden.**"*[2]

Es bleibt also festzuhalten, dass das Ziel aller Bewertungsansätze für Vermögen welches nicht als Geld vorliegt, der gemeine Wert ist. Der gemeine Wert stellt den **Verkaufspreis** dar, der sich unter objektivierten und damit typisierten Bedingungen auf einem freien Markt und damit im freien Spiel von Angebot und Nachfrage einstellt. Dem gemeinen Wert kommt eine überragende Bedeutung als Maßstab für die modifizierten Bewertungsverfahren des Erbschaftsteuerreformgesetzes zu, da mit ihm das Ziel verknüpft wird, über eine realitätsgerechte Bewertung den Zuwachs an finanzieller **Leistungsfähigkeit** beim Erwerber realitätsnah zu erfassen.

551

„*Denn die durch den Vermögenszuwachs beim Erwerber entstandene finanzielle Leistungsfähigkeit besteht darin, dass er **aufgrund des Vermögenstransfers** über Geld oder Wirtschaftsgüter mit einem **Geldwert** verfügt. Letzterer kann **durch den Verkauf des Wirtschaftsguts realisiert werden**. Die durch den Erwerb eines **nicht in Geld bestehenden Wirtschaftsguts** vermittelte finanzielle Leistungsfähigkeit wird daher durch **den bei einer Veräußerung unter objektivierten Bedingungen erzielbaren Preis, mithin durch den gemeinen Wert im Sinne des § 9 Abs. 2 BewG, bemessen.** Nur dieser bildet den durch den Substanzerwerb vermit-*

---

[1] BVerfG v. 7.11.2006 - 1 BvL 10/02, S. 28, BStBl 2007 II S. 192, NWB Dok ID: GAAAC-36599.
[2] BVerfG v. 7.11.2006 - 1 BvL 10/02, S. 31, BStBl 2007 II S. 192, NWB Dok ID: GAAAC-36599.

telten *Zuwachs an Leistungsfähigkeit* zutreffend ab und ermöglicht eine gleichheitsgerechte Ausgestaltung der Belastungsentscheidung."[1]

552 Die mit dem Erbschaftsteuerreformgesetz bestätigten bzw. neu eingeführten **Bewertungsverfahren** haben sich an diesem Ziel der Rechtsprechung des Bundesverfassungsgerichtes messen zu lassen. Kritik wurde in der Literatur bereits zu Bewertungsverfahren für Unternehmen laut. Die Kritik richtete sich vornehmlich gegen die **Mindestwertregelung** in Form des Substanzwertes gemäß § 11 Abs. 2 Satz 3 BewG sowie gegen die pauschalisierte Ermittlung des Risikozuschlags im **vereinfachten Ertragswertverfahren** für Unternehmen §§ 199 ff. BewG.

4.2 Die Definition des gemeinen Wertes

553 Der gemeine Wert findet sich als Bewertungsmaßstab bereits im **Preußischen Landrecht**.

„Gemeiner Werth.

*§ 111. Der Nutzen, welchen eine Sache **ihrem Besitzer** leisten kann, bestimmt den **Werth** derselben.*

*§ 112. Der Nutzen, welchen die Sache einem **jeden Besitzer** gewähren kann, ist ihr **gemeiner Werth**.*

*§ 113. Annehmlichkeiten oder Bequemlichkeiten, welche einem **jeden Besitzer** schätzbar sind, und deswegen gewöhnlich in Anschlag kommen, werden dem gemeinen Werth beygerechnet."*[2]

554 Die Grundlage, aus der sich der gemeine Wert speist, war somit noch allgemein gehalten mit dem **Nutzen**, der jedem Besitzer aus der Sache gewährt wird. Schon hier zeigt sich die Intention der Typisierung, da der gemeine Wert auf „jeden" Besitzer abstellt und somit subjektive Wertschätzungen eines Individuums (ihrem Besitzer!) ausgeblendet werden sollen.

555 Der gemeine Wert laut Bewertungsgesetz konkretisiert den Nutzen des Wirtschaftsgutes und legt ihn mit dem **Veräußerungspreis** fest. § 9 Abs. 2 BewG definiert den gemeinen Wert wie folgt:

*„Der gemeine Wert wird durch den Preis bestimmt, der im gewöhnlichen Geschäftsverkehr nach der Beschaffenheit des Wirtschaftsgutes **bei einer Veräußerung** zu erzielen wäre. Dabei sind alle Umstände, die den Preis beeinflussen, zu*

---

[1] BVerfG v. 7.11.2006 - 1 BvL 10/02, S. 16, BStBl 2007 II S. 192, NWB Dok ID: GAAAC-36599.
[2] Allgemeine Landrecht für die Preußischen Staaten vom 5.2.1794.

berücksichtigen. Ungewöhnliche oder persönliche Verhältnisse sind nicht zu berücksichtigen."

Unterstellt man rationales Verhalten bei der Bestimmung des Veräußerungspreises von Unternehmen, dann folgt die Nutzenbestimmung in Form des Veräußerungspreises den Annahmen der modernen Finanzierungs- und Investitionstheorie. Die moderne Finanzierungs- und Investitionstheorie sieht den Nutzen des Unternehmens in den erwarteten **Gewinnausschüttungen** bzw. den damit möglichen Konsumsteigerungen.[1] Der Veräußerungspreis bestimmt sich entsprechend nach dem Barwert der Gewinnausschüttungen, womit automatisch der Nutzen maximiert wird.[2] Das Preußische Landrecht beweist also mit seiner Definition des Wertes auf der Grundlage des Nutzens für den Besitzer eine erstaunliche Aktualität.

556

Die Orientierung an der Nutzenbestimmung führt zwangsläufig zur Verwendung von **Gesamtbewertungsverfahren** bei der Unternehmensbewertung, denn nur so ermittelt der Veräußerer einen Wert, auf dessen Grundlage eine Kaufpreisverhandlung sinnvoll geführt werden kann. Es lohnt sich in diesem Zusammenhang noch einmal der Blick auf die Definition des gemeinen Wertes in § 9 Abs. 2 Satz 1 BewG.

557

*„Der gemeine Wert wird durch den Preis bestimmt, der im gewöhnlichen Geschäftsverkehr nach der Beschaffenheit **des Wirtschaftsgutes** bei einer Veräußerung zu erzielen wäre."*[3]

Daraus wurde der Schluss gezogen, der gemeine Wert von Unternehmen sei durch die Ermittlung der Einzelveräußerungspreise der einzelnen Wirtschaftsgüter zu ermitteln. Diese Schlussfolgerung ergebe sich insbesondere im Zusammenspiel mit § 2 BewG.[4]

558

„§ 2 Wirtschaftliche Einheit

*(1) Jede **wirtschaftliche Einheit** ist für sich zu bewerten. Ihr **Wert ist im ganzen** festzustellen. Was als wirtschaftliche Einheit zu gelten hat, ist nach den Anschauungen des Verkehrs zu entscheiden. Die örtliche Gewohnheit, die tatsächliche Übung, die Zweckbestimmung und die wirtschaftliche Zusammengehörigkeit der einzelnen Wirtschaftsgüter sind zu berücksichtigen.*

---

1 Kruschwitz, L., Investitionsrechnung, 2005, S. 12; Drukarczyk, J., Unternehmensbewertung, 2003, S. 116.
2 Franke/Hax, Finanzwirtschaft des Unternehmens und Kapitalmarkt, 2009, S. 335.
3 § 9 Abs. 2 Satz 1 BewG.
4 Siehe auch BFH v. 12.7.1968 – III 181/64.

> *(2) Mehrere Wirtschaftsgüter kommen als wirtschaftliche Einheit nur insoweit in Betracht, als sie demselben Eigentümer gehören.*
>
> *(3) Die Vorschriften der **Absätze 1 und 2 gelten nicht**, soweit eine **Bewertung der einzelnen Wirtschaftsgüter vorgeschrieben ist**."*[1]

559 Der **Einzelbewertungsthese** ist durch den neu gefassten § 11 Abs. 2 BewG der Boden entzogen, da hiernach die Berechnung des gemeinen Wertes von Unternehmen insbesondere auf der Grundlage der Ertragsaussichten zu erfolgen hat. Abgesehen von der Mindestwertregelung in § 11 Abs. 2 Satz 3 BewG ist somit eine Bewertung der einzelnen Wirtschaftsgüter gerade nicht mehr vorgeschrieben.

560 **Veräußerungspreise** können im Markt beobachtet werden, etwa in Form von **Börsenkursen** bei börsennotierten Unternehmen. **Veräußerungspreise** aus bekannt gewordenen Unternehmenstransaktionen, insbesondere nicht börsennotierter Unternehmen, können unter Umständen auch beobachtet werden. Allerdings haftet ihnen ein gewisser Makel der **Subjektivität** an, da diese Preise, mangels eines Marktes für nicht notierte Unternehmen, nicht durch Angebot und Nachfrage sondern im Verhandlungswege zustande kommen.[2] Sie stellen keine Marktpreise sondern **Verhandlungspreise** dar.[3] Verhandlungspreise basieren auf subjektiven Unternehmenswerten bzw. Grenzpreisen und entsprechen deshalb nicht dem Marktwert bzw. Verkehrswert.[4] Subjektive Verhandlungspreise sind auch bei börsennotierten Gesellschaften zu beobachten, wenn der Hauptaktionär seine Beteiligung nicht über die Börse sondern durch Direktkäufe ausweitet.

> *„Eine Erhöhung des Abfindungsbetrages kann auch **nicht mit den Preisen**, die die Antragsgegnerin als herrschendes Unternehmen **tatsächlich** für Aktien der abhängigen Gesellschaft X **bezahlt hat**, gerechtfertigt werden .... Denn die Berücksichtigung derartiger Entgelte ist verfassungsrechtlich nicht geboten, da sie regelmäßig **über dem marktüblichen Entgelt** liegen, weshalb hieraus grundsätzlich **keine Verkehrswerte** abgeleitet werden können. Der vom Mehrheitsaktionär bezahlte **Erwerbspreis** hängt von seinem bisherigen Beteiligungsbesitz, seinen strategischen Absichten und insb. von dem konkret zu erzielenden **Grenznutzen**, also den durch den (Ergänzungs-)Kauf zu erreichenden finanziellen Vorteilen, ab ..."*[5]

---

1 § 2 BewG.
2 A.A. Riedel, C., in Daragau/Halaczinsky/Riedel (Hrsg.), Praxiskommentar ErbStG und BewG, 2010, § 9, S. 851, Tz. 27.
3 Schultze, W., Methoden der Unternehmensbewertung, 2001, S. 15.
4 Drukarczyk/Schüler, Unternehmensbewertung, 2009, S. 87.
5 OLG Stuttgart v. 4. 5. 2011 – 20 W 11/08, AG 2011, S. 562.

… 4. Gemeiner Wert

Zu differenzieren ist hinsichtlich der Anteilskaufpreise, die etwa bereits für das zu bewertende **Unternehmen** bezahlt wurden und Anteilskaufpreisen aus **Peer Groups**, die im Rahmen von Multiplikatorverfahren zur Anwendung kommen.[1] Bei Verkaufspreisen für die Anteile des zu bewertenden Unternehmens ist ein **einziger** zeitnaher Verkauf i. S. von § 11 Abs. 2 Satz 1 BewG ausreichend.[2] Bei Verkaufspreisen von Vergleichsunternehmen (Peer Group!) werden dagegen **mehrere** Verkaufsfälle gefordert, bei denen die Verkaufspreise eindeutig als im **gewöhnlichen Geschäftsverkehr** – d. h. auf einem Markt durch Angebot und Nachfrage – zustande gekommen sein müssen.[3] Nach der herrschenden Meinung wird allerdings die Verwendung von Verkaufspreisen von Peer Groups bzw. Vergleichsunternehmen abgelehnt und ausschließlich die Verwendung von Verkaufspreisen für Anteile des zu bewertenden Unternehmens gefordert.[4]

561

Für nicht börsennotierte Unternehmen liegen aber keine beobachtbaren Marktpreise im Sinne des gemeinen Wertes vor, da es für sie keinen Markt gibt.

„Es gibt für Handelsunternehmen wegen ihrer individuellen Verschiedenheit keinen Markt, auf dem sich ein Preis bilden könnte."[5]

„Für nichtnotierte Anteile an Kapitalgesellschaften besteht kein offener Markt in dem Sinn, dass Angebot und Nachfrage für verschiedene Gesellschaften laufend festgestellt werden könnten."[6]

In diesem Fall ist zu fragen, welcher Preis sich zwischen Marktteilnehmern für ein Unternehmen einstellen würde, wenn sich die Investoren rational verhal-

562

---

[1] Siehe hierzu Rdn. 966.
[2] BFH v. 22.06.2010 - II R 40/08 (veröffentlicht am 08.09.2010), BStBl 2010 II S. 843, NWB Dok ID: SAAAD-51327.
[3] Halaczinsky, R., in Rössler/Troll (Hrsg.), Bewertungsgesetz Kommentar, § 9, Tz.15.
[4] Kreutziger, S., in Kreutziger/Schaffner/Stephany (Hrsg.), Kommentar zum Bewertungsgesetz, 2009, § 11, S. 56, Tz. 29; Riedel, C., in Daragan/Halaczinsky/Riedel (Hrsg.), Praxiskommentar ErbStG und BewG, 2010, § 11 BewG, S. 868, Tz. 23; Viskorf, H.-U., in Viskorf/Knobel/Schuck (Hrsg.), Erbschaftsteuer- und Schenkungsteuergesetz, Bewertungsgesetz Kommentar, 2009, BewG, § 11, S. 984, Tz. 23.
[5] BGH v. 17.1.1973 – IV ZR 142/70, Fundstelle NJW 1973 S. 509.
[6] BFH v. 5.3.1986 - II R 232/82, BStBl 1986 II S. 591, NWB Dok ID: BAAAA-92206; der Hinweis auf die Nichtexistenz eines Marktes für nicht notierte Unternehmen bedeutet eine Änderung der Sichtweise des BFH, siehe dazu noch BFH v. 23.2.1979 – III R 44/77, BStBl 1979 II S. 618, NWB Dok ID: WAAAB-01686.

ten.[1] **Kapitalwertmodelle** im Rahmen von Gesamtbewertungsverfahren (Ertragswertverfahren, DCF-Verfahren) simulieren diesen rationalen Preisbildungsprozess.[2] Im Ergebnis können gemeine Werte somit entweder im Markt (insbesondere notierte Unternehmen) beobachtet oder auf theoretischer Grundlage (nicht notierte Unternehmen) ermittelt werden.

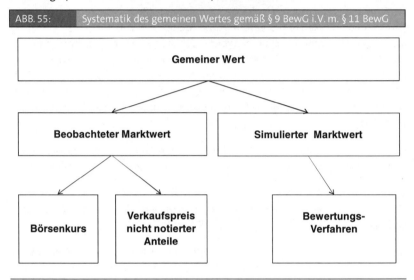

ABB. 55: Systematik des gemeinen Wertes gemäß § 9 BewG i.V. m. § 11 BewG

563 Die hier vertrete Meinung zur Definiton des gemeinen Wertes deckt sich mit den Aussagen des Bundesverfassungsgerichts.

„...*Maßstab des Preises, der im gewöhnlichen Geschäftsverkehr nach der Beschaffenheit des Wirtschaftsguts bei der Veräußerung zu erzielen wäre, findet sich der **gemeine Wert in modifizierter und typisierter Form** auch als **Teilwert** (§ 10 BewG),* **Kurswert** *(§ 11 Abs. 1 BewG), Rücknahmepreis (§ 11 Abs. 4 BewG), Nennwert (§ 12 Abs. 1 BewG), Rückkaufswert (§ 12 Abs. 4 BewG), Jahreswert (§§ 13 ff. BewG) oder* **Anteilswert** *(§ 11 Abs. 2 BewG).*"[3]

„*Die Vorschrift des § 11 BewG sieht* **drei Wege** *vor, die – in fester Rangfolge - zur* **Ermittlung des gemeinen Werts** *führen. Für börsennotierte Anteile gilt gemäß*

---

1 Im Zuge der Behavioral Finance Forschung sind starke Zweifel an der Rationalität ökonomischen Handelns aufgedeckt worden, siehe Im Hirn des „Homo oeconomicus", FAZ v. 12.9.2011, S.12; Enzensberger, H.M., Märchenstunden, Erste Lieferung: Rätselhafte Wirtschaftswissenschaften, Der Spiegel, 2011, Nr. 40.
2 Schneider, D., Investition, Finanzierung und Besteuerung, 1992, S. 520.
3 BVerfG v. 7.11. 2006 - 1 BvL 10/02, S. 3, BStBl 2007 II S. 192, NWB Dok ID: GAAAC-36599.

§ 11 Abs. 1 BewG der Ansatz des **Kurswerts**. Bei nicht an der Börse notierten Anteilen ist der gemeine **Wert aus Anteilsverkäufen** vor dem Besteuerungsstichtag abzuleiten, die weniger als ein Jahr zurückliegen (§ 11 Abs. 2 Satz 2 Alternative 1 BewG). Ist das nicht möglich, schreibt das Gesetz in § 11 Abs. 2 Satz 2 Alternative 2 BewG die **Schätzung unter Berücksichtigung des Vermögens und der Ertragsaussichten** der Kapitalgesellschaft vor, …"[1]

Dieser Systematik, wonach der **gemeine Wert** als übergeordneter Bewertungsmaßstab zu verstehen ist, dessen Ermittlung auf verschiedenen Wegen möglich ist, folgt die Literatur nicht einheitlich. So wird etwa grundsätzlich zwischen Kurswert und gemeinem Wert unterschieden.[2]

564

Die **Schätzung** des gemeinen Werts ist der in der Praxis vorherrschende Bewertungsansatz, weil die Zahl der Gesellschaften mit beschränkter Haftung die der (börsennotierten) Aktiengesellschaften um ein Vielfaches übersteigt und der Wert der GmbH-Geschäftsanteile vergleichsweise selten als Verkaufspreis aus Verkäufen abgeleitet werden kann. § 9 Abs. 2 BewG legt Rahmenbedingungen für die Ermittlung des gemeinen Wertes fest.

565

„Der gemeine Wert wird durch den Preis bestimmt, der im **gewöhnlichen Geschäftsverkehr** nach der **Beschaffenheit** des Wirtschaftsgutes bei einer Veräußerung zu erzielen wäre. Dabei sind **alle Umstände,** die den Preis beeinflussen, zu berücksichtigen. **Ungewöhnliche** oder **persönliche** Verhältnisse sind nicht zu berücksichtigen."[3]

Der Verkaufspreis im Sinne des gemeinen Wertes muss im **gewöhnlichen Geschäftsverkehr** erzielbar sein. Damit ist der Handel nach marktwirtschaftlichen Grundsätzen zu verstehen, der sich durch **Angebot** und **Nachfrage** vollzieht. Die Vertragspartner müssen ohne Zwang handeln, unter Wahrung ihrer wirtschaftlichen Interessen.

566

Die **Beschaffenheit** des Wirtschaftsguts wird durch die tatsächlichen und rechtlichen Verhältnisse bestimmt. Bei einem Unternehmen sind dies z. B. die Rechtsform und Unternehmensverträge, Tochtergesellschaften und Beteiligungen, der Umsatz, Eigenkapitalausstattung, Liquiditätsbestand, Jahresüberschuss, Rendite, Cash-flow, Anzahl der Mitarbeiter, etc. Unter **weitere Umstän-**

567

---

1 BVerfG v. 7.11.2006 - 1 BvL 10/02, S. 5, BStBl 2007 II S. 192, NWB Dok ID: GAAAC-36599.
2 Siehe etwa Halaczinsky, R., in Rössler/Troll (Hrsg.), Bewertungsgesetz Kommentar, § 9, Tz. 4; Seer bezeichnet den Kurswert dagegen entsprechend der hier vertretenen Meinung als Verkörperung des Bewertungsmaßstabs gemeiner Wert, Seer, R., in Tipke/Lang (Hrsg.) Steuerrecht, 2010, § 13, S. 492, Tz. 12.
3 § 9 Abs. 2 BewG.

C. Unternehmensbewertung gemäß Erbschaftsteuerreformgesetz

de, die den Verkaufspreis des Unternehmens bestimmen, können z. B. Bodenaltlasten zählen, die eine geänderte Nutzung der Betriebsimmobilien einschränken oder die Konzentration von Unternehmens-Know-how bei wenigen Mitarbeitern. Irrelevant bei der Wertermittlung sind **ungewöhnliche Verhältnisse**, mit denen der Geschäftsverkehr bei der Wertermittlung nicht zu rechnen pflegt. Hierunter dürften z. B. Schmiergeldvereinbarungen fallen, auf deren Grundlage das Unternehmen an lukrative Aufträge kommt.

Ebenso wenig sind die **persönlichen Verhältnisse** bei der Wertermittlung zu berücksichtigen, also Aspekte die in der Person des Käufers und des Verkäufers begründet sind. Damit können bei der Unternehmenswertermittlung echte **Synergieeffekte** auf der Käuferseite oder die persönlichen **steuerlichen Verhältnisse** des Käufers oder Verkäufers (z. B. nutzbare steuerlichen Verlustvorträge) ebenso wenig berücksichtigt werden, wie **Verfügungsbeschränkungen** (siehe § 9 Abs. 3 BewG) für die Anteile an einem Unternehmen.[1] Damit kommen wir auf die oben genannte Einschränkung zurück, nach der den Verkaufspreisen aus bekannt gewordenen Transaktionen der Makel der Subjektivität anhaftet. Es steht zu vermuten, dass in derartigen Preisen auch Anteile der für den Käufer realisierbaren Synergieeffekte enthalten sein können bzw. Einflüsse eingepreist sind, die sich aus den persönlichen Verhältnissen des Käufers ergeben. Damit verletzen Kaufpreise aus Unternehmensverkäufen nicht notierter Unternehmen (nicht aus Aktienverkäufen!) auf Basis subjektiver Unternehmenswerte die Definition des gemeinen Wertes. Denn dieser gilt als **objektiver Wert**.[2]

*„Maßgeblich ist nicht der Preis, den der Erblasser/Schenker bei der Veräußerung an einen Dritten hätte erzielen können, sondern der Preis, den **jedermann** in der Position des Erwerbers bei einer Veräußerung erwirtschaften kann."*[3]

568 Die Definition des gemeinen Wertes entspricht weitestgehend der Definition des **Verkehrswertes** in § 194 BauGB.

*„Der **Verkehrswert (Marktwert)** wird durch den Preis bestimmt, der in dem Zeitpunkt, auf den sich die Ermittlung bezieht, im gewöhnlichen Geschäftsverkehr nach den rechtlichen Gegebenheiten und tatsächlichen Eigenschaften, der sonstigen Beschaffenheit und der Lage des Grundstücks oder des sonstigen Gegen-*

---

[1] Zu den Verfügungsbeschränkungen siehe Halaczinsky, R., in Rössler/Troll (Hrsg.), Bewertungsgesetz Kommentar, § 9, Tz. 13.
[2] BFH Urteil vom 12. 3. 1997 - II R 44/94 (NV), NWB Dok ID: IAAAB-38917.
[3] Meincke, J.P., ErbStG Kommentar, 2009, § 12, S. 389, Tz. 20.

stands der Wertermittlung ohne Rücksicht auf ungewöhnliche oder persönliche Verhältnisse zu erzielen wäre."

Von einer Identität der Wertdefinitionen „gemeiner Wert" und „Verkehrswert" geht auch das Bundesverfassungsgericht aus.

„Der über § 12 Abs. 1 ErbStG anwendbare § 9 Abs. 1 BewG nennt als Regelfall den gemeinen Wert, also den Verkehrswert."[1]

4.3 Gemeiner Wert – objektiver Wert – objektivierter Wert – subjektiver Wert – Grenzpreis

Der gemeine Wert soll ein **objektiver Wert** sein.[2] Im Rahmen der Unternehmensbewertungslehre werden objektive, objektivierte und subjektive Unternehmenswerte unterschieden.[3] Bestimmungsmerkmal zur Definition dieser Bewertungskonzepte bzw. Trennkriterium ist die dabei unterstellte Beziehung zwischen Unternehmer und Anteilseigner. Bei **objektiven Unternehmenswerten** wird diese Beziehung ausgeblendet. Der Wert des Unternehmens wird aus der Perspektive des Unternehmens ermittelt. Der objektive Unternehmenswert gilt als überholt.[4] Bei **objektivierten Unternehmenswerten** geht man von einer Beziehung zwischen Unternehmen und Gesellschaftern aus, wobei letztere typisiert werden. Der **subjektive Unternehmenswert** stellt den Wert dar, der sich für einen individuellen Käufer oder Verkäufer für ein Unternehmen ergibt.

Der objektive Unternehmenswert lässt sich mit dem Gedanken der modernen Gesamtbewertungsverfahren kaum in Deckung bringen, denn nach den Gesamtbewertungsverfahren ergibt sich der Unternehmenswert aus den möglichen Ausschüttungen an die Anteilseigner.

*„Der Wert eines Unternehmens bestimmt sich unter der Voraussetzung ausschließlich finanzieller Ziele durch den **Barwert der mit dem Eigentum an dem Unternehmen verbundenen Nettozuflüsse an die Unternehmenseigner** (Nettoeinnahmen als Saldo von Ausschüttungen bzw. Entnahmen, Kapitalrückzahlungen und Einlagen)."*[5]

---

1 BVerfG v. 7. 11. 2006 - 1 BvL 10/02, S. 2, BStBl 2007 II S. 192, NWB Dok ID: GAAAC-36599.
2 Halaczinsky in: Rössler/Troll, Kommentar zum BewG, 2010, § 9, S. 1 Tz. 1; Kreutziger, S., in Kreutziger/Schaffner/Stephany (Hrsg.), Kommentar zum Bewertungsgesetz, 2009, § 9, S. 38 Tz. 10.
3 Siehe dazu Rdn. 100.
4 Wollny, C., Der objektivierte Unternehmenswert – Unternehmensbewertung bei gesetzlichen und vertraglichen Bewertungsanlässen, 2010, S. 24 ff.
5 IDW S1 i. d. F. 2008, S. 1 Tz. 4.

572 An wen aber soll dann ausgeschüttet werden, wenn diese Beziehung aus dem Bewertungskonzept wegdefiniert wurde? Daran zeigt sich, dass der objektive Wert ein Gedanke ist, der Hand in Hand mit dem betriebswirtschaftlichen **Substanzwertverfahren** geht, für welche die Beziehung zum Gesellschafter irrelevant ist. Wird der gemeine Wert im Lichte der modernen Bewertungsverfahren interpretiert, ist er wie auch der Verkehrswert kein objektiver Wert wie oben ausgeführt. Gemeine Werte oder Verkehrswerte existieren im Zusammenhang mit „Unternehmenswerten" somit nur in Form von Börsenkursen, da nur diese anonym und ohne persönliche Einflussnahme entstehen. Das Bewertungskonzept, welches die Anforderungen eines gemeinen Wertes oder Verkehrswertes noch am ehesten erfüllt, ist der **objektivierte Unternehmenswert**. In diesem Sinne argumentierte die Rechtsprechung des BFH auch bereits vor dem Erbschaftsteuerreformgesetz.

*„Der **gemeine Wert** wird durch den Preis bestimmt, der im gewöhnlichen Geschäftsverkehr bei einer Veräußerung der zu bewertenden Anteile aufgrund ihrer Beschaffenheit zu erzielen wäre. Dabei sind alle Umstände zu berücksichtigen, die den Preis beeinflussen (§ 9 Abs. 2 BewG). Die Regeln des gewöhnlichen Geschäftsverkehrs sind aus dem Handeln der am Geschäftsverkehr beteiligten Kreise abzuleiten. Der Senat stimmt dem FG zu, daß dieses Handeln durch wirtschaftliche Motive bestimmt wird. Jede Bewertung ist jedoch zweckgebunden. Dies läßt die betriebswirtschaftliche Aussage verständlich erscheinen, daß es **einen** Wert eines Unternehmens und damit der Anteile an diesem Unternehmen an sich nicht gibt .... **Das Bewertungsgesetz stellt jedenfalls auf einen objektivierten Anteilswert ab.**"*[1]

573 Das Konzept des objektivierten Unternehmenswertes kollidiert nicht mit der Definition des gemeinen Wertes, der frei sein soll von persönlichen Verhältnissen, da der Real-Typus des Gesellschafters im objektivierten Unternehmenswert keine Kontrollmacht ausüben kann.[2]

574 Auch die Bestimmungsmerkmale des **subjektiven Unternehmenswertes** als Bewertungskonzept müssen kurz erörtert werden, da in zwei Literaturstellen die Meinung vertreten wird, dieser sei in § 11 Abs. 2 Satz 2 BewG angesprochen.[3] Diese Meinung stützt sich auf folgende Gesetzespassage:

---

1 BFH v. 20.10.1978 - III R 31/76, BStBl 1979 II S. 34.
2 IDW S1 i. d. F. 2008, Tz. 13.
3 Kußmaul/Pfirmann/Hell/Meyering, Die Bewertung von Unternehmensvermögen nach dem ErbStRG und Unternehmensbewertung, BB 2008, S. 477; Olbrich/Hares/Pauly, Erbschaftsteuerreform und Unternehmensbewertung, DStR 2010, S. 1250.

4. Gemeiner Wert

„... dabei ist **die Methode** anzuwenden, **die ein Erwerber** der Bemessung des Kaufpreises zu Grunde legen würde."[1]

Wenn subjektive Unternehmenswerte zum Zweck des Unternehmenskaufs ermittelt werden, dann interessieren den jeweiligen Käufer oder Verkäufer die sich daraus für ihn ergebenden finanziellen Konsequenzen auf „Heller und Pfennig". D.h. in diesem Fall sind in das Barwertkalkül die individuellen steuerlichen Rahmenbedingungen ebenso aufzunehmen, wie die nur für diesen Käufer realisierbaren Vorteile aus der Verbindung des zu erwerbenden Unternehmens mit gegebenenfalls anderen Unternehmen dieses Käufers. Letztere Vorteile werden Synergieeffekte genannt, die sich etwa aus Einkaufsvorteilen wegen nunmehr möglicher höherer Bezugsmengen ableiten lassen. Ein so berechneter Unternehmenswert hat nur Bedeutung für den jeweiligen Käufer, für niemanden sonst. Der Unternehmenswert ist damit subjektiv. Ob der Käufer dabei als Methode ein Ertragswertverfahren, ein DCF-Verfahren oder unter Umständen ein Multiple-Verfahren anwendet, ist in diesem Zusammenhang völlig irrelevant.

575

Merke: **Methoden** beschreiben **wie** Daten bewertet werden, **Konzepte** bestimmen **welche** Daten bewertet werden.

D.h. die Perspektive bzw. das **Konzept** der Bewertung (objektiv, objektiviert oder subjektiv) hat nichts mit der **Methode** der Bewertung (Ertragswertverfahren, DCF-Verfahren, etc.) zu tun. § 11 Abs. 2 Satz 2 BewG spricht aber von **Methoden**, womit sich eine Diskussion „subjektiv" oder „objektiviert" schon erledigt hat. Unterschiedliche Methoden dürfen wiederum nicht zu unterschiedlichen Werten führen.

576

„*Ertragswert- und Discounted Cash Flow-Verfahren* ... *Bei gleichen Bewertungsannahmen bzw. -vereinfachungen, insbesondere hinsichtlich der Finanzierung, führen beide Verfahren zu gleichen Unternehmenswerten.*"[2]

„*Ungeachtet der Unterschiede in der Rechentechnik führen die einzelnen DCF-Verfahren bei konsistenten Annahmen grundsätzlich zu übereinstimmenden Ergebnissen.*"[3]

Wenn in der Praxis mit einem Verfahren unterschiedliche Werte ermittelt werden, liegt das an den verwendeten **Annahmen**. Auch wenn sich unter der Fiktion des „Gemeinen Wertes" die Parteien Käufer und Verkäufer letztlich auf ei-

577

---

1 § 11 Abs. 2 Satz 2 2. Halbs. BewG; mit Erwerber meint das Gesetz hier den Käufer und nicht den Erwerber im erbschaftsteuerlichen Sinne.
2 IDW S1 i. d. F. 2008, S. 1, Tz. 101.
3 IDW S1 i. d. F. 2008, Tz. 124.

nen Wert einigen müssen, die sehende Berücksichtigung subjektiver Annahmen und Wertvorstellungen kann für § 11 Abs. 2 BewG nicht gewollt sein, da dann gerade kein Wert für Jedermann und damit kein gemeiner Wert ermittelt wird.

"Ertragswert- und Discounted Cash Flow-Verfahren ... *Beobachtet man in der Praxis* **unterschiedliche Unternehmenswerte** *aufgrund der beiden Verfahren, so ist dies regelmäßig auf* **unterschiedliche Annahmen** *— insbesondere hinsichtlich Zielkapitalstruktur, Risikozuschlag und sonstiger Plandaten — zurückzuführen."*[1]

578 Der Hinweis in § 11 Abs. 2 Satz 2 BewG zur „Methode" läuft somit ins Leere. Denn entweder decken sich die Annahmen von „typisiertem Käufer" und „typisiertem Verkäufer" und es wird, mit welcher Methode auch immer, ein objektivierter Unternehmenswert ermittelt und das Kriterium des gemeinen Wertes erfüllt, oder die Annahmen von fiktivem Käufer und fiktivem Verkäufer unterscheiden sich und es wird ein vom gemeinen Wert verschobener subjektiver Unternehmenswert und Verhandlungspreis unter Berücksichtigung der persönlichen Verhältnisse ermittelt. Dieser würde dann aber das Kriterium des gemeinen Wertes verletzen.

Die Regierungsbegründung zu dieser Thematik liest sich wie folgt:

„...soll auf die Sicht eines gedachten **Käufers** *abgestellt werden, da dieser im Unterschied zum Verkäufer* **bemüht sein wird, den Preis möglichst niedrig zu halten."*[2]

579 Als Zwischenstand lässt sich festhalten, dass der Gesetzestext nicht zur Regierungsbegründung passt - **Methode** versus **Preis** – und die Käuferperspektive nicht zum gemeinen Wert passt, denn der gemeine Wert soll objektiv oder zumindest objektiviert und damit typisiert sein und gerade nicht auf die Perspektive des Käufers abstellen. Noch einmal zur Erinnerung die Definition des gemeinen Werts in § 9 Abs. 2 Satz 1 BewG:

„Der gemeine Wert wird durch den **Preis** *bestimmt, der im gewöhnlichen Geschäftsverkehr nach der Beschaffenheit des Wirtschaftsgutes* **bei einer Veräußerung** *zu erzielen wäre."*

580 Der **Verhandlungspreis**, zu dem ein Unternehmenskauf ausgeführt wird, ist das Ergebnis einer Verhandlung und eines Aufeinandertreffens von Macht-

---

1 IDW S1 i. d. F. 2008, Tz. 101.
2 Regierungsbegründung, siehe Begründung zum Gesetzentwurf der Bundesregierung, Teil 2. Materialien II Artikel 2, Änderung des BewG, Nr. 2, § 11 BewG, abgedruckt in Hübner, H., Erbschaftsteuerreform 2009 Gesetze Materialien Erläuterungen, 2009, S. 245.

4. Gemeiner Wert

positionen von Käufer und Verkäufer. Die Verhandlung führen die Parteien auf der Grundlage der Kenntnis ihrer subjektiven Unternehmenswerte und damit ihrer subjektiven **Grenzpreise**. Da der **Verkäufer** das Unternehmen nur im vorhandenen Zustand und den aus seiner Sicht plausiblen Entwicklungsmöglichkeiten bewerten kann, deckt sich diese Bewertung doch im Wesentlichen mit dem Unternehmen „wie es steht und liegt." Auf dieser Basis herrscht hohe Übereinstimmung zwischen dem subjektiven Unternehmenswert des Verkäufers und dem objektivierten Unternehmenswert.

*„**Verbundeffekte** sind in aller Regel subjektive Bestandteile der Unternehmensbewertung und daher **nicht zu berücksichtigen**. Hinzu kommt, daß die gemäß §§ 304, 305 AktG festzusetzenden Beträge lediglich den **Grenzpreis** festlegen sollen, zu dem die **außenstehenden Aktionäre ohne wirtschaftliche Nachteile aus der AG ausscheiden können**. Deshalb ist es **nicht sachgerecht**, ggf. aus dem Zusammenschluß folgende spätere Vorteile in die Bewertung als Hilfsgrößen einfließen zu lassen."*[1]

Der **Käufer** muss seiner Bewertung alle realisierbaren Möglichkeiten und Synergien zugrundelegen, um seinen subjektiven Unternehmenswert und damit Grenzpreis richtig zu ermitteln – denn in der Realität schläft die Konkurrenz und damit die Gefahr eines kaufpreisstärkeren Bieters nicht. Der vom Käufer so berechnete Wert muss die Grenze seiner Konzessionsbereitschaft darstellen. Als Preis bezahlen wird er diesen Wert natürlich wenn irgend möglich nicht, da er sonst nur „Geld wechselt." Der Käufer-Wert liegt damit aber, bei einer Transaktion die Aussicht auf Erfolg haben soll, zwingend über oder zumindest auf dem Grenzpreis und damit subjektiven Unternehmenswert des Verkäufers. Andernfalls existiert für die Parteien kein Einigungsbereich.

581

| ABB. 56: | Subjektive Unternehmenswerte und Grenzpreise von Käufer und Verkäufer |

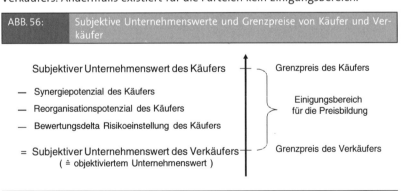

---

1 OLG Celle v. 31. 7. 1998 - 9 W 128/97, AG 1999, S. 130.

582 Bei einer erfolgreichen Transaktion und rationalen Verhandlungspartnern liegt der Kaufpreis somit zumindest auf dem Niveau des Verkäufer-Grenzpreises bzw. wenn der Verkäufer gut verhandelt hat, irgendwo zwischen den Grenzpreisen von Käufer und Verkäufer. Das intuitiv nachvollziehbare Argument der Regierungsbegründung würde somit tendenziell zu höheren Werten führen, als das Abstellen auf den objektivierten Wert oder den Grenzpreis des Verkäufers.

583 Dass der Gesetzgeber bei seiner ins Leere laufenden Formulierung der „**Methode** des Erwerbers" tatsächlich die Berücksichtigung der subjektiven Bewertungs-**Perspektive** im Sinn gehabt haben soll, ist mit Verweis auf die dominierende Wirkung des „objektiven" gemeinen Wertes nicht zu vermuten. Auch das Bundesverfassungsgericht hat ganz klar die Perspektive des typisierten Verkäufers festgelegt.

*„Die durch den Erwerb eines nicht in Geld bestehenden Wirtschaftsguts vermittelte finanzielle Leistungsfähigkeit wird daher durch den bei einer **Veräußerung unter objektivierten Bedingungen** erzielbaren Preis, mithin durch den **gemeinen Wert** im Sinne des § 9 Abs. 2 BewG, bemessen."*[1]

584 Schließlich und endlich ist die Bewertung aus der Sicht des Erbschaftsteuergesetzes ein Feststellungsverfahren und kein Entscheidungsprozess.[2] Damit ist subjektiven Gesichtspunkten im Sinne von Entscheidungswerten ebenfalls eine Absage erteilt. Man wird somit davon ausgehen können, dass die Perspektive des Gesetzes die des typisierten Verkäufers und damit des objektivierten Unternehmenswertes sein soll.[3]

---

1 BVerfG v. 7.11.2006 - 1 BvL 10/02, S. 16, BStBl 2007 II S. 192, NWB Dok ID: GAAAC-36599.
2 Meincke, J.P., ErbStG Kommentar, 2009, § 12, S. 379 Tz. 2 und S. 380 Tz. 5.
3 Gleicher Ansicht siehe, Hübner, H., Erbschaftsteuerreform 2009 Gesetze Materialien Erläuterungen, 2009, S. 485; Daragan, H., in Daragan/Halaczinsky/Riedel (Hrsg.), Praxiskommentar ErbStG und BewG, 2010, § 9 BewG, S. 848 Tz. 16; Riedel, C., in Daragan/Halaczinsky/Riedel (Hrsg.), Praxiskommentar ErbStG und BewG, 2010, § 11 BewG, S. 876 Tz. 41; Kreutziger, S., in Kreutziger/Schaffner/Stephany (Hrsg.), Kommentar zum Bewertungsgesetz, 2009, § 11, S. 70 Tz. 81; Piltz, D., Unternehmensbewertung im neuen Erbschaftsteuerrecht, DStR 2008, S. 752; für das Erbrecht siehe Riedel/Lenz, in Damrau/Riedel/Lenz (Hrsg.), Praxiskommentar Erbrecht, 2004, § 2311, Tz. 19; entsprechende Empfehlung durch Heilmann, A., Die Anwendbarkeit betriebswirtschaftlicher Bewertungsmethoden im Erbschaft- und Schenkungsteuerrecht, 2010, S. 170 f.

4.4 Die Umsetzung der verfassungsrechtlichen Vorgaben in § 11 BewG

4.4.1 Bewertungsverfahren und das Ziel des gemeinen Wertes – eine Übersicht

„Jede in § 11 Abs. 2 BewG genannte *Methode* hat sich aber danach messen zu lassen, ob sie den *gemeinen Wert* nach den *Vorgaben des BVerfG* ermitteln kann. Damit soll sichergestellt werden, dass nur besteuert wird, was der Erwerber als *Geldwert* erworben hat."[1]

§ 11 BewG zur Bewertung von Unternehmen setzt das verfassungsrechtliche Ziel der Bewertung zum gemeinen Wert durch Vorgabe einer Reihenfolge.[2] Danach ist der gemeine Wert vorzugsweise aus **Marktdaten** zu erheben oder ersatzweise theoretisch durch **Bewertungsverfahren** abzuleiten.

1. Kurswert bzw. Verkaufspreise
2. Bewertungsverfahren

Im Einzelnen stellt sich die Gesetzessystematik wie folgt dar:

ABB. 57: Systematik der Unternehmensbewertung in § 11 Abs. 1 und Abs. 2 BewG

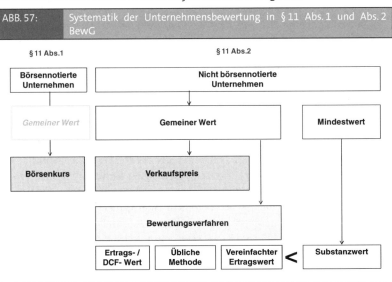

---

1 Meincke, J.P., ErbStG Kommentar, 2009.
2 Die Vorgehensweise in § 11 Abs. 2 BewG entspricht dem Ablaufschema in: Bewertung von (Anteilen an) Kapitalgesellschaften für ertragsteuerliche Zwecke Leitfaden der Oberfinanzdirektionen Münster und Rheinland - 4. Fassung (Stand: Januar 2007).

C. Unternehmensbewertung gemäß Erbschaftsteuerreformgesetz

Die Erbschaftsteuerrichtlinien interpretieren § 11 Abs. 2 **abweichend** von dieser Darstellung und nehmen Verkäufe aus der Mindestwertregelung aus.[1]

586 Börsenkurs:

Für börsennotierte Unternehmen ordnet § 11 Abs. 1 BewG die Verwendung des Börsenkurses an. Ein ausdrücklicher Hinweis auf die Bewertung zum gemeinen Wert erübrigt sich in § 11 Abs. 1 BewG, da der **Börsenkurs** je Aktie die Kriterien des gemeinen Wertes gemäß § 9 BewG in idealer Weise erfüllt.

„Der gemeine Wert wird durch den Preis bestimmt, der im gewöhnlichen Geschäftsverkehr nach der Beschaffenheit des Wirtschaftsgutes bei einer Veräußerung zu erzielen wäre."[2]

587 § 11 Abs. 1 BewG verfolgt somit unausgesprochen ebenso das Ziel der Bewertung der börsennotierten Anteile mit dem gemeinen Wert. Dass Börsenwerte nicht unbedingt Ausdruck des **inneren Wertes** eines Unternehmens sein müssen, sondern durch spekulative Elemente, Angst und Euphorie beeinflusst sind, ist bekannt und soll an dieser Stelle nicht weiter thematisiert werden.[3]

„Der Börsenkurs kann sich mit dem wahren Wert der Aktien decken, er kann aber auch niedriger oder höher sein."[4]

588 Das sich im Zusammenhang mit Börsenkapriolen **Unbilligkeiten** beim Steuerpflichtigen ergeben können, ist Konsequenz des Stichtagprinzips. Gegen den Ansatz des Börsenkurses ist deshalb unter dem Blickwinkel des gemeinen Wertes nichts einzuwenden.

589 Eine Bewertung auf theoretischer Grundlage im Sinne der Anwendung eines Bewertungsverfahrens erübrigt sich somit bei der Verfügbarkeit von Börsenkursen. Allerdings besteht ein Unterschied zwischen dem Wert des Unternehmens und dem Wert der mit Börsenkursen bewerteten einzelnen Aktien. Das Bundesverfassungsgericht hat sich bereits in einer früheren Entscheidung mit dieser Differenzierung beschäftigt und die vom Unternehmen losgelöste **Verkehrsfähigkeit** der Aktie betont.[5] § 11 BewG nimmt sich dieses Problems durch die Anordnung eines Paketzuschlags in § 11 Abs. 3 BewG an.

---

1 ErbStR 2011, RB 11.3 Abs. 1 Satz 2.
2 § 9 Abs. 2 Satz 1 BewG.
3 Zu den Details siehe Rdn. 516 und Rdn. 906.
4 BGH v. 30. 3. 1967 – II ZR 141/64.
5 BVerfG v. 27. 4. 1999 – 1 BvR 1613/94, DB 1999 S. 1693, NWB Dok ID: MAAAB-85466.

4. Gemeiner Wert

Paketzuschlag auf den Börsenkurs:

Die Summe der Aktienkurse bzw. Aktienverkaufspreise wird in § 11 Abs. 1 BewG dem Wert des Unternehmens gleichgestellt, obwohl eine Aktie keinerlei **Kontrollrechte** im Unternehmen vermittelt. Deshalb korrigiert § 11 Abs. 3 BewG den „Aktienwert des Unternehmens" um eine **Kontrollprämie** und unterscheidet damit den Wert der Aktien bzw. Anteile und den Wert des Unternehmens bzw. einer Beteiligung daran.

590

„*Ist der gemeine Wert einer Anzahl von Anteilen an einer Kapitalgesellschaft, die einer Person gehören, infolge besonderer Umstände (z. B. weil die Höhe der Beteiligung die Beherrschung der Kapitalgesellschaft ermöglicht) höher als der Wert, der sich auf Grund der Kurswerte (Absatz 1) oder der gemeinen Werte (Absatz 2) für die einzelnen Anteile insgesamt ergibt, so ist der gemeine Wert der Beteiligung maßgebend.*"[1]

Der Wert der Kontrollmehrheit wird durch einen **pauschalen Zuschlag** von bis zu 25 %, in Ausnahmen durch einen noch höheren Zuschlag, berücksichtigt.[2] Das Zusammenspiel aus § 11 Abs. 1 und § 11 Abs. 3 BewG unterstellt somit, dass der Verkäufer der börsennotierten Aktien unter allen Umständen einen **Verkaufspreis** realisieren kann, den der Käufer über den Börsenwert hinaus potenziell zu zahlen fähig ist, weil er anschließend durch Einflussnahme auf die Geschäftspolitik des Unternehmens dessen Wert steigert und so seinen Kaufpreis für die Beteiligung amortisieren kann. Eine in ihrer rigiden Mechanik gewagte These.

591

Die Anordnung des § 11 Abs. 3 BewG relativiert sich allerdings wieder, wenn man dessen praktische Umsetzung überdenkt. Gefragt ist nichts weniger, als der **subjektive Unternehmenswert** eines gedachten Käufers. Wer soll dieser Käufer sein? Es gibt so viele subjektive Unternehmenswerte für ein Unternehmen wie es denkbare Käufer gibt, denn im subjektiven Unternehmenswert werden alle echten und unechten Synergien berücksichtigt, die ein Käufer mit dem zu bewertenden Unternehmen realisieren kann.

592

„*In den subjektiven Entscheidungswert eines Kaufinteressenten sind sowohl unechte als auch echte, sich erst mit Durchführung der dem Bewertungsanlass zugrunde liegenden Maßnahme ergebende, Synergieeffekte in vollem Umfang einzubeziehen.*"[3]

---

1 § 11 Abs. 3 BewG.
2 ErbStR 2011, R B 11.6 Abs. 9.
3 IDW S1 i. d. F. 2008, S. 2 Tz. 50.

C. Unternehmensbewertung gemäß Erbschaftsteuerreformgesetz

593 Da diese Synergien von Käufer zu Käufer verschieden sind, ergibt sich bereits daraus eine Vielzahl denkbarer Käuferwerte bzw. Käufergrenzpreise. Und diesen **Grenzpreis**, der sich für den Käufer aus dem subjektiven Unternehmenswert ergibt, soll der Käufer bereit sein an den Verkäufer **vollständig** zu bezahlen, da § 11 Abs. 3 BewG den **Wert und nicht den gegebenenfalls niedriger verhandelten Preis** solch einer Kontrollmehrheit zugrunde legt. Eine geradezu phantastische Verhandlungssituation die mit § 11 Abs. 3 BewG kodifiziert wurde, die weder die Vorgaben des **Bundesverfassungsgerichts** nach einem realistischen Veräußerungspreis (für Jedermann erzielbarer Verkehrswert!), noch die Möglichkeiten einer praktischen Umsetzbarkeit berücksichtigt. Die Zivilgerichte haben das Problem der Verwendung subjektiver Unternehmenswerte bereits in der Rechtsprechung der letzten 80 Jahre behandelt und sich in der Folge auf das Bewertungskonzept des objektivierten Unternehmenswertes konzentriert, da Grenzpreise zwar aufschlussreich, aber leider bei dominierten Verhandlungssituationen nicht zu ermitteln sind.[1]

594 Die sich aus der pauschalen Verrechnung von Paketzuschlägen ergebende Problematik, ergibt sich entsprechend bei der Bewertung mit **Verkaufspreisen** oder mittels **Bewertungsverfahren**.

Verkaufspreis:

595 Als weiterer originären gemeinen Wert sieht § 11 Abs. 2 Satz 2 BewG bei nicht börsennotierten Unternehmen Verkaufspreise vor, soweit diese aus **zeitnahen Transaktionen** verfügbar sind.

„*Lässt sich der gemeine Wert nicht aus Verkäufen unter fremden Dritten ableiten, die weniger als ein Jahr zurückliegen,* ..."

596 Auch soweit die Transaktion zeitnah erfolgte, soll nicht jeder Verkaufspreis für Bewertungszwecke verwendbar sein. Dies betont das Gesetz durch den Hinweis auf Transaktionen zwischen **fremden Dritten**. Aber auch soweit diese Voraussetzung vorliegt, sind die Anforderungen des gemeinen Wertes nicht zwangsläufig erfüllt. Der gemeine Wert stellt ausdrücklich auf die Irrelevanz persönlicher Verhältnisse ab.

„...*persönliche Verhältnisse sind nicht zu berücksichtigen.*"[2]

597 Bei Transaktionen mit nicht notierten Anteilen spielen diese persönlichen Verhältnisse aber gerade eine zentrale Rolle. D.h. Preise bilden sich nicht im freien

---

1 Drukarczyk, J., Zum Problem der angemessenen Barabfindung bei zwangsweise ausscheidenden Anteilseignern, AG 1973, S. 360 f.
2 § 9 Abs. 2 Satz 3 BewG.

Spiel der Marktkräfte (es gibt für diese Anteile keinen Markt!), sondern im **Verhandlungswege** und aufgrund der Machtverhältnisse zwischen Käufer und Verkäufer.¹

BEISPIEL: Die Pläne zur Nachfolgeregelung eines Maschinenbauunternehmens sind gescheitert. Die für die Nachfolge vorgesehenen Kinder des Unternehmensgründers haben nacheinander die Übernahme des Unternehmens abgelehnt. Darüber sind die Jahre vergangen. Für ein MBO findet sich kein geeigneter Kandidat. Im hohen Alter versucht der Unternehmensgründer nun das Unternehmen zu verkaufen. Der Markt ist über die Situation informiert. Der Vertrieb und die finanzierenden Banken drängen den Inhaber zum schnellen Verkauf, da die Konkurrenz mit dem Nachfolgeproblem des Unternehmens bereits Stimmung bei den Kunden macht und mit Verweis auf die unsichere Situation vom Kauf der Produkte des Unternehmens abrät. Der Inhaber nimmt ein vorliegendes Angebot an, obwohl dieses äußerst unattraktiv ist. Der Inhaber bleibt für einen Übergangszeitraum mit 25 % beteiligt.

Preisbildungen für nicht notierte Anteile resultieren somit immer aus einer Gemengelage aus **Fundamentalbewertungen** und **Machtpositionen**. Eine Gleichsetzung des Verkaufspreises einer Beteiligung an einem Unternehmen mit dem gemeinen Wert dieser Beteiligung ist somit problematisch, legt man die Maßstäbe des gemeinen Wertes gemäß § 9 BewG zugrunde.

Bewertungsverfahren:

Liegen gemeine Werte aus Markttransaktionen weder in Form von Börsenkursen noch in Form von zeitnahen Verkaufspreisen vor, muss der gemeine Wert „künstlich" über Bewertungsverfahren **errechnet** werden. Dies ist der Standardfall, da für die überwiegende Zahl der Unternehmen (nicht börsennotierte Unternehmen!) auf **keinen Markt** zurückgegriffen werden kann.

„Es gibt *für Handelsunternehmen* wegen ihrer individuellen Verschiedenheit *keinen Markt*, auf dem sich ein Preis bilden könnte."²

„*Für nichtnotierte Anteile an Kapitalgesellschaften besteht kein offener Markt in dem Sinn, dass Angebot und Nachfrage für verschiedene Gesellschaften laufend festgestellt werden könnten.*"³

In Ermangelung eines Marktes und damit von Kursen oder Preisen, versuchen Bewertungsverfahren den Markt zu simulieren.⁴

---

1 Schultze, W., Methoden der Unternehmensbewertung, 2001, S. 15.
2 BGH v. 17.1.1973 – IV ZR 142/70, NJW 1973, S. 509.
3 BFH v. 5.3.1986 - II R 232/82, BStBl 1986 II S. 591, NWB Dok ID: BAAAA-92206; der Hinweis auf die Nichtexistenz eines Marktes für nicht notierte Unternehmen bedeutet eine Änderung der Sichtweise des BFH, siehe dazu noch BFH v. 23.02.1979 - III R 44/77, BStBl 1979 II S. 618, NWB Dok ID: WAAAB-01686.
4 Schneider, D., Investition, Finanzierung und Besteuerung, 1992, S. 520.

C. Unternehmensbewertung gemäß Erbschaftsteuerreformgesetz

*„Während eine **fundamentalanalytische Unternehmensbewertung** nur versucht, einen **Preisbildungsprozess am Markt zu simulieren**, beruht der Börsenwert auf einem tatsächlichen Preisbildungsprozess, der sich aus einer Vielzahl realer Kauf- und Verkaufsentscheidungen der Marktteilnehmer zusammensetzt."*[1]

601 Die Grundthese dieser **Simulation** besteht darin, dass Investoren den Unternehmenskaufpreis anhand der aus einem Unternehmen zu erwartenden Gewinne bestimmen, denen sie die alternativ verfügbare beste äquivalente Rendite gegenüberstellen.

*„Der **Wert eines Unternehmens** bestimmt sich unter der Voraussetzung ausschließlich finanzieller Ziele durch den **Barwert** der mit dem Eigentum an dem Unternehmen verbundenen **Nettozuflüsse** an die Unternehmenseigner (Nettoeinnahmen als Saldo von Ausschüttungen bzw. Entnahmen, Kapitalrückzahlungen und Einlagen)."*[2]

602 Der durch ein Unternehmen oder eine Unternehmensbeteiligung vermittelte Nutzen besteht somit in der durch erwartete Gewinnausschüttungen möglichen **Konsumsteigerung**. Diese Annahme liegt der gesamten modernen Finanzierungs- und Investitionstheorie und damit der Unternehmensbewertung zugrunde.[3] Verfahren die dieser Logik in reinster Form folgen, sind das **Ertragswertverfahren** und das **DCF-Verfahren**.

603 § 11 Abs. 2 BewG bietet **alternative Ansätze** an, um den gemeinen Wert zu ermitteln. Allerdings wird keine Auswahl bekannter Verfahren der Unternehmensbewertung aufgelistet, sondern § 11 Abs. 2 BewG benennt in den Sätzen 2 bis 4 nur sehr allgemein und nicht überschneidungsfrei die Grundlagen anzuwendender Bewertungsverfahren. Akzeptiert werden Verfahren die sich an den **Ertragsaussichten** orientieren, sowie Bewertungsusancen (andere...**übliche Methoden**), ein veraltetes betriebswirtschaftliches und nun steuerlich modifiziertes Bewertungsverfahren (**Substanzwertverfahren**) und schließlich und endlich ein neues steuerliches Bewertungsverfahren (**vereinfachtes Ertragswertverfahren** §§ 199 bis 203 BewG).

§ 11 Abs. 2 Satz 2 BewG: *„Lässt sich der gemeine Wert nicht aus Verkäufen unter fremden Dritten ableiten, die weniger als ein Jahr zurückliegen, so ist er unter **Berücksichtigung der Ertragsaussichten** der Kapitalgesellschaft **oder** einer ande-*

---

[1] OLG Stuttgart v. 5.5.2009 - 20 W 13/08, AG 2009 S. 713.
[2] IDW S1 i.d.F. 2008, S. 1 Tz. 4.
[3] Kruschwitz, L., Investitionsrechnung, 2005, S. 12; Drukarczyk, J., Unternehmensbewertung, 2003, S. 116.

4. Gemeiner Wert

*ren anerkannten, auch im gewöhnlichen Geschäftsverkehr für nichtsteuerliche Zwecke **üblichen Methode** zu ermitteln; ...."*

§ 11 Abs. 2 Satz 3 BewG: *"Die Summe der gemeinen Werte der zum Betriebsvermögen gehörenden Wirtschaftsgüter und sonstigen aktiven Ansätze abzüglich der zum Betriebsvermögen gehörenden Schulden und sonstigen Abzüge (**Substanzwert**) der Gesellschaft darf nicht unterschritten werden; die §§ 99 und 103 sind anzuwenden."*

§ 11 Abs. 2 Satz 4 BewG: *"Die **§§ 199 bis 203** sind zu berücksichtigen."*

604 Diese Sammlung an Aspekten für eine Unternehmensbewertung ist unsystematisch. Die **Ertragsaussichten** berücksichtigt so ziemlich jeder Ansatz zur Bewertung von Unternehmen, ob Gesamtbewertungsverfahren (einschließlich Multiplikator-Verfahren), vereinfachtes Ertragswertverfahren oder Mischverfahren. Lediglich das Substanzwertverfahren abstrahiert hiervon und spielt bzw. spielte deshalb bei der Bewertung von Unternehmen („im normalen Leben") auch absolut keine Rolle mehr. Was unter „üblichen Methoden" der Unternehmensbewertung zu verstehen und keinen Bezug zu Ertragsaussichten haben soll, bleibt somit im Dunkeln. Eine Ausnahme könnte höchstens für bestandshaltende Immobiliengesellschaften gelten, bei denen in der einschlägigen Fachliteratur zumindest noch diskutiert wird, warum auch hier ein Net Asset Value (Substanzwertverfahren) nicht zielführend ist.[1] Das zu erahnende gesetzgeberische Ziel, die gegebenenfalls in einer Branche üblichen Bewertungsverfahren zuzulassen, ist damit durch die Formulierung des § 11 Abs. 2 BewG nicht zweifelsfrei abzulesen.

605 Anlass zu Fehlinterpretationen gibt abrundend noch § 11 Abs. 2 Satz 2 zweiter Halbsatz BewG.

*„...dabei ist die **Methode** anzuwenden, die ein Erwerber der Bemessung des Kaufpreises zu Grunde legen würde."*

606 In der Begründung des Regierungsentwurfs wurde die These formuliert, dieser Halbsatz bezwecke und gewährleiste eine möglichst **niedrige Wertbestimmung**, da ein Käufer darauf bedacht sei einen niedrigen Kaufpreis zu bezahlen.[2] Möglicherweise hatte der Gesetzgeber dabei folgendes Urteil vor Augen:

---

1 Schäfers/Matzen, Bewertung von Immobilienunternehmen, in Drukarczyk/Ernst (Hrsg.), Branchenorientierte Unternehmensbewertung, 2010, S. 540 ff.
2 Begründung zum Gesetzentwurf der Bundesregierung, Teil 2. Materialien II Artikel 2, Änderung des BewG, Nr. 2, § 11 BewG, abgedruckt in Hübner, H., Erbschaftsteuerreform 2009 Gesetze Materialien Erläuterungen, 2009, S. 245.

*„Wird ein Betrieb eröffnet, so ist der für die Bewertung von Wirtschaftsgütern maßgebliche Wert derjenige **Preis**, den ein fremder Dritter für die Beschaffung des Wirtschaftsguts aufgewandt hätte, wenn er anstelle des Steuerpflichtigen den Betrieb eröffnet oder fortgeführt haben würde (Beschaffungskosten). Die **Beschaffungskosten** stimmen in der Regel mit dem Preis überein, der auf dem Markt als **Veräußerungspreis** verlangt und erzielt worden wäre (gemeiner Wert)."*[1]

607 Die Formulierung in § 11 Abs. 2 Satz 2 2. Halbs. BewG trennt damit begrifflich nicht präzise zwischen Bewertungsmethoden und Preisbildungsprozessen. **Wert und Preis** sind aber unterschiedliche Kategorien. Der **Wert** wird mittels einer Bewertungsmethode ermittelt und zeigt an **„was man erhält"**. Der **Preis** gibt an, **„was man dafür bezahlt"**.

608 Für einen Unternehmenskauf verwenden Käufer und Verkäufer einheitlich Ertragswertverfahren, DCF-Verfahren oder auch Mutliplikatorverfahren als Methode. Ihre subjektiven Unternehmenswerte weichen aufgrund unterschiedlicher Vorstellungen zur Unternehmensentwicklung, deshalb unterschiedlicher Unternehmensplanungen und unterschiedlicher Investitionsalternativen sowie unterschiedlicher Kalkulationszinssätze bzw. Multiplikatoren voneinander ab. Das Ergebnis sind **abweichende Grenzpreise**. Die Grenzpreise dienen den Parteien als Ausgangspunkt der Preisverhandlungen. Eine Transaktion kommt nur zustande, wenn der Käufer mehr oder zumindest so viel zu zahlen bereit ist wie der Verkäufer verlangt. Im Ergebnis führen somit nicht unterschiedliche Bewertungsmethoden zu unterschiedlichen Preisen, sondern **unterschiedliche Zukunftsvorstellungen bzw. Annahmen** und daraus resultierend unterschiedliche Datenlagen führen zu unterschiedlichen Unternehmenswerten, die wiederum Ausgangsbasis abweichender Einigungspreise sind.

609 Es ist also nicht schlüssig anzunehmen, es gebe Verkäufer-Unternehmensbewertungsmethoden für hohe Verkaufspreise und Käufer-Unternehmensbewertungsmethoden für niedrige Kaufpreise. Eine derartige Einteilung der Bewertungsverfahren bzw. -methoden ist in der Literatur zumindest bis heute nicht bekannt. Meines Erachtens zielt der Hinweis vermeintlich darauf ab, das durch § 11 Abs. 2 BewG eröffnete „weite Feld" denkbarer Bewertungsmethoden einzugrenzen, indem bei der Bewertung die **Position des Käufers** eingenommen wird – ein Kuriosum an sich, da der **gemeine Wert den Verkaufspreis** und nicht den Kaufpreis darstellt. Aber was soll die Käuferposition konkret bedeuten? Würde ein branchenfremder Käufer (z. B. eine Beteiligungsgesell-

---

[1] BFH Urteil vom 7. 12. 1978 - I R 142/76, BStBl 1979 II S. 729, NWB Dok ID: EAAAA-91460.

schaft) die in der Branche üblichen Usancen zur Bewertung des Zielunternehmens verwenden oder bedient er sich der Bewertungsmethoden, die er für richtig hält oder die in seiner Branche üblich sind? Der Hinweis grenzt damit nicht ein, sondern eröffnet ein weiteres Spielfeld der Spekulationen. Im Ergebnis bleibt festzuhalten, dass das Einnehmen der Position des Käufers im Zweifel eher zu einem **höheren Preis** führt, da der Käufer **zumindest** den Grenzpreis des Verkäufers bieten muss oder sogar überbieten wird.

Bewertungsverfahren im Sinne von § 11 Abs. 2 BewG: 610

Die folgenden Bewertungsansätze des § 11 Abs. 2 BewG sollen nachfolgend hinsichtlich ihrer **Eignung** gemeine Werte zu ermitteln diskutiert werden.

1. Verfahren die die Ertragsaussichten des Unternehmens berücksichtigen.
2. Andere anerkannte, auch im gewöhnlichen Geschäftsverkehr für nichtsteuerliche Zwecke üblichen Methoden.
3. Vereinfachtes Ertragswertverfahren.
4. Substanzwert als Mindestwert.

4.4.2 Verfahren, die die Ertragsaussichten des Unternehmens berücksichtigen

Unter den Verfahren, die die Ertragsaussichten des Unternehmens berücksichtigen, wollte der Gesetzgeber gemäß der Regierungsbegründung die **Ertragswertmethode** verstanden wissen. 611

„Üblicherweise wird zumindest bei Beteiligungen an großen Gesellschaften die Ertragswertmethode angewandt, ..."[1]

Tatsächlich führt die Formulierung „Ertragsaussichten" dazu, dass damit fast alle Bewertungsverfahren (z. B. Ertragswertverfahren, DCF-Verfahren, Multiplikatorverfahren, Mischverfahren) außer dem Substanzwertverfahren erfasst werden. Selbst das Liquidationswertverfahren stellt auf die einmaligen Ertragsaussichten aus der Auflösung des Unternehmens ab. Die Bewertung von Telekommunikationsunternehmen anhand der Anschlussteilnehmer oder von Hotels anhand der Bettenanzahl, zielt ebenso auf die mit diesen Größen verbundenen Ertragsaussichten. Neben dem Ertragswertverfahren fallen in die Kategorie der Bewertung von Ertragsaussichten insbesondere die Varianten 612

---

1 Begründung zum Gesetzentwurf der Bundesregierung, Teil 2. Materialien II Artikel 2, Änderung des BewG, Nr. 2, § 11 BewG, abgedruckt in Hübner, H., Erbschaftsteuerreform 2009 Gesetze Materialien Erläuterungen, 2009, S. 245.

der bekannten DCF-Verfahren (WACC-Verfahren, Total Cash-Verfahren Verfahren, Adjusted Present Value Verfahren, Flow to Equity Verfahren), deren bewertungsrelevante Größe „Cashflow" entsprechende Erträge voraussetzt. Diese Erträge sind als Bilanzgewinn wiederum Voraussetzung für einen Ausschüttungsbeschluss.

*„Die künftigen Free Cashflows sind jene finanziellen Überschüsse, die **unter Berücksichtigung gesellschaftsrechtlicher Ausschüttungsgrenzen** allen Kapitalgebern des Unternehmens zur Verfügung stehen."*[1]

613 **Ertragswertverfahren** und die verschiedenen **DCF-Verfahren** verwenden zum einen realitätsnahe Prognosen für die Ausschüttungsplanung und in der Ausprägung objektivierter Werte das Capital Asset Pricing Model zur Bestimmung der angemessenen Kapitalkosten. In der Ausprägung objektivierter Unternehmenswerte bewerten sie zudem das Unternehmen nach dem Unternehmenskonzept und der Ertragskraft des Bewertungsstichtages, d. h. **wie es steht und liegt.**[2] Die Kriterien des gemeinen Wertes der Bewertung nach der gegebenen Beschaffenheit des Wirtschaftsgutes, erfüllen sie damit im größtmöglichen Umfang.

*„Der gemeine Wert wird durch den Preis bestimmt, der im gewöhnlichen Geschäftsverkehr **nach der Beschaffenheit des Wirtschaftsgutes** bei einer Veräußerung zu erzielen wäre."*[3]

614 **Multiplikatorverfahren** leiten Vervielfacher bzw. Multiplikatoren aus Börsenkursen oder bekannten Verkaufspreisen ab und wenden diese Kehrwerte branchenbezogener Kapitalkosten auf die entsprechenden Ertragsgrößen des Zielunternehmens an – multiplizieren mit dem Multiplikator also z. B. die repräsentativen Größen Umsatz, EBIT, EBITDA oder Jahresüberschuss des Zielunternehmens. Diese Verfahren unterstellen, dass die jeweilige Ertragsgröße in der kalkulierten Höhe nachhaltig im Unternehmen erzielbar ist. Auch hier wird also mit Ertragsaussichten gerechnet.

BEISPIEL: Das Unternehmen A im Bereich Analyse- und Labortechnik wurde für 200 Mio. € verkauft. Das Unternehmen realisierte einen Jahresüberschuss von 25 Mio. €, ein EBIT von 40 Mio. € und einen Umsatz von 100 Mio. €. Für die Bewertung des Unternehmens B, das ebenfalls im Bereich Labortechnik arbeitet, wird aus der Transaktion A ein EBIT-Multiple von 5 abgeleitet (200 Mio. € / 40 Mio. €). Der EBIT-Multiple von 5 entspricht einem Gesamtkapitalkostensatz von 1/5x100 = 20 %.

---

1 IDW S1 i. d. F. 2008, Tz. 127.
2 IDW S1 i. d. F. 2008, Tz. 32.
3 § 9 Abs. 2 Satz 1 BewG.

Das zu bewertende Unternehmen B weist ein EBIT von 15 Mio. € aus. Der Enterprise-Value des Unternehmens B beträgt damit 5 x 15 Mio. € = 75 Mio. €.

Die resultierende Größe muß, da ein Enterprise Value ermittelt wurde, noch um die zinstragenden Verbindlichkeiten reduziert werden.

BEISPIEL (FORTFÜHRUNG): Das Unternehmen B mit einem Enterprise-Value von 75 Mio. € hat zinstragende Verbindlichkeiten in Form von Bankdarlehen in Höhe von 8 Mio. € und Gesellschafterdarlehen in Höhe von 4 Mio. €. Der Equity-Value (der Wert des Unternehmens für die Anteilseigner) beträgt damit 63 Mio. € (75 Mio. € - 8 Mio. € - 4 Mio. €).

Unabhängig davon, ob der Equity-Value unmittelbar (z. B. über den Jahresüberschuss) oder über den Zwischenschritt eines Enterprise Value ermittelt wurde, basieren alle Multiplikatorverfahren auf Ertragsgrößen. § 11 Abs. 2 BewG spricht allerdings von „Ertragsaussichten". Multiplikatorverfahren stellen im Gegensatz zu Ertragswert- oder DCF-Verfahren damit einen Sonderfall der Bewertung von Ertragsaussichten dar, in dem sie Unternehmen im eingeschwungenen Zustand unterstellen, deren Ertragsgröße in Höhe der multiplizierten Größe nachhaltig, d. h. in alle Ewigkeit stabil bleibt.

615

BEISPIEL: Aus dem Markt ist ein Multiplikator auf den Jahresüberschuss von 8 „bekannt". Das zu bewertende Unternehmen erzielt im laufenden Wirtschaftsjahr einen Jahresüberschuss von 1,5 Mio. €. Der Unternehmenswert berechnet sich danach als 8 x 1,5 Mio. € = 12 Mio. €. Die Verwendung des Multiplikators von 8 entspricht einem Kehrwert und damit einem Eigenkapitalkostensatz bzw. Kalkulationszinssatz von 1/8 x 100 = 12,5 %. D.h. die Multiplikator-Bewertung unterstellt, dass das Unternehmen bis in alle Ewigkeit gleichbleibend einen Jahresüberschuss von 1,5 Mio. € erzielt. Dies lässt sich durch Verwendung der Formel der Ewigen Rente belegen: 1,5 Mio. € / 12,5 % = 12 Mio. €. D.h. die Formel der ewigen Rente ermittelt in diesem Fall denselben Wert wie die Multiplikatorbewertung.

Ertragswert- und DCF-Verfahren verwenden dagegen die aus zum Teil umfangreichen Unternehmensplanungen ermittelten regelmäßig schwankenden zukünftigen Ausschüttungspotenziale. Dem Ziel realistische Werte zu ermitteln, die den Kriterien des gemeinen Wertes entsprechen, kommen Ertragswert- und DCF-Verfahren damit definitiv näher als Multiplikator-Bewertungen. Unabhängig davon erfreuen sich Multiplikatorverfahren in der Praxis aufgrund ihrer Einfachheit großer Beliebtheit. Eine preiswerte Bewertung wird damit nicht selten einer realistischeren Bewertung vorgezogen. Die Einfachheit und der rudimentäre Theoriebezug stellen auch das Problem der Multiplikator-Verfahren dar, wenn diese nicht nur als Grundlage für M&A-Verhandlungen zum Einsatz kommen sollen. Nähere Analysen des Bewertungsganges im Zusammenhang mit einer **dominierten Verhandlungssituation**, wie sie auch im erbschaftsteuerlichen Verfahren gegeben ist, erschöpfen sich dann schnell in Aus-

616

einandersetzungen um einen Multiple, dessen Herkunft und Ableitung weitestgehend nebulös bleibt. D.h. die Kernfrage bleibt, inwiefern der verwendete Multiple aus vergleichbaren Bewertungssituationen abgeleitet wurde (wenn sich die „Ableitung" nicht nur auf eine Verwendung nach dem „Hören-Sagen" reduziert). Der vermeintliche direkte Bezug einer Multiple-Bewertung zum Markt und damit den originären Anforderungen des gemeinen Wertes landet damit zwingend in einem Dilemma fehlender Überprüfbarkeit.

617 **Mischverfahren** setzen sich regelmäßig aus einer Vermögenskomponente und einer Ertragskomponente zusammen. Bekanntester Vertreter dieser Gattung war das Stuttgarter Verfahren, dem insbesondere die Verwendung von Steuerbilanzwerten zur Ableitung der Vermögenskomponente zum „verfassungsrechtlichen Verhängnis" wurde. Mischverfahren, die insbesondere für die Bewertung von Freiberufler-Praxen im Verkaufsfall gängig sind, verwenden als Vermögenskomponente den Substanzwert und als Ertragskomponente den aus dem Umsatz und einem Vervielfältiger abgeleiteten Geschäftswert.

> **BEISPIEL:** Eine Steuerberatungsgesellschaft realisierte in den letzten 3 Jahren einen durchschnittlichen Umsatz von 1,1 Mio. €. Korrekturen um nicht nachhaltige Komponenten reduzieren diesen Umsatz auf einen übertragbaren Durchschnitts-Umsatz von 1 Mio. €. Der Umsatzmultiplikator beträgt 1,2. Der Substanzwert beträgt 0,15 Mio. €. Der Geschäftswert bzw. Praxiswert beträgt 1 Mio. € x 1,2 = 1,2 Mio. €. Es errechnet sich ein Wert der Steuerberatungsgesellschaft von 0,15 Mio. € + 1,2 Mio. € = 1,35 Mio. €.

618 Jeder Unternehmenswert, der von einer Fortführung des Unternehmens ausgeht, lässt sich anschließend in den Wert des Vermögens und den Geschäftswert aufteilen. Die Mischverfahren zur Bewertung von Freiberuflerpraxen gehen den umgekehrten Weg und berechnen den **Geschäftswert direkt** „über den Daumen" und anhand einer Konvention. Trotz des marginalen Theoriebezugs dieser Mischverfahren zur Praxisbewertung sprechen der klare Branchenbezug, das Vorliegen von Erfahrungswerten aufgrund der regen Anwendung in der jeweiligen Branche und die Nachvollziehbarkeit für diese Methoden zur Ableitung des gemeinen Wertes.

619 Allerdings hat der **BGH** im Fall eines **Zugewinnausgleichs** und damit in einer gegenüber der Ermittlung der erbschaftsteuerlichen Bemessungsgrundlage vergleichbaren **dominierten Verhandlungssituation**, in der ein Verkehrswert bzw. gemeiner Wert ermittelt werden muss, dem Mischverfahren eine klare Absage erteilt.

> *„Das Umsatzwertverfahren als Praktikerverfahren finde insbesondere bei der Praxisübertragung unter Lebenden Anwendung, da das Ziel dieser Bewertung nicht in der Ermittlung eines konkreten, richtigen Wertes, sondern in einer Ver-*

*handlungsbasis für den Kaufpreis bestehe. Für Zwecke des **Zugewinnausgleichs** müsse – auch nach Auffassung der BStBK – ein **objektivierter, ausgleichender Praxiswert** ermittelt werden. ... Da dieser IDW S1 ausdrücklich das **Ertragswertverfahren** als gängige Wertermittlungsmethode nenne, sei dieses Verfahren für die Bewertung freiberuflicher Praxen im Zugewinnausgleich somit **generell vorzugswürdig**."*[1]

4.4.3 Andere anerkannte, auch im gewöhnlichen Geschäftsverkehr für nichtsteuerliche Zwecke übliche Methoden

Sollen die anderen üblichen Methoden zu den Verfahren mit Ertragsbezug abgegrenzt werden, bleibt wie oben angeführt, wenig Spielraum. Im Ergebnis ist hier wohl nur das **Substanzwertverfahren** zu nennen, das eindeutig nicht auf Ertragsaussichten abstellt. Im Bereich der Immobilienwirtschaft wird dieser Bewertungsansatz als Net Asset Value Verfahren bezeichnet.[2] Aufgrund der Existenz positiver und auch negativer Geschäftswerte, kann mit dem Substanzwertverfahren nur dann der gemeine Wert des Unternehmens ermittelt werden, wenn der Geschäftswert 0 ist.[3] Abgesehen von dieser unwahrscheinlichen Situation ermittelt der Substanzwert nie den gemeinen Wert des Unternehmens, auch wenn dieser die gemeinen Werte der einzelnen Wirtschaftsgüter des Unternehmens der Berechnung zugrunde legt. Die Regierungsbegründung spricht deshalb auch nicht vom gemeinen Wert, der mit dem Substanzwertverfahren ermittelt werden soll, sondern vom **Mindestwert**.[4] Die Üblichkeit des Substanzwertverfahrens für den gewöhnlichen Geschäftsverkehr darf damit verneint werden.

620

4.4.4 Vereinfachtes Ertragswertverfahren

Auch das vereinfachte Ertragswertverfahren hat den Anspruch **Ertragsaussichten** zu bewerten.

621

§ 199 Abs. 1 BewG: *„Ist der gemeine Wert von Anteilen an einer Kapitalgesellschaft nach § 11 Abs. 2 Satz 2 unter **Berücksichtigung der Ertragsaussichten** der Kapitalgesellschaft zu ermitteln, ..."*

---

1 BGH v. 2.2.2011 – XII ZR 185/08, DStR 2011 S. 1684, NWB Dok ID: AAAAD-88296.
2 Die Eignung einen gemeinen Wert zu ermitteln, siehe unter Rdn. 1381.
3 Siehe dazu Rdn. 628.
4 Begründung zum Gesetzentwurf der Bundesregierung, Teil 2. Materialien II Artikel 2, Änderung des BewG, Nr. 2, § 11 BewG, abgedruckt in Hübner, H., Erbschaftsteuerreform 2009 Gesetze Materialien Erläuterungen, 2009, S. 245.

C. Unternehmensbewertung gemäß Erbschaftsteuerreformgesetz

*§ 199 Abs. 2 BewG: „Ist der gemeine Wert des Betriebsvermögens oder eines Anteils am Betriebsvermögen nach § 109 Abs. 1 und 2 in Verbindung mit § 11 Abs. 2 Satz 2 unter **Berücksichtigung der Ertragsaussichten** des Gewerbebetriebs oder der Gesellschaft zu ermitteln, ..."*

622 Durch die Verwendung von **Vergangenheitsdaten** (als Prognosewert!) und damit nicht von originären Plan-Daten, teilt das vereinfachte Ertragswertverfahren allerdings die Schwächen einer Multiple-Bewertung.

*§ 201 Abs. 1 BewG: „Die Grundlage für die Bewertung bildet der zukünftig nachhaltig zu erzielende Jahresertrag. Für die Ermittlung dieses Jahresertrags bietet der in der **Vergangenheit tatsächlich erzielte Durchschnittsertrag** eine Beurteilungsgrundlage."*

623 D.h. auch das vereinfachte Ertragswertverfahren baut letztlich auf der Annahme einer nachhaltig gleichbleibenden Ertragslage auf. Die Folge ist die wie bei den Multiplikatorverfahren eingeschränkte Realitätsnähe einer so abgeleiteten Bewertungsgrundlage. Ein zusätzliches Problem ergibt sich aus der Vorgabe eines einheitlichen **Risikozuschlages** (implizit ein Beta-Faktor von 1,0) zur Ermittlung des Kalkulationszinssatzes, der weder die spezifischen Verhältnisse des Unternehmens noch die Besonderheiten der Branche des Unternehmens berücksichtigt.

*§ 203 Abs. 1 BewG: „Der in diesem Verfahren anzuwendende Kapitalisierungszinssatz setzt sich zusammen aus einem Basiszins und einem **Zuschlag von 4,5 Prozent**."*

624 Ein einheitlicher Risikozuschlag und daraus folgend Kalkulationszinssatz führt, wie im obigen Beispiel dargestellt, zu einem einheitlichen Vervielfältiger oder Multiple. Das **Bundesverfassungsgericht** hatte eine derart starre Mechanik der Verwendung eines einheitlichen Vervielfältigers bei dem „vereinfachten Ertragswertverfahren für Grundstücke" kritisiert und diesem Verfahren eine mangelnde Eignung zur Ableitung von gemeinen Werten attestiert.

*„Dies zeigt, wie grob die gesetzliche Regelung vereinfacht, insbesondere indem sie nahezu (vgl. § 146 Abs. 5 BewG) **keine Rücksicht auf die unterschiedlichen Grundstücksarten** nimmt und die **regionalen Unterschiede** der Grundstücksmärkte gänzlich **unberücksichtigt** lässt. ... Es ist daher offensichtlich, dass ein **einheitlicher Vervielfältiger** für bebaute Grundstücke **ohne Berücksichtigung der Grundstücksart und der Lage** zu erheblichen Bewertungsunterschieden im Verhältnis zum gemeinen Wert führen muss. ... Eine relationsgerechte Abbildung der durch den Erwerb vermittelten Leistungsfähigkeit findet bei der vereinfachten Ertragsbewertung mithin nicht statt. ... Dieser **gravierende Mangel bei der***

4. Gemeiner Wert

Annäherung an den gemeinen Wert ist schließlich auch nicht als Folge einer zulässigen Typisierung verfassungsrechtlich hinnehmbar."[1]

Die Stellungnahme des Bundesrates zum Gesetzentwurf der Bundesregierung, nach dem ursprünglich generell einheitliche Kalkulationszinssätze bei Ertragswertverfahren anzuwenden sein sollten, kommt zu dem gleichen Ergebnis.

625

*„Bei einem **einheitlichen Kapitalisierungszinssatz** für die Unternehmensbewertung würde man ebenso das **Bewertungsziel „gemeiner Wert" verfehlen**."*[2]

Der Gesetzgeber war sich dieser Problematik bewusst und hat die Anwendung des vereinfachten Ertragswertverfahrens von vornherein über eine Öffnungsklausel eingeschränkt.

626

§ 199 Abs. 1 und Abs. 2 BewG: *„...kann das vereinfachte Ertragswertverfahren (§ 200) angewendet werden, **wenn dieses nicht zu offensichtlich unzutreffenden Ergebnissen** führt."*

Um das Bewertungsergebnis der vereinfachten Ertragswertmethode zu überprüfen und festzustellen, dass dieses Verfahren nicht zu **offensichtlich unzutreffenden Ergebnissen** führt, ist damit aber zwangsläufig auch eine vollständige Unternehmensbewertung nach **IDW S1** erforderlich.[3] Das vereinfachte Ertragswertverfahren ist damit aber wieder redundant. Die Verwendung dieses Verfahrens kann damit kaum empfohlen werden. Im Vergleich zu Multiplikatorverfahren, die zumindest der Intention nach branchenspezifische Bewertungsaspekte berücksichtigen, kann dem vereinfachten Ertragswertverfahren überhaupt keine Eignung zur Ableitung eines näherungsweise gemeinen Wertes bescheinigt werden, da es die Beschaffenheit des Unternehmens durch Verwendung eines Standardrisikozuschlages ignoriert. Der Bezug zur Beschaffenheit des Bewertungsgegenstandes ist aber Grundlage des gemeinen Wertes.

627

*„Der gemeine Wert wird durch den Preis bestimmt, der im gewöhnlichen Geschäftsverkehr **nach der Beschaffenheit des Wirtschaftsgutes** bei einer Veräußerung zu erzielen wäre."*[4]

---

1 BVerfG v. 7.11.2006 - 1 BvL 10/02, S. 22 bis 24, BStBl 2007 II S. 192, NWB Dok ID: GAAAC-36599.
2 Stellungnahme des Bundesrates, Teil 2. Materialien. II. Artikel 2, Änderung des BewG, Nr. 2, § 11 BewG, abgedruckt in Hübner, H., Erbschaftsteuerreform 2009 Gesetze Materialien Erläuterungen, 2009, S. 246.
3 Zu den Ausschlusskriterien, die von den gleich lautenden Ländererlassen angeführt werden, siehe Rdn. 1137.
4 § 9 Abs. 2 Satz 1 BewG.

4.4.5 Substanzwert als Mindestwert – die Geschäftswerthypothese

628 Das Substanzwertverfahren **ignoriert die Ertragsaussichten** und liegt schon deshalb außerhalb der gedanklichen Grundlagen der modernen Finanzierungs- und Investitionstheorie. Es ist nur im Kontext mit der Annahme eines objektiven (nicht objektivierten!) Unternehmenswertes verständlich, bei der die Beziehung zwischen Unternehmer und Eigentümer ignoriert wird. D.h. die nachvollziehbare Intention eines typisierten Unternehmenskäufers, der ein Unternehmen erwirbt um damit Einkommen zu erzielen und an diesen Einkommenschancen seine Bewertung ausrichtet, wird durch das Substanzwertverfahren vollständig ausgeblendet. Gemäß § 11 Abs. 2 Satz 3 BewG soll dieses Verfahren immer zum Ansatz kommen, wenn der daraus resultierende Wert die anderen Bewertungsansätze des § 11 Abs. 2 BewG übersteigt.

„Die Summe der gemeinen Werte der zum Betriebsvermögen gehörenden Wirtschaftsgüter und sonstigen aktiven Ansätze abzüglich der zum Betriebsvermögen gehörenden Schulden und sonstigen Abzüge **(Substanzwert)** *der Gesellschaft* **darf nicht unterschritten werden;** *..."*[1]

629 Der Gedanke eines **Mindestwertes** für Unternehmen erinnert an den Mindestwert der Grundstücksbewertung gemäß § 184 Abs. 3 Satz 2 BewG, nach dem der Wert eines bebauten Grundstückes mindestens mit dem Bodenwert anzusetzen ist.

630 Der Aufbau des § 11 Abs. 2 BewG unterwirft damit relativ eindeutig auch die „Bewertung" durch Verwendung von Verkaufspreisen gemäß § 11 Abs. 2 Satz 2 BewG dieser Mindestwertregelung. Der dem Satz 3 folgende Verweis auf die Existenz eines vereinfachten Ertragswertverfahrens in Satz 4 lässt weiterhin den Schluss zu, dass das vereinfachte Ertragswertverfahren der Mindestwertregelung nicht unterfallen soll. Die Erbschaftsteuerrichtlinien interpretieren § 11 Abs. 2 hiervon abweichend und nehmen lediglich die Verkaufspreise aus der Mindestwertregelung aus.[2] D.h. die Mindestwertregel gilt für **alle Bewertungsverfahren** im Sinne § 11 Abs. 2 BewG, mit denen nicht börsennotierte Unternehmen bewertet werden, ausgenommen es liegen Verkaufspreise vor. Dem Gedanken des Verkaufspreises als Ausschlusskriterium für die Anwendung der Mindestwertregel folgend, sind auch „Bewertungen" börsennotierter Unternehmen nach § 11 Abs. 1 BewG nicht der Mindestwertregel unterworfen.

---

1 § 11 Abs. 2 Satz 3 BewG.
2 ErbStR 2011, R B 11.3 Abs. 1 Satz 2.

4. Gemeiner Wert

Was die Anordnung des Mindestwertes bedeutet, soll anhand des Zusammenhangs zwischen Ertragswert und Substanzwert erläutert werden. Es gilt der Zusammenhang, dass sich der **Ertragswert** eines Unternehmens „nachträglich" in die Komponenten **Substanzwert** und **Geschäftswert** zerlegen lässt.

631

ABB. 58: Komponenten des Ertragswerts

Substanzwert + Geschäftswert = Ertragswert

bzw.

Substanzwert = Ertragswert - Geschäftswert

Eine **Legaldefinition** zu dieser Gleichung findet sich z. B. in § 246 Abs. 1 Satz 4 HGB, wenn man akzeptiert, dass die Gegenleistung (Kaufpreis) anhand des Ertragswerts ermittelt wurde.

632

„Der **Unterschiedsbetrag**, um den die für die Übernahme eines Unternehmens bewirkte **Gegenleistung** den **Wert der einzelnen Vermögensgegenstände des Unternehmens abzüglich der Schulden** im Zeitpunkt der Übernahme übersteigt (entgeltlich erworbener **Geschäfts- oder Firmenwert**), gilt als zeitlich begrenzt nutzbarer Vermögensgegenstand."[1]

Der Substanzwert kommt gemäß § 11 Abs. 2 Satz 3 BewG nur zum Ansatz, wenn der Ertragswert bzw. die an den Ertragsaussichten orientierten Werte unter dem Substanzwert liegen. D.h. die Mindestwertregel greift bei Unternehmen mit negativem Geschäftswert ein, da nur dann gemäß dem oben dargestellten Zusammenhang der Ertragswert unter dem Substanzwert liegen kann, d. h. für den Fall dass gilt:

633

ABB. 59: Bedingung für einen negativen Geschäftswert

Substanzwert + Geschäftswert = Ertragswert

für Geschäftswert < 0

=> Ertragswert < Substanzwert

> **BEISPIEL:** Ertragswert 1,5 Mio. €
> Substanzwert 2 Mio. €
> Geschäftswert -0,5 Mio. €
> Substanzwert (2 Mio. €) + Geschäftswert (- 0,5 Mio. €) = Ertragswert (1,5 Mio. €)

---

1 § 246 Abs. 1 Satz 4 HGB.

634 D. h., wenn der Ertragswert unter dem Substanzwert liegt, ist nicht nur kein Geschäftswert vorhanden, sondern dieser auch noch negativ. Die folgende Abbildung stellt diesen Zusammenhang in Berechnungsalternativen dar.

ABB. 60: Geschäftswerthypothese		Ist	Alt. 1	Alt. 2
Substanzwert (SW)		10.000.000,00	10.000.000,00	10.000.000,00
Eigenkapital (EK)		8.000.000,00	8.000.000,00	8.000.000,00
Liquidationswert (LW)		5.500.000,00	5.500.000,00	5.500.000,00
Jahresüberschuss (JÜ)		300.000,00	500.000,00	800.000,00
Rendite auf eingesetztes EK	JÜ/SW	3,00%	5,00%	8,00%
Kalkulationszinssatz (KZF)	i + ß z	8,00%	8,00%	8,00%
Basiszinssatz (i)		3,50%	3,50%	3,50%
Risikozuschlag (z)		4,50%	4,50%	4,50%
Beta-Faktor (ß)		1,00	1,00	1,00
Ertragswert (EW)	JÜ/KZF	3.750.000,00	6.250.000,00	10.000.000,00
Substanzwert (SW)		10.000.000,00	10.000.000,00	10.000.000,00
Geschäftswert (GW)	EW - SW	-6.250.000,00	-3.750.000,00	0,00

635 In der Ist-Konstellation erwirtschaftet das Unternehmen einen Jahresüberschuss von 300 T€, der damit um 500 T€ (800 T€ - 300 T€) unter dem Gewinnniveau liegt, das für eine risikoäquivalente Rendite auf das eingesetzte Eigenkapital (KZF x SW) notwendig ist (Alt. 2). Kapitalisiert man diesen fehlenden Jahresüberschuss mit dem Kalkulationszinssatz, ergibt sich der fehlende bzw. in diesem Fall negative Geschäftswert von 6,25 Mio. € (zur Berechnung siehe Alt. 1, für die ein entsprechend hoher Ertragswert bei einem Jahresüberschuss von 500 T€ ermittelt wird). Das heißt, nur wenn das Unternehmen zumindest die dem Unternehmensrisiko angemessene Rendite auf das eingesetzte Eigenkapital wie in Alt.2 erwirtschaftet (im Beispiel wird der Risikozuschlag vereinfachend nach den Vorgaben für den vereinfachten Ertragswert ermittelt), wird ein Unternehmenswert in Höhe des eingesetzten Eigenkapitals realisiert. In diesem Fall hat die Geschäftsleitung somit keinen zusätzlichen Wert geschaffen – der Geschäftswert ist 0.

636 Die Mindestwertregelung des § 11 Abs. 2 Satz 3 BewG geht somit von einer Geschäftswertfiktion aus, da der Substanzwert ausdrücklich als Fortführungswert aufgefasst wird. Dies ergibt sich zumindest im Rückschluss aus der Begründung zum Gesetzentwurf der Bundesregierung.

„Untergrenze ist stets der Substanzwert als Mindestwert, den ein Steuerpflichtiger am Markt erzielen könnte. Steht fest, dass die Gesellschaft nicht weiter betrieben werden soll, ist der Liquidationswert als besondere Ausprägung des Substanzwerts die Untergrenze."[1]

Die **Geschäftswertfiktion** ordnet dem Bewertungsobjekt über die Mindestwertregelung somit einen Geschäftswert von mindestens 0 € zu, da nur dann der Substanzwert theoretisch am Markt erzielt werden kann. Ein Geschäftswert von 0 € ist für den Fall der Anwendung der Mindestwertregel aber gerade nicht vorhanden, da die Mindestwertregel nur zur Anwendung kommt, wenn der Ertragswert unter dem Substanzwert liegt und der Geschäftswert somit negativ ist. Das Ziel der Unternehmensbewertung zum gemeinen Wert wird damit krass verletzt, da ein Unternehmen in dieser Konstellation nicht zum Substanzwert verkauft werden kann. Der **Fehlschluss** des Gesetzgebers mag in dessen Annahme begründet sein, dass die Bewertung der einzelnen Wirtschaftsgüter eines Unternehmens mit den jeweiligen gemeinen Werten im Ergebnis zur Bewertung des Unternehmens mit dem gemeinen Wert führen müsste. Hier werden mehrere Aspekte übersehen. 637

Fortgeführte Unternehmen müssen mit dem **Ertragswert** bewertet werden, wenn man die Bewertung zum gemeinen Wert ernst nimmt. Denn auch „schlecht laufende" oder niedrig rentierliche Unternehmen werden von realen Unternehmern fortgeführt und nicht liquidiert, obwohl ein homo oeconomicus sich ausschließlich an investitionstheoretischen Grundsätzen und rein finanziellen Erwägungen orientieren würde.[2] Gründe für die Fortführung mögen soziale Verantwortung, Familientradition, Hoffnung auf bessere Zeiten oder andere nicht-finanzielle Erwägungen sein. Versucht der Unternehmer die Liquidation des Unternehmens zu vermeiden und einen Unternehmensverkauf zu realisieren, wird er einen Transaktionswert erhalten, der sich ebenso nur nach dem Ertragswert bemisst. Denkbar wäre theoretisch auch ein Verkauf zu einem höheren Liquidationswert, allerdings bedeutet dies für den Käufer nur eine Beschäftigungstherapie, da er den Liquidationswert nur bei Liquidation erreichen kann. Eine unreflektierte Anwendung der Mindestwertregelung ignoriert diese Zusammenhänge. 638

---

1 Begründung zum Gesetzentwurf der Bundesregierung, Teil 2. Materialien. II. Artikel 2, Änderung des BewG, Nr. 2, § 11 BewG, abgedruckt in Hübner, H., Erbschaftsteuerreform 2009 Gesetze Materialien Erläuterungen, 2009, S. 245.

2 Im Hirn des „Homo oeconomicus", FAZ v. 12. 9. 2011, S. 12.

C. Unternehmensbewertung gemäß Erbschaftsteuerreformgesetz

639 Für die Ermittlung des Substanzwertes hatten die gleich lautenden Ländererlasse vom 25. 6. 2009 den Ansatz eines **Geschäftswertes** ausgeschlossen.[1] An dieser Regelung hat sich im Grunde nichts geändert, auch wenn diese Vorschrift in den gleich lautenden Ländererlassen vom 17. 5. 2011 gestrichen wurde und nunmehr gleichlautend der Ansatz der **geschäftswertbildenden** Faktoren in den Erbschaftsteuerrichtlinien ausdrücklich gefordert wird.[2] Letztere waren auch bisher anzusetzen, auch wenn sie nur als impliziter Teil der immateriellen Vermögensgegenstände genannt wurden.[3] D.h. die neue Regelung differenziert nun nach dem anzusetzenden Teil des Geschäftswertes (geschäftswertbildenden Faktoren) und dem dann offensichtlich nicht anzusetzenden Geschäftswert als Restposten.

640 Damit ist auch ein **negativer Geschäftswert** nicht berücksichtigungsfähig und darin liegt das Dilemma. Bei einer Berücksichtigung würde der negative Geschäftswert nicht als solcher ausgewiesen. Vielmehr käme es zu einer Abstockung der Vermögenspositionen im Unternehmen.[4] Damit würden für die Vermögensgegenstände die Preise abgebildet, die in der organisatorischen Verbundenheit des Unternehmens hierfür anzusetzen wären. Unterstellt man einen notwendigen Einigungsprozess zwischen Käufer und Verkäufer, dann stellten sich die Verkehrswerte der einzelnen Posten der Unternehmenssubstanz tatsächlich als Teilwerte dar.

641 Soll ein systematisch richtig bemessener **Mindestwert** in den Bewertungsgang einbezogen werden, gewissermaßen als Rückfallposition für die Steuererhebung, muss der Unternehmer auch die reale Chance zur Realisierung dieses Wertes haben. Diese Chance steht in Form der **Liquidation** immer offen, auch wenn diese nur eine Fiktion darstellt und vom Unternehmer aus oben genannten Gründen vielleicht nicht gewählt würde. Bei Wahl der Liquidation sind allerdings die damit verbundenen Abzugsposten wie Steuerlasten, Abwicklungskosten und Sozialpläne zu berücksichtigen. Auch für den Zerschlagungsfall würde dann ein realer gemeiner Wert für das Unternehmen ermittelt.

642 Die **Zivilgerichte** verfahren nach dieser Regel „**Ertragswert, mindestens aber Liquidationswert**", seit geraumer Zeit. Selbst in dieser Konstellation kann die Mindestwertregel erheblichen Schaden anrichten. Hohe Liquidationswerte, die sich z. B. vor allem aus den stillen Reserven im betriebsnotwendigen Vermögen

---

1 GLE AntBV vom 25. 6. 2009, Abschnitt 9, Abs. 1, Satz 4.
2 GLE AntBV vom 17. 5. 2011, Abschnitt 4, Abs. 3, Satz 5; ErbStR 2011, RB 11.3 Abs. 3 Satz 5.
3 GLE AntBV vom 25. 6. 2009, Abschnitt 9, Abs. 1, Satz 3; Creutzmann, A., Unternehmensbewertung und Erbschaftsteuer, StBG, 2008, S. 153.
4 BFH v. 2. 3. 1973 - III R 88/69, BStBl 1973 II S. 475, NWB Dok ID: DAAAA-98670.

speisen (etwa einer historisch gewachsenen Fertigungshalle in City-Lage), können zu hohen Steuerzahlungen führen, die dann eine tatsächliche Liquidation unumgänglich machen.[1]

Die Berücksichtigung des Abzugs von Abwicklungskosten, Sozialplänen oder Steuern auf den Liquidationsüberschuss wird in der Literatur mit dem Hinweis auf das statische **Stichtagsprinzip** abgelehnt.[2] Dieses Argument ist meines Erachtens hier verfehlt, da auch für die Mindestwertregel des § 11 Abs. 2 Satz 3 BewG, die eine Betriebsveräußerung unterstellt, am Bewertungsstichtag keine entsprechende Beschlusslage im Unternehmen vorliegen dürfte und damit wie für den Liquidationswert eine Bewertungsfiktion vorliegt.[3] Verfassungsrechtliches Hauptanliegen bleibt letztlich die Bewertung zum gemeinen Wert, die mit der Substanzbewertung oder der Liquidationsbewertung ohne Abzugsposten auf jeden Fall verletzt wird.

643

4.4.6 Die Interpretation des § 11 Abs. 2 BewG in den Erbschaftsteuerrichtlinien

§ 11 Abs. 2 Satz 3 BewG fordert als Wertansatz den Substanzwert, falls dieser höher ausfallen sollte als eine Bewertung nach den alternativen Bewertungsverfahren in § 11 Abs. 2 BewG.

644

„Anteile an *Kapitalgesellschaften, die nicht unter Absatz 1 fallen, sind mit dem gemeinen Wert anzusetzen. Lässt sich der gemeine Wert nicht aus Verkäufen unter fremden Dritten ableiten, die weniger als ein Jahr zurückliegen, so ist er unter Berücksichtigung der Ertragsaussichten der Kapitalgesellschaft oder einer anderen anerkannten, auch im gewöhnlichen Geschäftsverkehr für nichtsteuerliche Zwecke üblichen Methode zu ermitteln; dabei ist die Methode anzuwenden, die ein Erwerber der Bemessung des Kaufpreises zu Grunde legen würde. **Die Summe der gemeinen Werte der zum Betriebsvermögen gehörenden Wirtschaftsgüter und sonstigen aktiven Ansätze abzüglich der zum Betriebsvermögen gehörenden Schulden und sonstigen Abzüge (Substanzwert) der Gesellschaft darf nicht unterschritten werden**; die §§ 99 und 103 sind anzuwenden. Die §§ 199 bis 203 sind zu berücksichtigen.*"[4]

---

[1] Schmidt, K., in Schmidt, K. (Hrsg.) Münchener Kommentar Handelsgesetzbuch, 2006, § 131, S. 607 f.

[2] Horn, H.-J., in Fischer/Jüptner/Pahlke/Wachter, ErbStG Kommentar, 2010, § 12, S. 504 Tz. 307.

[3] Nach dem Stichtagsargument, ausgestaltet durch die zivilrechtliche Wurzeltheorie, könnte somit weder ein Substanzwert im Sinne einer fiktiven Betriebsveräußerung noch ein Liquidationswert im Sinne einer fiktiven Liquidation zum Ansatz kommen. Siehe dazu Rdn. 360.

[4] § 11 Abs. 2 BewG.

645 Dieser Regelung gilt laut § 11 Abs. 2 Satz 1 BewG für nicht börsennotierte **Kapitalgesellschaften**. Über § 11 Abs. 2 BewG in Verbindung mit § 157 Abs. 4 und Abs. 5 und § 109 Abs. 1 und Abs. 2 BewG gilt diese Mindestwertregelung auch für **Einzelunternehmen** und **Personengesellschaften**. Der Aufbau in § 11 Abs. 2 BewG lässt zunächst den Schluss zu, dass das vereinfachte Ertragswertverfahren von dieser Mindestwertregel nicht betroffen sein soll, da auf dessen Existenz nach den Ausführungen zum Mindestwert nur noch abschließend hingewiesen wird. Gemäß Erbschaftsteuerrichtlinien soll dagegen das vereinfachte Ertragswertverfahren, wie die übrigen in § 11 Abs. 2 BewG genannten theoretischen Bewertungsansätze, der Mindestwertregel unterfallen. Verkäufe sollen dagegen von der Mindestwertregelung ausgenommen sein.

*„Der Substanzwert ist als **Mindestwert nur** anzusetzen, wenn der **gemeine Wert** nach dem vereinfachten Ertragswertverfahren ... oder mit einem **Gutachterwert** (Ertragswertverfahren oder andere im gewöhnlichen Geschäftsverkehr für nichtsteuerliche Zwecke übliche Methode) ermittelt wird. Wird der gemeine Wert aus tatsächlichen **Verkäufen** unter fremden Dritten im gewöhnlichen Geschäftsverkehr abgeleitet, ist der Ansatz des **Substanzwerts als Mindestwert ausgeschlossen.*"[1]

Diese Interpretation findet in § 11 Abs. 2 BewG keine Stütze, wird aber im Zweifel für den Steuerpflichtigen von Vorteil sein.

5. Wer bewertet das Unternehmen?

646 Jeder der Erbschaftsteuer unterliegende Erwerb im Sinne des § 1 ErbStG (Schenkung oder Erbfall) ist vom **Erwerber** innerhalb einer Frist von drei Monaten nach Kenntnis von dem Anfall dem zuständigen Finanzamt schriftlich anzuzeigen. Unabhängig davon besteht u. a. für **Gerichte** und **Notare** eine **Anzeigepflicht** nach § 7 ErbStDV.

647 Der Erwerber, der grundsätzlich auch bei Schenkungen als Steuerschuldner gilt, soll den **Gegenstand** und den **Wert** des Erwerbs im Rahmen der Mitteilung nach § 30 Abs. 4 Nr. 3 ErbStG gegenüber der Finanzverwaltung benennen. Das Finanzamt kann gemäß § 31 Abs. 1 ErbStG nach Kenntnis von dem Erwerb, mit Fristsetzung von einem Monat, vom Erwerber die Abgabe einer Erbschaftsteuererklärung verlangen. In der Steuererklärung sind gemäß § 31 Abs. 2 ErbStG allerdings nur die erworbenen Gegenstände und die sonstigen für die Feststellung des Werts des Erwerbs erforderlichen Angaben zu machen. Für die Anga-

---

[1] ErbStR 2011, R B 11.3 Abs. 1.

5. Wer bewertet das Unternehmen?

ben sind amtliche Vordrucke vorgesehen. Entscheidet sich die Erbschaftsteuerstelle für ein **Feststellungsverfahren** gemäß § 151 Abs. 1 BewG, sind die Angaben unter Umständen ein weiteres Mal gegenüber dem Feststellungsfinanzamt § 152 BewG zu machen.[1]

„*Die Kapitalgesellschaft hat nach **amtlichem Vordruck** eine **Vermögensaufstellung** auf den Bewertungsstichtag als Anlage zur Feststellungserklärung abzugeben, aus der sich die für die Ermittlung des Substanzwerts erforderlichen Angaben ergeben (§ 153 Abs. 3 BewG).*"[2]

„*Der Erwerber von Betriebsvermögen hat nach **amtlichem Vordruck** eine **Vermögensaufstellung** auf den Bewertungsstichtag als Anlage zur Feststellungserklärung abzugeben, aus der sich die für die Wertermittlung (Substanzwert!) erforderlichen Angaben ergeben.*"[3]

Kapitalgesellschaften sind selbständig erklärungspflichtig. Bei Personengesellschaften tritt gemäß § 153 Abs. 2 BewG die Erklärungspflicht des Geschäftsführers neben die des Erwerbers. Die **Vermögensaufstellung** hat nicht nur Bedeutung für die Bestimmung des Substanzwertes als Mindestwert im Sinne § 11 Abs. 2 Satz 3 BewG, sondern dient auch als Nachweis für die Vermögensgegenstände des Verwaltungsvermögens und in diesem Zusammenhang gemäß § 13b Abs. 2 Satz 3 ErbStG zur Bestimmung des Anteils des **Verwaltungsvermögens** am Unternehmenswert.

648

Der Erklärungspflichtige ist nicht dazu verpflichtet, den Wert des Erwerbs etwa eines Unternehmens durch die Beauftragung eines Gutachtens ermitteln zu lassen.[4] Lässt er ein solches **Gutachten** erstellen, kann er die dadurch verursachten Kosten gemäß § 10 Abs. 5 Nr. 3 ErbStG als Kosten zur Erlangung des Erwerbs abziehen.[5] Die Vorschrift des § 31 Abs. 7 ErbStG, nach der der Erklärungspflichtige die Steuer selbst ermittelt, ist aufgrund der Komplexität des Erbschaftsteuergesetzes und der Bewertung erworbener Unternehmen reines Wunschdenken, weswegen die Verwaltung hiervon keinen Gebrauch macht.[6]

649

---

1 Volquardsen, C., in Daragan/Halaczinsky/Riedel (Hrsg.), Praxiskommentar ErbStG und BewG, 2010, § 31 ErbStG, S. 769 Tz. 6.
2 ErbStR 2011, R B 11.4 Abs. 4.
3 ErbStR 2011, R B 109.2 Abs. 4 Satz 1, Anmerkung des Verfassers in Klammern.
4 Jülicher, M., in Troll/Gebel/Jülicher (Hrsg.), ErbStG, Juli 2009, § 31 Tz. 12.
5 Uricher, E., in Daragan/Halaczinsky/Riedel (Hrsg.), Praxiskommentar ErbStG und BewG, 2010, § 10 ErbStG, S. 279 Tz. 47 als Steuerberatungskosten im Zusammenhang mit der Wertfeststellung eines Nachlassgegenstandes und S. 280, § 10 ErbStG Tz. 51 als Kosten der Auseinandersetzung einer Erbengemeinschaft; Meincke, J.P., ErbStG Kommentar, 2009, § 10, S. 357 Tz. 45; Szczesny, M., in in Tiedtke (Hrsg.), ErbStG, 2009, § 10, S. 264 Tz. 66.
6 Reuß, J., in Tiedtke (Hrsg.), ErbStG, 2009, § 31, S. 745 Tz. 10.

C. Unternehmensbewertung gemäß Erbschaftsteuerreformgesetz

Durch § 157 Abs. 1 Satz 2 BewG wird die Finanzverwaltung zur eigenständigen Erhebung der Bewertungsgrundlagen ermächtigt, was in einem **Feststellungsbescheid** endet.[1] Der Wert wird damit für die Beteiligten verbindlich festgelegt §§ 179 ff. AO, § 151 ff. BewG. Die Vorschriften zur Unternehmensbewertung in § 11 Abs. 2 BewG richten sich somit vornehmlich an die Finanzverwaltung.[2]

650   Die Wertfeststellung ist mit Rechtsbehelfen selbständig nach § 155 BewG angreifbar.[3] Der Steuerpflichtige kann die Wertfestsetzungen durch eigene Wertfeststellungen korrigieren §§ 165 Abs. 2, 198 BewG.

„Der Steuerpflichtige kann den gemeinen Wert durch Vorlage eines methodisch nicht zu beanstandenden Gutachtens erklären, das auf den für die Verwendung in einem solchen Verfahren üblichen Daten der betreffenden Kapitalgesellschaft aufbaut."[4]

6. Sollte man eine Unternehmensbewertung durch einen Gutachter vornehmen lassen?

651   Die Finanzverwaltung wird bei eigenen Wertermittlungen, aus Gründen der Komplexitätsreduktion und damit arbeitsorganisatorischen Gründen, das **vereinfachte Ertragswertverfahren** verwenden. Ein Hinweis findet sich in den Erbschaftsteuerrichtlinien, der von einer Anwendung des vereinfachten Ertragswertverfahrens durch das Finanzamt ausgeht.

„Das Finanzamt hat den im vereinfachten Ertragswertverfahren ermittelten Wert zugrunde zu legen, wenn das Ergebnis nicht offensichtlich unzutreffend ist."[5]

652   Eine derartige Prädisposition kann schon daraus abgeleitet werden, dass nur für dieses Verfahren – abgesehen vom Substanzwertverfahren – entsprechende amtliche Formblätter vorhanden sind.[6] Da das vereinfachte Ertragswertverfahren tendenziell zu Überbewertungen führt, wird die proaktive Beauftragung eines Gutachtens, abgesehen vom Fall der Kleinstunternehmen, wohl

---

1 Meincke, J.P., ErbStG Kommentar, 2009, § 12, S. 381 Tz. 5.
2 Meincke, J.P., ErbStG Kommentar, 2009, § 12, S. 400 Tz. 40.
3 Meincke, J.P., ErbStG Kommentar, 2009, § 12, S. 400 Tz. 40.
4 ErbStR 2011, R B 11.2 Abs. 2 Satz 2.
5 ErbStR 2011, R B 199.1 Abs. 3 Satz 2.
6 Anlage Vereinfachtes Ertragswertverfahren zur Feststellungserklärung, BBW 52/09 – Anlage Vereinfachtes Ertragswertverfahren EW.

6. Unternehmensbewertung durch einen Gutachter?

eine empfehlenswerte Maßnahme sein, um die „Lufthoheit" über die Steuerberechnung sicherzustellen.[1] Im Fall der Bewertung von Gruppenunternehmen wird die Ermittlung eines Gutachtenwertes nach IDW S1 routinemäßig empfohlen, da auch die Erbschaftsteuerrichtlinien in vielen Anwendungsfällen eine unzutreffende Bewertung durch das vereinfachte Ertragswertverfahren einräumen.[2]

Die Literatur empfiehlt deshalb:

*„So ergibt sich nach dem in § 200 Abs. 3 BewG normierten Verfahren insoweit ein **höherer Wert als** etwa nach **IDW-Standard**, der in einschlägigen Fällen eine konsolidierte Betrachtungsweise favorisiert. ... Für die Bewertungs- und Beratungspraxis bedeutet dies, dass der Steuerpflichtige in einer derartigen Situation **gehalten ist**, stets eine **Alternativbewertung** („Schattenbewertung") vorzunehmen, um im Eventualfall die sich insoweit ergebende niedrigere Bewertungsgrundlage gegenüber der Finanzverwaltung geltend machen zu können."*[3]

Durch die Vielzahl der bereits durch die gleichlautenden Ländererlasse bzw. die Erbschaftsteuerrichtlinien 2011 angesprochenen **Problembereiche** für eine Anwendung des **vereinfachten Ertragswertverfahrens**, ergibt sich ohnehin nur ein schmaler Anwendungsbereich, für den sinnvolle Bewertungsergebnisse zu erwarten sind.[4] Das Argument, ein Beta kleiner 1,0 würde bei einem Gutachtenwert, durch einen geringeren Kalkulationszinssatz, zu einem höheren Unternehmenswert als bei dem vereinfachten Ertragswertverfahren führen, ist anhand der Ergebnisse einer realistischen Unternehmensplanung für das zu bewertende Unternehmen zu untersuchen. Hier kann die tatsächlich zu erwartende Unternehmenszukunft definitiv realitätsgerechter dargestellt werden, als durch die Verarbeitung von Vergangenheitsdaten. 653

Das Korrekturmittel des **Einspruchs,** unterlegt mit einem Gutachten, sollte der Steuerpflichtige spätestens bei Zweifeln am gegebenenfalls vom Finanzamt vorgelegten Bewertungsergebnis nutzen, da die Bewertung als Feststellungsbescheid einen Grundlagenbescheid gemäß § 175 Abs. 1 Nr. 1 AO für den nachfolgenden Erbschaftsteuerbescheid darstellt.[5] Auch wenn aufgrund von Ver- 654

---

1 Siehe dazu auch Hübner, H., Erbschaftsteuerreform 2009 Gesetze Materialien Erläuterungen, 2009, S. 481 und S. 488, der vehement für eine engagierte Wertfeststellung durch den Erwerber eintritt, um das latente Steuerrisiko zu vermeiden, das im Zusammenhang mit dem Verschonungsabschlag sonst über Jahre besteht.
2 ErbStR 2011, R B 199.1 Abs. 6 Nr. 1.
3 Eisele, D., in Rössler/Troll (Hrsg.), BewG Bewertungsgesetz Kommentar, Oktober 2009, § 200, S. 5 Tz. 6.
4 Siehe Gliederungspunkt Rdn. 1128.
5 Crezelius, G., Unternehmenserbrecht, 2009, S. 137 Tz. 190.

schonungsabschlag und Freibeträgen gemäß § 13a Abs. 1 und Abs. 2 ErbStG zunächst von einer Steuer von Null auszugehen sein sollte, droht bei einer Verletzung der Voraussetzungen für den Verschonungsabschlag die **Nachversteuerung**.[1] Bei einer Nachversteuerung kann der Feststellungsbescheid aber nicht mehr angegriffen werden, wenn er bestandskräftig geworden ist. Eine Reduktion der Steuerlast kann dann nur noch erreicht werden, wenn die Steuerfestsetzung offensichtlich und eindeutig unrichtig war und es dem Steuerpflichtigen nicht möglich oder nicht zumutbar war, sich gegen die Fehlerhaftigkeit rechtzeitig mit Rechtsbehelfen zu wehren.[2]

*„Angesichts des über einen langen Zeitraum bestehenden **latenten Steuerrisikos** kann man diese Frage auch dann nicht auf sich beruhen lassen, wenn der Erwerber den **Verschonungsabschlag** in Anspurch nehmen kann. Jeder Steuerpflichtige muss **unter allen Umständen** versuchen, eine **angemessene Bewertung** zu erreichen."*[3]

655 Die Intention eines Gutachtens kann aber nicht nur auf das naheliegende Ziel gerichtet sein, eine niedrigere Bewertung zu erreichen. Im Zusammenspiel mit dem Thema **Verwaltungsvermögen** kann aufgrund § 13b Abs. 2 Satz 1 ErbStG eine höhere Bewertung des produktiven Vermögens Voraussetzung dafür sein, dass die Verschonungsregelung überhaupt eingreift.

656 Soweit die Nachfolgeregelung dazu führt, dass die Erben nur einen **Abfindungsanspruch** erhalten, gelten die Verschonungsregelungen der §§ 13a, 13b, 19a ErbStG ohnehin nicht. Ohne weitere Regelungen im Gesellschaftsvertrag, entspricht der Abfindungsanspruch dann dem Steuerwert. Das Interesse an einer korrekten Unternehmensbewertung besteht dann in zweierlei Hinsicht, zum einen hinsichtlich der Abfindungshöhe als adäquater Kompensation und zum anderen hinsichtlich der Ermittlung der korrekten erbschaftsteuerlichen Bemessungsgrundlage, die mangels Verschonungsregelung auch zu versteuern ist.

657 Abgesehen von den angeführten erbschaftsteuerlichen Gründen, kann eine umfassende Unternehmensbewertung im Sinne eines Gutachterwertes aber schon aus Gründen, die im **Erbrecht** liegen, notwendig sein. Denn bei Vorlie-

---

1 Zu den vom BFH geäußerten Bedenken zur Verfassungsmäßigkeit des Verschonungsabschlags siehe BFH v. 5. 10. 2011 – II R 9/11; der wissenschaftliche Beirat des BMF hat die Abschaffung des Verschonungsabschlags empfohlen, FAZ v. 26. 3. 2012.
2 BFH v. 13. 1. 2005 - V R 35/03, BStBl 2005 II S. 460, NWB Dok ID: VAAAB-50843; Halaczinsky, R., in Daragan/Halaczinsky/Riedel (Hrsg.), Praxiskommentar ErbStG und BewG, 2010, § 11 ErbStG, S. 296 Tz. 8.
3 Hübner, H., Erbschaftsteuerreform 2009 Gesetze Materialien Erläuterungen, 2009, S. 481.

gen einer Erbengemeinschaft und damit der Notwendigkeit einer **Auseinandersetzung** gemäß § 2042 BGB, ist der Nachlass zu bewerten und gemäß den Erbquoten auf die Erben zu verteilen. Wird dann zum Beispiel ein Unternehmen aus dem Nachlass von einem der Miterben übernommen, hat dies **Ausgleichsverpflichtungen** gegenüber den restlichen Miterben zur Folge. Die Erbengemeinschaft hat deshalb bereits in diesem Zusammenhang ein hohes Interesse an einer zuverlässigen Wertermittlung.[1]

Ein weiteres Beispiel für die erbrechtliche Notwendigkeit einer Unternehmensbewertung ergibt sich im Zusammenhang mit **Pflichtteilsansprüchen**. Wird der Unternehmensnachfolger dergestalt bestimmt, dass potenzielle Miterben vom Erblasser von der Erbfolge ausgeschlossen werden, erwerben die so vom Erbe Ausgeschlossenen einen Pflichtteilsanspruch. Dieser richtet sich als Anspruch in Geld gegen den oder die bedachten Erben § 2303 Abs. 1 Satz 1 BGB, die gemäß § 2058 BGB als Gesamtschuldner haften. Der Berechnung des Pflichtteilsanspruchs wird nach § 2311 Abs. 1 Satz 1 BGB der Bestand und der Wert des Nachlasses im Todeszeitpunkt zugrunde gelegt. Auch in dieser Situation müssen die Parteien ein erhebliches Interesse an einer einwandfreien Bewertung haben. 658

Bei einem im Zusammenhang mit einem Pflichtteilsanspruch angefertigten Unternehmenswertgutachten ist allerdings zu berücksichtigen, dass das **Erbrecht** vom **Todestag als Bewertungsstichtag** ausgeht. 659

*„Der Berechnung des Pflichtteils wird der Bestand und der **Wert des Nachlasses zur Zeit des Erbfalls** zugrunde gelegt."*[2]

Das **Erbschaftsteuerrecht** bestimmt den Bewertungsstichtag dagegen gemäß § 9 Abs. 1 Nr. 1 b) ErbStG mit dem **Zeitpunkt, zu dem der Pflichtteilsanspruch geltend** gemacht wird. Ein im Zusammenhang mit der Bestimmung des Pflichtteilsanspruch angefertigtes Unternehmenswertgutachten ist deshalb für Zwecke der Erbschaftsteuer gegebenenfalls zu modifizieren. D.h. nichts anderes, als dass die Ausschüttungspotenziale zwischen dem Stichtag gemäß Erbfall und dem Stichtag, zu dem der Pflichtteilsanspruch geltend gemacht wird, aus der Unternehmensplanung herausgelöst werden müssen. 660

---

1 30 % bis 35 % aller Erbfälle landen vor Gericht; Handelsblatt v. 4. 6. 2012, S. 28.
2 § 2311 Abs. 1 Satz 1 BGB.

7. Verschonungsabschlag und Verwaltungsvermögen

661 Begünstigtes Vermögen ist gemäß § 13b Abs. 1 ErbStG land- und forstwirtschaftliches Vermögen, Betriebsvermögen, Mitunternehmeranteile und Anteile an Kapitalgesellschaften, wenn der Erblasser oder Schenker zu mehr als 25 % beteiligt war. Die §§ 13a und 13b ErbStG bieten eine zweigleisige **Verschonungstechnik** an.[1] Im Grundmodell bleiben gemäß § 13a Abs. 8 Nr. 4 ErbStG **85 %** des begünstigen Vermögens im Sinne von § 13b ErbStG außer Ansatz (**Verschonungsabschlag**). Dies setzt gemäß § 13a Abs. 1 Satz 2 ErbStG voraus, dass u. a. die Summe der jährlichen Lohnsummen, in den fünf Jahren nach dem Erwerb (Lohnsummenfrist), 400 % der Ausgangslohnsumme (Mindestlohnsumme) nicht unterschreitet.[2] Innerhalb von fünf Jahren nach dem Erwerb darf das Unternehmen gemäß § 13a Abs. 5 ErbStG nicht verkauft werden (Behaltefrist).[3] Weitere Voraussetzung ist, dass das Vermögen des begünstigten Rechtsträger nicht zu mehr als **50 %** aus **Verwaltungsvermögen** im Sinne von § 13b Abs. 2 ErbStG besteht.[4]

662 § 13a Abs. 8 ErbStG bietet gegenüber dem Grundmodell einen **100 %-igen** Verschonungsabschlag an. Dafür müssen gemäß § 13a Abs. 8 ErbStG eine Lohnsummenfrist von sieben Jahren, eine Mindestlohnsumme von 700 %, eine Behaltefrist von sieben Jahren und eine Grenze für **Verwaltungsvermögen** von **10 %** eingehalten werden. Die unwiderrufliche Erklärung nach § 13a Abs. 8 ErbStG kann bis zur Bestandskraft der Steuerfestsetzung abgegeben werden.[5]

663 Als **Verwaltungsvermögen** gilt gemäß § 13b Abs. 2 ErbStG:

▶ Vermietete oder verpachtete **Grundstücke**, es sei denn, es handelt sich um eine Betriebsaufspaltung, Sonderbetriebsvermögen, eine Betriebsverpachtung, eine Vermietung im Konzern, Wohnungsunternehmen oder land- und forstwirtschaftliche Nutzung;

---

1 Zur möglichen Abschaffung des Verschonungsabschlags siehe Fn. 1 auf Seite 288.
2 Mit dem Steuervereinfachungsgesetz 2011 werden diese Voraussetzungen durch die neu eingefügten § 13 Abs. 1a und § 13b Abs. 2a ErbStG gesondert festgestellt, Scharfenberg/Marbes, Das Steuervereinfachungsgesetz 2011, DB, 2011, S. 2289.
3 Umwandlungen gelten nicht als Veräußerung, siehe zu § 13a ErbStG a. F. BFH v. 16. 2. 2011 – II R 60/09, DStR 2011, S. 620.
4 Mit dem Steuervereinfachungsgesetz 2011 wird eine Legaldefinition des jungen Verwaltungsvermögens durch § 13b Abs. 2 Satz 2 ErbStG eingefügt, Scharfenberg/Marbes, Das Steuervereinfachungsgesetz 2011, DB, 2011, S. 2289.
5 Crezelius, G., Unternehmenserbrecht, 2009, S. 140 Tz. 193; Begründung des Finanzausschusses, Teil 2. Materialien I Artikel 1, Änderung des ErbStG, Nr. 12, § 13a ErbStG, abgedruckt in Hübner, H., Erbschaftsteuerreform 2009 Gesetze Materialien Erläuterungen, 2009, S. 200.

7. Verschonungsabschlag und Verwaltungsvermögen

- **Beteiligungen** an Kapitalgesellschaften im Betriebsvermögen, bei einer Beteiligungshöhe von **25 % oder weniger**, es sei denn die Beteiligungen werden von Kreditinstituten, Finanzdienstleistungsinstituten oder Versicherungsunternehmen gehalten;
- **Beteiligungen** an Kapitalgesellschaften oder Personengesellschaften im Betriebsvermögen, bei einer Beteiligungshöhe von **mehr als 25 %**, wenn das **Verwaltungsvermögen** in der Beteiligungsgesellschaft **über 50 % bzw. über 10 %** liegt;
- **Wertpapiere**, es sei denn die Wertpapiere werden von Kreditinstituten, Finanzdienstleistungsinstituten oder Versicherungsunternehmen gehalten. Die Regelungen über die Anteile an Kapitalgesellschaften gehen dieser Regelung vor;[1]
- **Kunstgegenstände**, Sammlungen, Bibliotheken, etc., es sei denn die Gegenstände sind Hauptzweck des Wirtschaftsbetriebs.

Werden die Grenzen von 50 % bzw. 10 % Verwaltungsvermögen überschritten, entfällt die Begünstigung **vollständig**. Ob die Grenze überschritten ist, wird gemäß § 13b Abs. 2 Satz 4 ErbStG ermittelt, indem die Summe der gemeinen Werte der Einzelwirtschaftsgüter (nur Aktiva, keine Schulden!) des **Verwaltungsvermögens** zum gemeinen Wert des Unternehmens (der dann z. B. als Ertragswert ermittelt wird und den Ertragswert des Verwaltungsvermögens umfasst) ins Verhältnis gesetzt wird. Die Berechnung erfolgt gesondert für jede wirtschaftliche Einheit.   664

*„Die Quote des Verwaltungsvermögens ist für **jede wirtschaftliche Einheit** (Gewerbebetrieb, Beteiligung an einer Personengesellschaft, Anteile an einer Kapitalgesellschaft) gesondert zu ermitteln. Das gilt auch für **mehrstufige Beteiligungsverhältnisse.**"*[2]

Durch die Form des Vergleichs werden nach Hübner „Äpfel und Birnen" verglichen, da Einzelveräußerungspreise mit einem Ertragswert verglichen werden.[3] Hier ist zu ergänzen, dass für Beteiligungen als Einzelveräußerungspreise deren Ertragswerte zum Ansatz kommen werden. Die Überprüfung der Relation wird auf den **Bewertungsstichtag** vorgenommen.[4] Bei **Personengesellschaften** ist die gesellschafterbezogene Betrachtungsweise maßgeblich, d. h. für den je-   665

---

1 Meincke, J.P., ErbStG Kommentar, 2009, § 13b, S. 532 Tz. 20.
2 GLE ErbStG v. 25.6.2009, Abschnitt 35 Abs. 3.
3 Hübner, H., Erbschaftsteuerreform 2009 Gesetze Materialien Erläuterungen, 2009, S. 431.
4 Jülicher, M., Troll/Gebel/Jülicher, ErbStG, § 13b, Januar 2011, S. 73 Tz. 337; Geck, R., in Kapp/Ebeling (Hrsg.), Erbschaftsteuer- und Schenkungsteuergesetz Kommentar, April 2010, § 13b, S. 57 Tz. 75.

weiligen Mitunternehmer ist auch sein Sonderbetriebsvermögen mit einzubeziehen.[1]

666 Um zu vermeiden, dass der Verschonungsabschlag wegen eines zu hohen Anteils des Verwaltungsvermögens am Unternehmenswert entfällt, kann es damit von Interesse sein nachzuweisen, dass der Unternehmenswert höher als gegebenenfalls vom Finanzamt angenommen ist.

8. Bewertungsstichtag nach ErbStG und BewG

8.1 Gesetzliche Grundlagen des Bewertungsstichtages

667 Der Zeitpunkt, auf den sich die Wertermittlung bezieht, wird in **§ 11 ErbStG** als **Bewertungsstichtag** bezeichnet. Unter Wertermittlung wird das ganze Programm der Rechenschritte verstanden, die zur Ermittlung der Steuerbemessungsgrundlage führen.[2] Neben der Bewertung des Steuerobjektes – Steuerobjekt[3] ist die wirtschaftliche Einheit gemäß § 2 Abs. 1 Satz 1 BewG – auf den Bewertungsstichtag, werden auch die weiteren für die Besteuerung relevanten Aspekte, wie Verwandtschaftsgrad und Steuerklasse, beschränkte oder unbeschränkte Steuerpflicht, Steuerbefreiung oder das anwendbare Recht nach den Verhältnissen des Bewertungsstichtages geklärt.[4]

668 Der Bewertungsstichtag wird gemäß § 11 ErbStG durch den Zeitpunkt der **Steuerentstehung** bestimmt.

„Für die **Wertermittlung** ist, soweit in diesem Gesetz nichts anderes bestimmt ist, der **Zeitpunkt der Entstehung der Steuer** maßgebend."[5]

669 Bei Erwerben von Todes wegen gemäß § 3 ErbStG, entsteht die Steuer mit dem **Tod** des Erblassers, § 9 Abs. 1 Nr. 1 ErbStG. Bei Schenkungen unter Lebenden gemäß § 7 ErbStG, entsteht die Steuer zu dem Zeitpunkt, zu dem die **Zuwendung** i. S. von § 518 Abs. 2 BGB bewirkt ist, § 9 Abs. 1 Nr. 2 ErbStG.

---

1 GLE ErbStG vom 25.6.2009, Abschnitt 35; Geck, R., in Kapp/Ebeling (Hrsg.), Erbschaftsteuer- und Schenkungsteuergesetz Kommentar, April 2010, § 13b, S. 54 Tz. 73.
2 Meincke, J.P., ErbStG Kommentar, 2009, § 11, S. 370 Tz. 1.
3 Steuerobjekt ist der Gegenstand, der besteuert wird. Ax/Große/Melchior, Abgabenordnung und Finanzgerichtsordnung, 1999, S: 28; Tipke/Lang, Steuerrecht, 2010, S. 183 Tz. 23 ff.
4 Schubert, P., in Tiedtke (Hrsg.), ErbStG Kommentar, 2009, § 11, S. 272 Tz. 1.
5 § 11 ErbStG.

8. Bewertungsstichtag nach ErbStG und BewG

ABB. 61:	Bewertungsstichtag nach ErbStG und BewG		
Bewertungs- anlass		Zeitpunkt der Steuerentstehung	= Bewertungsstichtag § 11 ErbStG
Vererbung	§ 3 ErbStG	Todeszeitpunkt	§ 9 Abs. 1 Nr. 1 ErbStG
Schenkung	§ 7 ErbStG	Wirksamkeit	§ 9 Abs. 1 Nr. 2 ErbStG

Das Gesetz zielt damit darauf ab, die Bewertung auf den Zeitpunkt der Bereicherung vorzunehmen.[1] Im Fall der Vererbung sind die Verhältnisse zu Beginn des Todestages relevant.[2] 670

Bei der Schenkung von Anteilen ist der Zeitpunkt der Abtretung relevant.

„*Maßgeblicher Bewertungsstichtag für die Anteilsschenkung ist der Zeitpunkt der Entstehung der Steuer, das ist hier der 16. Dezember 1998. Denn an diesem Tage wurde die Zuwendung* **durch Abtretung der Anteile nach §§ 398, 413 BGB ausgeführt** *(§ 9 Abs. 1 Nr. 2 ErbStG).*"[3]

Das **Bewertungsgesetz** verwendet den Begriff des Bewertungsstichtages, ohne ihn zu regeln. 671

§ 157 Abs. 4 Satz 1 BewG: „*Der Wert von Anteilen an Kapitalgesellschaften im Sinne des § 11 Abs. 2 Satz 2 BewG (Anteilswert) wird unter Berücksichtigung der tatsächlichen Verhältnisse und der Wertverhältnisse zum* **Bewertungsstichtag** *festgestellt.*"

§ 157 Abs. 5 Satz 1 BewG: „*Der Wert von Betriebsvermögen oder des Anteils am Betriebsvermögen im Sinne der §§ 95, 96 und 97 BewG (Betriebsvermögenswert) wird unter Berücksichtigung der tatsächlichen Verhältnisse und der Wertverhältnisse zum* **Bewertungsstichtag** *festgestellt.*"

Das Erbschaftsteuergesetz verweist in § 12 Abs. 1 ErbStG seinerseits hinsichtlich der Bewertung auf das Bewertungsgesetz und ordnet in § 12 Abs. 2, Abs. 3, Abs. 5 und Abs. 6 ErbStG den einzelnen Bewertungsgegenständen den Bewertungsstichtag nach § 11 ErbStG zu. 672

---

1 Hübner, H., Erbschaftsteuerreform 2009 Gesetze Materialien Erläuterungen, 2009, S. 468.
2 Siehe hierzu Handzik, P., Die neue Erbschaft- und Schenkungsteuer nach der Erbschaftsteuerreform 2008, 2009, S. 70 Tz. 155; zu den Feststellungszeitpunkten zum Beginn des Kalenderjahres 0.00 Uhr siehe Horschitz/Groß/Schnur, Bewertungsrecht, Erbschaftsteuer, Grundsteuer, 2010, S. 294 Tz. 2884.
3 BFH v. 22. 6. 2010 - II R 40/08, BStBl 2010 II S. 843, NWB Dok ID: SAAAD-51327.

C. Unternehmensbewertung gemäß Erbschaftsteuerreformgesetz

§ 12 Abs. 2 ErbStG: *"Anteile an Kapitalgesellschaften, für die ein Wert nach § 151 Abs. 1 Satz 1 Nr. 3 des Bewertungsgesetzes festzustellen ist, sind mit dem auf den **Bewertungsstichtag § 11 ErbStG** festgestellten Wert anzusetzen.*

§ 12 Abs. 3 ErbStG: *"Grundbesitz (§ 19 Abs. 1 des Bewertungsgesetzes) ist mit dem nach § 151 Abs. 1 Satz 1 Nr. 1 des Bewertungsgesetzes auf den **Bewertungsstichtag § 11 ErbStG** festgestellten Wert anzusetzen.*

§ 12 Abs. 5 ErbStG: *"Inländisches Betriebsvermögen, für das ein Wert nach § 151 Abs. 1 Satz 1 Nr. 2 des Bewertungsgesetzes festzustellen ist, ist mit dem auf den **Bewertungsstichtag § 11 ErbStG** festgestellten Wert anzusetzen.*

§ 12 Abs. 6 ErbStG: *"Gehört zum Erwerb ein Anteil an Wirtschaftsgütern und Schulden, für die ein Wert nach § 151 Abs. 1 Satz 1 Nr. 4 des Bewertungsgesetzes festzustellen ist, ist der darauf entfallende Teilbetrag des auf den **Bewertungsstichtag § 11 ErbStG** festgestellten Werts anzusetzen.*

673 Kann der Bewertungsstichtag nicht genau festgestellt werden (Schenkung!), ist er im Wege der **Schätzung** nach § 162 AO festzulegen.[1]

*"Das FA kann sich in den Fällen, in denen ihm Zeitpunkt und Höhe der jeweiligen Einzelzuwendungen unbekannt geblieben sind, darauf beschränken, die Steuer unter **Angabe des mutmaßlichen Zeitraums, in dem diese Zuwendungen vorgenommen wurden**, nach einem einheitlichen (Schätz-) Betrag, der alle Zuwendungen umfassen soll, einheitlich festzusetzen. Ein solcher zusammenfassender Steuerbescheid ist ausnahmsweise inhaltlich hinreichend bestimmt (§ 119 Abs. 1 AO) und daher wirksam (§ 124 Abs. 3 AO). Als der für die Steuerentstehung maßgebliche Ausführungszeitpunkt (§ 9 Abs. 1 Nr. 2 ErbStG) ist in diesen Fällen das Ende des im Bescheid angegebenen Zeitraums für die Einzelzuwendungen anzusehen."*[2]

674 Das Stichtagsprinzip ist strikt anzuwenden.[3] D.h. kann der Steuerpflichtige über sein Erbe erst nach dem Todestag verfügen und ergeben sich in der Zwischenzeit nachteilige **Entwicklungen** für das Erbe, bleibt es trotzdem bei den Wertverhältnissen des Todestages bzw. des damit definierten Bewertungsstichtages. Eine Orientierung an der wirtschaftlichen **Verfügungsmöglichkeit** für die Wertermittlung ist dem Erbschaftsteuergesetz fremd.[4]

---

1 Pahlke, A., in Fischer/Jüptner/Pahlke/Wachter, ErbStG Kommentar, 2010, S. 397 Tz. 31.
2 BFH v. 6. 6. 2007 - II R 17/06, BStBl 2008 II S. 46.
3 Pahlke, A., in Fischer/Jüptner/Pahlke/Wachter, ErbStG Kommentar, 2010, S. 397 Tz. 20.
4 Schubert, P., in Tiedtke (Hrsg.), ErbStG Kommentar, 2009, S. 277 Tz. 14.

8.2 Bewertungsstichtag und Tag der Bewertung

8.2.1 Grundsätzliche Fragestellung

Durch den Bewertungsstichtag werden die für die Bewertung des Unternehmens relevanten Verhältnisse fixiert. Dies ist erforderlich, da Unternehmen organische Gebilde sind, deren Bewertungsparameter in einem stetigen **Wandel** begriffen sind. Der Bewertungsstichtag setzt in diesem Wandel eine Zäsur und ermöglicht somit eine **Momentaufnahme**, mit allen Vor- und Nachteilen, die sich daraus für den Steuerpflichtigen ergeben mögen. 675

Wie in den zivilrechtlichen Abfindungsfällen, weichen auch beim erbschaftsteuerlichen Bewertungsanlass der **Bewertungsstichtag** und der Zeitpunkt der Durchführung der **Bewertung** unter Umständen um Jahre voneinander ab. Der mit der Bewertung Beauftragte muss damit Verhältnisse zu einem Zeitpunkt in der Vergangenheit beurteilen und damit entscheiden, welchen Informationsstand er für die Bewertung zum Bewertungsstichtag verwenden darf. Für die praktische Umsetzung des Stichtaggedankens sind damit die folgenden Fragen zu klären: 676

a) Können Vorgänge und Entwicklungen, die **nach** dem Bewertungsstichtag **entstehen**, für die Bewertung zum Bewertungsstichtag verwendet werden?

b) Können Informationen zu den Verhältnissen am Bewertungsstichtag, die erst **nach** dem Bewertungsstichtag **bekannt** werden, für die Bewertung zum Bewertungsstichtag verwendet werden?

8.2.2 Ereignisse vor dem Bewertungsstichtag

Die Berücksichtigung von Börsenkursen bzw. Verkaufspreisen genießt gemäß § 11 Abs. 1 Satz 1 und Abs. 2 Satz 2 BewG bei der Bewertung von Anteilen Vorrang vor dem Einsatz von Bewertungsverfahren. Liegt bei notierten Anteilen kein Kurs für den Stichtag vor, so ist gemäß § 11 Abs. 1 Satz 2 BewG der letzte innerhalb von **30 Tagen vor** dem Stichtag notierte Kurs maßgebend. Bei nicht notierten Anteilen können gemäß § 11 Abs. 2 Satz 2 BewG die Preise von Anteilsverkäufen zur Bewertung herangezogen werden, die innerhalb eines Zeitraumes von weniger als **einem Jahr vor** dem Bewertungsstichtag vollzogen wurden.[1] Das Bewertungsgesetz weitet in § 11 BewG somit, zumindest für die Berücksichtigung von Transaktionsdaten, den Zeitraum der Datengewinnung auf 30 Tage bzw. fast ein Jahr vor dem Bewertungsstichtag aus. 677

---

1 ErbStR 2011, R B 11.2 Abs. 1 Satz 2.

678   Bei der Verwendung von „technischen" Bewertungsverfahren, insbesondere den Ertragswert- bzw. DCF-Verfahren, wird für die Bewertung zwangsläufig auch auf **„alle" Vergangenheitsdaten** seit der Entstehung des Unternehmens zurückgegriffen. Unter Vergangenheitsdaten sind hier nicht die Gewinne der Vergangenheit gemeint, sondern die bisherigen Anstrengungen zur Produktentwicklung, die Aufbereitung eines Marktes, der Bau von Produktionshallen, die Ausbildung der Mitarbeiter und die Anschaffung von Maschinen etc. Unternehmen beginnen mit der Gründung und enden mit der Auflösung.[1] Der Bewertungsstichtag stoppt den Fluss der Ereignisse, der die Grundlage unternehmerischen Handelns ist, um in einer Momentaufnahme den Wert des Unternehmens zu bestimmen. Damit ist der Wert zum Stichtag zum Teil auch die Summe der bisherigen Ereignisse, die sich im Zustand des Unternehmens niedergeschlagen haben. Der Stichtagsgedanke wendet sich nicht gegen diese Sicht der Dinge. Der Unterschied gegenüber dem oben dargestellten ausgeweiteten Betrachtungszeitraum bei Verkaufspreisen und Kursen ist, dass vor dem Bewertungsstichtag realisierte Verkaufspreise und Kurse auch eine Zeitpunktbewertung, diesmal über den Markt, vor dem Stichtag darstellen und somit in diesen Fällen die Stichtagsbewertung strenggenommen verletzt wird. Das Gesetz eröffnet somit über § 11 Abs. 1 Satz 1 und Abs. 2 Satz 2 BewG lediglich Ausnahmen.

8.2.3   Ereignisse nach dem Bewertungsstichtag

679   **Ereignisse nach** dem Bewertungsstichtag, welche gegenüber den Wertverhältnissen des Bewertungsstichtages zu Veränderungen führen, sind für die Bewertung zum Bewertungsstichtag **irrelevant**.[2] So hat der Ausfall einer Forderung wegen eines Konkurses nach dem Bewertungsstichtag keinen Einfluss auf die Werthaltigkeit der Forderung zum Bewertungsstichtag.

*„Die Revision ist unbegründet und daher zurückzuweisen (§ 126 Abs. 2 der Finanzgerichtsordnung –FGO–). Das FG hat zutreffend erkannt, dass der Ausfall einer zum Nachlass gehörenden Forderung aufgrund von **Umständen, die erst nach dem Todestag** des Erblassers eingetreten sind, erbschaftsteuerrechtlich **kein rückwirkendes Ereignis** i. S. von § 175 Abs. 1 Satz 1 Nr. 2 AO 1977 darstellt."*[3]

---

1   Siehe allerdings die §§ 199 ff. BewG (vereinfachtes Ertragswertverfahren), nach der bis zu 3 Jahre alte Informationen als für den Bewertungsstichtag relevant betrachtet werden.
2   Schubert, P., in Tiedtke (Hrsg.), ErbStG Kommentar, 2009, S. 275 Tz. 8; Halaczinsky, R., in Daragan/Halaczinsky/Riedel (Hrsg.), Praxiskommentar ErbStG und BewG, 2010, § 11 ErbStG, S. 291 Tz. 1; Meincke, J.P., ErbStG Kommentar, 2009, § 11 , S. 373 Tz. 5.
3   BFH v. 18. 10. 2000 - II R 46/98 (NV), NWB Dok ID: JAAAC-20329.

8. Bewertungsstichtag nach ErbStG und BewG

Nach dem Bewertungsstichtag eintretende Vermögenserhöhungen oder Vermögensschmälerungen, wie sie zum Beispiel bei Wertpapieren durch entsprechende Kursbewegungen auftreten können, sind für die Bewertung zum Bewertungsstichtag irrelevant, selbst wenn der Erbe erst mit großer zeitlicher Verzögerung über den Wertpapierbestand verfügen kann. 680

*„Der Senat hat in seinem Beschluss vom 28. November 1990 II S 10/90 … im einzelnen dargelegt, dass ein von Todes wegen erworbenes Wertpapierdepot nach den Verhältnissen vom Todestag des Erblassers zu bewerten ist. Das ErbStG ist insoweit eindeutig, denn gemäß § 11 ErbStG ist für die nach § 10 Abs. 1 Satz 2, § 12 ErbStG vorzunehmende **Wertermittlung der Zeitpunkt der Entstehung der Steuer maßgeblich, d. h. bei Erwerben von Todes wegen der Tod des Erblassers** (§ 9 Abs. 1 Nr. 1 ErbStG). Wertveränderungen nach diesem Stichtag sind nicht zu berücksichtigen …. Insoweit kommt auch der von der Klägerin geltend gemachten **zeitlichen Differenz zwischen Zufluss und Stichtag keine grundsätzliche Bedeutung zu.** Denn die Entscheidung des Senats in BFH/NV 1991, 243 ist zu einem Fall ergangen, in dem der für die Bewertung des Wertpapierdepots maßgebende Stichtag neun bzw. elf Monate vor der Freigabe des Depots lag; ähnlich verhält es sich im Streitfall, in dem zwischen dem Todestag und der Beendigung des Rechtsstreits durch Vergleich ca. zehn Monate lagen."*[1]

Von dieser strikten Stichtagsbetrachtung gibt es allerdings Ausnahmen. So werden unter bestimmten Bedingungen z. B. **Verkaufspreise** aus Verkäufen **nach** dem Bewertungsstichtag zur Bewertung herangezogen. 681

*„Nur **ausnahmsweise** kann der gemeine Wert aus einem Verkaufsabschluss **kurz nach dem Bewertungsstichtag** abgeleitet werden, **wenn** die Einigung über den Kaufpreis schon am Bewertungsstichtag herbeigeführt war."*[2]

Entsprechend verfahren wird hinsichtlich der Bewertung von **Grundstücken**. 682

„Abweichend von der Wertermittlung nach den § 179 und §§ 182 bis 196 BewG ist der niedrigere gemeine Wert (Verkehrswert / Marktwert) am Bewertungsstichtag festzustellen, wenn der Steuerpflichtige diesen nachweist (§ 198 BewG)."[3]

---

1 BFH v. 22. 9. 1999 - II B 130/97, NWB Dok ID: CAAAA-63066.
2 BFH v. 22. 6. 2010 - II R 40/08, BStBl 2010 II S. 843, NWB Dok ID: SAAAD-51327.
3 ErbStR 2011, R B 198 Abs. 1 Satz 1.

*"Ein im gewöhnlichen Geschäftsverkehr **innerhalb eines Jahres vor oder nach dem Bewertungsstichtag** zustande gekommenen Kaufpreis über das zu bewertende Grundstück kann als Nachweis dienen."*[1]

8.2.4 Informationen nach dem Bewertungsstichtag – Wurzeltheorie und Wertaufhellung

683 Das Bilanzrecht verwendet zur Abgrenzung verwendbarer Informationen das Konzept der **Wertaufhellung**. Danach können Erkenntnisse nach dem Bilanzstichtag verwendet werden, wenn sie Ereignisse vor dem Bilanzstichtag erklären bzw. erhellen. Für Bewertungszwecke sind gemäß der **Wurzeltheorie** sogar Ereignisse (nicht nur Erkenntnisse!) nach dem Bewertungsstichtag dann berücksichtigungsfähig und -pflichtig, wenn sie ihre Wurzel, ihren Keim bzw. ihren Ursprung kausal vor oder im Bewertungsstichtag haben.[2] Ereignisse nach dem Bewertungsstichtag, deren Wurzel nach dem Bewertungsstichtag liegt, dürfen dagegen nicht berücksichtigt werden.

*"Die Zulässigkeit, erkennbar gewordene Entwicklungen in dieser Weise mit in die Bewertung einzubeziehen, kann in dem Rechtsgedanken des § 2313 BGB eine Stütze finden. Dagegen müssen spätere Entwicklungen, deren **Wurzeln in der Zeit nach dem Bewertungsstichtag liegen, außer Betracht bleiben**."*[3]

*"Maßgeblich ist grundsätzlich, was man bei angemessener Sorgfalt **zum Stichtag wissen konnte und was absehbar war**. Zukünftig nachweisbare Erfolgschancen können bei der Bewertung der Ertragskraft nur berücksichtigt werden, wenn die Voraussetzung der Nutzung dieser Chancen bereits am Stichtag im Ansatz geschaffen war. Jedoch müssen **Entwicklungen, die erst später eintreten**, aber schon in den am **Stichtag bestehenden Verhältnissen angelegt** sind, berücksichtigt werden."*[4]

684 Die zivilrechtliche Wurzeltheorie kommt bei der Ermittlung von Abfindungsansprüchen ausscheidender Gesellschafter – z. B. bei aktienrechtlichen und

---

[1] ErbStR 2011, R B 198 Abs. 4 Satz 1.
[2] Riedel, C., in Mayer/Süß/Tanck/Bittler/Wälzholz (Hrsg.), Handbuch Pflichtteilsrecht, 2010, S. 119, Tz. 10 und S. 144, Tz. 92; Geck, R., in Kapp/Ebeling (Hrsg.), Erbschaftsteuer- und Schenkungsteuergesetz Kommentar, April 2010, § 11, S. 12, Tz. 33 und April 2008, § 12, S. 52, Tz. 242; Kreutziger, S., in Kreutziger/Schaffner/Stephany (Hrsg.), Kommentar zum Bewertungsgesetz, 2009, § 11, S. 70, Tz. 81.
[3] BGH v. 17.1.1973 – IV ZR 142/70, NJW 1973 S. 511.
[4] OLG München v. 17.7.2007 – 31 Wx 060/06, AG 2008, S. 32.

umwandlungsrechtlichen Strukturmaßnahmen – zur Anwendung, aber auch bei der Bestimmung erbrechtlicher Pflichtteilsansprüche.[1] Die Wurzeltheorie ist wie folgt zu verstehen. Bei der Durchführung der Bewertung ist die Position des Bewertungsstichtages einzunehmen.[2] Informationen, die nach dem Bewertungsstichtag **gewonnen** werden und dabei die Verhältnisse zum Bewertungsstichtag erklären, dürfen verwendet werden. Ereignisse, die erst nach dem Bewertungsstichtag **entstehen**, können dagegen nicht für die Bewertung verwendet werden, werden, wenn ihre Kausalität keinen Rückschluss auf den Bewertungsstichtag zulässt.[3]

BEISPIEL 1: ▶ Nach dem Bewertungsstichtag wird ein Fabrikationsgebäude des Steuerobjektes durch Brand zerstört. Nach dem Brand erfolgt die Bewertung zur Feststellung der erbschaftsteuerlichen Bemessungsgrundlage. Der Brand darf nicht berücksichtigt werden. Vielmehr ist für die Stichtagsbetrachtung vom Bestand des Fabrikationsgebäudes auszugehen.

BEISPIEL 2: ▶ Bei Durchführung der Bewertungsarbeiten, die mit Zeitverzug nach dem Bewertungsstichtag durchgeführt werden, wird erst bekannt, dass eines der Fabrikationsgebäude des Steuerobjektes kurz vor dem Bewertungsstichtag durch Brand vernichtet worden war. Die neue Erkenntnis kann für die Bewertung der Verhältnisse am Bewertungsstichtag verwendet.

Im bilanzrechtlichen und ertragsteuerlichen Bereich ist das Konzept zur Trennung von Informationen, in verwendungsfähige und nicht verwendungsfähige Erkenntnisse, unter den Begriffen der **wertbeeinflussenden** und **werterhellenden** Tatsachen bekannt. Der Begriff der Wertaufhellung findet sich auch im Erbrecht und Erbschaftsteuerrecht.[4] 685

Deckungsgleichheit zwischen der Wurzeltheorie und dem Wertaufhellungskonzept ist allerdings wie oben ausgeführt nicht immer gegeben. 686

Eine Abgrenzung zwischen unzulässiger Rückprojektion und zulässiger Berücksichtigung der Kausalität am Bewertungsstichtag ist ebenfalls nicht immer trennscharf möglich. Dazu folgendes BFH-Urteil:

---

1 WP-Handbuch, Band II, 2008, S. 17 Tz. 54, S. 28 Tz. 80 und S. 168 Tz. 475; Lange, K.W., in Rixecker/Säcker (Hrsg.), Münchener Kommentar BGB Erbrecht, 2010, § 2311, S. 1937 Tz. 40; Riedel, C., in Mayer/Süß/Tanck/Bittler/Wälzholz (Hrsg.), Handbuch Pflichtteilsrecht, 2010, S. 119, Tz. 10 und S. 144, Tz. 92.
2 Emmerich, V., in Emmerich/Habersack (Hrsg.), Aktien- und GmbH-Konzernrecht, 2010, S. 385, Tz. 40.
3 Halaczinsky, R., in Halaczinsky/Riedel (Hrsg.), Praxiskommentar ErbStG und BewG, 2010, § 11 ErbStG, S. 293, Tz. 5.
4 Sinngemäß Meincke, J.P., Das Recht der Nachlaßbewertung im BGB, 1973, S. 214; Meincke, J.P., ErbStG Kommentar, 2009, § 11, S. 371, Tz. 3.

*„Zum **Unterschied zwischen wertaufhellenden und wertbeeinflussenden** Tatsachen (eine Klarstellung zum BFH-Urteil vom 27. April 1965 I 324/62 S...). ...*

*Wie in der Entscheidung I 324/62 S ausgeführt, ist der Kaufmann bei Aufstellung seiner Bilanz verpflichtet, alle diejenigen Umstände zu berücksichtigen, die nach den Grundsätzen ordnungsmäßiger Buchführung unter Beachtung der steuerrechtlichen Vorschriften für die Verhältnisse am Bilanzstichtag von Bedeutung sind, auch wenn sie − wie es dort heißt − „am Bilanzstichtag noch nicht eingetreten oder nicht bekannt waren". Dieser Satz bedarf insofern der Klarstellung, als die sogenannten **wertaufhellenden Tatsachen** die Verhältnisse am Bilanzstichtag in der Tat insoweit berühren, **als sie diese so zeigen, wie sie sich am Bilanzstichtag tatsächlich (objektiv) darstellten** und deshalb für die Bewertung eines Bilanzpostens, für die Bemessung einer Rückstellung **auch dann zu berücksichtigen sind, wenn sie „am Bilanzstichtag noch nicht eingetreten** oder noch nicht bekannt waren". Demgemäß rechtfertigten im Falle des Urteils I 324/62 S die am Bilanzstichtag subjektiv noch mit einem Haftungsrisiko behafteten (behaftet scheinenden) diskontierten Kundenwechsel insoweit keine Rückstellung, als sie **am Tage der Bilanzaufstellung** von ihren Ausstellern **eingelöst**, d. h. objektiv am Bilanzstichtag nicht risikobehaftet waren.*

*Von diesen wertaufhellenden Tatsachen sind solche Ereignisse zu unterscheiden, die erst nach dem Bilanzstichtag eingetreten sind, ohne dass sie die Verhältnisse am Bilanzstichtag objektiv zu zeigen, d. h. aufzuhellen vermögen, weil sie − als **wertbeeinflussende Tatsachen** − nichts enthalten, was einen Rückschluss auf die Wertverhältnisse am Bilanzstichtag zulässt, seinen Ursprung im abzuschließenden Geschäftsjahr hat. Macht z. B. der Schuldner einer vom Steuerpflichtigen zum Bilanzstichtag wertberichtigten Forderung nach dem Bilanzstichtag, indes vor der Bilanzaufstellung eine Erbschaft oder einen Lotteriegewinn, so beeinflusst dieses Ereignis zwar den Wert der Forderung des Steuerpflichtigen für dieses Geschäftsjahr, enthält aber nichts, was einen Rückschluss auf den objektiven Wert der Forderung (im Sinne einer Ablehnung der Wertberichtigung) zum Bilanzstichtag des abzuschließenden Geschäftsjahrs erlaubte."*[1]

687 Aus der Einlösung der Forderung am Tag der Bilanzaufstellung im ersten Absatz des Urteils darauf zu schließen, dass diese Forderung damit am Bilanzstichtag nicht risikobehaftet war unterstellt, dass sich die Vermögensverhältnisse des Schuldners am Einlösungstag nicht von den Verhältnissen am Bilanzstichtag unterscheiden. Die Kausalität der Werthaltigkeit der Forderung wäre in diesem Zusammenhang nicht ohne weiteres gegeben.

---

1 BFH v. 4. 4. 1973 - I R 130/71, BStBl 1973 II S. 485, NWB Dok ID: LAAAA-99579.

8. Bewertungsstichtag nach ErbStG und BewG

Die nachfolgende Entscheidung des BFH im Zusammenhang mit einer erbschaftsteuerlichen Fragestellung macht dagegen die Sichtweise der Wurzeltheorie deutlich.

*„Die Wertermittlung nach § 11 ErbStG stellt eine **Momentaufnahme** dar und nicht das Ergebnis einer dynamischen Betrachtung, mit der sich auch die weitere wertmäßige Entwicklung des Erwerbs nach dem Zeitpunkt der Steuerentstehung erfassen ließe. Das Stichtagsprinzip schließt zwar nicht grundsätzlich jeden Blick auf vorhergehende oder nachfolgende Ereignisse aus; **insbesondere können später eingetretene Umstände zur Beurteilung der am Stichtag gegebenen Verhältnisse unterstützend im Sinne einer retrospektiven Betrachtung herangezogen werden**; eine **Rückprojizierung nachträglich eingetretener Ereignisse ist dagegen nicht erlaubt** .... Abgesehen von den Fällen einer retrospektiven Betrachtung sowie von ausdrücklichen gesetzlichen Regelungen wie etwa § 9 Abs. 1 Nr. 1 Buchst. a bis j ErbStG können **nachträglich eingetretene Umstände danach bei der Festsetzung der Steuer nicht berücksichtigt werden.**"*[1]

Dem Gedanken der Wurzeltheorie folgt der BFH in erbschaftsteuerlichen Fragestellung nicht immer einheitlich.[2]

688

ABB. 61a:	Wertaufhellung, Wurzeltheorie und Stichtagsprinzip		
berücksichtigungsfähige Ereignisse?		Bewertungsstichtag	
ja		Ereignisse vor dem Stichtag	
ja	(Wertaufhellung)	Ereignisse vor dem Stichtag ←	Information nach dem Stichtag
ja	(Wurzeltheorie)	Ereignisse kausal angelegt ←	Ereignisse nach dem Stichtag
nein	(Wertbeeinflussung)		Ereignisse nach dem Stichtag

---

1 BFH v. 2. 3. 2006 - II R 57/04, NWB Dok ID: YAAAB-89185.
2 Geck, R., in Kapp/Ebeling (Hrsg.), Erbschaftsteuer- und Schenkungsteuergesetz Kommentar, April 2010, § 11, S. 12 Tz. 33 und April 2010, § 12, S. 52 Tz. 242.

8.2.5 Wertaufhellung – Zeitraum für Informationen nach dem Stichtag

689 Eine Frage, die im Zusammenhang mit der **Wertaufhellung** zu klären ist, betrifft den Zeitraum, für den Informationen nach dem Bewertungsstichtag noch zur Wertaufhellung zu verwenden sind. Im bilanzrechtlichen und ertragsteuerlichen Kontext werden Informationen insoweit verwendet, wie sie bis zum Zeitpunkt der **Bilanzaufstellung** gewonnen werden können. Der Zeitraum der Wertaufhellung ist somit durch die gesetzlichen Vorgaben zur Aufstellung des Jahresabschlusses automatisch begrenzt. Zwischen dem Bewertungsstichtag und der Durchführung der Bewertung können dagegen Jahre liegen, ohne dass es für die Erbschaftsteuer entsprechende Kriterien zur zeitlichen Begrenzung gäbe.[1] Allerdings kann hierzu auf die Rechtsprechung verwiesen werden, die Erkenntnisse, die später als **ein Jahr** nach dem Bewertungsstichtag gewonnen werden, nicht mehr als wertaufhellend zulassen will, da dies dem statischen Stichtagsgedanken des Bewertungsgesetzes widerspreche.

*„Der Senat kann dahinstehen lassen, ob wertaufhellende Tatsachen, die mehr als 1 1/2 Jahre nach dem Bilanzstichtag bekannt werden, dem Erkenntnisstand des „sorgfältigen Kaufmanns im Zeitpunkt der Bilanzaufstellung" entsprechen ... und damit bilanzrechtlich auf den Bilanzstichtag zurückbezogen werden können. Unter Beachtung des **bewertungsrechtlichen Stichtagsprinzips ist es jedenfalls nicht möglich**, Tatsachen, die erst nach dem auf den streitbefangenen Feststellungszeitpunkt folgenden Bewertungsstichtag, also später als ein Jahr nach dem Feststellungszeitpunkt bekanntwerden, bei dieser Bewertung zu berücksichtigen. Denn dadurch würde das System der **statischen Bewertung**, das anders als die Bewertung in den Bilanzen keinen Zusammenhang mit vorhergehenden Bewertungen herstellt, **beiseite geschoben** werden."*[2]

690 Für die praktische Bewertungsarbeit bedeutet dies, dass für Bewertungsgutachten, die später als ein Jahr nach dem Bewertungsstichtag angefertigt werden, Informationsstände danach zu trennen sind, ob sie vor oder nach dieser Jahresfrist offenbar wurden. Probleme bereitet die Übertragung dieser Systematik auf den Erbfall, da dann der Gesellschafter-Geschäftsführer bzw. der Einzelunternehmer als maßgeblicher „Informationsspeicher" gar nicht mehr zur Verfügung stehen kann. D.h. es ist dann zu klären, wessen Informationsstand eigentlich relevant ist.

---

1 Hübner, H., Erbschaftsteuerreform 2009 Gesetze Materialien Erläuterungen, 2009, S. 470.
2 BFH v. 13. 8. 1986 - II R 213/82, BStBl 1987 II S. 48, NWB Dok ID: DAAAA-98001.

8.3 Statischer und dynamischer Stichtagsgedanke

Literatur und Rechtsprechung weisen auf unterschiedliche Stichtagsdefinitionen hin, die in der Rechnungslegung als **dynamischer Stichtag** und im Erbschaftsteuerrecht bzw. Erbrecht als **statischer Stichtag** bzw. **starrer Stichtag** interpretiert werden.[1] Der **dynamische** Stichtag hat als Komponente einer dynamischen Bilanzauffassung nur die Aufgabe, eine periodengenaue Ergebnisabgrenzung sicherzustellen, wobei die sogenannte Zweischneidigkeit der Bilanz für eine automatische Wertkorrektur in der Totalperiode der Lebensdauer des Unternehmens sorgt. So muss Aufwand zum Bilanzierungsstichtag „vorsorglich" durch die Bildung von Rückstellungen erfasst werden, obwohl die jeweilige, der Rückstellungsbildung zugrunde liegende Verpflichtung nur wahrscheinlich, aber noch nicht eingetreten ist. Eine Fehleinschätzung oder der Wegfall der Rückstellungsgründe führt zur Auflösung der jeweiligen Rückstellung gemäß § 249 Abs. 2 Satz 2 HGB.

691

„Rückstellungen dürfen nur aufgelöst werden, soweit der Grund hierfür entfallen ist."[2]

Im Bewertungsgesetz gibt es dagegen keine dynamische Betrachtung.[3] Der **statische** Stichtag des Erbschaftsteuer- und damit des Bewertungsgesetzes muss eine punktgenaue Ermittlung der Bereicherung des Beschenkten oder Erben sicherstellen. Dies stellt der BFH wie folgt dar:

692

*„..., weil das **Ertragsteuerrecht** von einer **dynamischen Bilanzauffassung** ausgeht und den Gewinn eines bestimmten Zeitabschnitts feststellen will. Das **Bewertungsrecht** dagegen will das Vermögen zu einem bestimmten Zeitpunkt erfassen, jedoch nur in dem Umfang, wie es mit Sicherheit vorliegt. Bedingungen, Möglichkeiten oder Wahrscheinlichkeiten sollen in die Vermögensermittlung nicht einbezogen werden."*[4]

*„Die Wertermittlung nach § 11 ErbStG stellt eine **Momentaufnahme** dar und nicht das Ergebnis einer dynamischen Betrachtung, mit der sich auch die **weitere**

---

1 Siehe z. B. Hübner, H., Erbschaftsteuerreform 2009 Gesetze Materialien Erläuterungen, 2009, S. 468 f.; Lange, K.W., in Rixecker/Säcker (Hrsg.), Münchener Kommentar BGB Erbrecht, 2010, § 2311, S. 1924 Tz. 2; Riedel/Lenz, in Damrau/Riedel/Lenz (Hrsg.), Praxiskommentar Erbrecht, 2004, § 2311 Tz. 3.
2 § 249 Abs. 2 Satz 2 HGB.
3 Halaczinsky, R., in Daragan/Halaczinsky/Riedel (Hrsg.), Praxiskommentar ErbStG und BewG, 2010, § 11 ErbStG, S. 293 Tz. 5.
4 BFH v. 12.07.1968 - III 181/64.

wertmäßige Entwicklung des Erwerbs nach dem Zeitpunkt der Steuerentstehung erfassen ließe."[1]

693 Aus dem Blickwinkel der **Unternehmensbewertung** betrachtet stellt die statische Stichtagsdefinition aber nichts außergewöhnliches dar. Vielmehr ist der statische oder starre Stichtagsgedanke hier eine Notwendigkeit. Für den BFH ergibt sich somit ein Erklärungsbedarf lediglich, da sich seine Rechtsprechung zur Rechnungslegung zwangsläufig auf eine andere Stichtagsdefinition stützt, als dies bei Themen des Bewertungsgesetzes und damit unter anderem der Unternehmensbewertung der Fall ist.

694 Unternehmenswerte sind immer Wertaussagen auf einen Stichtag, mit der im Grundsatz die ab dem Stichtag verbleibende **Totalperiode** der Unternehmenslebensdauer erfasst und auf eine Wertgröße – den Unternehmenswert – komprimiert wird.[2] Unternehmenswerte stellen damit Momentaufnahmen dar und dulden, insbesondere im Bewertungskonzept des **objektivierten** Unternehmenswertes, keine den Stichtagsgedanken aufweichende Berücksichtigung von Handlungen oder Ereignissen nach dem Stichtag.[3]

695 Diese Linie drückt sich in der Stichtagsdefinition des **IDW S1** aus, die insofern Ausdruck der zivilrechtlichen Wurzeltheorie ist.

*„Bei Auseinanderfallen des Bewertungsstichtags und des Zeitpunkts der Durchführung der Bewertung ist daher nur der **Informationsstand** zu berücksichtigen, der bei angemessener Sorgfalt zum **Bewertungsstichtag** hätte erlangt werden können."*[4]

696 Der BGH hat in seiner Entscheidung vom 17.1.1973 erstmals die sogenannte **Wurzeltheorie** verwendet.[5]

„Die Zulässigkeit, erkennbar gewordene Entwicklungen in dieser Weise mit in die Bewertung einzubeziehen, kann in dem Rechtsgedanken des § 2313 BGB eine

---

1 BFH v. 2.3.2006 - II R 57/04, NWB Dok ID: YAAAB-89185.
2 Wenn keine Argumente für eine beschränkte Lebensdauer des Unternehmens sprechen, werden Unternehmenswerte unter der Annahme der unendlichen Lebensdauer unter Zuhilfenahme der Formel der ewigen Rente bewertet IDW i. d. F 2008, S. 2 Tz. 85.
3 Subjektive Unternehmenswerte dienen dagegen der Vorbereitung von Entscheidungen des Investors im Sinne von Grenzpreisen und unterliegen somit keinerlei Beschränkungen der Informationsverarbeitung.
4 IDW S1 i. d. F. 2008, S. 2 Tz. 23.
5 Der Begriff der „Wurzel" findet sich in diesem Zusammenhang erstmals bei Knorr, E., Zur Bewertung von Unternehmungen und Unternehmensanteilen, Konkurs-, Treuhand- und Schiedsgerichtswesen, 1962, S. 196.

*Stütze finden. Dagegen müssen **spätere Entwicklungen, deren Wurzeln in der Zeit nach dem Bewertungsstichtag** liegen, außer Betracht bleiben."*[1]

Die **zivilrechtliche Rechtsprechung** zur Abfindungsbemessung, etwa bei aktienrechtlichen oder umwandlungsrechtlichen **Strukturmaßnahmen**, verwendet diese Theorie seither. Später formuliert der BGH deutlicher, was unter dem Stichtagsprinzip und der Wurzeltheorie zu verstehen ist:

697

*„Zwar ist der Unternehmenswert, der von dem Barwert der zukünftigen Überschüsse der Einnahmen über die Ausgaben gebildet wird und theoretisch den richtigen Wert eines Unternehmens darstellt, zukunftsbezogen .... Um ein tragfähiges Fundament für diese Zukunftsschätzung zu erhalten, geht man bei der Bestimmung der Ertragsgrundlagen – unter Auswertung von Vergangenheitsergebnissen – allerdings von den **Verhältnissen am Bewertungsstichtag** aus. Auf **zukünftig nachweisbare** Erfolgschancen kann die Bewertung der Ertragskraft im Regelfall nur dann gestützt werden, wenn die **Voraussetzungen für die Nutzung dieser Chancen bereits im Ansatz geschaffen sind** .... Als Ausgangspunkt für die Ermittlung des Ertragswertes des Unternehmens der Gemeinschuldnerin kommen nur die **Organisationsverhältnisse und Strukturen in Betracht, die am Stichtag vorhanden** waren."*[2]

Das OLG München und das OLG Stuttgart formulieren wie folgt:

698

*„Maßgeblich ist grundsätzlich, **was man bei angemessener Sorgfalt zum Stichtag wissen konnte und was absehbar war**. Zukünftig nachweisbare Erfolgschancen können bei der Bewertung der Ertragskraft nur berücksichtigt werden, wenn die Voraussetzung der Nutzung dieser Chancen bereits **am Stichtag im Ansatz geschaffen** war. Jedoch müssen Entwicklungen, die erst später eintreten, aber schon in den **am Stichtag** bestehenden Verhältnissen **angelegt** sind, berücksichtigt werden."*[3]

*„Wie der Senat im Beschluss vom 26. 10. 2006 ... näher dargelegt hat, sind trotz dieser Stichtagsbezogenheit **spätere Entwicklungen zu berücksichtigen**, die zu diesem Zeitpunkt bereits **angelegt und absehbar waren (sog. Wurzeltheorie)**, ..."*[4]

Das **Erbrecht** folgt bei der Beurteilung von Abfindungen im Rahmen erbrechtlicher Auseinandersetzungen demselben Stichtagsverständnis, wobei hier

699

---

1 BGH v. 17. 1. 1973 – IV ZR 142/70, NJW 1973, S. 511.
2 BGH v. 9. 11. 1998 – II ZR 190/97, AG 1999, S. 122.
3 OLG München v. 17. 7. 2007 – 31 Wx 060/06, AG 2008, S. 32.
4 OLG Stuttgart v. 19. 3. 2008 – 20W 3/06, AG 2008, S. 514.

statt des Begriffes „Wurzel" auch die Begriffe „Keim" und „Wertaufhellung" Verwendung finden.

*„Wertsteigerungen und Wertverluste **nach Eintritt** des Erbfalls kommen einerseits dem Pflichtteilsberechtigten **nicht zugute**, können allerdings seinen Anspruch auch **nicht beeinträchtigen**. In Ausnahmefällen können Zukunftserwartungen nach dem **Wertaufhellungsprinzip** in bestimmtem Umfang berücksichtigt werden. Das Stichtagsprinzip besagt lediglich, dass die für den Verkaufswert maßgebenden Bewertungsdaten **aus der Sicht des Stichtages zu ermitteln sind**. Zu berücksichtigen sind daher **alle nahe liegenden und wirtschaftlich fassbaren, zum Stichtag im Keim angelegten** Entwicklungen. Liegen zum Zeitpunkt des Erbfalls außergewöhnliche äußere Bedingungen vor, mit deren Änderung in Kürze zu rechnen ist und die sich nicht oder nur unzureichend im Marktpreis widerspiegeln, so können die abzeichnenden wirtschaftlich fassbaren Zukunftserwartungen in die Wertberechnung einfließen."*[1]

*„Wie das Stichtagsprinzip deutlich macht, sind **Wertveränderungen nach Eintritt des Erbfalls in der Regel nicht zu berückichtigen**. Der Pflichtteilsberechtigte ist zudem grundsätzlich so zu stellen, als sei der Nachlass beim Tod des Erblassers in Geld umgesetzt worden. Trotz dieses Grundsatzes können **Zukunftserwartungen in gewissem Umfang berücksichtigt werden (Wertaufhellungsprinzip)**. Danach sind alle im Zeitpunkt des Erbfalls nahe liegenden und wirtschaftlich fassbaren Entwicklungen zu berücksichtigen, deren **Entwicklung bereits angelegt war**."*[2]

*„Das Stichtagsprinzip des § 2311 Abs. 1 Satz 1 (BGB) gebietet, dass **Entwicklungen, deren Wurzeln in der Zeit nach dem Erbfall liegen**, bei der Berechnung **außer Betracht** bleiben. Dagegen dürfte es wegen des in § 2313 (BGB) enthaltenen Rechtsgedankens zulässig sein, während des Beurteilungszeitraums erkennbare Entwicklungen des Unternehmens mit zu berücksichtigen."*[3]

*„Das Stichtagsprinzip bedeutet indes nicht, dass zukünftige Entwicklungen völlig außer Acht zu lassen sind. Vielmehr sind wertbeeinflussende Faktoren, die **am Stichtag bereits im Keim angelegt** waren, sich jedoch erst zu einem späteren Zeitpunkt manifestieren, auf jeden Fall zu berücksichtigen **(Wurzeltheorie)**."*[4]

---

1 Bock, R., in Kroiß/Ann/Mayer (Hrsg.) Erbrecht, 2010, § 2311, S. 1386 Tz. 22 und Tz. 23.
2 Lange, K.W., in Rixecker/Säcker (Hrsg.), Münchener Kommentar BGB Erbrecht, 2010, § 2311, S. 1932 Tz. 28.
3 Lange, K.W., in Rixecker/Säcker (Hrsg.), Münchener Kommentar BGB Erbrecht, 2010, § 2311, S. 1937 Tz. 40.
4 Riedel, C., in Mayer/Süß/Tanck/Bittler/Wälzholz (Hrsg.), Handbuch Pflichtteilsrecht, 2010, S. 119, Tz. 10.

Die Rechtsprechung zum Stichtag des **Erbschaftsteuerrechts** lässt zu den vorhergehenden Stichtagsdefinitionen keine materielle Abweichung erkennen. So führt der BFH Folgendes aus:

700

*„Das Stichtagsprinzip schließt zwar nicht grundsätzlich jeden Blick auf vorhergehende oder nachfolgende Ereignisse aus; insbesondere können **später eingetretene Umstände zur Beurteilung** der am **Stichtag gegebenen Verhältnisse** unterstützend im Sinne einer retrospektiven Betrachtung **herangezogen werden**; eine **Rückprojizierung nachträglich eingetretener** Ereignisse ist dagegen **nicht erlaubt** ..."*[1]

Ein Hinweis in der Literatur, das Wertaufhellungsprinzip bzw. die Wurzeltheorie gelte im Erbschaftsteuerrecht dann nicht, wenn der Gesetzgeber im Fall der Bewertung von Unternehmen ein bestimmtes Verfahren geregelt hat, stützt sich auf eine Entscheidung des FG Rheinland-Pfalz.[2]

701

*„Die erbschaftsteuerrechtliche Bewertung nicht notierter Gesellschaftsanteile ist **auch dann nach dem Stuttgarter Verfahren** vorzunehmen, wenn der Erbe die Anteile alsbald **nach dem Erbfall veräußert** und sich aus dem Veräußerungspreis ein **geringerer Wert** ergibt. Das gilt vor allem dann, wenn sich der vereinbarte Kaufpreis ausschließlich am Substanzwert des Unternehmens orientiert und bestehende Ertragsaussichten nicht widerspiegelt."*[3]

Dieses Urteil ist hinsichtlich der hier diskutierten Wertaufhellung aber nicht einschlägig, da es die Bewertungsirrelevanz von nach dem Stichtag erzielten Kaufpreisen im Zusammenhang mit einer zudem fehlerhaften Kaufpreisermittlung behandelt. Der Gedanke des Stichtagsprinzips im Sinne der Wurzeltheorie bzw. der Wertaufhellung bezieht sich demgegenüber auf die **Verwendung von Informationen**, die nach dem Stichtag bekannt werden, aber ihren kausalen Ursprung am bzw. vor dem Bewertungsstichtag haben. Diese Informationen beziehen sich auf die zur Bewertung relevanten Parameter (z. B. gesamtwirtschaftliche Rahmenbedingungen, Steuergesetzgebung, Tarifabschlüsse, Zinsniveau, Unternehmensverhältnisse).

702

*„Das Stichtagsprinzip bezieht sich also **nicht auf den Wert** des jeweiligen Nachlassgegenstandes als solchen, sondern vielmehr auf **die für die Bewertung maßgeblichen Faktoren.**"*[4]

---

1 BFH v. 2.3.2006 - II R 57/04, NWB Dok ID: YAAAB-89185.
2 Schuck, S., in Viskorf/Knobel/Schuck (Hrsg.), Erbschaftsteuer- und Schenkungsteuergesetz, Bewertungsgesetz Kommentar, 2009, ErbStG, § 11, S. 439 Tz. 7.
3 FG Rheinland-Pfalz v. 16.11.1995 – 4 K 1486/95, Leitsatz.
4 Riedel/Lenz, in Damrau/Riedel/Lenz (Hrsg.), Praxiskommentar Erbrecht, 2004, § 2311, Tz. 2.

C. Unternehmensbewertung gemäß Erbschaftsteuerreformgesetz

703 Im Ergebnis lässt sich festhalten, dass die zivilrechtliche Wurzeltheorie, wenn auch teilweise mit einem anderen Etikett versehen, auch für das Erbschaftsteuerrecht und die Interpretation des statischen Stichtagsprinzips gilt. Der Überblick über die Stichtagsdefinitionen in unterschiedlichen Anwendungsbereichen zeigt, dass der BFH bei Anwendungsfällen des Bewertungsgesetzes somit kein außergewöhnliches, sondern für Unternehmensbewertungen typisches Abgrenzungsproblem zu regeln hat.

704 Konfliktpotenzial ergibt sich allerdings durch das neue Bewertungsgesetz und die in § 11 Abs. 2 BewG angeordnete parallele Anwendung des Substanzwertverfahrens als Einzelbewertungsverfahren und den üblichen Gesamtbewertungsverfahren (Multiple-Bewertung, Ertragswertverfahren, DCF-Verfahren). Zur Erläuterung der Problematik ist eine kurze Rückblende erforderlich.

705 Für die Bewertung von Personengesellschaften sollten nach altem Recht grundsätzlich die Steuerbilanzwerte Verwendung finden können. Um nicht mit den §§ 4 bis 8 BewG und dem Verbot des Ansatzes von Rückstellungen in Konflikt zu geraten, enthielt § 98a BewG a.F. einen Passus zur Nicht-Anwendung der §§ 4 bis 8 BewG.

*„Der Wert des Betriebsvermögens wird in der Weise ermittelt, dass die Summe der Werte, die für die zu dem Gewerbebetrieb gehörenden Wirtschaftsgüter und sonstigen aktiven Ansätze (Rohbetriebsvermögen) ermittelt worden sind, um die Summe der Schulden und sonstigen Abzüge (§ 103) gekürzt wird. **Die §§ 4 bis 8 sind nicht anzuwenden.**"*[1]

706 Die Bewertung nach dem alten Bewertungsgesetz enthielt somit **dynamische Elemente** in Form berücksichtigungsfähiger Rückstellungen. Im Zuge des Erbschaftsteuerreformgesetzes wurde § 98a BewG gestrichen. Damit würden die §§ 4 bis 8 BewG wieder zur Anwendung kommen. Die Literatur stellt damit die Frage:

*„Geht nun § 95 BewG vor – z.B. Ansatz von dem Grunde nach ungewissen Verbindlichkeiten als Rückstellungen – oder untersagen die §§ 4 bis 8 BewG und das in diesen Vorschriften verankerte **statische Stichtagsprinzip** einen derartigen Ansatz?"*[2]

Hilfestellung bietet die Regierungsbegründung zu § 11 BewG.

---

[1] § 98 BewG a. F.
[2] Hübner, H., Erbschaftsteuerreform 2009 Gesetze Materialien Erläuterungen, 2009, S. 470.

„Die Definition des Substanzwertes entspricht inhaltlich den Grundsätzen der bisherigen §§ 98a und § 103 BewG."[1]

Damit käme es zur unveränderten Anwendung des § 98a BewG, gewissermaßen durch die Hintertür und somit einer dynamischen Interpretation des Substanzwertes.

Für die neue Bewertungslandschaft entfaltet das Spannungsverhältnis zwischen statischem und dynamischem Stichtagsgedanken nur „Störwirkung" für die Einzelbewertungsansätze des Substanzwertes (Mindestwertregelung) und gegebenenfalls des Liquidationswertes. Werden substanzwertbasierte, andere übliche Bewertungsmethoden im Sinne von § 11 Abs. 2 Satz 2 BewG verwendet, die nach der Übergewinnsystematik auf dem Substanzwert aufbauen, reicht die Störwirkung über die Einzelbewertungsansätze hinaus. Für die **Gesamtbewertungsverfahren** (Ertragswertmethode, DCF-Methode) könnten sich Fragen nach dem Umfang der Startbilanz der Unternehmensplanung stellen. Einer Berücksichtigung der §§ 4 bis 8 BewG im Rahmen der Gesamtbewertung hat der BFH aber bereits früh eine Absage erteilt.

*„Bei einer **Gesamtbewertung** des Betriebsvermögens, wie sie der Senat versteht, sind die **§§ 4 bis 8 BewG** nicht anwendbar. Bei ihr ist die wirtschaftliche Einheit Gegenstand der Bewertung; die einzelnen Teile der Einheit des Betriebsvermögens, also auch die einzelnen Schulden oder Lasten, haben nur eine untergeordnete Bedeutung ..."*[2]

8.4 Bewertungsstichtag und Stichtagsbilanz

In der Regel fällt der Bewertungsstichtag nicht mit dem Jahresabschlussstichtag zusammen. Der auf den regulären Jahresabschlussstichtag aufgestellte **Jahresabschluss** hat für die Unternehmensbewertung zur Ermittlung der erbschaftsteuerlichen Bemessungsgrundlage in **zweierlei Hinsicht** Bedeutung.

Zum einen wird für die Anwendung eines **Ertragswert- oder DCF-Verfahrens** eine Unternehmensplanung benötigt. Die Unternehmensplanung baut auf einer Startbilanz auf. Diese Startbilanz sollte hinsichtlich der präsentierten Vermögenslage des Unternehmens verlässliche Informationen präsentieren. Verläßliche Informationen liegen vor, soweit die verwendete Bilanz Teil eines fachmännsich erstellten Jahresabschlusses ist oder noch besser, wenn sie Ge-

---

[1] Begründung des Finanzausschusses, Teil 2. Materialien II Artikel 2, Änderung des BewG, Nr. 2, § 11 BewG, abgedruckt in Hübner, H., Erbschaftsteuerreform 2009 Gesetze Materialien Erläuterungen, 2009, S. 245.
[2] BFH v. 12. 7. 1968 – III 181/64, BStBl 1968 II S. 794, NWB Dok ID: RAAAB-50088.

genstand einer Jahresabschlussprüfung war. Von dieser gesicherten Grundlage aus, kann über Ist-Zahlen eine Startbilanz auf den Bewertungsstichtag entwickelt werden.[1]

711 Zum anderen ist im Rahmen der Mindestwertregelung auf den Bewertungsstichtag ein **Substanzwert** zu ermitteln. Bei einem vom Jahresabschlussstichtag abweichenden Bewertungsstichtag kann auf den Bewertungsstichtag ein Zwischenabschluss erstellt werden und die **Zwischenabschluss-Bilanz** als Basis zur Ermittlung des Substanzwertes dienen. **Alternativ** kann die Ermittlung des Substanzwertes auf Basis der Bilanz des letzten Jahresabschlussstichtag ermittelt werden. D.h. in diesem Falle wird zunächst auf den Jahresabschlussstichtag eine **Vermögensaufstellung** erstellt.

„Stimmt der Bewertungsstichtag nicht mit dem Schluss des Wirtschaftsjahrs überein, auf den die Kapitalgesellschaft einen regelmäßigen jährlichen Abschluss macht, und erstellt die Kapitalgesellschaft keinen Zwischenabschluss, der den Grundsätzen der Bilanzkontinuität entspricht, kann aus Vereinfachungsgründen der Wert des Vermögens der Kapitalgesellschaft zum Bewertungsstichtag aus der auf den Schluss des letzten vor dem Bewertungsstichtag endenden Wirtschaftsjahrs erstellten Vermögensaufstellung abgeleitet werden …".[2]

712 Diese Vermögensaufstellung wird als **Ausgangswert** bezeichnet.[3] Anschließend wird der Ausgangswert nach den Vorgaben der Erbschaftsteuerrichtlinien auf den Bewertungsstichtag fortgeschrieben.[4]

*„1. Hinzurechnung des **Gewinns** bzw. Abrechnung des **Verlustes**, der auf den **Zeitraum vom letzten Bilanzstichtag vor dem Bewertungsstichtag bis zum Bewertungsstichtag** entfällt. Auszugehen ist dabei vom Gewinn laut Steuerbilanz. Der Gewinn oder Verlust ist zu korrigieren, soweit darin Abschreibungen (Normal-AfA, erhöhte AfA, Sonderabschreibungen, Teilwertabschreibungen) oder Aufwendungen auf betrieblichen Grundbesitz (Grund und Boden, Betriebsgebäude, Außenanlagen, sonstige wesentliche Bestandteile und Zubehör) enthalten sind, die das Ergebnis gemindert haben, mit dem Wertansatz der Betriebsgrundstücke aber abgegolten sind. Gewinn oder Verlust und Abschreibungen oder andere Aufwendungen bis zum Bewertungsstichtag sind, soweit dies nicht im Einzelfall*

---

[1] Zur Funktion der Startbilanz im Rahmen der Unternehmensplanung bzw. -bewertung siehe Rdn. 198.
[2] ErbStR 2011, R B 11.4 Abs. 2 Satz 1.
[3] ErbStR 2011, R B 11.4 Abs. 2 Satz 2.
[4] ErbStR 2011, R B 11.4 Abs. 3 Satz 1.

zu unangemessenen Ergebnissen führt, zeitanteilig aus den entsprechenden Jahresbeträgen zu berechnen;

2. *Berücksichtigung von **Vermögensänderungen** infolge Veräußerung oder Erwerb von **Anlagevermögen**, insbesondere von Betriebsgrundstücken, Wertpapieren, Anteilen und Genussscheinen von Kapitalgesellschaften und Beteiligungen an Personengesellschaften, **soweit sie sich nicht bereits nach Nummer 1 ausgewirkt haben;***

3. *Vermögensabfluss durch **Gewinnausschüttungen**;*

4. *Vermögenszuführungen oder -abflüsse infolge von **Kapitalerhöhungen oder Kapitalherabsetzungen**;*

5. *Vermögenszuführungen durch **verdeckte Einlagen**."*[1]

Diese Vereinfachungsregel ist nicht nur für **Kapitalgesellschaften**, sondern auch für Betriebsvermögen (**Personengesellschaften, Einzelunternehmen**) vorgesehen.[2] Voraussetzung ist allerdings in beiden Fällen, dass diese Vereinfachung nicht zu unangemessenen Ergebnissen führt.[3]

713

8.5 Bewertungsstichtag und zivilrechtliche Vereinbarungen

Für die Bewertung des Unternehmens zum Bewertungsstichtag ist die Rechtsform des Unternehmens maßgeblich, wie sie zivilrechtlich am Bewertungsstichtag vorlag. Eine **rückwirkende Umwandlung**, die gemäß § 2 UmwStG zivilrechtlich und ertragsteuerlich wirksam ist, entfaltet für die Erbschaftsteuer keine Wirkung.[4]

714

*„Wird **nach dem Tod** eines Erblassers bzw. **nach Ausführung einer Schenkung** unter Lebenden eine **Umwandlung** einer Personengesellschaft in eine Kapitalgesellschaft oder umgekehrt mit **steuerlicher Rückwirkung** auf einen Übertragungszeitpunkt (vgl. § 2 Abs. 1 UmwStG) beschlossen, der **vor dem Zeitpunkt der Steuerentstehung** liegt, berührt die ertragsteuerliche Rückwirkung **nicht die** nach bürgerlich-rechtlichen Grundsätzen zu entscheidende **Frage, welches Vermögen** zum Nachlass eines Erblassers gehörte bzw. was Gegenstand einer unentgeltlichen Zuwendung war. Sie ist ausschließlich nach den tatsächlichen Ver-*

---

1 ErbStR 2011, R B 11.4 Abs. 3 Nr. 1 bis Nr. 5.
2 ErbStR 2011, R B 109.2 Abs. 2 Satz 1.
3 ErbStR 2011, R B 11.4 Abs. 2 Satz 1, R B 109.2 Abs. 2 Satz 1.
4 Geck, R., in Kapp/Ebeling (Hrsg.), Erbschaftsteuer- und Schenkungsteuergesetz Kommentar, April 2010, § 11, S. 2 Tz. 4; Meincke, J.P., ErbStG Kommentar, 2009, § 11, S. 376 Tz. 7.

hältnissen zum **Zeitpunkt der Steuerentstehung** zu beurteilen (§§ 9, 11 ErbStG)."[1]

715 Eine **Rückdatierung** in einem Schenkungsvertrag hat ebenso keine Bedeutung und erlaubt keine „aktive Steuerung" des Bereicherungsumfangs.[2]

716 Der zivilrechtliche **Pflichtteilsanspruch** wird gemäß § 2311 BGB nach dem Bestand und Wert des Nachlasses zum Zeitpunkt des Erbfalls ermittelt. Von diesem Bewertungsstichtag abweichend, bestimmt sich der erbschaftsteuerliche Bewertungsstichtag gemäß § 9 Abs. 1 Nr. 1b ErbStG nach dem Zeitpunkt, zu dem der Pflichtteilsanspruch geltend gemacht wird.

8.6 Bewertungsstichtag und Verfahrensrecht

717 Der Bewertungsstichtag ist Teil des Erbschaftsteuer- bzw. Schenkungsteuerbescheides gemäß § 122 AO und des Feststellungsbescheides gemäß § 151 BewG. Ein unzutreffend festgelegter Bewertungsstichtag kann nicht durch **Einspruch** gegen den Erbschaftsteuer- bzw. Schenkungsteuerbescheid angegriffen werden, sondern nur im Rahmen des Rechtsbehelfs gegen den **Feststellungsbescheid** gemäß § 351 Abs. 2 AO. Der Bewertungsstichtag kann geändert werden, ohne dass die bisherige Feststellung aufgehoben werden müsste.[3]

8.7 Bewertungsstichtag und Verwaltungsvermögenstest

718 Der Verschonungsabschlag in § 13a ErbStG setzt eine Relation von maximal 50% bzw. 10% zwischen Verwaltungsvermögen und begünstigt übertragenem Vermögen voraus. Die Ermittlung der Wertrelation ist in § 13b Abs. 2 Satz 4 ErbStG geregelt. Der Stichtag für die Ermittlung der Wertrelation wird in § 13b Abs. 2 Satz 4 ErbStG nicht bestimmt. Hierfür wird der **Bewertungsstichtag** gemäß § 11 ErbStG maßgeblich sein.[4] Die Erbschaftsteuerrichtlinien sprechen in diesem Zusammenhang vom Besteuerungszeitpunkt.

„Für die Entscheidung, ob Verwaltungsvermögen vorliegt, sind die Verhältnisse im Besteuerungszeitpunkt maßgebend. Dabei ist ausschließlich auf die Verhältnisse beim Erblasser oder Schenker abzustellen. Veränderungen hinsichtlich der

---

[1] ErbStR 2011, R E 11.
[2] Handzik, P., Die neue Erbschaft- und Schenkungsteuer nach der Erbschaftsteuerreform 2008, 2009, S. 88 Tz. 179; Meincke, J.P., ErbStG Kommentar, 2009, § 11, S. 376 Tz. 8.
[3] Halaczinsky, R., in Daragan/Halaczinsky/Riedel (Hrsg.), Praxiskommentar ErbStG und BewG, 2010, § 11 ErbStG, S. 296 Tz. 9.
[4] Jülicher, M., Troll/Gebel/Jülicher, ErbStG, § 13b, Januar 2011, S. 73 Tz. 337; Geck, R., in Kapp/Ebeling (Hrsg.), Erbschaftsteuer- und Schenkungsteuergesetz Kommentar, April 2010, § 13b, S. 57 Tz. 75; Meincke, J.P., ErbStG Kommentar, 2009, § 13b, S. 529 Tz. 11.

*Quote des Verwaltungsvermögens, die **nach dem Besteuerungszeitpunkt beim Erwerber eintreten, sind unbeachtlich.**"*[1]

Der Zeitpunkt der Steuerentstehung ergibt sich aus § 9 ErbStG. Der Bewertungsstichtag in § 11 ErbStG stellt auf den Zeitpunkt der Steuerentstehung ab. Aus dem Kontext des R E 13b.8 Abs. 2, insbesondere hinsichtlich der nicht berücksichtigungsfähigen Veränderungen, ist unter dem Besteuerungszeitpunkt somit der Bewertungsstichtag zu verstehen.[2]

719

9. Betriebsnotwendiges Vermögen und nicht betriebsnotwendiges Vermögen

Vermögen, welches notwendig ist um den **Unternehmenszweck** (Unternehmensgegenstand!) zu erfüllen, gilt als betriebsnotwendig. Nicht betriebsnotwendiges Vermögen erfüllt diese Voraussetzung nicht, weswegen es auch verkauft werden kann. Diese **funktionale Abgrenzung** des nicht betriebsnotwendigen Vermögens findet sich im WP-Handbuch 2008 Band II sowie im IDW S1.[3]

720

*„Solche Vermögensteile können frei veräußert werden, **ohne dass davon die eigentliche Unternehmensaufgabe** berührt wird (funktionales Abgrenzungskriterium).*"[4]

Das **Bewertungsgesetz** definiert das nicht betriebsnotwendige Vermögen in § 200 Abs. 2 BewG, in Anlehnung an IDW S1, ebenfalls nach dem funktionalen Abgrenzungskriterium.

721

*„Können Wirtschaftsgüter und mit diesen in wirtschaftlichem Zusammenhang stehende Schulden aus dem zu bewertenden Unternehmen im Sinne des § 199 Abs. 1 oder 2 **herausgelöst werden, ohne die eigentliche Unternehmenstätigkeit zu beeinträchtigen** (nicht betriebsnotwendiges Vermögen), so werden diese Wirtschaftsgüter und Schulden neben dem Ertragswert mit dem eigenständig zu ermittelnden gemeinen Wert oder Anteil am gemeinen Wert angesetzt."*

Diese Definition dürfte für das Bewertungsgesetz allgemein verbindlich sein und sich nicht nur auf die Anwendung des vereinfachten Ertragswertverfahrens beziehen. Eine Differenzierung wie in IDW S1 danach, ob der Liquidationswert oder der Ertragswert des nicht betriebsnotwendigen Vermögens hö-

722

---

1 ErbStR 2011, R E 13b.8 Abs. 2 Satz 1 bis Satz 3.
2 ErbStR 2011, R E 13b.8 Abs. 2.
3 WP-Handbuch, Band II, 2008, S. 43 Tz. 131.
4 IDW S1 i. d. F. 2008, Tz. 59.

her ist, findet in der Definition keine Anwendung, da der Begriff des gemeinen Wertes als Oberbegriff zu begreifen ist.[1] Der Begriff des nicht betriebsnotwendigen Vermögens deckt sich nicht zwangsläufig mit **gewillkürtem** Betriebsvermögen oder dem **Verwaltungsvermögen**.

*„Auf Grund der Betriebsbezogenheit besteht **keine zwingende Deckungsgleichheit** mit dem ertragsteuerlich gewillkürten Betriebsvermögen bzw. mit Verwaltungsvermögen im Sinne des § 13b Abs. 2 ErbStG."*[2]

723   Die Unterscheidung des Unternehmensvermögens, nach betriebsnotwendig und nicht betriebsnotwendig, ist von hoher Bedeutung, da das betriebsnotwendige Vermögen grundsätzlich durch **Gesamtbewertung** „im Ganzen" zu bewerten ist, während das nicht betriebsnotwendige Vermögen **separiert** davon zu bewerten ist.[3] Diese Trennung hat zur Folge, dass mit dem nicht betriebsnotwendigen Vermögen verbundene Aufwendungen und Erträge in der Unternehmensplanung zur Bewertung des betriebsnotwendigen Vermögens zu neutralisieren sind, da es ansonsten zu einer Doppelerfassung des nicht betriebsnotwendigen Vermögens käme.

> **BEISPIEL:** ▶ In der Plan-Gewinn- und Verlustrechnung des Unternehmens finden sich die Mieteinnahmen und die Grundsteuer der nicht betriebsnotwendigen und fremdvermieteten Stadtvilla wieder. Die Stadtvilla wird im Rahmen der Unternehmensbewertung mit dem Netto-Erlös einer fiktiven Veräußerung angesetzt, da der Ertragswert der Stadtvilla auf Basis des bestehenden Mietvertrages zu einem niedrigeren Wert als den Veräußerungswert führt. Mieteinnahmen und Grundsteuer müssen neutralisiert werden, da es sonst zu einer Doppelerfassung kommt.

10. Gesamtbewertung versus Einzelbewertung

10.1 Gesamtbewertungsverfahren – Einzelbewertungsverfahren

724   Der Wert der **wirtschaftlichen Einheit**, als ein Bewertungsgegenstand des Bewertungsgesetzes, ist gemäß § 2 Abs. 1 BewG **„im Ganzen"** zu ermitteln.

*„Jede wirtschaftliche Einheit ist für sich zu bewerten. Ihr Wert ist **im Ganzen** festzustellen."*[4]

---

1 Zur Differenzierung siehe IDW S1 i. d. F. 2008, Tz. 60 bzw. Rdn. 126.
2 ErbStR 2011, RB 200 Abs. 2 Satz 4.
3 Siehe hierzu die Differenzierung in Rdn. 749.
4 § 2 Abs. 1 Satz 1 und Satz 2 BewG.

10. Gesamtbewertung versus Einzelbewertung

Mit der Feststellung des Wertes im Ganzen ist gemeint, dass die Bewertung mittels einer Gesamtbewertung vorzunehmen ist.[1] Diese Anordnung lässt sich anhand der Begriffe der Gesamtbewertungsverfahren und der Einzelbewertungsverfahren erklären.

725

Gesamtbewertungsverfahren sind zum Beispiel Ertragswertverfahren und Discounted-Cashflow-Verfahren.[2] Ertragswertverfahren und Discounted-Cashflow-Verfahren ermitteln den Unternehmenswert durch eine Bewertung der Gewinne bzw. Cashflows, die dem Gesellschafter aufgrund des Gesellschaftsverhältnisses aus dem Unternehmen zur freien Verfügung zufließen. D.h. die Sachgesamtheit der Vermögensgegenstände und Schulden, die organisatorisch ein Unternehmen bilden, wird nicht unmittelbar durch Addition von deren Einzelwerten bewertet, sondern mittelbar durch Kapitalisierung der mit der Sachgesamtheit erwartungsgemäß zu erwirtschaftenden **Gewinne**.

726

*„Bei einer Gesamtbewertung des Betriebsvermögens, wie sie der Senat versteht, sind die §§ 4 bis 8 BewG nicht anwendbar. Bei ihr ist die **wirtschaftliche Einheit Gegenstand der Bewertung; die einzelnen Teile der Einheit des Betriebsvermögens, also auch die einzelnen Schulden oder Lasten, haben nur eine untergeordnete Bedeutung* ...“[3]

Die Gesamtbewertung orientiert sich somit an der Zweckbestimmung des Unternehmens als organisatorischer Verbindung von Vermögensgegenständen und Schulden. Die Zweckbestimmung des Unternehmens besteht aber letztlich in der Gewinnerzielung. Bewertung „im Ganzen" nach dem Wortlaut des Bewertungsgesetzes heißt somit Anwendung von Gesamtbewertungsverfahren.

727

Einzelbewertung heißt im Gegensatz dazu Bewertung der Vermögensgegenstände und Schulden des Unternehmens im Einzelnen und Addition der Einzelwerte. Als **Einzelbewertungsverfahren** sind das Liquidationswertverfahren und das Substanzwertverfahren zu nennen. Das Substanzwertverfahren folgt der Annahme, man könnte durch isolierte Bewertung der zur Gewinnerzielung eingesetzten einzelnen Vermögensgegenstände und Schulden das Unternehmen als organisatorische Verbindung derselben bewerten. Das Liquidationswertverfahren betrachtet wie die Gesamtbewertungsverfahren den mit einem Unternehmen erzielbaren Nutzen, allerdings nicht aus der Fortführung, son-

728

---

1 Hübner, H., Erbschaftsteuerreform 2009 Gesetze Materialien Erläuterungen, 2009, S. 476.
2 Auch Multiplikatorverfahren werden unter die Gesamtbewertungsverfahren subsumiert, siehe Bruns/Meyer-Bullerdiek, Professionelles Portfoliomanagement, 2008, S. 183 und 242; zum vereinfachten Ertragswertverfahren siehe Creutzmann, A., Unternehmensbewertung im Steuerrecht, DB 2008, S. 2791.
3 BFH v. 12. 7. 1968 - III 181/64, BStBl 1968 II S. 794, NWB Dok ID: RAAAB-50088.

dern aus der Abwicklung des Unternehmens. Die so auf Einzelwerte ausgerichteten Bewertungsverfahren – Substanzwertverfahren und Liquidationswertverfahren – werden folgerichtig als Einzelbewertungsverfahren bezeichnet.

729 Dem Konzept der Einzelbewertung folgte das alte Gesetz im Rahmen der Bewertung des Betriebsvermögens bzw. der Bewertung von Personengesellschaften durch den Ansatz der **Steuerbilanzwerte**. § 98a BewG a. F. führte hierzu aus:

*„Der **Wert des Betriebsvermögens** wird in der Weise ermittelt, dass die **Summe der Werte**, die für die zu dem Gewerbebetrieb gehörenden Wirtschaftsgüter und sonstigen aktiven Ansätze (Rohbetriebsvermögen) ermittelt worden sind, um die Summe der Schulden und sonstigen Abzüge (§ 103) gekürzt wird."*[1]

730 Damit die Steuerbilanzwerte unmittelbar zur „Unternehmensbewertung" übernommen werden konnten, ordnete § 98a BewG a. F. in Satz 2 darüber hinaus an:

„Die §§ 4 bis 8 BewG sind nicht anzuwenden."[2]

731 Durch die **Nichtanwendung** der §§ 4 bis 8 BewG wurde sichergestellt, dass auch Rückstellungen („Schulden"-Erfassung nach der wirtschaftlichen Verursachung!) und damit aufschiebend bedingte Lasten im Sinne § 6 BewG im Rahmen der Bewertung Berücksichtigung finden konnten.

732 Das Konzept der **Einzelbewertung** wurde durch das Erbschaftsteuerreformgesetz zugunsten der **Gesamtbewertung** aufgegeben. Dies ist im Zusammenhang mit den Bewertungsvorgaben des Bundesverfassungsgerichts zu sehen, nach denen der Bewertung gemeine Werte bzw. Verkehrswerte zugrunde zu legen sind.[3] **Gemeine Werte** können für Unternehmen als organisatorische bzw. wirtschaftliche Einheit nur ermittelt werden, wenn ein Bewertungsverfahren den **Nutzen** der zu bewertenden Einheit in das Zentrum des Bewertungsansatzes stellt.[4] So verfahren die Gesamtbewertungsverfahren und bewerten den Nutzen in Form der zu erwartenden Gewinne.

733 Eine **Durchbrechung** dieser Vorgabe der Gesamtbewertung stellt § 11 Abs. 2 Satz 3 BewG dar, wonach für Unternehmen oder Beteiligungen an Unternehmen ein Substanzwert als **Mindestwert** zu ermitteln ist und damit ein Einzelbewertungsverfahren zum Einsatz kommt.

---

1 § 98a Satz 1 BewG a. F.
2 § 98a Satz 2 BewG a. F.
3 BVerfG v. 7.11.2006 - 1 BvL 10/02, BStBl 2007 II S. 192, NWB Dok ID: GAAAC-36599.
4 Zur These, der gemeine Wert könne durch die Bewertung einzelner Wirtschaftsgüter ermittelt werden siehe Rdn. 553.

10. Gesamtbewertung versus Einzelbewertung

*„Die **Summe der gemeinen Werte** der zum Betriebsvermögen gehörenden **Wirtschaftsgüter** und sonstigen aktiven Ansätze abzüglich der zum Betriebsvermögen gehörenden Schulden und sonstigen Abzüge (**Substanzwert**) der Gesellschaft darf nicht unterschritten werden; die §§ 99 und 103 sind anzuwenden."*[1]

Die Ermittlung des **gemeinen** Wertes des Unternehmens ist auf diese Weise ausgeschlossen.[2] Siehe hierzu bereits eine Kommentarstelle zur wirtschaftlichen Einheit gemäß § 2 BewG von 1954.

734

*„Will man den **gemeinen Wert einer wirtschaftlichen Einheit** im ganzen feststellen, so muss man den **Preis** ermitteln, der bei einer **Veräußerung** der wirtschaftlichen Einheit **im ganzen** zu erzielen wäre, d. h. man muss davon ausgehen, dass die wirschaftliche Einheit bei der Veräußerung **nicht** in ihre **Bestandteile** aufgelöst, sondern als Ganzes veräußert wird."*[3]

Die Vorgabe des **Bundesverfassungsgerichtes**, der Bewertung gemeine Werte zugrunde zu legen, ist damit bei der Verwendung des Substanzwertes für die Bewertung von Unternehmen nicht erfüllt.

735

Neben dem Substanzwert, sieht die **Literatur** noch weitere Durchbrechungen der Anordnung der Gesamtbewertung zugunsten der **„Einzelbewertungsverfahren"**.[4] Durchbrechungen zugunsten der Verwendung von Einzelbewertungsverfahren sollen sich nach dieser Meinung für folgende Positionen ergeben:

736

- § 202 Abs. 1 BewG, Sonderbetriebsvermögen
- § 200 Abs. 2 BewG, Nicht betriebsnotwendiges Vermögen,
- § 200 Abs. 3 BewG, Beteiligungen,
- § 200 Abs. 4 BewG, Innerhalb von zwei Jahren vor dem Bewertungsstichtag eingelegte Wirtschaftsgüter.

Dieser Sichtweise kann **nicht** gefolgt werden, da das Gesetz in diesen Fällen **kein Einzelbewertungsverfahren** anordnet, sondern eine **eigenständige Bewertung**.

737

---

1 § 11 Abs. 2 Satz 3 BewG.
2 Siehe hierzu Rdn. 1381.
3 Dürschke, A., in Haider/Engel/Dürschke (Hrsg.), Bewertungsgesetz Bodenschätzungsgesetz, 1954, § 2, S. 23.
4 Hübner, H., Erbschaftsteuerreform 2009 Gesetze Materialien Erläuterungen, 2009, S. 390, mit dem Hinweis einer separierten Bewertung allerdings auf S. 489; Eisele, D., in Rössler/Troll (Hrsg.), BewG Bewertungsgesetz Kommentar, April 2010, § 11, S. 19a Tz. 39 und Oktober 2009, § 95, S. 7 Tz. 9. Kreutziger, S., in Kreutziger/Schaffner/Stephany (Hrsg.), Kommentar zum Bewertungsgesetz, 2009, § 2, S. 22, Tz. 30.

C. Unternehmensbewertung gemäß Erbschaftsteuerreformgesetz

*"Zur Ermittlung des Betriebsergebnisses ist von dem Gewinn im Sinne des § 4 Abs. 1 Satz 1 des Einkommensteuergesetzes auszugehen (Ausgangswert); dabei bleiben bei einem Anteil am Betriebsvermögen **Ergebnisse aus den Sonderbilanzen** und Ergänzungsbilanzen **unberücksichtigt**."*[1]

*"Können Wirtschaftsgüter und mit diesen in wirtschaftlichem Zusammenhang stehende Schulden aus dem zu bewertenden Unternehmen im Sinne des § 199 Abs. 1 oder 2 herausgelöst werden, ohne die eigentliche Unternehmenstätigkeit zu beeinträchtigen (**nicht betriebsnotwendiges Vermögen**), so werden diese Wirtschaftsgüter und Schulden neben dem Ertragswert mit dem **eigenständig zu ermittelnden** gemeinen Wert oder Anteil am gemeinen Wert angesetzt."*[2]

*"Hält ein zu bewertendes Unternehmen im Sinne des § 199 Abs. 1 oder 2 Beteiligungen an anderen Gesellschaften, die nicht unter Absatz 2 fallen, so werden diese **Beteiligungen** neben dem Ertragswert mit dem **eigenständig zu ermittelnden** gemeinen Wert angesetzt."*[3]

*"**Innerhalb von zwei Jahren vor dem Bewertungsstichtag eingelegte Wirtschaftsgüter**, die nicht unter die Absätze 2 und 3 fallen, und mit diesen im wirtschaftlichen Zusammenhang stehende Schulden werden neben dem Ertragswert **mit dem eigenständig zu ermittelnden** gemeinen Wert angesetzt."*[4]

738 Das Gesetz fordert also für diese Positionen nur eine von der Gesamtbewertung des Unternehmens **separierte** „eigenständige" Bewertung. Eigenständige Bewertung heißt somit nur isolierte bzw. separierte Bewertung, aber nicht die Anordnung eines Einzelbewertungsverfahrens. Dessen generelle Anordnung wäre auch kaum nachvollziehbar, da dann z. B. Beteiligungen im vereinfachten Ertragswertverfahren generell zum Substanzwert (als Einzelbewertungsverfahren!) zu bewerten wären und die Mindestwertregel in § 11 Abs. 2 Satz 3 BewG ihren Regelungszusammenhang verlieren würde.

739 Die Sichtweise der Literatur stützt sich soweit ersichtlich, auf die einschlägigen Ausführungen der Erbschaftsteuerrichtlinien zur Behandlung des Sonderbetriebsvermögens im Rahmen des § 97 BewG.

*"Für die Wirtschaftsgüter und Schulden des **Sonderbetriebsvermögens** eines Gesellschafters ist der gemeine Wert im Rahmen einer **Einzelbewertung** zu ermitteln (§ 97 Abs. 1a Nr. 2 BewG). Ist für Grundbesitz, Betriebsvermögen und Antei-*

---

1 § 202 Abs. 1 Satz 1 BewG.
2 § 200 Abs. 2 BewG.
3 § 200 Abs. 3 BewG.
4 § 200 Abs. 4 BewG.

*le an Kapitalgesellschaften ein Wert nach § 151 Abs. 1 Satz 1 Nr. 1 bis 3 BewG festzustellen, sind die auf den Bewertungsstichtag festgestellten Werte anzusetzen. Die Basiswertregelung in § 151 Abs. 3 BewG ist hierbei zu beachten. Das gilt unabhängig davon, wie der Wert des Gesamthandsvermögens ermittelt wird (marktübliches Verfahren, vereinfachtes Ertragswertverfahren oder Substanzwert). Der Wert des Sonderbetriebsvermögens ist nur für den Gesellschafter zu ermitteln, dessen Anteil übertragen wird. Wegen der **Einzelbewertung des Sonderbetriebsvermögens** erfolgt weder beim Erwerb von Gesellschaftsanteilen mit Sonderbetriebsvermögen noch beim Erwerb von Gesellschaftsanteilen ohne Sonderbetriebsvermögen eine Korrektur des Betriebsergebnisses um die mit diesem im Zusammenhang stehenden Erträge und Aufwendungen der Gesellschaft. § 202 Abs. 1 Satz 2 Nr. 3 BewG bleibt hiervon unberührt."*[1]

Die Erbschaftsteuerrichtlinien beziehen sich auf die Behandlung des Sonderbetriebsvermögens in § 97 Abs. 1a Nr. 2 BewG. Danach ist der gemeine Wert des Sonderbetriebsvermögens separiert vom Gesamthandsvermögen zu ermitteln. 740

*„Für die Wirtschaftsgüter und Schulden des **Sonderbetriebsvermögens** eines Gesellschafters ist der **gemeine Wert** zu ermitteln."*[2]

§ 97 Abs. 1a Nr. 2 BewG setzt an dieser Stelle nur die Bewertungsanweisung des § 2 Abs. 3 BewG um, nach der eine Bewertung „im ganzen" dann nicht durchzuführen ist, wenn eine Bewertung der einzelnen Wirtschaftsgüter vorgeschrieben ist. 741

„§ 2 Wirtschaftliche Einheit

*(1) Jede **wirtschaftliche Einheit** ist für sich zu bewerten. Ihr **Wert ist im Ganzen** festzustellen. Was als wirtschaftliche Einheit zu gelten hat, ist nach den Anschauungen des Verkehrs zu entscheiden. Die örtliche Gewohnheit, die tatsächliche Übung, die Zweckbestimmung und die wirtschaftliche Zusammengehörigkeit der einzelnen Wirtschaftsgüter sind zu berücksichtigen.*

(2) Mehrere Wirtschaftsgüter kommen als wirtschaftliche Einheit nur insoweit in Betracht, als sie demselben Eigentümer gehören.

*(3) Die Vorschriften der **Abs. 1 und 2 gelten nicht**, soweit eine **Bewertung der einzelnen Wirtschaftsgüter** vorgeschrieben ist."*

---

[1] ErbStR 2011, R B 97.2.
[2] § 97 Abs. 1a Nr. 2 BewG.

742 Auch hier spricht das Gesetz **nicht** von **Einzelbewertung** und schon gar nicht von **Einzelbewertungsverfahren**. Es wird nur festgestellt, dass in den angeordneten Fällen Wirtschaftsgüter (wie z. B. eine Beteiligung) nicht als Teil der wirtschaftlichen Einheit, sondern separiert davon als **einzelne** Wirtschaftsgüter zu bewerten sind.

10.2 Sonderbetriebsvermögen – einzelne bzw. separierte Bewertung

743 Gemäß § 2 Abs. 1 BewG ist jede wirtschaftliche Einheit für sich zu bewerten und im Ganzen festzustellen. Wie oben gezeigt wurde, hat die Bewertung damit unter Verwendung von Gesamtbewertungsverfahren zu erfolgen. Als wirtschaftliche Einheit gilt der Gewerbebetrieb. Bei Mitunternehmerschaften ist gemäß § 97 Abs. 1 Nr. 5 Satz 2 BewG auch das Sonderbetriebsvermögen Teil dieses Gewerbebetriebs bzw. der wirtschaftlichen Einheit. Das **Sonderbetriebsvermögen** ist gemäß § 97 Abs. 1a Nr. 2 BewG aber gerade nicht in einem Zug mit dem Gesamthandsvermögen zu bewerten, sondern separiert davon.[1] Die separierte Bewertung des Sonderbetriebsvermögens stellt somit eine **Ausnahmeregelung** i. S. von § 17 Abs. 3 Satz 1 BewG dar und durchbricht den Grundsatz der Bewertung der wirtschaftlichen Einheit in § 2 Abs. 1 Satz 1 BewG.[2] Die Wirtschaftsgüter im Eigentum einer Kapitalgesellschaft, die Sonderbetriebsvermögen darstellen, werden dem Sonderbetriebsvermögen zugerechnet. Diese Zurechnung geht der Zurechnung zum Betriebsvermögen der Kapitalgesellschaft somit vor.[3]

744 Weitere **Ausnahmen** von der Bewertung der wirtschaftlichen Einheit im Ganzen ergeben sich aus den Regelungen für das **vereinfachte Ertragswertverfahren**. Danach erfolgt eine **separierte Bewertung** von der Bewertung der wirtschaftlichen Einheit für die folgenden Positionen:

- ▶ § 202 Abs. 1 BewG, Sonderbetriebsvermögen,
- ▶ § 200 Abs. 2 BewG, Nicht betriebsnotwendiges Vermögen,
- ▶ § 200 Abs. 3 BewG, Beteiligungen,
- ▶ § 200 Abs. 4 BewG, innerhalb von zwei Jahren vor dem Bewertungsstichtag eingelegte Wirtschaftsgüter.

---

1 Möllmann, P., in Tiedtke (Hrsg.), ErbStG Kommentar, 2009, § 12, S. 351 Tz. 212.
2 Halaczinsky, R., in Rössler/Troll (Hrsg.), Kommentar zum BewG, 2010, § 2, S. 8 Tz. 10.
3 Wälzholz, E., in Viskorf/Knobel/Schuck (Hrsg.), Erbschaftsteuer- und Schenkungsteuergesetz, Bewertungsgesetz Kommentar, 2009, BewG, § 97, S. 1124 Tz. 14.

Die Bewertung des Sonderbetriebsvermögens ist gemäß § 97 Abs. 1a Nr. 2 BewG separiert vorzunehmen, unabhängig davon ob ein Gutachterwert nach den Vorgaben des IDW S1 oder nach branchenüblichen Bewertungsverfahren ermittelt wird, oder die Bewertung etwa nach dem Substanzwertverfahren erfolgt.[1]

745

„Das gilt unabhängig davon, wie der Wert des Gesamthandsvermögens ermittelt wird (marktübliches Verfahren, vereinfachtes Ertragswertverfahren oder Substanzwert)."[2]

Bei Verwendung des vereinfachten Ertragswertverfahrens ergibt sich die separierte Bewertung des Sonderbetriebsvermögens aus § 202 BewG in Verbindung mit § 97 Abs. 1a Nr. 2 BewG.

746

*„Zur Ermittlung des Betriebsergebnisses ist von dem Gewinn im Sinne des § 4 Abs. 1 Satz 1 des Einkommensteuergesetzes auszugehen (Ausgangswert); dabei bleiben bei einem Anteil am Betriebsvermögen **Ergebnisse aus den Sonderbilanzen und Ergänzungsbilanzen** unberücksichtigt."*[3]

„Für die Wirtschaftsgüter und Schulden des Sonderbetriebsvermögens eines Gesellschafters ist der gemeine Wert zu ermitteln."[4]

Soweit das Sonderbetriebsvermögen in Form von Grundbesitz, Betriebsvermögen, Anteilen an Betriebsvermögen oder Anteilen an Kapitalgesellschaften vorliegt, sind als separiert ermittelte Werte die **gesonderten Feststellungen** nach § 151 BewG heranzuziehen.

747

*„Ist für Grundbesitz, Betriebsvermögen und Anteile an Kapitalgesellschaften ein Wert nach § 151 Abs. 1 Satz 1 Nr. 1 bis 3 BewG festzustellen, sind die auf den Bewertungsstichtag **festgestellten Werte anzusetzen**."*[5]

Die von der Gesamtbewertung der wirtschaftlichen Einheit separiete Bewertung heißt in den genannten Fällen aber nicht, dass diese separierten Bewertungen nach Einzelbewertungsverfahren zu erfolgen hätten. D.h. Sonderbetriebsvermögen in Form einer Beteiligung wird separiert vom Gesamthandsvermögen, aber wiederum „im Ganzen" unter Anwendung eines Gesamtbewertungsverfahrens bewertet.

748

---

1 Riedel, C., in Daragan/Halaczinsky/Riedel (Hrsg.), Praxiskommentar ErbStG und BewG, 2010, § 97 BewG, S. 1066 Tz. 24.
2 ErbStR 2011, R B 97.2 Satz 4.
3 § 202 Abs. 1 Satz 1 zweiter Halbsatz BewG.
4 § 97 Abs. 1a Nr. 2 BewG.
5 ErbStR 2011, R B 97.2 Satz 2.

10.3 Nicht betriebsnotwendiges Vermögen – separierte Bewertung oder Bewertung im Ganzen

749 Bei Anwendung des **vereinfachten Ertragswertverfahrens** ist **nicht betriebsnotwendiges** Vermögen nach der eindeutigen Aussage in § 200 Abs. 2 BewG separiert bzw. eigenständig zu bewerten.

*„Können Wirtschaftsgüter und mit diesen in wirtschaftlichem Zusammenhang stehende Schulden aus dem zu bewertenden Unternehmen im Sinne des § 199 Abs. 1 oder 2 herausgelöst werden, ohne die eigentliche Unternehmenstätigkeit zu beeinträchtigen (**nicht betriebsnotwendiges Vermögen**), so werden diese Wirtschaftsgüter und Schulden **neben dem Ertragswert** mit dem **eigenständig zu ermittelnden** gemeinen Wert oder Anteil am gemeinen Wert angesetzt."*[1]

750 Damit erfolgt schlussendlich eine additive Zusammenfassung des vereinfachten Ertragswertes des Unternehmens und des Bewertungsergebnisses für das nicht betriebsnotwendige Vermögen zu einem Wert des Unternehmens.

751 Bei Ermittlung eines **Gutachtenwertes nach IDW S1** ist nicht betriebsnotwendiges Vermögen ebenfalls separiert bzw. gesondert zu bewerten.

*„Bei der Bewertung des **gesamten Unternehmens** zum Zukunftserfolgswert müssen die **nicht betriebsnotwendigen** Vermögensgegenstände einschließlich der dazugehörigen Schulden unter Berücksichtigung ihrer bestmöglichen Verwertung und unter Berücksichtigung der Verwendung freigesetzter Mittel **gesondert bewertet** werden."*[2]

752 Dieser Hinweis in IDW S1 ist allerdings nicht ganz praxiskonform, da eine Gesamtbewertung auf Basis einer Unternehmensplanung erfolgt. Die Ergebnisse aus dem nicht betriebsnotwendigen Vermögen stellen, ob nun als laufende Erträge oder als Liquidationsergebnis, eine Ertragskomponente der für das Unternehmen prognostizierten Ausschüttungen dar. Damit werden die Ertragsüberschüsse aus dem nicht betriebsnotwendigen Vermögen zwar zunächst separiert analysiert (Ertragswert des nicht betriebsnotwendigen Vermögens < oder > als dessen Liquidationswert).[3] Im Zuge der Diskontierung der Ausschüt-

---

1 § 200 Abs. 2 BewG.
2 IDW S1 i. d. F. 2008, S. 1 Tz. 60.
3 IDW S1 i. d. F. 2008, S. 2 Tz. 60 führt dazu aus: „Sofern der Liquidationswert dieser Vermögensgegenstände unter Berücksichtigung der steuerlichen Auswirkungen einer Veräußerung den Barwert ihrer finanziellen Überschüsse bei Verbleib im Unternehmen übersteigt, stellt nicht die anderenfalls zu unterstellende Fortführung der bisherigen Nutzung, sondern die Liquidation die vorteilhaftere Verwertung dar. Für die Ermittlung des Gesamtwerts ist dann der Liquidationswert des nicht betriebsnotwendigen Vermögens dem Barwert der finanziellen Überschüsse des betriebsnotwendigen Vermögens hinzuzufügen."

tungen des zu bewertenden Unternehmens, werden die Ertragsüberschüsse aus dem nicht betriebsnotwendigen Vermögen aber „im Ganzen" mit den operativen Ertragsüberschüssen bewertet.[1] Anders wären auch die Ertragsteuerbelastungen dieses Unternehmensvermögens, ob im Zusammenhang mit der Nutzung oder Veräußerung, gar nicht korrekt zu erfassen. D.h. im Gegensatz zur Regelung im vereinfachten Ertragswertverfahrens kommt es im Gutachterwert nach IDW S1 in der Praxis nicht zu einer additiven Verknüpfung zwischen operativem Ertragswert und Wert des nicht betriebsnotwendigen Vermögens.

10.4 Bereinigungen im Zusammenhang mit der separierten Bewertung des Sonderbetriebsvermögens

Die Frage der separierten Bewertung des Sonderbetriebsvermögens und daraus gegebenenfalls notwendigen **Bereinigungen** stellt sich beim vereinfachten Ertragswertverfahren wie auch bei einer regulären Unternehmensbewertung nach IDW S1. In der Literatur bzw. den Erbschaftsteuerrichtlinien finden sich konträre Hinweise zu der Frage, ob aufgrund der separierten Bewertung des Sonderbetriebsvermögens die Ergebnisse der zu bewertenden Personengesellschaft bereinigt werden müssen oder nicht.[2] Die **Erbschaftsteuerrichtlinien** sehen keine Notwendigkeit für eine Bereinigung.

753

„Wegen der Einzelbewertung des Sonderbetriebsvermögens erfolgt weder beim Erwerb von Gesellschaftsanteilen mit Sonderbetriebsvermögen noch beim Erwerb von Gesellschaftsanteilen ohne Sonderbetriebsvermögen eine Korrektur des Betriebsergebnisses um die mit diesem im Zusammenhang stehenden Erträge und Aufwendungen der Gesellschaft."[3]

Mit demselben Tenor formuliert der **Finanzausschuss** und geht ebenfalls davon aus, dass keine Bereinigungen erforderlich sind.

754

„Die im Rahmen der Gesamthandsgemeinschaft verbuchten Aufwands- und Ertragsposten im Zusammenhang mit dem Sonderbetriebsvermögen, z.B. Miet-

---

1 Siehe dazu im Detail Wollny, C., Der objektivierte Unternehmenswert – Unternehmensbewertung bei gesetzlichen und vertraglichen Bewertungsanlässen, 2010, S. 230.
2 Korrektur ist notwendig: Möllmann, P., in Tiedtke (Hrsg.), ErbStG Kommentar, 2009, § 12, S. 351 Tz. 213; Riedel, C., in Daragan/Halaczinsky/Riedel (Hrsg.), Praxiskommentar ErbStG und BewG, 2010, § 97 BewG, S. 1066 Tz 24; Korrektur ist **nicht** notwendig:, ErbStR 2011, R B 97.2 Satz 6.
3 ErbStR 2011, R B 97.2 Satz 6.

und Pachtzahlungen oder Zinsen, werden bei der **Ertragswertermittlung berücksichtigt, so dass es nicht zu einer doppelten Erfassung** des Sonderbetriebsvermögens kommen kann."[1]

755 Die Unterschiede der Ansichten in der Literatur gegenüber den Erbschaftsteuerrichtlinien und der Begründung des Finanzausschusses sind wie folgt zu kommentieren.

756 Die Einkünfte aus Gewerbebetrieb bestehen bei einer Mitunternehmerschaft aus zwei Teilen. Zum einen aus dem Gewinnanteil des Mitunternehmers, ermittelt auf Basis der Handels- bzw. Steuerbilanz der Personengesellschaft. Zum anderen aus Einkünften aus nichtselbständiger Tätigkeit, Einkünften aus Kapitalvermögen und Einkünften aus Vermietung und Verpachtung, die auf der Grundlage des § 15 Abs. 1 Nr. 2 EStG in gewerbliche Einkünfte des Mitunternehmers umqualifiziert werden.

*„Einkünfte aus Gewerbebetrieb sind ... die **Gewinnanteile** der Gesellschafter einer Offenen Handelsgesellschaft, einer Kommanditgesellschaft und einer anderen Gesellschaft, bei der der Gesellschafter als Unternehmer (Mitunternehmer) des Betriebs anzusehen ist, **und** die **Vergütungen**, die der Gesellschafter von der Gesellschaft für seine Tätigkeit im Dienst der Gesellschaft oder für die Hingabe von Darlehen oder für die Überlassung von Wirtschaftsgütern bezogen hat."*[2]

757 Ziel dieser Vorgehensweise ist es, eine weitgehende Gleichstellung der Besteuerung von Einzelunternehmern und Personengesellschaftern sicherzustellen, denn auch Einzelunternehmer können mit sich keine Dienst-, Darlehens-, Miet- oder Pachtverträge abschließen.

758 Die zur Erzielung der Darlehenszinsen oder Miet- bzw. Pachterträge eingesetzten Wirtschaftsgüter erfahren in diesem Zusammenhang ebenfalls eine **Umqualifizierung**. Sie werden zu **Sonderbetriebsvemögen**. Sonderbetriebsvermögen stellen Wirtschaftsgüter dar, die sich im Eigentum eines oder mehrerer Gesellschafter einer Mitunternehmerschaft befinden und der Personengesellschaft zur Nutzung überlassen werden.[3] Zu unterscheiden sind Sonderbetriebsvermögen I, Sonderbetriebsvermögen II und passives Sonderbetriebsvermögen. Sonderbetriebsvermögen I sind Wirtschaftsgüter die dazu geeignet

---

1 Begründung des Finanzausschusses, Teil 2. Materialien II Artikel 2, Änderung des BewG, Nr. 2, § 97 BewG, abgedruckt in Hübner, H., Erbschaftsteuerreform 2009 Gesetze Materialien Erläuterungen, 2009, S. 250.
2 § 15 Abs. 1 Nr. 2 EStG
3 Grützner, D., in Lange, J. (Hrsg.), Personengesellschaften im Steuerrecht, 2008, S. 203 Tz. 822.

10. Gesamtbewertung versus Einzelbewertung

und bestimmt sind, dem Betrieb der Personengesellschaft zu dienen.[1] Dies können z. B. Grundstücke oder Maschinen sein, die der Personengesellschaft vom Mitunternehmer verpachtet oder vermietet werden. Sonderbetriebsvermögen II sind Wirtschaftsgüter, die der Beteiligung des Gesellschafters an der Personengesellschaft zumindest förderlich sind.[2] Das sind z. B. die Anteile des Kommanditisten einer GmbH & Co. KG an der Komplementär-GmbH.

*„Zum Betriebsvermögen einer gewerblich tätigen Personengesellschaft gehören nicht nur die im Gesamthandseigentum der Mitunternehmer stehenden Wirtschaftsgüter. Vielmehr zählen hierzu auch Wirtschaftsgüter, die einem Mitunternehmer gehören, die jedoch geeignet und bestimmt sind, dem Betrieb der Personengesellschaft zu dienen (**Sonderbetriebsvermögen I**; ...) oder die unmittelbar zur Begründung oder Stärkung der Beteiligung des Gesellschafters an der Personengesellschaft eingesetzt werden ... **Sonderbetriebsvermögen II**..."*[3]

Schulden eines Mitunternehmers gegenüber Dritten oder gegenüber der Personengesellschaft sind **passives Sonderbetriebsvermögen**, wenn sie durch den Betrieb oder die Beteiligung an der Personengesellschaft veranlasst sind.[4]

759

Die gewerblichen Einkünfte eines Mitunternehmers werden somit in **zwei Stufen** ermittelt. Ausgangspunkt und Gewinnermittlung **erster Stufe** ist der Gewinn aus dem Betriebsvermögensvergleich gemäß §§ 4 Abs. 1, 5 EStG des Gesamthandsvermögens. Dieser vollzieht sich auf Basis der Steuerbilanz, die sich aus der um steuerliche Besonderheiten gemäß §§ 4 bis 7 EStG korrigierten Handelsbilanz ergibt. Das Ergebnis der Steuerbilanz ist um die Betriebsausgaben reduziert, die die Mitunternehmer für die Überlassung des Sonderbetriebsvermögens erhalten.

760

Darauf folgt die Gewinnermittlung **zweiter Stufe**. D.h. dem entsprechenden Passivposten der Steuerbilanz des Gesamthandsvermögens, der sich aus den Darlehenszinsen, Mieten bzw. Pachten zugunsten des Mitunternehmers ergeben hat, wird nach dem Grundsatz der korrespondierenden Bilanzierung ein Aktivposten in der Sonderbilanz des Mitunternehmers gegenübergestellt.[5] Der Gewinn aus den **Sonderbilanzen**, der sich nach Berücksichtigung des mit dem Sonderbetriebsvermögen verbundenen Aufwands ergibt (z. B. Abschreibungen), wird dem Mitunternehmer im Sinne einer Umqualifizierung gemäß § 15 Abs. 1 Nr. 2 EStG als gewerbliche Einkünfte zugerechnet.

761

---

1 Wacker, R., in Schmidt, L., EStG Kommentar, 2010, § 15, S. 1183 Tz. 506.
2 Wacker, R., in Schmidt, L., EStG Kommentar, 2010, § 15, S. 1183 Tz. 506.
3 BFH v. 30.3.1993 - VIII R 8/91. BStBl 1993 II S. 854, NWB Dok ID: HAAAA-94680.
4 Wacker, R., in Schmidt, L., EStG Kommentar, 2010, § 15, S. 1186 Tz. 521.
5 Wacker, R., in Schmidt, L., EStG Kommentar, 2010, § 15, S. 1197 Tz. 586.

C. Unternehmensbewertung gemäß Erbschaftsteuerreformgesetz

762 Für die Klärung der Frage, inwiefern sich aus der separierten Bewertung des Sonderbetriebsvermögens notwendige Bereinigungsschritte bei der Bewertung der Personengesellschaft ergeben, ist auf die Gewinnermittlung erster Stufe abzustellen. Der Wert eines Unternehmens ergibt sich aus den ausschüttbaren Ergebnissen. Ausschüttungsbeschlüsse werden auf der Grundlage des handelsrechtlichen Einzelabschlusses vorgenommen. Bewertungsrelevant sind somit die Ausschüttungen im handelsrechtlichen Sinne.

„Der Wert eines Unternehmens bestimmt sich unter der Voraussetzung ausschließlich finanzieller Ziele durch den Barwert der mit dem Eigentum an dem Unternehmen verbundenen Nettozuflüsse an die Unternehmenseigner (Nettoeinnahmen als Saldo von Ausschüttungen bzw. Entnahmen, Kapitalrückzahlungen und Einlagen)."[1]

763 Für eine Unternehmensbewertung gemäß IDW S1 ist es somit für die Bestimmung des ausschüttungsfähigen oder entnahmefähigen Gewinns irrelevant, wer dem zu bewertenden Unternehmen Wirtschaftsgüter vermietet. Der daraus resultierende Aufwand kürzt den Gewinn des Unternehmens, ob der Vermieter nun Gesellschafter oder ein Dritter ist. Der Wert des Unternehmens wird insofern korrekt ermittelt, wenn Grundlage hierfür der Gewinn der OHG ist. Der Wert einer Immobilie, die der Personen-Gesellschafter der Personengesellschaft vermietet, lässt sich nach dem Ertragswertverfahren im Sinne der ImmoWertV wiederum auf Basis des vereinbarten Mietzinses ermitteln. D.h. zusammenfassend lässt sich festhalten, dass eine **Korrektur** auf Seiten des Unternehmens oder auf Seiten des überlassenen Wirtschafsgutes somit **nicht erforderlich** ist, um den Wert des Unternehmens oder des vermieteten Wirtschaftsgutes korrekt abzubilden.

764 Bei Anwendung des vereinfachten Ertragswertverfahrens ist gemäß § 202 Abs. 1 Satz 1 erster Halbsatz BewG Bewertungsgrundlage das Betriebsergebnis gemäß § 4 Abs. 1 Satz 1 EStG.

„Zur Ermittlung des Betriebsergebnisses ist von dem Gewinn im Sinne des § 4 Abs. 1 Satz 1 des Einkommensteuergesetzes auszugehen (Ausgangswert); ..."

765 Auch dieses Betriebsergebnis leitet sich aus dem Betriebsvermögensvergleich gemäß §§ 4 Abs. 1, 5 EStG und damit auf Basis des Gesamthandsvermögens in der Handels- bzw. Steuerbilanz der Personengesellschaft ab. Wie oben gezeigt, wird dieses Betriebsergebnis auf der ersten Stufe der Gewinnermittlung der Mitunternehmerschaft ermittelt, in der die Darlehenszinsen bzw. Miet- und

---

[1] IDW S1 i. d. F. 2008, Tz. 4.

Pachtaufwendungen das ausschüttbare Ergebnis zutreffend als Betriebsausgaben gekürzt haben. Auch im vereinfachten Ertragswertverfahren besteht somit keine Notwendigkeit, Korrekturen des Betriebsergebnisses vorzunehmen. Die Erbschaftsteuerrichtlinien beschreiben diesen Zusammenhang korrekt.

BEISPIEL:

Personengesellschaft	OHG		
Gesellschafter A	60%		
Gesellschafter B	40%		
Gesellschafter A vermietet für 150.000 € p.a. eine Betriebsimmobilie an die OHG.			
Der Jahresüberschuss vor Ertragsteuern und vor Verbuchung der Mietzahlung an A beträgt 1.000.000 €.			
Gewinnermittlung 1. Stufe:			
Jahresüberschuss vor Ertragsteuern und Mietaufwand		1.000.000	
Mietaufwand an Gesellschafter A		150.000	
Jahresüberschuss vor Ertragsteuern		850.000	Basis für die
			Unternehmensbewertung[1]
Gewinnermittlung 2. Stufe:			
Jahresüberschuss vor Ertragsteuern		850.000	
Sonderbetriebseinnahmen A aus Miete	150.000		
Sonderbetriebsausgaben A aus Abschreibungen	-50.000		
Sonderbetriebsergebnis A		100.000	Basis für die
			Immobilienbewertung
Gesamtergebnis der Mitunternehmerschaft		950.000	
und			
Basis für die Gewerbesteuerberechnung der OHG			
1) je nach gewähltem Bewertungsverfahren, sind die entsprechenden Steuerwirkungen			
noch zu berücksichtigen.			

Warum aber schreibt das vereinfachte Ertragswertverfahren Bereinigungen im Zusammenhang mit der ebenfalls separierten Bewertung von Beteiligungen, nicht betriebsnotwendigem Vermögen und jungem Vermögen vor? Antwort: Im Gegensatz hierzu liegt der Thematik „gesondert zu bewertendes Sonderbetriebsvermögen" eine schuldrechtliche Vereinbarung mit dem zu bewertenden Unternehmen zugrunde. Die Separierung der „Sphären" ist somit bereits vertraglich geregelt. Bei Beteiligungen, nicht betriebsnotwendigem Vermögen und jungem Vermögen handelt es sich dagegen um Positionen im zivilrechtlichen Vermögen der zu bewertenden Unternehmung. Eine angeordnete und somit „künstliche" bewertungstechnische Trennung muss somit über Bereinigungen vollzogen werden.

10.5 Bereinigungen im Zusammenhang mit nicht betriebsnotwendigem Vermögen, Beteiligungen und eingelegten Wirtschaftsgütern

767 Zu den Bereinigungen siehe die Ausführungen in:

- ▶ Gliederungspunkt C. 9. Betriebsnotwendiges Vermögen und nicht betriebsnotwendiges Vermögen, Rdn. 720 ff.
- ▶ Gliederungspunkt C. 14.6.6 Bereinigung des Ausgangswerts zur Ermittlung des Betriebsergebnisses, Rdn. 1195 ff.

11. Der Bewertungsgegenstand des Bewertungsgesetzes

11.1 Die wirtschaftliche Einheit – der Gewerbebetrieb

768 Gemäß § 2 Abs. 1 Satz 1 BewG ist jede wirtschaftliche Einheit für sich zu bewerten. Damit ist als Bewertungsgegenstand für erbschaftsteuerliche Erwerbe die **"wirtschaftliche Einheit"** definiert. Zweck der Definition des Begriffes „wirtschaftliche Einheit" ist es, eine **Vielzahl** von Wirtschaftsgütern, die einem gemeinsamen wirtschaftlichen Zweck dienen, zusammenzufassen.[1] Eine wirtschaftliche Einheit kann nur aus Wirtschaftsgütern derselben **Vermögensart** gebildet werden.[2]

769 Eine wirtschaftliche Einheit kann aber auch nur aus einem **einzelnen** Wirtschaftsgut bestehen.[3] Ein einzelnes Wirtschaftsgut ist als wirtschaftliche Einheit zu behandeln, wenn es für sich allein selbständig benutzt wird.[4]

> **BEISPIEL:** ▶ Das einzelne **Wirtschaftsgut** Betriebsgrundstück stellt **gleichzeitig eine wirtschaftliche Einheit** dar. Als Teil der wirtschaftlichen Einheit Betriebsvermögen stellt es wiederum eine Art „wirtschaftliche Untereinheit" dar.[5]

770 Der Begriff der „wirtschaftlichen Einheit" ist damit nicht deckungsgleich mit dem des „Wirtschaftsgutes" und grundsätzlich weiter. Der Wert der wirt-

---

1 Viskorf, H.-U., in Viskorf/Knobel/Schuck (Hrsg.), Erbschaftsteuer- und Schenkungsteuergesetz, Bewertungsgesetz Kommentar, 2009, BewG, § 2, S. 955 Tz. 2.
2 Halaczinsky, R., in Rössler/Troll (Hrsg.), Kommentar zum BewG, 2010, § 2, S. 5 Tz. 6.
3 Horn, H.-J., in Fischer/Jüptner/Pahlke/Wachter, ErbStG Kommentar, 2010, § 12, S. 414 Tz. 13; Böge, C., in Tiedtke (Hrsg.), ErbStG Kommentar, 2009, § 12, S. 295 Tz. 37.
4 Horschitz/Groß/Schnur, Bewertungsrecht, Erbschaftsteuer, Grundsteuer, 2010, S. 107 Tz. 713.
5 Daragan, H., in Daragan/Halaczinsky/Riedel (Hrsg.), Praxiskommentar ErbStG und BewG, 2010, § 2 BewG, S. 833 Tz. 8; der Begriff der „wirtschaftlichen Untereinheit" findet gegenwärtig im Bewertungsgesetz offiziell keine Verwendung mehr, Halaczinsky, R., in Rössler/Troll (Hrsg.), Kommentar zum BewG, 2010, § 2, S. 7 Tz. 8.

11. Der Bewertungsgegenstand des Bewertungsgesetzes

schaftlichen Einheit ist gemäß § 2 Abs. 1 Satz 2 BewG „**im Ganzen**" festzustellen. Was als wirtschaftliche Einheit anzusehen ist, regelt die Verkehrsanschauung § 2 Abs. 1 Satz 3 BewG.

Für die **Vermögensart Betriebsvermögen** verweist das Bewertungsgesetz in § 18 Nr. 3 BewG auf die §§ 95 bis 97 BewG und definiert dort, welche Wirtschaftsgüter eine wirtschaftliche Einheit bilden. Die **wirtschaftliche Einheit** der Vermögensart Betriebsvermögen ist danach der jeweilige **Gewerbebetrieb**.[1] Ein Einzelunternehmer kann **mehrere** selbständige Gewerbetriebe haben, für die jeweils ein Wert zu ermitteln ist. Selbstständige Gewerbebetriebe sind anzunehmen, wenn sie wirtschaftlich abgeschlossen sind, ihre eigene Buchführung haben und unter eigener Firma geführt werden.[2] D.h. Bewertungsgegenstand ist nicht die Vermögensart Betriebsvermögen in Gänze.[3]

771

ABB. 62a: Wirtschaftsgut, wirtschaftliche Einheit und Gewerbebetrieb

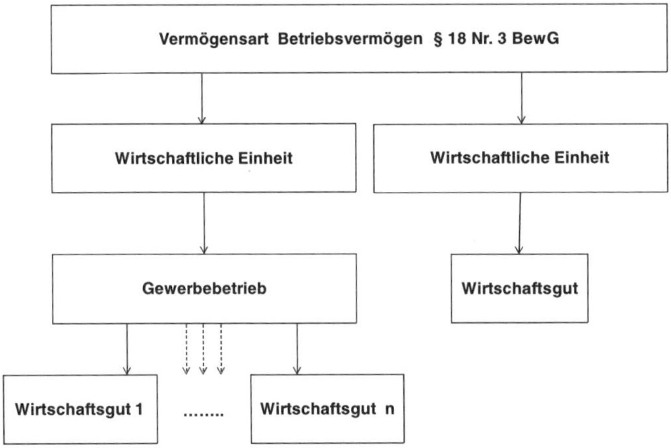

```
        Vermögensart Betriebsvermögen § 18 Nr. 3 BewG
              │                              │
   Wirtschaftliche Einheit          Wirtschaftliche Einheit
              │                              │
       Gewerbebetrieb                   Wirtschaftsgut
         ↓       ↓
  Wirtschaftsgut 1  ........  Wirtschaftsgut n
```

Gemäß § 95 BewG wird der Gewerbebetrieb durch das Betriebsvermögen gebildet, welches der **steuerlichen Gewinnermittlung** zugrunde gelegt wird (Einzelunternehmen!).

772

„Das **Betriebsvermögen** umfasst **alle Teile eines Gewerbebetriebs** im Sinne des § 15 Abs. 1 und 2 EStG, das sind grundsätzlich alle Wirtschaftsgüter und sonsti-

---
1 Horschitz/Groß/Schnur, Bewertungsrecht, Erbschaftsteuer, Grundsteuer, 2010, S. 107 Tz. 713.
2 Eisele, D., in Rössler/Troll (Hrsg.), BewG Bewertungsgesetz Kommentar, Oktober 2009, § 95, S. 5 Tz. 6.
3 Horschitz/Groß/Schnur, Bewertungsrecht, Erbschaftsteuer, Grundsteuer, 2010, S. 106 Tz. 702.

gen aktiven Ansätze sowie Schulden und sonstigen Abzüge, die bei der **steuerlichen Gewinnermittlung** zum Betriebsvermögen gehören, soweit das Erbschaftsteuer- und Schenkungsteuergesetz in Verbindung mit dem Bewertungsgesetz nicht ausdrücklich etwas anderes vorschreibt oder zulässt."[1]

773 Ein **Gewerbebetrieb** wird gemäß § 97 BewG insbesondere durch das Betriebsvermögen der folgenden Rechtsträger gebildet:
- ▶ Kapitalgesellschaften
  - – Aktiengesellschaften
  - – Kommanditgesellschaften auf Aktien
  - – Gesellschaften mit beschränkter Haftung
  - – Europäische Gesellschaften
- ▶ Personengesellschaften i. S. von § 15 Abs. 1 Nr. 2 und Abs. 3 EStG
- ▶ Personengesellschaften i. S. von § 18 Abs. 4 Satz 2 EStG

774 Bei den Personengesellschaften gehört gemäß § 97 Abs. 1 Nr. 5 Satz 2 BewG auch das **Sonderbetriebsvermögen** zum Gewerbebetrieb, wenn es bei der steuerlichen Gewinnermittlung zum Betriebsvermögen der Personengesellschaft gehört. Die Ausübung eines freien Berufes im Sinne § 18 Abs. 1 Nr. 1 EStG steht gemäß § 96 BewG einem Gewerbebetrieb gleich.

775 Gemäß § 2 Abs. 2 BewG ist Voraussetzung für die Zusammenfassung von Wirtschaftsgütern zu einer **wirtschaftlichen Einheit**, dass diese Wirtschaftsgüter **demselben Eigentümer** gehören. Ausnahmen zu dieser grundsätzlichen Regelung lässt das Gesetz über § 17 Abs. 3 Satz 1 BewG zu.

„Soweit sich nicht aus den §§ 19 bis 150 etwas anderes ergibt, finden neben diesen auch die Vorschriften des Ersten Teils des Gesetzes (§§ 1 bis 16) Anwendung."

776 Die Regelung des § 2 Abs. 2 BewG erfährt im Rahmen der Vermögensart Betriebsvermögen eine **Ausnahme**, da § 95 BewG auf die steuerliche Gewinnermittlung in § 15 Abs. 1 und Abs. 2 EStG verweist.[2] Wie ausgeführt gehört gemäß § 97 Abs. 1 Nr. 5 Satz 2 BewG zum Gewerbebetrieb einer Personengesellschaft aber auch das **Sonderbetriebsvermögen**, welches Wirtschaftsgüter und Schulden im Eigentum von einem, mehreren oder allen Gesellschaftern der Personengesellschaft darstellt. In diesem Fall wird somit eine wirtschaftliche Einheit aus aktiven und passiven Wirtschaftsgütern gebildet, bei denen gerade **keine einheitlichen Eigentumsverhältnisse** vorliegen.

---

[1] ErbStR 2011, RB 95 Abs. 1 Satz 1.
[2] Horn, H.-J., in Fischer/Jüptner/Pahlke/Wachter, ErbStG Kommentar, 2010, § 12, S. 414 Tz. 15.

Konsequenz der Bewertung jeder einzelnen wirtschaftlichen Einheit bzw. jedes einzelnen Gewerbebetriebs als wirtschaftliche Einheit ist, dass dann **Unternehmensgruppen** nicht im Rahmen eines Holdingmodells bewertet werden können.[1] Ebenso wenig ist eine Bewertung der Unternehmensgruppe auf Grundlage der konsolidierten Vermögens- und Plandaten (GuV- bzw. Finanzplanung) möglich.[2] Vielmehr ist danach jeder Gewerbebetrieb, d. h. jedes Unternehmen einer Unternehmensgruppe im Sinne eines Verbundes aus Ober- und Untergesellschaften, separiert zu bewerten und der Wert der Unternehmensgruppe durch Addition der Einzelwerte der Gewerbebetriebe zu erfassen.[3] Ein derartiges Vorgehen wird der Komplexität der Bewertung einer Unternehmensgruppe nicht gerecht. Es lohnt, sich noch einmal deutlich zu machen, was Sinn und Zweck der Bewertung einer wirtschaftlichen Einheit ist. Zweck der Definition des Begriffes „wirtschaftliche Einheit" ist es, eine **Vielzahl** von Wirtschaftsgütern, die einem gemeinsamen wirtschaftlichen Zweck dienen, zusammenzufassen.[4] Unternehmensgruppen stellen sich zwar gesellschaftsrechtlich als Organisation einzelner Unternehmen bzw. Gewerbebetriebe dar, aber sie dienen letztlich der Verwirklichung eines wirtschaftlichen Zwecks. Die Gesamtbewertung einer Unternehmensgruppe unter Verwendung eines Holdingmodells würde diesem Ziel somit nicht widersprechen.

777

Das **vereinfachte Ertragswertverfahren** schreibt in § 200 Abs. 3 BewG die separierte Bewertung der Einzelgesellschaften einer Unternehmensgruppe vor. Dies hat neben dem Verweis auf die Definition einer wirtschaftlichen Einheit eine Reihe weiterer Gründe.[5] Zunächst fehlt es diesem Verfahren an einer Ausschüttungshypothese.[6] Es bestand die Angst seitens des Gesetzgebers, die Unternehmen könnten ihre Ergebnisse thesaurieren, womit die Bewertungsgrundlage der Erfassung und Besteuerung entzogen wäre.[7] Dies hieße aber,

778

---

1 Siehe zur Bewertung im Rahmen eines Holdingmodells Wollny, C., Der objektivierte Unternehmenswert – Unternehmensbewertung bei gesetzlichen und vertraglichen Bewertungsanlässen, 2010, S. 423.
2 Siehe zur Bewertung im Rahmen eines Konzernmodells Schmidbauer, R., Die Bewertung von Konzernen als Problem in der Theorie der Unternehmensbewertung, DStR 2002, S. 1544.
3 Zur Kritik hieran im Rahmen der zunächst geplanten Anteils- und Betriebsvermögensbewertungsverordnung siehe bereits Piltz, D., Unternehmensbewertung im neuen Erbschaftsteuerrecht, DStR 2008, S. 752; siehe dazu Rdn. 1020.
4 Viskorf, H.-U., in Viskorf/Knobel/Schuck (Hrsg.), Erbschaftsteuer- und Schenkungsteuergesetz, Bewertungsgesetz Kommentar, 2009, BewG, § 2, S. 955 Tz. 2.
5 Siehe dazu Rdn. 1167.
6 Siehe hierzu Rdn. 237.
7 Begründung des Finanzausschusses, Teil 2. Materialien II Artikel 2, Änderung des BewG, Nr. 2, § 200 BewG, abgedruckt in Hübner, H., Erbschaftsteuerreform 2009 Gesetze Materialien Erläuterungen, 2009, S. 350.

die Bewertung würde sich an historische Ausschüttungsquoten orientieren, was in keinem Bewertungsverfahren der Fall ist. Nunmehr besteht die „Sicherungsmaßnahme" des vereinfachten Ertragswertverfahrens in der Bewertung des durchschnittlichen Steuerbilanzgewinns der letzten drei Jahre, ohne auf dessen Ausschüttungsfähigkeit oder auf ein Ausschüttungsverhalten zu reflektieren. Unzweifelhaft stellt die Bewertung der einzelnen Gewerbebetriebe einer Unternehmensgruppe aber auch eine verwaltungstechnisch sinnvolle Maßnahme dar, da dann die Bewertung durch die jeweiligen Betriebsfinanzämter vorgenommen werden kann, die ohnehin mit den Verhältnissen des Unternehmens vertraut sind.[1] Die Ergebnisse der Betriebsfinanzämter werden anschließend zusammengefasst. Eine realistische Bewertung einer Unternehmensgruppe ist auf diese Weise aber kaum zu erreichen. Das Ergebnis des atomisierten Bewertungsablaufs sieht auch die Finanzverwaltung mit Skepsis.[2]

"Ob die **Bewertung der Obergesellschaft** im vereinfachten Ertragswertverfahren unter Berücksichtigung der Beteiligungen an Untergesellschaften zu einem **offensichtlich unzutreffenden** Ergebnis führt (§ 199 Abs. 1 BewG), ist im **Einzelfall zu entscheiden.**"[3]

11.2 Bedeutung der wirtschaftlichen Einheit Gewerbebetrieb für die Bewertung

779 Wird ein Wirtschaftsgut einer wirtschaftlichen Einheit zugeordnet, richtet sich seine Bewertung nach den für diese Einheit einschlägigen Bewertungsregeln. Da für das Betriebsvermögen, d. h. für den Gewerbebetrieb bzw. das Unternehmen gemäß § 11 Abs. 2 BewG, grundsätzlich die Anwendung der **Gesamtbewertungsverfahren** einschlägig ist, sind die **stillen Reserven** in den Wirtschaftsgütern, die diesem Vermögen zugeordnet sind, irrelevant. D.h. werden Wirtschaftsgüter und Schulden der wirtschaftlichen Einheit „Unternehmen" zugeordnet, verlieren deren einzelne Buchwerte oder einzelne gemeine Werte ihre unmittelbare Bedeutung für den resultierenden Unternehmenswert. Die einzelnen Werte „gehen vielmehr unter" in den durch ihr organisatorisches Zusammenspiel erzeugten Gewinnausschüttungen und deren Barwert – Folge der Anordnung der Bewertung nach dem **gemeinen Wert** und damit bei Unternehmen fast zwangsweise der Gesamtbewertungsverfahren.

---

1 Hübner, H., Erbschaftsteuerreform 2009 Gesetze Materialien Erläuterungen, 2009, S. 477.
2 Zur Bewertung von Unternehmensgruppen nach IDW S1 siehe Rdn. 1020.
3 ErbStR 2011, RB 200 Abs. 3 Satz 7.

BEISPIEL: ▶ Ein unbebautes Grundstück im Privatvermögen, das gegebenenfalls einmal für das Unternehmen zur Erweiterung genutzt werden soll, ist in dieser Konstellation nach den Bewertungsregeln für Grundvermögen zu bewerten und zu versteuern. Wird dieses Vorratsgrundstück bereits im Unternehmen gehalten, geht es in den Ertragswert des Unternehmens mit Null ein, da aus ihm keinerlei Erträge generiert werden (abgesehen vom Aufwand im Zusammenhang mit der Grundsteuer). Diese Konstellation „wirkt", soweit der Ertragswert des Unternehmens größer als sein Substanzwert ist und die Mindestwertregel insofern nicht zu Anwendung kommt.

Dies stellt eine Neuerung gegenüber den Verhältnissen vor der Erbschaftsteuerreform dar, als sich gemäß § 98a BewG aus der Addition der Buch- bzw. gemeinen Werte der positiven und negativen Wirtschaftsgüter, der Unternehmenswert von Personengesellschaften bzw. der Vermögenswert von nicht notierten Kapitalgesellschaften bestimmte. 780

Sind Wirtschaftsgüter nicht der wirtschaftlichen Einheit Gewerbebetrieb bzw. Unternehmen und damit dem Betriebsvermögen zuzuordnen, stellen sie **Privatvermögen** dar und nehmen deshalb nicht an den Verschonungsregelungen der §§ 13a, 13b, 19a ErbStG teil. Es ist somit von erheblicher Bedeutung, ob Wirtschaftsgüter der wirtschaftlichen Einheit Gewerbebetrieb zugeordnet werden und unter dessen **Verschonungsregeln** sichernde „Schutzhülle schlüpfen" können. 781

Bedeutung erlangen die Einzelwerte bzw. stillen Reserven der Wirtschaftsgüter und Schulden für die Unternehmensbewertung erst wieder im Rahmen der **Mindestwertregelung** gemäß § 11 Abs. 2 Satz 3 BewG und damit der generell durchzuführenden Substanzbewertung bzw. im Zusammenhang damit, bei der Bestimmung des **Verwaltungsvermögens**. 782

12. Bewertungsrechtliches Betriebsvermögen

12.1 Der Begriff Betriebsvermögen

Das Bewertungsgesetz sieht als eine **Vermögensart** in § 18 BewG das Betriebsvermögen vor. 783

„*Das Vermögen, das nach den Vorschriften des Zweiten Teils dieses Gesetzes zu bewerten ist, umfasst die folgenden Vermögensarten:*

1. Land- und forstwirtschaftliches Vermögen (§§ 33 bis 67, § 31),

2. Grundvermögen (§§ 68 bis 94, § 31),

3. Betriebsvermögen (§§ 95 bis 109, § 31)."[1]

---

1 § 18 BewG.

784 Das Betriebsvermögen als Vermögensart des Bewertungsgesetzes bezieht sich direkt auf das Betriebsvermögen, wie es im **Einkommensteuergesetz** gemäß § 4 Abs. 1 EStG definiert ist. Danach gilt als Betriebsvermögen das Betriebs-**Rein**vermögen bzw. das **Eigenkapital**. Das Betriebsvermögen als „**Netto-Vermögen**" oder Eigenkapital wird somit aus der Summe der aktiven Wirtschaftsgüter, abzüglich der betrieblich veranlassten Schulden gebildet.[1]

785 Während § 4 Abs. 1 EStG nur den **Betriebsvermögensvergleich** beschreibt, enthält § 5 Abs. 1 EStG konkrete Hinweise zur Bestimmung des **Betriebsvermögens** und insbesondere einen Verweis auf das **Handelsrecht**.

„Bei Gewerbetreibenden, die auf Grund gesetzlicher Vorschriften verpflichtet sind, Bücher zu führen und regelmäßig Abschlüsse zu machen, oder die ohne eine solche Verpflichtung Bücher führen und regelmäßig Abschlüsse machen, ist für den Schluss des Wirtschaftsjahres das Betriebsvermögen anzusetzen (§ 4 Abs. 1 Satz 1), das nach den handelsrechtlichen Grundsätzen ordnungsmäßiger Buchführung auszuweisen ist, ..."[2]

786 Nach den handelsrechtlichen Vorschriften in § 246 Abs. 1 HGB, hat der Kaufmann in der Bilanz das dem Handelsgeschäft oder Gewerbebetrieb dienende **Vermögen** auszuweisen.[3] Für steuerliche Zwecke sind diese Ansätze gegebenenfalls nach § 5 Abs. 2 bis Abs. 5 EStG zu modifizieren und damit eine **Steuerbilanz** gemäß § 60 Abs. 2 EStDV zu entwickeln. Auf Grundlage der so gebildeten Steuerbilanz erfolgt die steuerliche Gewinnermittlung. Damit ist die Verbindung zwischen dem Betriebsvermögen für die Zwecke der steuerlichen **Gewinnermittlung** und dem Betriebsvermögen im Sinne des **Bewertungsgesetzes** hergestellt, wie § 95 Abs. 1 BewG dieses definiert.

„Das Betriebsvermögen umfasst alle Teile eines Gewerbebetriebs im Sinne des § 15 Abs. 1 und 2 des Einkommensteuergesetzes, die bei der steuerlichen Gewinnermittlung zum Betriebsvermögen gehören."

787 Das Betriebsvermögen laut **Steuerbilanz** entspricht somit grundsätzlich dem bewertungsrechtlichen **Betriebsvermögen** im Sinne des **§ 95 BewG**.[4]

---

1 Eisele, D., in Rössler/Troll (Hrsg.), BewG Bewertungsgesetz Kommentar, Oktober 2009, § 103, S. 2 Tz. 5.
2 § 5 Abs. 1 Satz 1 EStG.
3 Förschle/Kroner, in Ellrott/Förschle/Kozikowski/Winkeljohann (Hrsg.), Beck'scher Bilanzkommentar, 2010, S. 88 Tz. 2.
4 Kreutziger, S., in Kreutziger/Schaffner/Stephany (Hrsg.), Kommentar zum Bewertungsgesetz, 2009, § 95, S. 411 Tz. 13.

12. Bewertungsrechtliches Betriebsvermögen

„Bei **bilanzierenden** Gewerbetreibenden sind für den Ansatz der aktiven und passiven Wirtschaftsgüter in der Vermögensaufstellung die Steuerbilanzansätze, die der Ertragsbesteuerung zu Grunde gelegt wurden, dem Grunde und der Höhe nach maßgebend (§ 109 Abs. 1, § 109a BewG). Soweit das **Gesetz nicht etwas anderes** vorsieht, besteht **Bestands- und Wertidentität zwischen der Steuerbilanz und der Vermögensaufstellung.**"[1]

„Bei **Einzelunternehmen, Personengesellschaften und Kapitalgesellschaften** im Sinne der §§ 95 bis 97 BewG richtet sich der **Umfang des Betriebsvermögens** somit nach der Zugehörigkeit der Wirtschaftsgüter zum **ertragsteuerlichen Betriebsvermögen** am Bewertungsstichtag..."[2]

Dies gilt mit der **Einschränkung** oder **Erweiterung**, dass das Erbschaftsteuergesetz und das Bewertungsgesetz nicht ausdrücklich etwas anderes vorschreiben. 788

„Das **Betriebsvermögen** umfasst alle Teile eines Gewerbebetriebs im Sinne des § 15 Abs. 1 und 2 EStG, das sind grundsätzlich alle Wirtschaftsgüter und sonstigen aktiven Ansätze sowie Schulden und sonstigen Abzüge, die bei der **steuerlichen Gewinnermittlung** zum Betriebsvermögen gehören, **soweit das Erbschaftsteuer- und Schenkungsteuergesetz in Verbindung mit dem Bewertungsgesetz nicht ausdrücklich etwas anderes vorschreibt oder zulässt.**"[3]

Somit sind z. B. auch **selbst geschaffene immaterielle** Wirtschaftsgüter Teil des bewertungsrechtlich relevanten Betriebsvermögens, obwohl diese gemäß § 5 Abs. 2 EStG nicht zum ertragsteuerlichen Betriebsvermögen gehören. **Drohverlustrückstellungen** gehören zu den anzusetzenden passiven Wirtschaftsgütern, auch wenn für sie gemäß § 5 Abs. 4a EStG ein ertragsteuerliches Passivierungsverbot besteht.[4] 789

„Aktive und passive Wirtschaftsgüter gehören auch dann dem Grunde nach zum ertragsteuerlichen Betriebsvermögen, wenn für sie ein steuerliches Aktivierungs- oder Passivierungsverbot besteht. Eine handelsrechtlich gebotene Rückstellung (z. B. **Drohverlustrückstellung**), die steuerlich nicht passiviert werden darf (§ 5 Absatz 4a EStG), ist bei der Ermittlung des **Substanzwerts** gleichwohl anzusetzen."[5]

---

1 BFH v. 16. 6. 2009 - II R 23/07 (NV) [UAAAD-28970]; die Vermögensaufstellung auf den Bewertungsstichtag ist der Steuererklärung § 31 Abs. ErbStG bzw. der Feststellungserklärung § 151 Abs. 1 BewG beizulegen.
2 ErbStR 2011, R B 11.3 Abs. 3 Satz 1.
3 ErbStR 2011, R B 95 Abs. 1 Satz 1.
4 Riedel, C., in Daragan/Halaczinsky/Riedel (Hrsg.), Praxiskommentar ErbStG und BewG, 2010, § 11 BewG, S. 877 Tz. 44;
5 ErbStR 2011, R B 11.3 Abs. 3 Satz 2 und Satz 3.

790 Nur die **geschäftswertbildenden Faktoren**, die einzeln bewertet werden können, sind anzusetzen. Daraus ist zu schließen, dass wie in der bisherigen Regelung, ein Geschäftswert nicht erfasst wird.[1]

„Geschäftswert-, Firmenwert- oder Praxiswertbildende Faktoren, denen ein eigenständiger Wert zugewiesen werden kann (z. B. Kundenstamm, Know-how), sind mit einzubeziehen, unabhängig davon, ob sie selbst geschaffen oder entgeltlich erworben wurden."[2]

791 Das Ansatzverbot für den Geschäftswert ist systemkonform, da die aktiven Wirtschaftsgüter im Substanzwert, aufgrund der Bewertung mit dem gemeinen Wert, die handelsrechtliche Qualität eines Vermögensgegenstandes aufweisen müssen und somit Einzelveräußerbarkeit gegeben sein muss. Diese Eigenschaft ist für einen Geschäftswert nicht gegeben.

792 Die Bestimmungen zum Umfang des Betriebsvermögens entfalten aus Bewertungssicht im Wesentlichen nur noch für das Substanzwertverfahren Wirkung. Für einen **Gutachtenwert** nach IDW S1 können sie keine Rolle spielen, da dessen Bewertungsgrundlage „handelsrechtliche Ausschüttung" nur auf Basis eines handelsrechtlichen Einzelabschlusses abgeleitet werden kann. Die Bilanz eines handelsrechtlichen Einzelabschlusses ist „Startbilanz" einer zur Bewertung notwendigen Unternehmensplanung. Diese handelsrechtliche Startbilanz kann aber nicht modifiziert werden, indem z. B. bilanzierte Geschäftswerte samt der daraus folgenden Abschreibungen wegdefiniert werden oder nicht aktivierte, selbst erstellte Patente samt Folgen für die Abschreibungen hineindefiniert werden. Hinsichtlich der Anwendung von Einzelbewertungs- und Gesamtbewertungsverfahren wurde der Umfang des Betriebsvermögens auch bereits vor dem Erbschaftsteuerreformgesetz differenziert gesehen. So hatte der BFH den Einschränkungen aus §§ 4 bis 8 BewG in Bezug auf Gesamtbewertungsverfahren schon früh eine Absage erteilt.[3]

---

1 GLE AntBV v. 25. 6. 2009, Abschnitt 4 Abs. 3 Satz 5.
2 ErbStR 2011, R B 11.3 Abs. 3 Satz 5.
3 BFH v. 12. 7. 1968 – III 181/64, BStBl 1968 II S. 794.

12. Bewertungsrechtliches Betriebsvermögen

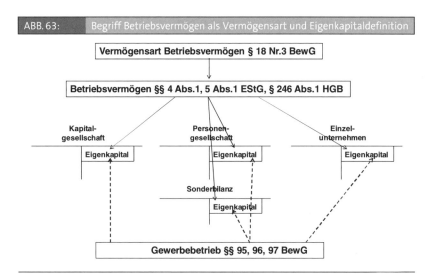

ABB. 63: Begriff Betriebsvermögen als Vermögensart und Eigenkapitaldefinition

Die Vorschriften zur Bestimmung des Umfangs des Betriebsvermögens sind wie folgt in die Verweise der gesetzlichen Regelungen eingebettet.

793

ABB. 64: Normenverweise zur Bestimmung des Umfangs des Betriebsvermögens

12.2 Eigentum am Betriebsvermögen

794 Grundlage zur Erfassung und Dokumentation des Betriebsvermögens im erbschaftsteuerlichen Sinne des § 95 BewG ist wie oben dargestellt die Handels- bzw. Steuerbilanz. In der Bilanz ist das Vermögen im Eigentum des Kaufmannes aufzunehmen, welches dem Gewerbebetrieb dient. Als Eigentum gilt gemäß § 246 HGB nicht nur das **zivilrechtliche Eigentum**, sondern auch das **wirtschaftliche Eigentum**.

„Vermögensgegenstände sind in der Bilanz des Eigentümers aufzunehmen; ist ein Vermögensgegenstand nicht dem Eigentümer, sondern einem anderen wirtschaftlich zuzurechnen, hat dieser ihn in seiner Bilanz auszuweisen."[1]

795 Dieser **bilanzielle Eigentumsbegriff** gilt gemäß § 39 Abs. 2 Nr. 1 Satz 1 AO auch im Steuerrecht.

„Übt ein anderer als der Eigentümer die tatsächliche Herrschaft über ein Wirtschaftsgut in der Weise aus, dass er den Eigentümer im Regelfall für die gewöhnliche Nutzungsdauer von der Einwirkung auf das Wirtschaftsgut wirtschaftlich ausschließen kann, so ist ihm das Wirtschaftsgut zuzurechnen."[2]

796 Zum Betriebsvermögen im Sinne von § 95 BewG gehören somit alle Wirtschaftsgüter im zivilrechtlichen wie auch im wirtschaftlichen Eigentum des Kaufmanns.[3] In den Gewerbebetrieb der **Personengesellschaft** ist nicht nur das Gesamthandsvermögen, sondern auch das **Sonderbetriebsvermögen** I und II einzubeziehen.[4]

12.3 Betriebsvermögen bei bilanzierenden Gewerbetreibenden und freiberuflich Tätigen

12.3.1 Grundlagen

797 Gewerbetreibende die gesetzlich zur Führung von Büchern verpflichtet sind oder freiwillig Bücher führen, haben die Gewinnermittlung nach § 5 EStG durchzuführen. Für Gewerbetreibende, für die sich die **Buchführungspflicht** aus § 141 AO ergibt, gilt die Gewinnermittlung nach § 4 Abs. 1 EStG. Allerdings gelten auch hier gemäß § 141 Abs. 1 Satz 2 AO die handelsrechtlichen Bilanzierungsgrundsätze sinngemäß.

---

1 § 246 Abs. 1 Satz 2 HGB.
2 § 39 Abs. 2 Nr. 1 Satz 1 AO.
3 Kreutziger, S., in Kreutziger/Schaffner/Stephany (Hrsg.), Kommentar zum Bewertungsgesetz, 2009, § 95, S. 414 Tz. 19.
4 ErbStR 2011, RB 97.1 Abs. 1 Satz 1.

12. Bewertungsrechtliches Betriebsvermögen

„Die §§ 238, 240, 241, 242 Abs. 1 und die §§ 243 bis 256 des Handelsgesetzbuchs gelten sinngemäß, sofern sich nicht aus den Steuergesetzen etwas anderes ergibt."[1]

Hinsichtlich des Umfangs des **ertragsteuerlichen Betriebsvermögens** besteht somit kein Unterschied zwischen der Gewinnermittlung nach § 4 Abs. 1 EStG und der Gewinnermittlung nach § 5 EStG.[2]

798

Durch die Anknüpfung des **bewertungsrechtlichen Betriebsvermögens** gemäß §§ 95, 96, 97 BewG an das Betriebsvermögen der steuerlichen Gewinnermittlung gemäß §§ 4 Abs. 1, 5 EStG i. V. m. § 246 HGB, ergibt sich bei bilanzierenden Gewerbetreibenden das nach Bewertungsgesetz relevante Betriebsvermögen aus dem Betriebsvermögen laut Steuerbilanz, ergänzt um **Korrekturen**, wie folgt:[3]

799

Betriebsvermögen laut Steuerbilanz,

▶ **abzüglich Gewinnanspruch** des beherrschenden Gesellschafters, wenn dieser einen Gewinnanspruch aktiviert hat (§ 103 Abs. 2 BewG);

▶ **abzüglich** in der Steuerbilanz als Schulden ausgewiesene **Rücklagen** (§ 103 Abs. 3 BewG):[4]

  – § 6b EStG –Rücklage
  – R 6.5 EStR Zuschüsse für Anlagegüter
  – R 6.6 EStR Übertragung stiller Reserven bei Ersatzbeschaffung
  – § 14 KStG Ausgleichsposten
  – § 4g EStG
  – § 20 UmwStG Luftposten
  – Ausgleichposten mit Rücklagecharakter

▶ **abzüglich** in der Steuerbilanz als Eigenkapital ausgewiesene Bilanzposten im Sinne des § 137 BewG (Bilanzposten nach dem **D-Markbilanzgesetz**);[5]

  – Sonderverlustkonto,
  – Kapitalentwertungskonto,
  – Beteiligungsentwertungskonto.

---

1 § 141 Abs. 1 Satz 2 AO.
2 Kreutziger, S., in Kreutziger/Schaffner/Stephany (Hrsg.), Kommentar zum Bewertungsgesetz, 2009, § 95, S. 411 Tz. 13.
3 ErbStR 2011, R B 95 Abs. 2.
4 ErbStR 2011, R B 95 Abs. 2 Nr. 2, R B 103.1 Abs. 2.
5 ErbStR 2011, R B 95 Abs. 2 Nr. 3.

- ▶ **zuzüglich** selbst geschaffenen **immateriellen Wirtschaftsgütern** des Anlagevermögens sowie **Geschäftswert-, Firmenwert- oder Praxiswertbildenden** Faktoren, denen ein eigenständiger Wert zugewiesen werden kann, z. B. Kundenstamm, Know-how;[1]
- ▶ **abzüglich** wegen steuerlichem Passivierungsverbot in der Steuerbilanz nicht enthaltene **Rückstellungen** (z. B. Drohverlustrückstellungen);[2]

800 Durch § 96 BewG wird die Ausübung eines **freien Berufes** dem Gewerbebetrieb gleichgestellt. Damit gelten die Ausführungen zum gewerblichen Betriebsvermögen ebenfalls für das Vermögen, welches der Ausübung einer freien Berufstätigkeit gewidmet ist.[3] § 96 BewG gilt i.V. m. § 97 BewG auch für **Mitunternehmerschaften**, die freiberufliche Einkünfte erzielen.[4]

801 Als **bilanzierende „Gewerbebetriebe"** gelten erbschaftsteuerlich bzw. bewertungsgesetzlich im Ergebnis die folgenden Unternehmen:

- ▶ bilanzierende Einzelunternehmen,
- ▶ bilanzierende Freiberufler,
- ▶ Personenhandelsgesellschaften,
- ▶ Kapitalgesellschaften.

12.3.2 Der Umfang des Betriebsvermögens von Einzelunternehmen

802 Für Einzelunternehmen i. S. von § 15 Abs. 1 Nr. 1 EStG regelt **§ 95 BewG** den Umfang des Betriebsvermögens. Der Umfang des Betriebsvermögens wird danach grundsätzlich durch die **Steuerbilanz** bestimmt.[5] Als Betriebsvermögen sind alle Vermögensgegenstände und Schulden (Verbindlichkeiten, Rückstellungen, Wertberichtigungen und Rechnungsabgrenzungsposten) zu erfassen, die **sachlich dem Gewerbebetrieb** dienen. Dies sind Wirtschaftsgüter,

- ▶ die für betriebliche Zwecke eingesetzt werden,
- ▶ deren Erwerb betrieblich veranlasst ist,
- ▶ deren Erträge zu den Betriebseinnahmen zählen.[6]

---

1 ErBStR 2011, R B 11.3 Abs. 3 Satz 5 und R B 95 Abs. 2 Nr. 4.
2 ErBStR 2011, R B 11.3 Abs. 3 Satz 3 und R B 95 Abs. 2 Nr. 5.
3 Kreutziger, S., in Kreutziger/Schaffner/Stephany (Hrsg.), Kommentar zum Bewertungsgesetz, 2009, § 96, S. 423 Tz. 2.
4 Wälzholz, E., in Viskorf/Knobel/Schuck (Hrsg.), Erbschaftsteuer- und Schenkungsteuergesetz, Bewertungsgesetz Kommentar, 2009, BewG, § 96, S. 1113 Tz. 1.
5 ErBStR 2011, R B 95 Abs. 1 Satz 1.
6 Eisele, D., in Rössler/Troll (Hrsg.), BewG Bewertungsgesetz Kommentar, Oktober 2009, § 95, S. 2 Tz. 2.

12. Bewertungsrechtliches Betriebsvermögen

Zum Betriebsvermögen zählen auch immaterielle Wirtschaftsgüter, selbst wenn sie ertragsteuerlich nicht aktiviert sind. *"Zum Betriebsvermögen gehören auch selbst geschaffene oder entgeltlich erworbene immaterielle Wirtschaftsgüter (z. B. Patente, Lizenzen, Warenzeichen, Markenrechte, Konzessionen, Bierlieferrechte)."*[1] 803

Ein Einzelunternehmer kann **mehrere** selbständige Gewerbetriebe haben, für die jeweils ein Wert zu ermitteln ist. Selbstständige Gewerbebetriebe sind anzunehmen, wenn sie wirtschaftlich abgeschlossen sind, ihr eigene Buchführung haben und unter eigener Firma geführt werden.[2] 804

Der Einzelunternehmer hat die **betriebliche Sphäre** und das notwendige Betriebsvermögen von der **privaten Sphäre**, d. h. dem notwendigen Privatvermögen zu trennen. 805

Notwendiges Betriebsvermögen sind alle Wirtschaftsgüter, die objektiv dem Betrieb zu dienen bestimmt sind. Die buchmäßige Behandlung ist irrelevant.[3] Eigenbetrieblich genutzte Wirtschaftsgüter sind damit auch notwendiges Betriebsvermögen, wenn sie nicht in der Buchführung und der Bilanz ausgewiesen sind.[4] Wirtschaftsgüter, die zu **mehr als 50 %** eigenbetrieblich genutzt werden und die keine Grundstücke sind, unterfallen in vollem Umfang dem Betriebsvermögen.[5] 806

Als **gewillkürtes Betriebsvermögen** wird Vermögen bezeichnet, das in einem gewissen Zusammenhang mit dem Betrieb steht und ihn zu fördern bestimmt oder geeignet ist. Dieses Vermögen kann seiner Natur nach somit nicht klar dem Betriebs- oder Privatvermögen zugeordnet werden. Die Verbuchung schafft hier Klarheit. Bei einer betriebliche Nutzung von mindestens **10 % und bis zu 50 %** ist eine Zuordnung zum gewillkürten Betriebsvermögen möglich.[6] 807

Bei **Grundstücken**, die zu einem Einzelunternehmen gehören, gelten die **ertragsteuerlichen Zuordnungsregeln** auch für das Bewertungsgesetz. D.h. Grundstücke werden nach der jeweiligen Nutzung „atomisiert" und die Grundstücksteile als selbständige Wirtschaftsgüter behandelt. Ein Grundstück kann damit in einen Teil notwendiges Betriebsvermögen, einen Teil gewillkür- 808

---

1 ErbStR 2011, R B 11.3 Abs. 3 Satz 4.
2 Eisele, D., in Rössler/Troll (Hrsg.), BewG Bewertungsgesetz Kommentar, Oktober 2009, § 95, S. 5 Tz. 6.
3 BFH v. 4. 2. 1960 - IV 247/58 U, BStBl 1960 III S. 139.
4 R 4.2 EStÄR Abs. 1 Satz 2.
5 ErbStR 2011, R B 95 Abs. 3 Satz 2.
6 R 4.2 Abs. 1 Satz 6 EStÄR 2008.

tes Betriebsvermögen und einen Teil Privatvermögen aufzuteilen sein. Mit der im Zuge des Erbschaftsteuerreformgesetzes erfolgten Streichung des § 99 Abs. 2 BewG a. F. wurde die **„Entweder-oder-Regelung"** aufgegeben und die bewertungsgesetzliche Behandlung von Grundstücken der ertragsteuerlichen Behandlung angepasst.[1] Bewertungsrechtlich sind Grundstücke damit nutzungsbedingt in Betriebsvermögen und Grundvermögen aufzuteilen.[2] Der Grundstückswert ist nach § 151 Abs. 1 Satz 1 Nr. 1 BewG festzustellen und durch das Finanzamt nach § 152 Nr. 2 BewG aufzuteilen, in dessen Bezirk das Betriebsgrundstück liegt.

809 **Privatvermögen** kann seiner Natur nach nur privaten Zwecken dienen und kann somit nicht im Betriebsvermögen aufgenommen werden. Dies gilt stets, wenn Wirtschaftsgüter zu **mehr als 90 %** privaten Zwecken dienen.[3]

12.3.3 Der Umfang des Betriebsvermögens von Personengesellschaften

12.3.3.1 Gesamthandsvermögen und bewertungsrechtliches Betriebsvermögen

810 Das bewertungsgesetzliche Betriebsvermögen einer Personengesellschaft wird durch **§ 97 BewG** geregelt. § 97 Abs. 1 Nr. 5 BewG verweist auf § 15 EStG und § 18 EStG. Danach sind Personengesellschaften gemäß § 15 Abs. 3 Nr. 1 EStG, die einen **Gewerbebetrieb** unterhalten und Personengesellschaften gemäß § 15 Abs. 3 Nr. 2 EStG, die keinen Gewerbebetrieb unterhalten aber **gewerblich geprägt** sind, zu unterscheiden. Das **Gesamthandsvermögen** dieser Gesellschaften ist gemäß § 97 Abs. 1 Satz 1 BewG in vollem Umfang Betriebsvermögen im Sinne des Bewertungsgesetzes.[4] Diese Gesellschaften können **bewertungsrechtlich** somit **kein Privatvermögen** haben, selbst wenn einzelne Wirtschaftsgüter privaten und nicht betrieblichen Zwecken dienen.[5]

---

1 Wälzholz, E., in Viskorf/Knobel/Schuck (Hrsg.), Erbschaftsteuer- und Schenkungsteuergesetz, Bewertungsgesetz Kommentar, 2009, BewG, § 99, S. 1141 Tz.3; Kreutziger/Schaffner/Stephany (Hrsg.), Kommentar zum Bewertungsgesetz, 2009, § 95, S. 413 Tz. 18a.
2 Diese Regelung gilt entsprechend für das Sonderbetriebsvermögen von Personengesellschaften.
3 R 4.2 Abs. 1 Satz 5. EStÄR 2008.
4 Kreutziger, S., in Kreutziger/Schaffner/Stephany (Hrsg.), Kommentar zum Bewertungsgesetz, 2009, § 95, S. 409 Tz. 2; Eisele, D., in Rössler/Troll (Hrsg.), BewG Bewertungsgesetz Kommentar, Oktober 2009, § 103, S. 3 Tz. 6.
5 Für das Sonderbetriebsvermögen gilt dagegen auch im Bewertungsgesetz die ertragsteuerliche Sicht, das kein privat genutztes Sonderbetriebsvermögen zulässt, siehe nachfolgenden Rdn. 816.

12. Bewertungsrechtliches Betriebsvermögen

*„Einen Gewerbebetrieb bilden insbesondere **alle Wirtschaftsgüter**, die den folgenden Körperschaften, Personenvereinigungen und Vermögensmassen gehören, wenn diese ihre Geschäftsleitung oder ihren Sitz im Inland haben: ..."*[1]

Ertragsteuerlich gehören dagegen privat genutzte Wirtschaftsgüter zum **Privatvermögen**.[2] Aufwendungen und Erträge im Zusammenhang mit diesen Wirtschaftsgütern des Privatvermögens dürfen den Gewinn nicht beeinflussen. Die ertragsteuerliche Bestimmung des Umfangs des Betriebsvermögens der Personengesellschaft weicht somit bei privat genutzten Wirtschaftsgütern von der bewertungsgesetzlichen Regelung ab.[3]

811

Grundstücke im Gesamthandsvermögen der Personengesellschaft sind unabhängig von deren Nutzung bewertungsgesetzlich Betriebsvermögen.[4] Ertragsteuerlich ist eine privat genutzte Immobilie im Gesamthandsvermögen dagegen notwendiges Privatvermögen.[5] Hinsichtlich der Unternehmensbewertung führt die private Nutzung der Immobilie zur Qualifikation als nicht betriebsnotwendiges Vermögen und einer separierten Bewertung.

812

Abweichend von der gesetzlichen Regelung gehen die Erbschaftsteuerrichtlinien dagegen von einer **Bestandsidentität** auch für Immobilien aus.

813

*„Ein zum Gesamthandsvermögen gehörendes Grundstück kann dann **nicht Betriebsvermögen** sein, wenn es ausschließlich oder fast ausschließlich der **privaten Lebensführung** eines, mehrerer oder aller Gesellschafter dient."*[6]

*„Forderungen und Schulden zwischen Personengesellschaft und Gesellschafter sind, soweit sie bei der **steuerlichen Gewinnermittlung nicht zum Betriebsvermögen** der Gesellschaft gehören, als gesamthänderisch gehaltene Forderungen im **Privatvermögen** aller Gesellschafter bzw. private Schulden des jeweiligen Gesellschafters zu behandeln."*[7]

Dass sich der steuerliche Blick bei Personengesellschaften nicht auf die **Anteile an der Personengesellschaft**, sondern auf das Betriebsvermögen der Personen-

814

---

1 § 97 Abs. 1 Satz 1 BewG.
2 R 4.2 Abs. 1 Satz 6 i.V.m. Abs. 2 Satz 1 EStÄR 2008.
3 Wälzholz, E., in Viskorf/Knobel/Schuck (Hrsg.), Erbschaftsteuer- und Schenkungsteuergesetz, Bewertungsgesetz Kommentar, 2009, BewG, § 97, S. 1125 Tz. 16.
4 Horn, H.-J., in Fischer/Jüptner/Pahlke/Wachter, ErbStG Kommentar, 2010, § 12, S. 587 Tz. 515; die Behandlung der Grundstücke im Gesamthandsvermögen von Personengesellschaften entspricht der Regelung bei Kapitalgesellschaften.
5 Siehe das Beispiel bei Hübner, H., Erbschaftsteuerreform 2009 Gesetze Materialien Erläuterungen, 2009, S. 487.
6 ErbStR 2011, R B 97.1 Abs. 1 Satz 5.
7 ErbStR 2011, R B 97.1 Abs. 2 Satz 3.

gesellschaft richtet, liegt an der von der zivilrechtlichen Sichtweise abweichenden Sichtweise des Einkommensteuerrechts, nach der die Gesellschafter der Personengesellschaft in ihrer gesamthänderischen Verbundenheit selbst Träger des Gesellschaftsvermögens sind. Die Personengesellschaft ist auch **bewertungsgesetzlich transparent**. Das Gesellschaftsvermögen ist Betriebsvermögen der Gesellschafter (und nicht der Gesellschaft!) und ihnen werden die Wirtschaftsgüter des Betriebsvermögens nach § 39 Abs. 2 Nr. 2 AO bzw. § 3 BewG unmittelbar zugerechnet.[1]

*„Wirtschaftsgüter, die mehreren zur gesamten Hand zustehen, **werden den Beteiligten anteilig zugerechnet**, soweit eine getrennte Zurechnung für die Besteuerung erforderlich ist."*[2]

*„Steht ein Wirtschaftsgut mehreren Personen zu, so ist sein Wert im ganzen zu ermitteln. Der Wert ist auf die Beteiligten **nach dem Verhältnis ihrer Anteile** zu verteilen, soweit nicht nach dem maßgebenden Steuergesetz die Gemeinschaft selbständig steuerpflichtig ist."*[3]

815 Für die Ermittlung des dem einzelnen Gesellschafter zukommenden Anteils am Unternehmenswert der Personengesellschaft konkretisiert § 97 Abs. 1a BewG das Zurechnungsverständnis. Damit erhält der Personengesellschafter zum Beispiel **keinen quotalen Ertragswert** zugerechnet (wie bei einer Kapitalgesellschaft verfahren würde), sondern die Verteilung des Unternehmenswertes erfolgt stufenweise über die Zuordnung von **Kapitalkonten**, darüber hinausgehende **Ertragswertanteile** und letztlich das **Sonderbetriebsvermögen**.[4] Das Erbschaftsteuergesetz und Bewertungsgesetz knüpft insofern an das Einkommensteuerrecht an.

12.3.3.2 Sonderbetriebsvermögen und bewertungsrechtliches Betriebsvermögen

816 Betriebsvermögen einer Personengesellschaft sind nicht nur die Wirtschaftsgüter, die zum Gesamthandsvermögen der Mitunternehmer gehören, sondern auch das **Sonderbetriebsvermögen** im zivilrechtlichen Eigentum von einem, mehreren oder allen Mitunternehmern. Diese Wirtschaftsgüter der Mitunternehmer gehören zum **notwendigen Betriebsvermögen**, wenn sie entweder unmittelbar dem Betrieb der Personengesellschaft dienen (Sonderbetriebsver-

---

1 Meincke, J.P., ErbStG Kommentar, 2009, § 12, S. 419 Tz. 77.
2 § 39 Abs. 2 Nr. 2 AO.
3 § 3 BewG.
4 Siehe Rdn. 1480.

mögen I) oder unmittelbar zur Begründung oder Stärkung der Beteiligung des Mitunternehmers an der Personengesellschaft eingesetzt werden sollen (Sonderbetriebsvermögen II).

Die Wirtschaftsgüter des Sonderbetriebsvermögens können **gewillkürtes Betriebsvermögen** darstellen, wenn sie objektiv geeignet und subjektiv dazu bestimmt sind, den Betrieb der Gesellschaft (Sonderbetriebsvermögen I) oder die Beteiligung des Gesellschafters (Sonderbetriebsvermögen II) zu fördern.[1] Die Zurechnung von Betriebsvermögen zum Sonderbetriebsvermögen geht gemäß § 97 Abs. 1 Nr. 5 Satz 2 zweiter Halbsatz BewG der Zurechnung zum Betriebsvermögen des Gesellschafters vor. 817

Entgegen der Regelung in § 97 Abs. 1 Satz 1 BewG, nach der auch **privat** genutzte Wirtschaftsgüter des **Gesamthandsvermögens** zum bewertungsgesetzlichen Betriebsvermögen gehören, gilt für das **Sonderbetriebsvermögen,** dass dieses als Voraussetzung dem **Betrieb dienen** muss.[2] Dies ergibt sich aus § 97 Abs. 1 Nr. 5 Satz 2 BewG, der auf das Betriebsvermögen verweist, das der steuerlichen Gewinnermittlung zugrunde zu legen ist. 818

Ein teils betrieblich, teils privat genutztes **Grundstück** des Sonderbetriebsvermögens wird ertragsteuerlich in Betriebsvermögen und Privatvermögen bzw. bewertungsrechtlich in Betriebsvermögen und Grundvermögen aufgeteilt.[3] 819

*„Ein einem Gesellschafter oder mehreren Gesellschaftern gehörendes Grundstück ist bei **teilweiser Nutzung zu betrieblichen** Zwecken der Personengesellschaft entsprechend der **ertragsteuerlichen Grundsätze aufzuteilen.**"*[4]

Nach § 97 Abs. 1a Nr. 2 Satz 1 BewG ist für das Sonderbetriebsvermögen eines Mitunternehmers der gemeine Wert zu ermitteln. 820

Damit ist für das Sonderbetriebsvermögen **„separiert"** ein gemeiner Wert zu ermitteln, obwohl das Sonderbetriebsvermögen Teil des bewertungsrechtlichen Betriebsvermögens der Mitunternehmerschaft ist.[5] Die Ausführungen der gleich lautenden Ländererlasse zur Durchführung dieser Bewertung des Sonderbetriebsvermögens sind **missverständlich.** 821

---

1 R 4.2 Abs. 1 Satz 3 EStÄR 2008.
2 Hübner, H., Erbschaftsteuerreform 2009 Gesetze Materialien Erläuterungen, 2009, S. 498.
3 Für Grundstücke des Sonderbetriebsvermögens gilt damit die Regelung, wie sie bei Einzelunternehmen anzuwenden ist.
4 ErbStR 2011, R B 97.1 Abs. 1 Satz 4; siehe auch R 4.2 Abs. 12 Satz 2 EStÄR 2008 („Dient ein Grundstück dem Betrieb der Personengesellschaft nur zum Teil, sind die den Mitunternehmern zuzurechnenden Grundstücksteile lediglich mit ihrem betrieblich genutzten Teil notwendiges Sonderbetriebsvermögen.").
5 ErbStR 2011, R B 97.1 Abs. 1 Satz 1.

*"Für die Wirtschaftsgüter und Schulden des Sonderbetriebsvermögens eines Gesellschafters ist der gemeine Wert im Rahmen einer **Einzelbewertung** zu ermitteln (§ 97 Abs. 1a Nummer 2 BewG)."*[1]

822 Auch in der Literatur finden sich deshalb Hinweise, dass das Sonderbetriebsvermögen somit unter Verwendung von „Einzelbewertungsverfahren" zu bewerten sei. Dies ist begrifflich missverständlich bzw. unzutreffend. Andernfalls wären etwa Anteile an Kapitalgesellschaften, soweit sie als Sonderbetriebsvermögen zu qualifizieren sind, plötzlich wieder mittels Einzelbewertungsverfahren zu bewerten. Ein derartiger Paradigmenwechsel kann nicht gewollt sein.[2]

823 Soweit der Wert für Sonderbetriebsvermögen nach § 151 Abs. 1 BewG gesondert festzustellen ist, ist dieser Wert anzusetzen.

"Ist für Grundbesitz, Betriebsvermögen und Anteile an Kapitalgesellschaften ein Wert nach § 151 Abs. 1 Satz 1 Nummer 1 bis 3 BewG festzustellen, sind die auf den Bewertungsstichtag festgestellten Werte anzusetzen."[3]

12.3.3.3 Ergänzungsbilanzen und bewertungsrechtliches Betriebsvermögen

824 Ergänzungsbilanzen stellen keine Bilanzen im handelsrechtlichen Sinne dar, sondern existieren nur im **Steuerrecht**. Ergänzungsbilanzen erfassen das Delta zwischen dem Kaufpreis für den Erwerb einer Beteiligung an einer Personengesellschaft und dem in der Gesamthandsbilanz ausgewiesenen Wert des die Beteiligung repräsentierenden steuerlichen Kapitalkontos. Dies ist Konsequenz der steuerlichen Sichtweise, die den zivilrechtlichen Anteilskauf (**Share Deal**) an einer Personengesellschaft ignoriert und steuerlich wie einen Kauf von Betriebsvermögen (**Asset Deal**) behandelt.

*"Der entgeltliche Erwerb eines Mitunternehmeranteils an einer Personengesellschaft ist einkommensteuerrechtlich als entgeltliche Anschaffung von **Anteilen** an den einzelnen zum Gesellschaftsvermögen gehörenden **Wirtschaftsgütern** zu werten."*[4]

825 Der das steuerliche Kapitalkonto übersteigende **Kaufpreis** führt zu „**Mehrkapital**" des Anteilskäufers. Dieses Mehrkapital wird vom Anteilskäufer in einer **Ergänzungsbilanz**, die steuerlich nur für den Anteilskäufer gebildet wird, als Mehrkapital auf der Passivseite ausgewiesen. Auf der Aktivseite der Ergän-

---

1 ErbStR 2011, R B 97.2 Satz 1.
2 Siehe hierzu Rdn. 724.
3 ErbStR 2011, R B 97.2 Satz 2.
4 Niedersächsisches FG v. 20.10.2009 - 8 K 323/05 NWB Dok ID: NAAAD-38020.

zungsbilanz wird das Mehrkapital auf die durch den Mehrkaufpreis erworbenen anteiligen stillen Reserven der Gesellschaft verteilt und über die Nutzungsdauer abgeschrieben. Soweit die in den bilanzierten Wirtschaftsgütern der Gesellschaft enthaltenen und auf den Anteilskäufer entfallenden stillen Reserven nicht ausreichen, um den Mehrkaufpreis abzubilden, wird in der Ergänzungsbilanz ein Geschäftswert ausgewiesen.

BEISPIEL: Die Gesellschafter A, B und C sind an einer OHG mit je 33% beteiligt.
Das Festkapitalkonto von A wird mit 100.000 € in der Gesamthandsbilanz der OHG ausgewiesen.
A verkauft seinen Anteil für 800.000 € an Z.
Die Aktiva der OHG weist im Firmengrundstück 900.000 € stille Reserven aus.

Aktiva	Gesamthandsbilanz der OHG		Passiva
Grundstücke und Gebäude	1.000.000	Festkapital A (anschließend Z)	100.000
Maschinen	500.000	Festkapital B	100.000
Vorräte	100.000	Festkapital C	100.000
Forderungen	200.000	Fremdkapital	1.600.000
Kasse	100.000		
Summe	1.900.000	Summe	1.900.000

Aktiva	Ergänzungsbilanz von Z		Passiva
Grundstücke und Gebäude	300.000	Festkapital A	700.000
Maschinen	0		
Vorräte	0		
Forderungen	0		
Kasse	0		
Geschäftswert	400.000		
Summe	700.000	Summe	700.000

Im dargestellten Beispiel kann Z somit die **stillen Reserven** aus der Position Grundstücke und Gebäude (unterstellt, die stillen Reserven entfallen vollständig auf das Gebäude) in seiner Ergänzungsbilanz über die Nutzungsdauer des Gebäudes in Abschreibungsaufwand verwandeln. Gleiches gilt für den Geschäftswert, der über 15 Jahre Nutzungsdauer zu Abschreibungsaufwand führt. Die Summe an Abschreibungen aus der Ergänzungsbilanz von Z reduziert zum einen die **gewerbesteuerliche** Bemessungsgrundlage der Mitunternehmerschaft und zum anderen das **persönlich** zu versteuernde Einkommen von Z.[1]

---

1 Driesch, K., in Lange (Hrsg.) Personengesellschaften im Steuerrecht, 2008, S. 815.

C. Unternehmensbewertung gemäß Erbschaftsteuerreformgesetz

827 **Minderkapital**, also ein Kaufpreis unterhalb des Wertes des Fest-Kapitalkontos (lucky buy!) wird in Umkehrung der dargestellten Systematik abgebildet. Minderkapital führt über den Zeitraum der Auflösung zu einkommensteuerlich relevantem Mehrergebnis beim Anteilskäufer und zu gewerbesteuerlichem Mehrergebnis der Mitunternehmerschaft.

„Die ... fortlaufend jährlich vorzunehmende Auflösung der *negativen Ergänzungsbilanz* der Altgesellschafter ist als *laufender Gewinn* bei der Ermittlung des Gewerbeertrages zu erfassen."[1]

828 Die Ergänzungsbilanz hat somit ausschließlich steuerlichen **Wertkorrekturcharakter** und korrigiert das steuerliche Ergebnis der Mitunternehmerschaft sowie jenes des Anteilskäufers über die Nutzungsdauer der anteilig erworbenen Aktivwerte. Wertansätze in der Ergänzungsbilanz repräsentieren damit **keine selbständig** zu bewertenden Wirtschaftsgüter des Betriebsvermögens im Sinne der §§ 95 bis 97 BewG.[2]

829 In der Begründung des **Finanzausschusses** findet sich folgender Hinweis zu den Ergänzungsbilanzen:

„*Der ermittelte Ertragswert des Gesamthandsvermögens ist zunächst anhand der Kapitalkonten zu verteilen. Das Kapital etwaiger Ergänzungsbilanzen der Gesellschafter wir* **nicht berücksichtigt**, *weil die* **Ergänzungsbilanzen weder bei der Ermittlung des Unternehmenswerts berücksichtigt werden** *noch zusätzliche Entnahmerechte gewähren.*"[3]

830 Der Hinweis, Ergänzungsbilanzen seien für die Unternehmensbewertung irrelevant, ist nicht ganz richtig. Zwar gewähren Ergänzungsbilanzen keine zusätzlichen Entnahmerechte. Die im Falle des Mehrkapitals daraus gewonnenen Abschreibungen reduzieren jedoch zum einen die gewerbesteuerliche Bemessungsgrundlage der Mitunternehmerschaft und zum anderen die einkommensteuerliche Bemessungsgrundlage des Gesellschafters, dem die Ergänzungsbilanz zuzuordnen ist. Im Rahmen der **Grenzpreisermittlung** einer Beteiligung an einer Personengesellschaft sind diese Effekte somit zu berücksichtigen.[4]

---

1 BFH v. 25.4.2006 - VIII R 52/04 NWB Dok ID: SAAAB-91046.
2 Wälzholz, E., in Viskorf/Knobel/Schuck (Hrsg.), Erbschaftsteuer- und Schenkungsteuergesetz, Bewertungsgesetz Kommentar, 2009, BewG, § 97, S. 1126 Tz. 17; Kreutziger/Schaffner/Stephany (Hrsg.), Kommentar zum Bewertungsgesetz, 2009, § 95, S. 416 Tz. 24.
3 Begründung des Finanzausschusses, Teil 2. Materialien II Artikel 2, Änderung des BewG, Nr. 2, § 97 Abs. 1a und 3 BewG, abgedruckt in Hübner, H., Erbschaftsteuerreform 2009 Gesetze Materialien Erläuterungen, 2009, S. 252.
4 Kunowski/Popp, Berücksichtigung von Steuern, in Peemöller (Hrsg.), Praxishandbuch der Unternehmensbewertung, 2009, S. 960.

12.3.4 Der Umfang des Betriebsvermögens von Kapitalgesellschaften

Als Kapitalgesellschaften im Sinne § 97 Abs. 1 Nr. 1 BewG gelten: 831

- Aktiengesellschaften,
- Kommanditgesellschaften auf Aktien,
- Gesellschaften mit beschränkter Haftung,
- europäische Gesellschaften.

Die Unternehmergesellschaft (haftungsbeschränkt) gilt ihrer Rechtsnatur nach als Gesellschaft mit beschränkter Haftung.[1] Sie ist damit durch § 97 Abs. 1 Nr. 1 BewG umfasst. Kapitalgesellschaften bilden immer eine **wirtschaftliche Einheit** des Betriebsvermögens, auch wenn sie tatsächlich kein Gewerbe ausüben.[2] Alle Wirtschaftsgüter im zivilrechtlichen oder wirtschaftlichen Eigentum der Kapitalgesellschaft sind ertragsteuerlich **Betriebsvermögen**. Unabhängig von der grundsätzlichen Bestandsidentität zwischen Steuerbilanz und bewertungsgesetzlichem Betriebsvermögen stellen gemäß § 97 Abs. 1 Satz 1 BewG alle Wirtschaftsgüter der Kapitalgesellschaft Betriebsvermögen im Sinne des Bewertungsgesetzes dar. Das Betriebsvermögen ergibt sich damit hinsichtlich seines Umfanges aus den Wirtschaftsgütern, die das Eigenkapital der Kapitalgesellschaft bilden.[3] Auch reine **Holdinggesellschaften** verfügen nur über Betriebsvermögen. 832

„Danach bilden **alle** Wirtschaftsgüter, die einer GmbH gehören, einen gewerblichen Betrieb; die GmbH wird kraft ihrer Rechtsform als Gewerbetreibende behandelt, wodurch eine Untersuchung, ob sie sich gewerblich betätigt, vermieden wird. Eine wirtschaftliche Betätigung der Gesellschaft mit ihrem Vermögen ist nicht erforderlich; **auch reine Holding-Gesellschaften haben nur Betriebsvermögen**."[4]

Die Wirtschaftsgüter im Eigentum einer Kapitalgesellschaft, die Sonderbetriebsvermögen darstellen, werden dem **Sonderbetriebsvermögen** zugerechnet. Diese Zurechnung geht der Zurechnung zum Betriebsvermögen der Kapitalgesellschaft somit vor. 833

---

1 Wälzholz, E., in Viskorf/Knobel/Schuck (Hrsg.), Erbschaftsteuer- und Schenkungsteuergesetz, Bewertungsgesetz Kommentar, 2009, BewG, § 97, S. 1121 Tz. 10.
2 Wälzholz, E., in Viskorf/Knobel/Schuck (Hrsg.), Erbschaftsteuer- und Schenkungsteuergesetz, Bewertungsgesetz Kommentar, 2009, BewG, § 97, S. 1117 Tz. 1.
3 Eisele, D., in Rössler/Troll (Hrsg.), BewG Bewertungsgesetz Kommentar, Oktober 2009, § 95, S. 18 Tz. 29.
4 BFH v. 26. 1. 1962 - III 33/60 U, BStBl 1962 III S. 247.

834 Vermögen im Eigentum der **Gesellschafter** der Kapitalgesellschaft, welches der Kapitalgesellschaft zur Nutzung überlassen wird, stellt weder ertragsteuerlich noch bewertungsgesetzlich Sonderbetriebsvermögen der Kapitalgesellschaft dar.[1]

12.4 Betriebsvermögen bei nicht bilanzierenden Gewerbetreibenden und freiberuflich Tätigen

835 Bei nicht bilanzierenden Gewerbetreibenden kann der Umfang des Betriebsvermögens nicht auf Basis der Bilanz bestimmt werden. Auch hier bestimmt sich der Umfang des Betriebsvermögens nach den Wirtschaftsgütern und Schulden, die dem Gewerbebetrieb dienen. Nach neuerer Rechtsprechung kann hierbei auch **gewillkürtes Betriebsvermögen** berücksichtigt werden.[2]

Das ertragsteuerlich **notwendige Betriebsvermögen** stellt das bewertungsgesetzliche Betriebsvermögen dar. Notwendiges Betriebsvermögen ist:

► alle Wirtschaftsgüter, die ausschließlich und unmittelbar für eigenbetriebliche Zwecke genutzt werden;[3]

► bewegliche Wirtschaftsgüter, die zu mehr als 50 % eigenbetrieblich genutzt werden.[4]

Grundstücke, die teilweise eigenbetrieblich und teilweise privat genutzt werden, sind nach ertragsteuerlichen Grundsätzen aufzuteilen.[5] Wirtschaftsgüter, die dem **gewillkürten Betriebsvermögen** zugeordnet worden sind, gehören zum Betriebsvermögen, wenn dies ertragsteuerlich zulässig ist.[6] Realisierte Honoraransprüche freiberuflich Tätiger (auch abrechenbare Teilleistungen) sind zu erfassen.[7]

Schulden und sonstige Abzüge sind nur zu berücksichtigen, wenn sie mit Betriebsvermögen in wirtschaftlichem Zusammenhang stehen.[8] Ungewisse Verbindlichkeiten (Rückstellungen!) können abgezogen werden, soweit sie zum

---

1 Eisele, D., in Rössler/Troll (Hrsg.), BewG Bewertungsgesetz Kommentar, Oktober 2009, § 95, S. 19 Tz. 32.
2 Wälzholz, E., in Viskorf/Knobel/Schuck (Hrsg.), Erbschaftsteuer- und Schenkungsteuergesetz, Bewertungsgesetz Kommentar, 2009, BewG, § 95, S. 1109 Tz. 28; a. A. Kreutziger, S., in Kreutziger/Schaffner/Stephany (Hrsg.), Kommentar zum Bewertungsgesetz, 2009, § 95, S. 412 Tz. 14.
3 ErbStR 2011, R B 95 Abs. 3 Satz 1.
4 ErbStR 2011, R B 95 Abs. 3 Satz 2.
5 ErbStR 2011, R B 95 Abs. 3 Satz 3.
6 ErbStR 2011, R B 95 Abs. 3 Satz 4.
7 ErbStR 2011, R B 95 Abs. 3 Satz 6 bis 8.
8 ErbStR 2011, R B 103.2 Abs. 1 Satz 1.

Bewertungsstichtag eine wirtschaftliche Belastung darstellen.[1] Als **Steuerschulden** sind abzugsfähig Umsatzsteuer-, Gewerbesteuer- und Grundsteuerschulden.[2]

12.5 Schulden im Betriebsvermögen

12.5.1 Der Schuldenbegriff des Bewertungsgesetzes

§ 103 Abs. 1 BewG regelt den Ansatz von **Schulden** im Betriebsvermögen für erbschaftsteuerliche und bewertungsgesetzliche Zwecke. Durch die Betonung der Gesamtbewertungsverfahren ist die Regelung in § 103 BewG weitestgehend überflüssig geworden und hat nur noch in folgenden Fällen Bedeutung:[3]

▶ Substanzwert § 11 Abs. 2 Satz 3 BewG,

▶ Sonderbetriebsvermögen § 97 Abs. 1 Nr. 5 Satz 2 BewG,

▶ Separierte Bewertungen des vereinfachten Ertragswertverfahrens in § 200 Abs. 2 bis 4 BewG.

836

§ 103 BewG stellt klar, dass Schulden bewertungsrechtlich unter **zwei kumulativ** zu erfüllenden Bedingungen berücksichtigungsfähig sind.

837

*„Schulden und sonstige Abzüge, die **nach § 95 Abs. 1 zum Betriebsvermögen** gehören, werden vorbehaltlich des Absatzes 3 berücksichtigt, **soweit** sie mit der Gesamtheit oder einzelnen Teilen des Betriebsvermögens im Sinne dieses Gesetzes in **wirtschaftlichem Zusammenhang** stehen."*[4]

§ 11 Abs. 2 Satz 3 BewG verweist entsprechend auf § 103 BewG.

*„Die Summe der gemeinen Werte der zum Betriebsvermögen gehörenden Wirtschaftsgüter und sonstigen aktiven Ansätze abzüglich der zum Betriebsvermögen gehörenden Schulden und sonstigen Abzüge (Substanzwert) der Gesellschaft darf nicht unterschritten werden; die §§ 99 und **103 sind anzuwenden**."*[5]

Eine mittelbare Bedeutung hat die Vorschrift auch für das **vereinfachte Ertragswertverfahren**, da nur für die „zulässigen" Schulden Zinsaufwand, Zinszahlungen, Tilgungszahlungen und Aufwandsdotierungen im Rahmen der Be-

838

---

1 ErbStR 2011, R B 103.2 Abs. 3.
2 ErbStR 2011, R B 103.2 Abs. 6.
3 Kreutziger, S., in Kreutziger/Schaffner/Stephany (Hrsg.), Kommentar zum Bewertungsgesetz, 2009, § 103, S. 450 Tz. 3; Eisele, D., in Rössler/Troll (Hrsg.), BewG Bewertungsgesetz Kommentar, Oktober 2009, § 103, S. 2 Tz. 3.
4 § 103 Abs. 1 BewG.
5 § 11 Abs. 2 Satz 3 BewG.

wertung berücksichtigt werden dürfen.[1] Der Begriff der **Schulden** ist im Bewertungsgesetz nicht definiert. § 103 Abs. 1 BewG verweist allerdings auf **§ 95 Abs. 1 BewG**,

„Schulden und sonstige Abzüge, die **nach § 95 Abs. 1 zum Betriebsvermögen** gehören, werden vorbehaltlich des Absatzes 3 berücksichtigt, ..."[2]

und § 95 Abs. 1 BewG verweist seinerseit auf die steuerliche Gewinnermittlung.

„Das Betriebsvermögen umfasst alle Teile eines Gewerbebetriebs im Sinne des § 15 Abs. 1 und 2 des Einkommensteuergesetzes, die bei der **steuerlichen Gewinnermittlung** zum Betriebsvermögen gehören."[3]

839 Der Begriff der **Schulden** kann somit im Grundsatz auf Basis des **Bilanzrechts** erklärt werden. Danach sind Schulden der Oberbegriff für Verbindlichkeiten, Rückstellungen für ungewisse Verbindlichkeiten und Rückstellungen für drohende Verluste aus schwebenden Geschäften.[4] Gemäß § 103 Abs. 1 BewG sollen aber nicht nur Schulden abzugsfähig sein, sondern auch „sonstige Abzüge".

840 Der Begriff der **sonstigen Abzüge** ist weder im Bilanzrecht noch im Bewertungsgesetz definiert. Interpretiert man die „Sonstigen Abzüge" anhand der Gliederung der Passivseite der Bilanz, sollen über die Verbindlichkeiten und Rückstellungen hinaus noch weitere Passivposten wie der Passive Rechnungsabgrenzungsposten zum Abzug zugelassen sein.[5] Die passiven Rechnungsabgrenzungsposten der Steuerbilanz sind somit in die **Vermögensaufstellung** zu übernehmen.[6]

841 § 103 Abs. 1 BewG enthält neben dem mittelbaren Bezug auf die **Steuerbilanz** noch die weitere Bedingung für die Berücksichtigungsfähigkeit von Schulden, nämlich dass diese in einem **wirtschaftlichen Zusammenhang** mit dem Betriebsvermögen stehen müssen.

---

1 Wälzholz, E., in Viskorf/Knobel/Schuck (Hrsg.), Erbschaftsteuer- und Schenkungsteuergesetz, Bewertungsgesetz Kommentar, 2009, BewG, § 103, S. 1147 Tz. 1.
2 § 103 Abs. 1 BewG.
3 § 95 Abs. 1 BewG.
4 Kozikowski/Schubert, in Ellrott/Förschle/Kozikowski/Winkeljohann (Hrsg.), Beck'scher Bilanzkommentar, 2010, S. 149 Tz. 201.
5 Kreutziger, S., in Kreutziger/Schaffner/Stephany (Hrsg.), Kommentar zum Bewertungsgesetz, 2009, § 103, S. 451 Tz. 6.
6 Eisele, D., in Rössler/Troll (Hrsg.), BewG Bewertungsgesetz Kommentar, Oktober 2009, § 103, S. 8 Tz. 19.

12. Bewertungsrechtliches Betriebsvermögen

Dazu formuliert der BFH:

*„Schulden und sonstige Abzüge, die nach § 95 Abs. 1 BewG zum Betriebsvermögen gehören, werden auch nach der Änderung der §§ 95 ff. BewG durch das StÄndG 1992 grundsätzlich nur berücksichtigt, soweit sie mit der Gesamtheit oder einzelnen Teilen des Betriebsvermögens i. S. des BewG in **wirtschaftlichem Zusammenhang** stehen (§ 103 Abs. 1 BewG). Voraussetzung für den Ansatz der Schulden, die mit einem bestimmten Wirtschaftsgut des Betriebsvermögens zusammenhängen, ist also, dass der Aktivposten, mit dem sie zusammenhängen, als Wirtschaftsgut erfasst werden kann. § 95 Abs. 1 BewG erfährt durch diese Regelung für die Passivseite eine Einschränkung."*[1]

D.h. **Schulden** und **sonstige Abzüge** können somit bewertungsgesetzlich zum Abzug kommen, wenn sie:

1.) Zum Betriebsvermögen gehören und

2.) mit der Gesamtheit oder Teilen des Betriebsvermögens in wirtschaftlichem Zusammenhang stehen.

Die Bedingung Nr. 1 nimmt über § 95 Abs. 1 BewG i.V. m. § 15 Abs. 1 und Abs. 2 EStG Bezug auf das Betriebsvermögen laut **Steuerbilanz**. Der Zusammenhang zwischen der Steuerbilanz und dem bewertungsgesetzlichen Umfang des Betriebsvermögens ist aber nach der Bedingung Nr. 2 dann **nicht** gegeben, wenn Schulden ertragsteuerlich als Privatvermögen qualifiziert werden, da sie zur Finanzierung von ertragsteuerlichem Privatvermögen aufgenommen wurden.

Ein **wirtschaftlicher Zusammenhang** zwischen Schuld und Betriebsvermögen ist gegeben, wenn die Schuld zur Beschaffung, Herstellung oder Erhaltung von Wirtschaftsgütern des **notwendigen oder gewillkürten** Betriebsvermögens eingegangen wurde.[2]

*„Ein **wirtschaftlicher Zusammenhang** i. S. des § 103 BewG wird angenommen, wenn die Entstehung der Schuld ursächlich und unmittelbar auf Vorgängen beruht, die das Betriebsvermögen betreffen .... Dieser Zusammenhang ist insbesondere dann zu bejahen, **wenn die Schuld zum Erwerb, zur Sicherung oder zur Erhaltung des jeweiligen Vermögens eingegangen worden ist**. Dagegen reicht es **nicht** aus, wenn **lediglich ein rechtlicher Zusammenhang** zwischen Schuld und Vermögensgegenstand besteht."*[3]

---

1 BFH v. 15. 3. 2000 - II R 15/98, BStBl 2000 II S. 588.
2 Wälzholz, E., in Viskorf/Knobel/Schuck (Hrsg.), Erbschaftsteuer- und Schenkungsteuergesetz, Bewertungsgesetz Kommentar, 2009, BewG, § 103, S. 1148 Tz. 4.
3 BFH v. 6. 7. 2005 - II R 34/03, BStBl 2005 II S. 797.

845 Wird z. B. eine Immobilie des Gesamthandsvermögens einer **Personengesellschaft** privat genutzt, stellt diese Immobilie ertragsteuerlich notwendiges Privatvermögen dar.[1] Das zur Finanzierung dieser Immobilie von der Personengesellschaft aufgenommene Darlehen ist ertragsteuerlich ebenfalls notwendiges Privatvermögen. Bewertungsrechtlich stellt die Immobilie wegen § 97 Abs. 1 Nr. 1 und Nr. 5 Satz 2 BewG Betriebsvermögen dar. Ein wirtschaftlicher Zusammenhang dieser Schuld mit **notwendigem oder gewillkürtem** Betriebsvermögen ist **nicht gegeben**, womit kein wirtschaftlicher Zusammenhang besteht. Die Schuld kann damit bewertungsgesetzlich nicht berücksichtigt werden und ist nur als **private Nachlassverbindlichkeit** abzugsfähig.[2]

846 Bei **Kapitalgesellschaften** gemäß § 97 Abs. 1 Nr. 1 BewG (AG, KGaA, GmbH, SE) sind deren Wirtschaftsgüter immer Betriebsvermögen. Schulden sind entsprechend immer abzugsfähig.[3]

847 Für eine Reihe von Einzelthemen sieht § 103 BewG noch weitere Durchbrechungen der **Bestandsidentität** zwischen dem Betriebsvermögen laut Steuerbilanz und dem Betriebsvermögen laut Bewertungsgesetz vor. Die Erbschaftsteuerrichtlinien führen dazu Folgendes aus:

„Bei bilanzierenden Gewerbetreibenden und freiberuflich Tätigen (§ 4 Abs. 1 oder § 5 EStG) führt die Anknüpfung an die Grundsätze der steuerlichen Gewinnermittlung regelmäßig zu einer Identität zwischen der Steuerbilanz auf den Bewertungsstichtag oder den Schluss des letzten vor dem Bewertungsstichtag endenden Wirtschaftsjahrs und dem bewertungsrechtlichen Betriebsvermögen. Der Grundsatz der Identität wird insbesondere durchbrochen bei

1. *Gewinnansprüchen gegen eine beherrschte Gesellschaft als sonstigem Abzug bei der beherrschten Gesellschaft (§ 103 Abs. 2 BewG),*

2. *Rücklagen (§ 103 Abs. 3 BewG),*

3. *Bilanzposten im Sinne des § 137 BewG,*

4. *selbst geschaffenen immrateriellen Wirtschaftsgüter des Anlagevermögens sowie Geschäftswert-, Firmenwert- oder Praxiswertbildenden Faktoren, denen*

---

1 Siehe Rdn. 810.
2 Eisele, D., in Rössler/Troll (Hrsg.), BewG Bewertungsgesetz Kommentar, Oktober 2009, § 103, S. 6 Tz. 15.
3 Für Personengesellschaften siehe das Beispiel zu Sonderbetriebsvermögen bei Hübner, H., Erbschaftsteuerreform 2009 Gesetze Materialien Erläuterungen, 2009, S. 487.

ein eigenständiger Wert zugewiesen werden kann, z. B. Kundenstamm, Know-how ...,

5. Rückstellungen ...."[1]

12.5.2 Gewinnansprüche im Sinne von § 103 Abs. 2 BewG

Der Anspruch auf Gewinn gegenüber einer **Tochtergesellschaft** entsteht mit dem Gewinnverwendungsbeschluss für diese Tochter- bzw. Beteiligungsgesellschaft. Die bilanzielle Erfassung dieses Gewinnanspruchs würde damit gegenüber der Gewinnentstehung zu einer phasenverschobenen Bilanzierung dieser Forderung bei der Muttergesellschaft führen. Die Rechtsprechung des BGH hat dies im Sinne einer **phasengleichen Bilanzierung** geändert. Danach haben Kapitalgesellschaften, Personengesellschaften und Einzelunternehmen den Gewinnanspruch gegenüber Kapitalgesellschaften phasengleich zu bilanzieren, wenn an diesen Unternehmen eine **Mehrheitsbeteiligung** besteht.

848

*„Eine **Konzerngesellschaft**, die allein an einer GmbH beteiligt ist, **muß den bei der Tochtergesellschaft** erzielten und zur Ausschüttung vorgesehenen **Gewinn noch für das gleiche Geschäftsjahr** in ihrer **Bilanz und der Gewinn- und Verlustrechnung ausweisen**, wenn der Jahresabschluß der **Tochtergesellschaft** noch **vor Abschluß der Prüfung bei der Muttergesellschaft** festgestellt worden ist und deren Gesellschafterversammlung über die **Gewinnverwendung beschlossen hat."*[2]

Steuerlich besteht dagegen, abgesehen von Ausnahmefällen, grundsätzlich ein Aktivierungsverbot.[3]

849

*„Keine phasengleiche Aktivierung von Dividendenansprüchen bei Beteiligung einer Kapitalgesellschaft an einer anderen Kapitalgesellschaft, **wenn nicht** durch objektiv nachprüfbare Umstände belegt ist, dass am maßgeblichen Bilanzstichtag ein unwiderruflicher Entschluss zur Ausschüttung eines bestimmten Betrags vorliegt .... Dies gilt auch für die Bilanzierung von Gewinnansprüchen in Fällen, in denen Gesellschafter einer Kapitalgesellschaft bilanzierende Einzelunternehmer oder Personengesellschaften sind, sowie in Fällen einer Betriebsaufspaltung, wenn sich die Beteiligung an einer Kapitalgesellschaft im Sonderbetriebsvermögen II des Gesellschafters einer Personengesellschaft befindet."*[4]

---

1 ErbStR 2011, R B 95 Abs. 2.
2 BGH v. 12.1.1998 - II ZR 82/93, BGHZ 137, 378.
3 Winkeljohann/Buchholz, in Ellrott/Förschle/Kozikowski/Winkeljohann (Hrsg.), Beck'scher Bilanzkommentar, 2010, S. 1109 Tz. 216.
4 H 4.2 Abs. 1, Dividendenansprüche, EStR, amtliche Hinweise 2009.

C. Unternehmensbewertung gemäß Erbschaftsteuerreformgesetz

„*Dividendenansprüche aus einer **am Bilanzstichtag noch nicht beschlossenen Gewinnverwendung** einer Tochtergesellschaft kann eine Kapitalgesellschaft aber nach dem Beschluss des Großen Senats des BFH vom 7. August 2000 GrS 2/99 … grundsätzlich **nicht aktivieren**. … Eine **Dividendenforderung** kann danach am Bilanzstichtag zum einen nur insoweit als eigenständiges **Wirtschaftsgut entstanden** sein, als zum Bilanzstichtag ein Gewinn der beherrschten Gesellschaft auszuweisen und der **mindestens ausschüttungsfähige Gewinn bekannt** ist. Zum anderen muss anhand objektiver Gesichtspunkte nachgewiesen sein, dass die Gesellschafter jener Gesellschaft am Bilanzstichtag **endgültig entschlossen** waren, eine bestimmte Gewinnverwendung künftig zu beschließen. Überdies muss sich die Ausschüttungsabsicht des beherrschenden Gesellschafters auf einen **genau festgelegten Betrag** beziehen, wofür es nicht ausreicht, dass die Höhe des auszuschüttenden Betrags nur ungefähr feststeht und seine exakte Bezifferung von erst in der Zukunft erkennbaren Umständen abhängig ist …. Die **Ausnahmevoraussetzungen müssen anhand objektiver, nachprüfbarer und nach außen in Erscheinung tretender Kriterien festgestellt werden können**, die weder unterstellt noch vermutet werden dürfen …. Bei der hiernach gebotenen Prüfung ist insbesondere zu berücksichtigen, dass auch ein beherrschender Gesellschafter oder ein Alleingesellschafter seine am Bilanzstichtag bestehenden **Absichten später ändern kann** …. Schließlich kann der erforderliche feste Ausschüttungswille **nicht schon** daraus geschlossen werden, dass die phasengleiche Aktivierung einer Dividendenforderung es der Muttergesellschaft ermöglichen würde, einen vom Verfall bedrohten **Verlustvortrag zu nutzen**.*"[1]

850   Soweit ein Gesellschafter in der Steuerbilanz einen **Dividendenanspruch** phasengleich ausweist und die beherrschte Gesellschaft mangels Gewinnverwendungsbeschluss noch keine entsprechende Verbindlichkeit ansetzen kann, ist für bewertungsgesetzliche Zwecke gemäß § 103 Abs. 2 BewG eine **Korrektur** erforderlich.

„*Weist ein Gesellschafter in der Steuerbilanz Gewinnansprüche gegen eine von ihm beherrschte Gesellschaft aus, ist **bei dieser ein Schuldposten** in entsprechender Höhe abzuziehen.*"[2]

851   Andernfalls würde es, bei **separierter Bewertung** der Unternehmen einer **Unternehmensgruppe**, zu einer **Doppelerfassung** des jeweiligen Gewinns führen. Deshalb ist in diesem Fall gemäß § 103 Abs. 2 BewG korrespondierend zu dem Ausschüttungsanspruch des Mehrheitsgesellschafters ein **Schuldposten**

---

[1] BFH v. 7.2.2007 - I R 15/06, BStBl 2008 II S. 340.
[2] § 103 Abs. 2 BewG.

bei der Tochter- bzw. Beteiligungsgesellschaft zu bilden. Die Positionen bei der beherrschten und bei der herrschenden Gesellschaft müssen einander entsprechen. Anzusetzen ist die Nettodividende, d. h. der Auszahlungsbetrag zuzüglich der Kapitalertragsteuer.[1]

Praktische Bedeutung bekommt die Thematik zum einen bei der Ermittlung des Mindestwertes nach dem **Substanzwertverfahren**, sowie bei Verwendung des **vereinfachten Ertragswertverfahrens** und der separierten Bewertung der Unternehmen einer Unternehmensgruppe. Soweit ein **Gutachtenwert** nach IDW S1 ermittelt wird, wird für Unternehmensgruppen ohnehin von einer „Durchschüttung" der Dividenden aus den Tochtergesellschaften zum Anteilseigner ausgegangen. 852

12.5.3 Rücklagen im Sinne des § 103 Abs. 3 BewG

Rücklagen wie z. B. Gewinnrücklagen oder Kapitalrücklagen stellen bilanziell Eigenkapital dar. § 103 BewG als Norm zur Regelung von Schulden und sonstigen Abzügen für das bewertungsgesetzliche Betriebsvermögen kann hier von vornherein nicht einschlägig sein. 853

„Rücklagen und Ausgleichsposten mit Rücklagencharakter sind im Allgemeinen nicht abzugsfähig, **weil sie Eigenkapitalcharakter haben** *...."*[2]

Als Rücklagen im Sinne des § 103 Abs. 3 BewG kommen damit insbesondere die **Sonderposten mit Rücklageanteil** in Frage. Durch Verwendung des Sonderpostens mit Rücklageanteil konnten in der Handelsbilanz zum Beispiel folgende Rücklagen steuerfrei gebildet werden: 854

► Reinvestitionsrücklage § 6b EStG,
► Ansparrücklage § 7g EStG,
► Abzinsungsrücklage § 52 Abs. 16 Satz 8 EStG,
► Ersatzbeschaffungsrücklage R 6.6 EStR,
► Zuschussrücklage R 6.5 Abs. 4 EStR.

Aufgabe der Sonderposten war zum einen die Verschiebung steuerpflichtigen Ertrags in die Zukunft und zum anderen der passivische Ausweis steuerlicher **Sonderabschreibungen** in der Handelsbilanz. Im Gegensatz zu „echten" Rücklagen stellen Sonderposten mit Rücklageanteil somit **Mischposten** aus Eigenkapital und Fremdkapital (zeitversetzte Versteuerung!) dar. 855

---

1 Wälzholz, E., in Viskorf/Knobel/Schuck (Hrsg.), Erbschaftsteuer- und Schenkungsteuergesetz, Bewertungsgesetz Kommentar, 2009, BewG, § 103, S. 1156 Tz. 23.
2 ErbStR 2011, R B 11.3 Abs. 4.

856 Der Ansatz von Sonderposten mit Rücklageanteil in der Handelsbilanz ist durch die im Zuge des **Bilanzrechtsmodernisierungsgesetzes** (BilMoG) erfolgte Aufhebung von § 247 Abs. 3 HGB nicht mehr möglich. Dies ist die Folge der in § 5 Abs. 1 Satz 2 EStG aufgegebenen umgekehrten Maßgeblichkeit der Steuerbilanz für die Handelsbilanz. Gemäß Art. 67 Abs. 3 EGHB können vor Einführung des BilMoG gebildete Sonderposten mit Rücklageanteil in der Handelsbilanz beibehalten werden.

„Waren im *Jahresabschluss für das letzte vor dem 1. Januar 2010 beginnende Geschäftsjahr Rückstellungen nach § 249 Abs. 1 Satz 3, Abs. 2 des Handelsgesetzbuchs,* **Sonderposten mit Rücklageanteil nach § 247 Abs. 3**, *§ 273 des Handelsgesetzbuchs oder Rechnungsabgrenzungsposten nach § 250 Abs. 1 Satz 2 des Handelsgesetzbuchs in der bis zum 28. Mai 2009 geltenden Fassung enthalten, können diese Posten unter Anwendung der für sie geltenden Vorschriften in der bis zum 28. Mai 2009 geltenden Fassung, Rückstellungen nach § 249 Abs. 1 Satz 3, Abs. 2 des Handelsgesetzbuchs auch teilweise,* **beibehalten werden.**"[1]

857 Durch die Aufgabe der umgekehrten Maßgeblichkeit in § 5 Abs. 1 Satz 2 EStG und damit den Entfall der **Einheitsbilanz** hat das handelsrechtliche Verbot zur Bildung von Sonderposten mit Rücklageanteil keinen Einfluss auf die Steuerbilanz. Für die **Vermögensaufstellung** können die in der Steuerbilanz geführten Sonderposten gemäß § 103 Abs. 3 BewG allerdings ohnehin nicht übernommen werden, da insofern die Identität zwischen Steuerbilanz und bewertungsgesetzlichem Betriebsvermögen durchbrochen ist.

„Die Identität wird bei den Rücklagen durchbrochen .... In der **Steuerbilanz gewinnmindernd gebildete Rücklagen sind nicht abzugsfähig** *(§ 103 Absatz 3 BewG). Das gilt unabhängig vom Rechtsgrund für ihre Bildung. Darunter fallen z. B. Rücklagen nach § 6b EStG, R. 6.5 EStR, R. 6.6 EStR.*"[2]

„*Ausgleichsposten, die Rücklagencharakter haben, sind ebenfalls* **nicht abzugsfähig.**"[3]

12.5.4 Rücklagen im Sinne des § 137 BewG

858 Für die im Zusammenhang mit dem **DM-Bilanzgesetz** gebildeten Rücklagen im Sinne § 137 BewG gelten die obigen Ausführungen zu den Rücklagen gemäß § 103 Abs. 3 BewG sinngemäß. D.h.

---

1 Art. 67 Abs. 3 EGHGB.
2 ErbStR 2011, R B 103.1 Abs. 2 Satz 1 bis 4.
3 ErbStR 2011, RB 103.1 Abs. 2 Satz 6.

1. das Sonderverlustkonto,
2. das Kapitalentwertungskonto und
3. das Beteiligungsentwertungskonto

können als Eigenkapitalposten nicht zum Abzug kommen.

*"Posten in der Steuerbilanz, bei denen es sich im weitesten Sinne um **Eigenkapital** handelt, bleiben bei der Ermittlung des Einheitswerts des Betriebsvermögens außer Ansatz."*[1]

12.5.5 Rückstellungen als Schulden im Sinne von § 103 BewG

Rückstellungen für ungewisse Verbindlichkeiten stellen aufschiebend bedingte Lasten dar.[2] Aufschiebend bedingte Lasten dürfen gemäß § 6 BewG bei der Ermittlung des Betriebsvermögens nicht als Schulden zum Abzug kommen. Dies ist Ausdruck des **statischen Stichtagsprinzips** im Bewertungsgesetz. Bereits vor dem Erbschaftsteuerreformgesetz galt als Bewertungsziel der gemeine Wert und damit die implizite Notwendigkeit, alle Belastungen im Rahmen der Bewertung zu erfassen, die den Verkaufspreis des Betriebsvermögens oder der Anteile an Kapitalgesellschaften beeinflussen. § 98a BewG a. F. schloss dementsprechend die Anwendung der §§ 4 bis 8 BewG für die Bewertung des Betriebsvermögens aus. Entsprechend befürwortet die Rechtsprechung den Abzug von Rückstellungen.

859

*"Das FG hat im Hinblick auf die besonderen Verhältnisse des Streitfalles nicht gegen das Urteil in BFHE 133, 301, BStBl 1981 II S. 562 verstoßen. Nach dieser Entscheidung **dürfen ertragsteuerrechtlich gebildete Rückstellungen für Garantieverpflichtungen und Wechselobligo** bei der Schätzung des **gemeinen Werts** nichtnotierter Anteile an Kapitalgesellschaften im Rahmen der Ermittlung des **Vermögenswerts berücksichtigt werden**. Gleiches muß für das Teilzahlungsobligo gelten. ..., daß bei der Schätzung des **gemeinen Werts alle Umstände zu berücksichtigen sind**, die bei einer **Veräußerung** im gewöhnlichen Geschäftsverkehr den **Preis beeinflussen** (§ 10 BewG 1934 = § 9 BewG 1965). Der Umstand, daß eine Kapitalgesellschaft für Ausfälle von Forderungen aus den von ihr abgeschlossenen Geschäften eintreten muß, beeinflußt aber den Preis. Deshalb muß bei der **Ermittlung des Vermögenswerts** für die Anteilsbewertung die **Höhe der Verpflichtung**, für Ausfälle aus noch nicht abgewickelten Teilzahlungsgeschäften*

---

1 A 86 Abs. 1 Satz 1 VStR.
2 Kreutziger, S., in Kreutziger/Schaffner/Stephany (Hrsg.), Kommentar zum Bewertungsgesetz, 2009, vor §§ 4 - 8, S. 26 Tz. 3.

*einzutreten, nach **Maßgabe der tatsächlichen Verhältnisse vom Bewertungsstichtag** geschätzt werden; die u. a. auf dem Grundgedanken der **§§ 4 f.** BewG für die Einheitsbewertung des Betriebsvermögens beruhende Einschränkung, **daß zur rechtlichen Verpflichtung eine wirtschaftliche Belastung hinzutreten muß, gilt hier nicht**. Wenngleich die in der Steuerbilanz für das Teilzahlungsobligo gebildete Rückstellung auch für die Anteilsbewertung grundsätzlich ohne weitere Prüfung übernommen werden kann, so besteht **doch keine rechtliche Bindung, so zu verfahren**. In Ausnahmefällen, in denen die **Rückstellung der Steuerbilanz** dem strengen **bewertungsrechtlichen Stichtagsprinzip nicht gerecht** wird, kann sie deshalb **nicht ungeprüft** beim Vermögenswert für die Anteilsbewertung **angesetzt werden**."*[1]

860 Im Zuge des Erbschaftsteuerreformgesetzes ist § 98a BewG aufgehoben worden. Trotzdem gelten die §§ 4 bis 8 BewG für den wesentlichen Anwendungsfall der differenzierten Berücksichtigung von Schulden, den Substanzwert, nicht.[2] Dies ergibt sich bereits aus der Regierungsbegründung.

„Die Definition des **Substanzwerts** entspricht inhaltlich den Grundsätzen der **bisherigen §§ 98a und 103 BewG**."[3]

861 In der Handelsbilanz sind folgende Rückstellungen zu bilden:

Gemäß § 249 Abs. 1 HGB,

1. *„Rückstellungen sind für ungewisse Verbindlichkeiten und*

2. *für drohende Verluste aus schwebenden Geschäften zu bilden.*

3. *Ferner sind Rückstellungen zu bilden für im Geschäftsjahr unterlassene Aufwendungen für Instandhaltung, die im folgenden Geschäftsjahr innerhalb von drei Monaten,*

4. *oder für Abraumbeseitigung, die im folgenden Geschäftsjahr nachgeholt werden,*

5. *Gewährleistungen, die ohne rechtliche Verpflichtung erbracht werden."*

862 Gemäß § 274 Abs. 1 Satz 1 HGB sind ferner Rückstellungen für latente Steuern anzusetzen:

---

1 BFH v. 13. 8. 1986 - II R 213/82, BStBl 1987 II S. 48.
2 Horn, H.-J., in Fischer/Jüptner/Pahlke/Wachter, ErbStG Kommentar, 2010, § 12, S. 504 Tz. 305; Riedel, C., in Daragan/Halaczinsky/Riedel (Hrsg.), Praxiskommentar ErbStG und BewG, 2010, § 11 BewG, S. 877 Tz 44; ErbStR 2011, R B 11.3 Abs. 3 Satz 2 und Satz 3.
3 Begründung des Finanzausschusses, Teil 2. Materialien II Artikel 2, Änderung des BewG, Nr. 2, § 11 BewG, abgedruckt in Hübner, H., Erbschaftsteuerreform 2009 Gesetze Materialien Erläuterungen, 2009, S. 245.

6. „*Bestehen zwischen den handelsrechtlichen Wertansätzen von Vermögensgegenständen, Schulden und Rechnungsabgrenzungsposten und ihren steuerlichen Wertansätzen Differenzen, die sich in späteren Geschäftsjahren voraussichtlich abbauen, so ist eine sich daraus insgesamt ergebende Steuerbelastung als passive latente Steuern (§ 266 Abs. 3 E.) in der Bilanz anzusetzen.*"

Aufgrund des Maßgeblichkeitsprinzips der Handelsbilanz für die Steuerbilanz gemäß § 5 Abs. 1 Satz 1 EStG, sind diese Rückstellungen auch in der Steuerbilanz anzusetzen, soweit dem nicht ein steuerliches Passivierungsgebot, wie § 5 Abs. 4a EStG für die Drohverlustrückstellungen, entgegensteht.

863

Hinsichtlich der Berücksichtigung von Rückstellungen im bewertungsrechtlichen Betriebsvermögen verweist, GLE AntBV v. 17.5.2011 Abschnitt 9 Abs. 2 Nr. 5 auf, GLE AntBV v. 17.5.2011 Abschnitt 4 Abs. 3 Satz 3. Danach gilt für den Ansatz von Rückstellungen im Bewertungsgesetz:

864

„*Aktive und **passive** Wirtschaftsgüter gehören auch dann **dem Grunde nach** zum ertragsteuerlichen Betriebsvermögen, wenn für sie ein **steuerliches** Aktivierungs- oder **Passivierungsverbot** besteht. Eine handelsrechtlich gebotene **Rückstellung** (z. B. Drohverlustrückstellung), die **steuerlich nicht passiviert** werden darf (§ 5 Abs. 4a EStG), ist bei der Ermittlung des Substanzwerts **gleichwohl anzusetzen.***"[1]

Steuerliche Passivierungsverbote wirken sich somit hinsichtlich des Ansatzes der Rückstellungen als bewertungsgesetzliche Schulden nicht aus.

13. Gesonderte Feststellung von Werten und Basiswertregelung

Die Bewertung der Wirtschaftsgüter und sonstigen aktiven Ansätze sowie der Schulden und sonstigen Abzüge erfolgt mit dem gemeinen Wert.[2] Die Werte der folgenden wirtschaftlichen Einheiten werden **gesondert festgestellt**:[3]

865

▶ **Grundbesitz** § 151 Abs. 1 Nr. 1 BewG i. V. m. § 157 BewG,

▶ Betriebsvermögen bei **Gewerbebetrieben** § 151 Abs. 1 Nr. 2 BewG i. V. m. § 95 BewG,

▶ Betriebsvermögen bei **freiberuflich Tätigen** § 151 Abs. 1 Nr. 2 BewG i. V. m. § 96 BewG,

---

1 ErbStR 2011, R B 11.3 Abs. 3 Satz 2 und Satz 3.
2 ErbStR 2011, R B 11.3 Abs. 5 Satz 1.
3 ErbStR 2011, R B 151.1 Abs. 1 Satz 1.

▶ Betriebsvermögen von **Personengesellschaften** bzw. Anteile daran § 151 Abs. 1 Nr. 2 BewG i.V. m. § 97 BewG,

▶ Anteile an **Kapitalgesellschaften** gemäß § 151 Abs. 1 Nr. 3 BewG i.V. m. § 11 Abs. 2 BewG.

866 Die gesonderte Feststellung des Wertes erfolgt gemäß § 151 Abs. 1 Satz 1 BewG, wenn dies für die Erbschaftsteuer bzw. das Bewertungsgesetz von Bedeutung ist. Im Einvernehmen der Verfahrensbeteiligten kann auf die Durchführung eines Feststellungsverfahrens verzichtet werden, wenn es sich um einen Fall von geringer Bedeutung handelt.[1]

867 Für **ausländisches Vermögen** erfolgt keine gesonderte Feststellung § 151 Abs. 4 BewG, es sei denn, es ist Teil eines inländischen Betriebsvermögens oder gehört einer Kapitalgesellschaft mit Sitz oder Geschäftsleitung im Inland.[2]

868 Die **Bewertung** bei der gesonderten Feststellung erfolgt nach den einschlägigen Vorschriften.

▶ Grundbesitz § 99 Abs. 1 Nr. 1 BewG gemäß § 157 Abs. 3 BewG nach den §§ 176 bis 198 BewG,

▶ Betriebsvermögen von Einzelunternehmen und freiberuflich Tätigen gemäß § 11 Abs. 2 BewG i.V. m. § 109 Abs. 1 BewG i.V. m. § 157 Abs. 5 BewG,

▶ Betriebsvermögen von Personengesellschaften gemäß § 11 Abs. 2 BewG i.V. m. § 109 Abs. 2 BewG i.V. m. § 157 Abs. 5 BewG,

▶ Anteile an Kapitalgesellschaften gemäß § 11 Abs. 2 BewG i.V. m. § 157 Abs. 4 BewG.

869 Der **Grundbesitzwert** ist z. B. für Betriebsgrundstücke gesondert festzustellen,

▶ wenn für das Betriebsvermögen eines Gewerbebetriebs der **Substanzwert** zu ermitteln ist und das Grundstück deshalb mit seinem gemäß §§ 176 bis 198 BewG ermittelten Wert, dem gesondert festgestellten Wert, anzusetzen ist,[3]

▶ oder es sich bei dem Grundstück um **nicht betriebsnotwendiges** Vermögen handelt,

▶ oder wenn das Grundstück **Sonderbetriebsvermögen** darstellt.[4]

---

1 ErbStR 2011, R B 151.1 Abs. 3 Satz 1.
2 ErbStR 2011, R B 151.1 Abs. 2.
3 ErbStR 2011, R B 151.2 Abs. 9 Satz 1.
4 ErbStR 2011, R B 151.2 Abs. 9 Satz 2.

13. Gesonderte Feststellung von Werten und Basiswertregelung

Der **Anteil an Kapitalgesellschaften** ist z. B. gesondert festzustellen, 870

▶ wenn für das Betriebsvermögen eines Gewerbebetriebs der **Substanzwert** zu ermitteln ist und der Gewerbebetrieb eine **Beteiligung** an einer Kapitalgesellschaft hält, die dann mit dem nach § 11 Abs. 2 BewG ermittelten Wert anzusetzen ist,

▶ oder wenn die Beteiligung an der Kapitalgesellschaft **Sonderbetriebsvermögen II** darstellt (Beteiligung eines Kommanditisten an der **Komplementär-GmbH**,[1] bei einer **Betriebsaufspaltung** die Anteile eines Gesellschafters der Besitz-Personengesellschaft an der Betriebskapitalgesellschaft[2]).

Liegen gesondert festgestellte Werte zum Bewertungsstichtag vor, dann sind diese Werte anzusetzen. 871

„Ist für Grundbesitz, Betriebsvermögen und Anteile an Kapitalgesellschaften ein Wert nach § 151 Abs. 1 Satz 1 Nr. 1 bis 3 BewG festzustellen, sind die auf den Bewertungsstichtag festgestellten Werte anzusetzen."[3]

Für die gesondert festgestellten Werte gilt gemäß § 151 Abs. 3 BewG die sogenannte **Basiswertregelung**.[4] D.h. bei mehrmaligem Erwerb einer wirtschaftlichen Einheit innerhalb **eines Jahres** kann der festgestellte Wert zugrunde gelegt werden. Dies gilt, wenn sich gemäß § 151 Abs. 3 Satz 1 BewG binnen dieser Frist die Verhältnisse nicht wesentlich geändert haben. 872

Für das Feststellungsverfahren steht als Grundformular die **Anlage Betriebsvermögen zur Feststellungserklärung** zur Verfügung.[5] Für die Ermittlung des vereinfachten Ertragswertes steht die **Anlage Vereinfachtes Ertragswertverfahren** zur Verfügung, für die Ermittlung des Substanzwertes die **Anlage zur Ermittlung des Substanzwerts**.[6]

---

1 BFH v. 11.12.1990 - VIII R 14/87, BStBl 1991 II S. 510.
2 BFH v. 31.10.2000 - VIII R 85/94, BStBl 2001 II S. 185.
3 ErbStR 2011, R B 11.3 Abs. 5 Satz 2; R B 97.2 Satz 2; R B 200 Abs. 2 Satz 5.
4 ErbStR 2011, R B 151.2 Abs. 11; R B 151.4 Abs. 3; R B 151.5 Abs. 3; R B 151.6 Abs. 3.
5 Halaczinsky, R., Die Erbschaft- und Schenkungsteuererklärung, 2010, S. 300 Tz. 8.
6 Halaczinsky, R., Die Erbschaft- und Schenkungsteuererklärung, 2010, S. 313 Tz. 36 und S. 327 Tz. 61.

14. Verfahren zur Unternehmensbewertung nach dem Bewertungsgesetz

14.1 Kriterien zur Auswahl des Bewertungsverfahrens

14.1.1 Die Kriterien im Überblick

873 Börsennotierte Gesellschaften werden gemäß § 11 Abs. 1 BewG anhand der **Börsenkurse** der begebenen Aktien bewertet. Nicht börsennotierte Gesellschaften werden gemäß § 11 Abs. 2 Satz 2 BewG anhand zeitnaher **Verkaufspreise** bewertet. Liegen für nicht börsennotierte Gesellschaften keine zeitnahen Verkaufspreise vor, ergibt sich die Notwendigkeit der Bewertung durch ein **Bewertungsverfahren**. Damit gelten zur Abgrenzung im Sinne des § 11 Abs. 2 Satz 2 BewG im weiteren als Verfahren zur Bewertung nur Rechenverfahren und nicht das „Ablesen" des Unternehmenswertes aus einer Markttransaktion (Börse oder Verkaufspreis).[1] Obwohl § 11 Abs. 2 BewG ausdrücklich nur Kapitalgesellschaften erwähnt, gelten die Regelungen des § 11 Abs. 2 BewG über § 109 BewG auch für Personengesellschaften und Einzelunternehmen.

874 § 11 Abs. 2 Satz 2 BewG gibt zum einen Hinweise, **welche Arten von Verfahren** zur Ermittlung des Unternehmenswertes hier theoretisch zum Einsatz kommen können.

„*...so ist er* **unter Berücksichtigung der Ertragsaussichten** *der Kapitalgesellschaft* **oder** *einer anderen anerkannten, auch* **im gewöhnlichen Geschäftsverkehr** *für nichtsteuerliche Zwecke* **üblichen** *Methode zu ermitteln,...*"[2]

875 Zum anderen wird die Möglichkeit zur **Auswahl** eines Verfahrens durch die folgenden **4 Kriterien** reguliert:

Nach **Kriterium 1** muss das Verfahren gemäß § 11 Abs. 2 Satz 1 BewG geeignet sein, den gemeinen Wert zu ermitteln.

„*Anteile an Kapitalgesellschaften, ..., sind* **mit dem gemeinen Wert** *anzusetzen.*"[3]

Nach **Kriterium 2** ist gemäß § 11 Abs. 2 Satz 2 BewG die Methode entscheidend, die ein Erwerber verwenden würde.

---

1 Auch die Ableitung des Unternehmenswertes aus Verkaufspreisen stellt grundsätzlich ein Verfahren dar; siehe BFH v. 23.2.1979 - III R 44/77, BStBl 1979 II S. 618.
2 § 11 Abs. 2 Satz 2 BewG.
3 § 11 Abs. 2 Satz 1 BewG.

14. Verfahren zur Unternehmensbewertung nach dem Bewertungsgesetz

*"…dabei ist **die Methode** anzuwenden, **die ein Erwerber** der Bemessung des Kaufpreises zu Grunde legen würde."*[1]

Nach **Kriterium 3** ist die Möglichkeit der Verwendung des vereinfachten Ertragswertverfahrens zu beachten.

"Die §§ 199 bis 203 sind zu berücksichtigen."[2]

*"Ist der gemeine Wert von Anteilen an einer Kapitalgesellschaft nach § 11 Abs. 2 Satz 2 unter Berücksichtigung der Ertragsaussichten der Kapitalgesellschaft zu ermitteln, **kann das vereinfachte Ertragswertverfahren (§ 200) angewendet werden**,…"*[3]

Nach **Kriterium 4** ist das Substanzwertverfahren zu wählen, falls dieses zu einem höheren Ergebnis führt, als das ausgewählte Verfahren.

*"Die Summe der gemeinen Werte der zum Betriebsvermögen gehörenden Wirtschaftsgüter und sonstigen aktiven Ansätze abzüglich der zum Betriebsvermögen gehörenden Schulden und sonstigen Abzüge (**Substanzwert**) der Gesellschaft darf nicht unterschritten werden; …"*[4]

Wir fassen zusammen. Das Gesetz umschreibt in § 11 Abs. 2 BewG relativ vage, dass ein **geeignetes Verfahren** bei der Bewertung entweder einen bestimmten **bewertungsrelevanten Aspekt** zu berücksichtigen hat (Ertragsaussichten!) oder eine empirisch zu bestätigende **Verwendungshäufigkeit** aufweist (gewöhnlicher Geschäftsverkehr!). Ergänzend besteht nach § 199 Abs. 1 Satz 1 i.V. m. § 11 Abs. 2 Satz 4 BewG die Option, dass das **vereinfachte** Ertragswertverfahren unter bestimmten Bedingungen verwendet werden kann oder die verbindliche Vorgabe in § 11 Abs. 2 Satz 3 BewG, dass das **Substanzwertverfahren** zur Anwendung kommen muss. Zur Präzisierung müssen die geeigneten Verfahren konzeptionell so angelegt sein, dass sie den **gemeinen Wert** ermitteln können. Entscheidend für die Auswahl der richtigen Methode ist die potenzielle **Methodenwahl eines Erwerbers**.

876

---

1 § 11 Abs. 2 Satz 2 zweiter Halbsatz BewG.
2 § 11 Abs. 2 Satz 4 BewG.
3 § 199 Abs. 1 Satz 1 BewG.
4 § 11 Abs. 2 Satz 3 BewG.

877 Hinsichtlich der geeigneten Verfahrensarten differenziert die Regierungsbegründung mit einer anderen Begriffswahl als das Gesetz. Die Regierungsbegründung verwendet zum einen den Begriff des **Ertragswertverfahrens** statt den gesetzlichen Hinweis auf die **Ertragsaussichten** und zum anderen verweist sie auf die **gebräuchlichen Bewertungsmethoden** statt auf die im Gesetz genannten üblichen Verfahren des **gewöhnlichen Geschäftsverkehrs**. Für die gebräuchlichen Bewertungsmethoden werden in der Regierungsbegründung die Vergleichsmethoden und die Multiplikatormethoden als Beispiele genannt.[1] Die Erbschaftsteuerrichtlinien machen die gebräuchlichen Bewertungsmethoden wiederum an der Existenz branchenspezifischer Verlautbarungen fest.[2]

ABB. 65:	Verfahren gemäß § 11 Abs. 2 BewG		
§ 11 Abs. 2 BewG	**Alternative 1**		**Alternative 2**
	1.) Verfahren unter Berücksichtigung der Ertragsaussichten	oder	andere anerkannte, auch im gewöhnlichen Geschäftsverkehr übliche Methoden
	Einschlägige Verfahren: Ertragswertverfahren, DCF-Verfahren, Mischverfahren, Multiplikatorverfahren.		Einschlägige Verfahren, ohne Berücksichtigung der Ertragsaussichten: ?
	2.)	vereinfachtes Ertragswertverfahren	
	3.)	die Methode, die ein Erwerber wählen würde	
	4.)	Substanzwertverfahren zur Mindestwertermittlung	

---

1 Begründung zum Gesetzentwurf der Bundesregierung, Teil 2. Materialien II Artikel 2, Änderung des BewG, Nr. 2, § 11 BewG, abgedruckt in Hübner, H., Erbschaftsteuerreform 2009 Gesetze Materialien Erläuterungen, 2009, S. 245.
2 ErbStR 2011, R B 11.2 Abs. 2 Satz 3.

ABB. 65a:	Verfahren gemäß Regierungsbegründung		
Regierungs- begründung	1.) große Gesellschaften mit Ertragswertverfahren	oder	andere gebräuchliche Methoden, u. a. vergleichsorientierte Methoden und Multiplikatormethoden
			Feststellungslast hierfür trägt der, der sich darauf beruft, d. h. FA oder Stpfl.
	2.)		vereinfachtes Ertragswertverfahren
	3.)		die Methode, die ein Erwerber wählen würde
	4.)		Substanzwertverfahren zur Mindestwertermittlung
			Liquidationswertverfahren bei Unternehmensauflösung

Gesetz und Regierungsbegründung liegen damit nicht auf einer Linie, da das Ertragswertverfahren nur **ein** Verfahren der Bewertungsverfahren darstellt, die die Ertragsaussichten berücksichtigen. Auch DCF-Verfahren, Multiplikatorverfahren, vereinfachtes Ertragswertverfahren oder Mischverfahren berücksichtigen die Ertragsaussichten.[1] Die Verfahren des gewöhnlichen Geschäftsverkehrs sind in § 11 Abs. 2 Satz 2 erster Halbsatz BewG von den Verfahren, welche die Ertragsaussichten berücksichtigen, durch ein „oder" abgegrenzt. Für Verfahren des gewöhnlichen Geschäftsverkehrs bliebe damit nur das Substanzwertverfahren übrig, welches zwar keine Ertragsaussichten berücksichtigt, aber auch nicht mehr üblich ist. Das Liquidationsverfahren ist wiederum nur für den Auflösungsfall einschlägig und damit kein Verfahren des gewöhnlichen Geschäftsverkehrs.

878

Man kann die gesetzliche Regelung anhand der Regierungsbegründung nur insofern interpretieren, dass das Ertragswertverfahren als nicht für alle Unternehmen einsetzbar eingeschätzt wird, dass mit dem Hinweis auf die Ertragsaussichten das Ertragswertverfahren gemeint war und man den Branchenlösungen des gewöhnlichen Geschäftsverkehrs insofern ergänzend Raum geben wollte.

879

---

[1] Hübner, H., Erbschaftsteuerreform 2009 Gesetze Materialien Erläuterungen, 2009, S. 484; Viskorf, S., in Viskorf/Knobel/Schuck (Hrsg.), Erbschaftsteuer- und Schenkungsteuergesetz, Bewertungsgesetz Kommentar, 2009, BewG, § 11, S. 988 Tz. 43.

14.1.2 Ermittlung des gemeinen Wertes als Verfahrensqualität

880 Inwiefern das letztlich gewählte Verfahren geeignet ist, den gemeinen Wert zu ermitteln, kann nur anhand der **technischen Merkmale** des jeweiligen Verfahrens beurteilt werden, da der gemeine Wert in seiner gesetzlichen Definition für Unternehmenstransaktionen nicht beobachtet werden kann – er ist eine Fiktion. D.h. die Bewertungsverfahren sind danach zu beurteilen, inwiefern sie konzeptionell in der Lage sind die Bestimmungsfaktoren des gemeinen Wertes abzubilden. Der gemeine Wert ist in § 9 BewG definiert.

„Der gemeine Wert wird durch den Preis bestimmt, der im gewöhnlichen Geschäftsverkehr nach der Beschaffenheit des Wirtschaftsgutes bei einer Veräußerung zu erzielen wäre."[1]

881 Der in § 9 BewG genannte gewöhnliche Geschäftsverkehr ist als **Markt** definiert, auf dem Preise durch Angebot und Nachfrage entstehen.[2]

„Gewöhnlicher Geschäftsverkehr ist der Handel, der sich nach den marktwirtschaftlichen Grundsätzen von Angebot und Nachfrage vollzieht und bei dem jeder Vertragspartner ohne Zwang und nicht aus Not, sondern freiwillig in Wahrung seiner eigenen Interessen zu handeln in der Lage ist."[3]

882 Einen derartigen Markt gibt es für nicht börsennotierte Unternehmen allerdings nicht. Diese Erkenntnis ist nicht neu und lässt sich auch dadurch überzeugend darlegen, dass sonst die Profession der Unternehmensbewertung gar nicht erst entstanden wäre.

„Es gibt für Handelsunternehmen wegen ihrer individuellen Verschiedenheit keinen Markt, auf dem sich ein Preis bilden könnte."[4]

883 Der Maßstab gemeiner Wert zur Beurteilung der Eignung von Bewertungsverfahren bietet deshalb unmittelbar keine Entscheidungshilfe. Da ohne Markt keine Marktpreise und damit keine gemeinen Werte beobachtet werden können, müssen geeignete Verfahren zumindest den **Marktmechanismus** möglichst ideal als Modell nachbilden.

884 So stellt die **Ertragswertmethode** zum Beispiel ein Simulationsmodell zur Nachbildung des Preisbildungsprozesses dar.[5] Ohne hier nun jedes einzelne

---

1 § 9 Abs. 2 Satz 1 BewG.
2 Siehe Viskorf, S., in Viskorf/Knobel/Schuck (Hrsg.), Erbschaftsteuer- und Schenkungsteuergesetz, Bewertungsgesetz Kommentar, 2009, BewG, § 11, S. 985 mit Rechtsprechungsnachweisen.
3 BFH v. 14.7.2009 - IX R 6/09 (NV) NWB Dok ID: WAAAD-36757.
4 BGH v. 17.1.1973 – IV ZR 142/70, NJW 1973 S. 509.
5 OLG Stuttgart v. 5.5.2009, AG 2009 S. 713; Schneider, Investition, Finanzierung und Besteuerung, 1992, S. 520.

DCF-Verfahren im Detail auf seine diesbezügliche Eignung überprüfen zu können kann festgehalten werden, dass DCF-Verfahren ebenso geeignet sind wie Ertragswertverfahren, da sie auf den gleichen konzeptionellen Grundlagen beruhen.[1]

Für **Multiplikatorverfahren** spricht, dass sie ohnehin auf Marktpreise zurückgreifen. Allerdings sind diese „Marktpreise" entweder Börsenkurse (Similar Public Company Method), d. h. Preise für einzelne Aktien und damit gerade nicht Marktpreise für Unternehmen oder es handelt sich um Transaktionspreise bzw. Verhandlungspreise (Recent Acquisition Method).[2] **Verhandlungspreise**, soweit diese überhaupt bekannt werden, entstehen mangels Marktmechanismus aber im Verhandlungswege.[3] Sie sind damit regelmäßig vor allem Ausdruck der Machtverhältnisse zwischen dem jeweiligen Käufer und dem jeweiligen Verkäufer, verhandelt ausgehend von subjektiven Unternehmenswerten. Die in diesen Verhandlungsergebnissen „eingepreisten" individuellen Möglichkeiten Synergien zu nutzen, Reorganisationen durchzuführen oder Alternativinvestitionen zu wählen, sind kaum aufzuklären, ganz abgesehen von deren „Aufteilung" im Verhandlungsergebnis. Das **persönliche Element** ist in diesen Werten somit dominierend, wenn auch immer ungeklärt bleibt, wer sich in der Kaufpreisverhandlung wie durchsetzen konnte. Persönliche Verhältnisse dürfen den gemeinen Wert aber nicht beeinflussen.

885

*„Ungewöhnliche oder **persönliche** Verhältnisse sind **nicht** zu berücksichtigen."*[4]

Da subjektive Aspekte für die Wertfindung ausgeschlossen sind, muss die Methode, auch wenn sie vom potenziellen Erwerber als gewählt gilt, **objektivierten Kriterien** genügen. Eine andere Wertableitung ist für dominierte Verhandlungssituationen wie sie auch die Steuererhebung darstellt gar nicht denkbar. Der Steuerpflichtige kann die Verhandlungen mit der Finanzbehörde hinsichtlich seiner steuerlichen Verpflichtungen eben nicht abbrechen, sondern es muss eine Lösung im Rahmen der gesetzlichen Spielregeln gefunden werden. Abgesehen davon definiert bereits das Stichtagsprinzip des Erbschaftsteuergesetzes die Verhältnisse, die bewertungsrelevant sind, womit insofern persönliche Präferenzen negiert werden.

886

---

1 IDW S1 i. d. F. 2008, Tz. 101.
2 Wagner, T. in Krolle/Schmitt/Schwetzler, Multiplikatorverfahren in der Unternehmensbewertung, 2005, S. 6.
3 Schultze, W., Methoden der Unternehmensbewertung, 2003, S. 18.
4 § 9 Abs. 2 Satz 3 BewG.

887 **Mischverfahren**, bei denen die Ertragskomponente als Geschäftswert interpretiert werden kann, sind für ihre Domäne der Praxisbewertung durchaus denkbare Verfahren zur Ermittlung gemeiner Werte. Da diesen Verfahren regelmäßig der Gedanke der ewigen Rente unterlegt ist, gilt dieser Hinweis mit der Einschränkung, dass tatsächlich von stabilen Verhältnissen im Bewertungsobjekt ausgegangen werden kann. Der BGH hat in einer jüngsten Entscheidung für das Umsatzverfahren die Fähigkeit zur Ermittlung eines Verkehrswertes allerdings verneint.[1]

888 Das **vereinfachte Ertragswertverfahren** arbeitet unabhängig vom Problem der Verwendung von Vergangenheitsdaten tendenziell mit einem zu niedrigen Kalkulationszinssatz. Das ergibt sich aus den spezifischen Vorgaben zur Festlegung des Basiszinssatzes und aus einem impliziten Beta-Faktor von 1,0, der auf die standardisierte Marktrisikoprämie von 4,5 % angewendet werden muss. Zu niedrige Kalkulationszinssätze führen zu überhöhten finanzmathematischen Kapitalisierungsfaktoren, verglichen mit den in der Praxis üblichen Multiples bzw. marktbasierten Multiplikatoren. Das vereinfachte Ertragswertverfahren ermittelt somit zwangsläufig überhöhte Unternehmenswerte.[2] Die Ermittlung eines gemeinen Wertes ist damit schwerlich möglich, selbst wenn man davon ausgeht, dass der gemeine Wert nicht eine Punktlandung eines Bewertungsverfahrens darstellt, sondern eine Bandbreite noch zu akzeptierender Werte existiert.[3] Zweifel kamen wohl selbst dem Gesetzgeber, da die Bewertungsergebnisse des vereinfachten Ertragswertverfahrens nur dann zur Verwendung kommen sollen, wenn sie nicht offensichtlich unzutreffend sind.[4] An diesem Kriterium wird künftig nur die Offensichtlichkeit zu klären sein.

889 Als zur Ermittlung gemeiner Werte ungeeignet erscheint das **Substanzwertverfahren**, da sich dieses Verfahren kaum mit der Motivation eines Unternehmenskäufers Renditen zu erzielen in Deckung bringen lassen. Ohne hier bereits die Position des Unternehmenskäufers zur Differenzierung einnehmen zu wollen, sind Verfahren die auf erzielbare Preise bereits konzeptionell nicht eingehen von vornherein ungeeignet, einen typisierten Marktpreis zu ermitteln. Der Gesetzgeber spricht in der Regierungsbegründung zu § 11 Abs. 2 Satz 3

---

1 BGH v. 2.2.2011 – XII ZR 185/08 NWB Dok DI: AAAAD-88296.
2 Hübner, H., Erbschaftsteuerreform 2009 Gesetze Materialien Erläuterungen, 2009, S. 488; Untersuchung von Ballwieser, W., zitiert in Hinz, M., Unternehmensbewertung im Rahmen erbschaft- und schenkungsteuerlicher Zwecke – Ein Vergleich des vereinfachten Ertragswertverfahrens mit „üblichen" Bewertungskalkülen nach den Grunsätzen des IDW S1 i.d.F. 2008, BFuP 2011, S. 323.
3 Meincke, J.P., ErbStG Kommentar, 2009, § 12, S. 379 Tz. 2.
4 § 199 Abs. 1 BewG.

BewG deshalb mit Bezug auf das Ergebnis der Substanzbewertung auch nicht vom gemeinen Wert, sondern vom Mindestwert.[1]

Liquidationswertverfahren ermitteln ohne Zweifel einen gemeinen Wert für das aufgelöste Unternehmen, da sie unter Aufgabe der Fortführungsprämisse auf die Einzelveräußerungspreise der Unternehmenssubstanz abstellen und dabei die negativen Folgen der Unternehmensauflösung (z. B. Sozialplan, Ertragsbesteuerung der stillen Reserven) explizit im Kalkül berücksichtigen. Allerdings ist der Anwendungsbereich dieses Verfahrens denkbar eng (Liquidationsunternehmen!) und es ist zudem nur durch die Regierungsbegründung für den erbschaftsteuerlichen Bewertungsanlass hoffähig gemacht worden.[2]

890

14.1.3 Methodenwahl durch den Erwerber

Gemäß der Vorgabe in § 11 Abs. 2 Satz 2 zweiter Halbsatz BewG soll die Methode für die Unternehmensbewertung maßgeblich sein, die der „**Erwerber**" potenziell anwenden würde. Interpretiert man den Begriff des „Erwerbers" nach der Definition des Erbschaftsteuergesetzes, ist die Methodenwahl des fiktiven Verkäufers entscheidend, da zur Ermittlung des gemeinen Wertes ein **Weiter-Verkauf** des Bewertungsobjektes durch den Erwerber unterstellt wird.[3] Erwerber ist nach dem Erbschaftsteuergesetz aber derjenige, der von Todes wegen oder durch Schenkung unter Lebenden erwirbt.[4] Die Regierungsbegründung erläutert den Begriff des Erwerbers jedoch als „Käufer" und damit entgegen der Systematik des gemeinen Wertes, da der gemeine Wert kein Käuferpreis sondern ein Verkaufspreis ist.[5]

891

*„Um Schätzungsunschärfen, die zulasten des Steuerpflichtigen gehen würden, zu vermeiden, soll auf die **Sicht eines gedachten Käufers** abgestellt werde, ..."*[6]

---

1 Begründung zum Gesetzentwurf der Bundesregierung, Teil 2. Materialien II Artikel 2, Änderung des BewG, Nr. 2, § 11 BewG, abgedruckt in Hübner, H., Erbschaftsteuerreform 2009 Gesetze Materialien Erläuterungen, 2009, S. 245.
2 Begründung zum Gesetzentwurf der Bundesregierung, Teil 2. Materialien II Artikel 2, Änderung des BewG, Nr. 2, § 11 BewG, abgedruckt in Hübner, H., Erbschaftsteuerreform 2009 Gesetze Materialien Erläuterungen, 2009, S. 245.
3 Meincke, J.P., ErbStG Kommentar, 2009, § 12, S. 393 Tz. 27.
4 § 1 Abs. 1 Nr. 1 ErbStG.
5 Für eine Transaktion ergibt sich zwischen Käufer und Verkäufer letztlich nur ein Preis, im Sinne eines Einigungswertes. Die Differenzierung zwischen der Verkäufer- oder Käuferposition ist allerdings im Zusammenhang mit der Klärung der Maßgeblichkeit objektivierter oder subjektiver Unternehmenswerte, für die Ermittlung der erbschaftsteuerlichen Bemessungsgrundlage, von Bedeutung.
6 Begründung zum Gesetzentwurf der Bundesregierung, Teil 2. Materialien II Artikel 2, Änderung des BewG, Nr. 2, § 11 BewG, abgedruckt in Hübner, H., Erbschaftsteuerreform 2009 Gesetze Materialien Erläuterungen, 2009, S. 245.

892 Die **Feststellungslast** bei der Wahl einer Bewertungsmethode trägt derjenige, der sich auf die Methode beruft. Die Feststellungslast trifft damit gleichermaßen das Finanzamt wie den Steuerpflichtigen.[1]

893 Für das **vereinfachte Ertragswertverfahren** ist zu fragen, ob es der gesetzlichen Bedingung der Methodenauswahl durch den Käufer überhaupt zu unterwerfen ist. Aus § 11 Abs. 2 Satz 2 zweiter Halbsatz BewG ließe sich der Schluß ziehen, dass das erst in § 11 Abs. 2 Satz 4 BewG erwähnte vereinfachte Ertragswertverfahren gar nicht in diese Regelung einbezogen ist.

*„... der gemeine Wert ..., so ist er unter Berücksichtigung der **Ertragsaussichten** der Kapitalgesellschaft **oder** einer anderen anerkannten, auch im **gewöhnlichen Geschäftsverkehr** für nichtsteuerliche Zwecke üblichen Methode zu ermitteln; **dabei** ist die Methode anzuwenden, die ein Erwerber der Bemessung des Kaufpreises zu Grunde legen würde."*[2]

894 Gemessen an den in § 11 Abs. 2 Satz 2 BewG erwähnten „Bewertungsverfahren" ist allerdings festzuhalten, dass das vereinfachte Ertragswertverfahren sowohl mit dem Bestimmungsfaktor der Ertragsaussichten wie auch dem Ertragswertverfahren laut Regierungsbegründung in Deckung gebracht werden kann. Auch das vereinfachte Ertragswertverfahren stellt in § 201 Abs. 1 Satz 1 BewG auf die Ertragsaussichten ab und ist zweifelsfrei ein Ertragswertverfahren.

*„Die Grundlage für die Bewertung bildet der **zukünftig nachhaltig zu erzielende Jahresertrag**."*[3]

895 § 11 Abs. 2 Satz 4 BewG verweist zwar kategorisch auf die Regelung des vereinfachten Ertragswertverfahrens, womit die Frage nach einer Wahlmöglichkeit der Methode aufgeworden wird.

*„Die §§ 199 bis 203 **sind zu berücksichtigen**."*[4]

896 Die Anwendung des vereinfachten Ertragswertverfahrens ist in § 199 Abs. 1 Satz 1 BewG aber zum einen als Kann-Vorschrift ausgestaltet und zum anderen wird explizit auf § 11 Abs. 2 Satz 2 BewG zurückverwiesen.

---

1 Begründung zum Gesetzentwurf der Bundesregierung, Teil 2. Materialien II Artikel 2, Änderung des BewG, Nr. 2, § 11 BewG, abgedruckt in Hübner, H., Erbschaftsteuerreform 2009 Gesetze Materialien Erläuterungen, 2009, S. 245.
2 § 11 Abs. 2 Satz 2 BewG.
3 § 201 Abs. 1 Satz 1 BewG.
4 § 11 Abs. 2 Satz 4 BewG.

14. Verfahren zur Unternehmensbewertung nach dem Bewertungsgesetz

„Ist der gemeine Wert von Anteilen an einer Kapitalgesellschaft nach § 11 Abs. 2 Satz 2 unter Berücksichtigung der Ertragsaussichten der Kapitalgesellschaft zu ermitteln, kann das vereinfachte Ertragswertverfahren (§ 200) angewendet werden, ..."[1]

Das vereinfachte Ertragswertverfahren wird somit bewußt in die Verfahren des § 11 Abs. 2 Satz 2 BewG eingereiht. Damit ist auch das vereinfachte Ertragswertverfahren danach auszuwählen, ob ein Käufer es als Methode wählen würde. Hier sei noch einmal an die Überlegungen erinnert, die der Gesetzgeber mit der Delegation der Methodenwahl an den Käufer verknüpft hat.

897

„Um Schätzungsunschärfen, die zulasten des Steuerpflichtigen gehen würden, zu vermeiden, soll auf die Sicht eines gedachten Käufers abgestellt werde, da dieser im Unterschied zum Verkäufer bemüht sein wird, den Preis möglichst niedrig zu halten."[2]

Mit Verweis auf die obigen Eräuterungen zur mangelnden Fähigkeit des vereinfachten Ertragswertverfahrens, gemeine Werte zu ermitteln, sondern vielmehr systematisch Überbewertungen zu produzieren, bleibt Folgendes festzuhalten. Ein Unternehmenskäufer würde diese Methode definitiv nicht wählen, da Überbewertungen den Interessen des Käufers klar zuwider laufen. Wendet das Finanzamt das vereinfachte Ertragswertverfahren pflichtgemäß an, kann diesem das Käufer-Argument entgegen gehalten werden.[3]

898

Es verbleiben damit das reguläre **Ertragswertverfahren bzw. die DCF-Verfahren**, **Multiplikatormodelle** (unter den genannten Einschränkungen!) und gegebenenfalls **Branchenlösungen** im Rennen, die hinsichtlich ihrer potenziellen Wahl durch den fiktiven Käufer zu untersuchen sind. Diese Verfahren berücksichtigen allesamt in mehr oder weniger starker Ausprägung die Ertragsaussichten und kommen gegebenenfalls in bestimmten Branchen bzw. dem gewöhlichen Geschäftsverkehr mit unterschiedlicher Intensität zum Einsatz. Aus dem Blickwinkel der Methodenwahl durch den potenziellen Käufer ist dabei der **Multiplikatormethode** zwar eine hohe Affinität durch die Praxis zu attestieren, allerdings ist eine parallele Bewertung durch Gesamtbewertungsverfahren nach den vorgelegten empirischen Befunden offensichtlich üblich.[4]

899

---

1 § 199 Abs. 1 Satz 1 BewG.
2 Begründung zum Gesetzentwurf der Bundesregierung, Teil 2. Materialien II Artikel 2, Änderung des BewG, Nr. 2, § 11 BewG, abgedruckt in Hübner, H., Erbschaftsteuerreform 2009 Gesetze Materialien Erläuterungen, 2009, S. 245.
3 ErBStR 2011, R B 199.1 Abs. 3 Satz 2
4 Henselmann/Barth, Unternehmensbewertung in Deutschland, 2009, S. 101 f.

900 Dem Versuch der DVFA, die Multiplikatormethode für die Ermittlung objektivierter Unternehmenswerte zu etablieren, hat das IDW eine Absage erteilt.[1] Eine ergänzende Anwendung der **Ertragswertverfahren bzw. DCF-Verfahren** gilt meines Erachtens sogar für die Bewertung von Freiberuflerpraxen.[2] Dass sich ein Verkäufer der üblichen Praxismethoden bedienen wird, ist naheliegend. Der Käufer einer Praxis wird aber, rationales Verhalten unterstellt, seiner Entscheidung eine Unternehmensplanung zugrunde legen, die er gegebenenfalls sogar in Szenarien variiert um die Angemessenheit eines Kaufpreises auch bei negativen Entwicklungstendenzen der zu erwerbenden Praxis zu verproben. Muss der Kaufpreis durch eine Bank finanziert werden, wird spätestens diese ein entsprechendes Vorgehen zur Voraussetzung einer Kreditvergabe machen. Eine Einschränkung der Methodenwahl und Wertfindung auf ein simples Mischverfahren dürfte insofern ausgeschlossen sein.

901 Das **Substanzwertverfahren** ist nach der Systematik des § 11 Abs. 2 BewG aus der Methodenwahl des Käufers ausgenommen, da es sich weder an den Ertragsaussichten orientiert, noch eine im gewöhnlichen Geschäftsverkehr übliche Methode darstellt. Damit kann diesem Verfahren auf dieser Argumentationsbasis (leider) nicht die Legitimation abgesprochen werden.

14.1.4 Ergebnis der Kriterienanalyse

902 **Gesamtbewertungsverfahren** (Ertragswertverfahren und die DCF-Verfahren) bieten einen umfassenden theoretischen Unterbau um gemeine Werte zu ermitteln, insbesondere wenn sie nach dem Konzept des objektivierten Unternehmenswertes ermittelt werden. Sie sind damit uneingeschränkt zur Wertermittlung zu empfehlen. Dies gilt rechtsform- und größenunabhängig.[3]

903 **Multiplikatorverfahren** ist diese Kompetenz nur mit Einschränkungen zu attestieren. Allerdings spricht für die Multiplikatorverfahren als Methode des Käufers die durch Studien belegte Übung der Praxis. Unterstellt man für Unternehmenskäufe in Größenordnungen oberhalb der Kleinstunternehmen eine zumindest teilweise Kreditfinanzierung des Kaufs, kommt ein potenzieller Käufer nicht umhin eine Multiplikatorbewertung durch eine Gesamtbewertung zu unterlegen. Dies gilt ebenso für den Kauf von Freiberuflerpraxen, für

---

1 IDW vom 6.2.2012, Stellungnahme zum Entwurf „Best-Practice-Empfehlungen Unternehmensbewertung".

2 Diese Sichtweise wird bestätigt durch BGH v. 2.2.2011 – XII ZR 185/08 NWB Dok ID: AAAAD-88296.

3 Entsprechende Empfehlung durch Heilmann, A., Die Anwendbarkeit betriebswirtschaftlicher Bewertungsmethoden im Erbschaft- und Schenkungsteuerrecht, 2010, S. 170 f.

deren Finanzierung ein simples Mischverfahren ebenso nicht ausreichend sein wird. D.h. die Gesamtbewertungsverfahren sind in jedem Fall die sichere Wahl des fiktiven Käufers in § 11 Abs. 2 BewG. Die Anwendung des IDW S1 ist für ihre Anwendung nicht vorgeschrieben. Die Komplexität der Anwendung der Verfahren werden aber fast zwangsläufig einen Rückgriff auf den IDW S1 zur Folge haben.

Vereinfachte Ertragswertverfahren ermitteln durch ihre konzeptionelle Überbewertung keine gemeinen Werte und fallen schon deshalb aus dem Anforderungskatalog des § 11 BewG. Auch für das vereinfachte Ertragswertverfahren ist die potenzielle Methodenwahl des Käufers Maßstab zur Beurteilung. Als Folge der zwangsläufigen Überbewertung ist dessen Auswahl durch den potenziellen Käufer auszuschließen. Damit wird eine weitere Bedingung des § 11 BewG für die Anwendbarkeit dieser Methode verletzt. Die Üblichkeit der Anwendung im gewöhnlichen Geschäftsverkehr kann dem Verfahren ebenfalls (noch) nicht attestiert werden, auch wenn es ohnehin der Klasse der steuerlichen Bewertungsverfahren unterfällt und dieses Kriterium somit genau genommen nicht maßgeblich ist. Die Chancen auf eine steigende Popularität dieses Verfahrens ist mit Verweis auf dessen Bewertungsperformance aber eher gering einzuschätzen. 904

Das **Substanzwertverfahren** unterliegt nicht dem Regelungskreis der Methodenwahl in § 11 BewG. Dass dieses Verfahren keinen gemeinen Wert ermitteln kann und von einem Käufer in der Praxis nicht gewählt würde, ändert somit nichts an der erzwungenen Anwendung des § 11 Abs. 2 Satz 3 BewG. Die Regierungsbegründung spricht deshalb auch nicht von einem gemeinen Wert, sondern von einem Mindestwert. Die Umsetzung der verfassungsrechtlichen Vorgabe, unter allen Umständen gemeine Werte als Bewertungsergebnisse sicherzustellen, bleibt in diesem Zusammenhang ein Geheimnis des Gesetzgebers. Resultiert aus der Anwendung eines anderen Verfahrens ein offensichtlich höherer Wert als der Substanzwert, sollte die Ermittlung des letzteren in überschlägiger Form ausreichend sein. 905

14.2 Börsennotierung als Unternehmenswert

14.2.1 Bedeutung des Börsenkurses

Zwischen den Finanzgerichten und den Zivilgerichten besteht ein erheblicher Unterschied hinsichtlich des Vertrauens in den Börsenkurs und seine Fähigkeit, den wahren Wert der Aktie wiederzuspiegeln. Dem Börsenkurs wurde von den 906

Zivilgerichten lange Zeite große Skepsis entgegengebracht und die Eignung abgesprochen, den wahren Wert der Aktie zu repräsentieren.

*„Der **Börsenkurs** kann sich mit dem wahren Wert der Aktien decken, er kann aber auch niedriger oder höher sein. Er ergibt sich aus dem im Augenblick der Kursbildung vorhandenen Verhältnis von Angebot und Nachfrage, das von der Größe oder Enge des Marktes, von zufallsbedingten Umsätzen, von spekulativen Einflüssen und sonstigen nicht wertbezogenen Faktoren wie politischen Ereignissen, Gerüchten, Informationen, psychologischen Momenten oder einer allgemeinen Tendenz abhängt. Außerdem **unterliegt der Börsenkurs unberechenbaren Schwankungen und Entwicklungen**, wie die Aktienkurse der letzten Jahre besonders deutlich gemacht haben."*[1]

907 Akzeptanz erhielt der Börsenkurs erst durch die **DAT/Altana-Entscheidung** des Bundesverfassungsgerichtes, mit der das Argument der Verkehrsfähigkeit der Aktie betont wurde. Allerdings werden von den Zivilgerichten auch seither Börsenkurse danach untersucht, inwiefern diese etwa wegen einer bestehenden Marktenge als nicht aussagefähig abzulehnen sind.

*„Der **Börsenwert** kommt als Untergrenze der Barabfindung bzw. der Bewertung bei der Ermittlung der Verschmelzungswertrelation **nicht in Betracht, wenn er den Verkehrswert der Aktien nicht widerspiegelt**. Das kommt sowohl bei der Barabfindung als auch bei der Abfindung in Aktien grundsätzlich nur dann in Betracht, wenn über einen längeren Zeitraum mit Aktien der Gesellschaft praktisch **kein Handel** stattgefunden hat, aufgrund einer **Marktenge** der einzelne außenstehende Aktionär nicht in der Lage ist, seine Aktien zum Börsenpreis zu veräußern oder der **Börsenpreis manipuliert** worden ist..."*[2]

908 Die **Finanzgerichte** lassen dagegen grundsätzlich keinen Einwand gegen die Maßgeblichkeit des Börsenkurses zu. Zumindest nicht mit der Zielrichtung, eine Bewertung unterhalb des festgestellten Börsenkurses zu erreichen.

*„Der im amtlichen Handel **notierte Kurs** der Wertpapiere ist nach dem Willen des Gesetzgebers als deren **gemeiner Wert** anzusehen .... Es handelt sich um eine – verfassungsrechtlich unbedenkliche – Typisierung bei der Wertfindung, die dem steuerlichen Massenverfahren Rechnung tragen und der gleichmäßigen Steuerfestsetzung dienen soll. Der Gesetzgeber hat mit dieser Regelung sachgerecht berücksichtigt, dass für die zum amtlichen Handel zugelassenen Wertpapiere amtlich festgestellte Preise vorliegen, die der wirklichen Geschäftslage*

---

1 BGH v. 30.3.1967 – II ZR 141/64, Tz.11, juris.
2 BGH v. 12.3.2001 – II ZB 15/00, NWB Dok ID: YAAAB-97580.

des Verkehrs an der Börse entsprechen, die überdies regelmäßig veröffentlicht werden und somit leicht zugänglich sind .... *Die* **Rechtsprechung hat Abweichungen vom Kurswert deshalb auch nur dann zugelassen, wenn der amtlich festgestellte Kurs nicht der wirklichen Geschäftslage des Verkehrs an der Börse entspricht, d. h.** *eine Streichung des festgestellten Kurses hätte erreicht werden können* .... *Sind danach die Preise maßgebend, welche der wirklichen Geschäftslage des Verkehrs an der Börse entsprechen, so sind* **Einwendungen ausgeschlossen,** *die nicht diese Geschäftslage betreffen. Insbesondere kann* **grundsätzlich nicht eingewandt werden, dass der Börsenpreis nicht dem gemeinen Wert der Aktien entspreche.** *Andernfalls würde § 11 Abs. 1 BewG praktisch ausgehöhlt werden...*"[1]

Anpassungen sind dagegen mit dem Ziel einer Höherbewertung auch gesetzlich vorgesehen. § 11 Abs. 3 BewG regelt dies im Rahmen des sogenannten **Paketzuschlags**.

909

14.2.2 Der Begriff Wertpapiere

Gemäß § 11 Abs. 1 BewG sind börsennotierte Wertpapiere mit dem Kurs zum Bewertungsstichtag zu bewerten. Der Begriff des Wertpapiers ist gesetzlich nicht einheitlich definiert.[2] Nach herrschender Meinung sind Wertpapiere **Urkunden**, ohne deren Innehabung ein darin verbrieftes privates Recht nicht geltend gemacht werden kann.[3] Für das Erbschaftsteuergesetz definieren die Erbschaftsteuerrichtlinien:

910

„**Wertpapiere** *im Sinne der erbschaftsteuerrechtlichen Verschonungsvorschriften sind ausschließlich auf dem Markt gehandelte Wertpapiere im Sinne des § 2 Abs. 1 des Wertpapierhandelsgesetzes (WpHG)."*[4]

Die Definition der Wertpapiere lautet nach § 2 Abs. 1 WpHG:

911

„**Wertpapiere im Sinne dieses Gesetzes sind**, *auch wenn keine Urkunden über sie ausgestellt sind, alle Gattungen von übertragbaren Wertpapieren mit Ausnahme von Zahlungsinstrumenten, die ihrer Art nach auf den Finanzmärkten handelbar sind, insbesondere*

---

1 BFH 1. 10. 2001 – II B 109/00 (NV), NWB Dok ID: GAAAD-96958.
2 Siehe z. B. § 1 Abs. 1 Satz 1 Gesetz über die Verwahrung und Anschaffung von Wertpapieren; § 2 Abs. 2 WpÜG, § 2 Nr. 1 WpPG.
3 Sprau, H., in Palandt, Bürgerliches Gesetzbuch, 2006, vor § 793, Tz. 1.
4 ErbStR 2011, R E 13b.17 Abs. 1 Satz 2.

1. *Aktien,*

2. *andere Anteile an in- oder ausländischen juristischen Personen, Personengesellschaften und sonstigen Unternehmen, soweit sie Aktien vergleichbar sind, sowie Zertifikate, die Aktien vertreten,*

3. *Schuldtitel,*

a) insbesondere Genussscheine und Inhaberschuldverschreibungen und Orderschuldverschreibungen sowie Zertifikate, die Schuldtitel vertreten,

b) sonstige Wertpapiere, die zum Erwerb oder zur Veräußerung von Wertpapieren nach den Nummern 1 und 2 berechtigen oder zu einer Barzahlung führen, die in Abhängigkeit von Wertpapieren, von Währungen, Zinssätzen oder anderen Erträgen, von Waren, Indices oder Messgrößen bestimmt wird.

Wertpapiere sind auch Anteile an Investmentvermögen, die von einer Kapitalanlagegesellschaft oder einer ausländischen Investmentgesellschaft ausgegeben werden."[1]

912 Für die Thematik Unternehmensbewertung sollen nachfolgend primär **börsennotierte Aktien** als Wertpapiere thematisiert werden. Als börsennotiert gelten Aktien im Sinne § 3 Abs. 2 AktG.

„Börsennotiert im Sinne dieses Gesetzes sind Gesellschaften, deren Aktien zu einem Markt zugelassen sind, der von staatlich anerkannten Stellen geregelt und überwacht wird, regelmäßig stattfindet und für das Publikum mittelbar oder unmittelbar zugänglich ist."[2]

14.2.3 Marktsegmente

913 Das Vierte Finanzmarktförderungsgesetz vom 21. 6. 2002 änderte das Börsengesetz und beseitigte die Einrichtung des Kursmaklers.[3] Der Kursmakler, als für die Feststellung des amtlichen Börsenpreises zuständiges Börsenorgan, wurde durch den **Skontroführer ohne amtliche Funktion** ersetzt. Der Skontroführer hat gemäß § 28 Abs. 1 Satz 1 BörsG n. F. auf einen geordneten Marktverlauf hinzuwirken. Der **amtliche Markt** stellte damit nur noch ein Marktsegment ohne öffentlich-rechtlichen (amtlichen) Charakter dar.[4]

---

1 § 2 Abs. 1 WpHG.
2 § 3 Abs. 2 AktG.
3 Schwark, E., in Schwark/Zimmer (Hrsg.), Kapitalmarktrechts-Kommentar, 2010, S. 7 Tz. 11.
4 Schwark, E., in Schwark/Zimmer (Hrsg.), Kapitalmarktrechts-Kommentar, 2010, S. 7 Tz. 11.

Mit dem Finanzmarktrichtlinie-Umsetzungsgesetz vom 16. 7. 2007 wurde das Börsengesetz vollständig neu erlassen und verkürzt. Die Marktsegmente **amtlicher Markt** und **geregelter Markt**, als die öffentlichrechtlich organisierten Marktsegmente, wurden abgeschafft.[1] An deren Stelle tritt der **regulierte Markt** § 32 ff. BörsG. Der privatrechtlich organisierte **Freiverkehr** § 48 BörsG bleibt als Handelssegment bestehen, wurde aber einer stärkeren Kontrolle durch die Börsenaufsicht unterworfen.[2]

914

Der Wertpapierhandel findet an den sieben deutschen **Wertpapierbörsen** (Düsseldorf, Frankfurt/Main, Hamburg, Hannover, München, Stuttgart, Berlin) in den zwei Marktsegmenten Regulierter Markt und Freiverkehr statt. Die größten Umsätze werden im elektronischen Handelssystem **Xetra** der Wertpapierbörse Frankfurt/Main erzielt.[3] Über Xetra wird mittlerweile mehr als 95 % des deutschen Aktienhandels abgewickelt.

915

§ 11 Abs. 1 BewG regelt die Bewertung börsennotierter Aktien und unterscheidet dabei den **regulierten Markt** und den **Freiverkehr**.

916

„Wertpapiere und Schuldbuchforderungen, die am Stichtag an einer deutschen Börse zum Handel im regulierten Markt zugelassen sind, werden mit dem niedrigsten am Stichtag für sie im regulierten Markt notierten Kurs angesetzt. Liegt am Stichtag eine Notierung nicht vor, so ist der letzte innerhalb von 30 Tagen vor dem Stichtag im regulierten Markt notierte Kurs maßgebend. Entsprechend sind die Wertpapiere zu bewerten, die in den Freiverkehr einbezogen sind."[4]

Der **regulierte** Markt ist ein **organisierter** Markt im Sinne des § 2 Abs. 5 WpHG.[5]

917

*„Organisierter Markt im Sinne dieses Gesetzes ist ein im Inland, in einem anderen Mitgliedstaat der Europäischen Union oder einem anderen Vertragsstaat des Abkommens über den Europäischen Wirtschaftsraum betriebenes oder verwaltetes, durch staatliche Stellen genehmigtes, geregeltes und überwachtes multilaterales **System**, das die Interessen einer Vielzahl von Personen am **Kauf und Verkauf von dort zum Handel zugelassenen Finanzinstrumenten innerhalb des Systems** und nach festgelegten Bestimmungen in einer Weise zusammenbringt*

---

1 Seiffert, J., in Kümpel/Wittig (Hrsg.), Bank- und Kapitalmarktrecht, 2011, S. 307 Tz. 4.9.
2 Schwark, E., in Schwark/Zimmer (Hrsg.), Kapitalmarktrechts-Kommentar, 2010, S. 10 Tz. 16.
3 Seiffert, J., in Kümpel/Wittig (Hrsg.), Bank- und Kapitalmarktrecht, 2011, S. 306 Tz. 4.3.
4 § 11 Abs. 1 BewG.
5 Möllmann, P., in Tiedtke (Hrsg.), ErbStG Kommentar, 2009, § 12, S. 302 Tz. 67; Riedel, C., in Daragan/Halaczinsky/Riedel (Hrsg.), Praxiskommentar ErbStG und BewG, 2010, § 11 BewG, S. 861 Tz. 6.

oder das Zusammenbringen fördert, die zu einem Vertrag über den Kauf dieser Finanzinstrumente führt."[1]

918 **Voraussetzung** für den Handel auf dem regulierten Markt ist eine zu beantragende Zulassung gemäß § 32 BörsG. Die rechtlichen Grundlagen für diese Zulassung sind im Detail im Börsengesetz, in der Börsenzulassungsverordnung und der Börsenordnung, sowie im Wertpapierprospektgesetz geregelt.

919 Wesentliche Kriterien für die **Erstzulassung von Aktien** zum regulierten Markt sind:

- „Bestehen des Emittenten als Unternehmen seit mindestens 3 Jahren,
- Der voraussichtliche Kurswert der zuzulassenden Aktien oder – falls eine Schätzung nicht möglich ist – das Eigenkapital des Unternehmens beträgt mindestens € 1,25 Mio.,
- Mindestanzahl der Aktien beträgt bei Stückaktien 10.000,
- Streubesitzanteil von mindestens 25 Prozent,
- Das Zulassungsdokument ist ein Börsenzulassungsprospekt mit den Angaben über die tatsächlichen und rechtlichen Verhältnisse, die für die Beurteilung des Emittenten und des Wertpapiers wesentlich sind. Der Börsenzulassungsprospekt muss richtig und vollständig sein und muss die Bilanzen, Gewinn- und Verlustrechnungen und Kapitalflussrechnungen der letzten drei Geschäftsjahre und den Anhang sowie den Lagebericht des letzten Geschäftsjahres enthalten,
- Publikationssprache: Deutsch, für ausländische Emittenten auch Englisch,
- Entscheidungsgremium ist die Zulassungsstelle der FWB Frankfurter Wertpapierbörse."[2]

920 Mit der Zulassung zum regulierten Markt sind für den Emittenten besondere **Folgepflichten** verbunden:

- „Veröffentlichung eines Jahresabschlusses,
- Veröffentlichung eines Zwischenberichts für die ersten sechs Monate des Geschäftsjahres,
- Ad-hoc-Publizität gemäß § 15 WpHG,
- Mitteilungspflicht gemäß § 21 WpHG."[3]

---

1 § 2 Abs. 5 WpHG.
2 Deutsche Börse AG, http://deutsche-boerse.com.
3 Deutsche Börse AG, http://deutsche-boerse.com.

Die aufgeführten Zulassungsvoraussetzungen und Folgepflichten gelten im re- 921
gulierten Markt für das Teilsegment des sogenannten **General Standard**.

Daneben existiert mit zusätzlichen Anforderungen der **Prime Standard**. 922

„Der **Prime Standard** zählt zu den EU-regulierten Segmenten und ist das Zulassungssegment für Unternehmen, die sich auch gegenüber internationalen Investoren positionieren wollen. Prime Standard Unternehmen müssen **über das Maß des General Standard hinaus**, der die gesetzlichen Mindestanforderungen des Regulierten Marktes stellt, hohe internationale Transparenzanforderungen erfüllen. Die Zulassung zum Prime Standard ist eine Voraussetzung für die Aufnahme in die Auswahlindizes DAX®, MDAX®, TecDAX® und SDAX®."[1]

Hierfür gelten folgende **Zulassungsvoraussetzungen**: 923

▶ *„Zulassung zum Regulierten Markt*

▶ *Die Zulassung zum Prime Standard erfolgt auf Antrag des Emittenten. Entscheidungsgremium ist die Geschäftsführung der FWB."*[2]

Als wichtige **Zulassungsfolgepflichten** sind zu berücksichtigen: 924

▶ *„Quartalsfinanzberichterstattung in deutscher und englischer Sprache*

▶ *Veröffentlichung eines Unternehmenskalenders*

▶ *Durchführung mindestens einer Analystenkonferenz pro Jahr*

▶ *Ad-hoc-Mitteilungen auch in englischer Sprache*

▶ *Zulassungsfolgepflichten des General Standard."*[3]

Der **Freiverkehr** wird seit 2005 auch **Open Market** genannt.[4] Der Freiverkehr ist 925
kein organisierter Markt i. S.v. § 2 Abs. 5 WpHG (Wertpapierhandelsgesetz).[5]
Die im Freiverkehr gehandelten Aktien gelten insofern nicht als börsennotiert im Sinne § 3 Abs. 2 AktG. Basis für die Einbeziehung von Wertpapieren in den Freiverkehr bilden die **Freiverkehrsrichtlinien** der Deutsche Börse AG. Es gibt nur wenige formale Einbeziehungsvoraussetzungen und keine Folgepflichten für den Emittenten. An die Notierung im **Entry Standard**, einem Teilsegment des Freiverkehrs an der Frankfurter Wertpapierbörse, werden zusätzliche Veröffentlichungspflichten geknüpft.

---

1 Deutsche Börse AG, http://deutsche-boerse.com.
2 Deutsche Börse AG, http://deutsche-boerse.com.
3 Deutsche Börse AG, http://deutsche-boerse.com.
4 Möllmann, P., in Tiedtke (Hrsg.), ErbStG Kommentar, 2009, § 12, S. 302 Tz. 68.
5 Riedel, C., in Daragan/Halaczinsky/Riedel (Hrsg.), Praxiskommentar ErbStG und BewG, 2010, § 11 BewG, S. 862 Tz 9.

*„Eine Notierungsaufnahme im **Entry Standard** wählen Unternehmen, die sich innerhalb des Open Market visibler positionieren und dem Kapitalmarkt **mehr Informationen** zur Verfügung stellen wollen. Beim Open Market nutzt die Börse ihren Gestaltungsspielraum, um insbesondere **kleineren und mittleren Unternehmen** eine einfache, schnelle und kosteneffiziente Einbeziehung in den Börsenhandel zu ermöglichen."*[1]

926 Im Freiverkehr der Frankfurter Wertpapierbörse werden neben deutschen Aktien überwiegend ausländische Aktien, Renten deutscher und ausländischer Emittenten, Zertifikate und Optionsscheine gehandelt. Er ist am 1.5.1987 durch den Zusammenschluss von „Geregelter Freiverkehr" und „Ungeregelter Freiverkehr" entstanden.[2] Im Freiverkehr werden die Kursfeststellungen durch **freie Makler** und **Banken** durchgeführt.[3]

927 Notierte Anteile, die **weder** im regulierten Markt **noch** im Freiverkehr gehandelt werden, fallen nicht unter die Bewertungsregeln des § 11 Abs. 1 BewG.[4] Hierzu zählt etwa der Handel im Telefonverkehr oder der Interbanken-Handel.

14.2.4 Ermittlung von Börsenkursen

928 Die klassische Ermittlung des Börsenkurses findet im Präsenz- bzw. Parketthandel statt. Merkmal dieser Handelsform ist, dass sich die Marktteilnehmer (z. B. Börsenmakler) zu festgelegten Zeiten an einem bestimmten Ort (Parkett) persönlich treffen, um dort zu handeln. In Deutschland findet der Parketthandel noch an folgenden Standorten statt: Düsseldorf, Hamburg, Hannover, München, Stuttgart, Berlin. In Frankfurt wurde der Parketthandel am 20.5.2011 eingestellt.

*„Unscheinbares Ende einer Ära: Der Freitag war der letzte Tag des klassischen Parketthandels an der Frankfurter Börse. Wenn Deutschlands wichtigster Handelsplatz an diesem Montag (23.5.) öffnet, geben endgültig Computer den Ton an: Dann werden **sämtliche Aktien und Anleihen an der Frankfurter Wertpapierbörse (FWB) über das Computersystem Xetra** gehandelt. Der Präsenzhandel auf Zuruf ist dann Geschichte. ... Verwaisen wird der aus dem Fernsehen bekannte Handelssaal auch in Zukunft nicht: Gut **100 Börsianer** werden weiterhin im **Schichtbetrieb auf dem Parkett** tätig sein. Sie arbeiten für 15 Maklerfirmen und*

---

1 Deutsche Börse AG, http://deutsche-boerse.com.
2 Deutsche Börse AG, http://deutsche-boerse.com.
3 http://www.boerse-online.de.
4 Riedel, C., in Daragan/Halaczinsky/Riedel (Hrsg.), Praxiskommentar ErbStG und BewG, 2010, § 11 BewG, S. 863 Tz. 12.

*heißen künftig nicht mehr „Skontroführer", sondern „Xetra-Spezialisten". Ihre Aufgabe: Sie sollen den **direkten Draht zu Investoren halten** und bei Bedarf auch mit Eigenmitteln für ausreichend Liquidität bei bestimmten Werten sorgen."*[1]

Wird der Börsenkurs nur einmal pro Börsensitzung und zwar zur Mitte der Börsensitzung festgestellt, nennt man diesen Kurs Einheitskurs. Erfolgt die Kursfeststellung im Präsenzhandel, wird der Einheitskurs als Kassakurs bezeichnet. 929

*„Der **Einheitskurs** wird vor allem für Aktien ermittelt, die aufgrund ihrer geringen Liquidität, d. h. ihres geringen Handelsvolumens, **nicht zum variablen Handel** zugelassen sind. Auch für Aktien im variablen Handel werden Einheitskurse festgestellt, und zwar dann, wenn die vorliegenden Orders mangels eines geeigneten Geschäftspartners bis zur Feststellung des Einheitskurses nicht ausgeführt werden konnten."*[2]

Mit dem Rückgang der Bedeutung des Präsenzhandels hat auch die Bedeutung des Kassakurses stark abgenommen. 930

Computerbörsen, wie z. B. das Computerhandelssystem Xetra, sind weltweit zugänglich und haben den klassischen Parketthandel fast vollständig verdrängt. An Computerbörsen erfolgt im fortlaufenden Handel eine **variable Notierung**, die sich nach den eingehenden Aufträgen richtet. 931

*„Für Wertpapiere mit **großem Handelsvolumen**, die zum **kontinuierlichen bzw. fortlaufenden Handel** zugelassen sind, wird ein **variabler Kurs** festgestellt, sobald ein Geschäft zustande kommt, d. h. Angebot und Nachfrage sich entsprechen. Die Feststellung variabler Kurse **beginnt im Anschluss an die Bestimmung des Eröffnungskurses** und **endet mit der Fixierung des Schlusskurses** am Ende einer Börsensitzung."*[3]

Durch die Bedeutung des Computerhandels kommt der variablen Börsenkursnotierung entscheidende Bedeutung bei der Bestimmung eines Börsenkurses zu. In der Vergangenheit wurde die variable Notierung von der Finanzverwaltung teilweise als maßgeblicher Börsenkurs abgelehnt. Dies entspricht weder dem Wortlaut des Gesetzes (niedrigster Kurs!) noch der Realität der Kursfeststellung.[4] 932

---

1 http://www.boerse-frankfurt.de, dpa v. 23. 5. 2011.
2 Deutsche Börse AG, http://deutsche-boerse.com.
3 Deutsche Börse AG, http://deutsche-boerse.com.
4 Jülicher, M., Troll/Gebel/Jülicher, ErbStG, § 12, Oktober 2010, S. 106 Tz. 272.

14.2.5 Bewertung börsennotierter Aktien

933 Maßgeblich für die Bewertung von Aktien börsennotierter Aktiengesellschaften sind die Kurse an **deutschen Börsen**.

„Wertpapiere und Schuldbuchforderungen, die am Stichtag an einer **deutschen Börse** zum Handel im regulierten Markt zugelassen sind, ..."[1]

934 Bei nur an **ausländischen Börsen** notierten Aktien ist primär auf den inländischen Interbanken-Telefonkurs abzustellen. Soweit dieser nicht verfügbar ist, sind die Kurse des Emissionslandes zu verwenden.

„Bei **ausländischen Wertpapieren** ist, wenn ein **Telefonkurs im inländischen Bankverkehr** vorliegt, dieser maßgebend. Lässt sich der gemeine Wert nicht auf dieser Grundlage ermitteln, ist er möglichst aus den **Kursen des Emissionslandes** abzuleiten."[2]

935 Die Bewertung der an einer deutschen Wertpapierbörse im **regulierten Markt** notierten Aktien, bestimmt sich gemäß § 11 Abs. 1 Satz 1 BewG nach dem **niedrigsten Kurs** am Bewertungsstichtag (Stichtagskurs), wenn

▶ 1. die Aktien im regulierten Markt zugelassen sind und

▶ 2. der Bewertungsstichtag auf einen Börsentag fällt und

▶ 3. Börsenhandel stattfindet und

▶ 4. für die Aktien ein Kurs festgesetzt wird.

936 Treffen eines der Kriterien 2. bis 4. nicht zu, dann ist gemäß § 11 Abs. 1 Satz 2 BewG der Kurs anhand des letzten Börsenkurses zu bestimmen, der in den **30 Tagen** vor dem Bewertungsstichtag notiert wurde. Auch hier gilt der niedrigste Kurs.

937 Sind die börsennotierten Aktien nicht zum regulierten Markt zugelassen, sondern in den **Freiverkehr** einbezogen, dann erfolgt die Bewertung ebenfalls zum Stichtagskurs. Auch hier ist der niedrigste Kurs maßgeben. Liegt ein Kurs nicht vor, dann wird als Börsenkurs gemäß § 11 Abs. 1 Satz 3 i. V. m. Satz 2 BewG der letzte Kurs innerhalb von **30 Tagen** vor dem Bewertungsstichtag verwendet. Auch hier gilt der niedrigste Kurs.

938 Werden Börsenkurse an mehreren **Börsenstandorten** in Deutschland notiert, ist der niedrigste an den Standorten notierte Kurs maßgeblich.[3] Notierungen des höheren **Börsensegments**, schließen Notierungen des niedrigeren Börsen-

---

1 § 11 Abs. 1 Satz 1 BewG.
2 ErbStR 2011, R B 11.1 Abs. 3.
3 Möllmann, P., in Tiedtke (Hrsg.), ErbStG Kommentar, 2009, § 12, S. 303 Tz. 71.

segments aus, auch wenn dessen Notierungen näher am Bewertungsstichtag liegt.[1]

BEISPIEL: Der Unternehmer A hatte eine unwesentliche Beteiligung (Stammaktien) an der Bayer AG. Aktien der Bayer AG werden im regulierten Markt gehandelt. Am Sonntag den 18.9.2011 ist der Unternehmer A verstorben. Der 18.9.2011 ist Bewertungsstichtag für den Börsenwert der Aktien. An Sonntagen und Samstagen findet kein Börsenhandel statt. Eine Durchsicht der Börsennotierungen für die Stammaktien der Bayer AG zeigt, dass die Aktie durchgängig (abgesehen von Samstagen und Sonntagen) in den letzten 30 Tagen vor dem Bewertungsstichtag gehandelt wurde und somit Notierungen vorliegen. Relevant ist gemäß § 11 Abs. 1 Satz 2 BewG der letzte innerhalb von 30 Tagen vor dem Bewertungsstichtag notierte Kurs, da für den Bewertungsstichtag, einen Sonntag, keine Notierung vorliegt. Als „letzter Tag" im Sinne des Gesetzes ist der Tag zu verstehen, der die größte Nähe zum Bewertungsstichtag aufweist und an dem eine Notierung vorliegt. Da für alle 30 Tage vor dem Bewertungsstichtag Kursnotierungen vorliegen (abgesehen von den Samstagen und Sonntagen), ist als Börsentag der Freitag der 16.9.2011 zu verwenden. Die Stammaktie der Bayer AG wurde an allen 6 deutschen Präsenzbörsen gehandelt, sowie im Computerhandel (Xetra) der Börse Frankfurt/Main. Als Kurse werden der Eröffnungskurs, der höchste Tageskurs, der niedrigste Tageskurs und der Schlusskurs veröffentlicht. Bewertungsrelevant ist der niedrigste Tageskurs. Der Tiefstkurs findet sich am 16.9.2011 im Xetra-Handel mit 38,62 € pro Aktie. Dies ist der maßgebliche Kurs für die Bewertung.

Ist für die notierten Aktien ein Börsenkurs feststellbar, kommt die Bewertung der Aktien durch Verkaufspreise oder ein Bewertungsverfahren gemäß § 11 Abs. 2 BewG nicht in Frage.[2]

939

Der Börsenkurs ist für Aktien der Preis, der sich durch Angebot und Nachfrage ergibt. Die Notierung des Börsenkurses erfolgt an deutschen Börsen in Euro pro Aktie. Der Begriff der Börsenkursnotierung umfasst auch den Börsenpreis i. S. des § 24 BörsG.

940

„*Preise, die während der Börsenzeit an einer Börse festgestellt werden, sind* **Börsenpreise.** *Satz 1 gilt auch für Preise, die während der Börsenzeit im Freiverkehr an einer Wertpapierbörse festgestellt werden."*[3]

„*Börsenpreise müssen ordnungsmäßig zustande kommen und der wirklichen Marktlage des Börsenhandels entsprechen. Soweit in § 30 nichts anderes be-*

---

1 Viskorf, S., in Viskorf/Knobel/Schuck (Hrsg.), Erbschaftsteuer- und Schenkungsteuergesetz, Bewertungsgesetz Kommentar, 2009, BewG, § 11, S. 980 Tz. 10.
2 Riedel, C., in Daragan/Halaczinsky/Riedel (Hrsg.), Praxiskommentar ErbStG und BewG, 2010, § 11 BewG, S. 859 Tz. 3.
3 § 24 Abs. 1 BörsG.

*stimmt ist, müssen den Handelsteilnehmern insbesondere **Angebote zugänglich** und die **Annahme der Angebote möglich** sein.*"[1]

941 Eine Differenzierung der Begriffe Börsenkurs und Börsenpreis ist notwendig, da festgestellte Kurse nicht zwingend auf möglichen Transaktionen mit „gezahlten" Preisen beruhen müssen. Die Nachfrage nach einer Aktie, ausgedrückt durch den Geldkurs (G: Geld bzw. Nachfrage bzw. Bid), trifft dann unter Umständen auf ein nicht ausreichendes Angebot, ausgedrückt durch den Briefkurs (B: Brief bzw. Angebot bzw. Ask). Für diesen Fall werden die Kurse mit Kurszusätzen versehen. Für die Kurszusätze G und B gilt dann Folgendes:

G (Geld): Es lag nur **Nachfrage** vor, aber kein oder nur ein geringfügiges Angebot zum angegebenen Kurs.

B (Brief): Zum genannten Kurs lag lediglich **Angebot** für das betreffende Wertpapier vor. Es gab aber keine oder nur geringfügige Nachfrage zu einem vertretbaren Kurs.

Bid-/Ask-Spread: Als Bid-/Ask-Spread wird der **Unterschied** zwischen Geld- und Briefkurs bezeichnet.

942 Die **Unterschiede** zwischen Geld- und Briefkurs bzw. Börsenkurs und realisierten Börsenpreis hatten den BFH beschäftigt, der dazu Folgendes ausführte:

„*... daß grundsätzlich auch ein im amtlichen Handel und im geregelten Freiverkehr notierter **Geldkurs** ein **Kurs i. S. des § 11 Abs. 1 BewG** ist. Denn diese Kursnotierung enthält die Aussage, daß am Markt die Bereitschaft besteht, Aktien zu dem festgesetzten Kurs zu kaufen. ... Die Kapitalgesellschaft oder ihre Anteilseigner können nicht mit Erfolg einwenden, dem **amtlich festgestellten Geldkurs liege kein Kaufangebot** in dem nach § 11 Abs. 1 Satz 2 BewG maßgebenden Dreißig-Tage-Zeitraum zugrunde. **Selbst wenn sich diese Behauptung bestätigt, müssen Finanzbehörden und Finanzgerichte den amtlich festgestellten Kurs berücksichtigen, wenn er nicht gestrichen wird**...*"[2]

943 Diese Verfahrensweise ist nur folgerichtig, da das Gesetz in § 11 Abs. 1 Satz 1 BewG vom Börsenkurs und nicht vom Börsenpreis spricht. Nur Börsenpreise stehen gemäß § 24 BörsG auch für tatsächlich **abgeschlossene Geschäfte**.[3]

944 Diese strenge Konsequenz gilt zumindest für den Regulierten Markt. Für den **Freiverkehr** lässt der BFH dagegen Ausnahmen zu.

---

1 § 24 Abs. 2 BörsG.
2 BFH v. 21. 2. 1990 - II R 78/86, BStBl 1990 II S. 490.
3 Geck, R., in Kapp/Ebeling (Hrsg.), Erbschaftsteuer- und Schenkungsteuergesetz Kommentar, April 2009, § 12, S. 23 Tz. 110.

*"Der im geregelten **Freiverkehr** veröffentlichte Kurs hat dagegen auch bewertungsrechtlich schwächere Wirkung. Da er nicht amtlich festgestellt ist, kann er den Einwand, der veröffentlichte Geldkurs habe kein Kaufangebot innerhalb des genannten Dreißig- Tage-Zeitraumes zur Grundlage, nicht ausschließen. Erweist sich der Einwand als zutreffend, so ist der Kurs für die Bewertung nicht maßgebend."*[1]

14.2.6 Fehlende Notierung – Vergleichswert, Verkaufspreis oder Bewertungsverfahren

Wenn für die zu bewertende Aktiengattung (z. B. Stammaktien oder Vorzugsaktien) einer börsennotierten Aktiengesellschaft kein Börsenkurs vorhanden ist, d. h. weder am Bewertungsstichtag noch in dem 30-Tage-Zeitraum vor dem Bewertungsstichtag liegt eine Börsennotierung vor, dann sind diese Aktien nach einem Stufenplan alternativ wie folgt zu bewerten.

945

1. Vom verfügbaren Kurs einer **anderen Aktiengattung** der zu bewertenden Aktiengesellschaft ist auf den Kurs der zu **bewertenden Aktiengattung** der Aktiengesellschaft durch Vergleich zu schließen.

2. Ist so ein Rückschluss mangels einer Notierung für eine andere Aktiengattung der zu bewertenden Aktiengesellschaft ebenfalls nicht möglich, sind für die Bewertung **Verkaufspreise** nach Vorgabe des § 11 Abs. 2 BewG zu verwenden.

3. Sind keine Verkaufspreise verfügbar, sind die **Bewertungsverfahren** gemäß § 11 Abs. 2 BewG zur Ermittlung des gemeinen Wertes anzuwenden.

Aus dem Börsenkurs einer **notierten** Aktiengattung kann jeweils auf den Kurs einer anderen, **nicht notierten** Gattung geschlossen werden. Relevant ist diese Verfahrensweise insbesondere für die Bewertung von **Stammaktien** und **Vorzugsaktien**, wenn jeweils nur eine der Aktiengattungen börsennotiert ist bzw. bei der Bewertung noch nicht notierter **junger Aktien**.

946

*"Bei jungen Aktien und Vorzugsaktien, die **nicht an der Börse** eingeführt sind, ist der gemeine Wert **aus dem Börsenkurs der Stammaktien** abzuleiten. Entsprechend ist der gemeine Wert **nicht notierter Stammaktien** aus dem **Börsenkurs der jungen Aktien oder Vorzugsaktien** abzuleiten."*[2]

"Weder der Wortlaut noch Sinn und Zweck der Vorschrift des § 11 Abs. 2 Satz 2 BewG erfordern es, daß es sich um Verkäufe der zu bewertenden Anteile handelt;

---

[1] BFH v. 21.2.1990 - II R 78/86, BStBl 1990 II S. 490.
[2] ErbStR 2011, R B 11.1 Abs. 4 Satz 1 und 2.

entscheidend ist vielmehr, daß es sich um Anteile derselben Gesellschaft handelt. Es ist daher grundsätzlich zulässig, daß der gemeine Wert nicht an der Börse notierter Stammaktien vom Börsenkurs an der Börse notierter Vorzugsaktien abgeleitet wird...."[1]

947 Durch die unterschiedlichen Rechte, die mit den Aktiengattungen verbunden sind, wird allerdings eine **Wertanpassung** gefordert. Das heißt von dem vorhandenen Kurs einer Aktiengattung der Aktiengesellschaft, ist durch Zu- und Abschläge auf den gesuchten Wert einer anderen Aktiengattung (ohne Kursnotierung) derselben Aktiengesellschaft zu schließen.

*„Dabei ist die **unterschiedliche Ausstattung durch Zu- oder Abschläge** zu berücksichtigen."*[2]

„Die unterschiedliche rechtliche Ausstattung beider Aktiengattungen ist bei der Ableitung grundsätzlich zu berücksichtigen, d. h. **werterhöhende oder wertmindernde Ausstattungsmerkmale führen zu einer Erhöhung oder Herabsetzung des Ausgangswerts***, die durch entsprechende Zu- oder Abschläge zu verwirklichen ist."*[3]

948 Ein Verfahrensweg ist durch diese Anforderung noch nicht beschrieben. Die Übung pauschaler Zu- und Abschläge wurde vom BFH jedoch abgelehnt.

„Die Ausstattung der Stammaktien mit dem Stimmrecht ist in der Regel ein gegenüber der Vorzugsaktie werterhöhendes, die geringere Dividendenberechtigung ein wertminderndes Ausstattungsmerkmal .... Die Höhe der diese Wertveränderungen berücksichtigenden **Zu- oder Abschläge** *ist – da diese sich nicht exakt ermitteln lassen – zu schätzen. Diese Schätzung hat an den im Einzelfall tatsächlich vorliegenden* **unterschiedlichen Ausstattungsmerkmalen** *beider Aktiengattungen anzusetzen und die für den* **Wert der Aktiengattungen maßgeblichen Verhältnisse der Gesellschaft zu berücksichtigen**...*"*[4]

949 Damit ist der Rückgriff auf ein theoretisches Bewertungsmodell und die sorgfältige Begründung der getroffenen Annahmen unerlässlich.

„Eine Festsetzung des gemeinen Werts nichtnotierter Stammaktien mit einem **höheren Wert** *als dem Kurswert der Vorzugsaktien desselben Unternehmens ist*

---

1 BFH v. 28. 5. 1997 - II B 105/96, NWB Dok ID: VAAAA-98423.
2 ErbStR 2011, R B 11.1 Abs. 4 Satz 3.
3 BFH v. 28. 5. 1997 - II B 105/96, NWB Dok ID: VAAAA-98423.
4 BFH v. 21. 4. 1999 - II R 87/97, NWB Dok ID: CAAAA-97466.

dagegen *nur dann gerechtfertigt, wenn der entsprechende Zuschlag durch eine rechtlich nicht zu beanstandende Schätzung gestützt wird.*"[1]

Die Vornahme dieser Schätzung bedeutet in letzter Konsequenz die Berücksichtigung der spezifischen Regelungen der Satzung zu den Aktiengattungen und nicht zuletzt der wirtschaftlichen Situation des zu bewertenden Unternehmens am Bewertungsstichtag. D.h. wie ausgeführt ist eine einfache Mechanik, Zuschlag auf Stammaktie und Abschlag auf Vorzugsaktie, oder umgekehrt, nicht möglich.

950

Vorzugsaktien gemäß § 12 Abs. 1 Satz 2 AktG i.V. m. § 139 Abs. 1 AktG werden in Deutschland regelmäßig ohne Stimmrecht ausgegeben.[2] Als Kompensation besteht der **Vorzug** der Vorzugsaktie darin, dass eine Ausschüttung an die Stammaktionäre erst beschlossen werden darf, wenn die Vorzugsaktionäre bedient sind (Vorabdividende).[3] Der Vorzug besteht aber nicht darin, dass überhaupt eine Ausschüttung verlangt werden darf und zwar auch dann nicht, wenn ausreichender Bilanzgewinn vorhanden ist.[4] Die **Vorzugsdividende** ist regelmäßig in der Satzung als ein Prozentsatz des Nennbetrages der Aktie festgelegt (z. B. 6 %). Die Vorzugsdividende führt dann zu einer höheren Dividende als bei der Stammaktie, wenn der Bilanzgewinn nur zur Ausschüttung der Vorzugsdividende ausreicht.[5] Weitere Voraussetzung für den Stimmrechtsausschluss der Vorzugsaktie ist gemäß § 139 Abs. 1 AktG eine Verpflichtung zur Nachzahlung einer in einem Jahr nicht gezahlten Vorzugsdividende. Daneben kann den Vorzugsaktionären zusätzlich eine **Mehrdividende oder Zusatzdividende** gegenüber den Stammaktionären zugebilligt werden.

951

Eine empirische Untersuchung der Kursunterschiede von Stamm- und Vorzugsaktien für den Zeitraum vom Juni 1998 bis Mai 2000 ergab folgendes Bild:

952

„*Bei **12 Gesellschaften** (30 %) notierten die **Vorzugsaktien** im Zwei-Jahres-Durchschnitt **höher** als die Stammaktien. Die durchschnittliche Kursdifferenz betrug 9,60 % bei einer Standardabweichung von 6 %. Bei **28 Gesellschaften** (70 %) notierten die **Stammaktien** im Zwei-Jahres-Durchschnitt **höher** als die Vorzugs-*

---

1 BFH v. 28. 5.1997 - II B 105/96, NWB Dok ID: VAAAA-98423.
2 Simon/Leverkus, in Simon (Hrsg.), SpruchG, 2007, Anh § 11, S. 420 Tz. 265.
3 Volhard, R., in Kropff/Semler (Hrsg.), Münchener Kommentar Aktiengesetz, 2004, § 139, S. 688 Tz. 21.
4 Semler, F.-J., in Hoffmann-Becking (Hrsg.), Münchener Handbuch des Gesellschaftsrechts, Aktiengesellschaft, 2007, § 38, S. 583 Tz. 18.
5 Simon/Leverkus, in Simon (Hrsg.), SpruchG, 2007, Anh § 11, S. 420 Tz. 265.

aktien. Die durchschnittliche Kursdifferenz betrug -18 % bei einer Standardabweichung von 13 %."[1]

953 Eine eindeutige Werttendenz zwischen den Aktiengattungen lässt sich somit nicht feststellen.[2] Allerdings wird aus der Börsenkursentwicklung von Vorzugsaktien und Stammaktien ein stark **irrationales Anlegerverhalten** deutlich, da das fehlende Stimmrecht der Vorzugsaktie an der Börse zu Kursabschlägen führt, die Vorteile der Vorzugsdividende bei der Gewinnverteilung aber nicht entsprechend von der Börse honoriert werden.[3] Als Faustformel wird vorgeschlagen, dass das Stimmrecht der Stammaktie werterhöhend wirkt. Bei der Vorzugsaktie soll die Vorzugsdividende in ertragsschwachen Zeiten werterhöhend wirken. Eine Mehrdividende wirke in ertragsstarken Zeiten werterhöhend und könne dann das fehlende Stimmrecht ausgleichen.[4]

954 Die entsprechenden **Zu- und Abschläge** auf eine vorliegende Notierung, zur Ermittlung der Wertverhältnisse von Stammaktien und Vorzugsaktien, können im Zweifel nur durch Anwendung einer Kapitalisierung der identifizierten Vorteile ermittelt werden. Die Methodik der Unternehmensbewertung, im Zweifel unter Annahme einer ewigen Laufzeit (ewige Rente!) des Vorteils, wird damit auf die Dividendenunterschiede angewendet. Als Beispiel zu dieser Vorgehensweise sei auf eine Entscheidung des LG Dortmund hingewiesen, bei der Ausgangsgrundlage zur Ermittlung der Zu- und Abschläge der ermittelte Unternehmenswert war.

*„Zur Bemessung des Wertverhältnisses zwischen den Stamm- und den Vorzugsaktien kann ein konkretes Börsenkursverhältnis nicht herangezogen werden, weil **nur die Vorzugsaktien der F.G. AG am Börsenhandel teilnahmen**. Der Umstand, dass den Stammaktien anders als den Vorzugsaktien ein Stimmrecht zukam, kann im vorliegenden Fall für die Bestimmung des Wertverhältnisses ebenfalls nicht herangezogen werden. Entgegen der Auffassung der Antragsgegnerin ist hier keine allgemeingeneralisierende Betrachtung angezeigt. Vielmehr sind die **konkreten Verhältnisse der Anteilsinhaberschaft des jeweils zu bewertenden Unternehmens zu berücksichtigen** ...*

*Umgekehrt wurde den Vorzugsaktionären für das fehlende Stimmrecht eine **Mehrdividende von 2 %** des rechnerischen Nennwertes gewährt. Bei einem rech-*

---

1 Jung/Wachtler, Die Kursdifferenz zwischen Stamm- und Vorzugsaktien, AG 2001, S. 513.
2 Großfeld, B., Recht der Unternehmensbewertung, 2011, S. 349 Tz. 1201 und Tz. 1202.
3 Binz/Sorg, Aktuelle Fragen der Bewertung von Stamm- und Vorzugsaktien im Steuerrecht, DStR 1994, S. 996.
4 Simon/Leverkus, in Simon (Hrsg.), SpruchG, 2007, Anh § 11, S. 420 Tz. 265.

*nerischen Nennwert von 1 € entspricht dies 0,02 € pro Jahr. Unter Zugrundelegung des von der Kammer identifizierten Kapitalisierungszinssatzes von 7,0 % (ohne Berücksichtung eines Wachstumsabschlags, da als feste Größe definiert) ergibt sich bei **Abzinsung nach den für die Berechnung der „ewigen Rente" aufgestellten Grundsätzen eine Mehrdividende von (gerundet) 0,28 €.** Bei der Festlegung des Wertverhältnisses der Stamm- und Vorzugsaktien bei gleichbleibendem Unternehmenswert war zu berücksichtigen, dass das Kapital der Friedrich G. AG zu rd. 61 % (44 200 000 Stück) in Stammaktien und zu rd. 39 % (28 314 000 Stück) in Vorzugsaktien aufgeteilt war. Deshalb war, um die Kontinuität des Gesamt-Unternehmenswertes zu wahren, der rechnerische Wert pro Anteil von 25,24 € hinsichtlich der Stammaktien um 0,11 € auf 25,13 € zu vermindern. **Der Wert der Vorzugsaktie war um 0,17 € zu erhöhen.** Ihr Wert war deshalb auf 25,41 € zu bemessen."*[1]

Wenn für die Aktien (egal welcher Gattung!) einer börsennotierten Aktiengesellschaft **keine Kurse** nach § 11 Abs. 1 BewG ermittelt werden können (d. h. weder zum Bewertungsstichtag noch im 30-Tage-Zeitraum), ist die Gesellschaft nach § 11 Abs. 2 BewG mit dem gemeinen Wert zu bewerten.

*„Wertpapiere, für die ein **Kurs** nach § 11 Abs. 1 BewG **nicht** besteht, sind anzusetzen,*

1. soweit sie Anteile an Kapitalgesellschaften verbriefen, mit dem gemeinen Wert nach § 11 Abs. 2 BewG ..."[2]

Für die Gesellschaft ist damit entsprechend der Reihenfolge des § 11 Abs. 2 BewG zunächst auf Verkaufspreise zurückzugreifen und soweit auch diese nicht vorhanden sind, auf eine **Unternehmensbewertung** nach den in § 11 Abs. 2 BewG genannten Verfahren. Für diese Unternehmensbewertung kann u. U. nur auf die veröffentlichten Geschäftsberichte zurückgegriffen werden.

14.2.7 Paketzuschlag – Abschlag wegen fehlenden Einflusses

§ 11 Abs. 3 BewG thematisiert, dass der **Kurswert einer Anzahl von Aktien** nicht dem durch die Aktien vermittelten, **quotalen Unternehmenswert** entspricht.

*„Ist der gemeine Wert einer **Anzahl von Anteilen an einer Kapitalgesellschaft**, die einer Person gehören, infolge besonderer Umstände (z. B. weil die Höhe der Beteiligung die Beherrschung der Kapitalgesellschaft ermöglicht) **höher als der***

---

[1] LG Dortmund v. 19. 3. 2007 - 18 AktE 5/03, AG 2007, S. 796.
[2] ErbStR 2011, R B 11.1 Abs. 2 Nr. 1.

Wert, der sich auf Grund der Kurswerte (Absatz 1) ... für die einzelnen Anteile insgesamt ergibt, so ist der gemeine Wert der Beteiligung maßgebend."[1]

958   Der Paketzuschlag ist damit auch bei der Bewertung von Aktien durch Börsenkurse anzuwenden.

„*Der Paketzuschlag kommt sowohl beim **Ansatz von Kurswerten** als auch bei der Ermittlung des gemeinen Werts durch Ableitung aus Verkäufen in Betracht.*"[2]

959   Der Hinweis zur Notwendigkeit von Paketzuschlägen ist von den obigen Ausführungen zu unterscheiden, wonach die Zivilgerichte den Aktienkurs der Aktien nicht unkritisch als wahren Wert oder Verkehrswert der Aktie übernehmen, weil z. B. eine **Marktenge** eine Börsenbewertung über Angebot und Nachfrage gar nicht reibungslos zulässt. § 11 Abs. 3 BewG behandelt mit dem Paketzuschlag dagegen einen anderen Punkt.

960   Börsenkurse geben den Wert einer Aktie an. Eine Stammaktie vermittelt zwar ein Stimmrecht aber mit einer Stimme keinen tatsächlichen Einfluss. Eine **mehrheitsvermittelnde Anzahl** von Aktien ermöglicht dagegen **Einfluss** auf die Entscheidungen des Vorstands der börsennotierten Aktiengesellschaft. Mit diesem Einfluss lässt sich die Geschäftspolitik beeinflussen bzw. das Unternehmen und damit der Unternehmenwert verändern. Damit der Einfluss, den die Mehrheit vermittelt, tatsächlich einen Werteffekt hat, muss der mehrheitlich Beteiligte Änderungen vorschlagen können, die gewinnerhöhende Wirkung haben. D.h. er muss neben der „Macht" auch über Ideen verfügen, die umsetzbar sind, die eine entsprechende wertsteigernde Wirkung haben und die in den Kursen noch nicht eingepreist sind.

BEISPIEL: Frau Susanne Klatten als einflussreiche Aktionärin von BMW, verfügt über eine weitere Unternehmensbeteiligung, die ihren Einfluss auf Kohlefaserprodukte sicherstellt. Aufgrund der Höhe ihrer Beteiligung bei BMW ist sie in der Lage, den BMW-Vorstand davon „zu überzeugen", BMW-Karosserien aus Kohlefaser zu produzieren.

Geht man davon aus dass der gemeine Wert einer Beteiligung als objektivierter Unternehmenswertanteil und damit nur quotal zu ermitteln ist, ergibt sich aus § 11 Abs. 3 BewG Handlungsbedarf. Wie der Nachweis zu den oben dargestellten Voraussetzungen für eine Wertsteigerung geführt werden soll, bleibt dagegen offen.

---

1 § 11 Abs. 3 BewG.
2 ErbStR 2011, R B 11.6 Abs. 2 Satz 1.

Während das Gesetz in § 11 Abs. 3 BewG den Zuschlag davon abhängig macht, dass diese **Werterhöhung vorliegt**, unterstellen die Erbschaftsteuerrichtlinien dies bereits bei Vorliegen der Sperrminorität.

961

*„Ein **Paketzuschlag** ist vorzunehmen, **wenn** ein Gesellschafter **mehr als 25 Prozent** der Anteile an einer Kapitalgesellschaft auf einen oder mehrere Erwerber überträgt (Absatz 4 bis 8)."*[1]

In den Absätzen 4 bis 8 des Abschnitts 7 der Erbschaftsteuerrichtlinien wird die Wirkung des Übergangs von mehr als 25 % der Anteile differenziert behandelt und gewertet.[2]

962

Abs. 4: Erhalten Erben **gemeinschaftlich** mehr als 25 %, erfolgt ein Paketzuschlag, auch wenn der Einzelne damit keine Sperrminoriät mehr hat.

Abs. 5: Führt ein **Vermächtnis** dazu, dass die Erben letztlich nur über weniger als 25 % verfügen, ist kein Paketzuschlag vorzunehmen.

Abs. 6: Für **Schenkungen** gilt der Paketzuschlag, wenn mehr als 25 % der Anteile geschenkt werden.

Abs. 7: Führt der Übergang von Anteilen von weniger als 25 % dazu, dass der Erwerber anschließend einschließlich seiner **bereits vorhandenen** Beteiligung über mehr als 25 % verfügt, ist dies für die Bewertung der übertragenen Anteile unbeachtlich, d. h. es erfolgt kein Paketzuschlag.

Abs. 8: Erhält der Erwerber von demselben Schenker nacheinander Anteile zugewendet, werden die Anteile mit einem Paketzuschlag belegt, die dem Erwerber **das erste Mal** eine Beteiligung von mehr als 25 % vermitteln.

Als Paketzuschlag ist ein Zuschlag von **25 % des Börsenkurses**, oder im Einzelfall auch ein höherer Zuschlag, möglich.[3] Die **Höhe** des Zuschlags kann letztlich nur durch eine Bewertung nach einem Gesamtbewertungsverfahren (i. d. R. nach **IDW S1**) und als subjektiven Unternehmenswert ermittelt werden. Insofern ist der kategorische Imperativ, dass bei Übertragung von mehr als 25 % ein Paketzuschlag vorzunehmen ist, doch wieder davon abhängig, dass sich dieser nachweisen lässt. Denn ein Paketzuschlag gemäß der Erbschaftsteuerrichtlinien von bis zu 25 % oder darüber kann auch heißen, dass der **Zuschlag 0 %** beträgt. Die Rechtsprechung des BFH zur **Übertragung von Kursen** notierter Aktiengattungen auf nicht notierte Aktiengattungen des gleichen Unternehmens kann auf diese Thematik übertragen werden. Auch hier fordert

963

---

1 ErbStR 2011, R B 11.6 Abs. 3.
2 ErbStR 2011, R B 11.6 Abs. 4 bis 8.
3 ErbStR 2011, R B 11.6 Abs. 9.

der BFH für eine Höherbewertung eine Schätzung, die letztlich fundiert nur auf einer Bewertung beruhen kann.

„Eine Festsetzung des gemeinen Werts nichtnotierter Stammaktien mit einem höheren Wert als dem Kurswert der Vorzugsaktien desselben Unternehmens ist dagegen nur dann gerechtfertigt, wenn der entsprechende Zuschlag durch eine rechtlich nicht zu beanstandende Schätzung gestützt wird."[1]

964 Ein Abschlag wegen fehlenden Einflusses auf die Geschäftsführung wird in R B 11.6 Abs. 2 verneint.

„Der Paketzuschlag kommt sowohl beim Ansatz von Kurswerten ... in Betracht. ...Ein Abschlag wegen fehlenden Einflusses auf die Geschäftsführung kommt in diesen Fällen nicht in Betracht."[2]

14.2.8 Substanzwert als Mindestwert

965 Wird der Unternehmens- bzw. Beteiligungswert für **börsennotierte** Unternehmen im Sinne von § 11 Abs. 1 BewG anhand der Börsenkurse bestimmt, kommt der Substanzwert als **Mindestwert nicht** zum Ansatz. Die Mindestwertregelung gilt nur für **nicht börsennotierte** Unternehmen, die mittels der in § 11 Abs. 2 BewG vorgesehenen Bewertungsverfahren zu bewerten sind. Eine Ungleichbehandlung gegenüber nicht börsennotierten Unternehmen, die angesichts des Zieles einer rechtsformneutralen Bewertung nicht nachvollziehbar ist.[3]

14.3 Verkaufspreise als Unternehmenswert

14.3.1 Grundlagen

966 Der Wert von **Anteilen** an nicht börsennotierten Kapitalgesellschaften sowie von **Betriebsvermögen** oder Anteilen an Betriebsvermögen ist gemäß § 11 Abs. 2 Satz 2 BewG i. V. m. § 157 Abs. 5 Satz 2 BewG primär aus **Verkäufen** an fremde Dritte abzuleiten, die innerhalb eines Zeitraums von weniger als einem Jahr vor dem Bewertungsstichtag erfolgten.

„Lässt sich der gemeine Wert nicht aus Verkäufen unter fremden Dritten ableiten, die weniger als ein Jahr zurückliegen, ..."[4]

---

1 BFH v. 28. 5. 1997 - II B 105/96, NWB Dok ID: VAAAA-98423.
2 ErbStR 2011, R B 11.6 Abs. 2 Satz 1 und 4.
3 Siehe auch Creutzmann, A., Unternehmensbewertung im Steuerrecht, DB 2008, S. 2791.
4 § 11 Abs. 2 Satz 2 BewG.

14. Verfahren zur Unternehmensbewertung nach dem Bewertungsgesetz

Für die zeitliche Zuordnung, ob ein Verkauf innerhalb des Fast-Jahreszeitraumes liegt, wird es auf den Zeitpunkt des Vertragsabschlusses ankommen. Die Regelung einer schuldrechtlichen Rückwirkung oder einer aufschiebenden Wirkung für den dinglichen Vollzug kann hier keine Rolle spielen. Zur Bewertung sind nur Anteilsverkäufe der Gesellschaft zu berücksichtigen, die zu bewerten ist. Die Verwendung von Verkäufen anderer, selbst branchengleicher Unternehmen ist nicht zulässig.[1] Liegt ein derartiger „verwendbarer" Verkauf vor, soll damit die Bewertung „unwiderlegbar" feststehen.

967

„Der gemeine Wert nicht notierter Anteile an Kapitalgesellschaften ist in erster Linie der **Preis, der bei einer Veräußerung** *unter fremden Dritten vereinbart wurde. Dabei kann* **unwiderlegbar** *vermutet werden, dass zeitnahe Verkäufe in der Vergangenheit den zutreffenden Marktwert zum Bewertungsstichtag richtig widerspiegeln."*[2]

Es erscheint problematisch, mit derartiger Stringenz aus dem **Preis** auf den **Wert** eines Unternehmens zu schließen. Im Gesetz ist dies jedenfalls nicht vorgesehen.[3] Das Gesetz will den Wert nur aus dem Preis „ableiten". Probleme bereitet die Schlussfolgerung aufgrund des **subjektiven Preisbestimmungsprozesses**, der jedem Unternehmenskauf zugrunde liegt. D.h. aus der subjektiven Unternehmensbewertung des Käufers leitet dieser seinen Kaufpreis ab, der bei rationalem Verhalten unter dem ermittelten subjektiven **Unternehmenswert** liegen wird.[4] Soweit so gut. Enthält der verhandelte Kaufpreis aber auch echte Synergieeffekte, die der Käufer aufgrund der gegebenenfalls bei dem Unternehmens- bzw. Anteilsverkauf herrschenden Bietersituation einpreisen musste, dann entspricht dieser Preis nicht mehr den Kriterien des **gemeinen Wertes** im Sinne eines typisierten Verkehrswertes. Ein derartiger Verkehrswert oder gemeiner Wert wäre nur unter Außerachtlassung der echten Synergieeffekte, mithin auf Grundlage des **objektivierten** Unternehmenswertes, zu ermitteln. Zumindest theoretisch sollen diese, in der Person des Käufers liegende Kauf-

968

---

1 Kreutziger, S., in Kreutziger/Schaffner/Stephany (Hrsg.), Kommentar zum Bewertungsgesetz, 2009, § 11, S. 56, Tz. 29; Riedel, C., in Daragan/Halaczinsky/Riedel (Hrsg.), Praxiskommentar ErbStG und BewG, 2010, § 11 BewG, S. 868, Tz 23.
2 Begründung zum Gesetzentwurf der Bundesregierung, Teil 2. Materialien. II. Artikel 2, Änderung des BewG, Nr. 2, § 11 BewG, abgedruckt in Hübner, H., Erbschaftsteuerreform 2009 Gesetze Materialien Erläuterungen, 2009, S. 245.
3 Riedel, C., in Daragan/Halaczinsky/Riedel (Hrsg.), Praxiskommentar ErbStG und BewG, 2010, § 11 BewG, S. 872 Tz. 31; siehe auch die Hinweise zu notwendigen individuellen Korrekturen oder Gewichtungen, zur Ermittlung des gemeinen Wertes aus Verkäufen in Kreutziger, S., in Kreutziger/Schaffner/Stephany (Hrsg.), Kommentar zum Bewertungsgesetz, 2009, § 11 BewG, S. 59, Tz. 37.
4 Siehe hierzu Rdn. 100.

preiseinflüsse, anhand § 9 Abs. 2 BewG neutralisiert werden. Der gemeine Wert stellt nach § 9 Abs. 2 BewG den Preis dar, der im gewöhnlichen Geschäftsverkehr und unter Außerachtlassung persönlicher Verhältnisse zu erzielen ist. Als gewöhnlicher Geschäftsverkehr ist nach der Rechtsprechung folgendes zu verstehen:

*„Gemäß § 9 Abs. 2 BewG wird der gemeine Wert **durch den Preis** bestimmt, der im **gewöhnlichen Geschäftsverkehr** nach der Beschaffenheit der Anteile an der Kapitalgesellschaft zu erzielen wäre. Nach der Rechtsprechung des Senats ist unter gewöhnlichem Geschäftsverkehr der **Handel zu verstehen, der sich nach den marktwirtschaftlichen Grundsätzen von Angebot und Nachfrage vollzieht** und bei dem jeder Vertragspartner **ohne Zwang und nicht aus Not, sondern freiwillig und in Wahrung seiner eigenen Interessen** zu handeln in der Lage ist. Ob diese Voraussetzungen gegeben sind, entscheidet sich nach den Gesamtumständen des Einzelfalles unter Heranziehung objektivierter Maßstäbe."*[1]

969 Der Einfluss unzulässiger **persönlicher** Verhältnisse bei der Preisbildung wird wie folgt beschrieben:

*„Im Hinblick auf den für die Preisbildung maßgeblichen gewöhnlichen Geschäftsverkehr scheiden insbesondere solche Preise aus, die unter ungewöhnlichen Verhältnissen zustande gekommen, bei denen die **persönlichen Verhältnisse der Beteiligten von entscheidender Bedeutung** gewesen sind oder wertbildende Faktoren in den Preis Eingang gefunden haben, die mit der Beschaffenheit der Anteile selbst nichts zu tun haben."*[2]

970 **Preise** werden in der Realität immer unter einer Vielzahl persönlicher Überlegungen und persönlicher Verhältnisse bestimmt. Ein Rückschluss aus dem Preis auf den Wert scheint illusorisch. Soll die Bewertung zum gemeinen Wert sichergestellt werden, bleibt nur, sich vom Maßstab „erfolgter Verkäufe" zu verabschieden und Werte über den objektivierten Unternehmenswert nachvollziehbar zu ermitteln. Darauf zielt letztlich auch folgender Hinweis in den Erbschaftsteuerrichtlinien ab:

„Bei Ableitung aus Verkäufen ist ein in dem Kaufpreis enthaltener Zuschlag für den Beteiligungscharakter herauszurechnen, wenn ein solcher Zuschlag für den zu bewertenden Anteil nicht anzusetzen ist."[3]

---

1 BFH v. 28. 11. 1980 - III R 86/78, BStBl 1981 II S. 353.
2 BFH v. 28. 11. 1980 - III R 86/78, BStBl 1981 II S. 353.
3 ErbStR 2011, R B 11.2 Abs. 1 Satz 7.

14. Verfahren zur Unternehmensbewertung nach dem Bewertungsgesetz

Ist so ein auf theoretischer Basis errechneter **Unternehmenswert** wirklich besser als ein Preis aus dem „richtigen Leben"? Ja, da ein rational agierender Käufer seinen Grenzpreis ebenso errechnen muss, um daraus einen Verhandlungspreis abzuleiten. Nur weiß niemand, welche Annahmen der Bewertung zugrunde lagen und welche Faktoren den vereinbarten Preis letztlich beeinflusst haben und wie weit damit der Verhandlungs- bzw. vereinbarte Preis vom ermittelten Wert entfernt liegt. Der Verhandlungspreis ist bei Unternehmen mangels Marktmechanismus von Angebot und Nachfrage ohnehin kein gemeiner Wert.[1] Wird der Wert direkt ermittelt, kennt der Bewerter zumindest seine Annahmen und es existiert kein Delta zwischen ermitteltem Unternehmenswert und Preis. Der so kalkulierte gemeine Wert ist damit zwar künstlich, aber er ist transparent.

971

Zum anderen sollen Verkäufe aus einem Zeitraum von weniger als **einem Jahr** vor dem Bewertungsstichtag herangezogen werden können. Um Informationen aus Markttransaktionen zur „Bewertung" nutzen zu können, wird das Stichtagsprinzip abgeschwächt und der Fast-Jahreszeitraum zur Datensammlung zugelassen. Meines Erachtens steht diese Vorgehensweise aber stillschweigend unter der Prämisse, dass sich die Unternehmensverhältnisse am Bewertungsstichtag nicht von den Verhältnissen am Transaktionstag unterscheiden. Unternehmenswerte gehen nach den Gesamtbewertungsverfahren von in der Zukunft zu erwartenden Gewinnen aus.[2] Während des (weniger als!) 1-Jahres-Zeitraums vor dem Bewertungsstichtag gezahlte Preise können unter Umständen einen Optimismus ausdrücken, der durch eine am Bewertungsstichtag herrschende Krise ins ganze Gegenteil verkehrt wäre. D.h. eine Kaufpreiszahlung muss immer unter den zum Zeitpunkt der Kaufpreisverhandlung herrschenden **Verhältnisse** gewertet werden. Weichen die Verhältnisse am Bewertungsstichtag hiervon ab, kann der realisierte Kaufpreis eigentlich nicht als Bewertungsgrundlage herangezogen werden. Eine Berücksichtigung objektiv nachvollziehbar **geänderter Verhältnisse wird sogar** zugelassen, wenn die **Bewertung** mangels vorhandener Verkaufspreise mittels der Bewertungsverfahren vollzogen werden muss, die § 11 Abs. 2 BewG im Anschluss die Verkaufspreisbewertung anführt.

972

*„Sofern zum Bewertungsstichtag feststeht, dass die **Berechnungsgrößen** des Verfahrens durch bekannte **objektive Umstände**, z. B. wegen des Todes des Unter-*

---

1 A. A. BFH v. 5. 3. 1986 - II R 232/82, NWB Dok ID: BAAAA-92206, Tz. 18.
2 Möllmann, P., in Tiedtke (Hrsg.), ErbStG Kommentar, 2009, § 12, S. 313 Tz. 93.

*nehmers, sich nachhaltig verändern, muss dies bei der **Ermittlung entsprechend berücksichtigt werden.**"*[1]

973 Damit sollte eine derartige Korrekturmöglichkeit auch auf die realisierten Kaufpreise als Bewertungsmaßstab möglich sein.

974 Die Ableitung des maßgeblichen Wertes kann auch aus einem **einzigen** Verkauf erfolgen.

*„Der gemeine Wert nicht notierter Anteile an einer Kapitalgesellschaft kann auch aus einem **einzigen Verkauf** abgeleitet werden, wenn Gegenstand des Verkaufs nicht nur ein Zwerganteil ist oder der zu bewertende Anteil ebenfalls ein Zwerganteil ist."*[2]

*„Es genügt auch der Verkauf eines **einzigen Anteils**, wenn Gegenstand dieses Verkaufs **nicht nur ein Zwerganteil** ist, dessen Verkaufspreis für den gemeinen Wert der übrigen Anteile nur einen begrenzten Aussagewert hat."*[3]

975 Den Zusammenhang zwischen der Maßgeblichkeit eines Verkaufs in Abhängigkeit von der übertragenen Beteiligungshöhe erläutert die Rechtsprechung des BFH zum § 11 BewG a. F.:

*„Die **Wortwahl der Mehrzahl „Verkäufe"**, die sprachlich bedingt ist, weil sowohl ein einzelner Verkaufsfall als auch mehrere während der Jahresfrist vorgenommene Verkäufe Bewertungsgrundlage sein können, hat jedenfalls **eine darüber hinausgehende Bedeutung nicht**. Ob es für die Bestimmung des gemeinen Werts mehrerer Verkäufe bedarf oder ob nur ein einziger Verkauf ausreichend ist, ergibt sich vielmehr aus dem Zusammenhang des § 11 Abs. 2 Satz 2 mit § 9 BewG. Aus diesen beiden Vorschriften folgt, dass der gemeine Wert nichtnotierter Anteile an Kapitalgesellschaften durch den Preis bestimmt wird, der bei der Veräußerung im gewöhnlichen Geschäftsverkehr erzielt wurde.*

*Für nichtnotierte Anteile an Kapitalgesellschaften **besteht kein offener Markt in dem Sinn, dass Angebot und Nachfrage** für verschiedene Gesellschaften laufend festgestellt werden könnten. Deshalb wird der gemeine Wert auch nicht durch den Preis bestimmt, der bei einer Veräußerung „zu erzielen wäre" (§ 9 Abs. 2 Satz 1 BewG), weil dieser nicht bekannt ist; maßgebend ist vielmehr der Preis, der bei einer Veräußerung tatsächlich erzielt wurde (§ 11 Abs. 2 Satz 2 BewG). Dieser **Preis kann sich aber nur dann im gewöhnlichen Geschäftsverkehr durch den Ausgleich widerstreitender Interessen von Verkäufer und Käufer bilden,***

---

1 ErbStR 2011, R B 11.2 Abs. 2 Satz 5.
2 ErbStR 2011, R B 11.2 Abs. 1 Satz 3.
3 BFH v. 22.06.2010 - II R 40/08, BStBl 2010 II S. 843.

wenn es sich nicht nur um den Verkauf eines Zwerganteils handelt .... *Dies bedeutet einerseits, dass ein einziger Verkauf eines nichtnotierten Anteils genügt, wenn Gegenstand des Verkaufs nicht nur ein Zwerganteil ist, dass aber andererseits auch aus einer Mehrzahl von Verkäufen geringfügiger Beteiligungen der gemeine Wert der Anteile an der Gesellschaft abgeleitet werden kann* .... *Entscheidend für die Ableitung des gemeinen Werts ist damit **nicht die Zahl der Verkaufsfälle, sondern der Umfang des Verkaufs**.*"[1]

Eine Definition dessen, was als Zwerganteil zu verstehen ist, nimmt das Urteil nicht vor, stellt aber fest, dass eine Beteiligung von 25 % auf jeden Fall zur Ableitung des gemeinen Wertes geeignet ist und somit keinen Zwerganteil darstellt. In der Literatur werden als Grenzen 5% der Aktien des Nennkapitals oder 10% der GmbH-Anteile vorgeschlagen.[2]

Meines Erachtens ist die Argumentation des BFH nicht schlüssig, denn wenn kein Spiel von Angebot und Nachfrage vorhanden ist, ist auch kein Marktpreis vorhanden und es gibt damit keinen gemeinen Wert. Dieser Umstand ist unabhängig von der Beteiligungshöhe, die für eine verhandelte Transaktion vorliegt.

14.3.2 Paketzuschlag – Abschlag wegen fehlenden Einflusses

§ 11 Abs. 2 Satz 2 BewG spricht davon, den gemeinen Wert aus Verkäufen abzuleiten und nicht nur den Verkaufspreis zu übernehmen.

„*Nach § 11 Abs. 2 Satz 2 BewG ist der Wert nichtnotierter Anteile an Kapitalgesellschaften aus Verkäufen abzuleiten. Aus der Verwendung des Wortes „ableiten" folgt, daß der tatsächlich erzielte Verkaufspreis, der Ausdruck des **gemeinen Werts der verkauften** Beteiligung ist, für die Bewertung **nichtverkaufter Anteile zu verändern** ist, wenn Umstände vorliegen, die eine Veränderung gebieten.*"[3]

Dies steht in einem gewissen Widerspruch zur bereits oben zitierten und kritisierten Regierungsbegründung.

„*Der gemeine Wert nicht notierter Anteile an Kapitalgesellschaften ist in erster Linie der Preis, der bei einer Veräußerung unter fremden Dritten vereinbart wurde. Dabei kann **unwiderlegbar** vermutet werden, dass zeitnahe Verkäufe in der*

---

1 BFH v. 5.3.1986 - II R 232/82, BStBl 1986 II S. 591.
2 Siehe Verweise in Riedel, C., in Daragan/Halaczinsky/Riedel (Hrsg.), Praxiskommentar ErbStG und BewG, 2010, § 11 BewG, S. 868, Tz 23.
3 BFH v. 23.2.1979 - III R 44/77, BStBl 1979 II S. 618.

Vergangenheit den zutreffenden **Marktwert** zum **Bewertungsstichtag** richtig widerspiegeln."[1]

980 Damit sind auch Verkaufspreise, die für eine Bewertung verwendet werden sollen, auf die Verhältnisse der Bewertungssituation durch **Zuschläge** bzw. **Abschläge** anzupassen.

*„Der Paketzuschlag kommt sowohl beim Ansatz von Kurswerten als **auch bei** der Ermittlung des gemeinen Werts durch Ableitung aus **Verkäufen** in Betracht."*[2]

981 Voraussetzung ist, dass der gemeine Wert der Beteiligung von dem Wert abweicht, der sich aus der zur Verfügung stehenden Preisinformation ergibt. D.h. Verkaufspreise aus dem Zeitkorridor des § 11 Abs. 2 Satz 2 BewG (< 1 Jahr vor Bewertungsstichtag) entsprechen nicht unbedingt dem gemeinen Wert bzw. Verkehrswert bzw. Marktwert der zum Bewertungsstichtag zu bewertenden Beteiligung.

982 Ausgangsbasis für eine Anpassung ist, dass die vorliegende Preisinformation aus einer Transaktion herrührt, die im gewöhnlichen Geschäftsverkehr vollzogen wurde.

*„Es können jedoch nur Kurse und Verkaufserlöse berücksichtigt werden, die im **gewöhnlichen Geschäftsverkehr** erzielt worden sind."*[3]

983 Daneben darf der veräußerte Beteiligungsumfang nicht von den Verhältnissen der zu bewertenden Beteiligung abweichen.

*„Bei Ableitung aus Verkäufen ist ein in dem Kaufpreis **enthaltener Zuschlag** für den Beteiligungscharakter **herauszurechnen**, wenn ein solcher Zuschlag für den zu bewertenden Anteil nicht anzusetzen ist."*[4]

984 Auch bei Vorliegen von Verkaufspreisen kommen deshalb im Zweifel immer die **Bewertungsverfahren** der § 11 Abs. 2 BewG zum Einsatz. Bei deren Verwendung müsste zur „Herausrechnung des enthaltenen Zuschlags" geklärt werden, welche wertändernden Pläne die Käufer der Vergleichs-Beteiligung ihrer subjektiven Bewertung zugrundegelegt haben und wieviel von dieser Werterhöhung letztlich im Preis entgolten wurde. Der so ermittelte Zuschlag wäre dann zu neutralisieren und durch den Zuschlag zu ersetzen, der sich aus den

---

1 Begründung zum Gesetzentwurf der Bundesregierung, Teil 2. Materialien II Artikel 2, Änderung des BewG, Nr. 2, § 11 BewG, abgedruckt in Hübner, H., Erbschaftsteuerreform 2009 Gesetze Materialien Erläuterungen, 2009, S. 245.
2 ErbStR 2011, R B 11.6 Abs. 2 Satz 1.
3 ErBStR 2011, R B 11.2 Abs. 1 Satz 6.
4 ErbStR 2011, R B 11.2 Abs. 1 Satz 7.

unterstellten wertändernden Plänen des bewertungsrelevanten Erwerbers ergibt. Die Zielrichtung des Gesetzgebers ist nachvollziehbar. Die Umsetzung muss dagegen Illusion bleiben, da sich derartige „Neutralisierungs- und Zuschlagsrechnungen" in einem Gewirr intersubjektiv nicht nachvollziehbarer Annahmen verstricken müssen.

Ein Abschlag wegen fehlenden Einflusses auf die Geschäftsführung wird in R B 11.6 Abs. 2 verneint. 985

„*Der Paketzuschlag kommt ... auch bei der Ermittlung des gemeinen Werts durch Ableitung aus **Verkäufen** in Betracht. .... Ein **Abschlag** wegen fehlenden Einflusses auf die Geschäftsführung **kommt in diesen** Fällen nicht in Betracht.*"[1]

14.3.3 Substanzwert als Mindestwert

Wird der gemeine Wert eines Unternehmens oder einer Beteiligung aus Verkaufspreisen abgeleitet, ist die **Mindestwertregelung** des § 11 Abs. 2 Satz 3 BewG **nicht** anzuwenden. 986

„*Wird der gemeine Wert aus tatsächlichen Verkäufen unter fremden Dritten im gewöhnlichen Geschäftsverkehr abgeleitet, ist der Ansatz des Substanzwerts als Mindestwert ausgeschlossen.*"[2]

Diese Vergünstigung ist durch die Formulierung des § 11 Abs. 2 BewG nicht gedeckt.

14.4 Gutachtenwert – Unternehmensbewertung nach IDW S1

14.4.1 Verfahrenswahl

§ 11 Abs. 2 Satz 2 BewG nennt als erstes „technisches" Bewertungsverfahren die Bewertung unter Berücksichtigung der **Ertragsaussichten**. Diese etwas unglückliche Umschreibung eröffnet einen weiten Interpretationsspielraum, auch wenn dies nicht der Intention des Gesetzgebers entspricht.[3] Man wird davon ausgehen können, dass die Bewertung „nach den Ertragsaussichten" auf die Bewertung anhand der Gesamtbewertungsverfahren abzielt.[4] Als Ge- 987

---

1 ErbStR 2011, R B 11.6 Abs. 2 Satz 1 und 4.
2 ErbStR 2011, R B 11.3 Abs. 1 Satz 2.
3 Zu Details siehe Rdn. 611; siehe auch Hübner, H., Erbschaftsteuerreform 2009 Gesetze Materialien Erläuterungen, 2009, S. 484.
4 Horn, H.-J., in Fischer/Jüptner/Pahlke/Wachter, ErbStG Kommentar, 2010, § 12, S. 496 f.

C. Unternehmensbewertung gemäß Erbschaftsteuerreformgesetz

samtbewertungsverfahren gelten **Ertragswertverfahren** und **Discounted-Cashflow-Verfahren**.[1] Teilweise werden auch **Multiplikatorverfahren** unter den Gesamtbewertungsverfahren subsumiert.[2]

988 Die Regierungsbegründung verbindet mit der Bewertung „nach den Ertragsaussichten" nur das **Ertragswertverfahren**.

*„Haben keine zeitnahen Verkäufe stattgefunden, ist der Wert der Anteile nach den in den für die Gesellschaft maßgeblichen Wirtschaftkreisen auch für außersteuerliche Zwecke üblicherweise angewandten Bewertungsmethoden zu ermitteln. Dies ist dann auch der zutreffende gemeine Wert für Zwecke der Erbschaftsteuer. Üblichweise wir zumindest bei Beteiligungen an großen Gesellschaften die **Ertragswertmethode** angewandt, ..."*[3]

989 Die Position der Regierungsbegründung entspricht der Praxis der Zivilgerichte. Die **Zivilgerichte** präferieren für die Ermittlung objektivierter Unternehmenswerte bisher eindeutig das Ertragswertverfahren.

*„Als **bester und plausibelster Weg zur Ermittlung des objektivierten Unternehmenswertes** gilt nach wie vor die sog. **Ertragswertmethode**. Sie ist in Rechtsprechung und Schrifttum allgemein anerkannt ..."*[4]

990 Die Literatur verwendet die Begriffe des **Gutachtenwertes** bzw. des **Gutachterwertes**. Der Begriff „Gutachtenwert" wird in den Erbschafsteuerrichtlinien und im amtlichen Vordruck der Feststellungserklärung verwendet.[5] In den gleich lautenden Ländererlassen findet sich noch der Ausdruck „Gutachterwert"

*„Der Substanzwert ist als Mindestwert nur anzusetzen, wenn der gemeine Wert nach dem vereinfachten Ertragswertverfahren ... oder **mit einem Gutachter-***

---

1 Ballwieser, W., Unternehmensbewertung, in Gerke/Steiner (Hrsg.) Handwörterbuch des Bank- und Finanzwesens, 2001, S. 2083; Mandl/Rabel, Methoden der Unternehmensbewertung, in Peemöller (Hrsg.) Praxishandbuch der Unternehmensbewertung, 2009, S. 54 und 77.

2 Bruns/Meyer-Bullerdiek, Professionelles Portfoliomanagement, 2008, S. 183 und 242; Ernst/Schneider/Thielen bezeichnen die Multiplikatorverfahren als verkürzte DCF-Modelle, Ernst/Schneider/Thielen, Unternehmensbewertungen erstellen und verstehen, 2010, S. 240.

3 Begründung des Finanzausschusses, Teil 2. Materialien II Artikel 2, Änderung des BewG, Nr. 2, § 11 BewG, abgedruckt in Hübner, H., Erbschaftsteuerreform 2009 Gesetze Materialien Erläuterungen, 2009, S. 245.

4 LG Dortmund v. 19. 3. 2007 – 18 AktE 5/03, AG 2007, S. 793; OLG Zweibrücken v. 9. 3. 1995 - 3 W 133/92, 3 W 145/92, AG 1995, S. 421; OLG Stuttgart v. 1. 10. 2003 - 4 W 34/93, AG 2004, S. 43; OLG Düsseldorf v. 8. 7. 2003 - 19 W 6/00 AktE, AG 2003, S. 688.

5 Anlage Betriebsvermögen zur Feststellungserklärung und weitere Angaben zu §§ 13a, 13b ErbStG Ermittlung des gemeinen Werts nach § 11 Abs. 2 BewG, BBW 50/09 – Anlage Betriebsvermögen EW 450, S. 2 Zeile 32; ErbStR 2011, R B 11.3 Abs. 1 Satz 1.

14. Verfahren zur Unternehmensbewertung nach dem Bewertungsgesetz

wert (Ertragswertverfahren oder andere im gewöhnlichen Geschäftsverkehr für nichtsteuerliche Zwecke übliche Methode) ermittelt wird."[1]

Nach den Erbschaftsteuerrichtlinien kann der Gutachtenwert nicht nur nach dem Ertragswertverfahren ermittelt werden, sondern auch nach den anderen üblichen Methoden.[2] Das vereinfachte Ertragswertverfahren gilt danach ausdrücklich nicht als Gutachtenwert. Bei Verwendung sogenannter anderer üblicher Methoden ist die Chance, dass das Verfahren methodisch beanstandet wird insbesondere dann höher einzuschätzen, wenn die sogenannten branchenüblichen Verfahren verwendet werden. Diese Schlussfolgerung ergibt sich aus einer Durchsicht der Verfahren mit dem Ergebnis, dass deren Methodik tendenziell rudimentär ist und sich bestenfalls für die Ermittlung einer Verhandlungsgrundlage im Verkaufsfall eignet, aber nicht für eine objektivierte steuerliche Bemessungsgrundlage.[3]

991

Soweit ein (vollständiges) Ertragswertverfahren für den Gutachtenwert zur Anwendung kommt, bedeutet dies noch nicht zwingend die Anwendung des IDW Standard: Grundsätze zur Durchführung von Unternehmensbewertungen IDW S 1 i. d. F. 2008, kurz „**IDW S1**". Allerdings gibt es zur Akzeptanz des IDW S1 als Bewertungsleitfaden zum einen bereits eine gewisse Zustimmung.[4] Zum anderen stellt IDW S1 als komprimierter Erkenntnisstand und „Expertenauffassung" der angewandten Bewertungslehre für Wirtschaftsprüfer, im Rahmen ihrer Eigenverantwortlichkeit § 43 WPO, die verpflichtende Richtschnur bei Unternehmensbewertungen dar. Steuerberater, Rechtsanwälte, Sachverständige, Richter und Unternehmensberater greifen aber ebenso auf das Regelwerk zurück.

992

„Bei der Bewertung nach dem Ertragswertverfahren wird weiter überwiegend auf einen vom IDW ... entwickelten Standard Bezug genommen."[5]

Abgesehen davon ist nicht ersichtlich, an welchem alternativen Regelwerk der jeweilige Gutachter sich sonst orientieren sollte, insbesondere da er bzw. der

993

---

1 GLE AntBV vom 17. 5. 2011, Abschnitt 4 Abs. 1 Satz 1.
2 ErbStR 2011, R B 11.3 Abs. 1 Satz 1; siehe auch die Subsumtion unter Anlage Betriebsvermögen zur Feststellungserklärung und weitere Angaben zu §§ 13a, 13b ErbStG Ermittlung des gemeinen Werts nach § 11 Abs. 2 BewG, BBW 50/09 – Anlage Betriebsvermögen EW 450, S. 2, Zeile 32.
3 Siehe Rdn. 1038; siehe auch BGH v. 2. 2. 2011 – XII ZR 185/08, NWB Dok ID: AAAAD-88296.
4 Möllmann, P., in Tiedtke (Hrsg.), ErbStG Kommentar, 2009, § 12, S. 321 Tz. 118; Geck, R., in Kapp/Ebeling (Hrsg.), Erbschaftsteuer- und Schenkungsteuergesetz Kommentar, April 2010, § 12, S. 24/3 Tz. 126.
5 LG Frankfurt v. 13. 3. 2009 – 3-5 O 57/06, AG 2009, S. 753.

Erwerber als Auftraggeber sich im Konfliktfall auf eine konsensfähige Grundlage berufen können muss.

14.4.2 Gutachtenwert als objektivierter Unternehmenswert

994 Der Gutachtenwert ist nach überwiegender Meinung als **objektivierter** Unternehmenswert zu ermitteln.[1] Dies ergibt sich schon aus der Alternative des subjektiven Unternehmenswertes, welche die Bewertung des Unternehmens letztlich in das Belieben des Eigentümers stellt.[2] Dies ist wiederum mit einer intersubjektiv überprüfbaren Bemessungsgrundlage für die Erbschaft- und Schenkungsteuer kaum vereinbar.

995 Der Schluss, der Gutachtenwert sei als ein subjektiver Unternehmenswert zu ermitteln, wird aus § 11 Abs. 2 Satz 2 zweiter Halbsatz BewG gezogen, wonach die Methode anzuwenden ist, die ein Erwerber der Kaufpreisbemessung zugrunde legen würde. Bei dem subjektiven Unternehmenswert handelt es sich aber nicht um eine Methode, sondern nur um die Einnahme einer Bewertungsperspektive.[3] Abgesehen davon widerspricht der subjektive Unternehmenswert dem gesetzgeberischen Ziel der Ermittlung des gemeinen Wertes geradezu in Perfektion, da § 9 Abs. 2 Satz 3 BewG die Berücksichtigung der persönlichen Verhältnisse explizit ausschließt. Dagegen ist die Berücksichtigung der persönlichen Verhältnisse wiederum Grundlage des subjektiven Unternehmenswertes.

„Im Rahmen der Ermittlung **subjektiver Entscheidungswerte** ersetzt der Wirtschaftsprüfer in der Beratungsfunktion die bei der Ermittlung objektivierter Unternehmenswerte erforderlichen Typisierungen durch **individuelle auftraggeberbezogene Konzepte bzw. Annahmen.**"[4]

---

1 Hübner, H., Erbschaftsteuerreform 2009 Gesetze Materialien Erläuterungen, 2009, S. 485; Daragan, H., in Daragan/Halaczinsky/Riedel (Hrsg.), Praxiskommentar ErbStG und BewG, 2010, § 9 BewG, S. 848 Tz. 16; Riedel, C., in Daragan/Halaczinsky/Riedel (Hrsg.), Praxiskommentar ErbStG und BewG, 2010, § 11 BewG, S. 876 Tz. 41; Kreutziger, S., in Kreutziger/Schaffner/Stephany (Hrsg.), Kommentar zum Bewertungsgesetz, 2009, § 11, S. 70 Tz. 81; Piltz, D., Unternehmensbewertung im neuen Erbschaftsteuerrecht, DStR 2008, S. 752; zur Ermittlung von objektivierten Unternehmenswerten siehe Wollny, C., Der objektivierte Unternehmenswert – Unternehmensbewertung bei gesetzlichen und vertraglichen Bewertungsanlässen, 2010.

2 Für einen subjektiven Unternehmenswert sprechen sich aus, Kußmaul/Pfirmann/Hell/Meyering, Die Bewertung von Unternehmensvermögen nach dem ErbStRG und Unternehmensbewertung, BB 2008, S. 477; Olbrich/Hares/Pauly, Erbschaftsteuerreform und Unternehmensbewertung, DStR 2010, S. 1240.

3 Details zu diesem Themenkreis siehe Rdn. 570.

4 IDW S1 i. d. F. 2008, Tz. 48.

Die Position des **Bundesverfassungsgerichtes** ist ebenso eindeutig die des objektivierten Unternehmenswertes aus Sicht des Verkäufers.
*"Die durch den Erwerb eines nicht in Geld bestehenden Wirtschaftsguts vermittelte finanzielle Leistungsfähigkeit wird daher durch den bei einer **Veräußerung unter objektivierten Bedingungen** erzielbaren Preis, mithin durch den **gemeinen Wert** im Sinne des § 9 Abs. 2 BewG, bemessen."*[1]

Der Vorschlag der mittelbaren Typisierung der Einkommensteuerbelastung, zur Vermeidung der Berücksichtigung persönlicher Steuerverhältnisse im Rahmen der Einkommensteuer, übersieht, dass der objektivierte Unternehmenswert von den persönlichen Verhältnissen bei der Einkommensteuer ohnehin abstrahiert und die Belastung durch die Unternehmensteuerreform 2008 und die Einführung der Abgeltungsteuer zudem gesetzlich typisiert wurde.[2]

14.4.3 Startbilanz und Bewertungsstichtag

In aller Regel wird der Bewertungsstichtag nicht mit dem Abschlussstichtag des Unternehmens zusammenfallen. Für die Unternehmensbewertung wird jedoch eine Unternehmensplanung zum Bewertungsstichtag benötigt und diese baut auf einer Startbilanz zum Bewertungsstichtag auf. Diese **Startbilanz** muss deshalb ausgehend von der letzten, auf den Abschlussstichtag vorliegenden Bilanz entwickelt werden. Dies erfolgt in der Unternehmensplanung unter Verwendung der bis zum Bewertungsstichtag für das Unternehmen vorliegenden Monatsergebnisse.

Dieses Vorgehen ist nicht mit der pflichtgemäßen Entwicklung der Vermögensaufstellung auf den Bewertungsstichtag zu verwechseln. Auch hier ist ausgehend vom sogenannten **Ausgangswert** zum regulären Abschlussstichtag der Substanzwert auf den Bewertungsstichtag zu entwickeln, da dieser im Rahmen der Mindestwertregel gemäß § 11 Abs. 2 Satz 3 BewG benötigt wird.[3] Diese auf den Bewertungsstichtag fortentwickelte Vermögensaufstellung (**Substanzwert**) kann nicht als Startbilanz für die Unternehmensplanung verwendet werden. Als Startbilanz kann nur eine nach handelsrechtlichen Normen entwickelte Bilanz Verwendung finden, da nur der **handelsrechtliche Abschluss** Grundlage der Ausschüttungsbemessung ist.

---

[1] BVerfG v. 7.11.2006 - 1 BvL 10/02, S. 16, BStBl 2007 II S. 192.
[2] Siehe zur Forderung nach mittelbarer Typisierung, Bachmann/Widmann, in Die Erbschaftsteuerreform, Ernst&Young/BDI, 2009, S. 111 FN 1; für Personengesellschaften gilt nach wie vor der typisierte ESt-Satz von 35 %.
[3] ErbStR 2011, R B 11.4 Abs. 2 und 3.

14.4.4 Phasenplanung schafft Transparenz

999 Im **vereinfachten Ertragswertverfahren** werden trotz des Anspruchs, die zukünftigen Erträge zu bewerten, faktisch Vergangenheitsdaten bewertet.[1] Deshalb weisen die Erbschaftsteuerrichtlinien auf eine Reihe typischer Bewertungssituationen hin, in denen das vereinfachte Ertragswertverfahren tendenziell zu unzutreffenden Bewertungsergebnissen führt.[2] Gerade für diese Situationen, z. B. der Bewertung von Unternehmensgruppen, absehbarer Veränderungen der wirtschaftlichen Rahmenbedingungen oder bei der Bewertung von Unternehmen in Krisensituationen, bietet sich die Ermittlung eines **Gutachtenwertes** nach **IDW S1** an.

1000 Durch den Aufbau einer integrierten Unternehmensplanung nach einem 2-Phase- bzw. 3-Phasen-Schema lassen sich die wahrscheinlichen Unternehmensentwicklungen realistisch darstellen. Die Konsequenzen der Planungsprämissen werden in ihren Konsequenzen auf die Vermögens-, Ertrags- und Finanzlage des Unternehmens nachvollziehbar dargestellt. Eine Prognose auf der Basis von Szenarien dokumentiert die Volatilität der Entwicklungspfade. Ein auf dieser Basis erstattetes Bewertungsgutachten schafft Transparenz und Glaubwürdigkeit. Die Erbschaftsteuerrichtlinien stehen dem nicht entgegen.

„Der Steuerpflichtige kann den gemeinen Wert durch Vorlage eines methodisch nicht zu beanstandenden Gutachtens erklären, **das auf den für die Verwendung in einem solchen Verfahren üblichen Daten der betreffenden Kapitalgesellschaft aufbaut."*[3]

14.4.5 Abfindungen im Rahmen der Nachfolgeregelung

1001 Werden einzelne Erben aufgrund von Nachfolgeregelungen von der Nachfolge in eine Gesellschafterstellung ausgeschlossen, kommt es regelmäßig zu Abfindungsverpflichtungen seitens der übernehmenden Erben. Diese leisten dann die Abfindung persönlich und können diese deshalb als Nachlassverbindlichkeit zum Abzug bringen.[4] Die Thematik Abfindung ist dann irrelevant für die Bewertung der erworbenen Unternehmung.

1002 Gesellschaftsvertragliche Nachfolgeregelungen können aber auch den Ausschluss eines in der Gesellschafterstellung unerwünschten Erben vorsehen

---

1 § 201 Abs. 1 Satz 1 BewG i. V. m. § 201 Abs. 2 Satz 1 BewG.
2 ErbStR 2011, R B 199.1 Abs. 6.
3 ErbStR 2011, R B 11.2 Abs. 2 Satz 2.
4 Wälzholz, E., in Viskorf/Knobel/Schuck (Hrsg.), Erbschaftsteuer- und Schenkungsteuergesetz, Bewertungsgesetz Kommentar, 2009, ErbStG, § 3, S. 202 Tz. 218.

oder bei Kapitalgesellschaften eine Einziehung oder Abtretungsverpflichtung regeln.[1] Abfindungsverpflichteter ist dann die Gesellschaft. Die Berücksichtigung derartiger Abfindungen im Rahmen der erbschaftsteuerlichen Wertermittlung ist nicht geklärt, da derartige Lasten regelmäßig aufschiebend bedingt sind.[2]

Meines Erachtens sollte die Abfindungsverpflichtung in einschlägigen Fällen bereits im Rahmen der Unternehmensbewertung berücksichtigt werden. Die Abfindung führt in der verpflichteten Gesellschaft zu einem Abfluss von Liquidität und gegebenenfalls zur Notwendigkeit, Darlehen zur Finanzierung der Abfindungsverpflichtung aufzunehmen. In allen Fallkonstellationen kürzt die Abfindung somit den verfügbaren Cashflow im Unternehmen, entweder sofort oder über nachfolgende Zinszahlungen und Tilgungszahlungen. Dies geht einher mit entstehendem Aufwand (Zinsaufwand, Aufwand vernichteter Anteile), womit die zukünftigen Ausschüttungsmöglichkeiten des Unternehmens c.p. reduziert werden. Dies senkt den Unternehmenswert für entweder die fortführenden Altgesellschafter oder einen übernehmenden Erben. Statt im Zuge einer Berichtigungsveranlagung könnte, eine zeitnahe Abfindung unterstellt, die richtige Bewertung somit in einem Zuge erfolgen. 1003

14.4.6 Berücksichtigungsfähige Ausschüttungen

14.4.6.1 Jahresabschluss und Ergebnisverwendung

Die Erbschaftsteuerrichtlinien 2011 differenzieren hinsichtlich der Berücksichtigungsfähigkeit von Gewinnausschüttungen in der Unternehmensbewertung danach, ob der Gewinnverwendungsbeschluss vor oder nach der Steuerentstehung gefasst wurde. 1004

Wurde der Gewinnverwendungsbeschluss noch **vor** dem Zeitpunkt der Steuerentstehung gefasst: 1005

*„Bei einem der Erbschaftsteuer unterliegenden Erwerb von GmbH-Geschäftsanteilen sind Ansprüche auf erwirtschaftete, aber **noch nicht ausgeschüttete Gewinne** der GmbH beim Erwerb der Beteiligung von Todes wegen **gesondert als Kapitalforderung** des Erben zu erfassen, wenn der Gewinnverwendungs-*

---

1 Gebel, D., in Troll/Gebel/Jülicher (Hrsg.), ErbStG, Oktober 2010, § 10, S. 87 Tz. 274; Szczesny, M., in in Tiedtke (Hrsg.), ErbStG, 2009, § 10, S. 269 Tz. 94.
2 Gebel, D., in Troll/Gebel/Jülicher (Hrsg.), ErbStG, Oktober 2010, § 10, S. 87 Tz. 275.

beschluss bereits vor dem Zeitpunkt der Steuerentstehung gefasst worden ist. Das Vermögen der Gesellschaft ist bereits entsprechend gemindert."[1]

1006 Wurde der Gewinnverwendungsbeschluss **nach** dem Zeitpunkt der Steuerentstehung gefasst:

„Wird der **Beschluss** über die Gewinnverwendung erst **nach dem Zeitpunkt** der Steuerentstehung gefasst, kann der Anspruch auf den Gewinn nicht gesondert neben dem gemeinen Wert der Anteile auf den Stichtag erfasst werden, da der vor dem Stichtag erwirtschaftete Gewinn bereits bei der **Bewertung der Anteile** an der Kapitalgesellschaft berücksichtigt wurde."[2]

1007 In diesem Zusammenhang ist zum einen auf die Bedeutung einer Startbilanz für die Unternehmensbewertung hinzuweisen, sowie zum anderen die Bedeutung der Ergebnisverwendung im Jahresabschluss zu erläutern.

1008 Bei einem Gutachtenwert wird die Unternehmensbewertung in aller Regel auf einem Gesamtbewertungsverfahren beruhen. Grundlage hierfür ist eine Unternehmensplanung. Die Unternehmensplanung wird ausgehend von einer **Startbilanz** entwickelt, die auf den Bewertungsstichtag aufzustellen ist.[3] Die Bedeutung der Startbilanz ergibt sich für die Bewertung aus ihrer Speicherfunktion für zukünftige Einzahlungen und Auszahlungen bzw. Erträge und Aufwendungen, die in der Unternehmensplanung entsprechend zu berücksichtigen sind. Die Startbilanz enthält auch Angaben zu ausschüttungsfähigen Gewinnen. Details hierzu ergeben sich aus der bilanziellen Behandlung der Ergebnisverwendung.

1009 Jahresabschlüsse von Kapitalgesellschaften können gemäß § 266 Abs. 2 und Abs. 3 HGB ohne Berücksichtigung der Gewinnverwendung aufgestellt werden. Alternativ kann die Gewinnverwendung gemäß § 268 Abs. 1 HGB bereits bei der Aufstellung des Jahresabschlusses berücksichtigt werden. Für Nicht-Kapitalgesellschaften kann sich die Anwendbarkeit auf freiwilliger Basis oder Gesellschaftsvertrag ergeben. Damit sind insgesamt drei Fallkonstellationen zu unterscheiden. Aufstellung ohne Ergebnisverwendung, Aufstellung mit teilweiser Ergebnisverwendung und Aufstellung mit vollständiger Ergebnisverwendung.[4] Indikatoren für die im Jahresabschluss umgesetzte Art der Ergeb-

---

1 ErbStR 2011, R E 12.3 Abs. 1 Satz 1 und Satz 2.
2 ErbStR 2011, R E 12.3 Abs. 2.
3 Zur Startbilanz, bei vom Bewertungsstichtag abweichenden Jahresabschlussstichtag siehe Rdn. 198 und Rdn. 997.
4 Ellrott/Krämer, in Ellrott/Förschle/Kozikowski/Winkeljohann (Hrsg.), Beck'scher Bilanzkommentar, 2012, S. 930, Tz. 4 ff.

nisverwendung sind die in der Bilanz verwendeten Begriffe Jahresüberschuss, Bilanzgewinn und Verbindlichkeit gegenüber Gesellschaftern.

Wurde der Jahresabschluss **ohne** Berücksichtigung der Ergebnisverwendung aufgestellt, findet sich, jeweils den „Gewinn-Fall" unterstellt, der Begriff des Jahresüberschusses in der Bilanz.

1010

ABB. 66:	Jahresabschluss ohne Ergebnisverwendung
Gezeichnetes Kapital	3.000.000,00
Gewinnrücklagen	1.000.000,00
Jahresüberschuss	600.000,00

Bei Aufstellung des Jahresabschlusses und Berücksichtigung einer **teilweisen** Ergebnisverwendung, werden z. B. satzungsmäßig vorgesehene Gewinnrücklagen dotiert. Der Begriff des Bilanzgewinns erscheint.

1011

ABB. 67:	Jahresabschluss mit teilweiser Ergebnisverwendung
Gezeichnetes Kapital	3.000.000,00
Gewinnrücklagen	1.200.000,00
Bilanzgewinn	400.000,00

Bei Aufstellung des Jahresabschlusses und Berücksichtigung einer vollständigen Ergebnisverwendung tauchen die Begriffe Jahresüberschuss und Bilanzgewinn nicht mehr auf.

1012

ABB. 68:	Jahresabschluss mit vollständiger Ergebnisverwendung
Gezeichnetes Kapital	3.000.000,00
Gewinnrücklagen	1.200.000,00
Verbindlichkeit ggü. Gsr.	400.000,00

Hinsichtlich der Berücksichtigung dieser Fallkonstellationen im Rahmen der **Unternehmensbewertung** kommt es somit zunächst darauf an, ob die Gewinnausschüttung am Bewertungsstichtag schon **vollzogen** wurde. Ist dies nicht der Fall, kann auch noch nicht von einer Vermögensminderung bei der Gesellschaft ausgegangen werden, wovon die Erbschaftsteuerrichtlinien aber bereits ausgehen.[1] D.h. wenn die Auszahlung des Gewinnanspruchs am Bewertungsstichtag noch nicht durchgeführt wurde, ist der Gewinnanspruch beim Erwerb von **Todes** wegen auch noch im Unternehmenswert zu berücksichti-

1013

---

1 ErbStR 2011, R E 12.3 Abs. 1 Satz 2.

gen. Im Fall der **Schenkung** ist der Gewinnanspruch im Unternehmenswert zu berücksichtigen, wenn er Teil der Schenkung ist.

„Beim Erwerb durch **Schenkung** unter Lebenden erfolgt eine gesonderte Erfassung nur, wenn der **Gewinnanspruch gesondert abgetreten** wird, da er sonst weiterhin dem Schenker zusteht."[1]

1014 Bei einer unterjährigen Schenkung sind die Vereinbarungen zur Gewinnteilung zu berücksichtigen.

„Beim Erwerb von GmbH-Geschäftsanteilen durch Schenkung unter Lebenden sind die Gewinne des Wirtschaftsjahrs, in das die Schenkung fällt, nach § 101 Nr. 2 Halbsatz 2 BGB im **Innenverhältnis zeitanteilig** zwischen Schenker und Beschenktem aufzuteilen. Erfüllt der Beschenkte den zivilrechtlichen Ausgleichsanspruch des Schenkers, ist der **Ausgleichsbetrag** vom Wert des zugewendeten GmbH-Geschäftsanteils **abzuziehen**. Treffen die Beteiligten eine davon **abweichende Vereinbarung**, verzichtet etwa der Schenker ganz oder teilweise auf seinen Anspruch nach § 101 Nr. 2 Halbsatz 2 BGB, entfällt insoweit ein Abzug. Der ersparte Ausgleichsbetrag ist nicht neben dem Wert der übertragenen Anteile zu erfassen."[2]

1015 Bewertungsrelevant sind somit im Ergebnis, entsprechend des Grundsatzes der Unternehmensbewertung, die zu erwartenden, d. h. noch **nicht vollzogenen** Gewinnausschüttungen. Die zivilrechtliche Art des Erwerbs gibt darüber Aufschluss, wer den Gewinn beanspruchen kann bzw. ob der Gewinnanspruch im Unternehmenswert zu erfassen ist.

14.4.6.2 Verschonungsabschlag und Überentnahmen

1016 Die Verschonungsregelung in § 13a Abs. 1 und Abs. 2 ErbStG setzt gemäß § 13a Abs. 5 Nr. 3 ErbStG voraus, dass die Entnahmen des Gesellschafters, im Zeitraum zwischen Erwerb und Fristende des Überwachungszeitraums, den laufenden anteiligen Gewinn zuzüglich der Einlagen in diesem Zeitraum maximal um 150 T€ übersteigen. Die Regelung für Einzelunternehmer und Gesellschafter von Personengesellschaften gilt gemäß § 13a Abs. 5 Nr. 3 Satz 3 ErbStG für Kapitalgesellschaften. Maßgeblich für die Einhaltung oder Verletzung der Regelungen zum Verschonungsabschlag § 13a ErbStG sind die tatsächlichen Handlungen und nicht die in der Unternehmensplanung prognostizierten Entwicklungen des Unternehmens. Allerdings ist zu fragen, inwiefern

---

1 ErbStR 2011, R E 12.3 Abs. 1 Satz 3.
2 ErbStR 2011, R E 12.3 Abs. 3.

die Grundlagen der Unternehmensbewertung mit der Regelung in § 13a Abs. 5 Nr. 3 ErbStG in Deckung zu bringen sind.

Für die Unternehmensbewertung relevant sind die zu erwartenden Ausschüttungen, die auf handelsrechtlichen Gewinnen beruhen. Notwendige Einlagen kürzen die maßgeblichen Bewertungsgrößen. 1017

*"Der Wert eines Unternehmens bestimmt sich unter der Voraussetzung ausschließlich finanzieller Ziele durch den Barwert der mit dem Eigentum an dem Unternehmen verbundenen Nettozuflüsse an die Unternehmenseigner (Nettoeinnahmen als **Saldo von Ausschüttungen bzw. Entnahmen, Kapitalrückzahlungen und Einlagen**)."*[1]

Verdeckte Gewinnausschüttungen bei Kapitalgesellschaften zählen insofern als „normale" Ausschüttungen. 1018

*"Nach § 13a Abs. 5 Satz 1 Nr. 3 Satz 3 ErbStG ist bei Ausschüttungen an Gesellschafter einer **Kapitalgesellschaft** § 13a Abs. 5 Satz 1 Nr. 3 Satz 1 ErbStG sinngemäß anzuwenden (Ausschüttungsbeschränkung). Somit können ohne Verstoß gegen die Entnahmebeschränkung in der **Behaltenszeit erzielte Gewinne, ggf. erhöht um verdeckte Gewinnausschüttungen**, und getätigte offene und verdeckte Einlagen ausgeschüttet werden. Darüber hinaus können nur 150 000 Euro im Fünfjahreszeitraum verdeckt oder offen ausgeschüttet werden. Ob die Ausschüttung mittelbar oder unmittelbar erfolgt, ist unerheblich."*[2]

Gesellschafter von Kapitalgesellschaften haben nur Anspruch auf Ausschüttung des Bilanzgewinns, womit Verlustvorträge zunächst mit Jahresüberschüssen zu verrechnen sind, § 58 Abs. 4 AktG, § 29 Abs. 1 GmbHG. Bei Personengesellschaften weisen die Gesellschaftsverträge regelmäßig entsprechende Regelungen auf. Die Vergütungen an Gesellschafter im Sinne von § 15 Abs. 1 Nr. 2 EStG sind keine Entnahmen.[3] Die planungstechnische Veräußerung von nicht betriebsnotwendigem Vermögen ist nur eine Fiktion und deshalb für eine Nachversteuerung irrelevant.[4] Abgesehen davon wird die planungstechnische „Veräußerung" ohnehin nicht begünstigtes Verwaltungsvermögen betreffen. Die Ausschüttungen laut Unternehmensplanung treten insofern mit den Regelungen des § 13a Abs. 5 Nr. 3 ErbStG nicht in Konflikt, wenn (bei Umsetzung der Planung) durch die Ausschüttung von am Bewertungsstichtag 1019

---

1 IDW S1 i. d. F. 2008, Tz. 4.
2 ErbStR 2011, R E 13a.8 Abs. 6.
3 Jülicher, M., in Troll/Gebel/Jülicher (Hrsg.), ErbStG, Oktober 2010, § 13a, S. 69 Tz. 273 und Februar 2010, S. 75 Tz. 291.
4 Jülicher, M., in Troll/Gebel/Jülicher (Hrsg.), ErbStG, § 13a, Februar 2010, S. 43 Tz. 145.

vorhandenen Gewinn- und Kapitalrücklagen die Grenze von 150 T € nicht überschritten wird.

14.4.7 Bewertung von Unternehmensgruppen

1020 Wird der Gutachtenwert für eine **Unternehmensgruppe** ermittelt, kann die Bewertung auf Basis eines Konzernabschlusses erfolgen, wobei dann entsprechende Korrekturen des Konzernergebnisses erforderlich werden.[1] Alternativ kann die Unternehmensgruppe auch nach einem sogenannten **Holdingmodell** bewertet werden, bei dem die ausschüttbaren Beträge vom untersten Gruppen-Unternehmen im Rahmen der Unternehmensplanung bis zur Holding durchgeschleust werden und dort die Ausschüttungen an die Anteilseigner der Bewertung zugrunde gelegt werden.[2] In beiden Fällen wird das Bewertungsobjekt im Gutachtenwert nach IDW S1 nicht in separiert zu bewertende Einzelgruppen zerteilt, um dann additiv zu einem Wert aggregiert zu werden, sondern es wird in einem Bewertungsgang der Unternehmenswert der Gruppe ermittelt, indem der Wert der Obergesellschaft ermittelt wird.[3] Diese Verfahrensweise deckt sich mit der Definition des Bewertungsobjekts in IDW S1 i. d. F. 2008, Tz. 19.

1021 Die **Obergesellschaft** oder Muttergesellschaft ist Empfängerin der Ausschüttungen aus dem gesamten Unternehmensverbund und schüttet diese an den oder die Anteilseigner der Ober- bzw. Muttergesellschaft weiter. Für die Fiktion der Ausschüttungen (**Ausschüttungshypothese**) wurde vor der Reform zur Einführung des Halbeinkünfteverfahrens die Vollausschüttungshypothese verwendet. Unter dem aktuellen Steuersystem ist die Teilausschüttungshypothese unter Berücksichtigung der kapitalwertneutralen Wiederanlagerendite sowie der effektiven Veräußerungsgewinnbesteuerung anzuwenden.

1022 Ein separierte Bewertung der Beteiligungsgesellschaften und die additive Zusammenfassung des Wertes des Unternehmensverbunds sieht nur das **vereinfachte Ertragswertverfahren** in § 200 Abs. 3 BewG vor. Diese vereinfachte Vorgehensweise entspricht der bewertungsgesetzlichen Vorgabe zur Bewertung von wirtschaftlichen Einheiten.[4] Wird die gesetzliche Vorgabe der Bewertung

---

1 Schmidbauer, R., Die Bewertung von Konzernen als Problem in der Theorie der Unternehmensbewertung, DStR 2002, S. 1544; Creutzmann, A., Unternehmensbewertung im Steuerrecht, DB 2008, S. 2791. Meichelbeck, A., Unternehmensbewertung im Konzern, in Peemöller (Hrsg.), Praxishandbuch der Unternehmensbewertung, 2009, S. 605.
2 Wollny, C., Der objektivierte Unternehmenswert – Unternehmensbewertung bei gesetzlichen und vertraglichen Bewertungsanlässen, 2010, S. 424.
3 Möllmann, P., in Tiedtke (Hrsg.), ErbStG Kommentar, 2009, § 12, S. 339 Tz. 181.
4 Siehe hierzu Rdn. 768 sowie Rdn. 1167.

von wirtschaftlichen Einheiten – im Sinne von Gewerbebetrieben – starr angewendet, kommt es bei der Bewertung von Unternehmensgruppen tendenziell zu Überbewertungen.

> **BEISPIEL:** ▶ Die Obergesellschaft weist einen nachhaltigen Verlust von 10 auf, die Tochtergesellschaft einen nachhaltigen Gewinn von 10. Nach dem Bewertungsgesetz hat die Obergesellschaft keinen Ertragswert. Die Tochtergesellschaft hat einen positiven Ertragswert. Nach einer korrekten betriebswirtschaftlichen Bewertung haben die beiden einen konsolidierten Ertragswert von 0. Dies entspricht dem gemeinen Wert des Unternehmensverbundes.[1]

Überbewertungen liegen zum einen nicht im Interesse des Erwerbers als Steuerpflichtigen und zum anderen wird damit das verfassungsmäßige Ziel der Bewertung zum gemeinen Wert verfehlt. Die Bewertung von Unternehmensgruppen mit einem Gutachtenwert nach IDW S1 wird damit zwangsläufig zur Routine.

*„So ergibt sich nachdem in § 200 Abs. 3 BewG nomierten Verfahren insoweit ein **höherer Wert als etwa nach IDW-Standard**, der in einschlägigen Fällen eine konsolidierte Betrachtungsweise favorisiert. ... Für die Bewertungs- und Beratungspraxis bedeutet dies, dass der Steuerpflichtige in einer derartigen Situation **gehalten ist, stets eine Alternativbewertung („Schattenbewertung")** vorzunehmen, um im Eventualfall die sich insoweit ergebende niedrigere Bewertungsgrundlage gegenüber der Finanzverwaltung geltend machen zu können."*[2]

14.4.8 Managementfaktor

Wirkt sich der Wegfall des bisherigen Eigentümers absehbar auf den Unternehmenserfolg aus, ist dies in der Unternehmensplanung und Unternehmensbewertung entsprechend zu berücksichtigen.

*„Sofern zum Bewertungsstichtag feststeht, dass die Berechnungsgrößen des Verfahrens durch bekannte objektive Umstände, z. B. wegen des Todes des Unternehmers, sich **nachhaltig verändern**, muss dies bei der **Ermittlung entsprechend berücksichtigt werden**."*[3]

---

1 Beispiel sinngemäß nachempfunden dem Beispiel von Piltz, D., Unternehmensbewertung im neuen Erbschaftsteuerrecht, DStR 2008, S. 752.
2 Eisele, D., in Rössler/Troll (Hrsg.), BewG Bewertungsgesetz Kommentar, Oktober 2009, § 200, S. 5 Tz. 6.
3 ErbStR 2011, R B 11.2 Abs. 2 Satz 5.

1025 Im Extremfall muss als Gutachtenwert der Liquidationswert zum Ansatz kommen, wenn nicht von einer Fortführung des Unternehmens ohne den bisherigen Eigentümer auszugehen ist.[1]

14.4.9 Paketzuschlag – Abschlag wegen fehlenden Einflusses

1026 Für den Gutachtenwert nach einem Gesamtbewertungsverfahren wird unter bestimmten **Bedingungen** ein Paketzuschlag gefordert.[2]

*„Wird der gemeine Wert in einem **Ertragswertverfahren** oder nach einer anderen anerkannten, auch im gewöhnlichen Geschäftsverkehr für nichtsteuerliche Zwecke üblichen Methode ... ermittelt, ist – ... der **Paketzuschlag erforderlich, wenn** die in **§ 11 Abs. 3 BewG** genannten Umstände bei der Wertermittlung nicht berücksichtigt werden."*[3]

1027 § 11 Abs. 3 BewG fordert einen Paketzuschlag, wenn der gemeine Wert der Beteiligung höher als die entsprechende Summe der Werte der Einzelanteile ist:

*„Ist der **gemeine Wert einer Anzahl von Anteilen** an einer Kapitalgesellschaft, die einer Person gehören, infolge besonderer Umstände (z. B. weil die Höhe der Beteiligung die Beherrschung der Kapitalgesellschaft ermöglicht) **höher als** der Wert, der sich auf Grund der **Kurswerte** (Absatz 1) oder der **gemeinen Werte** (Absatz 2) für die **einzelnen Anteile** insgesamt ergibt, so ist der gemeine Wert der Beteiligung maßgebend."*

1028 Der objektivierte Unternehmenswert, als Bewertungskonzept zur Ermittlung gemeiner Werte, sieht keinen Beteiligungsumfang vor, der einen Paketzuschlag rechtfertigen würde, da er für einen typisierten Anteilseigner mit einem Beteiligungsumfang von < 1 % ermittelt wird.[4] Der Beteiligungswert entspricht damit dem quotalen Unternehmenswert.

---

1 Siehe dazu Rdn. 262.
2 Ein Paketzuschlag kann grundsätzlich aus dem Kaufpreis für ein mehrheitsvermittelndes Aktienpaket abgeleitet werden, wenn diesem Kaufpreis der Börsenkurs für die Anzahl der übernommenen Aktien gegenübergestellt wird.
3 ErbStR 2011, R B 11.6 Abs. 2 Satz 2.
4 Wagner/Saur/Willershausen, Zur Anwendung der Neuerungen der Unternehmensbewertungsgrundsätze des IDW S1 i. d. F. 2008 in der Praxis, Wpg 2008, S. 733; zur Typisierung des Anteilseigners im objektivierten Unternehmenswert siehe ausführlich, Wollny, C., Der objektivierte Unternehmenswert – Unternehmensbewertung bei gesetzlichen und vertraglichen Bewertungsanlässen, 2010, S. 163 ff.

14. Verfahren zur Unternehmensbewertung nach dem Bewertungsgesetz

„Der objektivierte Wert des Unternehmensanteils entspricht dem quotalen Wertanteil am objektivierten Gesamtwert des Unternehmens."[1]

Der **Gleichbehandlungsgrundsatz** wie z. B. in § 53a AktG geregelt, verbietet eine Berücksichtigung von Vorteilen, die aus einem bestimmten Beteiligungsumfang resultieren und wird somit im objektivierten Unternehmenswert umgesetzt. Das Unternehmen wird im objektivierten Unternehmenswert bewertet wie es steht und liegt.[2]

1029

Damit wäre nach § 11 Abs. 3 BewG ein **Paketzuschlag** zu berücksichtigen, wenn Beteiligungsumfänge von mehr als 25 % erworben werden.[3] Bei einem solchen Beteiligungsumfang kann ein Unternehmenskäufer unter Umständen seine Vorstellungen eines geänderten Unternehmenskonzeptes durchsetzen. D. h. ausgehend vom objektivierten Unternehmenswert und dem Unternehmen wie es steht und liegt, häufig gleichzusetzen mit dem subjektiven Unternehmenswert des Verkäufers, kann der Käufer grundsätzlich einen Zuschlag bezahlen, wenn er durch seine Ideen die Gewinne im Unternehmen gegenüber dem bestehenden Zustand erhöhen kann.[4] Dieser Zuschlag kann als Paketzuschlag interpretiert werden. Bewertet wird damit nicht mehr das Unternehmen wie es steht und liegt, sondern wie es sich in den Vorstellungen des Käufers und damit in dessen subjektiven Unternehmenswert darstellt. Die schematische Vorgabe in § 11 Abs. 3 BewG bzw. in den Erbschaftsteuerrichtlinien ist allerdings reines Wunschdenken.[5] Dieser Paketzuschlag kann nämlich seriös nur ermittelt werden,

1030

- ▶ wenn der Erwerber der wesentlichen Beteiligung seine Änderungen zum Unternehmenskonzept des Unternehmens offenlegt und
- ▶ diese Änderungen im Unternehmen umgesetzt werden können und
- ▶ daraus tatsächliche Gewinn- bzw. Unternehmenswertsteigerungen gegenüber einer Bewertung des Unternehmens „wie es steht und liegt" erwartet werden können und
- ▶ angenommen werden kann, dass der fiktive Käufer (gemeiner Wert!) bereit ist, diesen erhöhten Unternehmenswert vollständig über den Kaufpreis an den Verkäufer zu bezahlen (eine völlig unsinnige Annahme!).

---

1 IDW S1 i. d. F. 2008, Tz. 13.
2 IDW S1 i. d. F. 2008, Tz. 32.
3 ErbStR 2011, R B 11.6 Abs. 3. Siehe dazu Rdn. 957.
4 Ernst/Schneider/Thielen, Unternehmensbewertungen erstellen und verstehen, 2010, S. 74.
5 ErbStR 2011, R B 11.6 Abs. 3; Zur Ablehnung eines Paketzuschlages, allerdings mit anderer Begründung siehe Horn, H.-J., in Fischer/Jüptner/Pahlke/Wachter, ErbStG Kommentar, 2010, § 12, S. 438 f., Tz. 91.

C. Unternehmensbewertung gemäß Erbschaftsteuerreformgesetz

1031 Damit besteht hier u. a. das gleiche **Problem** wie im Abfindungsfall, bei dem ebenso wenig erwartet werden kann, dass die Parteien ihre tatsächlichen Möglichkeiten und Zukunftspläne für das Unternehmen offenlegen.[1] Ein „aus der Luft" gegriffener Zuschlag, um der Forderung von § 11 Abs. 3 BewG bzw. der Erbschaftsteuerrichtlinien nachzukommen, ist aber schwerlich mit dem Bewertungsziel der Ermittlung des gemeinen Wertes in Deckung zu bringen.[2] Abgesehen davon unterstellt ein Paketzuschlag, dass Einfluss immer mit einer erfolgreichen Unternehmensführung verknüpft ist. Der Einfluss kann aber z. B. genau so zur Umsetzung eines Unternehmenskonzepts genutzt werden, das letztlich zu einer Verschlechterung der Unternehmensverhältnisse und damit des Unternehmenswertes führt.

1032 Der Vollständigkeit sei noch darauf hingewiesen, dass der Paketzuschlag in § 11 Abs. 3 BewG nur für **Kapitalgesellschaften** und nicht auch für **Personengesellschaften** vorgesehen ist.[3] Das könnte mit dem gesetzlichen Einstimmigkeitsprinzip bei Personengesellschaften begründet werden (siehe z. B. §§ 718, 719 BGB, § 105 Abs. 3 HGB, § 161 Abs. 2 HGB). Allerdings sehen die Gesellschaftsverträge regelmäßig differenziertere Regelungen und auch Mehrheitsentscheidungen vor. Einfluss kann dann unabhängig von der Rechtsform eines Unternehmens ausgeübt werden. Zudem soll die Unternehmensbewertung auf Grundlage des Bewertungsgesetzes unter dem Primat der Rechtsformneutralität erfolgen.[4]

1033 Die Möglichkeit, einen Abschlag wegen fehlenden Einflusses auf die Geschäftsführung vorzunehmen, wird in R B 11.6 Abs. 2 verneint.

> „Wird der gemeine Wert in einem **Ertragswertverfahren** oder nach einer anderen anerkannten, auch im gewöhnlichen Geschäftsverkehr für nichtsteuerliche Zwecke **üblichen Methode** ... ermittelt, ist – unter den Voraussetzungen des § 11 Abs. 3 BewG - der Paketzuschlag erforderlich, wenn die in § 11 Abs. 3 BewG genannten Umstände bei der Wertermittlung nicht berücksichtigt werden. Ein **Abschlag** wegen fehlenden Einflusses auf die Geschäftsführung **kommt in diesen Fällen nicht** in Betracht."[5]

---

1 Drukarczyk, J., Zum Problem der angemessenen Barabfindung bei zwangsweise ausscheidenden Anteilseignern, AG 1973, S. 357 f.
2 Gegen freie Schätzungen spricht auch eine sinngemäß angewandte Rechtsprechung zum Ansatz von Werterhöhungen bei Stammaktien; siehe hierzu BFH v. 21. 04. 1999 - II R 87/97.
3 Hecht/von Cölln, Unternehmensbewertung nach dem BewG i. d. F. des ErbStRG – Anmerkungen zu den Ländererlassen, BB 2010, S. 796.
4 Möllmann, P., in Tiedtke (Hrsg.), ErbStG Kommentar, 2009, § 12, S. 291 Tz. 30.
5 ErbStR 2011, R B 11.6 Abs. 2 Satz 2 und 4.

Der Hinweis in den Erbschaftsteuerrichtlinien zielt wohl auf folgende Konstellation ab: 1034

▶ Ein Gutachterwert wird nach dem Ertragswertverfahren oder einem anderen üblichen Verfahren ermittelt.
▶ Der daraus quotal abgeleitete Beteiligungswert weist keine „besonderen Umstände" im Sinne § 11 Abs. 3 BewG für eine Höherbewertung auf, betrifft also z. B. einen Anteil unterhalb der Sperrminorität.
▶ Einen Wertabschlag ist deshalb nicht möglich.

14.4.10 Substanzwert als Mindestwert

Auch bei der Ermittlung eines Gutachtenwertes ist die Mindestwertregelung des § 11 Abs. 2 Satz 3 BewG und damit der Substanzwert nach den Vorgaben des Bewertungsgesetzes zu beachten.[1] Dies erzeugt insofern einen **Konflikt**, da der Gutachtenwert nach IDW S1 den Liquidationswert als Mindestwert vorsieht. 1035

„*Insbesondere bei schlechter Ergebnislage kann der Barwert der finanziellen Überschüsse, die sich bei Liquidation des gesamten Unternehmens ergeben, den Fortführungswert übersteigen. In diesem Falle* **bildet grundsätzlich der Liquidationswert des Unternehmens die Wertuntergrenze** *für den Unternehmenswert; nur bei Vorliegen eines rechtlichen oder tatsächlichen Zwangs zur Unternehmensfortführung ist gleichwohl auf den Fortführungswert des Unternehmens abzustellen.*"[2]

Damit muss bei Ermittlung des Gutachtenwertes für Zwecke der Erbschaft- bzw. Schenkungsteuer zwangsläufig ein Wechsel von der systematisch richtigen Mindestwertregel des IDW S1 hin zur gesetzlich vorgegebenen und systematisch falschen Mindestwertregel des § 11 Abs. 2 Satz 3 BewG vollzogen werden. 1036

14.4.11 Ermittlung des Gutachtenwertes

Siehe hierzu Kapitel B. 9. Rdn. 160 ff. 1037

---

1 ErbStR 2011, R B 11.3 Abs. 1.
2 IDW S1 i. d. F. 2008, Tz. 140.

14.5 Andere anerkannte Methoden

14.5.1 Multiplikatorverfahren

1038 Die Regierungsbegründung zum Bewertungsgesetz führt aus, dass in bestimmten Fällen auch andere Bewertungsverfahren als das Ertragswertverfahren angewendet werden können.

„Die Ertragswertmethode ist jedoch nicht für die Bewertung jedes Unternehmens geeignet bzw. am jeweiligen Markt nicht stets üblich. Wenn daher in solchen Fällen andere gebräuchliche Bewertungsmethoden zur Preisbildung angewandt werden, hat das Steuerrecht, das an den gemeinen Wert (Verkehrswert) anknüpft, dies zu respektieren. Alternative Methoden sind u. a. **vergleichsorientierte Methoden und Multiplikatorenmethoden.**"[1]

1039 Multiplikatorverfahren sind allerdings gleichzusetzen mit vergleichsorientierten Verfahren bzw. Vergleichsverfahren.[2] Die Differenzierung in der Regierungsbegründung ist damit klärungsbedürftig. Im Erbrecht werden Vergleichsverfahren für die Unternehmensbewertung mit Skepsis betrachtet.

„Für Handelsunternehmen existiert in der Regel kein Markt, auf dem sich ein Preis bilden könnte, weshalb eine Wertermittlung nach der **Vergleichswertmethode** *zumeist scheitert. Auch mangelt es an der Vergleichbarkeit zwischen verschiedenen Unternehmen."*[3]

Zur Funktionsweise der Multiplikatorverfahren siehe Kapitel B.11., Rdn. 492 ff.

14.5.2 Mittelwertverfahren

1040 Mittelwertverfahren stellen eine Variante der **Mischverfahren** dar. Beim Mittelwertverfahren wird der Unternehmenswert als Kombination aus Gesamtbewertungsverfahren und Einzelbewertungsverfahren ermittelt.

---

1 Begründung des Finanzausschusses, Teil 2. Materialien II Artikel 2, Änderung des BewG, Nr. 2, § 97 BewG, abgedruckt in Hübner, H., Erbschaftsteuerreform 2009 Gesetze Materialien Erläuterungen, 2009, S. 245.

2 Mandl/Rabel, Unternehmensbewertung, 1997, S. 42 ff., Klosterberg, M.O., in Drukarczyk/Ernst (Hrsg.), Branchenorientierte Unternehmensbewertung, 2010, S. 269; Kuhner/Maltry, Unternehmensbewertung, 2006, S. 270.

3 Lange, K.W., in Rixecker/Säcker (Hrsg.), Münchener Kommentar BGB Erbrecht, 2010, § 2311, S. 1936 Tz. 38.

14. Verfahren zur Unternehmensbewertung nach dem Bewertungsgesetz

ABB. 69: Mittelwertverfahren – Grundform

$$UW = \frac{SW + EW}{2}$$

UW: Unternehmenswert
SW: Substanzwert
EW: Ertragswert

Hierzu sind Varianten in Verwendung, die z. B. den Ertragswert mit 2 gewichten und dafür als Divisor 3 verwenden. Weder in der Grundform noch in Spielformen ist das Mittelwertverfahren theoriebasiert, sondern fasst mehr oder weniger willkürlich „Äpfel und Birnen" zusammen.[1] Das Mittelwertverfahren wurde lange Zeit als **„Berliner Verfahren"** bei den Finanzgerichten zur Bewertung nicht notierter Anteile verwendet und stellt insofern einen Vorläufer des **Stuttgarter Verfahrens** dar.[2] Mittelwertverfahren können als überholt bezeichnet werden und haben in der modernen Unternehmensbewertung keine Bedeutung mehr.[3]

1041

14.5.3 Übergewinnverfahren

Auch das Übergewinnverfahren stellt einen Vertreter der Mischverfahren dar. Dabei wird der Substanzwert mit den kapitalisierten Übergewinnen kombiniert.

1042

ABB. 70: Übergewinnverfahren

$$UW_0 = \underbrace{SW}_{\text{kapitalisierte Normalverzinsung}} + \underbrace{\sum_{t=1}^{T} (D_t - i\,SW)^{-t}}_{\text{kapitalisierte Überrendite}}$$

UW_0: Unternehmenswert am Bewertungsstichtag
SW: Substanzwert
D_t: erwartete Ausschüttungen
i: Normalverzinsung der Substanz
T: Angenommene Laufzeit der Überrendite

---

1 Siehe dazu auch die Bestimmung des Anteils schädlichen Verwaltungsvermögens in § 13b Abs. 2 Satz 4 ErbStG, bei dem ebenfalls dem Ertragswert der Brutto-Substanzwert des Verwaltungsvermögens gegenübergestellt wird; Rdn. 661.
2 Auf Anordnung des Reichsministers der Finanzen vom 6.11.1935 wurde das Verfahren den anderen Oberfinanzpräsidenten zur Anwendung empfohlen und seitdem in den Urteilen der Finanzgerichte verwendet, siehe Schmalenbach, E., Die Beteiligungsfinanzierung, 1954, S. 86.
3 Kuhner/Maltry, Unternehmensbewertung, 2006, S. 272; Lange, K.W., in Rixecker/Säcker (Hrsg.), Münchener Kommentar BGB Erbrecht, 2010, § 2311, S. 1936 Tz. 39.

1043 Übergewinnverfahren unterstellen die **Endlichkeit** für das Verdienen von Überrenditen. Deshalb wird das Bewertungsmodell in zwei Komponenten unterteilt: Zum einen in den Substanzwert, als Ausdruck der kapitalisierten Normalverzinsung und zum anderen in die kapitalisierte Überrendite. Hier stellt das **Stuttgarter Verfahren** das bekannteste Übergewinnverfahren dar.

1044 Allerdings arbeiten auch die berufsständischen Bewertungsvorgaben nach diesem Konzept, indem z. B. der Wert der Rechtsanwaltspraxis als Substanzwert plus Praxiswert ermittelt wird.[1] Der **Praxiswert** wird in diesen berufsständischen Empfehlungen allerdings nicht wie oben dargestellt ermittelt, sondern als Näherungswert anhand eines Faktors auf den Umsatz.[2] Die dieser Bewertung zugrunde liegende Logik wird für Unternehmen mit starkem Eigentümerbezug (z. B. Freiberuflerpraxis) mit der **Flüchtigkeit** des durch den Praxisverkäufer übergebenen „Geschäftswerts" begründet.[3] Diese Besonderheit des Praxiswerts, als Ausdruck des Geschäftswerts von freiberuflichen Unternehmen, hat auch die **Rechtsprechung** akzeptiert.[4] Insofern kommt dem Modell insbesondere bei der Bewertung von Freiberuflerpraxen eine erhebliche Bedeutung zu.[5]

14.5.4 Branchenspezifische Bewertungen[6]

14.5.4.1 Bewertung von Steuerberaterpraxen

1045 Für die Bewertung von Steuerberaterpraxen hat die Bundessteuerberaterkammer Hinweise veröffentlicht, die vom Präsidium der Bundessteuerberaterkammer am 30. 6. 2010 beschlossen wurden und den Beschluss vom 14./15. 1. 1990 ersetzen. In der Präambel hierzu wird ausgeführt, dass es sich dabei nicht um Hinweise zur Unternehmensbewertung nach betriebswirt-

---

1 BRAK-Ausschuss, Zur Bewertung von Anwaltskanzleien, BRAK-Mitt. 3/2007, S. 112; siehe dazu Rdn. 1055.
2 Der Praxiswert der freiberuflichen Praxis entspricht vom Grundsatz dem Geschäftswert des gewerblichen Unternehmens.
3 Siehe dazu im Detail Wollny, C., Bewertung von Beratungsunternehmen, in Niedereichholz (Hrsg.), Das Beratungsunternehmen - Gründung, Aufbau, Führung, Nachfolge, 2012, S. 312.
4 BFH v. 24. 2. 1994 - IV R 33/93, BStBl 1994 II S. 590, NWB Dok ID: LAAAA-94926.
5 Allerdings Ablehnung durch die neueste Rechtsprechung, BGH v. 2. 2. 2011 – XII ZR 185/08, NWB Dok ID: AAAAD-88426.
6 Grundsätzlich hierzu die Zusammenstellung „Branchenspezifische Bewertungsmethoden" als Anlage zu, Umsetzung der Reform des Erbschaftsteuer- und Bewertungsrechts – Bewertung des Unternehmensvermögens, Gleich lautende Ländererlasse v. 30. 12. 2009, sowie Drukarczyk/ Ernst (Hrsg.), Branchenorientierte Unternehmensbewertung, 2010.

schaftlichen Grundsätzen handelt.[1] In den Hinweisen wird nach unterschiedlichen Bewertungsanlässen unterschieden. Für die Ermittlung von Abfindungen bzw. die **entscheidungsunabhängigen Bewertungsanlässe** wird auf den **objektivierten Unternehmenswert gemäß IDW S1** verwiesen. Für Zwecke der **Kaufpreisfindung** wird das **Umsatzverfahren** propagiert, bei dem ein Multiplikator auf den bereinigten Umsatz angewendet wird.[2]

Die Bewertung einer Steuerberaterpraxis ist nach den Hinweisen durch die Besonderheit der **Personenbezogenheit** geprägt. Entscheidend ist dabei zum einen Umfang und Zusammensetzung des Mandantenstamms und zum anderen die Person des Praxisinhabers. Mit letzterem ist insbesondere der Goodwill der Kanzlei verknüpft, während dem Substanzwert im Rahmen der Hinweise keine Bedeutung mehr eingeräumt wird. Begründet wird dies mit dem Hinweis, der Substanzwert spiele in der Regel kaum eine Rolle.[3] D.h. auf die Beziehung Goodwill + Substanzwert = Wert der Steuerberaterpraxis wird im Gegensatz zu den Hinweisen von 1990 nicht mehr eingegangen.[4]

1046

Obwohl der Substanzwert im Wert einer Steuerberaterpraxis mit einem Anteil von 8% bis 10% nur eine untergeordnete Größe repräsentiert, gilt trotzdem die Empfehlung diesen gewissenhaft zu ermitteln.[5] Aktiva und zu übernehmende Schulden der Steuerberaterpraxis sind für den Substanzwert mit dem Zeitwert zu bewerten. Gemietete oder geleaste Vermögensgegenstände sind nicht Bestandteil des Substanzwertes.[6]

1047

Die Ausführungen der Hinweise zum Umsatzverfahren konzentrieren sich insbesondere auf die Anwendung eines Multiplikators auf die Bemessungsgrund-

1048

---

1 Berufsrechtliches Handbuch, II. Berufsfachlicher Teil, 4.2.1 Hinweise der Bundessteuerberaterkammer für die Ermittlung des Wertes einer Steuerberaterpraxis – unter Berücksichtigung der Besonderheiten des Berufsstandes und der verschiedenen Bewertungsanlässe - Februar 2011, S. 1.
2 Berufsrechtliches Handbuch, II. Berufsfachlicher Teil, 4.2.1 Hinweise der Bundessteuerberaterkammer für die Ermittlung des Wertes einer Steuerberaterpraxis – unter Berücksichtigung der Besonderheiten des Berufsstandes und der verschiedenen Bewertungsanlässe - Februar 2011, S. 4.
3 Berufsrechtliches Handbuch, II. Berufsfachlicher Teil, 4.2.1 Hinweise der Bundessteuerberaterkammer für die Ermittlung des Wertes einer Steuerberaterpraxis – unter Berücksichtigung der Besonderheiten des Berufsstandes und der verschiedenen Bewertungsanlässe - Februar 2011, S. 4.
4 Berufsrechtliches Handbuch, II. Berufsfachlicher Teil, 4.2.1 Hinweise der Bundessteuerberaterkammer für die Ermittlung des Wertes einer Steuerberaterpraxis, April 2002, S. 1.
5 Winter, T., Der Unternehmenswert von Steuerberaterkanzleien, 2009, S. 67.
6 Zur Ermittlung des Substanzwertes siehe Rdn. 392 und Rdn. 1341.

lage Umsatz.[1] Die Bemessungsgrundlage Umsatz soll nachhaltig im Sinne von auch in der Zukunft erzielbar sein. Die Hinweise präzisieren den Begriff der **Nachhaltigkeit** wie folgt:

*„Nachhaltig in diesem Sinne ist ein Umsatz dann, wenn er nach den Erkenntnissen zum Bewertungszeitpunkt bei individueller Beurteilung für einen Zeitraum von **drei bis fünf Jahren** angenommen werden kann."*[2]

1049 Der nachhaltige Umsatz wird ausgehend von der **Mandantenliste** bestimmt. Analysiert werden die Umsätze der letzten drei Geschäftsjahre, wobei die Analyse je Mandant durchgeführt werden soll und unter anderem folgende Differenzierungen zu treffen sind:

▶ Tätigkeitsfelder,
▶ Branche,
▶ Rechtsform,
▶ Alter des Mandanten,
▶ Dauer der Mandatsbeziehung,
▶ Abrechnung nach StBGebV, Pauschalen oder Honorarvereinbarung,
▶ nicht regelmäßig wiederkehrende Umsätze und einmalige Umsätze sollen mit dem Durchschnitt der letzten 3 Jahre zum Ansatz kommen,
▶ personengebundene Leistungen sind auszusondern.

1050 Aus dieser Einzelbeurteilung soll ein nachhaltig erzielbarer Umsatz abgeleitet werden. Ist dieses Ziel unter Anwendung der genannten Kriterien noch nicht erreicht, sollen weitere Modifikationen und Zuschläge oder Abschläge auf den Umsatz erfolgen. Offen bleibt, wie diese ermittelt werden sollen.

1051 Ausführungen zum **Unternehmerlohn** fehlen zutreffend unter dem Kapitel Umsatzverfahren, da Bezugsbasis der Unternehmenswertberechnung kein Rohergebnis oder Gewinn ist, sondern eben nur der Umsatz. Da die Rechtsprechung die Berücksichtigung des Unternehmerlohns bei der Ermittlung des Goodwills einer freiberuflichen Praxis fordert, muss davon ausgegangen werden, dass der Abzug des Unternehmerlohns im Rahmen des Umsatzverfahrens

---

1 Berufsrechtliches Handbuch, II. Berufsfachlicher Teil, 4.2.1 Hinweise der Bundessteuerberaterkammer für die Ermittlung des Wertes einer Steuerberaterpraxis – unter Berücksichtigung der Besonderheiten des Berufsstandes und der verschiedenen Bewertungsanlässe - Februar 2011, S. 6.
2 Berufsrechtliches Handbuch, II. Berufsfachlicher Teil, 4.2.1 Hinweise der Bundessteuerberaterkammer für die Ermittlung des Wertes einer Steuerberaterpraxis – unter Berücksichtigung der Besonderheiten des Berufsstandes und der verschiedenen Bewertungsanlässe Februar 2011, S. 7.

implizit erfolgt.¹ Ausführungen zum Unternehmerlohn finden sich im Berufsrechtlichen Handbuch jedoch unter dem Kapitel Ertragswertverfahren. Auf dieses Verfahren wird somit ebenfalls Bezug genommen, allerdings mit dem „warnenden Hinweis" großer Komplexität.²

Der auf den Umsatz anzuwendende **Multiplikator** ist danach bestimmt, welche Preise für Steuerberaterpraxen im Verhältnis zum Umsatz gezahlt wurden. Hier werden Multiplikatoren von **80 % bis 140 %** genannt.³ Die Verwendung dieser Multiplikatoren sollen auf die Bewertung von Einzelpraxen oder von Anteile an Steuerberaterpraxen in der Rechtsform einer Personengesellschaft angewendet werden. Für die Bewertung von Steuerberatungsgesellschaften in der Rechtsform der Kapitalgesellschaft seien die Multiplikatoren nicht ohne weiteres anwendbar.⁴ Eine Erklärung hierzu fehlt. 1052

Die Höhe der Multiplikatoren wird z. B. bestimmt durch folgende Aspekte: 1053

▶ Kostenstruktur der Praxis

▶ Reingewinn der Praxis

▶ Zusammensetzung der Mandanten

▶ Geographische Streuung der Mandanten

▶ Organisation der Praxis

▶ Besondere Risiken und Chancen

▶ Alter und Qualifikation der Mitarbeiter

▶ Praxiseinrichtung

Wie sich der Multiplikator exakt berechnen lässt bleibt allerdings offen.

BEISPIEL: ▶ Bewertung einer Steuerberatungskanzlei nach dem Umsatzverfahren – ohne und mit Berücksichtigung des Substanzwertes

---

1 BGH v. 6. 2. 2008 - XII ZR 45/06, NWB Dok ID: ZAAAC-73371.
2 Berufsrechtliches Handbuch, II. Berufsfachlicher Teil, 4.2.1 Hinweise der Bundessteuerberaterkammer für die Ermittlung des Wertes einer Steuerberaterpraxis – unter Berücksichtigung der Besonderheiten des Berufsstandes und der verschiedenen Bewertungsanlässe - Februar 2011, S. 10.
3 Berufsrechtliches Handbuch, II. Berufsfachlicher Teil, 4.2.1 Hinweise der Bundessteuerberaterkammer für die Ermittlung des Wertes einer Steuerberaterpraxis – unter Berücksichtigung der Besonderheiten des Berufsstandes und der verschiedenen Bewertungsanlässe - Februar 2011, S. 8.
4 Berufsrechtliches Handbuch, II. Berufsfachlicher Teil, 4.2.1 Hinweise der Bundessteuerberaterkammer für die Ermittlung des Wertes einer Steuerberaterpraxis – unter Berücksichtigung der Besonderheiten des Berufsstandes und der verschiedenen Bewertungsanlässe - Februar 2011, S. 8.

C. Unternehmensbewertung gemäß Erbschaftsteuerreformgesetz

Steuerberaterpraxis	t_{-3}	t_{-2}	t_{-1}	t_0
nachhaltiger Umsatz				395.000
davon Regelmäßige Umsätze				270.000
davon Einmalige & nicht regelmäßige Umsätze	100.000	100.000	175.000	125.000*
./. personengebundene Leistungen*				65.000**
./. Bereinigungen				30.000
= Bemessungsgrundlage				300.000

Alternative 1	
Bemessungsgrundlage	300.000
x vereinbarter Prozentsatz	1,25***
= Praxiswert	375.000

*   Durchschnit der letzten 3 Kalenderjahre
** u. a. Testamentsvollstreckungsvergütung
*** Die Steuerberaterkammer hält einen Wert zwischen 80-140 % für üblich.

Alternative 2	
Bemessungsgrundlage	300.000
x Prozentsatz - Abschlag / + Zuschlage x %	1,15
Abschlag wg. ungünstiger Mandantenstruktur	0,05
Abschlag wg. ungünstiger Standortfaktoren	0,05
+ Substanzwert	20.000
= Praxiswert	365.000

1054   Die Ausführungen zum Umsatzverfahren werden in den Hinweisen um einen kurzen Abriss des Ertragswertverfahrens ergänzt, wobei wiederum auf die große Komplexität dieses Verfahrens hingewiesen wird.[1] Kritisiert wird in diesem Zusammenhang die Bestimmung des Risikozuschlages in Höhe von 4,5 % nach den Regelungen zum vereinfachten Ertragswertverfahren.

---

[1] Berufsrechtliches Handbuch, II. Berufsfachlicher Teil, 4.2.1 Hinweise der Bundessteuerberaterkammer für die Ermittlung des Wertes einer Steuerberaterpraxis – unter Berücksichtigung der Besonderheiten des Berufsstandes und der verschiedenen Bewertungsanlässe - Februar 2011, S. 10.

*„Dieser liegt deutlich unter den für eine Steuerberaterpraxis adäquaten Zuschlägen und führt daher bei der Bewertung zu **überhöhten Werten**."*[1]

14.5.4.2 Bewertung von Anwaltskanzleien

Die Verfahrensweise zur Bewertung von Anwaltskanzleien (als „Bericht" bezeichnet) wurde vom BRAK-Ausschuss in den BRAK-Mitteilungen 3/2007 veröffentlicht. Der Bericht wurde damit zum vierten Mal fortgeschrieben. Die Bewertungsempfehlungen sollen nicht nur für den **Kauf oder Verkauf** von Anwaltskanzleien Verwendung finden, sondern auch in gegebenenfalls dominierten bzw. **entscheidungsunabhängigen Verhandlungssituationen** angewendet werden. Der Bericht verweist hierzu auf die folgenden Anlässe:[2]

▶ Erbauseinandersetzung
▶ Ausscheiden aus einer Sozietät
▶ Auflösung einer Sozietät
▶ Zugewinnausgleich

Nach dem Bericht setzt sich der Wert der Anwaltskanzlei aus dem Substanzwert und dem Kanzleiwert zusammen.[3] Der **Kanzleiwert** bestimmt sich nach der Umsatzmethode.[4]

ABB. 71: Wertermittlung einer Anwaltskanzlei

Wert der Anwaltskanzlei = Substanzwert + Kanzleiwert

Wert der Anwaltskanzlei = Substanzwert + (Durchschnittsumsatz x Multiple)

Mit Verweis auf den geringen Wert gebrauchter Möbel sowie die schnelle Veralterung der Bibliothek und vorhandener Software und Hardware wird dem Substanzwert keine große Bedeutung beigemessen.[5] Bei der Bewertung wird auf die steuerlichen Vorschriften zur Ermittlung des gemeinen Werts verwiesen.[6]

---

1 Berufsrechtliches Handbuch, II. Berufsfachlicher Teil, 4.2.1 Hinweise der Bundessteuerberaterkammer für die Ermittlung des Wertes einer Steuerberaterpraxis – unter Berücksichtigung der Besonderheiten des Berufsstandes und der verschiedenen Bewertungsanlässe - Februar 2011, S. 10.
2 BRAK-Ausschuss, Zur Bewertung von Anwaltskanzleien, BRAK-Mitt. 3/2007, S. 112.
3 Der Kanzleiwert der Anwaltskanzlei entspricht somit dem Praxiswert der Steuerberaterkanzlei bzw. dem Geschäftswert des gewerblichen Unternehmens.
4 BRAK-Ausschuss, Zur Bewertung von Anwaltskanzleien, BRAK-Mitt. 3/2007, S. 112.
5 Zur Ermittlung des Substanzwertes siehe Rdn. 392 und Rdn. 1341.
6 BRAK-Ausschuss, Zur Bewertung von Anwaltskanzleien, BRAK-Mitt. 3/2007, S. 112.

1058   Als Kanzleiwert wird der ideelle Wert der Kanzlei bezeichnet.[1] Er wird grundsätzlich vom Geschäfts- oder Firmenwert unterschieden, da er an die Person des Kanzleiinhabers gebunden ist und sich mit dessen Ausscheiden schnell verflüchtigt. Die Grundsätze zur Bewertung von **Wirtschaftsprüfer- oder Steuerberaterkanzleien** sind nicht auf die Bewertung einer Anwaltskanzlei übertragbar, da Anwaltskanzleien nicht mit dieser Regelmäßigkeit über wiederkehrende Aufträge der gleichen Mandanten verfügen. Der Kanzleiwert ergibt sich als Multiplikation eines repräsentativen Umsatzes mit einem Faktor bzw. Multiplikator bzw. Multiple.[2]

1059   Der **Umsatz** als Grundlage zur Ermittlung des Kanzleiwertes wird aus den letzten **drei Geschäftsjahren** vor dem Bewertungsstichtag abgeleitet. Der Umsatz des letzten Geschäftsjahres vor dem Bewertungsstichtag geht **doppelt** in die Berechnung ein, da diesem Umsatz aufgrund der Zeitnähe eine besondere Indikationswirkung hinsichtlich der Entwicklungsrichtung der Kanzlei zugesprochen wird. Als durchschnittlicher Repräsentativ-Umsatz gilt damit der arithmetische **Durchschnitt** der vier in die Umsatzsumme eingehenden Geschäftsjahre.[3]

ABB. 72: Ermittlung des durchschnittlichen Umsatzes

	Umsatz Geschäftsjahr t_{-1}
+	Umsatz Geschäftsjahr t_{-1}
+	Umsatz Geschäftsjahr t_{-2}
+	Umsatz Geschäftsjahr t_{-3}
	Umsatzsumme
:	4
=	Durchschnittlicher Umsatz

1060   Die Umsätze, die in die Umsatzsumme zur Ermittlung des arithmetischen Durchschnitts eingehen, sind zu **bereinigen**. Die Eliminierung folgender Umsatzanteile wird vorgeschlagen:

---

[1] Siehe dazu im Detail Wollny, C., Bewertung von Beratungsunternehmen, in Niedereichholz (Hrsg.), Das Beratungsunternehmen - Gründung, Aufbau, Führung, Nachfolge, 2012, S. 312.
[2] BRAK-Ausschuss, Zur Bewertung von Anwaltskanzleien, BRAK-Mitt. 3/2007, S. 114.
[3] BRAK-Ausschuss, Zur Bewertung von Anwaltskanzleien, BRAK-Mitt. 3/2007, S. 113.

- Außerordentliche personenbezogene Einnahmen, z. B. als
  - Politiker
  - Aufsichtsrat
  - Referent
- Außerordentliche anwaltsbezogene Einnahmen, z. B. als
  - Testamentsvollstrecker
  - Insolvenzverwalter
  - Vormund
  - Treuhänder
- Soweit diese Einnahmen nur gelegentlich erzielt werden und nicht aus der Haupttätigkeit des Anwalts resultieren.

Die etwaigen Einnahmen aus einem **Notariat** bleiben gänzlich unberücksichtigt, wenn der Erwerber kein Notar ist.[1]

Der **Multiplikator**, der mit dem durchschnittlichen Umsatz multipliziert werden soll, liegt nach dem Bericht zwischen 0,3 und 1,0. In Ausnahmefällen kann der Multiplikator aber auch bei 0 oder 1,3 liegen.

Als **wertsenkend** gilt bei der Bestimmung des Multiplikators z. B.

- Bestehen der Kanzlei seit weniger als 10 Jahren
- Gesundheit des Kanzleiinhabers
- Einkünfte von wenigen Großklienten
- Kosten angestellter Rechtsanwälte

Als **werterhöhend** gilt bei der Bestimmung des Multiplikators z. B.

- Bestehen der Kanzlei seit mehr als 10 Jahren
- Breit gestreuter Klientenkreis
- Besonderer Ruf der Kanzlei
- Moderne Ausstattung der Kanzlei

Da sich die moderne Ausstattung der Kanzlei bereits im Substanzwert niederschlägt, stellt sich die Frage nach einer Doppelerfassung dieses Bewertungsaspekts. Wie die **Gewichtung** der Aspekte vorzunehmen ist, um den Multiplikator praktisch zu ermitteln bleibt im Bericht offen. Allerdings wird auf Folgendes hingewiesen:

---

1 BRAK-Ausschuss, Zur Bewertung von Anwaltskanzleien, BRAK-Mitt. 3/2007, S. 114.

C. Unternehmensbewertung gemäß Erbschaftsteuerreformgesetz

*"Es besteht **kein Erfahrungssatz**, dass bei einer durchschnittlichen Kanzlei der Mittelwert des Bewertungsfaktors anzusetzen ist."*[1]

BEISPIEL: Bewertung einer Anwaltskanzlei

Anwaltskanzleien		t_{-3}	t_{-2}	t_{-1}	t_0
	Umsatz	175.000	235.000	190.000	**197.500***
./.	a.o. personenbezogene Einnahmen als Politiker, Schriftsteller etc.	30.000	50.000	30.000	**35.000***
./.	a.o. anwaltsbezogene Einnahmen ** als Insolvenzverwalter, Treuhänder etc.	60.000	85.000	70.000	**71.250***
	Gewichtung		1	1	2
=	**Bemessungsgrundlage**			**91.250**	anzusetzender Durchschnittsbetrag
x	Berechnungsfaktor (0,3 - 1,0)			0,65	
+	Substanzwert			20.000	
=	**Wert der Anwaltskanzleiwert**			**79.313**	

* gewichtetes Mittel über 3 Kalenderjahre (t-1 mit doppelter Gewichtung)
** soweit diese Einnahmen nur gelegentlich erzielt werden und nicht aus der Haupttätigkeit des Rechtsanwalts resultieren.

14.5.4.3 Bewertung von Apotheken

1065 Für Apotheken existiert bisher **kein Bewertungsstandard** der Interessenvertretung der Apotheker. Die Literatur zur Bewertung von Apotheken zeichnet ein äußerst uneinheitliches Bild zwischen der Verwendung des allgemeinen Bewertungsstandards IDW S1 und selbsternannten Praxislösungen.

1066 Mit Verweis auf die Zugrundelegung des Bewertungsstandards IDW S1 wird letztlich ein Ertragswertverfahren auf Grundlage einer **ewigen Rente** empfohlen.[2] Als zu diskontierende Größe wird ein „nachhaltiges Ergebnis" abgeleitet. Das nachhaltige Ergebnis wird aus **Vergangenheitsergebnissen** abgeleitet, die zu bereinigen sind. Das Ergebnis wird durch ein angemessenes Apothekergehalt gekürzt, für das ein angemessener Wert von 60 T€ bis 70 T€ angegeben wird.[3] In die Berechnung sollen **drei bis fünf** Vergangenheitsergebnisse einbezogen werden, die nach Aktualität zu gewichten sind.

1067 Das nachhaltige Ergebnis wird mit einem **Kalkulationszinssatz** diskontiert, der aufbauend auf einem Basiszins einen branchenüblichen Risikozuschlag von

---

1 BRAK-Ausschuss, Zur Bewertung von Anwaltskanzleien, BRAK-Mitt. 3/2007, S. 114.
2 Witte/Zur Mühlen, Apothekenbewertung, 2008, S. 88.
3 Witte/Zur Mühlen, Apothekenbewertung, 2008, S. 65.

6,5 % enthalten soll.[1] Nicht konform zu IDW S1 soll dieser Kalkulationszinssatz noch um einen Immobilitätszuschlag erhöht werden, der mit 1 % bis 2 % veranschlagt wird.[2] Auf der Grundlage des IDW S1 ist dieser Kalkulationszinssatz um einen Geldentwertungsabschlag zu kürzen, der aussagegemäß ebenfalls mit 1 % bis 2 % zu veranschlagen ist. Auf die Berücksichtigung der Einkommensteuer wird mit dem Hinweis verzichtet, dass diese die Einkünfte aus der Apotheke ebenso trifft wie die Alternativrendite.[3] Diese Vereinfachung trifft bei Verwendung der ewigen Rente dann zu, wenn die Besteuerung der Einkünfte aus der Apotheke mit Einkommensteuer der Einkommensteuerbelastung der Alternative entspricht. Das trifft nur für Apotheken in der Rechtsform der Kapitalgesellschaft zu.

Neben dieser Verwendung eines Ertragswertverfahrens werden aus der „Praxis" **Mischverfahren** propagiert, die dem Ertragswert ohne weitere Begründung noch einen Substanzwert hinzufügen. Der Ertragswert soll bei dieser Herangehensweise dann wohl als ideeller Wert oder Goodwill der Apotheke verstanden werden, der durch die Anwendung einer ewigen Rente allerdings eine **unendliche Lebensdauer** hat. Die Apotheke ist damit hinsichtlich der Bewertung dem Bereich gewerblicher Betriebe zuzuordnen, da eine sich verflüchtigende Beziehung zwischen Apotheker und Kunden nicht unterstellt wird.

1068

BEISPIEL: Bewertung einer Apotheke nach dem Ertragswertverfahren und nach dem Mischverfahren (unter Berücksichtigung des Substanzwertes)

Apotheke	t_0
Alternative 1	
nachhaltiger Ertrag	120.000
./. Unternehmerlohn	65.000
= **nachhaltiger Reinertrag**	55.000
: Kalkulationszinssatz	9,00 %
= **Wert der Apotheke**	611.111

---

1 Witte/Zur Mühlen, Apothekenbewertung, 2008, S. 75.
2 Witte/Zur Mühlen, Apothekenbewertung, 2008, S. 78.
3 Witte/Zur Mühlen, Apothekenbewertung, 2008, S. 89.

	t_0
Alternative 2	
nachhaltiger Ertrag	120.000
./. Unternehmerlohn	65.000
= nachhaltiger Reinertrag	55.000
: Kalkulationszinssatz	9,00 %
+ Substanzwert	35.000
= Wert der Apotheke	646.111

14.5.4.4 Bewertung von Arztpraxen

1069 Die Bundesärztekammer und die Kassenärztliche Bundesvereinigung haben am 22.12.2008 neue Hinweise zur Bewertung von Arztpraxen mit Stand 9.9.2008 veröffentlicht.[1] Gegenüber dem vorhergehenden Standard von 1987 wurde die Bewertung, die sich unter Verwendung von Vergangenheitsdaten nur am Umsatz orientierte, zugunsten einer **ertragswertorientierten Bewertung** aufgegeben.

„Der reine Bezug auf den **Umsatz wurde aufgegeben**. Die Hinweise gehen *jetzt von einer ertragswertorientierten Methode* unter Berücksichtigung der Kosten aus. Der Ertragswert beinhaltet eine in die **Zukunft** gerichtete Analyse, während die **bisherigen** Richtlinien ausschließlich auf das wirtschaftliche Ergebnis, welches die Praxis in der **Vergangenheit** erzielt hat, abstellten."[2]

1070 Der auf diese Weise ermittelte Wert soll auch auf dem Markt realisierbar sein. Die Bewertung nach diesen Hinweisen soll für Ärzte eine Hilfestellung für den **Kauf oder Verkauf** von Arztpraxen darstellen. Die Ärztekammer soll auf dieser Basis Praxisübernahmeverträge prüfen können. Der Kassenärztlichen Vereinigung dienen die Hinweise zur Beurteilung des Interessenausgleichs bei der Praxisnachfolge. Der Wert der Arztpraxis ergibt sich aus der Addition von Substanzwert und Praxiswert.[3]

ABB. 73: Wertermittlung einer Arztpraxis

Wert der Arztpraxis = Substanzwert + ideeller Wert

Wert der Arztpraxis = materieller Praxiswert + immaterieller Praxiswert

---

1 Hinweise zur Bewertung von Arztpraxen, Deutsches Ärzteblatt, 22.12.2008, S. 4.
2 Hinweise zur Bewertung von Arztpraxen, Deutsches Ärzteblatt, 22.12.2008, S. 4.
3 Hinweise zur Bewertung von Arztpraxen, Deutsches Ärzteblatt, 22.12.2008, S. 4.

14. Verfahren zur Unternehmensbewertung nach dem Bewertungsgesetz

Der **Substanzwert** ergibt sich aus dem nach Marktwerten bewerteten Anlagevermögen der Arztpraxis.[1]

1071

Der **ideelle Wert** (Praxiswert) ist das Ergebnis einer über Jahre gewachsenen Beziehung zwischen Arzt und Patienten und damit seinem Wesen nach vom Geschäftswert oder Goodwill eines gewerblichen Unternehmens zu unterscheiden.[2] Die Berechnung des ideellen Praxiswerts erfolgt durch die Multiplikation des nachhaltig erzielbaren Gewinns mit einem Multiplikator (Prognosemultiplikator), durch den die Patientenbindung ausgedrückt werden soll, die durch den bisherigen Praxisinhaber geschaffen wurde. Bei einer Einzelpraxis geht man von einer Patientenbindung von **zwei Jahren** aus, da sich der ideelle Wert nach Ausscheiden des bisherigen Praxisinhabers schnell verflüchtigt.[3]

1072

ABB. 74:	Ideeller Wert der Arztpraxis[4]

übertragbarer Umsatz

− übertragbare Kosten

= übertragbarer Gewinn

− alternatives Arztgehalt

= nachhaltig erzielbarer Gewinn

× Prognosemultiplikator

= Ideeller Wert bzw. immaterieller Praxiswert bzw. Goodwill

Bei der Ermittlung des ideellen Wertes können **zusätzliche Faktoren** zu berücksichtigen sein, die den ideellen Wert erhöhen oder reduzieren. Eine Wertänderung ist aber in der Regel auf 20 % des nach der Grundformel ermittelten ideellen Wertes begrenzt. Als zusätzlich zu berücksichtigende Faktoren werden z. B. aufgezählt:

1073

- ▶ *„Ortslage der Praxis,*
- ▶ *Praxisstruktur (z. B. Überweisungspraxis, Konsiliarpraxis),*
- ▶ *Arztdichte,*
- ▶ *Möglichkeit/Pflicht, die Praxis in den Räumen weiterzuführen,*
- ▶ *Qualitätsmanagement,*

---

1 Hinweise zur Bewertung von Arztpraxen, Deutsches Ärzteblatt, 22. 12. 2008, S. 5.
2 Hinweise zur Bewertung von Arztpraxen, Deutsches Ärzteblatt, 22. 12. 2008, S. 4.
3 Hinweise zur Bewertung von Arztpraxen, Deutsches Ärzteblatt, 22. 12. 2008, S. 4.
4 Hinweise zur Bewertung von Arztpraxen, Deutsches Ärzteblatt, 22. 12. 2008, S. 5.

- *Regionale Honorarverteilungsregelungen für den Vertragsarzt,*
- *Dauer der Berufsausübung des abgebenden Arztes,*
- *Tätigkeitsumfang z. B. hälftiger Versorgungsauftrag (evtl. Berücksichtigung bei Abzug des Arztgehaltes),*
- *Zulassung als Vertragsarzt in einem gesperrten Planungsbereich bei Fortführung der Praxis,*
- *Anstellung von Ärzten,*
- *Kooperationen (Praxisgemeinschaft, Apparategemeinschaft, Med. Kooperationsgemeinschaft usw.).*"[1]

1074 Der **nachhaltig erzielbare Gewinn** ergibt sich aus dem übertragbaren Umsatz abzüglich der übertragbaren Kosten abzüglich eines Arztgehalts, das den Verhältnissen der Arztpraxis angemessen ist.

1075 Der **übertragbare Umsatz** wird aus dem bereinigten durchschnittlichen Umsatz der letzten **drei Geschäftsjahre** vor dem Bewertungsstichtag abgeleitet. Bereinigt werden die Umsätze um Positionen, die personengebunden nur dem Praxisinhaber zuzurechnen sind. Als Beispiele werden Gutachtertätigkeiten oder personengebundene Abrechnungsgenehmigungen genannt. Vorhersehbare künftige Änderungen der Umsatzstruktur sind bei der Ermittlung des übertragbaren Umsatzes zu berücksichtigen.[2]

1076 Die **übertragbaren Kosten** sind nach dem gleichen Schema abzuleiten. Nicht übertragbare Kosten sind zu eliminieren. Als nicht übertragbare Kosten gelten Kostenbestandteile, die mit nicht übertragbaren Umsatzanteilen zusammenhängen.

1077 Aus der Gegenüberstellung des übertragbaren Umsatzes und der übertragbaren Kosten ergibt sich der **übertragbare Gewinn** vor Steuern. Dieser übertragbare Gewinn ist um ein adäquates Arztgehalt zu kürzen.

1078 Ausgangspunkt zur Bestimmung des **Arztgehalts** ist auf Basis des Jahres 2008 ein Facharztgehalt im Krankenhaus von 76 T€.[3] In Abhängigkeit von der Höhe des übertragbaren Umsatzes bestimmt sich das adäquate Arztgehalt als Prozentsatz von der Basis 76 T€. Das volle Arztgehalt in Höhe von 76 T€ kommt ab einem Umsatz von 240 T€ zum Abzug. Bei einem Umsatz unter 40 T€ entfällt der Abzug eines Arztgehalts vollständig.

---

1 Hinweise zur Bewertung von Arztpraxen, Deutsches Ärzteblatt, 22. 12. 2008, S. 5 und S. 6.
2 Hinweise zur Bewertung von Arztpraxen, Deutsches Ärzteblatt, 22. 12. 2008, S. 5.
3 Hinweise zur Bewertung von Arztpraxen, Deutsches Ärzteblatt, 22. 12. 2008, S. 5.

14. Verfahren zur Unternehmensbewertung nach dem Bewertungsgesetz

ABB. 75:	Arztgehalt in Abhängigkeit vom übertragbaren Umsatz[1]		
Umsatz €	Gewichtung	Basis 76.000 €	
< 40.000,00	0%	-	
40.000,00	20%	15.200,00	
65.000,00	30%	22.800,00	
90.000,00	40%	30.400,00	
115.000,00	50%	38.000,00	
140.000,00	60%	45.600,00	
165.000,00	70%	53.200,00	
190.000,00	80%	60.800,00	
215.000,00	90%	68.400,00	
240.000,00	100%	76.000,00	

Die Kürzung des übertragbaren Gewinns um ein adäquates Arztgehalt führt zum nachhaltig erzielbaren Gewinn. Aus der Multiplikation des nachhaltig erzielbaren Gewinns mit dem **Prognosemultiplikator** (zu erwartende Patientenbindung) ergibt sich der Ideelle Wert der Praxis.

1079

BEISPIEL: Bewertung einer Arztpraxis

Arztpraxen		t_{-3}	t_{-2}	t_{-1}	t_0
	Umsatz	205.000	205.000	210.000	**206.667***
./.	nicht übertragbarer Umsatz	30.000	30.000	30.000	**30.000***
=	übertragbarer Umsatz	175.000	175.000	180.000	**176.667**
	Kosten	50.000	60.000	55.000	**55.000***
./.	nicht übertragbare Kosten	10.000	12.000	8.000	**10.000**
=	übertragbare Kosten	40.000	48.000	47.000	**45.000**
	Gewichtungsfaktor	1	1	1	
=	**übertragbarer Gewinn t_0**	131.667 ***			

---

[1] Hinweise zur Bewertung von Arztpraxen, Deutsches Ärzteblatt, 22.12.2008, S. 5.

./.	alternatives Arztgehalt	38.000
=	**nachhaltig erzielbarer Gewinn**	**93.667**
x	Prognosemultiplikator	2
=	**Ideeller Wert (Goodwill)**	**187.333**
- / +	Wertsenkende / -erhöhende Merkmale**	15.000
+	Substanzwert	25.000
=	**Wert der Arztpraxis**	**227.333**
*	Mittelwert 3 Kalenderjahre	
**	i. d. R. nicht mehr als 20 % vom ideellen Wert / Beispiele - der Anteil an Kassen- und Privatumsätzen	
***	Alternatives Arztgehalt bemisst sich nach Umsatzgröße	

14.5.4.5 Bewertung von Handwerksbetrieben

1080 Der Zentralverband des deutschen Handwerks hat einen Standard zur Bewertung von Handwerksbetrieben herausgegeben (AWH-Standard). Dieser Standard liegt in der Version 4.2 vom 9. 4. 2010 vor.[1] Begründet wird die Entwicklung dieses Standards mit dem Hinweis, dass der Bewertungsstandard IDW S1 für Handwerksbetriebe nicht anwendbar sei.

„*Die Anwendung dieser Verfahren im klein- und mittelständischen Bereich führt oft zu nicht brauchbaren Ergebnissen. Insbesondere stehen die notwendigen Einflussgrößen für diesen Wirtschaftsbereich nicht in gefestigter Form zur Verfügung. Die **Abhängigkeiten vom Inhaber, von bestimmten Mitarbeitern, von Lieferanten, von einzelnen Kundengruppen, der Konkurrenzsituation und vom Leistungsangebot** sind ebenfalls nur unzureichend berücksichtigt, beeinflussen aber wesentlich den Wert eines kleineren und inhabergeführten Unternehmens.*"[2]

1081 Diese **Kritikpunkte** am IDW S1 werden anhand der Lösungsvorschläge des Standards zur Bewertung von Handwerksbetrieben zu überprüfen sein, da die zitierten Abhängigkeiten von Lieferanten, Kundengruppen, der Konkurrenzsituation und dem Leistungsangebot Teil jeder unternehmerischen Betätigung sind, völlig unabhängig von der Unternehmensgröße oder ob ein Handwerks-

---

1 Handbuch Unternehmensbewertung im Handwerk, AWH Standard, Version 4.2, 19. 4. 2010.
2 Handbuch Unternehmensbewertung im Handwerk, AWH Standard, Version 4.2, 19. 4. 2010, S. 4.

betrieb vorliegt. Selbst die Abhängigkeit vom Inhaber oder von bestimmten Mitarbeitern ist kein Phänomen von Handwerksbetrieben.

Die Wertermittlung erfolgt nach dem **Ertragswertverfahren**, dass nach den Ausführungen des AWH-Standards auf kleine und mittelständische Handwerksbetriebe abgestimmt wurde.[1] Es erfolgt eine Bewertung, die als **objektivierte Bewertung** bezeichnet wird bzw. Elemente einer objektivierten Bewertung übernimmt. Das ergibt sich aus Hinweisen zur Bewertung der vorhandenen Ertragskraft, der Ermittlung des Unternehmerlohns und der Verwendung einer typisierten Einkommensteuerbelastung.[2]

1082

„Sie erfolgt zu den am Bewertungsstichtag vorhandenen Erfolgsfaktoren und der daraus abgeleiteten Ertragskraft."[3]

„Bei einer GmbH wird der kalkulatorische Unternehmerlohn nur ermittelt, um im Rahmen einer objektivierten Bewertung des Unternehmens einen für alle Handwerksbetriebe einheitlichen Ansatz im Rahmen der AWH-Unternehmenswertermittlung zu erreichen."[4]

„Eine Anpassung an mögliche individuelle steuerliche Verhältnisse ist nicht zulässig, ..."[5]

Eine Objektivierung wird offensichtlich angestrebt, um mit dem ermittelten Unternehmenswert eine einheitliche Ausgangsbasis für Verhandlungen zwischen **Verkäufer und Käufer** zu schaffen. Der Standard will damit nur einen Unternehmenswert aber nicht den Preis ermitteln. Der **Preis**, der für einen Handwerksbetrieb erzielbar ist, wird durch Angebot und Nachfrage bestimmt.[6]

1083

---

1 Handbuch Unternehmensbewertung im Handwerk, AWH Standard, Version 4.2, 19. 4. 2010, S. 9.
2 Siehe dazu auch Handbuch Unternehmensbewertung im Handwerk, AWH Standard, Version 4.2, 19. 4. 2010, S. 10 und S. 23.
3 Handbuch Unternehmensbewertung im Handwerk, AWH Standard, Version 4.2, 19. 4. 2010, S. 9.
4 Handbuch Unternehmensbewertung im Handwerk, AWH Standard, Version 4.2, 19. 4. 2010, S. 23.
5 Handbuch Unternehmensbewertung im Handwerk, AWH Standard, Version 4.2, 19. 4. 2010, S. 11.
6 Handbuch Unternehmensbewertung im Handwerk, AWH Standard, Version 4.2, 19. 4. 2010, S. 3.

"Mit der Bewertung nach dem AWH-Standard wird kein Marktpreis ermittelt, sondern ein Unternehmenswert. Dieser Wert kann nur eine Grundlage für Kauf- bzw. Verkaufsverhandlungen sein."[1]

1084 Grundsätzlich sollen **Vergangenheitsergebnisse** als Grundlage der Bewertung dienen, da Planungen zum einen in Handwerksbetrieben nicht vorhanden und zum anderen unsicher sind.[2] Als Datengrundlage dienen die letzten **drei bis fünf** bzw. vier Jahresabschlüsse.[3] Die Ergebnisse sollen gewichtet werden, um die Zeitnähe der einzelnen Jahresabschlüsse zu berücksichtigen.[4] Eine Überprüfung der zugrunde gelegten Daten auch nur auf Plausibilität wird explizit ausgeschlossen.

"Eine Plausibilitätsprüfung der Unterlagen, insbesondere der Jahresabschlüsse, erfolgt nicht."[5]

1085 Letztlich soll sich die Bewertung aber doch nicht auf die Vergangenheitsdaten beschränken, sondern zukünftige Entwicklungen sollen Berücksichtigung finden.

*"Nachdem es im Handwerk häufig keine fundierte Unternehmensplanung gibt, erfolgt die Ermittlung des Ertragswertes durch die **Projektion der bereinigten Vergangenheitsergebnisse in die Zukunft**..."*[6]

"Klar erkennbare Aktivitäten und Änderungen fließen in die Bewertung ein."[7]

*"Es darf deshalb **nicht eine vorsichtige** Schätzung der **künftigen** finanziellen Überschüsse vorgenommen werden, ..."*[8]

---

1 Handbuch Unternehmensbewertung im Handwerk, AWH Standard, Version 4.2, 19. 4. 2010, S. 3 und S. 19.
2 Handbuch Unternehmensbewertung im Handwerk, AWH Standard, Version 4.2, 19. 4. 2010, S. 5, S. 9 und S. 32.
3 Handbuch Unternehmensbewertung im Handwerk, AWH Standard, Version 4.2, 19. 4. 2010, S. 9, S. 17, S. 22 und S. 54.
4 Handbuch Unternehmensbewertung im Handwerk, AWH Standard, Version 4.2, 19. 4. 2010, S. 28.
5 Handbuch Unternehmensbewertung im Handwerk, AWH Standard, Version 4.2, 19. 4. 2010, S. 55.
6 Handbuch Unternehmensbewertung im Handwerk, AWH Standard, Version 4.2, 19. 4. 2010, S. 13.
7 Handbuch Unternehmensbewertung im Handwerk, AWH Standard, Version 4.2, 19. 4. 2010, S. 10.
8 Handbuch Unternehmensbewertung im Handwerk, AWH Standard, Version 4.2, 19. 4. 2010, S. 10.

Im Ergebnis ist damit doch wieder eine **Unternehmensplanung** zu entwickeln, da anders die Einflüsse künftiger Änderungen auf das Unternehmensergebnis nicht ermittelt werden können.

1086

Die Vergangenheitsergebnisse sollen um außerordentliche, einmalige und betriebsfremde Aufwendungen und Erträge korrigiert werden[1] Dabei werden folgende **Korrekturen** vorgeschlagen:

1087

„Beispiele für außerordentliche Aufwendungen:
- *Einstellung in die Anspar- Abschreibung*
- *Verkauf von Anlagevermögen unter Buchwert usw.*
- *Einmalige / überdurchschnittlich hohe Forderungsausfälle*
- *Nicht durch Versicherungen ersetzte Schäden*
- *Evtl. überhöhte Einstellungen in Rückstellungen*

Beispiele für außerordentliche Erträge:
- *Auflösung der Anspar-Abschreibung*
- *Verkauf von Anlagevermögen über Buchwert*
- *Versicherungsentschädigungen*
- *Erträge aus Herabsetzung von PWB zu Forderungen"*[2]

Allerdings soll für die Bewertung nicht das handelsrechtliche und damit ausschüttungsfähige Ergebnis, sondern das steuerliche Ergebnis zugrunde gelegt werden.[3] D.h. für die Bewertung sollen nicht die handelsrechtlichen und damit ausschüttungsfähigen Ergebnisse sondern der **„Steuerbilanzgewinn"** verwendet werden. Ausschüttungsgrenzen bleiben damit unberücksichtigt. Betriebsnotwendiges und nicht betriebsnotwendiges Vermögen werden unterschieden.

1088

Im Rahmen der Bewertung wird die **Rechtsform** des zu bewertenden Handwerksbetriebs nicht berücksichtigt.[4] Für die Unternehmensübertragung werden für die Rechtsformen Typen unterstellt. Danach werden für Personengesellschaften Asset Deals und für Kapitalgesellschaften Share Deals unterstellt.

1089

---

1 Handbuch Unternehmensbewertung im Handwerk, AWH Standard, Version 4.2, 19. 4. 2010, S. 9, S. 13 und S. 18.
2 Handbuch Unternehmensbewertung im Handwerk, AWH Standard, Version 4.2, 19. 4. 2010, S. 22.
3 Handbuch Unternehmensbewertung im Handwerk, AWH Standard, Version 4.2, 19. 4. 2010, S. 9 und S. 23.
4 Handbuch Unternehmensbewertung im Handwerk, AWH Standard, Version 4.2, 19. 4. 2010, S. 10.

C. Unternehmensbewertung gemäß Erbschaftsteuerreformgesetz

*„Während bei Einzelunternehmen und **Personengesellschaften** regelmäßig nur die Vermögenswerte übernommen werden und die Schulden im Normalfall beim Übergeber verbleiben, handelt es sich beim Verkauf einer **GmbH** meist um einen **„Share deal"**, also den Verkauf der Geschäftsanteile."*[1]

1090 Warum der Weg zur Übertragung eines Unternehmens von seiner Rechtsform abhängen soll, wird nicht erläutert. Möglicherweise wird hier nicht ausreichend zwischen dem zivilrechtlichen Weg zur Übertragung einer Personengesellschaft als Share Deal und der steuerlichen Behandlung so eines Share Deals bei dem Unternehmenskäufer „wie" ein Asset Deal unterschieden.

1091 Die Bewertung erfasst angabegemäß keine **Betriebsgrundstücke** und Gebäude. Wobei dies im Zusammenhang mit der rechtsformabhängig typischen Unternehmensübertragung zu sehen ist. Die Eliminierung der Immobilienposition soll über den Ansatz **kalkulatorischer Kosten** erreicht werden.[2] Die Bewertung erfolgt damit im Ergebnis unter der Fiktion, die betriebsnotwendige Immobilie sei gemietet.

1092 Im **Erbfall oder Schenkungsfall** soll diese Restriktion aufgehoben werden. Dies betrifft aber wiederum nur die Personengesellschaft und die Einzelunternehmen.

*„Bei Einzelunternehmen und Personengesellschaften muss bei einer **Bewertung im Erbfall bzw. bei einer Schenkung** mit allen Aktiva und Passiva der Ertragswert um zusätzliche Werte (z. B. Grundstücke, Gebäude, Forderungen, teilfertige Leistungen, Verbindlichkeiten usw.) erhöht bzw. vermindert werden."*[3]

1093 Der AWH-Standard und die rechtsformunabhängige Bewertung des operativen Unternehmenskerns kann nur so verstanden werden, dass die Bewertung offensichtlich ohne **Startbilanz** einer wie auch immer gearteten Unternehmensplanung erfolgt. Die positiven und negativen Cashflows aus Forderungen und Verbindlichkeiten werden damit nicht Teil des Unternehmenswertes und müssen deshalb im „Baukastensystem" berücksichtigt werden.

*„Wenn bei Einzelunternehmen und Personengesellschaften **langfristige Verbindlichkeiten** übernommen werden, sind diese vom ermittelten Ertragswert abzu-*

---

1 Handbuch Unternehmensbewertung im Handwerk, AWH Standard, Version 4.2, 19.4.2010, S. 10.
2 Handbuch Unternehmensbewertung im Handwerk, AWH Standard, Version 4.2, 19.4.2010, S. 9.
3 Handbuch Unternehmensbewertung im Handwerk, AWH Standard, Version 4.2, 19.4.2010, S. 16.

ziehen. *Werden auch kurzfristige Schulden übernommen, so sind auch diese zu bereinigen ..."*[1]

Breiten Raum nehmen im AWH-Standard die kalkulatorischen Kosten ein. Dies ist für den **kalkulatorischen Unternehmerlohn** nachvollziehbar, da hier das Arbeitsäquivalenzprinzip zu berücksichtigen ist. Zugrunde gelegt wird ein Meistergehalt zuzüglich dem Arbeitgeberanteil an der Sozialversicherung und einem Zuschlag von 20 % bis 50 % als Ausgleich für Mehrarbeit, Haftung etc.[2] Das Problem des Unternehmenslohn wird allerdings auf den Bereich der Einzelunternehmen und Personengesellschaften verengt.[3] Das Problem ergibt sich jedoch bei einer GmbH in gleicher Form. 1094

Die weiteren Schritte, mit denen echte Kosten durch kalkulatorische Kosten ersetzt werden sollen, dienen offensichtlich dem Zweck der **Objektivierung** und Vereinheitlichung. Insofern zielt die Bewertung nicht auf die realen Verhältnisse des Handwerksbetriebs sondern eine Idealisierung ab. 1095

Der AWH-Standard geht so z. B. von der Irrelevanz der **Finanzierung** des Unternehmens aus. Ob diese Aussage auf dem Irrelevanz-Theorem von Modigliani/Miller aufbaut, bleibt unklar, da Bewertungshinweise zur Bewertung von Grundstücken zitiert werden. 1096

*"Nach vorherrschender Auffassung **beeinflussen Finanzierungskosten und Verbindlichkeiten die Höhe des Unternehmenswertes nicht**, sie können sich lediglich auf den Kaufpreis auswirken. (siehe Kleiber, Simon, Weyers:* **Verkehrswertermittlung von Grundstücken***, Bundesanzeiger Verlag S. 365 – 366)."*[4]

Grundstücke werden in der Tat unter der Annahme der lastenfreien Übergabe bewertet. Für Unternehmen gilt das Irrelevanztheorem hinsichtlich der Finanzierung nur für den theoretischen Fall einer Welt ohne Steuern. In der Realität beeinflusst die Finanzierungsstruktur selbstverständlich den Unternehmenswert. 1097

Die Bewertung soll unter Abzug kalkulatorischer Finanzierungskosten erfolgen, ohne dass auf die tatsächliche oder geplante Finanzierung abgestellt würde. Für den Fall der Schuldübernahme beim Unternehmenskauf sollen die übernommenen Schulden den Unternehmenswert kürzen. 1098

---

1 Handbuch Unternehmensbewertung im Handwerk, AWH Standard, Version 4.2, 19.4.2010, S. 10.
2 Handbuch Unternehmensbewertung im Handwerk, AWH Standard, Version 4.2, 19.4.2010, S. 9.
3 Handbuch Unternehmensbewertung im Handwerk, AWH Standard, Version 4.2, 19.4.2010, S. 9.
4 Handbuch Unternehmensbewertung im Handwerk, AWH Standard, Version 4.2, 19.4.2010, S. 12.

C. Unternehmensbewertung gemäß Erbschaftsteuerreformgesetz

*"Die Bewertung erfolgt deshalb **ohne Berücksichtigung der bisherigen bzw. zukünftigen Finanzierung des Unternehmens**. Diese wird über die **kalkulatorische Verzinsung** des betriebsnotwendigen Vermögens erfasst. Bei Übernahme von Verbindlichkeiten ist der ermittelte Unternehmenswert um den betreffenden Betrag zu berichtigen."*[1]

1099 Warum Finanzierungskosten auf kalkulatorischer Basis berücksichtigt werden, wenn die Finanzierung für die Bewertung irrelevant ist, bleibt offen. Ziel der kalkulatorischen Zinsen ist die objektive Berücksichtigung von Opportunitätskosten.

*"**Kalkulatorische Zinsen ersetzen die tatsächlich gezahlten Zinsen**, da die Verzinsung des betriebsnotwendigen Vermögens zum Ausdruck bringt, welche Zinsen der Betrieb erwirtschaften muss, unabhängig davon, wie der Unternehmer bisher dieses Vermögen aufgrund seiner persönlichen Möglichkeiten oder Vorlieben finanziert hat. **Kalkulatorische Zinsen werden in Höhe des Basiszinssatzes berechnet. Bemessungsgrundlage ist das betriebsnotwendige Kapital.**"*[2]

1100 Mit dieser Maßnahme werden m. E. Renditeziele, die eigentlich im Kalkulationszinssatz und damit im Rahmen der Diskontierung berücksichtigt werden sollen, mit der Unternehmensfinanzierung vermengt. Eine Doppelerfassung bei der Wertermittlung ist damit naheliegend. Wie auf diese Weise **Entscheidungswerte** für den Verkäufer oder den Käufer ermittelt werden sollen bleibt fraglich.

1101 Auch die steuerlichen **Abschreibungen** sollen durch kalkulatorische Abschreibungen ersetzt werden.

*"Verschiedene **kalkulatorische Kosten ersetzen** bzw. korrigieren die **steuerlichen Werte** durch betriebswirtschaftlich richtige Werte. Der AWH-Standard **geht bei den kalkulatorischen Kosten davon aus, dass diese auch den durchschnittlich notwendigen Ausgaben der Zukunft entsprechen** und damit als zukünftig pagatorisch (zahlungswirksam) anzusehen sind. Daher sind die kalkulatorischen Kosten für die zukünftigen finanziellen Überschüsse und damit für den Ertragswert maßgeblich."*[3]

---

[1] Handbuch Unternehmensbewertung im Handwerk, AWH Standard, Version 4.2, 19. 4. 2010, S. 12.
[2] Handbuch Unternehmensbewertung im Handwerk, AWH Standard, Version 4.2, 19. 4. 2010, S. 24.
[3] Handbuch Unternehmensbewertung im Handwerk, AWH Standard, Version 4.2, 19. 4. 2010, S. 23.

14. Verfahren zur Unternehmensbewertung nach dem Bewertungsgesetz

Auch diese Maßnahme zielt auf eine Objektivierung der Verhältnisse im Sinne eines objektiven Unternehmenswerts und nicht auf die Realität des zu bewertenden Unternehmens. Die Anbindung an den Substanzwert, der Werte für „normale" Verhältnisse liefern soll, belegt diese These. 1102

*„Die wichtigste Hilfsfunktion des Substanzwertes ... Außerdem kann damit festgestellt werden, ob grundsätzlich **normale oder von der Norm abweichende Verhältnisse** vorliegen. Weiterhin können damit **steuerliche Abschreibungen** und Zinsen durch **kalkulatorisch richtige Werte ersetzt** werden."*[1]

Der **Kalkulationszinssatz** soll auf die Belange des Handwerks angepasst werden. Zu diesem Zwecke werden neben den Komponenten Basiszinssatz und Risikozuschlag noch inhaberabhängige **Zuschläge** vorgeschlagen. Der Risikozuschlag soll anhand eines Kataloges von **acht Einzelrisiken** ermittelt werden, die mit jeweils 0 % bis 3 % zu veranschlagen sind. 1103

- *„Kundenabhängigkeit: Lauf- und Stammkundschaft, Umsatzanteile Einzelkunden, Branchen- oder Betriebsabhängigkeit von einzelnen Kunden*
- *Produkt- und Leistungsangebot: Qualität und Attraktivität des betrieblichen Angebotes; Produkt- oder Technologie-Lebenszyklus*
- *Branchenentwicklung und Konjunktur: einschlägige gesamtwirtschaftliche Rahmenbedingungen und Branchenaussichten anhand Veröffentlichungen von Kreditinstituten (z. B. Sparkassen-Branchenberichte, VRB Branchen-Special) oder handwerklicher Fachverbände*
- *Standort- und Wettbewerb: örtliche/regionale Wettbewerbsintensität,*
- *Veränderungen der Standortqualität infolge örtlicher Bauentwicklung, Verkehrslage, Immissionsrecht*
- *Betriebsausstattung: Modernität und Wettbewerbsfähigkeit der Maschinen, Investitionsstau*
- *Beschäftigtenstruktur: Altersstruktur, Betriebszugehörigkeitsdauer, Qualifikation (Fortbildung), besonderer Kündigungsschutz, übertarifliche Verpflichtungen*
- *Personenabhängigkeit: berücksichtigt einen übermäßigen Einfluss von Einzelpersonen im Betrieb (z. B. Know-how-Träger; handwerklicher Betriebsleiter); Die hier verwendeten Argumente dürfen nicht auch noch im Punkt „Beschäftigtenstruktur" berücksichtigt werden. (Achtung: hier keine Berücksichtigung der Inhaberabhängigkeit)*

---

[1] Handbuch Unternehmensbewertung im Handwerk, AWH Standard, Version 4.2, 19.4.2010, S. 19.

▶ *sonstiges betriebsspezifisches Risiko: z. B. Gewährleistungs- und Ersatzteillieferverpflichtung o. ä.*"[1]

1104 Der inhaberabhängige Zuschlag soll zwischen **0 % und 30 %** liegen. Die Ermittlung dieser Zuschläge soll im Gespräch erfolgen.

„*Betriebsspezifische Risikofaktoren und die Inhaberabhängigkeit, die auch nach dem Verkauf noch eine gewisse Zeit nachwirkt, verlangen eine betriebsindividuelle Beurteilung. Die einzelnen Komponenten sind daher ihrem Grunde und ihrer Höhe nach **durch den Berater zu bewerten, mit dem Betriebsinhaber zu diskutieren und möglichst einvernehmlich anzusetzen**, ggf. zu erläutern und zu dokumentieren.*"[2]

1105 Die Verfahrensweise zur Ermittlung eines Kalkulationszinssatzes ist an die amerikanische Praxis der Build-up-Models angelehnt.[3] Die Bestimmung der Höhe des Kalkulationszinssatzes ist nicht theoriebasiert, womit eine intersubjektive **Überprüfbarkeit** nur schwer möglich sein wird.

ABB. 76:	Bewertung eines Handwerksbetriebs nach dem AWH Standard				
Handwerksbetrieb	t_{-4}	t_{-3}	t_{-2}	t_{-1}	t_0 (gewichtet)
Betriebsergebnis	300.000	500.000	400.000	650.000	
./. Bereinigungen a.o. Erträge	50.000	50.000	50.000	50.000	
+ Bereinigungen a.o. Aufwendungen	25.000	25.000	25.000	25.000	
bereinigtes Ergebnis	275.000	475.000	375.000	625.000	**485.000**
Gewichtung	1	2	3	4	
bereinigtes Ergebnis t_0 (gewichtet)				485.000	Mittelwert 4 Kalenderjahre (gewichtet)

---

1 Handbuch Unternehmensbewertung im Handwerk, AWH Standard, Version 4.2, 19.4.2010, S. 33.
2 Handbuch Unternehmensbewertung im Handwerk, AWH Standard, Version 4.2, 19.4.2010, S. 31.
3 Pratt/Grabowski, Cost of Capital, 2008, S. 69 ff.

./.	Kalkulatorische Abschreibungen	10.000
./.	Kalkulatorischer Unternehmerlohn	70.000
./.	Kalkulatorische Zinsen	5.000
./.	Kalkulatorische Miete	95.000
=	**Nachhaltiger Ertrag**	**305.000**
./.	Gewerbesteuer Körperschaftsteuer	91.500
./.	Einkommensteuer	53.375
=	**Prognostizierter Gewinn nach Steuern**	**160.125**

	Ermittlung KZF	
+	Basiszinssatz	4,0%
+	Risikozuschläge	15,0%
+	Inhaberabhängigkeit	12,0%
=	**Kapitalisierungszinssatz brutto**	**31,0%**
	Abgeltungssteuer incl. SoliZ	26,4%
=	**Kapitalisierungszinssatz netto**	**22,8%**
	Prognostizierter Gewinn nach Steuern	160.125
:	Kapitalisierungszinssatz netto	22,8%
=	**Ertragswert**	**701.572**

14.5.4.6 Bewertung von Architektur- und Planungsbüros

Der Verband Beratender Ingenieure VBI und der Bundesverband Deutscher Unternehmensberater BDU e.V. hat 2009 die zwischenzeitlich 4. Auflage des Leitfadens Nachfolge im Planungsbüro herausgegeben. Neben organisatorischen, rechtlichen und steuerrechtlichen Hinweisen geht der Leitfaden auch auf das Thema Bewertung ein.

1106

C. Unternehmensbewertung gemäß Erbschaftsteuerreformgesetz

1107 Grundlage der Ausführungen ist der **Verkauf bzw. Kauf** eines Planungsbüros. Die Bewertung wird als Ertragswertverfahren zur Ableitung eines objektiven bzw. **objektivierten** Wertes verstanden, womit subjektive Aspekte ausgeblendet werden sollen.

*„All diese Erwägungen dürfen bei einer klassischen Unternehmensbewertung jedoch keine Rolle spielen, vielmehr **sollten alle subjektiven Einflussfaktoren ausgeblendet werden**, um über eine möglichst objektive Grundlage für die Kaufpreisfindung im Rahmen von Übergabegespräche zu verfügen."*[1]

1108 Diese Position der Objektivierung ist in der Transaktionsberatung aus theoretischer Sicht ungewöhnlich, aber im Rahmen der branchenbezogenen Lösungen zur Bewertung von Unternehmen weit verbreitet. Das Bewertungsziel besteht bei dieser Herangehensweise nicht darin einen Grenzpreis als Entscheidungswert für eine Partei zu ermitteln, sondern einen für Verkäufer und Käufer akzeptablen Unternehmenswert als **Ausgangsgrundlage** für Verhandlungen zu ermitteln. Zwischen dem abgeleiteten Unternehmenswert und dem möglichen Verkaufspreis wird unterschieden.

*„Dieser Wert muss **nicht identisch mit dem später tatsächlich vereinbarten Kaufpreis** sein, denn über diesen entscheiden insbesondere Angebot und Nachfrage sowie die individuelle Verhandlungsposition des Büroinhabers und potenziellen Übernehmers."*[2]

1109 Der Leitfaden beruft sich auf den Bewertungsstandard **IDW S1** i. d. F. 2008. Grundlage der Planung ist eine **Vergangenheitsanalyse** der letzten **drei bis fünf** Jahre. Die zu diskontierenden Ergebnisse werden jedoch aus einer expliziten **Planungsrechnung** und nicht einem bereinigten Vergangenheitsdurchschnitt abgeleitet.

*„Die erste Phase gibt den **Detailplanungszeitraum für drei bis fünf Jahre** wieder, da für diesen Zeitraum noch mit hinreichender Sicherheit eine Detailplanung aufgestellt werden kann, u. a. wegen der bestehenden Auftragslage. In der **zweiten Planungsphase** erfolgt dann die Prognose der langfristig erzielbaren Überschüsse, die später als „ewige Rente" in den Unternehmenswert einfließen."*[3]

---

[1] Verband Beratender Ingenieure VBI und Bundesverband Deutscher Unternehmensberater BDU e.V., Nachfolge im Planungsbüro, 2009, S. 8.
[2] Verband Beratender Ingenieure VBI und Bundesverband Deutscher Unternehmensberater BDU e.V., Nachfolge im Planungsbüro, 2009, S. 11.
[3] Verband Beratender Ingenieure VBI und Bundesverband Deutscher Unternehmensberater BDU e.V., Nachfolge im Planungsbüro, 2009, S. 9.

Die Verwendung der **ewigen Rente** weist darauf hin, dass auch für Planungsbüros von der bei Unternehmensbewertungen grundsätzlichen Annahme einer unendlichen Lebensdauer ausgegangen wird. Die Bewertung erfolgt unter Berücksichtigung der **Rechtsform** des Planungsbüros und der sich in diesem Zusammenhang ergebenden Steuerbelastung. 1110

*„Bei der **typischen Rechtsform** eines Planungsbüros mit Freiberufler-Status — **Einzelunternehmen oder Personengesellschaft** — ist eine unmittelbare **Berücksichtigung persönlicher Ertragssteuern** erforderlich. Im Folgenden wird eine fiktive Ertragsteuerlast in Höhe von 35 % unterstellt."*[1]

Ein **Substanzwert** wird nicht additiv berücksichtigt. Vielmehr wird darauf hingewiesen, dass der Substanzwert indirekt über die Ermittlung des Ertragswertes mit erfasst wird. Die künftigen Abschreibungen werden nicht aus Vergangenheitsdaten oder als kalkulatorischer Wert ermittelt, sondern ergeben sich aus dem Anlagenbestand sowie einem expliziten Investitionsplan. 1111

*„Für die konkrete Planung der künftigen Zahlungsströme **gilt es, einen Investitionsplan zu erstellen**, der in jedem Fall die Erhaltung der Substanz und ggf. Investitionsbedarf darüber hinaus wiedergibt, z. B. in EDV, Software oder Umbaumaßnahmen."*[2]

Der Hinweis auf Angebote, die gemäß der ihnen zuzuordnenden Erfolgswahrscheinlichkeit in der Unternehmensplanung zu berücksichtigen sind, spricht für eine mehrwertige Planung in **Szenarien**. 1112

*„Angebotswerte werden **gemäß** ihrer individuell zu ermittelnden **Auftragswahrscheinlichkeit** in der Bewertung berücksichtigt."*[3]

Soweit rechtsformbedingt keine oder unabhängig davon keine angemessenen **Unternehmerlöhne** berücksichtigt sind, sind diese in der Unternehmensplanung aufzunehmen. Neutrale Erträge und neutrale Aufwendungen sind im Unternehmensergebnis ebenfalls zu korrigieren. Da oben auf die Berücksichtigung der Ertragsteuern hingewiesen wurde, diese im Beispiel des Leitfadens aber nicht abgebildet sind, ist von einem redaktionellen Versehen auszugehen. 1113

---

[1] Verband Beratender Ingenieure VBI und Bundesverband Deutscher Unternehmensberater BDU e.V., Nachfolge im Planungsbüro, 2009, S. 9.
[2] Verband Beratender Ingenieure VBI und Bundesverband Deutscher Unternehmensberater BDU e.V., Nachfolge im Planungsbüro, 2009, S. 9.
[3] Verband Beratender Ingenieure VBI und Bundesverband Deutscher Unternehmensberater BDU e.V., Nachfolge im Planungsbüro, 2009, S. 9.

C. Unternehmensbewertung gemäß Erbschaftsteuerreformgesetz

BEISPIEL: Unternehmensplanung für ein Planungsbüro

Planungsbüro		Vergangenheitsanalyse				Planjahre			
		t_{-4}	t_{-3}	t_{-2}	t_{-1}	t_1	t_2	t_3	t_{ff}
	Honorarerlöse	400.000	420.000	440.000	450.000	430.000	425.000	440.000	450.000
+	sonstige Erlöse	7.000	10.000	5.000	6.500	3.500	2.000	6.000	3.800
	Gesamtleistung	**407.000**	**430.000**	**445.000**	**456.500**	**433.500**	**427.000**	**446.000**	**453.800**
./.	Fremdleistungen	11.000	9.000	7.500	13.500	15.000	10.000	17.000	15.500
	Rohertrag	**396.000**	**421.000**	**437.500**	**443.000**	**418.500**	**417.000**	**429.000**	**438.300**
./.	Personalkosten	250.000	260.000	265.000	265.000	255.000	260.000	275.000	270.000
./.	Raumkosten	30.000	30.000	30.000	30.000	30.000	30.000	30.000	30.000
./.	Abschreibungen	5.000	5.000	5.000	5.000	5.000	5.000	5.000	5.000
	Ergebnis vor Steuern	**111.000**	**126.000**	**137.500**	**143.000**	**128.500**	**122.000**	**119.000**	**133.300**
./.	Sonstige Steuern	250	400	350	240	260	250	300	280
	zu bereinigender Überschuss	**110.750**	**125.600**	**137.150**	**142.760**	**128.240**	**121.750**	**118.700**	**133.020**
./.	kalk. Unternehmerlohn	75.000	76.500	78.030	79.591	81.182	82.806	84.462	86.151
./.	sonst. Bereinigungspos.	3.000	5.000	4.000	2.000	2.000	2.000	2.000	2.000
		32.750	**44.100**	**55.120**	**61.169**	**45.058**	**36.944**	**32.238**	**44.869**
./.	Ertragsteuern 35%	11.463	15.435	19.292	21.409	15.770	12.930	11.283	15.704
	Netto-Entnahme	**21.288**	**28.665**	**35.828**	**39.760**	**29.287**	**24.014**	**20.955**	**29.165**

Die Netto-Entnahme ist mit einem äquivalenten **Kalkulationszinssatz** auf den Bewertungsstichtag zu diskontieren. Der Kalkulationszinssatz setzt sich aus dem Basiszinssatz und einem Risikozuschlag zusammen. Die Ermittlung des Risikozuschlages wird nicht weiter erläutert, wobei die Anwendung des Capital Asset Pricing Model ausgeschlossen wird. Vielmehr wird der Hinweis gegeben, dass der Risikozuschlag individuell zu ermitteln sei.

1114

In dem Beispiel des Leitfadens wird der Risikozuschlag als Prozentsatz des Basiszinssatzes nach Steuern dargestellt und in der zweiten Phase, dem offensichtlich höheren Risiko weiter entfernter Planungszeiträume geschuldet, noch etwas erhöht. Da der Risikozuschlag nicht um einen Steuerabschlag gekürzt wird, ist er als Nachsteuerwert zu interpretieren. Die Ableitung des Kalkulationszinssatzes ist auf der einen Seite „theoriefrei" und somit willkürlich gestaltbar. Im Zweifel kann das die Verhandlungen erschweren. Auf der anderen Seite wird eine transparente Zielrendite ermittelt, die Basiszinssatz und Risikozuschlag getrennt ausweist und die Bestimmung des Risikozuschlags der persönlichen Risikoaversion überlässt. Gegenüber dem Objektivierungsanspruch bei der Ermittlung der zu diskontierenden Gewinne ergibt sich hinsichtlich der Ermittlung des Kalkulationszinssatzes ein Systembruch.

1115

BEISPIEL: Ermittlung des Kalkulationszinssatzes

		Phase I	Phase II
Basiszinssatz		4,25%	4,25%
Basiszinssatz nach ESt	(Annahme: 35%)	2,76%	2,76%
Risikozuschlag		400%	450%
= Kalkulationszinssatz vor Wachstumsabschlag		13,81%	15,19%
./. Wachstumsabschlag		0,00%	1,00%
Kalkulationszinssatz		13,81%	14,19%

Die Branchenlösung für Architektur- und Planungsbüros weist gegenüber den anderen, oben dargestellten Branchenlösungen, den weitaus größten Grad an Differenzierung und Klarheit auf. Hinsichtlich einer intersubjektiven Überprüfbarkeit sind damit am ehesten die Voraussetzungen für die Ermittlung einer Bemessungsgrundlage für steuerliche Zwecke gegeben.

1116

14.5.5 Paketzuschlag – Abschlag wegen fehlenden Einflusses

Da die branchenüblichen Bewertungsmethoden keine Werterhöhung wegen zur Kontrolle berechtigender Beteiligungshöhen vorsehen, ist ein entsprechender Paketzuschlag zu berücksichtigen. Dessen Ermittlung steht wie in allen an-

1117

deren Anwendungsfällen im Spannungsverhältnis zwischen Objektivierung und Grenzpreisermittlung.[1] Die Möglichkeit einen Abschlag wegen fehlenden Einflusses auf die Geschäftsführung vorzunehmen, wird in R B 11.6 Abs. 2 verneint.

„Wird der gemeine Wert in ... einer anderen anerkannten, auch im gewöhnlichen Geschäftsverkehr für nichtsteuerliche Zwecke **üblichen Methode** ... ermittelt, ist – unter den Voraussetzungen des § 11 Abs. 3 BewG - der Paketzuschlag erforderlich, wenn die in § 11 Abs. 3 BewG genannten Umstände bei der Wertermittlung nicht berücksichtigt werden. .... Ein **Abschlag** wegen fehlenden Einflusses auf die Geschäftsführung **kommt in diesen Fällen nicht** in Betracht."[2]

14.5.6 Substanzwert als Mindestwert

1118   Die Mindestwertregelung ist uneingeschränkt anzuwenden.[3]

14.6 Vereinfachtes Ertragswertverfahren

14.6.1 Intention für ein vereinfachtes Ertragswertverfahren

1119   Die Erstellung von Unternehmensbewertungen ist zeitaufwendig und kostspielig. Der Zeitaufwand ergibt sich zum einen aus der Notwendigkeit zur Ableitung einer Unternehmensplanung als Grundlage der Bewertung. Die Entwicklung der Unternehmensplanung, aus der sich die zukünftig ausschüttbaren Ergebnisse ableiten lassen, ist verbunden mit der Analyse der relevanten Branche, der Konkurrenzverhältnisse in der Branche, der allgemeinen wirtschaftlichen Entwicklung und aller relevanten Unternehmensinterna (Kapazitäten, Preisgestaltung, Kostensituation, Unternehmenssubstanz etc.). Zum anderen ist die Ermittlung des zutreffenden Kalkulationszinssatzes ein Arbeitsschritt, der durch die Anwendung des Capital Asset Pricing Models (CAPM) umfangreiches Expertenwissen erfordert. Mit dem vereinfachten Ertragswertverfahren sollte nach der Intention des Gesetzgebers ein **preiswertes Modell** zur Unternehmensbewertung „light" geschaffen werden. Ohne hohen Ermittlungsaufwand bzw. ohne hohe Kosten sollte so die Ermittlung eines objektivierten Unternehmenswertes ermöglicht werden.[4] Das vereinfachte Ertrags-

---

1 Siehe dazu Rdn. 957.
2 ErbStR 2011, R B 11.6 Abs. 2 Satz 2 und 4.
3 Siehe dazu Rdn. 628 und Rdn. 1341.
4 Begründung des Finanzausschusses, Teil 2. Materialien. II. Artikel 2, Änderung des BewG, Nr. 2, § 199 BewG, abgedruckt in Hübner, H., Erbschaftsteuerreform 2009 Gesetze Materialien Erläuterungen, 2009, S. 348.

wertverfahren im Sinne der §§ 199 ff. BewG hat einen Namensvetter in der ImmoWertV und dem dort für die Immobilienbewertung geregelten **vereinfachten Ertragswertverfahren,** § 17 Abs. 2 Nr. 2 ImmoWertV.[1]

14.6.2 Konzeptionelle Grundlagen

Das vereinfachte Ertragswertverfahren stellt trotz der vereinfachten Berechnungsweise ein **Gesamtbewertungsverfahren** dar. D.h. über die Kapitalisierung der zukünfig zu erwartenden Unternehmensgewinne nach Unternehmenssteuern wird der Wert der für den Unternehmenszweck eingesetzten Substanz sowie der Geschäftswert (die kapitalisierte Überrendite!) in einem Zuge ermittelt. Rechentechnisch bedient sich das Verfahren faktisch der Formel der **ewigen Rente.** 1120

Die zukünftig zu erwartende „Rente" (Gewinn!) wird grundsätzlich auf der Basis von Plandaten abgeleitet (§ 201 Abs. 1 Satz 1 BewG).[2] Liegt eine Unternehmensplanung nicht vor, erfolgt die Bewertung auf der Grundlage von Vergangenheitsdaten (§ 201 Abs. 1 Satz 2 BewG). Der Rückgriff auf **Vergangenheitswerte** dürfte bei Verwendung des vereinfachten Ertragswertverfahrens die Regel sein. 1121

Bei der Verwendung von Vergangenheitsdaten stellen der Steuerbilanzgewinn (§ 202 Abs. 1 Satz 1 BewG) bzw. der Überschuss i. S. von § 4 Abs. 3 EStG (§ 202 Abs. 2 Satz 1 BewG) die sogenannten **Ausgangswerte** dar. Aus den Ausgangswerten wird durch einen Katalog von Hinzurechnungen und Kürzungen das **Betriebsergebnis** berechnet (§ 202 Abs. 1 Nr. 1 und Nr. 2 BewG). Eine dieser Modifikationen zur Berechnung des Betriebsergebnisses stellt z. B. die Neutralisierung des tatsächlichen Ertragsteueraufwandes dar. Als letzter Bereinigungsschritt wird das so gewonnene Betriebsergebnis vor Ertragsteueraufwand durch einen für alle Rechtsformen einheitlichen 30%igen Steuersatz belastet (§ 202 Abs. 3 BewG) und so das **bereinigte Betriebsergebnis nach Steuern** abgeleitet. Das Gesetz differenziert nicht nach dem Betriebsergebnis vor Steuern (§ 202 Abs. 3 BewG) und dem Betriebsergebnis nach Steuern (§ 201 Abs. 2 Satz 1 BewG). Allerdings ist davon auszugehen, dass zur Ermittlung des Durchschnittsertrages bzw. des Jahresertrages in § 201 Abs. 2 Satz 1 BewG von dem Betriebsergebnis nach Steuern auszugehen ist. 1122

---

1 Verordnung über die Grundsätze für die Ermittlung der Verkehrswerte von Grundstücken (Immobilienwertermittlungsverordnung - ImmoWertV) v. 19. 5. 2010, BGBl 2010 I S. 639.
2 Begründung des Finanzausschusses, Teil 2. Materialien II Artikel 2, Änderung des BewG, Nr. 2, § 201 Abs. 1 BewG, abgedruckt in Hübner, H., Erbschaftsteuerreform 2009 Gesetze Materialien Erläuterungen, 2009, S. 352.

C. Unternehmensbewertung gemäß Erbschaftsteuerreformgesetz

1123 Das Betriebsergebnis nach Steuern wird für die **drei** vollständigen, dem Bewertungsstichtag vorhergehenden Wirtschaftsjahre berechnet (§ 201 Abs. 2 Satz 1 BewG). Aus dem arithmetischen Durchschnitt der drei Betriebsergebnisse nach Steuern ergibt sich der **Durchschnittsertrag** (§ 201 Abs. 2 Satz 3 BewG). Dieser Durchschnittsertrag repräsentiert den zukünftig nachhaltig erzielbaren Jahresertrag, welcher der Bewertung zugrunde zu legen ist (§ 201 Abs. 1 BewG). Besondere Einflüsse können zu Änderungen hinsichtlich des einzubeziehenden Zeitraums bzw. zu Modifikationen der Betriebsergebnisse führen (§ 201 Abs. 2 Satz 2 und Abs. 3 BewG).

1124 Im Ergebnis legt der Gesetzgeber trotz der Verwendung eines aus vergangenen Betriebsergebnissen berechneten Durchschnittsertrags Wert auf eine Formulierung („*...zukünfig nachhaltig erzielbare Jahresertrag...*"), die, ganz der Unternehmensbewertungslehre verpflichtet, ein Abstellen auf zukünftige Gewinne suggeriert. Der zukünfig nachhaltig erzielbare Jahresertrag wird mit einem Kapitalisierungsfaktor verfielfältigt und so der vereinfachte Ertragswert berechnet (§ 200 Abs. 1 BewG).

1125 Der **Kapitalisierungsfaktor** stellt nur den Kehrwert des zu verwendenden Kalkulationszinssatzes dar (§ 203 Abs. 3 BewG). Die Art und Weise der Ermittlung des Kalkulationszinssatzes ist für das vereinfachte Ertragswertverfahren gesetzlich detailliert vorgeschrieben und nimmt auf individuelle Risikoverhältnisse des zu bewertenden Unternehmens keine Rücksicht (§ 203 Abs. 1 und Abs. 2 BewG).

1126 Im Vergleich zum Stuttgarter Verfahren mit seinem 5-jährigen Prognosezeitraum deckt die Kapitalisierung des vereinfachten Ertragswertverfahrens die „**Ewigkeit**" ab. Das vereinfachte Ertragswertverfahren verzichtet auf eine Gewichtung der zu bewertenden Gewinne (§ 201 Abs. 2 Satz 3 BewG). Eine rechentechnische Ausgliederung zur Visualisierung des Substanzwertes wie im Stuttgarter Verfahren unterbleibt. Die Mindestwertregelung auf Basis des Substanzwertes gilt auch für das vereinfachte Ertragswertverfahren (§ 11 Abs. 2 Satz 3 BewG).

1127 **Unternehmensgruppen** werden nicht auf konsolidierter Basis oder unter Verwendung eines Holdingmodells bewertet, sondern durch die Addition der separiert bewerteten Gruppen-Gesellschaften (§ 200 Abs. 3 BewG). Bei der Bewertung eines Gruppenunternehmens bestehen keine Restriktionen hinsichtlich der Methodenwahl. Dabei ist für jede Unternehmung der Unternehmensgruppe die Frage nach dem Mindestwert zu stellen. Der Wert der Unternehmensgruppe stellt somit unter Umständen ein **Sammelsurium** aus Substanz-

werten, regulären Ertragswerten, branchentypischen Bewertungsergebnissen und vereinfachten Ertragswerten dar. Ebenfalls **separiert** zu bewertend sind:
- nicht betriebsnotwendige Wirtschaftsgüter (§ 200 Abs. 2 BewG),
- innerhalb der letzten 2 Jahre eingelegte Wirtschaftsgüter (§ 200 Abs. 4 BewG) und
- bei Personengesellschaften das Sonderbetriebsvermögen (§ 202 Abs. 1 Satz 1 zweiter Halbsatz i.V. m. § 97 Abs. 1a Nr. 2 BewG).

14.6.3 Anwendungsbereich und Anwendungsgrenzen des vereinfachten Ertragswertverfahrens

14.6.3.1 Theoretischer Anwendungsbereich des vereinfachten Ertragswertverfahrens

Das vereinfachte Ertragswertverfahren kann gemäß § 199 Abs. 1 und Abs. 2 BewG bei der Bewertung von Unternehmen folgender **Rechtsformen** angewendet werden: 1128

▶ Nicht börsennotierte Kapitalgesellschaften (§ 199 Abs. 1 BewG)

▶ Einzelunternehmen (§ 199 Abs. 2 BewG)[1]

▶ Personengesellschaften (§ 199 Abs. 2 BewG)

Das vereinfachte Ertragswertverfahren ist damit rechtsformneutral ausgelegt.[2] Das vereinfachte Ertragswertverfahren ist nicht nur auf **inländische** Unternehmen sondern auch auf **ausländische** Unternehmen anzuwenden.   1129

„Auch bei der Bewertung von Anteilen an *ausländischen Kapitalgesellschaften* oder *ausländischem Betriebsvermögen* kann das vereinfachte Ertragswertverfahren angewendet werden."[3]

Ob das vereinfachte Ertragswertverfahren überhaupt angewendet werden darf, hängt nach den gesetzlichen Regelungen im Kern von der Bejahung der zwei folgenden **Fragestellungen** ab: 1130

1. Würde ein Unternehmenskäufer bei dem zu bewertenden Unternehmen einer bestimmten Branche dieses Verfahren anwenden?

---

1 Hofmann, G., in Viskorf/Knobel/Schuck (Hrsg.), Erbschaftsteuer- und Schenkungsteuergesetz, Bewertungsgesetz Kommentar, 2009, BewG, § 199, S. 1563.
2 Begründung des Finanzausschusses, Teil 2. Materialien II Artikel 2, Änderung des BewG, Nr. 2, § 97 BewG, abgedruckt in Hübner, H., Erbschaftsteuerreform 2009 Gesetze Materialien Erläuterungen, 2009, S. 350.
3 ErbStR 2011, R B 199.2 Satz 1; R B 199.1 Abs. 2.

§ 11 Abs. 2 Satz 2 zweiter Halbsatz BewG: „...*dabei ist die Methode anzuwenden, die ein Erwerber der Bemessung des Kaufpreises zu Grunde legen würde.*"

2. Führt das vereinfachte Ertragswertverfahren zu einer zutreffenden Bewertung?

§ 199 Abs. 1 und Abs. 1 BewG: „...*kann das vereinfachte Ertragswertverfahren (§ 200) angewendet werden,* **wenn dieses nicht zu offensichtlich unzutreffenden Ergebnissen führt.**"

1131 Grundsätzlich steht dem **Steuerpflichtigen** das vereinfachte Ertragswertverfahren gemäß § 199 Abs. 1 BewG als **Wahlrecht** offen. Das **Finanzamt** ist bei der Bewertung an dieses Verfahren gebunden.

„*Das* **Finanzamt** *hat den im vereinfachten Ertragswertverfahren ermittelten Wert* **zugrunde zu legen,** *wenn das Ergebnis nicht offensichtlich unzutreffend ist.*"[1]

14.6.3.2 Kein vereinfachtes Ertragswertverfahren bei Branchenüblichkeit anderer Verfahren

1132 **Erster Maßstab**, um die Anwendbarkeit des vereinfachten Ertragswertverfahrens zu überprüfen, ist die folgende Frage:

Würde ein Unternehmenskäufer bei dem zu bewertenden Unternehmen einer bestimmten Branche dieses Verfahren anwenden?

1133 Die Erbschaftsteuerrichtlinien wollen die Anwendung des vereinfachten Ertragswertverfahrens ausschließen, wenn in der Branche des zu bewertenden Unternehmens Multiplikatorverfahren oder Substanzwertverfahren zum Einsatz kommen.

„*Sind* **branchentypisch** *ertragswertorientierte Verfahren ausgeschlossen (weil z. B.* **Multiplikatorenverfahren oder Substanzwertverfahren** *zur Anwendung kommen), ist das vereinfachte Ertragswertverfahren* **nicht** *anzuwenden.*"[2]

1134 Werden in der jeweiligen Branche auch ertragswertorientierte Verfahren angewendet, kann das vereinfachte Ertragswertverfahren angewendet werden.

„*Sind* **branchentypisch auch ertragswertorientierte** *Verfahren anzuwenden, ist eine Bewertung nach dem vereinfachten Ertragswertverfahren* **möglich**; ...."[3]

---

1 ErbStR 2011, R B 199.1 Abs. 3 Satz 2; siehe auch Riedel, C., in Daragan/Halaczinsky/Riedel (Hrsg.), Praxiskommentar ErbStG und BewG, 2010, § 11 BewG, S. 881 Tz. 56.
2 ErbStR 2011, R B 199.1 Abs. 1 Satz 2.
3 ErbStR 2011, R B 199.1 Abs. 1 Satz 3.

Das Kriterium der **Branchentypik** ist wenig trennscharf bzw. unbrauchbar, da in keiner Branche eine reine Substanzwertbewertung Verwendung findet.[1] Üblich sind in bestimmten Branchen (insbesondere Bewertung von Freiberufler-Praxen) vielmehr Kombinationen aus Ertragswert- und Substanzwertaspekten.[2] Selbst der typisierte Käufer wendet damit aber, wenn schon kein „reinrassiges" Ertragswertverfahren, so doch immer ein ertragswert**orientiertes** Verfahren an. Multiplikatorverfahren sind ebenfalls ertragswert**orientiert**, in dem der Multiplikator als marktbasierter Kehrwert eines Kalkulationszinssatzes eine Ertragsposition (z. B. Umsatz, EBIT, EBITDA, Jahresüberschuss) vervielfacht.

1135

Abgesehen davon ist unklar, ob nun die Branche des zu bewertenden Unternehmens Maßstab für die Methodenwahl sein soll, wie dies aus R B 199.1 Abs. 1 Satz 2 der Erbschaftsteuerrichtlinien hervorgeht, oder ob die Methodenwahl nicht vielmehr vom typisierten Käufer vorgenommen wird, wie das Gesetz dies in § 11 Abs. 2 S. 2 2.HS BewG vorsieht. Oder soll der typisierte Käufer vielleicht jeweils aus der Branche des zu bewertenden Unternehmens kommen, womit Finanzinvestoren gedanklich als potenzielle Käufer ausgeschlossen sind? Die Regelungen zur Methodenwahl sind hinsichtlich des vereinfachten Ertragswertverfahrens somit weder abgestimmt noch hilfreich.

1136

14.6.3.3 Kein vereinfachtes Ertragswertverfahren bei Ermittlung offensichtlich unzutreffender Ergebnisse

Zweiter Maßstab, um die Anwendbarkeit des vereinfachten Ertragswertverfahrens zu überprüfen, ist die folgende Frage:

1137

Führt das vereinfachte Ertragswertverfahren zu einer zutreffenden Bewertung?

Bereits das Gesetz hält die Ermittlung unzutreffender Ergebnisse durch das vereinfachte Ertragswertverfahren für möglich:

„*...kann das vereinfachte Ertragswertverfahren (§ 200) angewendet werden, wenn dieses nicht zu **offensichtlich unzutreffenden Ergebnissen** führt.*"[3]

Die formelhafte Wendung „offensichtlich unzutreffend" gehört zum festen Repertoire der BFH-Rechtsprechung und fand ebenso für die Einschätzung der Er-

1138

---

1 Auch der Net Asset Value zur Bewertung bestandshaltender Immobiliengesellschaften setzt sich aus den Ertragswerten der jeweiligen Immobilien zusammen.
2 Die üblichen „Formeln" setzen sich aus dem Substanzwert und dem Geschäftswert zusammen. Der Geschäftswert ist der Teil des Ertragswertes, der die kapitalisierte Überrendite verkörpert.
3 § 199 Abs. 1 BewG.

gebnisse des Stuttgarter Verfahrens Anwendung.[1] Das Ausschlusskriterium der Ermittlung offensichtlich unzutreffender Ergebnisse, wird in den Erbschaftsteuerrichtlinien intensiv thematisiert und an mehreren Stellen behandelt. Danach führt die Verwendung des vereinfachten Ertragswertverfahrens in folgenden Fällen zu **begründeten Zweifeln, dass zutreffende Bewertungsergebnisse** zu erwarten sind, oder negativ formuliert, ist in diesen Fällen mit offensichtlich unzutreffenden Bewertungsergebnissen zu rechnen:

▶ Bei **verbundenen** Unternehmen, da hier die Finanz-Strukturen zwangsläufig zu komplex sind.[2]

▶ Bei **neu gegründeten** Unternehmen, da keine Vergangenheitsergebnisse vorliegen.[3]

▶ Bei Unternehmen die einen **Branchenwechsel** vollzogen haben, da die Vergangenheitsergebnisse nicht die künftig zu erwartenden Ergebnisse repräsentieren.[4]

1139 Die Aussagen der Erbschaftsteuerrichtlinien und der gleich lautenden Ländererlasse vom 17.5.2011 haben zu diesen Bewertungssituationen gegenüber der Fassung vom 25.6.2009 einen starken Wandel erfahren. In der Fassung vom 25.6.2009 wurde klar darauf hingewiesen, dass das vereinfachte Ertragswertverfahren zu unzutreffenden Ergebnissen führt.

*„Bei komplexen Strukturen von **verbundenen** Unternehmen kann davon ausgegangen werden, **dass das vereinfachte Ertragswertverfahren regelmäßig zu unzutreffenden Ergebnissen führen wird.** Bei neu gegründeten Unternehmen, bei denen der künftige Jahresertrag noch nicht aus den Vergangenheitserträgen abgeleitet werden kann, insbesondere bei Gründungen innerhalb eines Jahres vor dem Bewertungsstichtag, ist das vereinfachte Ertragswertverfahren nicht anzuwenden, **da es hier regelmäßig,** z. B. wegen hoher Gründungs- und Ingangsetzungsaufwendungen, **zu offensichtlich unzutreffenden Ergebnissen führt. Gleiches gilt** bei einem **Branchenwechsel** eines Unternehmens, bei dem deshalb der künftige Jahresertrag noch nicht aus den Vergangenheitserträgen abgeleitet werden kann."*[5]

---

1 Siehe z.B. BFH v. 25.10.2007 - VIII B 109/06 (NV); BFH v. 11.05.2005 - VIII B 89/01 (NV) (veröffentlicht am 24.08.2005); BFH v. 16.05.2003 - II B 50/02 (NV).
2 ErbStR 2011, R B 199.1 Abs. 6 Satz 1 Nr. 1.
3 ErbStR 2011, R B 199.1 Abs. 6 Satz 1 Nr. 2.
4 ErbStR 2011, R B 199.1 Abs. 6 Satz 1 Nr. 3.
5 GLE AntBV vom 25.6.2009, Abschnitt 19 Abs. 5 Satz 1 bis Satz 3.

14. Verfahren zur Unternehmensbewertung nach dem Bewertungsgesetz

Die Erbschaftsteuerrichtlinien erweitern die oben genannten Fälle möglicher Fehlbewertungen („problematische Bewertungsbereiche") um die Bewertung von z. B. Wachstums- oder Krisenunternehmen sowie den Fall von Auslandssachverhalten.

„ *4. andere Fälle, in denen aufgrund der besonderen Umstände der künftige Jahresertrag nicht aus den Vergangenheitserträgen abgeleitet werden kann. Hierzu gehören zum Beispiel* **Wachstumsunternehmen, branchenbezogene oder allgemeine Krisensituationen** *oder absehbare Änderungen des künftigen wirtschaftlichen Umfeldes;*

5. grenzüberschreitende Sachverhalte, zum Beispiel nach § 1 AStG , § 4 Abs. 1 Satz 3 EStG oder § 12 Abs. 1 KStG , bei denen nicht davon ausgegangen werden kann, dass der jeweils andere Staat die Ergebnisse des vereinfachten Ertragswertverfahrens seiner Besteuerung zugrunde legt."[1]

1140

Hinsichtlich der Qualität der zu erwartenden Bewertungsergebnisse werden jetzt als Überschrift zu den nunmehr fünf „problematischen Bewertungsbereichen" diplomatisch nur noch Zweifel formuliert.

1141

„Insbesondere in folgenden Fällen ist vom Vorliegen **begründeter Zweifel** *auszugehen ..."*[2]

RB 199.1 Abs. 4 formuliert dagegen deutlicher, welche Bewertungsqualität in den „problematischen Bewertungsbereichen" zu erwarten ist.

1142

„Das vereinfachte Ertragswertverfahren kann vor **allem dann zu unzutreffenden Ergebnissen führen**, *wenn die Voraussetzungen nach Absatz 6 vorliegen."*[3]

Für alle anderen Fälle steht die Anwendung des vereinfachten Ertragswertverfahrens generell unter dem Vorbehalt der Nachprüfung.

1143

„...Bewertung nach dem vereinfachten Ertragswertverfahren möglich; die **Prüfung** *eines* **offensichtlich unzutreffenden** *Ergebnisses* **bleibt vorbehalten**.*"*[4]

Bei der Bewertung **ausländischer** Unternehmen steht die Kombination der ausländischen Gewinngröße mit dem vereinfachten Ertragswertverfahren unter dem Generalverdacht der Ermittlung unzutreffender Ergebnisse.

1144

„Bei der Bewertung **ausländischer** *Unternehmen sind die Regelungen des vereinfachten Ertragswertverfahrens entsprechend, insbesondere hinsichtlich der* **Er-**

---

1 ErbStR 2011, R B 199.1 Abs. 6 Nr. 4 und Nr. 5.
2 ErbStR 2011, R B 199.1 Abs. 6 Satz 1.
3 ErbStR 2011, R B 199.1 Abs. 4 Satz 4.
4 ErbStR 2011, R B 199.1 Abs. 1 Satz 3.

*mittlung des nachhaltig erzielbaren Jahresertrags, anzuwenden, wenn dies **nicht zu offensichtlich unzutreffenden** Ergebnissen führt."*[1]

1145 Die Erbschaftsteuerrichtlinien sprechen somit an was offensichtlich ist, nämlich dass das vereinfachte Ertragswertverfahren mit einer hohen Wahrscheinlichkeit Ergebnisse mit größeren Abweichungen zum gemeinen Wert ermittelt und tendenziell Überbewertungen zu erwarten sind. Allerdings gehen die Erbschaftsteuerrichtlinien entgegen der überwiegenden Meinung der Literatur davon aus, dass auch Werte **unter** dem gemeinen Wert resultieren können.

*„Die im vereinfachten Ertragswertverfahren vorgesehenen **Typisierungen können dazu führen**, dass der in diesem Verfahren ermittelte Wert höher **oder niedriger** ist als der gemeine Wert."*[2]

1146 Tatsächlich führt das Verfahren technisch bedingt fast zwangsläufig zu **Überbewertungen**. Das Finanzamt ist somit gehalten, dem vereinfachten Ertragswertverfahren eine grundlegende Skepsis entgegen zu bringen.

*„Das **FA hat** den im vereinfachten Ertragswertverfahren ermittelten Wert **zugrunde zu legen, wenn** das Ergebnis **nicht offensichtlich unzutreffend** ist."*[3]

1147 Allerdings trägt das Finanzamt die Feststellungslast, falls es das Bewertungsergebnis für offensichtlich unzutreffend hält.

*„Hat das Finanzamt an der Anwendbarkeit des vereinfachten Ertragswertverfahrens **Zweifel, sind diese vom Finanzamt substantiiert darzulegen** und dem Steuerpflichtigen ist Gelegenheit zu geben, die Bedenken des Finanzamts auszuräumen."*[4]

1148 Das gesetzliche Ausschlusskriterium, dass das vereinfachte Ertragswertverfahren nur dann verwendet werden darf, wenn es nicht zu offensichtlich unzutreffenden Ergebnissen führt, macht die Anwendung des vereinfachten Ertragswertverfahrens von vornherein zum **unsinnige Unterfangen**. Wann ein Bewertungsergebnis unter Verwendung des vereinfachten Ertragswertverfahrens „offensichtlich unzutreffend" ist, kann mit Sicherheit nur beurteilt werden, wenn man das „richtige" Bewertungsergebnis kennt. Eine Bestätigung des Ergebnisses eines vereinfachten Ertragswertverfahrens setzt somit immer die Ermittlung nach einem Verfahren voraus, dass einen richtigen Unternehmenswert oder zumindest systembedingt richtigeren Wert ermitteln kann.

---

1 ErbStR 2011, R B 199.1 Abs. 2.
2 ErbStR 2011, R B 199.1 Abs. 3 Satz 1.
3 ErbStR 2011, R B 199.1 Abs. 3 Satz 2.
4 ErbStR 2011, R B 199.1 Abs. 4 Satz 3.

14. Verfahren zur Unternehmensbewertung nach dem Bewertungsgesetz

Die Erbschaftsteuerrichtlinien führen noch einen weiteren Verprobungsweg auf, um offensichtlich unzutreffende Bewertungsergebnisse des vereinfachten Ertragswertverfahrens zu identifizieren, und verweisen insbesondere auf **Verkäufe**, die zwar nicht zeitnah im Sinne des Gesetzes sind, aber trotzdem eine Maßstabsfunktion entfalten sollen, was sich nicht unmittelbar erschließt.[1]

1149

„Erkenntnisse über eine offensichtlich unzutreffende Wertermittlung zum gemeinen Wert können beispielsweise in den nachstehenden Fällen hergeleitet werden:

1. *Vorliegen zeitnaher Verkäufe, wenn diese **nach** dem Bewertungsstichtag liegen;*

2. *Vorliegen von Verkäufen, die **mehr als ein Jahr vor** dem Bewertungsstichtag liegen;*

3. *Erbauseinandersetzungen, bei denen die Verteilung der Erbmasse Rückschlüsse auf*

   den gemeinen Wert zulässt."[2]

Insbesondere der Punkt 3. zeigt, dass die Parteien nur ein richtiges Verfahren anwenden müssen (für eine Erbauseinandersetzung ist dieses zweifellos erforderlich), um die Ergebnisse des vereinfachten Ertragswertverfahrens sofort in Zweifel zu ziehen. Die Diskussion, bei welcher prozentualen Abweichung das Ergebnis nicht mehr zutreffend ist (20 %[3], 50 %[4]), entbehrt der Beantwortung der zentralen Frage, warum man das vereinfachte Ertragswertverfahren überhaupt anwenden soll, wenn man zunächst einen Vergleichswert zur Bestätigung des Bewertungsergebnisses benötigt. Abgesehen davon, geht bei der Verwendung von prozentualen Richtwerten häufig das Gefühl für die absoluten Wertdifferenzen verloren. Ein noch akzeptabler Toleranzwert von 50 % bedeutet, dass bei einem unterstellt richtigen Bewertungsergebnis von 20 Mio. € auch die Werte 30 Mio. € oder 10 Mio. € noch richtig sind. Dem Verfasser fehlt der Glaube an die praktische Tragfähigkeit derartiger Daumenregeln. Die

1150

---

1 Zu den Differenzen zwischen realisierten und damit zwangsläufig subjektiv geprägten Verkaufspreisen und dem Maßstab des Marktpreises für jedermann gemäß § 9 Abs. 2 BewG siehe Rdn. 880.
2 ErbStR 2011, R B 199.1 Abs. 5.
3 Für Grundstücke hält das BVerfG eine Schwankungsbreite von plus/minus 20 % für akzeptabel, ohne dass dadurch die Qualifizierung als gemeiner Wert beeinträchtigt wäre, BVerfG v. 7.11.2006 - 1 BvL 10/02, S. 8, BStBl 2007 II S. 192.
4 Mannek, W., Diskussionsentwurf für eine Anteils- und Betriebsvermögensbewertungsverordnung – AntBVBewV, DB 2008, S. 428.

diskutierte Größenordnung von 50% oder 20% tolerierbarer Abweichung scheint unabhängig davon sehr großzügig bemessen zu sein. In der zivilrechtlichen Rechtsprechung werden Abweichungen zwischen Abfindungsangebot und Unternehmen nur dann toleriert, wenn diese unter 5% liegen.[1] Dies ist wohl eher eine Größenordnung die bei dominierten Verhandlungssituationen von Parteien akzeptiert werden kann.

1151 Der **Referenzwert** wird zwangsläufig durch ein **normales Ertragswertverfahren** im Sinne von IDW S1 zu ermitteln sein, da auch das Substanzwertverfahren offensichtlich und auch nach Aussage der Erbschaftsteuerrichtlinien mit dem Verdacht der Ermittlung unzutreffender Ergebnisse behaftet ist.

„Es bestehen grundsätzlich keine Bedenken, in den Fällen der Sätze 2 und 3 den **Substanzwert** *als Mindestwert (§ 11 Abs. 2 Satz 3 BewG) anzusetzen,* **sofern dies nicht zu unzutreffenden Ergebnissen** *führt."*[2]

1152 Im Ergebnis ist der beabsichtigte Effekt einer einfachen und kostengünstigen Bewertung mittels vereinfachtem Ertragswertverfahren konterkariert, da entgegen der Intention einer kostengünstigen Bewertung nahezu eine Verdopplung der Bewertungskosten resultiert (vereinfachtes Ertragswertverfahren und normales Ertragswertverfahren zur Verprobung des vereinfachten Ertragswertes).

14.6.3.4 Praktischer Anwendungsbereich des vereinfachten Ertragswertverfahrens

1153 Nach den obigen Ausführungen bleibt nur noch ein schmaler Anwendungsbereich für das vereinfachte Ertragswertverfahren übrig, der in der Realität wohl kaum zu finden sein wird. Die Charakterisierung eines Musterunternehmens, das in diesen Anwendungsbereich fällt, kann in Stichpunkten wie folgt beschrieben werden:

- ► Einzelnes Unternehmen
- ► Keine grenzüberschreitende Tätigkeit
- ► Seit mindestens 2 Jahren auf dem Markt
- ► In den letzten 3 Jahren vor dem Bewertungsstichtag war kein wesentliches Unternehmenswachstum zu verzeichnen
- ► Stabile Ertragslage, d. h. die Ergebnisse der Vergangenheit können auch für die Zukunft erwartet werden

---

[1] OLG Stuttgart v. 8. 7. 2011 – 20 W 14/08, AG, 2011, S. 800.
[2] ErbStR 2011, R B 199.1 Abs. 6 Satz 2.

- Die nach dem Erb- bzw. Schenkungsfall vorhandene Managementebene kann das Unternehmen problemlos weiterführen
- Weder die Vergangenheitsdaten noch die zu erwartende Geschäftsentwicklung lässt auf Krisensituationen schließen
- Keine Veränderungen der Geschäftsfelder in der Vergangenheit
- Keine Veränderungen der Geschäftsfelder in der Zukunft
- Keine absehbaren Veränderungen der wirtschaftlichen Rahmenbedingungen für das Unternehmen in der Zukunft
- Das steuerliche Ergebnis repräsentiert das Ausschüttungs- bzw. Entnahmepotenzial des Unternehmens mit guter Näherung
- Die Pauschalversteuerung mit dem Steuersatz von 30 % beschreibt einen guten Näherungswert für die steuerlichen Verhältnisse des Unternehmens
- Der für das Bewertungsjahr durch das BMF vorgegebene Basiszinssatz repräsentiert mit guter Näherung den Basiszinssatz vom Bewertungsstichtag
- Das Unternehmensrisiko entspricht der vorgesehenen Risikoprämie von Beta-Faktor 1 x 4,5 % Risikozuschlag

Es steht zu vermuten, dass die Möglichkeiten eines Praxis-Einsatzes des vereinfachten Ertragswertverfahrens eher dünn gesät sind.

14.6.4 Separierte Bewertungen

14.6.4.1 Überblick

Gesamtbewertungsverfahren ermitteln den Wert des Unternehmens wie oben ausgeführt in einem Zuge. Sollen einzelne Wirtschaftsgüter des Unternehmens einer davon separierten Bewertung zugeführt werden, muss dies explizit angeordnet und rechentechnisch „organisiert" werden. Die Anordnungen treffen die §§ 200, 202 BewG. Danach ist bei Verwendung des vereinfachten Ertragswertverfahrens zu beachten, dass die folgenden Positionen **separiert zu bewerten** sind:

1. Nicht betriebsnotwendiges Vermögen, § 200 Abs. 2 BewG.
2. Tochter- und Beteiligungsgesellschaften eines Mutter- bzw. Holdingunternehmens, § 200 Abs. 3 BewG.
3. Innerhalb von 2 Jahren in das zu bewertende Unternehmen eingelegte Wirtschaftsgüter, § 200 Abs. 4 BewG.
4. Einer Personengesellschaft vom Mitunternehmer zur Verfügung gestelltes Sonderbetriebsvermögen, § 202 Abs. 1 BewG.

1154

1155 Die Vorschriften in **Nr. 1** und **Nr. 4** entsprechen der Verfahrensweise, wie sie bei jeder „normalen" Unternehmensbewertung zu berücksichtigen ist. **Nr. 2** und **Nr. 3** stellen dagegen steuerliche Spezialregelungen dar.

1156 Ein Wirtschaftsgut, etwa eine Beteiligung, kann gleichzeitig jeder der angegebenen Kategorien Nr. 1 bis Nr. 4 unterfallen. Eine Zuordnung zu einer der Kategorien und die separierte Erfassung bestimmt sich nach der **Reihenfolge** der Regelungen in § 200 Abs. 2 bis 4 BewG.

*„(2) Können Wirtschaftsgüter und mit diesen in wirtschaftlichem Zusammenhang stehende Schulden aus dem zu bewertenden Unternehmen im Sinne des § 199 Abs. 1 oder 2 herausgelöst werden, ohne die eigentliche Unternehmenstätigkeit zu beeinträchtigen (**nicht betriebsnotwendiges Vermögen**), so werden diese Wirtschaftsgüter und Schulden neben dem Ertragswert mit dem eigenständig zu ermittelnden gemeinen Wert oder Anteil am gemeinen Wert angesetzt.*

*(3) Hält ein zu bewertendes Unternehmen im Sinne des § 199 Abs. 1 oder 2 **Beteiligungen** an anderen Gesellschaften, **die nicht unter Absatz 2 fallen**, so werden diese Beteiligungen neben dem Ertragswert mit dem eigenständig zu ermittelnden gemeinen Wert angesetzt.*

*(4) Innerhalb von zwei Jahren vor dem Bewertungsstichtag **eingelegte** Wirtschaftsgüter, **die nicht unter die Absätze 2 und 3 fallen**, und mit diesen im wirtschaftlichen Zusammenhang stehende Schulden werden neben dem Ertragswert mit dem eigenständig zu ermittelnden gemeinen Wert angesetzt."*[1]

1157 Der Unternehmenswert nach dem vereinfachten Ertragswertverfahren ermittelt sich als Addition der folgenden separiert ermittelten Komponenten:

„Ertragswert des betriebsnotwendigen Vermögens (§ 200 Abs. 1 BewG)

(Jahresertrag §§ 201 bis 202 BewG × Kapitalisierungsfaktor § 203 BewG)

+ Nettowert des **nicht betriebsnotwendigen** Vermögens (§ 200 Abs. 2 BewG)

+ Wert der **Beteiligungen** an anderen Gesellschaften (§ 200 Abs. 3 BewG)

+ Nettowert des **jungen** Betriebsvermögens (§ 200 Abs. 4 BewG)

= Wert nach dem vereinfachten Ertragswertverfahren"[2]

1158 Soweit eine Personengesellschaft bewertet wird, ist neben dem Anteil am Betriebsvermögen gemäß § 97 Abs. 1a Nr. 2 BewG zusätzlich der gemeine Wert

---

[1] § 200 Abs. 2 bis Abs. 4 BewG.
[2] ErbStR 2011, R B 200 Abs. 1.

des Sonderbetriebsvermögens zu berücksichtigen, da dieses zum Gewerbebetrieb der Personengesellschaft gehört § 97 Abs. 1 Nr. 5 BewG.[1]

14.6.4.2 Separierte Bewertung des nicht betriebsnotwendigen Vermögens

Nicht betriebsnotwendiges **Vermögen** und damit zusammenhängende **Schulden** sind gemäß § 200 Abs. 2 BewG serpariert zu bewerten. 1159

Betriebsnotwendiges Vermögen dient im Unternehmen der Umsetzung des Unternehmenszwecks. Ein Produktionsunternehmen benötigt zum Beispiel Fabrikationshallen und Anlagen und Maschinen zur Herstellung des Produktprogramms. Forderungen und Schulden, die in diesem Zusammenhang entstehen, sind ebenfalls betriebsnotwendig. Die im Betriebsvermögen bilanzierte Eigentumswohnung in Sankt Moritz kann dagegen theoretisch veräußert werden, ohne dass der Betriebsablauf des Unternehmens dadurch beeinflusst wäre. Es liegt **nicht betriebsnotwendiges** bzw. neutrales Vermögen vor. 1160

„Auf Grund der Betriebsbezogenheit besteht keine zwingende Deckungsgleichheit mit dem ertragsteuerlich gewillkürten Betriebsvermögen bzw. mit Verwaltungsvermögen im Sinne des § 13b Absatz 2 ErbStG."[2]

Auch Beteiligungen oder überhöhte Liquiditätsbestände können nicht betriebsnotwendiges Vermögen darstellen. § 200 Abs. 2 BewG definiert das nicht betriebsnotwendige Vermögen wie folgt. 1161

„Können Wirtschaftsgüter und mit diesen in wirtschaftlichem Zusammenhang stehende Schulden aus dem zu bewertenden Unternehmen im Sinne des § 199 Abs. 1 oder 2 **herausgelöst** *werden,* **ohne die eigentliche Unternehmenstätigkeit zu beeinträchtigen** *(nicht betriebsnotwendiges Vermögen), so werden diese Wirtschaftsgüter und Schulden neben dem Ertragswert mit dem eigenständig zu ermittelnden gemeinen Wert oder Anteil am gemeinen Wert angesetzt."*[3]

Dem nicht betriebsnotwendigen Aktivvermögen sind die damit wirtschaftlich zusammenhängenden **Schulden** zuzuordnen. Wurde die oben genannte Eigentumswohnung zum Beispiel durch ein Darlehen finanziert, ist auch das Darlehen aus dem betriebsnotwendigen Vermögen herauszulösen und dem separiert zu bewertenden nicht betriebsnotwendigen Vermögen zuzuordnen. Dieses theoretische Konzept der Verbindung nicht betriebsnotwendiger Aktiv- 1162

---

1 Hübner, H., Erbschaftsteuerreform 2009 Gesetze Materialien Erläuterungen, 2009, S. 489; Crezelius, G., Unternehmenserbrecht, 2009, S. 136 Tz. 188.
2 ErbStR 2011, R B 200 Abs. 2 Satz 4.
3 § 200 Abs. 2 BewG.

und Passivpositionen deckt sich mit den Konsequenzen, die bei einem Verkauf nicht betriebsnotwendigen Vermögens in der Praxis zu beobachten wären. In diesen Konstellationen ist die Besicherung der Schuld durch den Vermögensgegenstand naheliegend. Im Falle des Verkaufs der Aktivposition würde der Erlös zunächst zum Ablösen der Schuld zu verwenden sein. Die Isolierung nicht betriebsnotwendigen Vermögens samt der damit verbundenen Schulden entspricht der betriebswirtschaftlichen Vorgehensweise in IDW S1.

*„Bei der Bewertung des gesamten Unternehmens zum Zukunftserfolgswert müssen die nicht betriebsnotwendigen Vermögensgegenstände **einschließlich der dazugehörigen Schulden** unter Berücksichtigung ihrer bestmöglichen Verwertung und unter Berücksichtigung der Verwendung freigesetzter Mittel gesondert bewertet werden."*[1]

1163 Die **Bewertung** erfolgt zum gemeinen Wert. Gemäß der Definition des § 9 Abs. 2 Satz 1 BewG ist dies der am Markt erzielbare **Veräußerungspreis**. Sofern für die betreffenden Vermögenspositionen gemäß § 151 BewG gesonderte Feststellungen erfolgt sind, kommen diese Werte zur Anwendung.

„Ist für Grundbesitz, Betriebsvermögen und Anteile an Kapitalgesellschaften ein Wert nach § 151 Absatz 1 Satz 1 Nr. 1 bis 3 BewG festzustellen, sind die auf den Bewertungsstichtag festgestellten Werte anzusetzen."[2]

1164 D.h. für Vermögenspositionen, für die ein aktiver Markt existiert, können die Veräußerungspreise vom Markt abgerufen werden. Für Vermögenspositionen, für die kein aktiver Markt besteht (wie z. B. für Beteiligung an nicht notierten Unternehmen), muss der über Bewertungsverfahren ermittelte Wert, z. B. der Ertragswert, als Näherungswert zum gemeinen Wert zugrunde gelegt werden. Eine Differenzierung entsprechend der betriebswirtschaftlichen Betrachtung, ob ein erzielbarer Veräußerungspreis (z. B. einer vermieteten Eigentumswohnung) den ermittelbaren Ertragswert gegebenenfalls unterschreitet und eine daraus folgende Maximalwertbetrachtung, findet in der steuerrechtlichen Diskussion nicht statt.[3]

1165 Die Bewertung zum Veräußerungspreis erfolgt unter einer **Verwertungsfiktion** und ist unabhängig davon, ob das nicht betriebsnotwendige Vermögen tatsächlich verkauft werden soll. Dies gilt auch, wenn der gemeine Wert durch einen Ertragswert repräsentiert wird, da dieser eine, mangels Markt, zwangsweise gewählte Näherungslösung zur Bestimmung des gemeinen Wertes dar-

---

1 IDW S1 i. d. F. 2008, Tz. 60.
2 ErbStR 2011, R B 200 Abs. 2 Satz 5.
3 Zur betriebswirtschaftlichen Mechanik siehe Rdn. 126.

stellt. Die Frage nach der Berücksichtigung der damit verbundenen Steuerbelastung auf die stillen Reserven deckt sich mit der Thematik **latenter Steuern** auf den Substanzwert als Mindestunternehmenswert. Hier wie dort kann eine Bewertung nicht auf halber Strecke halt machen und Veräußerungspreise als Bewertungsmaß vorgeben, ohne die damit zwingend einher gehenden steuerlichen Konsequenzen zu berücksichtigen. D.h. wie im Rahmen einer Unternehmensbewertung nach IDW S1 sollten latente Steuerlasten bei der Bewertung des nicht betriebsnotwendigen Vermögens berücksichtigt werden.[1]

Wenn sich **Erträge oder Aufwendungen** des nicht betriebstnotwendigen Vermögens in der Erfolgsrechnung des zu bewertenden Unternehmens niedergeschlagen haben, sind diese Aufwendunge und Erträge gemäß § 202 Abs. 1 Nr. 1 f) und Nr. 2 f) BewG zu neutralisieren (Hinzurechnung von Aufwendungen und Abzug von Erträgen!), da es sonst zu einer Doppelerfassung kommt. Wird die Eigentumswohnung zum Beispiel regelmäßig an Geschäftsfreunde vermietet, dann sind die Mieterträge und damit ggf. verbundene Aufwendungen (z. B. Abschreibungen, Betriebskosten etc.) zu bereinigen, da sich diese Aspekte in der Bewertung der Eigentumswohnung niederschlagen. Betrifft das nicht betriebsnotwendige Vermögen dagegen nur ein unbebautes und absehbar nicht benötigtes Vorratsgrundstück, reduziert sich die Bereinigung auf die damit verbundene Grundsteuer. Diese muss in den Rechenwerken zur Ermittlung des Steuerbilanzgewinns oder des Überschusses nach § 4 Abs. 3 EStG neutralisiert werden, da der Ansatz des Vorratsgrundstücks zum Verkaufspreis von der Fiktion ausgeht, dass dieses zukünftig nicht mehr physisch, sondern nur noch repräsentiert durch den Verkaufspreis Teil des Unternehmensvermögens ist – es gilt schlichtweg als verkauft.

1166

14.6.4.3 Separierte Bewertung von Tochter- und Beteiligungsgesellschaften – Gruppenunternehmen

Hält ein Unternehmen **Beteiligungen** an anderen Unternehmen, dann sind gemäß § 200 Abs. 3 BewG die Beteiligungsunternehmen separiert zu bewerten. Zu den mit den Beteiligungen zusammenhängenden Schulden bzw. Finanzierungen trifft das Gesetz keine Aussage. Dies ist gegenüber der Regelung zu nicht betriebsnotwendigem Vermögen in § 200 Abs. 2 BewG folgerichtig, da das gesetzgeberische Ziel für diese zwingend betriebsnotwendigen Beteiligun-

1167

---

[1] Mit gleicher Argumentation siehe Möllmann, P., in Tiedtke (Hrsg.), ErbStG Kommentar, 2009, § 12, S. 338 Tz. 178.

gen nur darin besteht, jeweils eigenständige Unternehmenswerte zu ermitteln.[1]

1168 Werden **Unternehmensgruppen** regulär nach dem „normalen" Ertragswertverfahren gemäß IDW S1 bewertet, erfolgt dies auf Basis eines Holdingmodells oder umständehalber auf Grundlage eines um Konsolidierungseffekte bereinigten Konzernabschlusses. Für die Unternehmensgruppe wird somit nur ein Unternehmenswert ermittelt.[2] Auf Grundlage eines Holdingmodells werden, wie bei der Bewertung einer Einzelgesellschaft, die Ausschüttungspotenziale an den Gesellschafter bewertet, nur das dies bei einer Unternehmensgruppe zunächst das kaskadenförmige Durchschütten von der untersten Beteiligungsebene bis zur Holding voraussetzt. Die Ausschüttungshypothese findet somit an jeder Beteiligungsstufe zwischen Ober- und Untergesellschaft Anwendung. D.h. auf Basis einer Teilausschüttungshypothese werden die entsprechenden Ausschüttungsströme durch alle Beteiligungsstufen durchgeleitet und das so entwickelte Ausschüttungspotenzial der Holding der Bewertung zugrunde gelegt.

---

1 Zur Behandlung der Finanzierung siehe Rdn. 1175.
2 Möllmann, P., in Tiedtke (Hrsg.), ErbStG Kommentar, 2009, § 12, S. 339 Tz. 181.

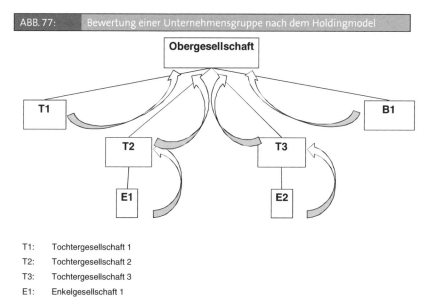

ABB. 77: Bewertung einer Unternehmensgruppe nach dem Holdingmodel

T1: Tochtergesellschaft 1
T2: Tochtergesellschaft 2
T3: Tochtergesellschaft 3
E1: Enkelgesellschaft 1
E2: Enkelgesellschaft 2
B1: Beteiligungsgesellschaft 1

Da es dem Konzept des vereinfachten Ertragswertverfahrens am technischen Unterbau einer „Ausschüttungshypothese" fehlt, sind die Bedenken des Gesetzgebers nachvollziehbar, dass bei einer in der Vergangenheit verfolgten Thesaurierungspolitik der Töchter mit der Bewertung der Holding die Wertanteile der Gruppenunternehmen nicht erfasst werden.[1] Voraussetzung für diesen Effekt ist allerdings auch, dass in einem wie auch immer konzipierten Bewertungsmodell die vorgefundene, bisherige Ausschüttungs- bzw. Thesaurierungspolitik kritiklos übernommen und identisch fortgeschrieben wird. Die Vermeidungsstrategie des Gesetzgebers ist eine Atomisierung des Bewertungsprozesses in der Form, dass jede einzelne Tochter- oder Beteiligungsgesellschaft **separiert bewertet** wird. Ein Vorgehen, dass auf § 2 Abs. 1 Satz 1 BewG zurückzuführen ist, nach dem jede wirtschaftliche Einheit, und damit in der Vermögensart Betriebsvermögen jeder Gewerbebetrieb, für sich zu bewerten ist. Dies gilt für Kapitalgesellschaften wie auch für Personengesellschaften

1169

---

1 Begründung des Finanzausschusses, Teil 2. Materialien II Artikel 2, Änderung des BewG, Nr. 2, § 200 Abs. 3 BewG, abgedruckt in Hübner, H., Erbschaftsteuerreform 2009 Gesetze Materialien Erläuterungen, 2009, S. 350.

C. Unternehmensbewertung gemäß Erbschaftsteuerreformgesetz

und unabhängig von der Beteiligungsquote.[1] Da Anteile an Kapitalgesellschaften und Betriebsvermögen nach § 151 Abs. 1 Nr. 2 und Nr. 3 BewG gesondert festzustellen sind, kommen diese Werte zum Ansatz.

„Ist für Beteiligungen an einer Personengesellschaft und Anteile an Kapitalgesellschaften ein Wert nach § 151 Absatz 1 Satz 1 Nummer 2 oder 3 BewG festzustellen, sind die auf den Bewertungsstichtag festgestellten Werte anzusetzen."[2]

1170 Für jedes Gruppenunternehmen werden die Unternehmenswerte somit durch das jeweilige Betriebsfinanzamt gesondert festgestellt und fließen dann in den Wert der Unternehmensgruppe ein.[3]

ABB. 78: Bewertung einer Unternehmergruppe nach dem vereinfachten Ertragswertverfahren (im Beispiel der Abbildung, sieben separierte Bewertungen)

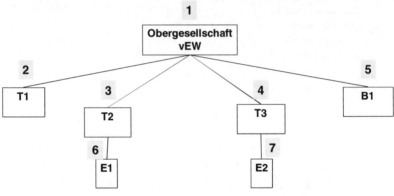

T1:	Tochtergesellschaft 1
T2:	Tochtergesellschaft 2
T3:	Tochtergesellschaft 3
E1:	Enkelgesellschaft 1
E2:	Enkelgesellschaft 2
B1:	Beteiligungsgesellschaft 1

---

1 ErbStR 2011, R B 200 Abs. 3 Satz 1 und 2.
2 ErbStR 2011, R B 200 Abs. 3 Satz 3.
3 Hübner, H., Erbschaftsteuerreform 2009 Gesetze Materialien Erläuterungen, 2009, S. 477.

14. Verfahren zur Unternehmensbewertung nach dem Bewertungsgesetz

Auf eine **gesonderte Feststellung** kann verzichtet werden, wenn der Verwaltungsaufwand in keinem Verhältnis zur steuerlichen Auswirkung steht und ohnehin Klarheit über den vorliegenden Wert herrscht.[1] Für diese Fälle bieten die Erbschaftsteuerrichtlinien eine vereinfachte Bewertung an. 1171

*"In diesen Fällen kann aus Vereinfachungsgründen die **durchschnittliche Bruttoausschüttung der Untergesellschaft der letzten drei Jahre** als durchschnittlicher Jahresertrag multipliziert mit dem **Kapitalisierungsfaktor** nach § 203 BewG angesetzt werden; **mindestens ist der Steuerbilanzwert** der Beteiligung anzusetzen."*[2]

Bei der gesonderten Feststellung ist die **Mindestwertregelung** nach § 11 Abs. 2 Satz 3 BewG zu beachten. Aus der Bewertung der Obergesellschaft nach dem vereinfachten Ertragswertverfahren resultiert **keine Methodenbindung** für die Unternehmensgruppe. 1172

*"Die Wertermittlung bei den einzelnen Feststellungen kann sowohl im vereinfachten Ertragswertverfahren als auch in einem allgemein anerkannten Ertragswertverfahren als auch nach einer anderen anerkannten Methode erfolgen. Die Anwendung des **vereinfachten** Ertragswertverfahrens für die Bewertung einer **Obergesellschaft bedeutet nicht**, dass auch die **Beteiligungen im vereinfachten** Ertragswertverfahren bewertet werden müssen."*[3]

---

1 ErbStR 2011, R B 200 Abs. 4 Satz 2.
2 ErbStR 2011, R B 200 Abs. 4 Satz 3.
3 ErbStR 2011, R B 200 Abs. 3 Satz 5 und 6.

C. Unternehmensbewertung gemäß Erbschaftsteuerreformgesetz

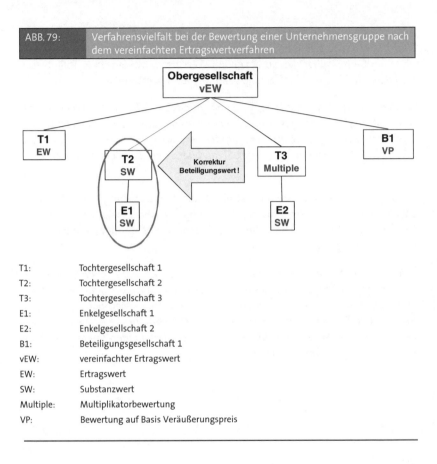

ABB. 79: Verfahrensvielfalt bei der Bewertung einer Unternehmensgruppe nach dem vereinfachten Ertragswertverfahren

T1: Tochtergesellschaft 1
T2: Tochtergesellschaft 2
T3: Tochtergesellschaft 3
E1: Enkelgesellschaft 1
E2: Enkelgesellschaft 2
B1: Beteiligungsgesellschaft 1
vEW: vereinfachter Ertragswert
EW: Ertragswert
SW: Substanzwert
Multiple: Multiplikatorbewertung
VP: Bewertung auf Basis Veräußerungspreis

1173 Im Extremfall einer **Substanzbewertung auf allen Beteiligungsstufen** der Unternehmensgruppe, ist auf die Neutralisierung der Beteiligungswerte in der die Beteiligung haltenden Gesellschaft zu achten. Andernfalls ist die Doppelerfassung des jeweiligen Beteiligungsunternehmens die Folge. Einmal als separiert ermittelter Unternehmenswert nach dem Substanzwertverfahren und einmal als Beteiligungswert in der Substanz des nach dem Substanzwertverfahren bewerteten und die Beteiligung haltenden Unternehmens.

1174 Im Ergebnis eröffnet die Verwendung des vereinfachten Ertragswertverfahrens, für die Bewertung der Obergesellschaft einer Unternehmensgruppe, ein **Potpourri** an Bewertungsansätzen für die Gruppenunternehmen. Konsequenz daraus ist ein Flickenteppich an Bewertungsqualität. Hinsichtlich der Belastbarkeit eines derartigen Bewertungsergebnisses formulieren die Erbschaftsteuerrichtlinien entsprechend skeptisch.

*"Ob die Bewertung der **Obergesellschaft** im vereinfachten Ertragswertverfahren unter Berücksichtigung der **Beteiligungen** an Untergesellschaften zu einem **offensichtlich unzutreffenden** Ergebnis führt (§ 199 Absatz 1 BewG), ist im **Einzelfall zu entscheiden.**"*[1]

Die mit den Beteiligungen in Zusammenhang stehenden **Finanzierungen** werden je nach der Rechtsform der Beteiligung im Rahmen der separierten Bewertung unterschiedlich behandelt. Grundsätzlich hat die Bewertungstechnik einer separierten Bewertung der Beteiligungen, wie § 200 Abs. 3 BewG sie bei Gruppenunternehmen vorsieht, nichts mit deren Finanzierung zu tun. Für **Kapitalgesellschaften** führen die Erbschaftsteuerrichtlinien aus, dass die damit zusammenhängenden Schulden nicht separiert bewertet werden. Entsprechend ist eine Korrektur des Finanzierungsaufwands im gemäß § 201 BewG zugrunde zu legenden Jahresertrag nicht veranlasst. 1175

„Die mit den Anteilen an einer Kapitalgesellschaft in wirtschaftlichem Zusammenhang stehenden **Schulden werden nicht gesondert berücksichtigt**, da die mit diesen im Zusammenhang stehenden Aufwendungen beim nachhaltigen Jahresertrag mindernd erfasst sind. Es erfolgt **keine Hinzurechnung** der Aufwendungen nach § 202 Absatz 1 Satz 2 Nummer 1 Buchstabe f BewG."[2]

Die Finanzierung einer Beteiligung an einer **Personengesellschaft** wird über das Sonderbetriebsvermögen dagegen bereits im Anteilswert der Personengesellschaft erfasst.[3] 1176

*"Bei einer Beteiligung an einer Personengesellschaft sind die mit dieser in wirtschaftlichem Zusammenhang stehenden Schulden **bereits über das Sonderbetriebsvermögen im Wert der Beteiligung enthalten** (§ 97 Absatz 1a BewG), so dass insoweit keine Korrektur erfolgen muss."*[4]

Damit sind die Finanzierungsaufwendungen, die aus der Finanzierung der Beteiligung an der Personengesellschaft resultieren, zwangsläufig im Jahresertrag gemäß § 201 BewG zu neutralisieren. 1177

---

1 ErbStR 2011, R B 200 Abs. 3 Satz 7.
2 ErbStR 2011, R B 200 Abs. 3 Satz 8 und 9.
3 ErbStR 2011, R B 97.1 Abs. 1 Satz 1 Nr. 2.
4 ErbStR 2011, R B 200 Abs. 3 Satz 10.

"*Finanzierungsaufwendungen* im Zusammenhang mit diesen Schulden sind zusammen mit anderen Aufwendungen und Erträgen im Zusammenhang mit dieser Beteiligung nach § 202 Absatz 1 Satz 2 BewG zu korrigieren."[1]

1178 Sonstige **Aufwendungen und Erträge**, die im Zusammenhang mit den Gruppenunternehmen stehen, sind jeweils nach den Vorgaben gemäß § 202 Abs. 1 Nr. 1 f) und Nr. 2 f) BewG zu bereinigen. Damit sind Beteiligungserträge wie auch von Beteiligungsunternehmen übernommene Verluste zu neutralisieren, da andernfalls eine Doppelbewertung resultiert.

14.6.4.4 Separierte Bewertung von eingelegten Wirtschaftsgütern – junges Betriebsvermögen

1179 „Junge", eingelegte **Wirtschaftsgüter** und die damit zusammenhängenden **Schulden** sind gemäß § 200 Abs. 4 BewG separiert zu bewerten.

1180 Die Regelung zur separierten Bewertung von **Wirtschaftsgütern** und damit wirtschaftlich zusammenhängenden **Schulden**, die zwei Jahre vor dem Bewertungsstichtag in das zu bewertende Unternehmen eingelegt wurden (sogenanntes junges Betriebsvermögen), soll Missbrauch verhindern. Nach der Begründung des Finanzausschusses wird der Missbrauch darin erblickt, dass Wirtschaftsgüter eingelegt werden, die eine geringe Rendite erzielen, aber einen hohen gemeinen Wert aufweisen.[2]

---

[1] ErbStR 2011, R B 200 Abs. 3 Satz 11.
[2] Begründung des Finanzausschusses, Teil 2. Materialien. II. Artikel 2, Änderung des BewG, Nr. 2, § 200 BewG, abgedruckt in Hübner, H., Erbschaftsteuerreform 2009 Gesetze Materialien Erläuterungen, 2009, S. 350.

14. Verfahren zur Unternehmensbewertung nach dem Bewertungsgesetz

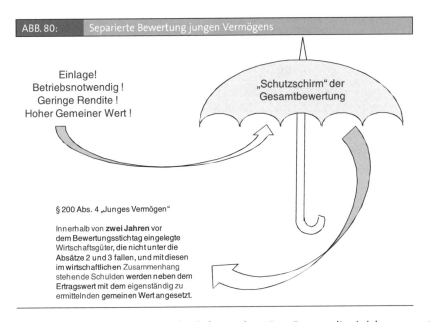

ABB. 80: Separierte Bewertung jungen Vermögens

Da diese separierte Bewertung durch § 200 Abs. 4 BewG geregelt wird, kann es sich bei den Wirtschaftsgütern nur um **betriebsnotwendiges Vermögen** handeln, da nicht betriebsnotwendiges Vermögen bereits auf der Stufe des § 200 Abs. 2 BewG erfasst wurde. Geht man der Argumentation des Gesetzgebers auf den Grund, stellt sich die Frage wie die „geringe Rendite" des Wirtschaftsgutes zu bestimmen wäre. Losgelöst vom Produktionsprozess des zu bewertenden Unternehmens oder als Teil dieses Produktionsprozesses? Ist zum Beispiel dem betriebsnotwendigen Parkplatz für die Belegschaft eines IT-Unternehmens – es gibt keine öffentlichen Verkehrsmittel oder alternative Parkmöglichkeiten – eine hohe anteilige Unternehmensrendite oder eine niedrige Rendite bei fingierter Vermietung an Dritte zuzuordnen? 1181

Die Angstregelung des § 200 Abs. 4 BewG vermag nicht zu akzeptieren, dass die **Gesamtbewertung** eines Ertragswertverfahrens eine Abgeltungswirkung über alle Wirtschaftsgüter „unter diesem Dach" entfaltet. D.h. der isolierte gemeine Wert jedes betriebsnotwendigen Wirtschaftsgutes geht im Ertragswert des Gesamtunternehmens unter. Jedes Wirtschaftsgut des betriebsnotwendigen Vermögens steuert aber auch seinen Teil bei, um die Gesamtrendite des Unternehmens zu erwirtschaften. Eine separierte Bewertung ist insofern systemfremd und führt zu Komplikationen bei der zwingend damit einhergehenden Bereinigung, die im Rahmen des § 202 Abs. 1 Nr. 1 f) und Nr. 2 f) BewG an- 1182 geordnet wird. In Fortführung des obigen Beispiels ist dann zu klären, welche Erträge dem Betriebsparkplatz zuzuordnen sind. Ein schwieriges Unterfangen bei betriebsnotwendigem Vermögen, da der Ertrag eben der Effekt des Zusammenwirkens aller Vermögensglieder des Unternehmens ist.

1183 Möglicherweise wird die Absicht des Gesetzgebers konterkariert, indem dem eingelegten Wirtschaftsgut letztlich hohe Ertragsanteile zugeordnet und diese im Rahmen des § 202 BewG neutralisiert werden, die neutralisierten Erträge dann aber durch einen im Vergleich geringen gemeinen Wert ersetzt werden. Mit einiger Phantasie eröffnet § 200 Abs. 4 BewG somit interessantes **Gestaltungspotenzial**.

1184 Die Berücksichtigung der eingelegten jungen Wirtschaftsgüter setzt voraus, dass diese am Bewertungsstichtag noch im Unternehmen vorhanden sind.

„Innerhalb von zwei Jahren vor dem Bewertungsstichtag eingelegte Wirtschaftsgüter (sog. junges Betriebsvermögen), die nicht bereits nach § 200 Abs. 2 und 3 BewG neben dem Ertragswert mit ihrem gemeinen Wert anzusetzen sind, und mit diesen in wirtschaftlichen Zusammenhang stehende Schulden werden neben dem Ertragswert mit ihrem eigenständig zu ermittelnden gemeinen Wert angesetzt, **wenn sie am Bewertungsstichtag ihrem Wert nach noch vorhanden und nicht wieder entnommen oder ausgeschüttet wurden** *(§ 200 Abs. 4 BewG).*[1]

1185 Dass diese „vorhanden" sind, bedeutet nicht, dass deren körperliche **Präsenz** gefordert wird. Vermögensumschichtungen, etwa der Verkauf des eingelegten Gutes und die Investition des Erlöses, stehen dem „Vorhandensein" somit nicht entgegen.[2] Eine Überprüfung, ob die Einlage zwischenzeitlich wieder entnommen oder ausgeschüttet wurde, kann anhand einer Cashflow Analyse vorgenommen werden. D.h. war das Unternehmen auch ohne die Einlage und die ggf. zwischenzeitliche Versilberung in der Lage, eine Ausschüttung oder Entnahme in der vorgenommenen Höhe vorzunehmen? Kann diese Frage bejaht werden, ist die Einlage noch vorhanden.

14.6.4.5 Separierte Bewertung von Sonderbetriebsvermögen

1186 Das Bewertungsgesetz verwendet grundsätzlich die zeitgemäßen Gesamtbewertungsverfahren. Für einzelne Wirtschaftsgüter, die in einem besonderen Verhältnis zu dem zu bewertenden Unternehmen stehen, ordnet das Gesetz jedoch eine separierte Bewertung an. Bei dieser separierten Bewertung kann

---

1 ErbStR 2011, R B 200 Abs. 5 Satz 1.
2 Riedel, C., in Daragan/Halaczinsky/Riedel (Hrsg.), Praxiskommentar ErbStG und BewG, 2010, § 200 BewG, S. 1290 Tz 16.

allerdings wieder ein **Gesamtbewertungsverfahren** zur Anwendung kommen (z. B. für Beteiligungen, ob diese nun § 200 Abs. 2, Abs. 3 oder Abs. 4 BewG unterfallen). Für das vereinfachte Ertragswertverfahren regelt § 200 Abs. 2 bis Abs. 4 BewG, dass nicht betriebsnotwendiges Vermögen, Beteiligungen und „junges Betriebsvermögen" separiert bzw. **eigenständig** zu bewerten sind. Dass auch das Sonderbetriebsvermögen bei der Bewertung von Personengesellschaften separiert bzw. eigenständig zu bewerten ist, kann den angeführten Absätzen nicht entnommen werden. Nur § 202 Abs. 1 Satz 1 zweiter Halbsatz BewG enthält einen Hinweis auf die Besonderheiten, die im Zusammenhang mit der Bewertung von Anteilen an Personengesellschaften (… Anteil am Betriebsvermögen) und Sonderbetriebsvermögen zu berücksichtigen sind.

*„Zur Ermittlung des Betriebsergebnisses ist von dem Gewinn im Sinne des § 4 Abs. 1 Satz 1 des Einkommensteuergesetzes auszugehen (Ausgangswert); dabei bleiben bei einem Anteil am Betriebsvermögen **Ergebnisse aus den Sonderbilanzen** und Ergänzungsbilanzen unberücksichtigt."*[1]

Auch die Erbschaftsteuerrichtlinien geben einen Hinweis darauf, dass das Sonderbetriebsvermögen, den allgemeinen Regeln des § 97 Abs. 1a Nr. 2 BewG folgend, eigenständig bewertet wird.[2]

1187

*„Das gilt **unabhängig davon, wie der Wert des Gesamthandsvermögens** ermittelt wird (marktübliches Verfahren, vereinfachtes Ertragswertverfahren oder Substanzwert)."*[3]

Die Hinweise in § 200 Abs. 2 bis Abs. 4 BewG sind hinsichtlich der Anordnungen einer eigenständigen bzw. separierten Bewertung nur auf den ersten Blick unvollständig, auch wenn das Sonderbetriebsvermögen keine Erwähnung findet.[4] Im Gegensatz zum Sonderbetriebsvermögen, sind die in § 200 Abs. 2 bis Abs. 4 BewG genannten Wirtschaftsgüter **Bestandteil** des zivilrechtlichen Vermögens der jeweiligen Unternehmung. Das Sonderbetriebsvermögen ist aus zivilrechtlicher Sicht dagegen kein Vermögen des Unternehmens, sondern wird nur steuerrechtlich in **Betriebsvermögen** einer Mitunternehmerschaft umqualifiziert. Das vereinfachte Ertragswertverfahren knüpft bei der Bewertung an das steuerbilanzielle Ergebnis i. S. des § 4 Abs. 1 Satz 1 EStG an und somit aus Vermögenssicht an den **zivilrechtlich** relevanten Vermögensrahmen

1188

---

1 § 202 Abs. 1 Satz 1 BewG.
2 Siehe auch Hübner, H., Erbschaftsteuerreform 2009 Gesetze Materialien Erläuterungen, 2009, S. 489; Crezelius, G., Unternehmenserbrecht, 2009, S. 136 Tz. 188.
3 ErbStR 2011, R B 97.2 Satz 4.
4 A. A. Hübner, H., Erbschaftsteuerreform 2009 Gesetze Materialien Erläuterungen, 2009, S. 477.

(den Rechtsträger). Eine Ergebniskorrektur ist somit hinsichtlich des Sonderbetriebsvermögens nicht erforderlich, da dessen Beziehung zu dem zu bewertenden Unternehmen durch einen adäquaten schuldrechtlichen Vertrag korrekt abgebildet ist.[1] D.h. der Hinweis in § 202 Abs. 1 Satz 1 zweiter Halbsatz BewG ist so zu verstehen, dass das aus Sicht des Sonderbetriebsvermögens erzielte Ergebnis (z. B. Vermietungserlös aus einem der Mitunternehmerschaft überlassenen Grundstück) dem Ergebnis der Gesamthand nicht hinzuzurechnen ist. Ein Abzug ist wie oben ausgeführt aber ebenso wenig nötig.

1189 Bei der Ermittlung des gemeinen Werts des Betriebsvermögens einer Personengesellschaft, ist der gemeine Wert des Sonderbetriebsvermögens nach Maßgabe des § 97 Abs. 1a BewG als Wertkomponente zu berücksichtigen.

14.6.5 Der Ausgangswert zur Ermittlung des Betriebsergebnisses

14.6.5.1 Ausgangswert bei bilanzierenden Gewerbetreibenden und freiberuflich Tätigen

1190 Bei einer „betriebswirtschaftlichen" Unternehmensbewertung sind die Gewinne zugrunde zu legen, die vom Gesellschafter ausgeschüttet oder entnommen werden können. Diese zentrale Regel der Unternehmensbewertung stellt auf den **handelsrechtlichen Bilanzgewinn** des Einzelabschlusses ab. Voraussetzung für eine bewertungstechnische Berücksichtigung von Gewinnen ist somit zum einen die gesellschaftsrechtliche Ausschüttungsfähigkeit und zum anderen ein freier Liquiditätsbestand, der eine Ausschüttung theoretisch überhaupt ermöglichen würde.

1191 Im Gegensatz hierzu stellt das vereinfachte Ertragswertverfahren auf das **Ergebnis der Steuerbilanz** und damit den steuerlichen Bilanzgewinn im Sinne von § 4 Abs. 1 Satz 1 EStG ab.[2] Der steuerliche Bilanzgewinn wird als **Ausgangswert** bezeichnet, von dem aus das Betriebsergebnis zu berechnen ist. Dies ergibt sich aus dem Hinweis in § 202 BewG.

„*Zur Ermittlung des Betriebsergebnisses ist von dem **Gewinn im Sinne des § 4 Abs. 1 Satz 1 des Einkommensteuergesetzes** auszugehen (**Ausgangswert**); …*"[3]

---

1 Siehe Rdn. 753.
2 Begründung des Finanzausschusses, Teil 2. Materialien II Artikel 2, Änderung des BewG, Nr. 2, § 202 Abs. 1 BewG, abgedruckt in Hübner, H., Erbschaftsteuerreform 2009 Gesetze Materialien Erläuterungen, 2009, S. 355; Eisele, D., in Rössler/Troll (Hrsg.), BewG Bewertungsgesetz Kommentar, Oktober 2009, § 202, S. 3 Tz. 2.
3 § 202 Abs. 1 Satz 1 erster Halbsatz BewG.

Eine Cashflow Analyse ist nicht Teil des vereinfachten Ertragswertverfahrens. Der Ausgangswert gilt rechtsformneutral für Kapitalgesellschaften, wie auch Personengesellschaften, wie auch Einzelunternehmen. 1192

„... Ausgangswert ist sowohl bei **Personenunternehmen als auch bei Kapitalgesellschaften** der Gewinn im Sinne des § 4 Abs. 1 Satz 1 EStG und nicht das zu versteuernde Einkommen."[1]

Konsequenz dieser Regelung ist eine Wertermittlung, die zum einen ein Grundkonzept der Bewertungslehre verletzt, da eine unter Umständen nicht ausschüttungsfähige Größe für die Bewertung verwendet wird. Zum anderen wird schon an dieser Ausgangsposition ambitioniert dafür gesorgt, dass die Bewertung gemessen am gemeinen Wert tendenziell **zu hoch** ausfallen muss.[2] Begründen lässt sich diese Aussage mit Verweis auf gewinnerhöhende Vorschriften der steuerlichen Gewinnermittlung, wie etwa dem Verbot zur Bildung von Drohverlustrückstellungen gemäß § 5 Abs. 4a EStG.[3] 1193

14.6.5.2 Ausgangswert bei nicht bilanzierenden Gewerbetreibenden und freiberuflich Tätigen

Bei Überschussermittlern im Sinne von § 4 Abs. 3 EStG ist gemäß § 202 Abs. 2 BewG statt vom steuerlichen Bilanzgewinn, vom **Überschuss** der Betriebseinnahmen über die Betriebsausgaben auszugehen. Die Korrekturen des § 202 Abs. 1 BewG beziehen sich auf diese Überschussgröße. 1194

14.6.6 Bereinigung des Ausgangswerts zur Ermittlung des Betriebsergebnisses

14.6.6.1 Aufgabe und Ziel der Bereinigungen

Ertragsorientierte Bewertungsverfahren stellen letztlich alle auf Erwartungen über die zukünftige Gewinnentwicklung eines Unternehmens ab. Hinsichtlich der konzeptionellen Möglichkeiten, diese **Erwartungen** zu bewerten, stellen Ertragswert- bzw. DCF-Verfahren auf der einen Seite und Multiplikatorverfahren auf der anderen Seite diametrale Positionen dar. Während Ertragswert- bzw. DCF-Verfahren ausgefeilte, szenarienbasierte **Gewinnplanungen** und damit eine Vielzahl von Daten bewerten können, begnügen sich Multiplikatormodel- 1195

---

1 ErbStR 2011, R B 202 Abs. 1 Satz 1.
2 Siehe auch Hübner, H., Erbschaftsteuerreform 2009 Gesetze Materialien Erläuterungen, 2009, S. 488.
3 Crezelius, G., Unternehmenserbrecht, 2009, S. 136 Tz. 188.

le mit der Bewertung einer **einzigen Rechengröße**, sei es nun Umsatz, EBITDA, EBIT oder Gewinn. Ob dies dann durch einen Faktor geschieht, oder als ewige Rente mittels des Kehrswertes des Faktors vollzogen wird, spielt für das Ergebnis keine Rolle. Das Problem bei der Verwendung einer Rechengröße besteht darin, dass alle möglichen Gewinntrends und -planungen für das zu bewertende Unternehmen in einer Größe zusammengefasst werden müssen, ohne dass Informationen verloren gehen.

1196 Die **Vergangenheitsanalyse** stellt eine Voraussetzung der Planung für Ertragswert- bzw. DCF-Verfahren wie auch für Multiplikatormodelle dar. Denn aus der Not, nur schwer Vorstellungen über die Zukunft eines Unternehmens entwickeln zu können, wendet sich der Bewerter zunächst der Vergangenheit des Unternehmens zu und versucht aus diesen Daten Anhaltspunkte zu entwickeln, die Aufschluss über die **Unternehmenszukunft** geben können. Ziel ist die Ableitung eines „Gewinns" von dessen in der Zukunft kontinuierlichem Eintreten mit einiger Wahrscheinlichkeit ausgegangen werden kann. Voraussetzung für diesen Blick in die Kristallkugel ist aber wiederum, dass die Daten der Vergangenheit um außergewöhnliche „Dateneinschläge" bereinigt werden. Hier schwingt die Hoffnung mit, dass sich nach der **Bereinigung** um diese Besonderheiten der Blick auf ein stabiles bzw. einem klaren Trend folgenden Unternehmensergebnis öffnet. Die Bereinigungen eliminieren Erträge und Aufwendungen nach zwei Überlegungen:

a) Mit dem Auftreten außergewöhnlicher Erträge und Aufwendungen kann vernünftigerweise nicht jedes Jahr gerechnet werden, womit diese Einflüsse „zurückzudrehen" sind.

b) Einige periodisch gleichbleibend auftretende Erträge und Aufwendungen (z. B. Abschreibungen) werden aus bilanzpolitischen Gründen nicht in diesem Muster belassen, sondern in ihrer Struktur verändert (von linearer hin zu degressiver Abschreibung). Eine Re-Linearisierung solcher Größen ist insbesondere dann von Interesse, wenn Ziel der Vergangenheitsanalyse die Prognose einer einzigen Rechengröße sein soll, um diese dann einer Multiplikatorbewertung zugrunde zu legen. Werden Ertragswert- und DCF-Verfahren detaillierte Unternehmensplanungen zugrunde gelegt, besteht die Notwendigkeit einer Re-Linearisierung somit zumindest für die Detailplanungsphase nicht. Bedeutung erlangt eine derartige Bereinigung für die Ableitung des Rentenwerts in der Fortführungsphase.

1197 Das vereinfachte Ertragswertverfahren ist wie oben ausgeführt eine **verkappte Multiplikatorbewertung**, mit der eine Rechengröße, in diesem Fall der „**zukünftig nachhaltig erzielbare Jahresertrag**", bewertet wird. Umso wichtiger ist die sorgfältige Ermittlung des Jahresertrages, der trotz in der Realität auftretender Ergebnisschwankungen im zu bewertenden Unternehmen, im Durchschnitt aus dem Unternehmen zukünftig zu erwarten ist. § 202 Abs. 1 BewG enthält einen Katalog an Bereinigungsschritten, der bei der Auswahl der Bereinigungstatbestände Hilfestellung bieten soll. Dieser Katalog teilt sich in Hinzurechnungen und Kürzungen auf.

14.6.6.2 Sonderbetriebsvermögen und Ergänzungsbilanzen – keine Bereinigungen

Bei der Bewertung von Personengesellschaften bzw. nach steuerlicher Lesart der Bewertung von Betriebsvermögen oder Anteilen daran, ist § 202 Abs. 1 Satz 1 zweiter Halbsatz BewG zu berücksichtigen. 1198

„Zur Ermittlung des Betriebsergebnisses ist von dem Gewinn im Sinne des § 4 Abs. 1 Satz 1 des Einkommensteuergesetzes auszugehen (Ausgangswert); dabei bleiben bei einem Anteil am Betriebsvermögen Ergebnisse aus den Sonderbilanzen und Ergänzungsbilanzen unberücksichtigt."[1]

Der Hinweis ist so zu verstehen, dass nur der Unternehmenswert des **Gesamthandsvermögens** der Mitunternehmerschaft ermittelt wird – nach welchem Bewertungsverfahren auch immer. Das **Sonderbetriebsvermögen** ist dagegen gemäß § 97 Abs. 1a Nr. 2 BewG separat zu bewerten. Die Ergebnisse (Ertragsüberschuss) aus dem Sonderbetriebsvermögen werden aufgrund eines schuldrechtlichen Vertrages ohnehin zutreffend auf der Ebene des Sonderbetriebsvermögens erfasst und bewertet. Deshalb sind diese Ergebnisse (Aufwand aus Sicht der Gesamthand) bei der Ermittlung des Betriebsergebnisses der zu bewertenden Gesellschaft unberücksichtigt zu lassen – im Sinne von der Aufwand wird nicht neutralisiert.[2] 1199

„Vermögen" in **Ergänzungsbilanzen** stellt nur steuerliche Korrekturen aufgrund stiller Reserven (Mehrkapital) oder stiller Lasten (Minderkapital insbesondere aufgrund negativen Geschäftswerts) dar. Eine Erfassung im zu bewertenden Gesamthandsvermögen oder Gesamthandsergebnis scheidet somit zutreffend aus. 1200

---

1 § 202 Abs. 1 Satz 1 BewG.
2 Missverständlich der Hinweis bei Eisele der ausführt, Aufwendungen und Erträge, die auf Sonderbetriebsvermögen entfallen, sind zu korrigieren, Eisele, D., in Rössler/Troll (Hrsg.), BewG Bewertungsgesetz Kommentar, § 202, Oktober 2009, S. 5 Tz. 4.

1201 Korrekturen in Form von Hinzurechnungen oder Abzügen hinsichtlich der Ergebnisse aus Sonderbilanzen oder Ergänzungsbilanzen sind somit nicht veranlasst.

14.6.6.3 Hinzurechnungen

§ 202 Abs. 1 Satz 2 Nr. 1 a) BewG

1202 Ziel der Bereinigung ist die Neutralisierung aller nicht-linearen **Abschreibungen** und deren Ersatz durch lineare Abschreibungsbeträge. Die Korrektur setzt aber nicht nur beim Anlagevermögen an, sondern über den Hinweis dass Bewertungsabschläge zu korrigieren sind, werden auch die Wertkorrekturen im Umlaufvermögen erfasst, die Konsequenz des Vorsichts- bzw. Imparitätsprinzips sind.

§ 202 Abs. 1 Satz 2 Nr. 1 b) BewG

1203 Aktivierte **Geschäfts- oder Firmenwerte** resultieren aus der Übernahme von Unternehmen im Wege des Asset Deals oder im Wege der Verschmelzung. Was genau unter firmenwertähnlichen Wirtschaftsgütern zu verstehen ist, bleibt fraglich. Soweit die Übernahme von Unternehmen und damit Geschäfts- oder Firmenwerten nicht Gegenstand des normalen operativen Geschäftsverlaufs ist (was regelmäßig nicht der Fall sein wird), rührt die Abschreibung nach der Logik dieser Vorschrift aus einem einmaligen und damit korrekturbedürftigen Ereignis. D.h. die Abschreibung auf den Geschäftswert ist zu neutralisieren.

1204 Tatsächlich belasten Abschreibungen auf den Geschäftswert, der steuerlichen Nutzungsdauervorgabe in § 7 Abs. 1 Satz 3 EStG folgend, 15 Jahre lang das ausschüttbare Ergebnis (was durch Verweis auf den Steuerbilanzgewinn wiederum gar nicht in Bezug genommen ist). Es stellt sich also die Frage, ob derartige langfristige Abschreibungen nicht ebenso die Qualität einer **nachhaltigen Belastung** haben und von einer Bereinigung freigestellt werden sollten. Insbesondere sind wiederholte Firmenübernahmen im Zeitabschnitt von 15 Jahren nicht ganz unrealistisch.

§ 202 Abs. 1 Satz 2 Nr. 1 c) BewG

1205 **Verluste** aus dem Abgang von Anlagevermögen werden regelmäßig nicht Teil des Geschäftsmodells sein und sind somit zu korrigieren. Gleiches gilt für außerordentliche Aufwendungen.

§ 202 Abs. 1 Satz 2 Nr. 1 d) BewG

Die Hinzurechnung von nicht ergebniswirksam verbuchten **Investitionszulagen** steht unter der **Bedingung**, dass auch in Zukunft in gleicher Höhe mit derartigen Zulagen zu rechnen ist. Da die zu kapitalisierende Größe als ewige Rente behandelt wird, müsste eine Aussage dazu getroffen werden, dass Zulagen gleicher Höhe für die Ewigkeit zu erwarten sind. Aber selbst für den investitionstheoretisch relevanten Zeitraum von ca. 80 Jahren kann diese Aussage nicht getroffen werden. Damit kann diese Hinzurechnungsanweisung guten Gewissens ignoriert werden.

1206

§ 202 Abs. 1 Satz 2 Nr. 1 e) BewG

Da die **Ertragsteuer** im vereinfachten Ertragswertverfahren gemäß § 202 Abs. 3 BewG rechtsformneutral mit einheitlich 30 %iger Belastung zum Ansatz kommt, ist die tatsächlich berücksichtigte Ertragsteuer zu neutralisieren.

1207

§ 202 Abs. 1 Satz 2 Nr. 1 f) BewG

Nicht betriebsnotwendiges Vermögen (§ 200 Abs. 2 BewG), Beteiligungen des zu bewertenden Unternehmens (§ 200 Abs. 3 BewG) und junges Betriebsvermögen (§ 200 Abs. 4 BewG) werden **separiert** vom zu bewertenden Unternehmen bewertet. **Aufwendungen** im Zusammenhang mit den Positionen § 200 Abs. 2 **und** Abs. 4 sind deshalb durch Hinzurechnung zu neutralisieren. Eine Korrektur des Aufwands, der mit Beteiligungsunternehmen in Verbindung steht, erfolgt nicht, da für die Beteiligungen nur ein separierter Bewertungsansatz erreicht werden soll. Wurde eine Beteiligung somit z. B. über ein Darlehen finanziert, ist der daraus resultierende Finanzierungsaufwand nicht zu korrigieren.[1]

1208

„Die mit den Anteilen an einer Kapitalgesellschaft in wirtschaftlichem Zusammenhang stehenden *Schulden werden nicht gesondert berücksichtigt*, da die mit diesen im Zusammenhang stehenden Aufwendungen beim nachhaltigen Jahresertrag mindernd erfasst sind. Es erfolgt *keine Hinzurechnung* der Aufwendungen nach § 202 Absatz 1 Satz 2 Nummer 1 Buchstabe f BewG."[2]

---

[1] Siehe dazu Rdn. 1167.
Separierte Bewertung von Tochter- und Beteiligungsgesellschaften; siehe auch Eisele, D., in Rössler/Troll (Hrsg.), BewG Bewertungsgesetz Kommentar, § 202, Oktober 2009, S. 5 Tz. 4.
[2] ErbStR 2011, R B 200 Abs. 3 Satz 8 und 9.

1209 Übernommene Verluste aus **Beteiligungen** in den Positionen § 200 Abs. 2 **bis** Abs. 4 sind ebenfalls im Steuerbilanzgewinn des zu bewertenden Unternehmens durch Hinzurechnung zu neutralisieren.[1]

ABB. 81: Bereinigungen – Hinzurechnungen zur Ableitung des bereinigten Betriebsergebnisses im vereinfachten Ertragswertverfahren

Hinzurechnungen § 202 Abs. 1 Nr. 1:		
Zuführung zu steuerfreien Rücklagen	ersetzt durch	0
nicht lineare Abschreibung	ersetzt durch	lineare Abschreibung
Abschreibung auf Geschäftswert	ersetzt durch	0
Verluste aus dem Abgang von AV	ersetzt durch	0
außerordentliche Aufwendungen	ersetzt durch	0
nicht ergebniswirksame InvZul	ersetzt durch	ergebniswirksame Buchung / ?
tatsächlicher Ertragsteueraufwand	ersetzt durch	pauschale Ertragsteuer 30%
Aufwand aus nbnV	ersetzt durch	0
Aufwand aus jungem BV	ersetzt durch	0
Verlustübernahmen aus Beteiligungen	ersetzt durch	0
Aufwand aus vGA (Nr. 3)	ersetzt durch	0

14.6.6.4 Kürzungen

§ 202 Abs. 1 Satz 2 Nr. 2 a) BewG

1210 Als Pendant zur Neutralisierung der Zuführung von Beträgen zu den steuerfreien Rücklagen, sind hier die Erträge aus der **Auflösung steuerfreier Rücklagen** zu kürzen. Der Ertrag aus Wertaufholung ist ebenfalls zu neutralisieren.

§ 202 Abs. 1 Satz 2 Nr. 2 b) BewG

1211 Die Einmaligkeit der **Veräußerungsgewinne** ist anhand des Geschäftsmodels des jeweiligen Unternehmens zu verproben. In der überwiegenden Zahl der Fälle wird es sich um Gewinne aus der Veräußerung von Anlagevermögen handeln, da die Veräußerung von Umlaufvermögen bei Produktions- oder Handelsunternehmen Teil des Unternehmenskonzepts ist und somit nicht einmalig sein kann. Außerordentliche Erträge sind zu neutralisieren, da mit ihrem Auftreten nicht nachhaltig gerechnet werden kann.

§ 202 Abs. 1 Satz 2 Nr. 2 c) BewG

1212 Die Kürzung um die im Gewinn enthaltenen **Investitionszulagen** wird regelmäßig vorzunehmen sein, da entsprechend der obigen Argumentation zu § 202 Abs. 1 Satz Nr. 1 d) BewG von einer unendlichen Fortdauer entsprechen-

---

1 Siehe hierzu das Beispiel Rdn. 1210, § 202 Abs. 1 Satz 2 Nr. 2 f BewG.

der Investitionssubventionen in gleicher Höhe nicht ausgegangen werden kann.

§ 202 Abs. 1 Satz 2 Nr. 2 d) BewG

Ziel ist eine angemessene Belastung des Ergebnisses mit **Unternehmerlohn**. Die Korrektur entspricht somit dem Gedanken der Arbeitseinsatzäquivalenz. D.h. bei einem Investment in eine Alternative (repräsentiert durch den Kalkulationszinssatz) hat der Investor keinen Arbeitseinsatz zu erbringen. Bei einem Investment in das zu bewertende Unternehmen muss das Gleiche gelten. Arbeitet der Investor in dem zu bewertenden Unternehmen dagegen mit und verzichtet er damit zum Beispiel auf den Einsatz eines Fremdgeschäftsführers, muss sein Arbeitseinsatz entsprechend als Aufwand berücksichtigt werden. Die Korrektur um einen adäquaten Gehalts- bzw. Lohnaufwand ist somit nicht steuerlich motiviert, etwa zur Vermeidung einer verdeckten Gewinnausschüttung, sondern zielt ab auf die Ermittlung eines korrekten Gewinnausweises im Unternehmen. Wurde bisher für die Mitarbeit des Geschäftsführers oder seiner Angehörigen kein adäquater Gehaltsaufwand verbucht, wird der Unternehmensgewinn insofern zu hoch ausgewiesen. Das Unternehmen würde überbewertet. Wurde für diesen Personenkreis bisher zu hoher Personalaufwand erfasst, wird der Unternehmensgewinn zu niedrig ausgewiesen. Das Unternehmen würde auf Basis dieses Gewinns zu niedrig bewertet. 1213

Die Vorschrift in § 202 Abs. 1 Satz 2 Nr. 2 d) BewG lautet: 1214

*„Die Höhe des **Unternehmerlohns** wird nach der Vergütung bestimmt, die eine nicht beteiligte Geschäftsführung erhalten würde. Neben dem Unternehmerlohn kann auch **fiktiver Lohnaufwand für bislang unentgeltlich tätige Familienangehörige** des Eigentümers berücksichtigt werden; ..."*[1]

Sie deckt sich mit den Ausführungen in IDW S1 i. d. F. 2008, Tz.40:

*„Soweit für die Mitarbeit der Inhaber in der bisherigen Ergebnisrechnung kein angemessener Unternehmerlohn berücksichtigt worden ist, sind die künftigen finanziellen Überschüsse entsprechend zu korrigieren. Die Höhe des **Unternehmerlohns** wird nach der Vergütung bestimmt, die eine nichtbeteiligte Geschäftsführung erhalten würde. Neben dem Unternehmerlohn kann auch **fiktiver Lohnaufwand für bislang unentgeltlich tätige Familienangehörige** des Eigentümers zu berücksichtigen sein."*[2]

Die Bemessung des „richtigen" Unternehmerlohns hat erheblichen Einfluss auf die Bewertung kleiner Unternehmen. 1215

---

1 § 202 Abs. 1 Nr. 2 d Satz 2 und Satz 3 BewG.
2 IDW S1 i. d. F. 2008, Tz. 40.

C. Unternehmensbewertung gemäß Erbschaftsteuerreformgesetz

> **BEISPIEL:** Das Unternehmen X erzielt einen Jahresgewinn von 200 T€. Der angemessene Unternehmerlohn sei mit 120 T€ zu veranschlagen. Der Kalkulationszinssatz sei 10 %. Der Unternehmenswert kann auf Basis einer ewigen Rente berechnet werden.
> Fall a) Bisher wurde **kein Unternehmerlohn** verbucht.
> Ohne Berücksichtigung eines Unternehmerlohns beträgt der „Unternehmenswert" 200 T€ / 10 % = 2 Mio. €. Wird der Unternehmensgewinn um den angemessenen Unternehmerlohn korrigiert, weist das Unternehmen einen echten Gewinn von 80 T€ aus. Der Unternehmenswert beträgt dann nur noch 80T € / 10 % = 0,8 Mio. €.
> Fall b) Bisher wurde ein **Unternehmerlohn von 250 T€** verbucht.
> Der bisherige Unternehmenswert beträgt 200 T€ / 10 % = 2 Mio. €. Der Unternehmensgewinn ist um 250 T€ - 120 T€ = 130 T€ nach oben zu korrigieren, um den Unternehmensgewinn bei einem adäquaten Unternehmerlohn auszuweisen. Der Unternehmensgewinn beträgt damit korrigiert 200 T€ + 130 T€ = 330 T€. Der Unternehmenswert beträgt damit 330 T€ / 10 % = 3,3 Mio. €.

1216 Wie in jeder Unternehmensbewertung, die für nicht-steuerliche Zwecke erstellt wird, ist die Bemessung des richtigen Unternehmerlohns auch bei den vorliegenden Bewertungsanlässen mit hohem Streitpotenzial versehen.[1] Die Erbschaftsteuerrichtlinien geben folgenden Hinweis zur Ermittlung:

> „Bei der Ermittlung eines angemessenen Unternehmerlohns sind die **Grundsätze** zu beachten, die bei der ertragsteuerlichen Behandlung der **verdeckten Gewinnausschüttung** angewandt werden. Häufig wird der angemessene Unternehmerlohn aus an **leitende Angestellte** des Unternehmens gezahlten Bruttogehältern abgeleitet werden können. Soweit **branchenspezifische Datensammlungen** zu Geschäftsführergehältern in einem Fremdvergleich vorliegen, können diese in geeigneter Weise berücksichtigt werden."[2]

1217 Die Grundsätze zur Bestimmung des angemessenen Unternehmerlohns liegen für Gesellschafter-Geschäftsführer von Kapitalgesellschaften als **BMF-Schreiben** vor.[3] Damit ist bei der Bestimmung des Unternehmerlohns auf die Gesamtbezüge abzustellen.

> „Die Vergütung des Gesellschafter-Geschäftsführers **setzt sich regelmäßig aus mehreren Bestandteilen zusammen**. Es finden sich Vereinbarungen über Festgehälter (einschl. Überstundenvergütung), zusätzliche feste jährliche Einmalzahlungen (z. B. Urlaubsgeld, Weihnachtsgeld), variable Gehaltsbestandteile (z. B. Tantieme, Gratifikationen), Zusagen über Leistungen der betrieblichen Altersver-

---

1 Riedel, C., in Daragan/Halaczinsky/Riedel (Hrsg.), Praxiskommentar ErbStG und BewG, 2010, § 202 BewG, S. 1302 Tz 15.
2 ErbStR 2011, R B 202 Abs. 3 Nr. 2d Satz 4 bis 6.
3 Angemessenheit der Gesamtbezüge eines Gesellschafter-Geschäftsführers, BMF v. 14.10.2002, IV A 2 - S 2742 - 62/02, NWB Dok ID: OAAAA-85960.

sorgung (z. B. Pensionszusagen) und Sachbezüge (z. B. Fahrzeugüberlassung, private Telefonnutzung)."[1]

Die absolute Höhe des Gehalts wird dabei maßgeblich durch die **Unternehmensgröße** bestimmt. 1218

„Art und Umfang der Tätigkeit werden vorrangig durch die Größe des Unternehmens bestimmt. *Je größer ein Unternehmen ist, desto höher kann das angemessene Gehalt des Geschäftsführers liegen,* da mit der Größe eines Unternehmens auch Arbeitseinsatz, Anforderung und Verantwortung steigen. Die Unternehmensgröße ist vorrangig anhand der Umsatzhöhe und der Beschäftigtenzahl zu bestimmen."[2]

Teilen sich **mehrere Geschäftsführer** die Aufgaben der Geschäftsführung, soll insbesondere bei kleineren Unternehmen ein Abschlag beim Unternehmerlohn gerechtfertigt sein. 1219

„…in denen zwei oder mehrere Geschäftsführer sich die Verantwortung für die Kapitalgesellschaft teilen. Vor allem bei kleineren Gesellschaften ist, **auch wenn sie ertragsstark sind, in diesen Fällen ein Abschlag gerechtfertigt.**"[3]

Dreh- und Angelpunkt bei der Bestimmung des angemessenen Unternehmerlohns ist die **Ertragslage** des Unternehmens. Hier sollen sich Gehalt und Restgewinn nach Abzug des Gehalts zumindest die Waage halten. 1220

„Im Regelfall kann daher von der Angemessenheit der Gesamtausstattung der Geschäftsführerbezüge ausgegangen werden, wenn der Gesellschaft nach Abzug der Geschäftsführervergütungen noch ein Jahresüberschuss vor Ertragsteuern in mindestens gleicher Höhe wie die Geschäftsführervergütungen verbleibt. Bei mehreren Gesellschafter-Geschäftsführern ist hierbei auf die Gesamtsumme der diesen gewährten Vergütungen abzustellen."[4]

---

1 Angemessenheit der Gesamtbezüge eines Gesellschafter-Geschäftsführers, BMF v. 14. 10. 2002, IV A 2 - S 2742 - 62/02, B, BStBl 2002 I S. 972, NWB Dok ID: OAAAA-85960.
2 Angemessenheit der Gesamtbezüge eines Gesellschafter-Geschäftsführers, BMF v. 14. 10. 2002, IV A 2 - S 2742 - 62/02, D, BStBl 2002 I S. 972, NWB Dok ID: OAAAA-85960.
3 Angemessenheit der Gesamtbezüge eines Gesellschafter-Geschäftsführers, BMF v. 14. 10. 2002, IV A 2 - S 2742 - 62/02, D, BStBl 2002 I S. 972, NWB Dok ID: OAAAA-85960.
4 Angemessenheit der Gesamtbezüge eines Gesellschafter-Geschäftsführers, BMF v. 14. 10. 2002, IV A 2 - S 2742 - 62/02, D, BStBl 2002 I S. 972, NWB Dok ID: OAAAA-85960.

1221 Auch in der **Verlustsituation** ist Unternehmerlohn zu berücksichtigen.

„Bei ertragsschwachen Gesellschaften ist hingegen davon auszugehen, dass auch ein **Fremdgeschäftsführer selbst in Verlustjahren nicht auf ein angemessenes Gehalt verzichten** würde."[1]

1222 Auch für die Geschäftsführer von **Personengesellschaften** ist ein angemessener Unternehmerlohn zu berücksichtigen. Mit Verweis auf das betriebswirtschaftliche Arbeitseinsatzäquivalenzprinzip kann hier auch gar nichts anderes gelten.

„Erhalten **geschäftsführende Gesellschafter von Personengesellschaften** wirtschaftlich begründete Tätigkeitsvergütungen als Vorabanteile aus dem Gewinn, sind sie als Unternehmerlohn abzuziehen, soweit sie nach Art und Umfang angemessen sind."[2]

1223 Die jährlich von Personaldienstleistern herausgegebenen **Gehaltsstudien** sind ein guter Anhaltspunkt für die Bestimmung des angemessenen Unternehmerlohns. Regionale Besonderheiten, wie etwa besonders strukturschwache Regionen, werden darin aber regelmäßig nicht adäquat berücksichtigt. Aufgrund des Bewertungsanlasses und des damit grundsätzlich verbundenen Bewertungszieles, dürfte hierzu aber keine Kritik zu erwarten sein.

§ 202 Abs. 1 Satz 2 Nr. 2 e) BewG

1224 **Steuererstattungen** sind zu neutralisieren, da der Unternehmensgewinn gemäß § 202 Abs. 3 BewG mit einheitlich 30 % belastet sein soll.

§ 202 Abs. 1 Satz 2 Nr. 2 f) BewG

1225 Da nicht betriebsnotwendiges Vermögen, Beteiligungen oder junges Betriebsvermögen gemäß § 200 Abs. 2 bis Abs. 4 BewG **separiert** vom zu bewertenden Unternehmen zu bewerten sind, sind **Erträge** daraus im Unternehmensergebnis zu neutralisieren. Andernfalls käme es zu einer Doppelerfassung.

> **BEISPIEL:** Im Unternehmensgewinn von 120 T€ sind Mieterträge von 80 T€ für eine nicht betriebsnotwendige Ferienimmobilie enthalten. Die Ferienimmobilie sei wie das Unternehmen auf Basis einer ewigen Rente mit einem Kalkulationszinssatz von 10 % zu bewerten. Der Wert der Ferienimmobilie beträgt damit 80 T€ / 10 % = 0,8 Mio. €. Ohne Korrektur des Unternehmensgewinns beträgt der Unternehmenswert 120 T€ / 10 % = 1,2 Mio. €. Der Wert des Unternehmens und des nicht betriebs-

---

[1] Angemessenheit der Gesamtbezüge eines Gesellschafter-Geschäftsführers, BMF v. 14.10.2002, IV A 2 - S 2742 - 62/02, D, BStBl 2002 I S. 972, NWB Dok ID: OAAAA-85960.
[2] ErbStR 2011, R B 202 Abs. 3 Nr. 2d Satz 7.

notwendigen Vermögens würde sich somit auf 1,2 Mio. € + 0,8 Mio. € = 2 Mio. € summieren.

Der echte Unternehmensgewinn, der auf die operative Tätigkeit zurückzuführen ist, beträgt aber nur 120 T€ - 80 T€ = 40 T€. Der korrekte Unternehmenswert beträgt damit 40 T€ / 10 % = 0,4 Mio. €. Der Wert des Unternehmens und des nicht betriebsnotwendigen Vermögens beträgt damit in Summe tatsächlich nur 0,4 Mio. € + 0,8 Mio. € = 1,2 Mio. €.

§ 202 Abs. 1 Nr. 3 BewG

Die Vorschrift ist als **Generalklausel** zu verstehen, mit der alle weiteren unangemessenen Gewinnerhöhungen oder Gewinnminderungen korrigiert werden sollen, die auf die Einflussnahme des Unternehmers bzw. Gesellschafters zurückzuführen sind und durch das Regelwerk des § 202 Abs. 1 Nr. 1 und Nr. 2 BewG noch nicht erfasst wurden. Für Kapitalgesellschaften sind hier die Überlegungen aus dem Institut der **verdeckten Gewinnausschüttung** oder der **verdeckten Einlage** anzuwenden. Neben der bereits unter § 202 Abs. 1 Satz 2 Nr. 2 d) BewG geregelten Gehaltskorrektur sind hier die Konditionen in Miet- oder Pachtverträgen zu überprüfen und gegebenenfalls so zu korrigieren, dass sie einem Drittvergleich standhalten. Der Drittvergleich gilt auch für die Verträge mit nahe stehenden Personen.

1226

*„Hierzu zählen auch solche Vermögensminderungen oder -erhöhungen, die mit **Angehörigen des Unternehmers oder Gesellschafters** oder sonstigen diesem nahe stehenden Personen im Zusammenhang stehen. Die in § 202 Absatz 1 Satz 2 Nummer 3 BewG genannten Vermögensminderungen oder -erhöhungen müssen nicht notwendig in einem bilanzierungsfähigen Wirtschaftsgut bestehen."*[1]

Ziel dieser Regelung ist wiederum der Ausweis des **wahren Unternehmensgewinns**. Wertverschiebungen hin zu besonders werthaltigen oder besonders schlecht kalkulierten Miet- bzw. Pachtverträgen sollen neutralisiert werden.

1227

---

1 ErbStR 2011, R B 202 Abs. 3 Nr. 3 Satz 2 und 3.

C. Unternehmensbewertung gemäß Erbschaftsteuerreformgesetz

ABB. 82: Bereinigungen – Kürzungen zur Ableitung des bereinigten Betriebsergebnisses im vereinfachten Ertragswertverfahren

Kürzungen § 202 Abs.1 Nr.2:		
Auflösung von steuerfreien Rücklagen	ersetzt durch	0
Gewinne aus dem Abgang von AV	ersetzt durch	0
außerordentliche Erträge	ersetzt durch	0
ergebniswirksame InvZul	ersetzt durch	0/?
nicht angemessenen Unternehmerlohn	ersetzt durch	angemessenen Unternehmerlohn
Ertragsteuererstattungen	ersetzt durch	0
Erträge aus nbnV	ersetzt durch	0
Erträge aus Beteiligungen	ersetzt durch	0
Erträge aus jungem BV	ersetzt durch	0
Erträge aus vE bzw. Zuschüssen Gsr. (Nr.3)	ersetzt durch	0

14.6.6.5 Pauschaler Steuersatz

1228 Der Intention folgend, ein **rechtsformneutrales** Bewertungsverfahren anzubieten, muss dieser Logik auch die Besteuerung des Betriebsergebnisses folgen. § 202 Abs. 3 BewG führt deshalb aus:

„Zur Abgeltung des Ertragsteueraufwands ist ein positives Betriebsergebnis nach Absatz 1 oder Absatz 2 um 30 Prozent zu mindern."[1]

1229 Durch die Verwendung dieser Besteuerungspauschale sind die realen steuerlichen Verhältnisse, wie z. B. die Existenz von steuerlichen Verlustvorträgen, bestehende Organschaftsverhältnisse oder eine Gewerbesteuerbefreiung ausgeblendet. Damit ist klargestellt, dass die Besteuerung der Bewertungsgrundlage des vereinfachten Ertragswertverfahrens nicht nur der Logik der Rechtsformneutralität folgt, sondern die **bilanzierende** und die **nicht bilanzierende** Anwendergruppe (§ 202 Abs. 2 BewG) hinsichtlich der Besteuerung gleich behandelt.

1230 Eine Einteilung in ein Betriebsergebnis vor Steuern und ein Betriebsergebnis nach Steuern nimmt das Gesetz nicht vor. Die weitere Bearbeitungsstufe sieht somit im Gesetz wiederum nur den Begriff des Betriebsergebnisses vor, obwohl es sich hier um das **Betriebsergebnis nach Steuern** handeln muss.

---

1 § 202 Abs. 3 BewG.

*"Der **Durchschnittsertrag** ist regelmäßig aus den **Betriebsergebnissen** (§ 202) der letzten drei vor dem Bewertungsstichtag abgelaufenen Wirtschaftsjahre herzuleiten."*[1]

Der einheitliche Steuersatz von 30 % lässt sich annähernd aus der Besteuerungssituation einer Kapitalgesellschaft und einem gewerbesteuerlichen Hebesatz von 400 % ableiten:[2]

GewSt	H =	400%	3,5%	14,00%
KSt				15,00%
SoliZ			5,5%	0,83%
				29,83%

1231

Die Begründung des Finanzausschusses zur Wahl dieses Steuerbelastungssatzes lautet:

1232

*"Dies entspricht der **künftigen durchschnittlichen Unternehmensteuerlast** für Kapitalgesellschaften und Personenunternehmen nach den Regelungen der Unternehmensteuerreform 2008."*[3]

Trotz des Umstandes, dass bei Personengesellschaften nur die Gewerbesteuer als Unternehmenssteuer zu betrachten ist und diese sogar noch weitestgehend im Rahmen des § 35 EStG neutralisiert wird, bezieht sich das Regelungsziel des Gesetzgebers offensichtlich auf die Ebene der Unternehmenssteuern. Die Steuerbelastung des Anteilseigners mit Einkommensteuer wäre damit ausgeblendet.[4] Tatsächlich ist der Näherungswert für Personengesellschaften nur nach Einbezug der Einkommensteuer erreichbar.[5]

1233

Warum ist die Abstraktion von der Gesellschafterebene und seiner Belastung mit Einkommensteuer von Bedeutung? Da jede konzeptionell anspruchsvolle Unternehmensbewertung davon ausgeht, dass nur die Netto-Zuflüsse an den Anteilseigner nach Steuern und damit auch nach Einkommensteuer bewertungsrelevant sind.

1234

---

1 § 201 Abs. 2 Satz BewG.
2 Unter Berücksichtigung der Abgeltungsteuer nebst Solidaritätszuschlag ergibt sich eine Steuerbelastung von rund 48 %.
3 Begründung des Finanzausschusses, Teil 2. Materialien II Artikel 2, Änderung des BewG, Nr. 2, § 202 Abs. 3 BewG, abgedruckt in Hübner, H., Erbschaftsteuerreform 2009 Gesetze Materialien Erläuterungen, 2009, S. 356.
4 Hübner, H., Erbschaftsteuerreform 2009 Gesetze Materialien Erläuterungen, 2009, S. 492.
5 Unter realistischen Annahmen (ESt-Satz 45 %, Hebesatz 400 %) ergibt sich allerdings eine Steuererbelastung von annähernd 48 %.

*„Der Wert eines Unternehmens wird durch die Höhe der **Nettozuflüsse an den Investor** bestimmt, die er zu seiner **freien Verfügung** hat. Diese Nettozuflüsse sind unter Berücksichtigung der inländischen und ausländischen Ertragsteuern des Unternehmens und grundsätzlich der aufgrund des Eigentums am Unternehmen entstehenden **persönlichen Ertragsteuern** der Unternehmenseigner zu ermitteln."*[1]

1235 Welcher Umfang des Unternehmensgewinns an den Anteilseigner als ausgeschüttet gilt, wird durch die Ausgestaltung der Ausschüttungshypothese festgelegt (z. B. Vollausschüttungshypothese oder Teilausschüttungshypothese). Eine Ausschüttung von Null führt zumindest bei Kapitalgesellschaften zu einer Einkommensteuerbelastung von Null, aber unter der obigen Vorgabe auch zu einem Unternehmenswert von Null. Eine Ausschüttung von größer Null führt damit zwingend zu einer Einkommensteuerbelastung auf der Anteilseignerebene von größer Null.

1236 Aus verschiedenen Gründen wurde im IDW S1 i. d. F. 2008 die Möglichkeit einer nur mittelbaren Berücksichtigung der Einkommensteuer im Bewertungsgang eröffnet. Man spricht von der mittelbaren Typisierung. Da sich das vereinfachte Ertragwertverfahren in § 202 Abs. 3 BewG letztlich nur auf die **Unternehmenssteuer** konzentriert und der Bewertung die vollständigen Betriebsergebnisse nach Steuern zugrundegelegt werden (Vollausschüttungshypothese), könnte grundsätzlich von einer mittelbaren Typisierung der Einkommensteuerbelastung ausgegangen werden.[2] Tatsächlich verwendet § 203 BewG allerdings einen Risikozuschlag von 4,5 %.

*„Der in diesem Verfahren anzuwendende Kapitalisierungszinssatz setzt sich zusammen aus einem Basiszins und einem **Zuschlag von 4,5 Prozent**."*[3]

1237 Dieser Risikozuschlag (Marktrisikoprämie multipliziert mit einem impliziten Beta-Faktor von 1,0) scheint den Vorgaben des FAUB entlehnt zu sein und wäre dann ein Risikozuschlag **nach Einkommensteuer**.[4]

Die vom FAUB empfohlenen Marktrisikoprämien **nach Einkommensteuer** stellen sich wie folgt dar:[5]

---

1 IDW S1 i. d. F. 2008, Tz. 28.
2 Allerdings nur für Kapitalgesellschaften; IDW S1 i. d. F. 2008, Tz. 47; bei Personengesellschaften verbleibt nur die Einkommensteuer als relevante Steuerbelastung.
3 § 203 Abs. 1 BewG.
4 Die Regierungsbegründung verweist auf die Annahme eines Beta-Faktors von 1,0 und stellt somit auf das CAPM-Modell ab; siehe Rdn. 1285.
5 Wagner/Saur/Willershausen, Zur Anwendung der Neuerungen der Unternehmensbewertungsgrundsätze des IDW S1 i. d. F. 2008 in der Praxis, Wpg 2008, S. 741.

Bewertungsstichtag bis 6.7.2007	5,5 %
Bewertungsstichtag ab 7.7.2007 bis 31.12.2008	5,0 %
Bewertungsstichtag ab 1.1.2009	4,5 %

Es bleibt damit offen, ob die Besteuerungsvorgabe des vereinfachten Ertragswertverfahrens in § 202 Abs. 3 BewG auf eine Bewertung ohne Ausschüttung oder eine mittelbare Typisierung ohne Berücksichtigung der Einkommensteuer abstellt. Für beide Varianten wäre dann der Risikozuschlag falsch gewählt bzw. ermittelt, da dann ein Ausschüttungsbetrag ohne Einkommensteuer (Betriebsergebnis nach Unternehmenssteuer) mit einer Alternativrendite nach Einkommensteuer diskontiert würde. Dies wäre ein Verstoß gegen das Äquivalenzprinzip. Abhilfe würde die Kürzung des Ausschüttungsbetrages (Betriebsergebnis!) um eine pauschale Einkommensteuer bzw. ein einheitlicher Pauschalsteuersatz (incl. Einkommensteuer) von 48 % schaffen.[1]

1238

14.6.6.6 Übersicht zu einer Bereinigungsrechnung

Gemäß § 201 Abs. 2 BewG ist der Durchschnittsertrag bzw. der dadurch repräsentierte zukünftig nachhaltig erzielbare Jahresertrag im Sinne von § 200 Abs. 1 BewG aus den Betriebsergebnissen der **letzten drei** abgelaufenen Wirtschaftsjahre abzuleiten. Damit sind die in § 202 Abs. 1 BewG geforderten Bereinigungen für drei Wirtschaftsjahre vorzunehmen. Das Bereinigungsschema für drei Wirtschaftsjahre stellt sich wie folgt dar:

1239

---

[1] Wollny, C., Vereinfachtes Ertragswertverfahren – Anmerkungen zur Verletzung der Steueräquivalenz, DStR 2012, S. 1356 ff.

C. Unternehmensbewertung gemäß Erbschaftsteuerreformgesetz

Betrachtungszeitraum Gewinn gem. § 4 Abs. 1 EStG Hinzurechnungen / Kürzungen	Jahr Stichtag - 3	Jahr Stichtag - 2	Jahr Stichtag -1
Hinzurechnungen			
+ Sonderabschreibungen / erh. Absetzungen			
+ Bewertungsabschläge			
+ Zuführung steuerfr. Rücklagen od. Teilwertabschreibungen			
+ AfA Geschäfts- oder Firmenwert			
+ einmalige Veräußerungsverluste / außerordentliche Aufwendungen			
+ Investitionszulagen, nicht im Gewinn enthalten			
+ Ertragssteueraufwand			
+ Aufwendungen, nicht betriebsnotwendiges Vermögen			
+ Aufwendungen junges Vermögen			
+ Übernommene Verluste Beteiligungen			
Kürzungen			
- Auflösung steuerfr. Rücklagen nicht im Gewinn enthalten			
- Teilwertzuschreibungen			
- einmaliger Veräußerungsgewinn			
- Außerordentliche Erträge			
- Investitionszulagen, im Gewinn enthalten			
- angemessener Unternehmerlohn			
- Erstattung von Ertragsteuern			
- Erträge, nicht betriebsnotwendiges Vermögen			
- Erträge aus Beteiligungen			
- Erträge aus "jungem Vermögen"			
Sonstige Hinzurechnungen / sonstige Kürzungen			
+ Sonstige wirtschaftl. nicht begründeter Aufwand mit gesellschaftsrechtlichem Bezug			
- Sonstige wirtschaftl. nicht begründete Erträge mit gesellschaftsrechtlichem Bezug			
Betriebsergebnis (vor Ertragssteueraufwand)			
- Abgeltung Etragssteueraufwand (pauschal 30%)	30%		
Betriebsergebnis			

14.6.7 Ermittlung des Durchschnittsertrages – der zukünftig nachhaltig erzielbare Jahresertrag

14.6.7.1 Grundsatz der Durchschnittsbildung

Aus drei Betriebsergebnissen nach Steuern wird der **arithmetische Durchschnitt** ermittelt (§ 201 Abs. 2 Satz 3 BewG). Somit erfolgt keine Gewichtung der Betriebsergebnisse. Der Durchschnittswert wird als Durchschnittsertrag bezeichnet (§ 201 Abs. 2 Satz 1 BewG). Der so ermittelte Durchschnittsertrag stellt gleichzeitig den zukünftig nachhaltig erzielbaren Jahresertrag dar (§ 201 Abs. 2 Satz 4 BewG). Durch die Diskontierung des zukünftig nachhaltig erzielbaren Jahresertrags wird der vereinfachte Ertragswert ermittelt.

1240

Der Durchschnittsbildung werden die Betriebsergebnisse nach Steuern aus den letzten drei, vor dem Bewertungsstichtag bereits abgelaufenen Wirtschaftsjahren zugrunde gelegt.

1241

*„Der Durchschnittsertrag ist regelmäßig aus den Betriebsergebnissen (§202) **der letzten drei** vor dem Bewertungsstichtag **abgelaufenen Wirtschaftsjahre** herzuleiten."*[1]

BEISPIEL:

Bewertungsstichtag	22.04.2011	
Wirtschaftsjahre = Kalenderjahr		
Betriebsergebnisse nach Steuern	2010	245.988,00 Ist
	2009	198.750,00 Ist
	2008	220.113,00 Ist
Summe		664.851,00
Durchschnittsertrag	Divisor 3	221.617,00

Von diesem Grundsatz der Durchschnittsbildung sieht das Gesetz eine Reihe von Ausnahmen vor. Diese **Ausnahmen** betreffen die folgenden Fälle:

1242

§ 201 Abs. 2 Satz 2 BewG: das laufende Wirtschaftsjahr ist für die Prognose bedeutend.

§ 201 Abs. 3 Satz 1 BewG: der Unternehmenscharakter hat sich nachhaltig geändert.

---

[1] § 201 Abs. 2 Satz 1.

§ 201 Abs. 3 Satz 1 BewG: das Unternehmen ist neu entstanden.

§ 201 Abs. 3 Satz 2 BewG: das Unternehmen wurde umstrukturiert.

14.6.7.2 Signifikante Ergebnisänderung im Wirtschaftsjahr des Bewertungsstichtages, § 201 Abs. 2 Satz 2 BewG

1243 Wenn das Betriebsergebnis des Wirtschaftsjahres, in dem der Bewertungsstichtag liegt, für die Herleitung des künftig zu erzielenden Jahresertrags von Bedeutung ist (z. B. aufgrund einer signifikanten Ergebnisänderung), kommt es zu einer **Parallel-Verschiebung** des Dreijahreszeitraums, welcher der Durchschnittsbildung zugrunde gelegt wird.

*„Das gesamte Betriebsergebnis eines am Bewertungsstichtag **noch nicht abgelaufenen** Wirtschaftsjahres ist **anstelle des drittletzten** abgelaufenen Wirtschaftsjahres einzubeziehen, wenn es für die Herleitung des künftig zu erzielenden Jahresertrags **von Bedeutung** ist."*[1]

Durch die Parallel-Verschiebung des Dreijahreszeitraums entfällt das drittletzte Wirtschaftsjahr zugunsten des laufenden Wirtschaftsjahres. Da das gesamte Betriebsergebnis des zum Bewertungsstichtag **noch nicht abgelaufenen** Wirtschaftsjahres einzubeziehen ist, ist danach zu fragen, wie das Betriebsergebnis dieses Jahres zu ermitteln ist.

1244 Bei einem Bewertungsstichtag, der relativ am Ende des Wirtschaftsjahres liegt, und einer zeitversetzten Durchführung der Bewertungsarbeiten, kann hinsichtlich dieses Wirtschaftsjahres mit großer Wahrscheinlichkeit weitestgehend auf **Ist-Daten** zurückgegriffen werden. Bei einem Bewertungsstichtag, der relativ am Anfang des Wirtschaftsjahres liegt, und einer zeitnahen Bewertung hierzu, kann eine **Prognose** des Betriebsergebnisses für dieses Wirtschaftsjahr erforderlich werden. Diese Prognose des noch nicht abgelaufenen Wirtschaftsjahres sollte der Anwendung des vereinfachten Ertragswertverfahrens nicht entgegen stehen, da auch die Kapitalisierung eines wie auch immer gearteten Durchschnittsergebnisses eine dezidierte Aussage zur künftigen Unternehmensentwicklung und damit eine Prognose darstellt. Der Einbezug des „noch nicht abgelaufenen Wirtschaftsjahres" kann somit zur Verwendung von Ist- oder auch Plan-Daten führen. Die Verwendung von Plandaten kann für eine zeitnahe Bewertung unter den genannten Umständen sogar unumgänglich sein, da das volle Betriebsergebnis in die Durchschnittsbetrachtung einzubeziehen ist.

---

[1] § 201 Abs. 2 Satz 2 BewG.

14. Verfahren zur Unternehmensbewertung nach dem Bewertungsgesetz

„Soweit bei der Ermittlung des Durchschnittsertrags **anstelle des drittletzten** abgelaufenen Wirtschaftsjahrs ein **noch nicht abgelaufenes** Wirtschaftsjahr wegen
der Bedeutung für die Herleitung des künftig zu erzielenden Jahresertrag einzubeziehen ist, erfolgt die Berücksichtigung dieses Wirtschaftsjahrs **mit dem vollen Betriebsergebnis und nicht nur zeitanteilig.**"[1]

BEISPIEL:

Bewertungsstichtag	22.04.2011	
Wirtschaftsjahre = Kalenderjahr		
Betriebsergebnisse nach Steuern	2011	350.000,00 Ist / Plan
	2010	245.988,00 Ist
	2009	198.750,00 Ist
Summe		794.738,00
Durchschnittsertrag	Divisor 3	264.912,67

Von Bedeutung wird das Betriebsergebnis des zum Bewertungsstichtag noch nicht abgelaufenen Wirtschaftsjahres dann für die Herleitung des künftigen Jahresertrages sein, wenn eine **signifikante Änderung** dieses Betriebsergebnisses gegenüber den Betriebsergebnissen der drei vorhergehenden abgeschlossenen Wirtschaftsjahre zu erkennen ist. Diese Ergebnisänderung kann in der Ergebnisentwicklung während des Jahres (12-Monats-Trend!) oder auch in der absoluten Änderung der Ergebnishöhe dieses Wirtschaftsjahres zu erkennen sein. Die Änderungen werden positiv sowie auch negativ sein können. Genaue quantitative Beurteilungskriterien zur Anwendung des § 201 Abs. 2 Satz 2 BewG liegen nicht vor. Insofern ergeben sich Beurteilungsspielräume. 1245

Eine derartige signifikante Änderung des relevanten Betriebsergebnisses kann seine Ursache im **Markt** bzw. Wettbewerbsumfeld und damit externen Einflüssen oder im **Unternehmen** selbst und damit unternehmensinternen Faktoren haben. Letztlich kann aber auch eine Kombination interner und externer Einflussgrößen für die Ergebnisänderung verantwortlich sein, da Unternehmen regelmäßig auf veränderte Marktbedingungen durch Anpassungen betriebsinterner Prozesse reagieren. 1246

Das Gesetz betreibt hier aber keine Ursachenforschung, sondern knüpft für die Verwendung des verschobenen Dreijahreszeitraums nur an die Änderung des Betriebsergebnisses in dem am Bewertungsstichtag noch nicht abgelaufe- 1247

---

1 ErbStR 2011, R B 201 Abs. 3 Satz 1.

nen Wirtschaftsjahr an. D.h. der Auslöser für die Ergebnisänderung wird nicht thematisiert.

14.6.7.3 Änderung des Unternehmenscharakters, § 201 Abs. 3 Satz 1 BewG (Alternative 1)

1248   Im Gegensatz zur Anordnung einer Verfahrensänderung aufgrund einer Ergebnisänderung (Wirkung!) gemäß § 201 Abs. 2 Satz 2 BewG, knüpft § 201 Abs. 3 Satz 1 BewG an die Änderung des Unternehmenscharakters (Ursache!) an, um eine Verfahrensänderung anzuordnen.

*„Hat sich im Dreijahreszeitraum der **Charakter des Unternehmens** nach dem Gesamtbild der Verhältnisse nachhaltig **verändert** ... ist von einem entsprechend **verkürzten Ermittlungszeitraum** auszugehen."*[1]

1249   Hat sich demnach der Unternehmenscharakter im **Dreijahreszeitraum** nachhaltig verändert, ist von einem „entsprechend" verkürzten Zeitraum für die Durchschnittsbildung auszugehen. Dies kann dann nur ein **Zweijahreszeitraum** sein, da die Betrachtung nur eines Jahres begriffslogisch keine Ermittlung eines Durchschnitts ermöglicht. Das vereinfachte Ertragswertverfahren wäre in diesem Falle gar nicht mehr anwendbar.

*„...weil der verkürzte Ermittlungszeitraum **stets zwei volle Wirtschaftsjahre** umfasst ... und ... (kein vereinfachtes Ertragswertverfahren bei Neugründungen innerhalb eines Jahres vor dem Bewertungsstichtag)."*[2]

1250   Der Beginn des so verkürzten Zeitraumes für eine Durchschnittsbildung (Zweijahreszeitraum) hat mit dem Beginn der Veränderungen einzusetzen.

*„Maßgebend ist der Zeitraum **ab dem Beginn** der Veränderungen."*[3]

1251   Da für die Durchschnittsbildung ein Zweijahreszeitraum erforderlich ist und hierfür die Verwendung von vollen Wirtschaftsjahren zu unterstellen ist, muss es sich generell um Änderungen des Unternehmenscharakters handeln, die zeitlich **im drittletzten** Jahr zu lokalisieren sind. D.h. dass nicht der Zeitraum exakt ab dem Beginn der Veränderungen, sondern die **vollen Wirtschaftsjahre** ab dem Beginn der Veränderungen in den Durchschnitt einzubeziehen sind.

---

1 § 201 Abs. 3 Satz 1 BewG.
2 ErbStR 2011, R B 201 Abs. 2 Satz 2.
3 Begründung des Finanzausschusses, Teil 2. Materialien II Artikel 2, Änderung des BewG, Nr. 2, § 201 Abs. 3 BewG, abgedruckt in Hübner, H., Erbschaftsteuerreform 2009 Gesetze Materialien Erläuterungen, 2009, S. 352.

14. Verfahren zur Unternehmensbewertung nach dem Bewertungsgesetz

BEISPIEL:

Bewertungsstichtag	22.04.2011	
Wirtschaftsjahre = Kalenderjahr		
Betriebsergebnisse nach Steuern	2010	489.652,00 Ist
	2009	434.782,00 Ist
Charakteränderung	~~2008~~	~~220.113,00~~ Ist
Summe		924.434,00
Durchschnittsertrag	Divisor 2	462.217,00

Fraglich ist, wie die **Änderung des Unternehmenscharakters** zu identifizieren sein soll. Sind Änderungen des Produktportfolios, der Wertschöpfungstiefe, der Mitarbeiterzahl, des geografischen Betätigungsfeldes oder der Rechtsform Änderungen des Charakters des Unternehmens? Auch der Hinweis auf das Gesamtbild der Verhältnisse bietet hier großen Spielraum für Wertungen. Im Zweifel wird eine Mengenausweitung des Handels- oder des Produktionsvolumens des Unternehmens Indikator für eine Charakteränderung sein (z. B. vom kleinen zum mittleren Unternehmen, oder umgekehrt), womit die Veränderung des Betriebsergebnisses wiederum das entscheidende Kriterium darstellen wird. Für diese Interpretation der Vorschrift in § 201 Abs. 3 Satz 1 BewG spricht auch die Begründung des Finanzausschusses. 1252

*„Die Ableitung des künftigen Jahresertrags aus den Betriebsergebnissen der letzten drei Jahre führt in einem sich dynamisch entwickelnden wirtschaftlichen Umfeld zu unzutreffenden Ergebnissen, wenn sich der **Charakter** eines Unternehmens **und damit seine Ertragsaussichten** nachhaltig verändert haben."*[1]

Wie zu verfahren ist, wenn sich die Änderung des Unternehmenscharakters zeitlich nicht im drittletzten sondern im **zweitletzten** abgelaufenen Wirtschaftsjahr lokalisieren lässt (im Beispiel wäre dies das Jahr 2009), ist aus dem Gesetz nicht eindeutig zu entnehmen. Bei wörtlicher Gesetzesauslegung kann dann **kein Durchschnitt** mehr ermittelt werden, da dann nur noch das abgelaufene volle Wirtschaftsjahr 2010 zur Verfügung steht und mit einem Wirtschaftsjahr kein „Durchschnitt" berechnet werden kann. Änderungen des Unternehmenscharakters müssen dann in allen Fällen zwingend im drittletzten abgelaufenen Wirtschaftsjahr vor dem Bewertungsstichtag lokalisiert werden, da andernfalls die Verwendung des vereinfachten Ertragswertverfahrens entfällt. 1253

---

[1] Begründung des Finanzausschusses, Teil 2. Materialien II Artikel 2, Änderung des BewG, Nr. 2, § 201 Abs. 3 BewG, abgedruckt in Hübner, H., Erbschaftsteuerreform 2009 Gesetze Materialien Erläuterungen, 2009, S. 352.

1254 Würde man das Auftreten der Charakteränderung gemäß § 203 Abs. 1 Satz 1 BewG im zweitletzten Wirtschaftsjahr allerdings mit dem Fall der Ergebnisänderung in § 201 Abs. 2 Satz 2 BewG kombinieren und das zum Bewertungsstichtag noch laufende Wirtschaftsjahr in die Durchschnittsbildung mit einbeziehen, wäre auch hier eine Anwendung des vereinfachten Ertragswertverfahrens möglich. Ein Argument hierfür könnten Ergebnisänderungen im zum Bewertungsstichtag laufenden Wirtschaftsjahr sein, deren Auftreten in Folge der Charakteränderung des Unternehmens nicht unwahrscheinlich sind bzw. auf alle Fälle, dass das zum Bewertungsstichtag noch laufende Wirtschaftsjahr von Bedeutung für die Bestimmung des nachhaltig zu erzielenden Jahresertrags ist. Einen Hinweis auf diese Verfahrensweise findet sich in den Erbschaftsteuerrichtlinien im Zusammenhang mit der Neugründung eines Unternehmens.

*„Umfasst der dreijährige Ermittlungszeitraum bei einer Neugründung zu Beginn ein Rumpfwirtschaftsjahr, ist regelmäßig **nicht das Betriebsergebnis des Rumpfwirtschaftsjahrs**, sondern das **volle Betriebsergebnis des letzten, noch nicht abgelaufenen** Wirtschaftsjahrs einzubeziehen."*[1]

14.6.7.4 Unternehmen ist neu entstanden, § 201 Abs. 3 Satz 1 BewG (Alternative 2)

1255 § 201 Abs. 3 Satz 1 BewG regelt in der zweiten Alternative die **Neugründung** eines Unternehmens.

*„... im Dreijahreszeitraum ... das **Unternehmen neu entstanden**, ist von einem entsprechend **verkürzten Ermittlungszeitraum** auszugehen.*[2]

Auch hier soll der verkürzte Ermittlungszeitraum von **zwei Jahren** für die Durchschnittsbildung zur Anwendung kommen. Die Verwendung eines verkürzten Ermittlungszeitraums folgt der Logik, wie sie bei der Charakteränderung des Unternehmens zur Anwendung kommt. Im Fall der Charakteränderung des Unternehmens können nur die folgenden und damit notwendigerweise zwei verbleibenden vollen Wirtschaftsjahre zur Durchschnittsbildung eingesetzt werden, da sich in ihnen dann die Charakteränderung widerspiegelt. Im Fall der Neugründung muss auch diese im **drittletzten Jahr** erfolgt sein, damit noch zwei vor dem Bewertungsstichtag abgelaufene volle Wirtschaftsjahre zur Verfügung stehen können. Das drittletzte abgelaufene Wirtschaftsjahr vor dem Bewertungsstichtag ist im Falle der Neugründung zum ei-

---

[1] ErbStR 2011, R B 201 Abs. 4 Satz 1.
[2] § 201 Abs. 3 Satz 1 BewG.

nen nicht verwendbar, da es häufig ein Rumpf-Wirtschaftsjahr darstellen wird und zum anderen Anlaufverluste bzw. kein repräsentatives Betriebsergebnis ausweisen wird.

BEISPIEL:

Bewertungsstichtag	22.04.2011	
Wirtschaftsjahre = Kalenderjahr		
Betriebsergebnisse nach Steuern	2010	245.988,00 Ist
	2009	198.750,00 Ist
Neugründung	~~2008~~	~~−42.033,00~~ Ist
Summe		444.738,00
Durchschnittsertrag	Divisor 2	222.369,00

Die gesetzliche Anweisung eines verkürzten und damit zweijährigen Ermittlungszeitraums in § 201 Abs. 3 Satz 1 BewG, für den Fall eines neu gegründeten Unternehmens im drittletzten abgelaufenen Wirtschaftsjahr vor dem Bewertungsstichtag, und auch die Begründung des Finanzausschusses stehen im Gegensatz zur Handlungsempfehlung der Erbschaftsteuerrichtlinien. In letzteren wird nicht der verkürzte zweijährige Ermittlungszeitraum vorgegeben, sondern auf einen dreijährigen Ermittlungszeitraum unter Einbezug des zum Bewertungsstichtag noch nicht abgelaufenen Wirtschaftsjahres verwiesen (Lösung wie in § 201 Abs. 2 Satz 2 BewG!). 1256

„Umfasst der dreijährige Ermittlungszeitraum bei einer Neugründung zu Beginn ein Rumpfwirtschaftsjahr, ist regelmäßig nicht das Betriebsergebnis des Rumpfwirtschaftsjahrs, sondern das volle Betriebsergebnis des letzten, noch nicht abgelaufenen Wirtschaftsjahrs einzubeziehen."[1]

Eine konfliktfreie Anwendung der gesetzlichen Vorschrift in § 201 Abs. 3 Satz 1 BewG und der Handlungsanweisung in den Erbschaftsteuerrichtlinien ist somit nur möglich, wenn die Fälle wie folgt getrennt werden: 1257

§ 201 Abs. 3 Satz 1 BewG:

Das Jahr der Neugründung im drittletzten Wirtschaftsjahr vor dem Bewertungsstichtag ist **kein Rumpf-Wirtschaftsjahr**. Im Fall, dass das Wirtschaftsjahr dem Kalenderjahr entspricht, erfolgte die Neugründung zum 2.1. des Jahres. Das Gründungsjahr wird aus der Durchschnittsbetrachtung ausgeschlossen, da es entweder Anlaufverluste oder ein nicht repräsentatives Betriebsergebnis 1258

---

[1] ErbStR 2011, R B 201 Abs. 4 Satz 1.

ausweist. Der Durchschnittsertrag wird aus **zwei vollen** Wirtschaftsjahren vor dem Bewertungsstichtag ermittelt.

Abschnitt 21 Abs. 4 Satz 1 GLE AntBV vom 25. 6. 2009:

1259 Das drittletzte Wirtschaftsjahr vor dem Bewertungsstichtag ist ein **Rumpfwirtschaftsjahr**. Da nur volle Wirtschaftsjahre in die Ermittlung des Durchschnittsertrags einbezogen werden sollen, wird eine Lösung über die Logik des § 201 Abs. 2 Satz 2 BewG gewählt und das zum Bewertungsstichtag noch nicht abgelaufene Wirtschaftsjahr in die Durchschnittsbildung mit einbezogen. Der Durchschnittsertrag wird aus **drei vollen** Wirtschaftsjahren ermittelt.

14.6.7.5 Unternehmen, die durch Umwandlung, durch Einbringung von Betrieben oder Teilbetrieben oder durch Umstrukturierungen entstanden sind, § 201 Abs. 3 Satz 2 BewG

1260 Sind Unternehmen durch gesellschaftsrechtliche Maßnahmen verändert worden, soll der Durchschnittsertrag gemäß § 201 Abs. 3 Satz 2 BewG aus den Betriebsergebnissen **vor der Änderungsmaßnahme** ermittelt werden.

„Bei Unternehmen, die durch **Umwandlung**, durch **Einbringung** von Betrieben oder Teilbetrieben oder durch **Umstrukturierungen** entstanden sind, ist bei der Ermittlung des Durchschnittsertrags von den **früheren Betriebsergebnissen** des Gewerbebetriebs oder der Gesellschaft auszugehen."[1]

Obwohl das Gesetz hierzu keine Aussagen trifft wird man annehmen müssen, dass diese Änderungen im **Dreijahreszeitraum** vor dem Bewertungsstichtag erfolgt sind.

1261 Die Anweisung zur Verwendung der Betriebsergebnisse vor der gesellschaftsrechtlichen Änderung ist unverständlich, da hiermit eine **Charakteränderung** des Unternehmens einhergeht, die aus den oben dargestellten Regelungen nur folgende Verfahrensweisen zuließe:

a) Gesellschaftsrechtliche Änderung im **drittletzten** Jahr vor dem Bewertungsstichtag:

Der Durchschnitt wird aus einem verkürzten Ermittlungszeitraum, d. h. auf der Grundlage von zwei vollen Wirtschaftsjahren ermittelt. Alternativ wird der Durchschnitt unter Einbezug des zum Bewertungsstichtag noch nicht abgelaufenen Wirtschaftsjahres als **Dreijahresdurchschnitt** ermittelt.

---

[1] § 201 Abs. 3 Satz 2 BewG.

b) Gesellschaftsrechtliche Änderung im **zweitletzten** Jahr vor dem Bewertungsstichtag:

Unter Einbezug des zum Bewertungsstichtag noch laufenden Wirtschaftsjahres kann ein **Zweijahresdurchschnitt** ermittelt werden.

c) Gesellschaftsrechtliche Änderung im **letzten** Jahr vor dem Bewertungsstichtag:

Für die Durchschnittsbildung stehen nicht mindestens zwei Wirtschaftsjahre zur Verfügung. Die Anwendung des vereinfachten Ertragswertverfahrens ist ausgeschlossen.

D.h. die gesetzliche Regelung in der vorliegenden Form des § 201 Abs. 3 Satz 2 BewG, ohne Nutzung des Regelkreises für **Charakteränderungen** des Unternehmens wie dargestellt, führt zwangsläufig zur Ermittlung eines Durchschnittsertrages, der nicht repräsentativ sein kann, da die Datengrundlage tendenziell zu alt ist und aufgrund der Änderungsmaßnahmen einem Unternehmen entstammt, dass in dieser Form nicht mehr existiert. § 201 Abs. 3 Satz 2 BewG widerspricht somit in jeder Hinsicht den Regelungsideen der §§ 201 Abs. 2 Satz 2 BewG bzw. 201 Abs. 3 Satz 1 BewG.

1262

Die Regelung wäre somit insofern anzupassen, dass für die Fälle gesellschaftsrechtlicher Änderungen innerhalb des Dreijahreszeitraumes vor dem Bewertungsstichtag entweder ein verschobener Dreijahreszeitraum im Sinne von § 201 Abs. 2 Satz 2 BewG oder der verkürzte Zweijahreszeitraum im Sinne von § 201 Abs. 3 Satz 1 BewG angeordnet wird. Hinsichtlich der Berechnungsbeispiele kann auf die oben dargestellten Fälle verwiesen werden.

1263

14.6.8 Kalkulationszinssatz und Kapitalisierungsfaktor

14.6.8.1 Grundlagen zur Risikozuschlagsmethode

Bewerten heißt vergleichen. Dieser Grundsatz der Unternehmensbewertung führt zur Formulierung der **Äquivalenzgrundsätze**. Diese Grundsätze sorgen dafür, dass der in der Bewertung angestellte **Vergleich** „nicht hinkt", d. h. keine „Äpfel und Birnen" verglichen werden. Die Vergleichsmethode ist das Kapitalwertmodell. Der Vergleich erfolgt rechentechnisch durch die Diskontierung der aus dem zu bewertenden Unternehmen erwarteten Gewinne mit einem Kalkulationszinssatz, der die Vergleichsrendite repräsentiert. Die Vergleichsrendite ist so zu bestimmen, dass sie hinsichtlich der Äquivalenzkriterien zu den zu erwartenden Unternehmens-Gewinnen äquivalent ist. Eines der Äquivalenzkriterien ist die Risikoäquivalenz. Damit muss die Vergleichsrendite

1264

bzw. der Kalkulationszinssatz die Kompensation eines Risikoumfangs repräsentieren, der dem operativen Risiko und dem Finanzierungsrisiko des zu bewertenden Unternehmens entspricht.

1265 Dieser noch recht theoretische Zusammenhang wird deutlich, wenn man sich in die Position eines Investors versetzt, der ein risikoreiches Unternehmen bewerten soll. Verwendet der Investor das Kapitalwertmodell, wird er zur Bewertung nach dem Preis suchen, den er für ein vergleichbar risikoreiches Investment bezahlen müsste. Die Rendite, die aus diesem Vergleichsinvestment resultiert, repräsentiert dann den Kalkulationszinssatz und die gesuchte Risikokompensation. Die so bestimmte Rendite lässt sich in grundsätzlich zwei Komponenten aufteilen: Den risikolosen **Basiszins** (i), den ein Investor jederzeit verdienen kann und einen **Risikozuschlag** (z), der den Investor für die Übernahme von Risiko (operatives Risiko und Finanzierungsrisiko) entschädigen soll. Der Umgang mit dem Risiko im Rahmen des Bewertungsverfahrens, den risikolosen Basiszinssatz durch einen Risikozuschlag an das Risikoniveau des zu bewertenden Unternehmens anzupassen, wird deshalb auch Risikozuschlagsmethode genannt.[1] Diese Beziehung lässt sich wie folgt darstellen:

$$r_{j,vESt} = (i + z)$$

$r_{j,vESt}$ risikoäquivalente Alternativrendite Unternehmen j, vor ESt
i   risikoloser Basiszinssatz
z   Risikozuschlag zur Herstellung der Risikoäquivalenz

1266 D.h. Investoren die bereit sind, ein hohes Risiko in ihrem Investment zu übernehmen, fordern eine entsprechend hohe Rendite bzw. einen hohen Risikozuschlag auf den Basiszins, um für diese Risikoübernahme entschädigt zu werden.

1267 Das **Capital Asset Pricing Model** (kurz CAPM) stellt eine Theorie zur Ermittlung von Risikozuschlägen dar. Nach dieser Theorie ist aber nicht die Einschätzung des Investors für die Bestimmung des Risikozuschlags maßgeblich, sondern die Risikoeinschätzung des Marktes und damit der Gesamtheit aller Investoren. Die Ermittlung des risikoäquivalenten Kalkulationszinssatzes wird in die-

---

1 Alternativ lässt sich das Problem auch über die Risikoabschlags- oder Sicherheitsäquivalenzmethode dergestalt lösen, dass nicht der Kalkulationszinssatz durch einen Risikozuschlag erhöht wird, sondern die erwarteten Gewinne um einen Risikozuschlag gekürzt und damit „sicher" gemacht werden.

ser Theorie ebenfalls ausgehend vom **Basiszinssatz** (i) sowie der **Marktrisikoprämie** ($r_M - i$) und dem **unternehmensindividuellen Risikomaß** (β_j) ermittelt. Die Marktrisikoprämie stellt den durchschnittlich im Markt realisierbaren Risikozuschlag für alle risikoreichen Investments dar und ermittelt sich als Differenz aus Marktrendite (r_M) und Basiszinssatz (i). Die Ermittlung des risikoäquivalenten Kalkulationszinssatzes stellt sich im CAPM wie folgt dar:

$$r_{j,vESt} = i + \underbrace{\beta_j \, (r_M - i)}_{z}$$

$r_{j,vESt}$	risikoäquivalente Alternativrendite Unternehmen j, vor ESt
i	risikoloser Basiszinssatz
β_j	Beta-Faktor, unternehmensbezogenes Risiko Unternehmen j
r_M	Rendite des Marktportfolios, Marktrendite
$r_M - i$	Marktrisikoprämie
z	Risikozuschlag

Obwohl § 203 Abs. 1 BewG nur von einem „Basiszins" und einem „Zuschlag" spricht, folgt er konzeptionell jedoch dem CAPM. Dies wird aus der Begründung des Finanzausschusses deutlich, der auf die Verwendung des Beta-Faktors hinweist.

1268

„Branchenspezifische Faktoren werden in dem hier geregelten typisierenden Verfahren durch einen Beta-Faktor von 1,0 berücksichtigt, weil dann die Einzelrendite wie der Markt schwankt."[1]

Durch die Verwendung der Marktrisikoprämie gemäß Empfehlung des FAUB in Höhe von 4,5 % folgt der Gesetzgeber dem Tax-CAPM.

14.6.8.2 Basiszinssatz

Der Basiszinssatz stellt die Mindestrendite dar, die eine Investition auf jeden Fall erzielen muss, da sie grundsätzlich für jedermann verfügbar ist. Soll die Rendite aus einem Investment dem Risiko dieses Investments angemessen sein, wird die sichere Mindestrendite um einen Risikozuschlag erhöht. Die Alternativrendite ist dann risikoäquivalent. Damit der Risikozuschlag exakt be-

1269

---

1 Begründung des Finanzausschusses, Teil 2. Materialien II Artikel 2, Änderung des BewG, Nr. 2, § 203 Abs. 1 BewG, abgedruckt in Hübner, H., Erbschaftsteuerreform 2009 Gesetze Materialien Erläuterungen, 2009, S. 250.

messen werden kann, muss der Basiszinssatz auch tatsächlich **risikofrei** sein. Anleihen der Bundesrepublik Deutschland erfüllen dieses Kriterium weitestgehend, weswegen sie die Basis für die Ableitung des Basiszinssatzes bilden.

1270 In der Vergangenheit wurde durch die Rechtsprechung für Zwecke der Unternehmensbewertung regelmäßig auf die **Anleiherenditen der Vergangenheit** (10 bis 30 Jahre) zurückgegriffen, um aus diesem langfristigen **Durchschnitt** ein Zinsniveau abzuleiten. Da Unternehmensbewertung Zukunftsdaten verwendet, war mit dieser Verfahrensweise die Hoffnung verbunden, dass ein derartig langfristiger Durchschnitt einen guten Schätzer für das Zinsniveau der Zukunft darstellt. Die in den letzten 30 Jahren stetig gesunkenen Anleiherenditen verfälschten aber tatsächlich den Schätzwert und führten tendenziell zu überhöhten Prognosen der Basiszinssätze.

1271 Als Verfahrensalternative zur Zinsprognose wurde die **Zinsstrukturkurve** auf der Grundlage von Spot Rates bereits in den 90er Jahren in der Literatur empfohlen.[1] Mit dem neuen WP-Handbuch 2008, in dem zur Bestimmung des Basiszinssatzes ausschließlich die Svensson-Methode und damit die Verwendung der Zinsstrukturkurve auf der Basis von Spot Rates empfohlen wurde, war dieser Paradigmenwechsel auch in der Beratungspraxis angekommen.[2] IDW S1 i. d. F. 2008 wurde entsprechend neu gefasst und verwies nunmehr ebenso auf die Zinsstrukturkurve.

*„Sofern ein Unternehmen mit zeitlich unbegrenzter Lebensdauer bewertet wird, müsste daher als Basiszinssatz die am Bewertungsstichtag beobachtbare Rendite aus einer Anlage in **zeitlich nicht begrenzte Anleihen der öffentlichen Hand** herangezogen werden. In Ermangelung solcher Wertpapiere empfiehlt es sich, den **Basiszins ausgehend von aktuellen Zinsstrukturkurven** und zeitlich darüber hinausgehenden Prognosen abzuleiten."*[3]

1272 Die Zinsstrukturkurve beschreibt das Zinsniveau in Abhängigkeit von der Restlaufzeit der Anleihen, auf deren Datenbasis die Zinsstruktur ermittelt wird. Bei einer normalen Zinsstruktur steigen die Zinssätze mit der Anlagedauer bzw. der Restlaufzeit.

---

[1] Siehe z. B. Mandl/Rabel, Unternehmensbewertung, 1997, S. 134 ff.
[2] WP-Handbuch, Band II, 2008, S. 105 Tz. 288.
[3] IDW S1 i. d. F 2008, Tz. 117, S. 2 und S. 3.

14. Verfahren zur Unternehmensbewertung nach dem Bewertungsgesetz

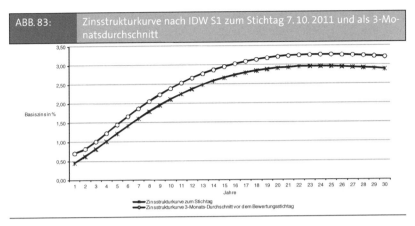

ABB. 83: Zinsstrukturkurve nach IDW S1 zum Stichtag 7.10.2011 und als 3-Monatsdurchschnitt

Marktdaten für Anleihezinssätze sind börsentäglich für Restlaufzeiten von 1 Jahr bis 30 Jahre verfügbar (30 Jahre ist die maximale Laufzeit handelsüblicher Anleihen). Damit sind marktbasierte Zinsprognosen für 30 Jahre möglich, denn nichts anderes als eine Prognose des Marktes stellen diese stichtagsbezogenen Zinsinformationen dar. Für eine Unternehmensbewertung auf Basis einer ewigen Rente wird allerdings nur **ein** Kalkulationszinssatz und damit auch nur **ein** Basiszinssatz benötigt. Deshalb werden derartige Zinsstrukturen, d. h. z. B. 30 Zinssätze für 30 einzelne Laufzeiten, in „einen" barwertäquivalenten Basiszins umgerechnet. Auch das IDW empfiehlt eine entsprechende Vorgehensweise.

1273

„Bei *unmittelbarer Verwendung einer Zinsstrukturkurve* sind die finanziellen Überschüsse *nicht mit einem einheitlichen* Kapitalisierungszinssatz zu diskontieren. Stattdessen ist *für jeden künftigen* Zahlungszeitpunkt ein laufzeitadäquater Kapitalisierungszinssatz zu ermitteln. Dieser ergibt sich aus dem jeweils relevanten Zerobond-Basiszinssatz zzgl. des unternehmensspezifischen Risikozuschlags. Für eine gegebene Struktur der finanziellen Überschüsse lässt sich *finanzmathematisch ein barwertäquivalenter einheitlicher Basiszinssatz* aus der Zinsstrukturkurve ableiten."[1]

Diese Vorgehensweise verfolgt auch § 203 BewG.

1274

„Dabei ist auf **den Zinssatz** abzustellen, den die Deutsche Bundesbank **anhand der Zinsstrukturdaten** jeweils auf den ersten Börsentag des Jahres errechnet."[2]

---

[1] 86. Sitzung des AKU Eckdaten zur Bestimmung des Kapitalisierungszinssatzes im Rahmen der Unternehmensbewertung-Basiszinssatz.
[2] § 203 Abs. 2 Satz 2 BewG.

1275 Welche Zinsstrukturdaten genau für diese Berechnung zugrunde zu legen sind, bzw. auf welchen von der Deutschen Bundesbank ermittelten Zins abzustellen ist, führt § 203 BewG allerdings nicht aus und verweist nur auf langfristige Renditen.

*„Der Basiszins ist aus der **langfristig erzielbaren Rendite öffentlicher Anleihen** abzuleiten."*[1]

1276 Die Fragestellung nach der Datenherkunft drängt sich allerdings nicht unmittelbar auf, da der zu verwendende Basiszins ausweislich § 203 BewG durch das **Bundesministerium der Finanzen** jährlich einmal für das jeweilige Kalenderjahr verbindlich vorgegeben wird.

„Das Bundesministerium der Finanzen veröffentlicht den maßgebenden Zinssatz im Bundessteuerblatt."[2]

1277 Der für die Unternehmensbewertungen zum Zwecke der Erbschaftsteuerberechnung zu verwendende Zinssatz wurde für das Veranlagungsjahr 2011 wie folgt am 5.1.2011 durch das Bundesministerium der Finanzen mitgeteilt.[3]

„BMF v. 5.1.2011 - IV D 4 - S 3102/07/10001

*Gemäß § 203 Abs. 2 BewG wird der Basiszins für das vereinfachte Ertragswertverfahren bekannt gegeben, der aus der langfristig erzielbaren Rendite öffentlicher Anleihen abgeleitet ist. Die Deutsche Bundesbank hat hierfür **auf den 3. Januar 2011** anhand der Zinsstrukturdaten einen Wert von **3,43 %** errechnet."*[4]

1278 Eine Überprüfung der Datenbasis, aus welcher der angegebenen Zinssatz ermittelt wurde, zeigt, dass hierfür der von der Deutschen Bundesbank veröffentlichte Zins der **„Zeitreihe WT 3414"** Verwendung fand. Damit wird nicht die Zinsstrukturkurve auf Basis von Zero Bonds (Null-Kupon-Anleihen) bzw. Spot Rates mit bis zu 30-jähriger Restlaufzeit verwendet, der die Svensson-Methode zugrunde liegt, sondern **öffentliche Anleihen** mit einer Restlaufzeit von **15 Jahren**. Diese Klarstellung ist insofern von Bedeutung, da sich zwischen dem vom IDW propagierten Basiszinssatz und dem vom Bundesministerium der Finanzen veröffentlichten Basiszins somit zwangsläufig Differenzen ergeben müssen, selbst wenn diese für den gleichen Stichtag verglichen werden. So veröffentlicht das BMF wie oben dargestellt für den 3.1.2011 einen Basis-

---

[1] § 203 Abs. 2 Satz 1 BewG.
[2] § 203 Abs. 2 Satz 4 BewG.
[3] Laut BMF-Schreiben vom 7.1.2009 gilt für 2009 ein Basiszins von 3,61%, laut BMF-Schreiben vom 5.1.2010 gilt für 2010 ein Basiszins von 3,98% und laut BMF-Schreiben vom 2.1.2012 für 2012 ein Basiszins von 2,44%.
[4] Bewertung nicht notierter Anteile an Kapitalgesellschaften und des Betriebsvermögens, Basiszins, BStBl 2011 I S. 5.

zins von 3,43 %. Der Basiszins nach der Zinsstrukturkurve auf Basis der Svensson-Methode ergibt für diesen Stichtag dagegen einen barwertäquivalenten Basiszins von 3,45 %.

Zwischen der Ableitung des Basiszinssatzes nach IDW S1 i.d.F. 2008 und der Anordnung zur Basiszinsbestimmung in § 203 BewG besteht noch ein weiterer gewichtiger Unterschied. IDW S1 i.d.F. 2008 bestimmt den Basiszins auf der Grundlage des Stichtagsprinzips speziell für den jeweiligen Bewertungsstichtag und empfiehlt zum Ausgleich von Zinsschwankungen die Verwendung eines Durchschnitts aus dem 3-Monatszeitraum vor dem Bewertungsstichtag. Für den Bewertungsstichtag 3.1.2011 ergäbe sich damit der geglättete Durchschnittszins in Höhe von 3,19 %.[1] 1279

Nach § 203 BewG wird dagegen ein am Jahresanfang veröffentlichter Basiszins für alle Bewertungen dieses Jahres im Rahmen des Erbschaftsteuergesetzes verwendet. 1280

„Dabei ist auf den Zinssatz abzustellen, den die Deutsche Bundesbank anhand der Zinsstrukturdaten jeweils **auf den ersten Börsentag des Jahres** errechnet."[2]

Unterjährige Zinsschwankungen bleiben damit unberücksichtigt. Geringe Veränderungen des Basiszinssatzes und damit des Kalkulationszinssatzes haben aber regelmäßig erhebliche Auswirkungen auf den Unternehmenswert. 1281

BEISPIEL:

Durchschnittsertrag	2.000.000	2.000.000	2.000.000	2.000.000
Basiszins	3,00%	3,50%	4,00%	4,50%
Risikozuschlag	4,50%	4,50%	4,50%	4,50%
Kalkulationszinssatz	7,50%	8,00%	8,50%	9,00%
Kapitalisierungsfaktor	13,33	12,50	11,76	11,11
Unternehmenswert	26.666.667	25.000.000	23.529.412	22.222.222
Differenzen		1.666.667	1.470.588	1.307.190

Im angegebenen Berechnungsbeispiel führt eine Variation des Basiszinssatzes um jeweils 0,5 % zu Veränderungen des Unternehmenswertes zwischen 1,3 Mio.€ und 1,66 Mio.€. Derartige Unterschiede im Zinsniveau während eines Jahres waren in der Vergangenheit zu beobachten. 1282

---

1 Siehe den Service zur Ermittlung von Basiszinssätzen unter www.forensika.de, BaseRateGuide.
2 § 203 Abs. 2 Satz 2 BewG.

C. Unternehmensbewertung gemäß Erbschaftsteuerreformgesetz

1283 Zum 7.10.2011 liegt der Basiszins auf Basis der IDW-Methodik bei 2,82 % bzw. als 3-Monatsdurchschnitt bei 3,13 %. Laut BMF-Schreiben gilt für 2011 dagegen nach wie vor ein Basiszinssatz von 3,43 %. Diese im Moment für den Steuerpflichtigen günstige Situation (ein höherer Basiszins führt zu einem niedrigeren Unternehmenswert!) kann sich in der Zukunft aber auch wieder umkehren.

1284 In Abhängigkeit vom anzuwendenden Steuertarif empfiehlt sich hier also regelmäßig eine alternative Unternehmensbewertung nach IDW S1 i. d. F. 2008, um die Bemessungsgrundlage abhängig von den tatsächlichen Stichtagsverhältnissen zu ermitteln und gegebenenfalls so auf das rechte Maß zu reduzieren.

14.6.8.3 Risikozuschlag und impliziter Beta-Faktor

1285 Das Gesetz gibt in § 203 BewG für das vereinfachte Ertragswertverfahren einen einheitlichen „Zuschlag" von 4,5 % auf den Basiszinssatz vor.

*„Der in diesem Verfahren anzuwendende Kapitalisierungszinssatz setzt sich zusammen aus einem Basiszins und einem **Zuschlag von 4,5 Prozent**."*[1]

1286 Der Zuschlag von 4,5 % erinnert spontan an die vom IDW empfohlene Marktrisikoprämie von 4,5 %.[2] Allerdings geht das **IDW** von einer Marktrisikoprämie nach Unternehmenssteuern und **nach Einkommensteuer** aus, während die Begründung des Finanzausschusses die **4,5 % als Vorsteuerwert** verstanden wissen will.[3] Der Zuschlag des § 203 BewG nimmt für sich in Anspruch aus dem CAPM abgeleitet zu sein. So ist auf jeden Fall die Begründung des Finanzausschusses zu verstehen, in der darauf hingewiesen wird, dass der Zuschlag das Ergebnis eines Beta-Faktors von 1,0 und damit zwangsläufig einer Marktrisikoprämie von 4,5 % sein soll.

*„Branchenspezifische Faktoren werden in dem hier geregelten typisierenden Verfahren durch einen **Beta-Faktor von 1,0** berücksichtigt, weil dann die Einzelrendite wie der Markt schwankt."*[4]

---

[1] § 203 Abs. 1 Satz 1 BewG.
[2] Aktuelle Entwicklungen der Unternehmensbewertung, Diskussionsunterlagen der Arbeitsgruppe Unternehmensbewertung, IDW Arbeitstagung Baden-Baden 2008, S. 8.
[3] Der Finanzausschuss interpretiert den Zuschlag von 4,5 % vor Ertragsteuern, siehe dazu Rdn. 1296.
[4] Begründung des Finanzausschusses, Teil 2. Materialien II Artikel 2, Änderung des BewG, Nr. 2, § 203 Abs. 1 BewG, abgedruckt in Hübner, H., Erbschaftsteuerreform 2009 Gesetze Materialien Erläuterungen, 2009, S. 357.

Der **Beta-Faktor** (β_j) misst im CAPM die Veränderung der Rendite eines bestimmten einzelnen Unternehmens im Markt-Portfolio (z. B. repräsentiert durch den DAX), wenn sich die allgemeinen Bedingungen des Marktes entweder zum Guten oder zum Schlechten verändern. Der Beta-Faktor (β_j) stellt damit einen Indikator für das **unternehmensindividuelle Risiko** dar. Um den Risikozuschlag für ein bestimmtes Unternehmen j zu ermitteln, wird die allgemeine Marktrisikoprämie ($r_M - i$) mittels des Beta-Faktors für das zu bewertende Unternehmen j (β_j) auf das Risiko des zu bewertenden Unternehmens j adjustiert und so der Risikozuschlag für das Unternehmen j als ($\beta_j (r_M - i)$) ermittelt.

BEISPIEL:

Unternehmensrisiko	niedriger als der Markt	wie Markt	höher als der Markt
Beta-Faktor	0,60	1,00	1,80
Marktrisikoprämie	4,50%	4,50%	4,50%
Risikozuschlag	**2,70%**	**4,50%**	**8,10%**

Im **vereinfachten Ertragswertverfahren** wird dieses individuelle Risiko des jeweiligen Unternehmens, das der Investor letztlich zu tragen hat, einfach „wegtypisiert" und so getan, als ob das Risiko des Unternehmens dem Risiko des „Marktes" entspricht. Da der Markt bzw. das Marktportfolio mit sich selbst zwangsläufig mit 1,0 schwankt, bedeutet die typisierende Verwendung eines Beta-Faktors von 1,0 für alle Unternehmensbewertungsfälle nichts anderes, als das sich jegliche Veränderungen (Schwankungen!) der Marktbedingungen bei allen Unternehmen (Einzelrenditen!) gleich auswirken. So ist die Begründung des Finanzausschusses zu verstehen.

„*Branchenspezifische Faktoren werden in dem hier geregelten typisierenden Verfahren durch einen **Beta-Faktor von 1,0** berücksichtigt, weil dann die **Einzelrendite wie der Markt schwankt**.*"[1]

Ein so gewählter Risikozuschlag ist somit im Zweifel entweder zu hoch oder in der überwiegenden Anzahl der Fälle tendenziell zu niedrig. Ein zu niedriger Risikozuschlag führt zu überhöhten Unternehmenswerten.

---

[1] Begründung des Finanzausschusses, Teil 2. Materialien II Artikel 2, Änderung des BewG, Nr. 2, § 203 Abs. 1 BewG, abgedruckt in Hübner, H., Erbschaftsteuerreform 2009 Gesetze Materialien Erläuterungen, 2009, S. 357.

C. Unternehmensbewertung gemäß Erbschaftsteuerreformgesetz

BEISPIEL:

Unternehmensrisiko	niedriger als der Markt	wie Markt	höher als der Markt
Beta-Faktor	0,60	1,00	1,80
Marktrisikoprämie	4,50%	4,50%	4,50%
Risikozuschlag	**2,70%**	**4,50%**	**8,10%**
Basiszins	3,50%	3,50%	3,50%
Kalkulationszinssatz	6,20%	8,00%	11,60%
Kapitalisierungsfaktor	16,13	12,50	8,62
Durchschnittsertrag €	1.000.000	1.000.000	1.000.000
Unternehmenswert €	**16.129.032**	**12.500.000**	**8.620.690**

1290 Der Zuschlag gemäß § 203 BewG soll aber nicht nur als Risikozuschlag dienen, sondern nach der Begründung des Finanzausschusses auch noch andere Funktionen erfüllen.

„*Der Zuschlag berücksichtigt pauschal neben dem Unternehmerrisiko auch andere Korrekturposten, z. B. **Fungibilitätszuschlag, Wachstumsabschlag oder inhaberabhängige** Faktoren.*"[1]

14.6.8.4 Fungibilitätszuschlag

1291 Der Fungibilitätszuschlag wird in der Literatur kontrovers diskutiert. Die überwiegende Meinung hält einen derartigen Zuschlag im Kalkulationszinssatz für nicht angemessen, da das Problem der schwierigeren Veräußerbarkeit von Unternehmen, die nicht an der Börse notiert sind, durch diesen Ansatz ohne theoretische Grundlage und nicht problemadäquat erfasst wird.[2] Der Erwerber eines Unternehmens trägt sich gegebenenfalls im Moment oder absehbar gar nicht mit dem Gedanken eines Weiterverkaufs.[3]

1292 Gegebenenfalls sprechen Argumente wie das Einhalten der Behaltefrist zur Erlangung des Verschonungsabschlags gemäß § 13a ErbStG ohnehin gegen einen Verkauf in der näheren Zukunft. Ob die Aufwendungen bei einem Verkauf

---

[1] Begründung des Finanzausschusses, Teil 2. Materialien II Artikel 2, Änderung des BewG, Nr. 2, § 203 Abs. 1 BewG, abgedruckt in Hübner, H., Erbschaftsteuerreform 2009 Gesetze Materialien Erläuterungen, 2009, S. 357.
[2] Schulz, R., Größenabhängige Risikoanpassungen in der Unternehmensbewertung, 2009, S. 110.
[3] Ballwieser, W., Unternehmensbewertung, 2004, S. 99; Ballwieser, W., Unternehmensbewertung, Sp. 2090, in Gerke/Steiner (Hrsg.), Handwörterbuch des Bank- und Finanzwesens, 2001.

in Form von Makler- und Beraterkosten dann zu diesem späteren Zeitpunkt in einer Höhe anfallen, die jetzt durch einen erhöhten Kalkulationszinssatz und damit einen reduzierten Unternehmenswert abgedeckt werden, ist mehr als zweifelhaft. Da der Finanzausschuss keine weiteren Angaben zur Höhe des Fungibilitätszuschlags macht, kann von einer impliziten und in der Praxis beliebten Größe von 1 % ausgegangen werden.

BEISPIEL:

Unternehmensrisiko	niedriger als der Markt	wie Markt	höher als der Markt
Beta-Faktor	0,60	1,00	1,80
Marktrisikoprämie	4,50%	4,50%	4,50%
Risikozuschlag	2,70%	4,50%	8,10%
Basiszins	3,50%	3,50%	3,50%
Fungibilitätszuschlag	**1,00%**	**1,00%**	**1,00%**
Kalkulationszinssatz	7,20%	9,00%	12,60%
Kapitalisierungsfaktor	13,89	11,11	7,94
Durchschnittsertrag €	1.000.000	1.000.000	1.000.000
Unternehmenswert €	13.888.889	11.111.111	7.936.508
implizite Kosten für Veräußerung (Delta Beispiel oben)	2.240.143	1.388.889	684.182

14.6.8.5 Wachstumsabschlag

Zusätzlich soll in den 4,5 % auch ein Wachstumsabschlag enthalten sein. Die Kürzung des Kalkulationszinssatzes um einen Wachstumsabschlag stellt einen Rechentrick bei der Anwendung der ewigen Rente dar und soll, trotz der statischen Eingangsgröße des nachhaltigen Gewinns in der Formel der ewigen Rente, mathematisch ein Wachsen der Zahlungsreihe in Höhe der Wachstumsrate (= Wachstumsabschlag) bewirken. Der Wachstumsabschlag führt damit zu einer Erhöhung des Unternehmenswertes.

1293

C. Unternehmensbewertung gemäß Erbschaftsteuerreformgesetz

> **BEISPIEL:**
>
> | Unternehmensrisiko | niedriger als der Markt | wie Markt | höher als der Markt |
> |---|---|---|---|
> | Beta-Faktor | 0,60 | 1,00 | 1,80 |
> | Marktrisikoprämie | 4,50% | 4,50% | 4,50% |
> | Risikozuschlag | 2,70% | 4,50% | 8,10% |
> | Basiszins | 3,50% | 3,50% | 3,50% |
> | **Wachstumsabschlag** | **1,00%** | **1,00%** | **1,00%** |
> | Kalkulationszinssatz | 5,20% | 7,00% | 10,60% |
> | Kapitalisierungsfaktor | 19,23 | 14,29 | 9,43 |
> | Durchschnittertrag € | 1.000.000 | 1.000.000 | 1.000.000 |
> | Unternehmenswert € | 19.230.769 | 14.285.714 | 9.433.962 |
> | Erhöhung Unternehmenswert (Delta Beispiel oben) | 3.101.737 | 1.785.714 | 813.273 |

1294 Die Verwendung eines derartigen Wachstumsabschlags ist aber **kein Automatismus** und nur gerechtfertigt, wenn das Unternehmen dauerhaft in der Lage ist, seine Gewinne zu steigern bzw. die Inflationsrate mehr oder weniger durch das Gewinnwachstum zu kompensieren.[1] Studien legen berechtigte Zweifel nahe, dass Unternehmen dazu generell in der Lage sind. Im Rahmen einer regulären Unternehmensbewertung ist somit immer vorab zu überprüfen, ob das Unternehmen aufgrund seiner Marktstellung in der Vergangenheit in der Lage war, seine Gewinne in der beschriebenen Art zu steigern. Nur dann ist ein entsprechender Wachstumsabschlag gerechtfertigt. Das vereinfachte Ertragswertverfahren unterstellt diese Fähigkeit nach der Aussage des Finanzausschusses **pauschal**. Liegen diese Voraussetzungen tatsächlich nicht vor, kommt es zu einer Überbewertung des Unternehmens.

1295 Saldiert man die unterstellte implizite Wachstumsrate von 1 % mit dem unterstellten impliziten Fungibilitätszuschlag von 1 %, bleibt es bei einem Beta-Faktor von 1,0 im Ergebnis bei einem „reinen" Zuschlag von 4,5 %.

---

[1] Siehe dazu Rdn. 321.

14. Verfahren zur Unternehmensbewertung nach dem Bewertungsgesetz

BEISPIEL:

Unternehmensrisiko	niedriger als der Markt	wie Markt	höher als der Markt
Beta-Faktor	0,60	1,00	1,80
Marktrisikoprämie	4,50%	4,50%	4,50%
Risikozuschlag	2,70%	4,50%	8,10%
Basiszins	3,50%	3,50%	3,50%
Fungibilitätszuschlag	1,00%	1,00%	1,00%
Wachstumsabschlag	1,00%	1,00%	1,00%
Kalkulationszinssatz	6,20%	8,00%	11,60%
Kapitalisierungsfaktor	16,13	12,50	8,62
Durchschnittertrag €	1.000.000	1.000.000	1.000.000
Unternehmenswert €	16.129.032	12.500.000	8.620.690
Delta Unternehmenswert zu Beispiel 1	0	0	0

14.6.8.6 Verletzung der Besteuerungsäquivalenz

Die Ausführungen zu dem Zuschlag gemäß § 203 BewG sollen mit einem Hinweis zur steuerlichen Behandlung dieses Zuschlags abgeschlossen werden. Wie oben bereits erwähnt, ist der Zuschlag von 4,5 % nach der Begründung des Finanzausschusses **vor Ertragsteuern** zu verstehen. Diese Begründung verletzt einen Grundsatz der Unternehmensbewertung in Form des Äquivalenzgrundsatzes in beeindruckender Weise, wobei unter Äquivalenz vereinfacht ausgedrückt zu verstehen ist, dass Zähler und Nenner unter gleichen Bedingungen gleich zu behandeln sind.[1] Der Finanzausschuss argumentiert dagegen wie folgt:

1296

*„Eine Korrektur (...des Kalkulationszinssatzes... Anmerkung des Verfassers) wegen der **Ertragsteuerbelastung ist nicht** vorzunehmen, weil die Berücksichtigung der Betriebssteuern bereits im **Rahmen der Ermittlung des Jahresertrags (§ 202 BewG)** erfolgt."*[2]

---

1 Der Hinweis auf Zähler und Nenner unterstellt immer eine vereinfachte Unternehmensbewertung unter Zuhilfenahme der Formel der ewigen Rente. Dabei stellt der Zähler den zu diskontierenden Unternehmensgewinn und der Nenner den Kalkulationszinssatz dar; zum Äquivalenzprinzip siehe Rdn. 84.
2 Begründung des Finanzausschusses, Teil 2. Materialien II Artikel 2, Änderung des BewG, Nr. 2, § 203 Abs. 1 BewG, abgedruckt in Hübner, H., Erbschaftsteuerreform 2009 Gesetze Materialien Erläuterungen, 2009, S. 357.

C. Unternehmensbewertung gemäß Erbschaftsteuerreformgesetz

1297 Um die Verletzung des Äquivalenzgrundsatzes hier in seiner Tragweite deutlich zu machen, ist noch eine kurze Erläuterung des Kapitalwertmodells als Grundberechnungsformel der Unternehmensbewertung notwendig. Im Kapitalwertmodell werden erwartete Gewinne des Unternehmens j mit einem Kalkulationszinssatz diskontiert. Diese Berechnung stellt einen Vergleich der Unternehmensgewinne mit der Alternativinvestition, ausgedrückt durch den Kalkulationszinssatz, dar. Der „Vergleich" mit einem Kalkulationszinssatz, bzw. der darin zum Ausdruck kommenden Rendite der Investitionsalternative, stellt einen Rechentrick dar, da nicht uniforme Zahlungsreihen kaum miteinander vergleichbar sind. Die Entscheidung zwischen den folgenden Zahlungsreihen ist also schwierig:

> **BEISPIEL:** Die Entwicklung der Investitionsprojekte A und B stellt sich über die nächsten 10 Jahre anhand der jährlichen Gewinne wie folgt dar.
>
> A: 100, 150, 200, 50, 40, 90, 110, 500, 10, 5;
>
> B: 500, 5, 100, 150, 200, 100, 5, 5, 120, 30;

Würde die Zahlungsreihe B dagegen durch einen Renditewert ausgedrückt, könnte A mit B durch Einsatz der Kapitalwertformel verglichen und damit bewertet werden.

1298 Nun stelle sich der Leser den Vorteilhaftigkeitsvergleich zwischen zwei zur Auswahl stehenden Eigentumswohnungen vor. Die Wohnung A erbringt einen nachhaltigen Mietertrag von 12.000 € **nach** Steuern. Die Wohnung B erbringt einen nachhaltigen Mietertrag von 12.000 € **vor** Steuern. Nach der übertragenen Begründung des Finanzausschusses können die 12.000 € der Wohnung A (nach Steuern) direkt mit den 12.000 € der Wohnung B (vor Steuern) verglichen werden, da die Ertragsteuern ja bei der Wohnung A berücksichtigt wurden (?) Demnach wären beide Wohnungen gleich vorteilhaft. Dieser Vergleich wäre unsinnig, da er die berühmten Äpfel mit Birnen vergleichen würde. Genau so ein Vergleich liegt aber der Begründung des Finanzausschusses zugrunde.

1299 D.h. wenn der nachhaltige Jahresertrag im Sinne von § 201 BewG i.V.m. § 202 Abs. 3 BewG als Wert nach Ertragsteuern verwendet wird, muss auch der Kalkulationszinssatz nach Ertragsteuern zur Anwendung kommen. Die Konsequenz daraus wären allerdings steigende Unternehmenswerte, da ein um Ertragsteuern geminderter Kalkulationszinssatz zu einem höhern Kapitalisierungsfaktor und damit einem höheren Unternehmenswert führt. Eine Berechnung ohne Ertragsteuern führt unter den Bedingungen einer ewigen Rente zum gleichen Ergebnis, da dann der nachhaltige Jahresertrag im Sinne von § 201 BewG entsprechend höher auszuweisen wäre.

Die Verwendung der 4,5 % Marktrisikoprämie und die unglückliche Begründung des Finanzausschusses lässt aber eher auf ein redaktionelles Versehen schließen. D.h. es sollte wohl tatsächlich die vom FAUB für Bewertungsstichtage ab dem 1.1.2009 empfohlene Marktrisikoprämie von 4,5 % zur Anwendung kommen, allerdings hatte man dann aus den Augen verloren, dass dieser Wert als Wert nach Unternehmens- und Einkommensteuern zu verstehen ist. Damit ist die in § 203 BewG vorgeschlagenen Marktrisikoprämie zwar „richtig", allerdings ist die Begründung hierzu unzutreffend.

Wenn die vom FAUB empfohlene Marktrisikoprämie zu unterstellen ist, die auch die Einkommensteuer berücksichtigt, müsste aber wiederum das zu versteuernde Einkommen nicht nur um eine Ertragsteuerpauschale, sondern auch noch um eine Einkommensteuerpauschale gekürzt werden. Wie man es also dreht und wendet, ist eine stimmige Steueräquivalenz in der vorliegenden Konzeption nicht zu begründen.[1]

ABB. 84	Verletzung der Besteuerungsäquivalenz		
"Zähler"	"Nenner" lt. Reg.Begründung		"Nenner" lt. FAUB
Betriebsergebnis vor Ertragsteuern	MRP vor Ertragsteuern	4,50%	MRP vor Ertragsteuern
Ertragsteuersatz pauschal			Ertragsteuern
Betriebsergebnis nach Ertragsteuern			MRP nach Ertragsteuern
			Einkommensteuer
			MRP nach Ertrag- u. Einkommensteuer 4,50%

14.6.8.7 Kapitalisierungsfaktor

Der Kapitalisierungsfaktor (K) stellt den Kehrwert des Kalkulationszinssatzes (r) dar. D.h. es gilt $K = 1 / r$. Der vereinfachte Ertragswert ergibt sich gemäß § 200 Abs. 1 BewG durch Multiplikation des nachhaltigen Jahresertrages des Unternehmens j (J_j) mit dem Kapitalisierungsfaktor (K).

*„Zur Ermittlung des Ertragswerts ist vorbehaltlich der Absätze 2 bis 4 der zukünftig nachhaltig erzielbare **Jahresertrag** (§§ 201 und 202) mit dem **Kapitalisierungsfaktor** (§ 203) zu multiplizieren."*[2]

Diese Berechnungsweise stellt an sich einen Umweg in der Berechnung des vereinfachten Ertragswertes dar, denn anstatt unmittelbar den Unternehmenswert als Rentenbarwert durch die Division J_j / r zu ermitteln, wird zu-

---

[1] Wollny, C., Vereinfachtes Ertragswertverfahren – Anmerkungen zur Verletzung der Steueräquivalenz, DStR 2012, S. 1356 ff.; zum erforderlichen Steuerbelastungssatz siehe Rdn. 1228.
[2] § 200 Abs. 1 BewG.

nächst aus dem Kalkulationszinssatz r ein Kapitalisierungsfaktor 1/r ermittelt und erst dieser mit dem Jahresertrag multipliziert.

BEISPIEL:

Unternehmensrisiko	niedriger als der Markt	wie Markt	höher als der Markt
Beta-Faktor	0,60	1,00	1,80
Marktrisikoprämie	4,50%	4,50%	4,50%
Risikozuschlag	2,70%	4,50%	8,10%
Basiszins	3,50%	3,50%	3,50%
Fungibilitätszuschlag	1,00%	1,00%	1,00%
Wachstumsabschlag	1,00%	1,00%	1,00%
Kalkulationszinssatz	6,20%	8,00%	11,60%
Berechnung	1/0,062	1/0,08	1/0,116
Kapitalisierungsfaktor	16,13	12,50	8,62
UW mit Kap.Faktor			
Berechnung UW €	1 Mio. x 16,13	1 Mio. x 12,5	1 Mio. x 8,62
Unternehmenswert €	16.129.032	12.500.000	8.620.690
UW mit Ewiger Rente			
Berechnung UW €	1 Mio. / 0,062	1 Mio. / 0,08	1 Mio. / 0,116
Unternehmenswert €	16.129.032	12.500.000	8.620.690

1304 Wie das Beispiel zeigt, ergibt sich durch die Berechnungsvarianten kein Einfluss auf das Berechnungsergebnis. Die Verwendung eines Kapitalisierungsfaktors verstellt dagegen den Blick darauf, dass der vereinfachte Ertragswert auf Basis der ewigen Rente ermittelt wird. D.h. der Berechnungsweg unterstellt, dass der „zukünftig nachhaltig erzielbare Jahresertrag" gemäß § 200 Abs. 1 BewG für alle **Ewigkeit** aus dem Unternehmen zu erwarten ist. Prognosefehler bei der Bestimmung des Jahresertrages wirken sich somit erheblich aus. Unternehmenswerte werden regelmäßig unter der Annahme der unendlichen Lebensdauer ermittelt, wenn nicht offensichtlich Argumente gegen die Annahme der unendlichen Lebensdauer sprechen.

14.6.9 Ermittlung des Werts einer Beteiligung

14.6.9.1 Ermittlung des Anteilswerts an einer Kapitalgesellschaft

1305 Der gemeine Wert eines nicht notierten Anteils an einer Kapitalgesellschaft ergibt sich aus der gesellschaftsrechtlichen Beteiligungsquote und dem gemeinen Wert des Betriebsvermögens der Kapitalgesellschaft. Die Aufteilung des

Unternehmenswerts folgt damit auch bei Anwendung des vereinfachten Ertragswertverfahrens den allgemeinen Regeln des § 97 Abs. 1b BewG.[1]

14.6.9.2 Ermittlung des Anteils am Betriebsvermögen einer Personengesellschaft

Die Ermittlung des Anteils am Betriebsvermögen („Beteiligungswertes") über die Zuordnung der Kapitalkonten, die Verteilung des darüber hinausgehenden Werts (gemeiner Wert bzw. Mindestwert) und des separiert ermittelten Wertes nicht betriebsnotwendigen Vermögens und die Zuordnung des Sonderbetriebsvermögens folgt der Regelung des § 97 Abs. 1a BewG.[2]

1306

„*Der gemeine Wert eines Anteils am Betriebsvermögen einer in § 97 Abs. 1 Satz 1 Nr. 5 genannten Personengesellschaft ist wie folgt zu ermitteln und aufzuteilen:*

1. *Der nach § 109 Abs. 2 ermittelte gemeine Wert des der Personengesellschaft gehörenden Betriebsvermögens (Gesamthandsvermögen) ist wie folgt aufzuteilen:*

   a) *die Kapitalkonten aus der Gesamthandsbilanz sind dem jeweiligen Gesellschafter vorweg zuzurechnen;*

   b) *der verbleibende Wert ist nach dem für die Gesellschaft maßgebenden Gewinnverteilungsschlüssel auf die Gesellschafter aufzuteilen; Vorabgewinnanteile sind nicht zu berücksichtigen.*

2. *Für die Wirtschaftsgüter und Schulden des Sonderbetriebsvermögens eines Gesellschafters ist der gemeine Wert zu ermitteln. Er ist dem jeweiligen Gesellschafter zuzurechnen.*

3. *Der Wert des Anteils eines Gesellschafters ergibt sich als Summe aus dem Anteil am Gesamthandsvermögen nach Nummer 1 und dem Wert des Sonderbetriebsvermögens nach Nummer 2.*"[3]

Die Verwendung des vereinfachten Ertragswertverfahrens kann somit keinen Einfluss auf diese Systematik haben. Das wollen die Erbschaftsteuerrichtlinien anders geregelt wissen und schließen die durch § 97 Abs. 1a Nr. 1 BewG bestimmte Verteilung des Gesamthandsvermögens bei Anwendung des verein-

---

1 Siehe hierzu Rdn. 1474.
2 Siehe hierzu Rdn. 1480.
3 § 97 Abs. 1a BewG.

fachten Ertragswertverfahrens aus, da dieses zweifelsfrei „unter Berücksichtigung der Ertragsaussichten" ermittelt wird.

„Der Wert des Gesamthandsvermögens (§ 109 Absatz 2 in Verbindung mit § 11 Absatz 2 BewG) ist wie folgt aufzuteilen:

1. *¹Die Kapitalkonten aus der Gesamthandelsbilanz sind dem jeweiligen Gesellschafter vorweg zuzurechnen. ...*

2. *Der verbleibende Wert ist nach dem Gewinnverteilungsschlüssel auf die Gesellschafter aufzuteilen. Vorabgewinne sind nicht zu berücksichtigen.*

Wenn der Wert des Anteils eines Gesellschafters am Gesamthandsvermögen ... unter Berücksichtigung der Ertragsaussichten der Gesellschaft oder einer anderen anerkannten, auch im gewöhnlichen Geschäftsverkehr für nichtsteuerliche Zwecke üblichen Methode ermittelt wird (Gutachtenwert), ist Satz 1 nicht anzuwenden und eine Aufteilung nach § 97 Absatz 1a BewG ist nicht vorzunehmen."[1]

Die Erbschaftsteuerrichtlinien widersprechen insofern dem Gesetz und den gleich lautenden Ländererlassen vom 17. 5. 2011.[2] Eine Verwendung der Aufteilungsregel in § 97 Abs. 1a BewG wäre damit auf die Anwendung des Substanzwertverfahrens beschränkt. Das kann nicht gewollt sein. Vielmehr soll die Aufteilung nach § 97 Absatz 1a Nr. 1 BewG nur für Gutachtenwerte in der Definition der R B 11.3 Abs. 1 Satz 1 ausgeschlossen sein. Danach zählt das vereinfachte Ertragswertverfahren nicht als Gutachtenwert.

14.6.10 Paketzuschlag – Abschlag wegen fehlenden Einflusses

1307 Nach den Ländererlassen sollte der Paketzuschlag auch bei Verwendung des vereinfachten Ertragswertverfahrens zur Anwendung kommen, wenn die Voraussetzungen des § 11 Abs. 3 BewG vorliegen.

*„Wird der gemeine Wert in einem Ertragswertverfahren oder nach einer anderen anerkannten, auch im gewöhnlichen Geschäftsverkehr für nichtsteuerliche Zwecke üblichen Methode oder **im vereinfachten Ertragswertverfahren** (§§ 199 bis 203 BewG; ... ermittelt, ist - **unter den Voraussetzungen des § 11 Abs. 3 BewG** - der Paketzuschlag erforderlich, wenn die in § 11 Abs. 3 BewG genannten Umstände bei der Wertermittlung nicht berücksichtigt werden."*[3]

---

1 ErbStR 2011, R B 97.3 Abs. 2.
2 GLE AntBV vom 17. 5. 2011, Abschnitt 12 Abs. 2.
3 GLE AntBV vom 17. 5. 2011, Abschnitt 7 Abs. 2 Satz 2.

Im Folgesatz hierzu wird die Berücksichtigung eines Paketzuschlags bei Anwendung des vereinfachten Ertragswertverfahrens grundsätzlich ausgeschlossen.

"Im vereinfachten Ertragswertverfahren ist in der Regel kein Paketzuschlag vorzunehmen."[1]

Dieser Widerspruch wurde durch die zu diesem Punkt gleichlautenden Erbschaftsteuerrichtlinien behoben, indem der Hinweis, dass auch bei dem vereinfachten Ertragswertverfahren der Paketzuschlag erforderlich sei, gestrichen wurde. Die Erbschaftsteuerrichtlinien führen nur noch aus:

"Wird der gemeine Wert in einem Ertragswertverfahren oder nach einer anderen anerkannten, auch im gewöhnlichen Geschäftsverkehr für nichtsteuerliche Zwecke üblichen Methode ermittelt, ist – unter den Voraussetzungen des § 11 Abs. 3 BewG – der Paketzuschlag erforderlich, wenn die in § 11 Abs. 3 BewG genannten Umstände bei der Wertermittlung nicht berücksichtigt werden."[2]

Warum das vereinfachte Ertragswertverfahren aus der Regelung des § 11 Abs. 3 BewG zur Vornahme eines Paketzuschlags ausgenommen sein sollte, erschließt sich zumindest nicht konzeptionell, da das vereinfachte Ertragswertverfahren den Versuch einer objektivierten Bewertung unternimmt und werterhöhende Mehrheitseinflüsse definitiv nicht berücksichtigt werden. Das Gesetz deckt sich ebensowenig mit den Ausnahmewünschen der Erbschaftsteuerrichtlinien und bezieht das vereinfachte Ertragswertverfahren eindeutig in den Regelungskreis des § 11 Abs. 3 BewG mit ein.

"Ist der gemeine Wert einer Anzahl von Anteilen an einer Kapitalgesellschaft, die einer Person gehören, infolge besonderer Umstände (z. B. weil die Höhe der Beteiligung die Beherrschung der Kapitalgesellschaft ermöglicht) **höher als der Wert, der sich auf Grund ... der gemeinen Werte (Absatz 2)** *für die einzelnen Anteile insgesamt ergibt, so ist der gemeine Wert der Beteiligung maßgebend."*[3]

Ein Abschlag für fehlenden Einfluss auf die Geschäftsführung wird auch für das vereinfachte Ertragswertverfahren ausgeschlossen.

"Ein Abschlag wegen fehlenden Einflusses auf die Geschäftsführung kommt in diesen Fällen nicht in Betracht."[4]

---

1 Abschnitt 7, Abs. 2, Satz 3, GLE AntBV vom 17. 5. 2011.
2 ErbStR 2011, R B 11.6 Abs. 2 Satz 2.
3 § 11 Abs. 3 BewG.
4 ErbStR 2011, R B 11.6 Abs. 2 Satz 4.

14.6.11 Substanzwert als Mindestwert

1312 Auch bei Verwendung des vereinfachten Ertragswertverfahrens, ist die Mindestwertregelung des § 11 Abs. 2 Satz 3 BewG zu berücksichtigen.

„*Der Substanzwert ist als Mindestwert nur anzusetzen, wenn der gemeine Wert nach dem vereinfachten Ertragswertverfahren (§§ 199 bis 203 BewG; ...) oder mit einem Gutachterwert (Ertragswertverfahren oder andere im gewöhnlichen Geschäftsverkehr für nichtsteuerliche Zwecke übliche Methode) ermittelt wird.*"[1]

1313 Ergänzend regeln die Erbschaftsteuerrichtlinien die Anwendung des **Substanzwertes** als Mindestwert, wenn die Bewertung anhand des vereinfachten Ertragswertverfahrens wegen **Neugründung** oder **Branchenwechsel** zu begründeten Zweifeln hinsichtlich der Bewertungsqualität führt, d. h. offensichtlich unzutreffende Ergebnisse zu erwarten sind.

„*Insbesondere in folgenden Fällen ist vom Vorliegen begründeter Zweifel auszugehen:*

2. neu gegründete Unternehmen, bei denen der künftige Jahresertrag noch nicht aus den Vergangenheitserträgen abgeleitet werden kann, insbesondere bei Gründungen innerhalb eines Jahres vor dem Bewertungsstichtag, da es hier regelmäßig, z. B. wegen hoher Gründungs- und Ingangsetzungsaufwendungen, zu offensichtlich unzutreffenden Ergebnissen führt;

"*Im vereinfachten Ertragswertverfahren ist in der Regel kein Paketzuschlag vorzunehmen.*"

3. Branchenwechsel eines Unternehmens, bei dem deshalb der künftige Jahresertrag noch nicht aus den Vergangenheitserträgen abgeleitet werden kann;

.... Es bestehen grundsätzlich keine Bedenken, in den Fällen des Satzes 1 Nummer 2 und 3 den Substanzwert als Mindestwert (§ 11 Abs. 2 Satz 3 BewG) anzusetzen, sofern dies nicht zu unzutreffenden Ergebnissen führt."[2]

14.7 Liquidationswertverfahren im Bewertungsgesetz

14.7.1 Zulässigkeit des Liquidationswertes im Rahmen des Bewertungsgesetzes

1314 Das Bewertungsgesetz nennt in § 11 Abs. 2 Satz 3 BewG nur den **Substanzwert**, aber nicht den Liquidationswert.

---

1 ErbStR 2011, R B 11.3 Abs. 1 Satz 1.
2 ErbStR 2011, R B 199.1 Abs. 6.

"Die Summe der gemeinen Werte der zum Betriebsvermögen gehörenden Wirtschaftsgüter und sonstigen aktiven Ansätze abzüglich der zum Betriebsvermögen gehörenden Schulden und sonstigen Abzüge (Substanzwert) der Gesellschaft darf nicht unterschritten werden; ..."

Ein Hinweis darauf, dass unter dem neuen Bewertungsgesetz ein **Liquidationswert** zum Ansatz kommen kann, ergibt sich aus der Begründung zum Gesetzentwurf der Bundesregierung.

*"**Steht fest, dass die Gesellschaft nicht weiter betrieben** werden soll, ist der **Liquidationswert** als besondere Ausprägung des Substanzwerts die **Untergrenze.**"*[1]

Ein weiterer Hinweis für die Zulässigkeit des Liquiationswerts findet sich in den Erbschaftsteuerrichtlinien.

*"Die Einzelunternehmen, Personengesellschaften oder Kapitalgesellschaften, die sich in Liquidation befinden, bestehen keine Bedenken, den **Liquidationswert** (einschließlich der Liquidationskosten, die beispielsweise für einen Sozialplan anfallen) anzusetzen."*[2]

Nach einer **Literaturmeinung** kann der Liquidationswert aber für die Bewertungszwecke des Bewertungsgesetzes nicht berücksichtigt werden, weil

a) er in den gesetzlichen Regelungen für die Vermögensart Betriebsvermögen keine wörtliche Nennung erfährt und

b) die Liquidationskosten nach dem Stichtagsprinzip ohnehin nicht abgezogen werden können, wenn sie am Bewertungsstichtag noch nicht veranlasst sind.[3]

Dem Argument unter **a)**, der Liquidationswert könne nicht angewendet werden, da er in § 11 Abs. 2 Satz 3 BewG keine wörtliche Nennung findet kann m. E. entgegengehalten werden, dass der Gesetzgeber den Begriff Substanzwert als **Oberbegriff** verwendet. Nur so ist die Regierungsbegründung zu verstehen, welche die Formulierung des *" ... Liquidationswerts als besondere Ausprägung des Substanzwerts ..."* verwendet. Bei einem so verstandenen Gesetzestext wird aus dem Substanzwert i. S. d. Fortführung, bei Einstellung des Un-

1315

1316

1317

1318

---

1 Begründung zum Gesetzentwurf der Bundesregierung, Teil 2. Materialien II Artikel 2, Änderung des BewG, Nr. 2, § 11 BewG, abgedruckt in Hübner, H., Erbschaftsteuerreform 2009 Gesetze Materialien Erläuterungen, 2009, S. 245.
2 ErbStR 2011, R B 11.3 Abs. 9.
3 Horn, H.-J., in Fischer/Jüptner/Pahlke/Wachter, ErbStG Kommentar, 2010, § 12, S. 504 f. Tz. 307, allerdings vor Veröffentlichung der ErbStR 2011.

ternehmens ein **Substanzwert i. S. d. Beendigung**. Ein Substanzwert i. S. d. Beendigung des Unternehmens ist dann der Liquidationswert.

1319 Die Anwendbarkeit eines Liquidationswertes stellt abgesehen davon keine Neuigkeit im Rahmen der bewertungsrechtlichen Regelungen dar. So ist der Liquidationswert auch für das **Land- und forstwirtschaftliche Vermögen** in § 166 BewG vorgesehen. Auch im Rahmen des **Stuttgarter Verfahrens** war der Ansatz eines Wertes unterhalb des Vermögenswertes (Substanzwert!) dann möglich, wenn das Unternehmen beendigt werden sollte.

„Eine weitere Herabsetzung des auf der Grundlage eines Ertragshundertsatzes von 0 v. H. ermittelten gemeinen Werts kommt nur in Betracht, wenn die am Stichtag vorhandenen objektiven Verhältnisse auf einen baldigen Zusammenbruch des Unternehmens hindeuten."[1]

Da nach der Systematik des Stuttgarter Verfahrens die Wertkomponente Vermögenswert als Substanzwert zu verstehen ist, kann mit einem darunter liegenden Vermögenswert nur der Liquidationswert gemeint sein.

1320 Dem Argument unter b) kann entgegengehalten werden, dass für eine Berücksichtigung der Liquidationskosten – als materiell bedeutsamen Unterschied zum Substanzwert – eine Auslösung am Bewertungsstichtag nicht zwingend erforderlich ist. Unter dem Regelungsinhalt der **Wurzeltheorie**, die im Erbrecht wie im Erbschaftsteuerrecht anzuwenden ist, genügt, dass die Notwendigkeit einer Liquidation am Bewertungsstichtag im Keim bzw. in der Wurzel angelegt war.[2] Bei der tatsächlichen Durchführung einer Liquidation, sollten für diesen kausalen Zusammenhang überzeugende Argumente angeführt werden können.

14.7.2 Ermittlung des Liquidationswertes

1321 Die Bewertung der Vermögenswerte und Schulden erfolgt nach den allgemeinen Regeln. Der Ansatz des **gemeinen Wertes** (d. h. des Verkehrswertes oder Marktpreises[3]) als Wertkategorie für die einzelnen Vermögenswerte, stellt in idealer Weise das potenzielle Ergebnis einer Liquidation dar.

„Bei Bewertungen ist, soweit nichts anderes vorgeschrieben ist, der gemeine Wert zugrunde zu legen."[4]

---

1 Erbschaftsteuer-Richtlinien 2003, R 99, Abs. 4 Satz 3 und Satz 4.
2 Siehe Rdn. 691.
3 Siehe zum Vergleich die Definition des Verkehrswertes oder Marktpreises in § 194 BauGB.
4 § 9 Abs. 1 BewG.

14. Verfahren zur Unternehmensbewertung nach dem Bewertungsgesetz

Die Unternehmensschulden, denen eine Verpflichtung gegenüber Dritten zugrunde liegt, sind zu Rückzahlungswerten anzusetzen. 1322

Die **Liquidationskosten** könnten bei einem Liquidationswert gemäß Bewertungsgesetz als „sonstige Abzüge" im Sinne von § 11 Abs. 2 Satz 3 BewG zum Abzug kommen.[1] Liquidationskosten, wie etwa ein **Sozialplan**, sind als ungewisse Verbindlichkeiten Schulden des Betriebsvermögens. Ungewisse Verbindlichkeiten sind aber zum Abzug zugelassen. 1323

„*Ungewisse Verbindlichkeiten können abgezogen werden, soweit sie zum Bewertungsstichtag eine **wirtschaftliche Belastung** darstellen.*"[2]

Eine Sozialplanverpflichtung stellt eine **wirtschaftliche Belastung** dar und ist als ungewisse Verbindlichkeit rückstellungsfähig. 1324

„*Rückstellungen für Leistungen auf Grund eines **Sozialplans** nach den §§ 111, 112 des Betriebsverfassungsgesetzes sind insbesondere unter Beachtung der Grundsätze in den Absätzen 5 und 6 im Allgemeinen ab dem Zeitpunkt **zulässig**, in dem der Unternehmer den Betriebsrat über die geplante Betriebsänderung nach § 111 Satz 1 des Betriebsverfassungsgesetzes unterrichtet hat.*"[3]

Die Bildung der Sozialplanrückstellung ist auch möglich, wenn der **Betriebsrat** erst im Rahmen der **Aufstellung der Bilanz** unterrichtet wird. 1325

„*Die **Voraussetzungen** für die Bildung von Rückstellungen für **ungewisse Verbindlichkeiten** liegen am Bilanzstichtag auch vor, wenn der Betriebsrat erst **nach dem Bilanzstichtag**, aber **vor der Aufstellung** oder Feststellung der Bilanz unterrichtet wird und der Unternehmer sich bereits vor dem Bilanzstichtag zur Betriebsänderung entschlossen oder schon vor dem Bilanzstichtag eine wirtschaftliche Notwendigkeit bestanden hat, eine zur Aufstellung eines **Sozialplans** verpflichtende Maßnahme durchzuführen.*"[4]

Offen bleibt, ob auch die **Ertragsteuern** auf den Liquidationserlös unter den sonstigen Abzügen zu erfassen wären. Im Zivilrecht und bei der Bestimmung von Abfindungsansprüchen ist dies gängige Rechtsprechung. 1326

„*Zu den **Liquidationskosten** gehören **auch** die vom Unternehmen infolge der für die fiktive Liquidation unterstellten Veräußerung von Betriebsvermögen auf Veräußerungsgewinne nach § 11 KStG, § 7 Abs. 1 Satz 2 GewStG **zu entrichtenden***

---

1 Kreutziger, S., in Kreutziger/Schaffner/Stephany (Hrsg.), Kommentar zum Bewertungsgesetz, 2009, § 11, S. 73 Tz. 91.
2 ErbStR 2011, RB 103.2 Abs. 3.
3 Einkommensteuer-Richtlinien 2008, R 5.7 Rückstellungen, Abs. 9 Satz 1.
4 Einkommensteuer-Richtlinien 2008, R 5.7 Rückstellungen, Abs. 9 Satz 2.

Steuern, ... da nur das danach verbleibende Vermögen zur Verteilung ... zur Verfügung steht. ..."[1]

1327 Legt man bei der Frage nach der Berücksichtigung der Liquidationskosten die Formulierung der Regierungsbegründung zugrunde, sind auch die **Ertragsteuern** auf den Liquidationserlös des Unternehmens abzugsfähig. Denn ermittelt werden soll der **Liquidationswert**, und dieser kann nur als verteilungsfähiger Nettoerlös verstanden werden, wenn auf die Bereicherung des Erwerbers abgestellt wird.

*"**Untergrenze** ist stets der Substanzwert als Mindestwert, den ein Steuerpflichtiger am Markt erzielen könnte. Steht fest, dass die Gesellschaft nicht weiter betrieben werden soll, ist der **Liquidationswert** als besondere Ausprägung des Substanzwerts die Untergrenze."*[2]

1328 Ein so verstandener Liquidationswert entspricht der üblichen **Definition**, wie sie auch in **IDW S1** vertreten wird und bei der die Ertragsteuern zum Abzug kommen.

*"Der **Liquidationswert** wird ermittelt als Barwert der Nettoerlöse, die sich aus der Veräußerung der Vermögensgegenstände **abzüglich** Schulden und **Liquidationskosten** ergeben. Dabei ist ggf. zu berücksichtigen, dass zukünftig entstehende **Ertragsteuern** diesen Barwert mindern."*[3]

1329 Der Hinweis, **Veräußerungs- und Liquidationskosten** seien laut Bewertungsgesetz generell nicht abzugsfähig, argumentiert ausgehend vom **statischen Stichtagsprinzip** des Bewertungsgesetzes. Hiernach können aufschiebend bedingte Lasten gemäß § 6 BewG erst berücksichtigt werden, wenn sie tatsächlich anfallen.[4] Der BFH hatte dazu formuliert:

*"Das **Bewertungsrecht** dagegen will das Vermögen zu einem **bestimmten Zeitpunkt** erfassen, jedoch nur in dem Umfang, wie es mit Sicherheit vorliegt. **Bedingungen, Möglichkeiten oder Wahrscheinlichkeiten** sollen in die Vermögensermittlung **nicht** einbezogen werden."*[5]

1330 Bei dieser Sichtweise wird aber auch die Ermittlung von Ertragswerten unmöglich, da deren Berechnungsdaten nur als Wahrscheinlichkeitsverteilung

---

1 OLG Stuttgart v. 14. 2. 2008 – 20 W 9/06, AG 2008, S. 789.
2 Begründung zum Gesetzentwurf der Bundesregierung, Teil 2. Materialien II Artikel 2, Änderung des BewG, Nr. 2, § 11 BewG, abgedruckt in Hübner, H., Erbschaftsteuerreform 2009 Gesetze Materialien Erläuterungen, 2009, S. 245.
3 IDW S1 i. d. F. 2008, Tz. 141.
4 Horn, H.-J., in Fischer/Jüptner/Pahlke/Wachter, ErbStG Kommentar, 2010, § 12, S. 505 Tz. 307.
5 BFH v. 12. 7. 1968 - III 181/64, NWB Dok ID: RAAAB-50088.

angegeben werden können und zum Bewertungsstichtag somit letztlich nur Fiktion und Zukunft sind.¹ Bei der Substanzwertermittlung, ist die konsequente Anwendung der §§ 4 bis 8 BewG ohnehin nicht vorgesehen, da Drohverlustrückstellungen zu erfassen sind.² Die Ertragsteuern sollten demnach als Liquidationskosten abzugsfähig sein.³

Die Abzugsfähigkeit der persönlichen **Einkommensteuer** scheitert m. E. nicht an den Bestimmungen des Einkommensteuertarifes und der im Bewertungsgesetz geforderten Unabhängigkeit von den persönlichen Verhältnissen.⁴ Liquidationserlöse unterliegen zumindest bei Kapitalgesellschaften gemäß § 20 Abs. 1 Nr. 2 Satz 1 EStG in Verbindung mit § 32d Abs. 1 Satz 1 EStG der Abgeltungsteuer, sind damit gesetzlich typisiert und damit unabhängig von den persönlichen Verhältnissen. 1331

Die Erbschaftsteuerrichtlinien haben hinsichtlich der anzusetzenden Abzüge Klarheit geschaffen und bestätigen die obigen Überlegungen.⁵ 1332

14.7.3 Anwendungsvoraussetzung für den Liquidationswert im Bewertungsgesetz

Akzeptiert man somit auch für das Bewertungsgesetz einen Liquidationswert nach betriebswirtschaftlicher Definition, bleibt immer noch das Manko der **Anwendungsvoraussetzung**. Denn angewendet werden darf der Liquidationswert als Mindestwert heute wie im alten Recht nur, wenn das Unternehmen tatsächlich aufgelöst wird bzw. davon auszugehen ist. 1333

*„Bei Einzelunternehmen, Personengesellschaften oder Kapitalgesellschaften, die sich in Liquidation befinden, bestehen keine Bedenken, den Liquidationswert (einschließlich der Liquidationskosten, die beispielsweise für einen Sozialplan anfallen) anzusetzen."*⁶

Zur Klarstellung: **IDW S1** abstrahiert von der tatsächlichen Entscheidung zur Fortführung oder Beendigung und stellt für die Ermittlung des Unternehmens- 1334

---

1 Siehe auch Hübner, H., Erbschaftsteuerreform 2009 Gesetze Materialien Erläuterungen, 2009, S. 485; zur Wahrscheinlichkeitsverteilung als Grundlage der Ertragswertberechnung siehe Wollny, C., Der objektivierte Unternehmenswert – Unternehmensbewertung bei gesetzlichen und vertraglichen Bewertungsanlässen, 2010, S. 291 ff.
2 Siehe ErbStR 2011, R B 11.3 Abs. 3 Satz 3; siehe auch Horn, H.-J., in Fischer/Jüptner/Pahlke/Wachter, ErbStG Kommentar, 2010, § 12, S. 504, Tz. 305.
3 Siehe auch Gebel, D., In Troll/Gebel/Jülicher (Hrsg.), ErbStG, Oktober 2010, § 12, S. 222, Tz. 742.
4 Bachmann/Widmann, in Ernst & Young, Die Erbschaftsteuerreform, 2009, S. 111, Fn. 1.
5 ErbStR 2011, R B 11.3 Abs. 9.
6 ErbStR 2011, R B 11.3 Abs. 9.

wertes dem Ertrags- bzw. DCF-Wert den **fiktiven** Liquidationswert gegenüber. Der höhere der beiden Werte stellt grundsätzlich den relevanten Unternehmenswert dar.

*„Insbesondere bei schlechter Ergebnislage kann der Barwert der finanziellen Überschüsse, die sich bei Liquidation des gesamten Unternehmens ergeben, den Fortführungswert übersteigen. In diesem Falle bildet grundsätzlich der **Liquidationswert des Unternehmens die Wertuntergrenze** für den Unternehmenswert; ..."*[1]

1335 Diese **Untergrenze** ist auch maßgeblich, wenn das Unternehmen tatsächlich fortgeführt wird und der Unternehmer damit nur den niedrigeren Fortführungswert „realisiert".[2]

1336 Das Bewertungsrecht stellt dagegen nicht die **Wertkategorien** (Ertragswert, Liquidationswert) in das Zentrum der Beurteilung der Bereicherung des Erwerbers, sondern die **Entscheidung** „Fortführung" oder „Beendigung". Bei konsequenter Umsetzung dieser theoretischen Grundlage, wäre auch dies akzeptabel. Tatsächlich schlägt das Gesetz aber auch bei dieser Ausrichtung wieder einen unsystematischen Haken und zaubert plötzlich neben dem faktischen Fortführungswert (Ertragswert bzw. DCF-Wert) einen weiteren Fortführungswert in Form des Substanzwertes „aus dem Hut".

ABB. 85:	Anwendung des Liquidationswertes im IDW S1 und gemäß BewG		
	Fortführung		Liquidation
Mindestwert nach IDW S1	Ertragswert	„fiktiver" Liquidationswert	Liquidationswert
Mindestwert nach BewG	Ertragswert	Substanzwert	Liquidationswert

1337 Hinsichtlich der Qualität des **Substanzwertes** gemäß § 11 Abs. 2 Satz 3 BewG kann festgehalten werden, dass dieser dem **Liquidationswert** hinsichtlich der Bewertungsbasis ohnehin näher steht, als dem Substanzwert wie ihn die Betriebswirtschaftslehre versteht.[3] Denn der Substanzwert des § 11 Abs. 2 Satz 3 BewG verlangt die Verwendung der **gemeinen Werte** und damit der **Veräußerungspreise** der Aktiven und Schulden, genau wie ein Liquidationswert, und nicht die Verwendung der **Wiederbeschaffungskosten** des klassischen Subs-

---

1 IDW S1 i. d. F. 2008, Tz. 140.
2 Siehe dazu im Detail Rdn. 360.
3 Siehe hierzu Rdn. 392.

tanzwertes. Der Substanzwert des § 11 Abs. 2 Satz 3 BewG, im Sinne eines Fortführungswertes, unterscheidet sich damit vom Liquidationswert dadurch, dass bei einem Liquidationswert neben den Veräußerungserlösen der Unternehmenssubstanz die Veräußerungs- und Liquidationskosten (z. B. Beratungshonorare, Sozialplanaufwendungen) sowie die Steuern auf den Liquidationsgewinn zu berücksichtigen sind.

14.7.4 Empfehlung zur Verwendung des Liquidationswertes

Die gesamte **Mindestwertregelung** des § 11 Abs. 2 Satz 3 BewG kann nur als verunglückt bezeichnet werden. Ein Mindestwert, der sich an die verfassungsrechtliche Leitlinie des gemeinen Wertes hält, ist entweder der gemeine Wert des **lebenden Unternehmens**, und damit zwingend nach den Gesamtbewertungsverfahren zu ermitteln, oder der gemeine Wert des **beendeten Unternehmens**, und damit der Liquidationswert unter Abzug der damit einhergehenden Belastungen (Sozialplan, Ertragsteuern, Liquidationskosten etc.). Entscheidend ist dabei der höhere der beiden Werte „Fortführungswert" oder „Beendigungswert", denn nur diesen kann der Steuerpflichtige tatsächlich am Markt mindestens erlösen – entweder durch laufende Gewinne oder durch Versilberung. Der Substanzwert kann, entgegen der Vorstellung des Gesetzgebers, tatsächlich nicht am Markt realisiert werden.

1338

*„Untergrenze ist stets der Substanzwert als **Mindestwert**, den ein **Steuerpflichtiger am Markt erzielen könnte**."*[1]

Die Fiktion der „Erzielbarkeit" ist eine für den Steuerpflichtigen teuere **Phantasie** des Gesetzgebers, der offensichtlich nicht berücksichtigt hat, dass eine Realisierung der Substanz des Unternehmens zum gemeinen Wert der einzelnen Vermögenskomponenten immer mit **Liquidationskosten** Hand in Hand geht. Soll eine Mindestwertregelung gemäß § 11 Abs. 2 Satz 3 BewG betriebswirtschaftlich Sinn machen oder zumindest den verfassungsrechtlichen Vorgaben folgen, ist der Substanzwert entweder als Liquidationswert zu interpretieren oder – noch besser – die Mindestwertregelung entsprechend zu überarbeiten und der Begriff Substanzwert durch den Begriff Liquidationswert zu ersetzen.

1339

---

1 Begründung zum Gesetzentwurf der Bundesregierung, Teil 2. Materialien. II. Artikel 2, Änderung des BewG, Nr. 2, § 11 BewG, abgedruckt in Hübner, H., Erbschaftsteuerreform 2009 Gesetze Materialien Erläuterungen, 2009, S. 245; gleicher Tenor siehe Geck, R., in Kapp/Ebeling (Hrsg.), Erbschaftsteuer- und Schenkungsteuergesetz Kommentar, April 2010, § 12, S. 24/4 Tz. 128.

1340 Zusammenfassend kann nur empfohlen werden, für das Bewertungsgesetz eine geänderte Mindestwertregel einzuführen.[1] Dies entspräche der Vorgehensweise, die in den zivilgerichtlichen Entscheidungen sei Jahrzehnten praktiziert wird. Auch für erbrechtliche Bewertungen wird der Liquidationswert von den Zivilgerichten als Mindestwert verwendet.[2] Ein Gleichlauf der für erbrechtliche Zwecke erforderlichen Unternehmensbewertung mit den für erbschaftsteuerliche Zwecke notwendigen Bewertungen wäre durch die einheitliche Anwendung des Liquidationswertes als Mindestwert somit sichergestellt.[3] Die Interpretation des Stichtagsprinzips steht dem nicht entgegen, denn wie ausgeführt wurde, greifen Zivilgerichte wie Finanzgerichte beide letztlich auf die Wurzeltheorie zurück und verfolgen unisono ein striktes Stichtagsprinzip.[4]

14.8 Substanzwertverfahren nach dem Bewertungsgesetz

14.8.1 Der Substanzwert nach dem alten Bewertungsgesetz

1341 Der Substanzwert als Besteuerungsgrundlage ist keine „Erfindung" des Erbschaftsteuerreformgesetzes. Die Bewertung von Personengesellschaften erfolgte bisher grundsätzlich nach den **Steuerbilanzwerten** und damit substanzorientiert. Die Bewertung nicht börsennotierter Kapitalgesellschaften erfolgte auf der Grundlage des Stuttgarter Verfahrens und damit als Kombination aus Substanzwert (im **Stuttgarter Verfahren** „Vermögenswert") und Ertragswert (im Stuttgarter Verfahren „Ertragshundertsatz"). Die Bewertung unrentabler, nicht börsennotierter Kapitalgesellschaften ließ eine Besteuerungsgrundlage unterhalb des Subtanzwertanteils des Stuttgarter Verfahrens (0,68 x V)[5] auch bisher nicht zu, wenn nicht absehbar vom baldigen **Zusammenbruch** des Unternehmens auszugehen war.

„Ergibt sich aus den Betriebsergebnissen ein negativer Durchschnittsertrag, ist von 0 v. H. als Ertragshundertsatz auszugehen. Eine weitere Herabsetzung des auf der Grundlage eines Ertragshundertsatzes von 0 v. H. ermittelten gemeinen Werts kommt nur in Betracht, wenn die am Stichtag vorhandenen objektiven

---

1 Wollny, C., Substanzwert reloaded – Renaissance eines wertlosen Bewertungsverfahrens, DStR 2012, Seite 769 ff.
2 Lange, K.W., in Rixecker/Säcker (Hrsg.), Münchener Kommentar BGB Erbrecht, 2010, § 2311, S. 1937 Tz. 40.
3 Gegenwärtig steht ein erbrechtlich relevanter Liquidationswert als Mindestwert einem erbschaftsteuerlichen Substanzwert als Mindestwert gegenüber.
4 Siehe Rdn. 691.
5 Erbschaftsteuer-Richtlinien 2003, R 100 Abs. 2.

*Verhältnisse auf einen **baldigen** **Zusammenbruch** **des Unternehmens** hindeuten."*[1]

14.8.2 Der Substanzwert nach dem neuen Bewertungsgesetz

14.8.2.1 Substanzwert als objektivierter Unternehmenswert

Um es vorweg zu sagen, der **Substanzwert** nach dem **Bewertungsgesetz** ist nicht mit dem **Substanzwert** der betriebswirtschaflichen Bewertungslehre gleichzusetzen.[2] Ersterer bewertet die Unternehmenssubstanz zu gemeinen Werten und damit zu **Verkaufspreisen**, letzterer fußt auf dem Rekonstruktionsgedanken und bewertet dementsprechend mit **Wiederbeschaffungspreisen** unter Berücksichtigung des zwischenzeitlichen Abnutzungsgrades.[3] Dieser „kleine Unterschied" hinsichtlich der Bepreisung der Substanz hat große Auswirkungen auf die Bewertungsperspektive und damit die „Statik" des Bewertungskonzepts. Wir erinnern uns, dass der betriebswirtschaftliche Substanzwert als **objektiver** (nicht objektivierter!) Wert gilt, da er durch die Verwendung von Rekonstruktionswerten die Bewertungsperspektive des Unternehmens einnimmt und – ganz wesentlich – keine Beziehung zum Anteilseigner in Form von Ausschüttungen hat.[4] Deswegen betont IDW S1 die **Irrelevanz** des Substanzwertes.

1342

*„Dem Substanzwert, verstanden als (Netto-)Teilrekonstruktionszeitwert, **fehlt grundsätzlich der direkte Bezug zu künftigen finanziellen Überschüssen**. Daher kommt ihm bei der Ermittlung des Unternehmenswerts **keine eigenständige Bedeutung** zu."*[5]

Ganz anders der Substanzwert nach dem **Bewertungsgesetz**. Danach soll der Substanzwert den Mindestwert markieren, den der Inhaber bzw. Gesellschafter bzw. Anteilseigner mindestens am Markt erzielen kann.

1343

---

1 Erbschaftsteuer-Richtlinien 2003, R 99 Abs. 4 Satz 3 und Satz 4.
2 Siehe auch Riedel, C., in Daragan/Halaczinsky/Riedel (Hrsg.), Praxiskommentar ErbStG und BewG, 2010, § 11 BewG, S. 876 Tz. 42; Piltz, D., Unternehmensbewertung im neuen Erbschaftsteuerrecht, DStR 2008, S. 747.
3 Mandl/Rabel, Unternehmensbewertung, 1997, S. 47; zu den Unterschieden, die sich bei nicht marktgängigen Vermögensgegenständen aus dem Ansatz von Herstellungskosten gegenüber dem Ansatz von Veräußerungspreisen ergeben siehe Rdn. 348.
4 Siehe Rdn. 104.
5 IDW S1 i. d. F 2008, Tz. 171.

> *„Untergrenze ist stets der Substanzwert als **Mindestwert**, den ein **Steuerpflichtiger am Markt erzielen könnte.**"*[1]

1344 D.h. der Substanzwert des Bewertungsgesetzes stellt über den am Markt erzielbaren Veräußerungserlös in Form einer „Einmalausschüttung" eine Beziehung zum **Anteilseigner** dar und kann damit, allerdings unter der Voraussetzung notwendiger Nachjustierungen, für die Unternehmensbewertung nicht mehr irrelevant sein. Denn es gilt wie immer der zentrale Lehrsatz der Unternehmensbewertung.

> *„Der **Wert eines Unternehmens** bestimmt sich unter der Voraussetzung ausschließlich finanzieller Ziele durch den Barwert der mit dem Eigentum an dem Unternehmen verbundenen **Nettozuflüsse an die Unternehmenseigner** ...."*[2]

1345 Wenn für den Substanzwert des Bewertungsgesetzes aber nun eine **Bewertungsperspektive** aus Sicht des Anteilseigners einzunehmen ist, nimmt er dann eine subjektive oder objektivierte Sicht ein? Es gilt das oben Ausgeführte.[3] Für Besteuerungszwecke kann die Entwicklung der Bemessungsgrundlage, in diesem Fall der Unternehmenswert, nicht in das Belieben und die wie auch immer geartete subjektive Strategie des Inhabers und Steuerpflichtigen gestellt werden. Es haben, wenn nicht schon objektive, so doch zumindest objektivierte Bewertungskriterien zu gelten, da die Bewertung durch eine dominierte Verhandlungssituation gekennzeichnet ist.[4] Der Substanzwert nach dem Bewertungsgesetz muss somit als besondere und nur in diesem Zusammenhang denkbare Variante eines **objektivierten Unternehmenswertes** verstanden werden.

1346 Der Bewertungsansatz zu Verkaufspreisen, gleichzusetzen mit einer Versilberung des Unternehmensvermögens in einem Zuge, kommt dem Gedanken der Objektivierung aber ohnehin entgegen, da er, verglichen zu zukunftsorientierten Gesamtbewertungsverfahren mit ihren Unternehmensplanungen, bei weitem nicht so viele Spielräume der „Gestaltung" zulässt.

1347 Im Rahmen der Objektivierung ist der Anteilseigner zu typisieren. Gegenstand der Typisierung ist hier die Gruppe der **Erwerber** im erbschaftsteuerlichen Sinne, also der Erben oder Beschenkten, da für sie Unternehmenswerte zur Er-

---

1 Begründung zum Gesetzentwurf der Bundesregierung, Teil 2. Materialien. II. Artikel 2, Änderung des BewG, Nr. 2, § 11 BewG, abgedruckt in Hübner, H., Erbschaftsteuerreform 2009 Gesetze Materialien Erläuterungen, 2009, S. 245; gleicher Tenor siehe Geck, R., in Kapp/Ebeling (Hrsg.), Erbschaftsteuer- und Schenkungsteuergesetz Kommentar, April 2010, § 12, S. 24/4 Tz. 128.
2 IDW S1 i. d. F. 2008., Tz. 4.
3 Siehe Rdn. 570.
4 Drukarczyk/Schüler, Unternehmensbewertung, 2009, S. 82.

mittlung der erbschaftsteuerlichen Bemessungsgrundlage ermittelt werden.[1]

14.8.2.2 Substanzwert als Fortführungswert

Ein Fortführungswert repräsentiert den Unternehmenswert eines fortbestehenden Unternehmens. Gesamtbewertungsverfahren wie Ertragswert- oder DCF-Verfahren unterstellen grundsätzlich eine unbegrenzte **Lebensdauer** des Unternehmens und gehen deshalb von einem fortbestehenden Unternehmen aus.[2] Die Annahme der Fortführung bezieht sich ausschließlich auf die **Ebene des Unternehmens** und ist insofern unabhängig davon, welcher **Inhaber** oder Gesellschafter das Unternehmen fortführt. Die **Übertragung** eines Unternehmens vom Gesellschafter A auf den Gesellschafter B steht somit der Fortführungsannahme nicht entgegen. Liquidationswertverfahren gehen demgegenüber von der Beendigung des Unternehmens aus und stellen insofern einen Zerschlagungswert dar. 1348

Der Substanzwert laut Bewertungsgesetz ist als Fortführungswert gedacht. Diese Klassifizierung lässt sich aber nicht aus der in § 11 Abs. 2 Satz 3 BewG dargestellten Ermittlungsvorschrift ableiten. 1349

*„Die **Summe** der **gemeinen Werte** der zum Betriebsvermögen gehörenden Wirtschaftsgüter und sonstigen aktiven Ansätze abzüglich der zum Betriebsvermögen gehörenden Schulden und sonstigen Abzüge (Substanzwert) der Gesellschaft darf nicht unterschritten werden; ..."*[3]

Ein Verweis auf den **betriebswirtschaftlichen Substanzwert** und die sinngemäße Übernahme von dessen Qualität als Fortführungswert ist auszuschließen, da der betriebswirtschaftliche Substanzwert auf einer andersgearteten Bewertungsvorschrift und der Rekonstruktionsannahme aufbaut. Eine Klärung des Regelungsinhaltes anhand des in Klammern eingefügten Begriffs „Substanzwert" ist ebenfalls nicht möglich, da der Begriff insbesondere in der zivilrechtlichen **Rechtsprechung** traditionell mehrdeutig und für Sachverhalte verwendet wird, für die der Begriff Liquidationswert Verwendung finden müsste.[4] 1350

Da der nach § 11 Abs. 2 Satz 3 BewG ermittelte Wert als Mindestwert Verwendung findet, liegt anhand des Gesetzestextes der Schluss nahe, dass damit tatsächlich ein **Liquidationswert** gemeint ist. Dass im Gesetz die Liquidationskosten nicht explizit als Abzugsposten genannt werden, könnte mit einem redak- 1351

---

1 Siehe § 20 Abs. 1 ErbStG.
2 WP-Handbuch, Band II, 2008, S. 52 Tz. 157.
3 § 11 Abs. 2 Satz 3 BewG.
4 Siehe hierzu den Rechtsprechungsnachweis in Rdn. 337.

tionellen Versehen oder mit dem Verweis auf das statische Stichtagsprinzip des Bewertungsgesetzes begründet werden.[1] Für eine Auslegung des in § 11 Abs. 2 Satz 3 BewG kodifizierten Begriffes Substanzwert als Liquidationswert würde auch sprechen, dass zu Recht der Liquidationswert als „geborener Mindestwert" in der Unternehmensbewertungslehre verwendet wird.

„*Insbesondere bei schlechter Ergebnislage kann der Barwert der finanziellen Überschüsse, die sich bei Liquidation des gesamten Unternehmens ergeben, den Fortführungswert übersteigen. In diesem Falle bildet grundsätzlich der **Liquidationswert** des Unternehmens die **Wertuntergrenze** für den Unternehmenswert; …*"[2]

1352 Die Interpretation des Substanzwertbegriffes in § 11 Abs. 2 Satz 3 BewG als Fortführungswert ergibt sich somit letztlich nicht aus dem Gesetz, sondern nur mittelbar aus der **Regierungsbegründung** zum Erbschaftsteuerreformgesetz.[3] Danach ist statt des Substanzwertes der Liquidationswert zu ermitteln, wenn von einer Beendigung des Unternehmens auszugehen ist.

„*Untergrenze ist stets der **Substanzwert** als **Mindestwert**, den ein Steuerpflichtiger am Markt erzielen könnte. Steht fest, dass die Gesellschaft **nicht weiter betrieben werden** soll, ist der **Liquidationswert** als besondere Ausprägung des Substanzwerts die **Untergrenze**.*"[4]

1353 Da damit ausdrücklich der Begriff Liquidationswert für den Fall der Beendigung des Unternehmens vorgesehen ist, kann der gesetzliche Begriff Substanzwert nur als Fortführungswert verstanden werden.

14.8.2.3 Substanzwert als Teilveräußerungswert

1354 Der **betriebswirtschaftliche** Substanzwert lässt sich danach differenzieren, ob die Substanz einschließlich Geschäftswert reproduziert werden soll (Vollreproduktionszeitwert) oder ob auf die rechentechnisch mögliche Reproduktion ohne Geschäftswert abgestellt wird (Teilreproduktionszeitwert).[5] Da der

---

[1] Siehe die Argumentation bei Horn, der den Abzug von Liquidationskosten mit dem Argument ausschließt, dies widerspreche dem statischen Stichtagsgedanken des Bewertungsgesetzes, Horn, H.-J., in Fischer/Jüptner/Pahlke/Wachter, ErbStG Kommentar, 2010, § 12, S. 504 Tz. 307.
[2] IDW S1 i. d. F. 2008, Tz. 140.
[3] A.A. Horn, H.-J., in Fischer/Jüptner/Pahlke/Wachter, ErbStG Kommentar, 2010, § 12, S. 504 Tz. 307, der die Fortführungskonzeption „…aus der Bewertungskonzeption des Gesetzgebers…" abliest.
[4] Begründung zum Gesetzentwurf der Bundesregierung, Teil 2. Materialien II Artikel 2, Änderung des BewG, Nr. 2, § 11 BewG, abgedruckt in Hübner, H., Erbschaftsteuerreform 2009 Gesetze Materialien Erläuterungen, 2009, S. 245.
[5] Siehe dazu Rdn. 414.

Substanzwert nach dem Bewertungsgesetz nicht mit Wiederbeschaffungswerten arbeitet sondern mit **gemeinen Werten**, ist, um im Bild zu bleiben, für die Zwecke des **Bewertungsgesetzes** der **Vollveräußerungs- und der Teilveräußerungswert** zu unterscheiden.

Hier bestimmen die gleich lautenden Ländererlasse allerdings, dass der Ansatz von originären und derivaten **Geschäftswerten** bei der Substanzwertermittlung ausgeschlossen ist. Diese Position deckt sich mit den bewertungsrechtlichen Anforderungen an die Qualität eines Wirtschaftsgutes im Substanzwert, für das durch den Ansatz zum gemeinen Wert **Einzelveräußerbarkeit** vorliegen muss.

1355

*„Der **Geschäfts- oder Firmenwert oder der Praxiswert** ist bei der Ermittlung des Substanzwerts nicht anzusetzen, unabhängig davon, ob er selbst geschaffen oder entgeltlich erworben wurde."*[1]

*„Der **Firmen- oder Geschäftswert oder der Praxiswert** ist nicht anzusetzen unabhängig davon, ob er selbst geschaffen oder entgeltlich erworben wurde."*[2]

Der Substanzwert nach dem Bewertungsgesetz stellt sich somit als **Teilveräußerungswert** dar.

1356

Die Erbschaftsteuerrichtlinien präzisieren diese Sichtweise. Die Hinweise der gleich lautenden Ländererlasse, dass der Geschäftswert nicht anzusetzen ist, wurden nicht übernommen. Dafür eine Regelung aufgenommen, dass die **geschäftswertbildenden Faktoren** anzusetzen sind, wenn ihnen ein eigenständiger Wert beizumessen ist.

1357

*„**Geschäftswert-, Firmenwert- oder Praxiswertbildende Faktoren**, denen ein eigenständiger Wert zugewiesen werden kann (z. B. Kundenstamm, Know-how), sind mit einzubeziehen, unabhängig davon, ob sie selbst geschaffen oder entgeltlich erworben wurden."*[3]

Zur Differenzierung zwischen **geschäftswertbildenden Faktoren** und **Geschäftswert** kann auf das Urteil des Bundesfinanzhofs vom 2. 9. 2008 verwiesen werden.

1358

*„Der **Geschäftswert** ist der Wert, der einem gewerblichen Unternehmen über den Substanzwert (Verkehrswert) der einzelnen materiellen und immateriellen Wirtschaftsgüter hinaus innewohnt .... Er ist Ausdruck der Gewinnchancen eines Unternehmens, soweit diese nicht in einzelnen Wirtschaftsgütern verkörpert*

---

1 GLE AntBV vom 25. 6. 2009, Abschnitt 4 Abs. 3 Satz 5.
2 GLE AntBV vom 25. 6. 2009, Abschnitt 9 Abs. 1 Satz 4.
3 ErbStR 2011, R B 11.3 Abs. 3 Satz 5.

C. Unternehmensbewertung gemäß Erbschaftsteuerreformgesetz

sind, sondern durch den Betrieb eines lebenden Unternehmens gewährleistet erscheinen .... Angesichts dessen ist er **unmittelbar mit dem Betrieb als solchem verwoben**, so dass er grundsätzlich nicht ohne diesen veräußert oder entnommen werden kann. Übernimmt ein Unternehmen den Betrieb eines anderen ganz oder teilweise und gehen hierbei **geschäftswertbildende Faktoren** von dem übertragenden Unternehmen auf das übernehmende über, kann auch der Geschäftswert übergehen..."[1]

1359 Der Substanzwert des Bewertungsgesetzes ist damit auch künftig ein **Teilveräußerungswert**. Die immateriellen Wirtschaftsgüter mit potenziell geschäftswertbildender Wirkung waren auch schon bisher im Substanzwert anzusetzen.[2] Der Hinweis, dass der Geschäftswert nicht Bestandteil des Substanzwertes ist, wurde gestrichen.[3] Damit soll wohl potenziellen Abgrenzungsschwierigkeiten zwischen den anzusetzenden geschäftswertbildenden Faktoren und dem Geschäftswert zumindest redaktionell begegnet werden.

14.8.2.4 Substanzwert und Betriebsveräußerung

1360 Der Substanzwert nach Bewertungsgesetz ergibt sich aus der Summe aktiver und passiver Wirtschaftsgüter, bzw. sonstiger Ansätze und Abzüge, bewertet zum gemeinen Wert.

*„Die **Summe** der **gemeinen Werte** der zum Betriebsvermögen gehörenden Wirtschaftsgüter und sonstigen aktiven Ansätze abzüglich der zum Betriebsvermögen gehörenden Schulden und sonstigen Abzüge (Substanzwert) der Gesellschaft darf nicht unterschritten werden; ..."*[4]

1361 Anders formuliert stellt dieser Substanzwert das Ergebnis des zu **Einzelveräußerungspreisen** bewerteten Aktivvermögens des Unternehmens abzüglich der Schulden dar. Zu klären ist, ob § 11 Abs. 2 Satz 3 BewG mit dieser Rechenanleitung einen **synthetischen Wert** definiert – d. h. einen Wert ohne Bezug zu einer in der Realität denkbaren Konstellation – oder ob der Rechenanleitung das Modell eines **realen Vorganges** zugrunde liegt. Insbesondere die verfassungsrechtliche Vorgabe einer Bewertung zum gemeinen Wert (Verkehrswert, Marktpreis!) spricht für die letzte Variante.

---

[1] BFH v. 2.9.2008 - X R 32/05, NWB Dok ID: LAAAD-22800; siehe auch BFH v. 7.11.1985 - IV R 7/83, BStBl 1986 II S.176.
[2] Siehe dazu Creutzmann, A., Unternehmensbewertung und Erbschaftsteuer, StBG, 2008, S.153. ErbStR 2011, R B 11.3 Abs. 3 Satz 4.
[3] Ehemals GLE AntBV vom 25.6.2009, Abschnitt 4 Abs. 3 Satz 5 und Abschnitt 9 Abs. 1 Satz 4.
[4] § 11 Abs. 2 Satz 3 BewG.

14. Verfahren zur Unternehmensbewertung nach dem Bewertungsgesetz

*„Die Bewertung des anfallenden Vermögens bei der Ermittlung der erbschaftsteuerlichen Bemessungsgrundlage muss wegen der dem geltenden Erbschaftsteuerrecht zugrunde liegenden Belastungsentscheidung des Gesetzgebers, den durch Erbfall oder Schenkung anfallenden **Vermögenszuwachs** zu besteuern, **einheitlich am gemeinen Wert** als dem maßgeblichen Bewertungsziel ausgerichtet sein."*[1]

Sucht man nach der Schablone einer Transaktionsstruktur, um § 11 Abs. 2 Satz 3 BewG in einen realen Vorgang zu überführen, wird man bei der **Betriebsveräußerung** fündig. Allerdings würde dann, versuchte man „nachträglich" über den Verkaufspreis des Unternehmens eine Wertbeimessung für die Werte der übertragenen Aktiva und Schulden herzustellen, dies über die sogenannte **Stufentheorie** des BFH erfolgen und die Kaufpreisverteilung würde bei den Wirtschaftsgüter im Ergebnis zu einer Bewertung zu **Teilwerten** führen.[2]

1362

*„Teilwert ist der Betrag, den ein **Erwerber** des ganzen **Betriebs** im Rahmen des Gesamtkaufpreises für das **einzelne Wirtschaftsgut** ansetzen würde; dabei ist davon auszugehen, dass der Erwerber den Betrieb fortführt."*[3]

*„Teilwert ist der Betrag, den ein **Erwerber** des ganzen **Unternehmens** im Rahmen des Gesamtkaufpreises für das **einzelne Wirtschaftsgut** ansetzen würde. Dabei ist davon auszugehen, dass der Erwerber das Unternehmen fortführt."*[4]

Nur im Ausnahmefall decken sich bei diesem Vorgang Teilwerte und gemeine Werte – nämlich bei einem **Geschäftswert von Null**.

1363

> **BEISPIEL:** Die Addition der gemeinen Werte des Betriebsvermögens (einschließlich geschäftswertbildender Faktoren) abzüglich der Schulden führt zu einem Substanzwert von 1 Mio. €. Der Ertragswert für den Betrieb ergibt sich bei einem nachhaltigen Gewinn von 100.000 € und einem äquivalenten Kalkulationszinssatz von 10 % ebenfalls mit 1 Mio. € (100.000 € / 10 %). Der Geschäftswert ermittelt sich nach der folgenden Formel:
> Ertragswert 1 Mio € – Substanzwert 1 Mio € = 0 €.

Die Verteilung des Verkehrswertes in Form des Ertragswertes auf die einzelnen Werte des Betriebsvermögens deckt sich mit der Bewertung des Vermögens zu gemeinen Werten. Gemeine Werte und Teilwerte des Vermögens stimmen überein.

---

1 BVerfG v. 7.11.2006 - 1 BvL 10/02, BStBl 2007 II S. 192, NWB Dok ID: GAAAC-36599.
2 Die Kaufpreisverteilung wird vom Käufer des Betriebs vorgenommen. Hier soll nur deutlich gemacht werden, welchen Wert der Verkäufer den einzelnen Vermögensgegenständen zuzuweisen hätte, um in der Summe einen Verkehrswert für den Betrieb abzubilden.
3 § 6 Abs. 1 Nr. 1 Satz 3 EStG.
4 § 10 Satz 1 und Satz 2 BewG.

C. Unternehmensbewertung gemäß Erbschaftsteuerreformgesetz

1364 Diese Konstellation muss den Überlegungen des Gesetzgebers zugrunde gelegen haben, da anders die Regierungsbegründung zu § 11 Abs. 2 Satz 3 BewG keinen Sinn machen kann.

„Untergrenze ist stets der Substanzwert als **Mindestwert**, den ein **Steuerpflichtiger am Markt erzielen könnte**."[1]

1365 Diesen Mindestwert für das Unternehmensvermögen erzielt der Steuerpflichtige bzw. Veräußerer ausschließlich in der Konstellation, in der der Geschäftswert des Unternehmens mindestens 0 € beträgt (ist der Geschäftswert dagegen kleiner 0, dann liegt der Ertragswert unter dem Substanzwert und der Substanzwert ist am Markt unter realistischen Bedingungen nicht mehr erzielbar).[2]

1366 Alternative Interpretationen der Regierungsbegründung dergestalt, dass der Substanzwert „nur" in der Höhe als Mindestwert gilt, in der er am Markt erzielbar ist, würde einen Substanzwert als **Vollveräußerungswert** voraussetzen. Denn nur dann könnte ein **negativer Geschäftswert** zum Tragen kommen und den Substanzwert des Betriebsvermögens zu „einzelnen" gemeinen Werten auf das Verkehrswertniveau reduzieren, dass am Markt für das „ganze Unternehmen" erzielbar ist. Nur dann würde der Substanzwert die Ermittlung eines gemeinen Wertes des Unternehmens für die Konstellation sicherstellen, für die der Substanzwert zum Einsatz kommen soll.

$$\text{Substanzwert}_{\text{Vollveräußerungswert}} = \text{Ertragswert} < \text{Substanzwert}_{\text{Teilveräußerungswert}}$$

Dieser „Vollveräußerungsthese" steht allerdings der Hinweis in den gleich lautenden Ländererlassen entgegen, wonach der Ansatz von originären und derivaten Geschäftswerten – und damit auch von negativen Geschäftswerten – bei der Substanzwertermittlung ausgeschlossen ist.[3]

1367 Die dem Substanzwert zugrunde liegende Annahme einer Betriebsveräußerung steht der **Fortführungsannahme** nicht entgegen. Relevant für die Fortführungsannahme ist die Position des Betriebes, nicht die der Anteilseignerverhältnisse. Es gilt also, dass der erbschaftsteuerliche „Erwerber" (der Erbe oder Beschenkte!), fiktiv den Betrieb veräußert und durch diesen Vorgang der Wert

---

[1] Begründung zum Gesetzentwurf der Bundesregierung, Teil 2. Materialien. II. Artikel 2, Änderung des BewG, Nr. 2, § 11 BewG, abgedruckt in Hübner, H., Erbschaftsteuerreform 2009 Gesetze Materialien Erläuterungen, 2009, S. 245; gleicher Tenor siehe Geck, R., in Kapp/Ebeling (Hrsg.), Erbschaftsteuer- und Schenkungsteuergesetz Kommentar, April 2010, § 12, S. 24/4 Tz. 128.

[2] Siehe dazu Rdn. 628.

[3] Dieser Hinweis findet sich zumindest noch in der alten Fassung der gleich lautenden Ländererlasse, GLE AntBV vom 25. 6. 2009, Abschnitt 4 Abs. 3 Satz 5.

des Betriebes gemessen wird. Dies bestätigt auch die Sichtweise des BFH zur Ermittlung des gemeinen Wertes.

„*Der BFH betont, dass **zur Ermittlung des gemeinen Werts** . ein **Verkauf** auf einen bestimmten Stichtag **zu fingieren** ist, und zwar der gleichzeitige Verkauf aller zum Erwerb gehörenden, mit dem Verkaufswert zu bewertenden Posten.*"[1]

Die Annahme der Betriebsveräußerung steht auch nicht im Konflikt zur Ermittlung eines **objektivierten Unternehmenswertes**, da diese Bewertungskonzeption auch zur Vorbereitung sogenannter unternehmerischer Initiativen, etwa einer Unternehmensveräußerung, vorgesehen ist. 1368

„*Häufig ist der Wirtschaftsprüfer als neutraler Gutachter zur Ermittlung eines **objektivierten Unternehmenswerts** im Rahmen **unternehmerischer Initiativen** tätig, bei denen die Bewertung als objektivierte Informationsgrundlage (z. B. für **Kaufpreisverhandlungen**, Fairness Opinions, Kreditwürdigkeitsprüfungen) dient.*"[2]

Die Unternehmensbewertung nach dem Bewertungsgesetz ist **rechtsformneutral** ausgestaltet. 1369

„*Der Wert eines Anteils am **Betriebsvermögen** einer in § 97 genannten **Körperschaft**, **Personenvereinigung** oder Vermögensmasse ist mit dem gemeinen Wert anzusetzen.*"[3]

Damit ist die für Zwecke der Bewertung zu treffende Annahme der Betriebsveräußerung nicht auf Erwerbe von Einzelunternehmen (**Asset Deal**), sondern genau so auf Erwerbe von Anteilen an Personengesellschaften oder Kapitalgesellschaften anzuwenden (**Share Deal**).[4] Die gesetzliche Anordnung der Substanzwertermittlung begibt sich somit nur zum Zweck der Bewertung nach einem besonderen Verfahren – dem bewertungsrechtlichen Substanzwertverfahren – für Bewertungszwecke auf die Vermögensebene des Unternehmens. 1370

Um es zu betonen, es gibt in der Unternehmensbewertungslehre keine Regelung dergestalt, dass eine Betriebsveräußerung bzw. ein Asset Deal nach dem Substanzwertverfahren zu bewerten ist und ein Share Deal nach dem Ertrags- 1371

---

1 Zur Veräußerungsfiktion siehe BFH v. 6.6.2001 – II R 7/98 (NV); Meincke, J.P., ErbStG Kommentar, 2009, § 12, S. 393 Tz. 27.
2 IDW S1 i. d. F. 2008, S. 1 Tz. 30.
3 § 109 Abs. 2 Satz 1 BewG; siehe auch Begründung zum Gesetzentwurf der Bundesregierung, Teil 2. Materialien II Artikel 2, Änderung des BewG, Nr. 2, § 109 BewG, abgedruckt in Hübner, H., Erbschaftsteuerreform 2009 Gesetze Materialien Erläuterungen, 2009, S. 254.
4 Personengesellschaften gelten im Steuerrecht ohnehin als transparent; Erwerbe sind im Sinne § 20 Abs. 1 ErbStG zu verstehen.

wert- oder DCF-Verfahren. Die Anwendung eines Bewertungsverfahrens im Akquisitionsfall ist somit unabhängig davon, auf welchem **rechtstechnischen Wege** − Share Deal oder Asset Deal − ein Unternehmen vom Verkäufer auf den Käufer übertragen wird. Allerdings besteht die einfach nachvollziehbare Regel, dass Unternehmen nicht nach dem Substanzwert gekauft oder verkauft werden sollten, da die Hypothese der Geschäftswert ist Null nur in den seltensten Fällen zutreffen wird und damit eine schlechte empirische Basis zur Ableitung einer allgemeinen Handlungsempfehlung abliefert. Die **Generalnorm** des § 11 Abs. 2 Satz 3 BewG regelt somit nur einen **exotischen Sonderfall.**

14.8.2.5 Substanzwert als Mindestwert

1372   Dem Substanzwert liegt, wie oben gezeigt wurde, die Annahme der **Veräußerung** eines **fortführungswürdigen Betriebes** zugrunde, da der Liquidationswert in der Regierungsbegründung eine gesonderte Regelung erfährt.[1] Und bei einer Veräußerung, so die Annahme des Gesetzgebers, müsse doch zumindest der gemeine Wert des Betriebsvermögens erzielbar sein.[2] Zur Verdeutlichung soll noch einmal die Regierungsbegründung zitiert werden.

*„Untergrenze ist stets der Substanzwert als **Mindestwert**, den ein **Steuerpflichtiger am Markt erzielen könnte.**"*[3]

1373   Ein derartiges Ergebnis für die Betriebsveräußerung lässt sich aber nur dann mindestens erzielen, wenn der **Geschäftswert** mindestens 0 aber auf keinen Fall kleiner 0 ist. Dies soll noch einmal an einem Rechenbeispiel demonstriert werden.[4]

---

1 Begründung zum Gesetzentwurf der Bundesregierung, Teil 2 Materialien II Artikel 2, Änderung des BewG, Nr. 2, § 11 BewG, abgedruckt in Hübner, H., Erbschaftsteuerreform 2009 Gesetze Materialien Erläuterungen, 2009, S. 245.

2 Dieser Vorstellung folgt auch der Entwurf eines Bundessteuergesetzbuches, Ein Reformentwurf zur Erneuerung des Steuerrechts, Kirchhof, P. 2011, § 90 Umfang und Bewertung von Unternehmensvermögen, S. 723 und S. 730 Tz. 31. Dort wird ausgeführt: „Der Erwerber eines Unternehmens erhält nicht nur die Aussicht, daraus in Zukunft Erträge zu erzielen, sondern auch das Eigentum an allen Wirtschaftsgütern des Betriebsvermögens. Zusammengefasst drückt sich dieses im Vermögenswert eines Unternehmens aus."

3 Begründung zum Gesetzentwurf der Bundesregierung, Teil 2. Materialien II Artikel 2, Änderung des BewG, Nr. 2, § 11 BewG, abgedruckt in Hübner, H., Erbschaftsteuerreform 2009 Gesetze Materialien Erläuterungen, 2009, S. 245; gleicher Tenor siehe Geck, R., in Kapp/Ebeling (Hrsg.), Erbschaftsteuer- und Schenkungsteuergesetz Kommentar, April 2010, § 12, S. 24/4 Tz. 128.

4 Abbildung aus Rdn. 628.

ABB. 86: Mindestwertregelung und negativer Geschäftswert				
		Ist	Alt. 1	Alt. 2
Substanzwert (SW)		10.000.000,00	10.000.000,00	10.000.000,00
Eigenkapital (EK)		8.000.000,00	8.000.000,00	8.000.000,00
Liquidationswert (LW)		5.500.000,00	5.500.000,00	5.500.000,00
Jahresüberschuss (JÜ)		300.000,00	500.000,00	800.000,00
Rendite auf eingesetztes EK (EK)	JÜ/SW	3,00%	5,00%	8,00%
Kalkulationszinssatz (KZF)	i + ß z	8,00%	8,00%	8,00%
Basiszinssatz (i)		3,50%	3,50%	3,50%
Risikozuschlag (z)		4,50%	4,50%	4,50%
Beta-Faktor (ß)		1,00	1,00	1,00
Ertragswert (EW)	JÜ/KZF	3.750.000,00	6.250.000,00	10.000.000,00
Substanzwert (SW)		10.000.000,00	10.000.000,00	10.000.000,00
Geschäftswert (GW)	EW - SW	-6.250.000,00	-3.750.000,00	0,00

Das Beispiel zeigt in den Berechnungsvarianten „Ist" und „Alt. 1", dass ein Ertragswert unterhalb des Substanzwertes gleichbedeutend mit einem negativen Geschäftswert ist. Genau für diese Fälle, in denen der Ertragswert unter dem Substanzwert liegt, soll der Substanzwert als Mindestwert herangezogen werden.

Die **Veräußerung** eines Unternehmens unter der Annahme der Fortführung ist aber höchstens zum **Ertragswert** möglich, da dieser das Ergebnis einer simulierten Ermittlung des **Verkehrswertes** bzw. **gemeinen Wertes** des Unternehmens darstellt.[1] Die Kodifizierung der Mindestwertregel baut somit auf falschen Prämissen auf, wenn sie davon ausgeht, man könne ein fortzuführendes Unternehmen zumindest zum Substanzwert verkaufen. 1374

Eine mögliche Verteidigungslinie für die Mindestwertregel könnte lauten, man könne den Substanzwert als Mindestwert eines fortzuführenden Unternehmens akzeptieren, denn dem Erwerber stünde es immer noch frei das Unternehmen zu liquidieren und die Substanz, unter Vermeidung des negativen Ge- 1375

---

[1] Schneider, D., Investition, Finanzierung und Besteuerung, 1992, S. 520.

schäftswertes aus der Fortführung, zu realisieren. Diese Überlegung greift allerdings zu kurz, da die **Auflösung** des Unternehmens zwar den negativen Geschäftswert vermeidet, aber dafür **Liquidationskosten** (Beraterkosten, Steuern auf stille Reserven, Sozialplanaufwand) den Erwerb belasten.[1] D.h. trotz Vermeidung eines negativen Geschäftswertes kann der Liquidationswert immer noch unterhalb des Substanzwertes liegen. Die Lösung zu diesem Problem besteht in einer Gesetzesänderung des § 11 Abs. 2 S. 3 BewG und dem Austausch des Begriffs „Substanzwert" durch den Begriff „Liquidationswert". Das Bewertungsgesetz befände sich damit wieder auf einer logischen Linie und der Grundlage der bewährten zivilrechtlichen Mindestwertregel.

> **BEISPIEL:** Ein Unternehmen erzielt seit Jahren nur eine „schwarze Null", bestenfalls nachhaltig 100.000 € Gewinn pro Jahr. Bei einem äquivalenten Kalkulationszinssatz von 10 % resultiert somit ein Ertragswert von 1.000.000 € (100.000 € / 10 %). Es existiert kein nicht betriebsnotwendiges Vermögen. Die Unternehmenssubstanz beträgt 10 Mio.€. Der Unternehmer führte das Unternehmen bisher aus sozialer Verantwortung gegenüber den Mitarbeitern und der Region auch in schlechten Zeiten fort, vermied Entlassungen und ist stolz auf die langjährige Betriebszugehörigkeit der Mitarbeiter (150 Mitarbeiter, durchschnittliche Betriebszugehörigkeit 15 Jahre, Durchschnittsgehalt pro Monat 3.000 €). Bei Liquidation des Unternehmens ist nur mit einem Liquidationswert von 3 Mio.€ zu rechnen, da mit erheblichen Kosten für einen Sozialplan zu rechnen ist.
>
> Sozialplankosten: 150 Mitarbeiter x 15 Jahre x 3.000 € = 6.750.000 €.
>
> Der Sohn als Erwerber fühlt sich dem unternehmerischen Geist des Vaters verpflichtet und führt ebenfalls fort. Dieses Engagement wird vom Steuergesetzgeber mit der Mindestwertregel und der Zugrundelegung des Substanzwertes von 10 Mio.€ „belohnt".

1376 Gemäß § 11 Abs. 2 Satz 3 BewG darf der Substanzwert als **Mindestwert** nicht unterschritten werden, allerdings gemäß der Erbschaftsteuerrichtlinien nur, wenn der Unternehmenswert nicht aus zeitnahen Verkäufen abgeleitet werden kann und unter Rückgriff auf **Bewertungsverfahren** ermittelt werden muss.

*„Der Substanzwert ist als **Mindestwert nur anzusetzen**, wenn der gemeine Wert nach dem vereinfachten Ertragswertverfahren ... oder mit einem Gutachterwert (Ertragswertverfahren oder andere im gewöhnlichen Geschäftsverkehr für nichtsteuerliche Zwecke übliche Methode) ermittelt wird. Wird der gemeine Wert aus **tatsächlichen Verkäufen** unter fremden Dritten im gewöhnlichen Geschäftsver-*

---

[1] IDW S1 i. d. F. 2008, Tz. 141, siehe dazu auch Rdn. 1314.

*kehr abgeleitet, ist der **Ansatz des Substanzwerts als Mindestwert ausgeschlossen.**"* [1]

Diese Einschränkung der Mindestwertregelung ist dem **Gesetzestext** nicht zu entnehmen und spiegelt eine gewisse **Skepsis** des Gesetzgebers gegenüber Bewertungsverfahren wider. Auch die Begründung zum Gesetzentwurf der Bundesregierung enthält hierzu keine Hinweise.[2] Eine Kritik an dieser Interpretation durch die Erbschaftsteuerrichtlinien ist nicht zu erwarten, da diese zum Vorteil des Steuerpflichtigen ist.[3]

1377

Der Substanzwert ist unabhängig von seiner Höhe und der zu erwartenden Über- oder Unterschreitung des Ertragswertes zu ermitteln. Die Angaben zum Substanzwert sind in einer **Vermögensaufstellung** nach amtlichem Vordruck abzugeben.[4] Der Sinn dieser Regelung wird vor dem Hintergrund der Ermittlung der **Verwaltungsvermögensquote** gesehen.[5]

1378

Im Ergebnis ist die Mindestwertregelung hinsichtlich eines Substanzwertes als Fortführungswert ein eklatanter Verstoß gegen die **verfassungsrechtliche Vorgabe** der Bewertung von Unternehmen zum gemeinen Wert und gegen die Bewertung von wirtschaftlichen Einheiten gemäß § 2 BewG.

1379

Es ist somit festzuhalten:

Aus der Summe gemeiner Werte einer wirtschaftlichen Einheit wird noch kein gemeiner Wert der wirtschaftlichen Einheit.

Der gemeine Wert der wirtschaftlichen Einheit Unternehmen ist bei Fortführung des Unternehmens der Ertragswert und bei Beendigung des Unternehmens der Liquidationswert. Die Mindestwertregel in § 11 Abs. 2 S. 3 BewG kann damit nur als vollständig verunglückt bezeichnet werden.

1380

14.8.2.6 Substanzwert – kein gemeiner Wert

Zentrale Motivation zum Erwerb eines Unternehmens ist das Streben nach Gewinn. Die **Gesamtbewertungsverfahren** nehmen dieses Ziel in ihrem Berechnungsansatz auf und ermitteln den Barwert der Gewinne, die aus einem Unternehmen ab dem Bewertungsstichtag für den Investor zukünftig zu er-

1381

---

1 ErbStR 2011, R B 11.3 Abs. 1.
2 Begründung zum Gesetzentwurf der Bundesregierung, Teil 2. Materialien II Artikel 2, Änderung des BewG, Nr. 2, § 11 BewG, abgedruckt in Hübner, H., Erbschaftsteuerreform 2009 Gesetze Materialien und Erläuterungen, 2009, S. 245.
3 Horn, H.-J., in Fischer/Jüptner/Pahlke/Wachter, ErbStG Kommentar, 2010, § 12, S. 501 Tz. 301.
4 ErbStR 2011, R B 11.4 Abs. 4.
5 Horn, H.-J., in Fischer/Jüptner/Pahlke/Wachter, ErbStG Kommentar, 2010, § 12, S. 505 Tz. 308.

warten sind. Werden die individuellen Vorstellungen und Möglichkeiten des Investors bei dieser Berechnung erfasst (z. B. echte Synergien), ist das Berechnungsergebnis der **subjektive Unternehmenswert** oder **Grenzpreis** des Investors.[1] Ein so ermittelter Grenzpreis ist zwar der individuelle Entscheidungswert des Investors, aber er kann nicht die Bedingungen eines Marktpreises bzw. Verkehrswertes bzw. gemeinen Wertes im Sinne § 194 BauGB bzw. § 9 BewG erfüllen.[2]

1382 Abstrahiert man bei der Anwendung eines Gesamtbewertungsverfahrens von den persönlichen Verhältnissen des Investors – etwa einer nur ihm offen stehenden Alternativanlage – ermittelt man einen **typisierten** Unternehmenswert. Dieses Konzept eines Unternehmenswertes wird auch als **objektivierter Unternehmenswert** bezeichnet.[3] Er erfüllt die Kriterien, die durch das gesetzliche Bewertungsziel des **gemeinen Wertes** vorgegeben sind.[4]

1383 Systematischer Bestandteil eines subjektiven wie auch eines objektivierten Unternehmenswertes sind – als Ergebnis der Anwendung eines Gesamtbewertungsverfahrens – die Über-Gewinnchancen des Unternehmens, ausgedrückt im **Geschäftswert**. Der Geschäftswert lässt sich retrograd als Differenz zwischen Gesamtwert (Ertragswert, DCF-Wert) und **Teilreproduktionszeitwert** (Substanzwert) ermitteln.[5] Der Geschäftswert kann damit positiv oder negativ sein.[6]

> **BEISPIEL:** Der Substanzwert des Unternehmens beträgt 10 Mio. €. Das schlecht rentierliche Unternehmen wirft seit Jahren und auch nachhaltig nur einen jährlichen Gewinn von 100.000 € ab. Der äquivalente Kalkulationszinssatz sei 10 %. Der Ertragswert auf Basis einer ewigen Rente ermittelt beträgt damit 1.000.000 € (100.000 € / 10 %). Der Geschäftswert ist damit stark negativ und beträgt – 9 Mio. € (= 1 Mio. € - 10 Mio. €).

1384 Der Käufer eines Unternehmens muss somit zwangsläufig ein Gesamtbewertungsverfahren verwenden, da er sonst weder die Gewinnchancen eines Unternehmens richtig bewerten kann, noch sich vor einem negativen Geschäftswert schützen kann. Durch den **Einzelbewertungsansatz** des Substanzwertver-

---

1 Busse von Colbe, W., Der Zukunftserfolg, 1957, S. 16.
2 Drukarczyk/Schüler, Unternehmensbewertung, 2009, S. 87.
3 IDW S1 i. d. F. 2008, Tz. 12 und Tz. 29.
4 Wollny, C., „Führt der objektivierte Unternehmenswert zum Verkehrswert?" – eine Begriffsbestimmung, Bewertungspraktiker, 2010, Nr. 3, S. 12 ff.
5 Siehe zu dieser Saldoermittlung auch § 246 Abs. 1 Satz 4 HGB; im Grundsatz lässt sich der Saldo auch aus der Gegenüberstellung des Ertragswertes und des Substanzwertes gemäß Bewertungsgesetz (Teilveräußerungspreis) ermitteln.
6 Siehe hierzu im Detail Rdn. 628 und Rdn. 419.

fahrens kann ein Geschäftswert nicht ermittelt werden. Der vom Bewertungsgesetz definierte **Substanzwert** ist deshalb von vornherein als **Teilveräußerungswert** zu verstehen.

Aus gutem Grunde wird deshalb kein Käufer für einen Unternehmenskauf das Substanzwertverfahren verwenden. Dessen **Methodenwahl** soll aber nach dem Bewertungsgesetz gemäß § 11 Abs. 2 Satz 2 zweiter Halbsatz BewG maßgeblich sein.[1]

1385

„…; dabei ist *die Methode* anzuwenden, die ein *Erwerber der Bemessung des Kaufpreises* zu Grunde legen würde."

Die Ermittlungsvorschrift des Gesetzes in § 11 Abs. 2 Satz 3 BewG, nach der zur Ermittlung des Substanzwertes des Unternehmens die gemeinen Werte der einzelnen zum Betriebsvermögen gehörenden Wirtschaftsgüter anzusetzen sind, sagt somit nichts über den gemeinen Wert des Unternehmens als **organisatorische Einheit** aus. Andernfalls wären Ertragswert- oder DCF-Verfahren überflüssig. Hier widersprechen sich die Aussagen in den Erbschaftsteuerrichtlinien und die Aussagen in § 11 Abs. 2 Satz 3 BewG, was mit dem Substanzwert eigentlich ermittelt werden soll.

1386

„Bei der Ermittlung des Substanzwerts ist das **Vermögen** der Kapitalgesellschaft mit dem **gemeinen Wert** zum Bewertungsstichtag zugrunde zu legen."[2]

Das Vermögen im Bewertungsgesetz entspricht dem Eigenkapital im Ertragsteuerrecht.[3] Der gemeine Wert des Vermögens (BewG) oder des Eigenkapitals (EStG) ist aber nichts anderes als der Unternehmenswert, ermittelt mit einem Gesamtbewertungsverfahren. Unabhängig davon wird abweichend davon in den Erbschaftsteuerrichtlinien erläutert, wie der gemeine Wert des Vermögens zu ermitteln ist.

1387

„Dabei ist zunächst der **Saldo der gemeinen Werte** für die Wirtschaftsgüter, sonstigen aktiven Ansätze, Schulden und sonstigen Abzüge am Abschlusszeit-

---

1 Auch wenn die Mindestwertregel in § 11 Abs. 2 Satz 3 BewG dem Hinweis zur Methodenwahl folgt und somit vom Aufbau des Paragraphen fraglich ist, ob damit auch der Substanzwert von der Methodenwahl umfasst sein soll, bleibt es doch beim gesetzgeberischen Ziel, zum einen Schätzungsunschärfen zu vermeiden und zum anderen den gemeinen Wert des Unternehmens zu ermitteln.
2 ErbStR 2011, R B 11.4 Abs. 1 Satz 1.
3 Eisele, D., in Rössler/Troll (Hrsg.), BewG Bewertungsgesetz Kommentar, Oktober 2009, § 103, S. 2 Tz. 5.

*punkt zu bilden, die bei der Ermittlung des **Substanzwerts** der Kapitalgesellschaft anzusetzen sind ..."*[1]

1388 Diese Rechenanleitung folgt inhaltlich wiederum der Formulierung in § 11 Abs. 2 Satz 3 BewG. Aus der Summe der gemeinen Werte der aktiven und passiven Wirtschaftsgüter lässt sich aber nicht der gemeine Wert des Vermögens ermitteln, sondern nur der Substanzwert. Man wird deshalb bei der Lektüre von Gesetz, Regierungsbegründung und Erbschaftsteuerrichtlinien das Gefühl nicht los, dass hier ein großes Missverständnis vorliegt, dass sich wiederholt auf den Punkt bringen lässt.

Aus der Summe gemeiner Werte einer wirtschaftlichen Einheit wird noch kein gemeiner Wert der wirtschaftlichen Einheit.

1389 In der Literatur finden sich Hinweise, der Substanzwert sei ein „gemeiner Wert besonderer Art" oder eine „besondere Ausprägung der Ermittlung des gemeinen Werts".[2] Diese Interpretationen sind abzulehnen, da sie in die falsche Richtung weisen und die unüberbrückbare Kluft zwischen dem Substanzwert des Unternehmens und dem gemeinen Wert des Unternehmens kaschieren. Gemeine Werte sind **Verkehrswerte** bzw. **Marktpreise** und sagen, übertragen auf eine Unternehmenstransaktion, etwas über einen theoretischen Transaktionspreis für das Unternehmen aus.[3] Ein Substanzwert, der das Herzstück eines potenzielle Transaktionspreises in Form des Geschäftswertes in der praktischen Anwendung gar nicht ermitteln kann, ist somit denkbar ungeeignet, Maßstab für einen Transaktionswert zu sein und kann somit kein gemeiner Wert sein.

1390 Die **Erbschaftsteuerrichtlinien** sprechen deshalb aus gutem Grunde auch nur von einem Substanzwert als **Mindestwert** und grenzen ihn klar von der Ermittlung **gemeiner Werte** ab.

*„Der **Substanzwert** ist als **Mindestwert** nur anzusetzen, **wenn der gemeine Wert** nach dem vereinfachten Ertragswertverfahren ... oder mit einem Gutachterwert (Ertragswertverfahren oder andere im gewöhnlichen Geschäftsverkehr für nichtsteuerliche Zwecke übliche Methode) **ermittelt wird.**"*[4]

---

1 ErbStR 2011, RB 11.4 Abs. 2 Satz 2.
2 Horn, H.-J., in Fischer/Jüptner/Pahlke/Wachter, ErbStG Kommentar, 2010, § 12, S. 504 Tz. 306; Eisele, D., in Rössler/Troll (Hrsg.), BewG Bewertungsgesetz Kommentar, Oktober 2009, § 103, S. 3 Tz. 6.
3 Siehe dazu den Vergleich der Definitionen des gemeinen Werts in § 9 BewG und des Verkehrswerts in § 194 BauGB.
4 ErbStR 2011, R B 11.3 Abs. 1 Satz 1.

14.8.3 Ansatzvorschriften im Substanzwert gemäß neuem Bewertungsgesetz

14.8.3.1 Grundlagen

Der Substanzwert ist gemäß § 11 Abs. 2 Satz 3 BewG zu ermitteln.[1] Danach gilt als Substanzwert:

1391

„Die Summe der gemeinen Werte der zum Betriebsvermögen gehörenden Wirtschaftsgüter und sonstigen aktiven Ansätze abzüglich der zum Betriebsvermögen gehörenden Schulden und sonstigen Abzüge (Substanzwert) der Gesellschaft darf nicht unterschritten werden."[2]

Die im Gesetz verwendeten Begriffe „Wirtschaftsgüter" und „Schulden" finden sich auch in den Erbschaftsteuerrichtlinien.

1392

„Die zum Betriebsvermögen gehörenden Wirtschaftsgüter und sonstigen aktiven Ansätze sowie die zum Betriebsvermögen gehörenden Schulden und sonstigen Abzüge sind bei der Ermittlung des Substanzwerts mit dem gemeinen Wert anzusetzen..."[3]

Allerdings werden in den Erbschaftsteuerrichtlinien auch die Begriffe „Aktive Wirtschaftsgüter" und „Passive Wirtschaftsgüter" verwendet.

1393

„Aktive und passive Wirtschaftsgüter gehören auch dann dem Grunde nach zum ertragsteuerlichen Betriebsvermögen, wenn für sie ein steuerliches Aktivierungs- oder Passivierungsverbot besteht."[4]

Die Begriffspaare „Wirtschaftsgüter und Schulden" bzw. „Aktive Wirtschaftsgüter und Passive Wirtschaftsgüter" sind insofern deckungsgleich, da als passive Wirtschaftsgüter Schulden und damit Verbindlichkeiten und Rückstellungen zu verstehen sind.[5]

1394

Als **Wirtschaftsgut** gilt gemäß § 2 Abs. 1 Satz 4 BewG die kleinste zu bewertende Einheit. Eine gesetzliche Definition zum Wirtschaftsgut fehlt. Damit muss auf die steuerrechtliche Rechtsprechung zurückgegriffen werden. Der steuerrechtliche Begriff des Wirtschaftsgutes wird dort dem handelsrechtlichen Begriff des **Vermögensgegenstandes** gleichgesetzt.

1395

---

1 Zu den Details der Bestimmung des Betriebsvermögens im Sinne des Bewertungsgesetzes, für Einzelunternehmen, Personengesellschaften und Kapitalgesellschaften, siehe Rdn. 783.
2 § 11 Abs. 2 Satz 3 BewG.
3 ErbStR 2011, R B 11.3 Abs. 5 Satz 1.
4 ErbStR 2011, R B 11.3 Abs. 3 Satz 2.
5 Kreutziger, S., in Kreutziger/Schaffner/Stephany (Hrsg.), Kommentar zum Bewertungsgesetz, 2009, § 2, S. 15 Tz. 3; Frotscher, G., Kommentar zum EStG, § 5 EStG, Rz. 460.

C. Unternehmensbewertung gemäß Erbschaftsteuerreformgesetz

"Die Begriffe Vermögensgegenstand und Wirtschaftsgut stimmen inhaltlich überein, sie sind auf der Grundlage einer wirtschaftlichen Betrachtungsweise auszulegen und daher weit gespannt. Beide umfassen nicht nur Sachen und Rechte im Sinne des Bürgerlichen Gesetzbuchs (BGB), sondern auch tatsächliche Zustände und konkrete Möglichkeiten, damit sämtliche Vorteile für den Betrieb, deren Erlangung sich der Kaufmann etwas kosten lässt, die einer besonderen Bewertung zugänglich sind, in der Regel einen Nutzen für mehrere Wirtschaftsjahre erbringen und jedenfalls mit dem Betrieb übertragen werden können. Darunter fallen, wie die Regelungen der § 248 Abs. 2 HGB und § 5 Abs. 2 EStG erkennen lassen, grundsätzlich auch – nicht körperliche – immaterielle Wirtschaftsgüter."[1]

1396 In der steuerrechtlichen Kommentierung findet die folgende Definition Verwendung:

Güter, denen ein Geldwert und eine **selbständige Bewertungsfähigkeit** beigemessen werden kann, gelten als Wirtschaftsgut.[2]

1397 Zur Gleichsetzung der Begriffe Vermögensgegenstand und Wirtschaftsgut kommt allerdings nur die **steuerrechtliche** Rechtsprechung, wohingegen die **handelsrechtliche** Literatur nicht nur die selbständige Bewertungsfähigkeit sondern auch die **selbständige Verkehrsfähigkeit** bzw. selbständige Veräußerbarkeit voraussetzt.[3] Für das Bewertungsgesetz ist mit Verweis auf die Definition des gemeinen Wertes in § 9 BewG die selbständige Verkehrsfähigkeit Voraussetzung zur Erfassung im Substanzwert. Immaterielle Vermögensgegenstände bzw. geschäftswertbildende Faktoren, auch soweit sie selbst erstellt sind, sind somit im Substanzwert zu erfassen.[4] Ein Geschäftswert ist auf dieser Grundlage nicht im Substanzwert aufzunehmen.

1398 Da eine wirtschaftliche Einheit des Betriebsvermögens gemäß § 2 Abs. 1 Satz 2 BewG „im Ganzen" zu bewerten ist, kommt dem einzelnen Wirtschaftsgut nur noch dort Bedeutung zu, wo eine Einzelbewertung gesetzlich angeordnet ist, also z. B. beim Substanzwert gemäß § 11 Abs. 2 Satz 3 BewG.[5]

---

1 BFH v. 14. 3. 2006 - I R 109/04, NWB Dok ID: HAAAB-92629.
2 Kreutziger, S., in Kreutziger/Schaffner/Stephany (Hrsg.), Kommentar zum Bewertungsgesetz, 2009, § 2, S. 15 Tz. 2; Viskorf, H.-U., in Viskorf/Knobel/Schuck (Hrsg.), Erbschaftsteuer- und Schenkungsteuergesetz, Bewertungsgesetz Kommentar, 2009, BewG, § 2, S. 955 Tz. 3.
3 Ellrott/Krämer, in Ellrott/Förschle/Kozikowski/Winkeljohann (Hrsg.), Beck'scher Bilanzkommentar, 2010, S. 124 Tz. 13.
4 Creutzmann, A., Unternehmensbewertung und Erbschaftsteuer, StBG, 2008, S. 153.
5 Viskorf, H.-U., in Viskorf/Knobel/Schuck (Hrsg.), Erbschaftsteuer- und Schenkungsteuergesetz, Bewertungsgesetz Kommentar, 2009, BewG, § 2, S. 955 Tz. 3.

Schulden umfassen gemäß § 247 Abs. 1 und § 266 Abs. 3 HGB die Begriffe Verbindlichkeiten und Rückstellungen. Voraussetzung für die **Passivierung** einer Verbindlichkeit im ertragsteuerlichen Betriebsvermögen ist, dass sie:[1]

1399

- ▶ eine erzwingbare Leistungsverpflichtung darstellt,
- ▶ die gegenüber einem Dritten besteht,
- ▶ die selbständig bewertbar ist,
- ▶ als Verpflichtung wirtschaftlich belastend ist und
- ▶ eindeutig quantifizierbar ist (dem Inhalt und der Höhe nach bestimmt).

Für Schulden, die dem Grunde bzw. der Höhe nach ungewiss sind, sind gegebenenfalls Rückstellungen für ungewisse Verbindlichkeiten zu bilden.[2]

Bei den **sonstigen aktiven Ansätzen** handelt es sich um eine Sammelbezeichnung für Positionen der Aktivseite, die im bilanzrechtlichen Sinn keine Wirtschaftsgüter darstellen. Da eine Bewertung mit dem gemeinen Wert zu erfolgen hat, muss aber zumindest deren selbständige Veräußerung möglich sein. Da die selbständige Veräußerbarkeit im Gegensatz zum Wirtschaftsgut ein Merkmal des Vermögensgegenstandes ist, können im steuerrechtlichen Substanzwert nur die Wirtschaftsgüter zum Ansatz kommen, welche die Qualität eines Vermögensgegenstandes aufweisen.

1400

Den Begriff der **sonstigen Abzüge** nennt § 103 Abs. 1 BewG. Eine Definition fehlt im Gesetz wie in den Erbschaftsteuerrichtlinien.

1401

„Schulden und sonstige Abzüge, die nach § 95 Abs. 1 zum Betriebsvermögen gehören, werden vorbehaltlich des Absatzes 3 berücksichtigt, soweit sie mit der Gesamtheit oder einzelnen Teilen des Betriebsvermögens im Sinne dieses Gesetzes in wirtschaftlichem Zusammenhang stehen."[3]

„Rücklagen sind nur insoweit abzugsfähig, als ihr Abzug bei der Bewertung des Betriebsvermögens für Zwecke der Erbschaftsteuer durch Gesetz ausdrücklich zugelassen ist."[4]

Gemäß § 103 Abs. 1 und Abs. 3 BewG können auch **Rückstellungen** im Substanzwert zum Abzug kommen, obwohl durch die Aufhebung des § 98a Satz 2 BewG die Anwendung der §§ 4 bis 8 BewG grundsätzlich auch für den Substanzwert wieder relevant geworden sind. Allerdings weist die **Regierungs-**

1402

---

1 Frotscher, G., Kommentar zum EStG, § 5 EStG, Rz. 460.
2 Horn, H.-J., in Fischer/Jüptner/Pahlke/Wachter, ErbStG Kommentar, 2010, § 12, S. 504 Tz. 305.
3 § 103 Abs. 1 BewG.
4 § 103 Abs. 3 BewG.

begründung darauf hin, dass für die Definition des Substanzwertes die aufgehobene Norm des § 98a BewG weiterhin Bestand haben soll.

*„Die **Definition** des Substanzwerts entspricht inhaltlich den Grundsätzen **der bisherigen §§ 98a und 103 BewG**."*[1]

1403 Damit sollen die §§ 4 bis 8 BewG für den Substanzwert keine Wirkung entfalten. Diese Sichtweise wird in der Kommentierung bestätigt.[2] Die Erbschaftsteuerrichtlinien setzen diese Vorgabe entsprechend um und lassen z. B. auch den Abzug von Drohverlustrückstellungen zu.

*„Eine handelsrechtlich gebotene Rückstellung (z. B. **Drohverlustrückstellung**), die steuerlich nicht passiviert werden darf (§ 5 Abs. 4a EStG), ist bei der Ermittlung des Substanzwerts gleichwohl anzusetzen."*[3]

14.8.3.2 Substanzwert von Einzelunternehmen

1404 Siehe zum einzubeziehenden Betriebsvermögen Kapitel C. 12.3.2 Der Umfang des Betriebsvermögens von Einzelunternehmen.

14.8.3.3 Substanzwert von Personengesellschaften

1405 Siehe zum einzubeziehenden Betriebsvermögen Kapitel C. 12.3.3 Der Umfang des Betriebsvermögens von Personengesellschaften.

14.8.3.4 Substanzwert von Kapitalgesellschaften

1406 Siehe zum einzubeziehenden Betriebsvermögen Kapitel C. 12.3.4 Der Umfang des Betriebsvermögens von Kapitalgesellschaften.

14.8.3.5 Substanzwert nicht bilanzierender Gewerbetreibender und Freiberufler

1407 Siehe zum einzubeziehenden Betriebsvermögen Kapitel C. 12.4 Betriebsvermögen bei nicht bilanzierenden Gewerbetreibenden und freiberuflich Tätigen.

---

1 Begründung zum Gesetzentwurf der Bundesregierung, Teil 2. Materialien II Artikel 2, Änderung des BewG, Nr. 2, § 11 BewG, abgedruckt in Hübner, H., Erbschaftsteuerreform 2009 Gesetze Materialien Erläuterungen, 2009, S. 245.
2 Horn, H.-J., in Fischer/Jüptner/Pahlke/Wachter ErbStG Kommentar, 2010, § 12, S. 504, Tz. 305; Riedel, C., in Daragan/Halaczinsky/Riedel (Hrsg.), Praxiskommentar ErbStG und BewG, 2010, § 11 BewG, S. 877, Tz. 44; Abschnitt 4, Abs. 3, S. 2 und S. 3, GLE AntBV vom 17. 5. 2011.
3 ErbStR 2011, R B 11.3 Abs. 3 Satz 3.

14.8.3.6 Substanzwert von Unternehmensgruppen

Bei der Substanzbewertung von Unternehmensgruppen stellt sich die Frage nach der technischen Umsetzung dieser Bewertung. Dabei stehen grundsätzlich zwei Verfahrenswege offen. 1408

1. Die Obergesellschaft wird nach der Substanz bewertet. Die Beteiligungsgesellschaften werden ebenfalls jeweils nach der Substanz bewertet. Die Substanzwerte der Obergesellschaft und der Beteiligungsgesellschaften werden aufsummiert und ergeben den Substanzwert der Unternehmensgruppe.

2. Die Obergesellschaft wird nach der Substanz bewertet und die Beteiligungen werden im Zuge der Bewertung der Substanz der Obergesellschaft bewertet. Die Bewertung der Beteiligungen erfolgt nach dem gemeinen Wert.

Ergebnis dieser Problemstrukturierung ist, dass die Ergebnisse identisch sein müssen. Nach der Mindestwertregel kommt der Substanzwert für ein Unternehmen nur zum Ansatz, wenn dieser höher ist als der gemeine Wert – es sei denn dieser wird durch einen Veräußerungspreis repräsentiert. Für diesen Fall einschlägiger Mindestwerte weisen die **Feststellungen** gemäß § 151 Abs. 1 BewG für das jeweilige Unternehmen den Substanzwert aus. Anders formuliert bedeutet die Substanzbewertung der Obergesellschaft nicht zwangsläufig eine Substanzbewertung für die Beteiligungsgesellschaften. Vielmehr ist für jedes Unternehmen der Wertansatz nach der Mindestwertregel zu entscheiden, es sei denn es liegen Veräußerungspreise vor. 1409

14.8.4 Bewertungsvorschriften zum steuerrechtlichen Substanzwert – Gemeiner Wert als Wertkategorie

Es ist zu betonen, dass die aktiven und passiven Wirtschaftsgüter bei der Ermittlung des Substanzwertes nach den bewertungsrechtlichen Vorgaben anhand des gemeinen Wertes gemäß § 9 Abs. 2 BewG zu ermitteln sind.[1] Der **gemeine Wert** stellt einen typisierten Veräußerungspreis dar. Damit ergibt sich für den bewertungsrechtlichen Substanzwert, als Saldo von **Veräußerungspreisen**, ein signifikanter Unterschied zur Substanzwertkonzeption der allgemeinen Unternehmensbewertungslehre, da nach letzterer der Substanzwert als **Reproduktionswert** anhand der Wiederbeschaffungskosten oder Einkaufspreise der Unternehmenssubstanz zu ermitteln ist. 1410

---

1 Zu den Grundlagen siehe Rdn. 783.

14.8.5 Substanzwert zu Veräußerungspreisen – ausgewählte Aspekte der Substanzwertermittlung

14.8.5.1 Grundlagen

1411 Beim Ansatz der Aktiva und Schulden besteht grundsätzlich **kein Unterschied** zwischen dem betriebswirtschaftlichen Substanzwert und dem Substanzwert nach Bewertungsgesetz. Allerdings bezieht der bewertungsrechtliche Substanzwert bei **Personengesellschaften** auch das Sonderbetriebsvermögen mit ein, da die Personengesellschaft im Steuerrecht als transparent gilt.[1] Die Bewertung der einzelnen Vermögenspositionen erfolgt im bewertungsrechtlichen Substanzwert wie ausgeführt zum **gemeinen Wert** bzw. Veräußerungspreis. Soweit Veräußerungspreise nicht verfügbar sind, muss auch im bewertungsrechtlichen Substanzwert bei der Bewertung der einzelnen Vermögenspositionen auf **Bewertungsverfahren** zur Simulation von Marktbewertungen zurückgegriffen werden. Trotz theoretischer Unterschiede zwischen Wiederbeschaffungskosten und Veräußerungspreisen gleichen sich somit die Verfahrensweisen zur Wertermittlung.

1412 Allerdings ist darauf hinzuweisen, dass sich insbesondere für speziell auf die Bedürfnisse des Unternehmens ausgerichtete Maschinen bzw. Anlagen und Immobilien (keine Mieten ermittelbar!) über den **Herstellungskostenansatz** bzw. über das **Sachwertverfahren** zwar Werte ermitteln lassen, aus dem Blickwinkel des bewertungsrechtlichen Substanzwertes und zu verwendender **Veräußerungspreise** diese aber unter Umständen nur mit erheblichen Abschlägen auf die ermittelten Werte vertretbar sind. Unter Berücksichtigung dieses grundsätzlichen Unterschiedes kann hinsichtlich der Substanzwertermittlung auf die Ausführungen zum betriebswirtschaftlichen Substanzwert verwiesen werden, soweit nachfolgend auf keine besonderen Regelungen hingewiesen wird.[2]

14.8.5.2 Immaterielle Wirtschaftsgüter

1413 **Immaterielle Wirtschaftsgüter** sind im Substanzwert auch zu erfassen, wenn sie selbst erstellt sind und somit nicht bilanziert sind.

---

[1] Zum Umfang des Betriebsvermögens bei Personengesellschaften und der Ermittlung des Beteiligungswertes des Gesellschafters siehe Rdn. 810 und Rdn. 1480.
[2] Substanzwert als Teilreproduktionszeitwert – die praktische Substanzwertermittlung.

14. Verfahren zur Unternehmensbewertung nach dem Bewertungsgesetz

*"Zum Betriebsvermögen gehören **auch selbst geschaffene** oder entgeltlich erworbene **immaterielle Wirtschaftsgüter** (z. B. Patente, Lizenzen, Warenzeichen, Markenrechte, Konzessionen, Bierlieferrechte)."*[1]

Zu erfassen sind auch **geschäftswertbildende Faktoren**. 1414

*"**Geschäftswert-, Firmenwert- oder Praxiswertbildende Faktoren**, denen ein eigenständiger Wert zugewiesen werden kann (z. B. Kundenstamm, Know-how), sind mit einzubeziehen, unabhängig davon, ob sie selbst geschaffen oder entgeltlich erworben wurden."*[2]

Voraussetzung für eine Berücksichtigung ist aber, dass für sie ein eigenständiger Wert ermittelt werden kann und somit ein **immaterielles Wirtschaftsgut** vorliegt. 1415

*"Demgemäß kommt ein Ansatz von **Anschaffungskosten für immaterielle Einzelwirtschaftsgüter** oder Anteile an solchen **nicht** in Betracht, wenn zwar nach den Erklärungen der Vertragsparteien bei der Bemessung des gesamten Entgelts bestimmte tatsächliche und rechtliche Verhältnisse des Unternehmens ausdrücklich berücksichtigt wurden, diese Verhältnisse aber bei Berücksichtigung der **Verkehrsanschauung** und der besonderen Umstände des Einzelfalles **nicht als immaterielle Einzelwirtschaftsgüter**, d. h. wirtschaftliche Werte, für die eine selbständige Bewertung möglich ist ..., **sondern lediglich als unselbständige geschäftswertbildende Faktoren** zu beurteilen sind. Dabei kann für die Unterscheidung zwischen immateriellen Einzelwirtschaftsgütern und geschäftswertbildenden Faktoren in Zweifelsfällen auch bedeutsam sein, **ob die Vertragsparteien bei oder vor Vertragsabschluß im Rahmen der Preisfindung erkennbar eine rational nachvollziehbare Einzelbewertung** bestimmter tatsächlicher oder rechtlicher Verhältnisse des Unternehmens vorgenommen und damit deren selbständige Bewertbarkeit indiziert haben."*[3]

Der Substanzwert erlangt insbesondere bei defizitären oder renditeschwachen Unternehmen praktische Bedeutung. Vor der Wertermittlung für Patente und Markenrechte des Unternehmens ist damit kritisch zu hinterfragen, ob diesen Vermögenspositionen überhaupt materiell relevante Werte zugeordnet werden können. Der **Ertragswert** eines Unternehmens wird insbesondere dann hoch ausfallen, wenn das Unternehmen über Patente und Marken verfügt, die 1416

---

1 ErbStR 2011, R B 11.3 Abs. 3 Satz 4.
2 ErbStR 2011, R B 11.3 Abs. 3 Satz 5.
3 BFH v. 7.11.1985 - IV R 7/83, BStBl 1986 II S. 176.

ihm ein Alleinstellungsmerkmal sichern. Ein niedriger Ertragswert ist damit auch Indikator für „wertlose" Patente und Marken.[1]

1417 **Urheberrechte** oder **Erfindungen**, die auslizenziert wurden, sind mit dem Barwert der Lizenzeinnahmen zu bewerten.[2] Maßgeblich sind die vertraglichen Vereinbarungen. Ohne entsprechende Vereinbarung, wird die Barwertberechnung auf der Grundlage einer Näherung vorgenommen.

*„Ist keine feste Lizenzgebühr vereinbart und die Vertragsdauer unbestimmt, kann auf die letzte vor dem Besteuerungszeitpunkt **gezahlte Lizenzgebühr** und eine **Laufzeit von acht Jahren** abgestellt werden. Der Kapitalisierung ist der marktübliche Zinssatz zugrunde zu legen. Es ist nicht zu beanstanden, wenn der jeweils **maßgebende Kapitalisierungszinssatz nach § 203 Abs. 1 BewG** ... angewendet wird."*[3]

14.8.5.3 Betriebsgrundstücke

1418 **Grundvermögen** bildet gemäß § 18 BewG eine der drei Vermögensarten neben dem land- und forstwirtschaftlichen Vermögen und dem Betriebsvermögen. Als **Betriebsgrundstücke** gelten gemäß § 99 Abs. 1 Nr. 1 BewG die Grundstücke, die zu einem Gewerbebetrieb gehören und die ohne diese Zuordnung Grundvermögen darstellen würden. Grundstücke des Gewerbebetriebs sind gemäß § 97 Abs. 1 BewG **Betriebsvermögen**.[4] Auf die Bewertung hat diese Zuordnung keinen Einfluss, da diese Betriebsgrundstücke gemäß § 99 Abs. 3 BewG **wie Grundvermögen** zu bewerten sind. Die Bewertung des Grundvermögens wurde für die Zwecke der Erbschaft- und Schenkungsteuer durch das Erbschaftsteuerreformgesetz in den §§ 176 bis 198 BewG völlig neu geregelt. Die **verfahrensrechtlichen Bestimmungen** finden sich in den §§ 151 bis 157 BewG. Danach ist Grundbesitz gemäß § 151 Abs. 1 Nr. 1 BewG mit dem auf den Bewertungsstichtag gesondert festgestellten Wert anzusetzen.

1419 Kein Grundvermögen sind gemäß § 176 Abs. 2 Nr. 2 BewG die Betriebsvorrichtungen.

*„Nicht in das Grundvermögen einzubeziehen sind nach § 176 Absatz 2 BewG Bodenschätze sowie Maschinen und sonstige Vorrichtungen aller Art einer Betriebsanlage (**Betriebsvorrichtungen**), auch wenn sie wesentliche Bestandteile ei-*

---

1 Zur Bewertung siehe Rdn. 429.
2 ErbStR 2011, R B 11.3 Abs. 6.
3 ErbStR 2011, R B 9.2 Satz 3 und Satz 4 und ErbStR 2011, R B 11.3 Abs. 6 Satz 3 und Satz 4.
4 Dem Gewerbebetrieb steht gemäß § 96 BewG die Ausübung eines freien Berufes gleich.

nes Gebäudes oder, ohne Bestandteil eines Gebäudes zu sein, Bestandteile des Grundstücks sind."[1]

Maßstab der Bewertung der Betriebsgrundstücke, die wie oben ausgeführt wie Grundvermögen zu bewerten sind, ist gemäß § 177 BewG der **gemeine Wert**. Die Durchführung der Bewertung differenziert nach **unbebauten** Grundstücken, § 179 BewG, und **bebauten** Grundstücken, §§ 182 bis 196 BewG.

1420

Ausländischer Grundbesitz wird gemäß § 31 BewG bewertet.[2] Bei in der **EU** belegenem Betriebsvermögen ist entgegen § 31 BewG (§ 12 Abs. 7 ErbStG) der gemeine Wert unter der Annahme zu ermitteln, das Betriebsvermögen liege im Inland.[3]

1421

Unbebaute Grundstücke

Unbebaute Grundstücke sind gemäß § 179 BewG durch Multiplikation der Fläche mit dem Bodenrichtwert pro Quadratmeter zu bewerten.

1422

*„Bei den **Bodenrichtwerten** handelt es sich um **durchschnittliche Lagewerte**, die von den **Gutachterausschüssen** nach § 196 BauGB auf Grund der Kaufpreissammlung flächendeckend unter Berücksichtigung des unterschiedlichen Entwicklungszustandes ermittelt und den Finanzämtern mitgeteilt werden."*[4]

Die Ermittlung der **Bodenrichtwerte** erfolgt turnusgemäß jährlich, ggf. zweijährlich. Die **Gutachterausschüsse** ermitteln die Bodenrichtwerte anhand der an sie übermittelten Kaufpreise aus Grundstücksverkäufen. Der Bodenrichtwert ist ein Wert pro Quadratmeter. Die Gutachterausschüsse teilen die Bodenrichtwerte den Finanzämtern gemäß § 179 Satz 2 BewG mit. Die Bodenrichtwerte sind auch für die Finanzämter und Finanzgerichte verbindlich.[5] Bei der Bewertung ist gemäß § 179 Satz 3 BewG jeweils der aktuelle Bodenrichtwert zu verwenden.

1423

*„Bei der Wertermittlung ist der Bodenrichtwert anzusetzen, dessen turnusmäßige Ermittlung dem **Bewertungsstichtag vorausging**."*[6]

Soweit der Bodenrichtwert mit einer **Geschossflächenzahl** angegeben ist, muss bei abweichender Geschossflächenzahl des zu bewertenden Grund-

1424

---

1 ErbStR 2011, R B 176.1 Abs. 4.
2 ErbStR 2011, R B 151.1 Abs. 2 Satz 3.
3 EuGH C 256/06, „Jäger", NWB Dok ID: KAAAC-69725. HFR, 2008, S. 405; siehe Preißer/Hegemann/Seltenreich, Erbschaftsteuerreform 2009, 2009, S. 103.
4 ErbStR 2011, R B 179.1 Abs. 1 Satz 3.
5 Volquardsen, C., in Daragan/Halaczinsky/Riedel (Hrsg.), Praxiskommentar ErbStG und BewG, 2010, § 179 BewG, S. 1215 Tz. 3.
6 ErbStR 2011, R B 179.2 Abs. 1 Satz 1.

stücks der Bodenwert umgerechnet werden. Dies erfolgt nach folgender Formel:

ABB. 87: Umrechnung des Bodenwertes bei abweichender Geschossflächenzahl[1]

$$\frac{\text{URK für die Geschossflächenzahl des zu bewertenden Grundstücks}}{\text{URK für die Geschossflächenzahl des Bodenrichtwertgrundstücks}} \times \text{Bodenrichtwert} = \text{Bodenwert} / m^2$$

URK: Umrechnungskoeffizient für die Geschossflächenzahl

„Der aus dem Bodenrichtwert nach RB 179.2 ermittelte Bodenwert pro m² ist auf volle Cent abzurunden und ergibt multipliziert mit der Grundstücksfläche den Wert des Grund und Bodens (Bodenwert). Der Bodenwert ist auf volle Euro abzurunden."[2]

Bebaute Grundstücke

1425 Bei den bebauten Grundstücken wird gemäß § 181 Abs. 1 Nr. 4 BewG unter anderem die **Grundstücksart Geschäftsgrundstücke** genannt. Für die Bewertung bebauter Grundstücke stehen gemäß **§ 182 BewG** grundsätzlich die folgenden **Bewertungsverfahren** zur Verfügung:

- ▶ Vergleichswertverfahren
- ▶ Ertragswertverfahren
- ▶ Sachwertverfahren

1426 Die entsprechenden Verfahren finden sich auch in der Wertermittlungsverordnung (WertV) gemäß § 199 Abs. 1 BauGB. Die WertV wurde mit Wirkung vom **1. 7. 2010** durch den Nachfolgerstandard, die Immobilienwertermittlungsverordnung (**ImmoWertV**) ersetzt.[3] Ursprünglich war vorgesehen, für die erbschaftsteuerliche Grundstücksbewertung auf die WertV bzw. die ImmoWertV zu verweisen. Diese Pläne wurden fallen gelassen. Nunmehr ist die ImmoWertV nur noch für erbschaftsteuerliche Zwecke anzuwenden, wenn der Steuerpflichtige gemäß § 198 BewG einen **niedrigeren Verkehrswert** nachweisen möchte.

---

1 ErbStR 2011, R B 179.2 Abs. 2 Satz 1.
2 ErbStR 2011, R B 179.3 Abs. 1.
3 Verordnung über die Grundsätze für die Ermittlung der Verkehrswerte von Grundstücken (Immobilienwertermittlungsverordnung - ImmoWertV) v. 19. 5. 2010, BGBl 2010 I S. 639.

„Weist der Steuerpflichtige nach, dass der **gemeine Wert der wirtschaftlichen Einheit** am Bewertungsstichtag niedriger ist als der nach den §§ 179, 182 bis 196 ermittelte Wert, so ist dieser Wert anzusetzen. Für den Nachweis des niedrigeren gemeinen Werts gelten grundsätzlich die auf Grund des **§ 199 Abs. 1 des Baugesetzbuchs** erlassenen Vorschriften."[1]

Bei den nach § 199 Abs. 1 BauGB erlassenen Vorschriften handelt es sich aktuell um die ImmoWertV.   1427

Die Wahl der in § 182 BewG zur Verfügung gestellten Bewertungsverfahren richtet sich strikt nach der zu bewertenden Grundstücksart im Sinne von § 181 BewG.   1428

„**Welches Verfahren** für die zu bewertende wirtschaftliche Einheit anzuwenden ist, richtet sich nach der **Grundstücksart** der wirtschaftlichen Einheit."[2]

Für **Geschäftsgrundstücke** gemäß § 181 Abs. 1 Nr. 4 BewG stehen nach § 182 Abs. 3 BewG das **Ertragswertverfahren** und nach § 182 Abs. 4 BewG das **Sachwertverfahren** zur Verfügung. Die Wahl zwischen diesen Verfahren hängt bei Geschäftsgrundstücken davon ab, ob eine Vergleichsmiete ermittelbar ist.   1429

„Das **Ertragswertverfahren** (§§ 184 bis 188 BewG) ist für Geschäftsgrundstücke und gemischt genutzte Grundstücke anzuwenden, für die sich **auf dem örtlichen Grundstücksmarkt eine übliche Miete ermitteln lässt**. Die übliche Miete kann auch durch ein Mietgutachten nachgewiesen werden. Das Verfahren ist nicht anzuwenden, wenn zwar eine tatsächliche Miete vereinbart ist, jedoch keine übliche Miete ermittelt werden kann, da in einem solchen Fall ein Vergleich nicht möglich ist."[3]

BEISPIEL: Ertragswertverfahren nach dem Bewertungsgesetz

Schritt 1		
Bodenwert (§ 179 BewG)		
Bodenrichtwert m²		500,00
Fläche in m²		100,00
	=	50.000,00

---

1 § 198 BewG.
2 ErbStR 2011, R B 182 Abs. 1 Satz 2.
3 ErbStR 2011, R B 182 Abs. 3 Satz 1 bis 3.

C. Unternehmensbewertung gemäß Erbschaftsteuerreformgesetz

Schritt 2	
1)	
Rohertrag des Grundstücks (§ 186 BewG)	
üblicher Mietzins für x m² p.a.	17.280,00
Bewirtschaftungskosten (§ 187 BewG)	
Verwaltungskosten	
Instandhaltungskosten	
Mietausfallwagnis	
Pauschal	22%
=	3.801,60
Zw.Summe Gebäudeertragswert I	**13.478,40**
2)	
Bodenwertverzinsung (§185 Abs. 2 BewG)	
Bodenwert	50.000,00
Liegenschaftzinssatz (§188 BewG)	6,5%
=	3.250,00
Zw.Summe Gebäudeertragswert II	**10.228,40**
3)	
Restnutzungsdauer * (§ 185 Abs. 3 u. Anlage 22 BewG)	
Baujahr	1990
Jahr - Bewertungsstichtag	2011
Nutzungsdauer **	50
=	29,00
Vervielfältiger * (§ 185 Abs. 3 u. Anlage 21 BewG)**	
Restnutzungsdauer	29,00
Liegenschaftzinssatz (§188 BewG)	6,5%
=	12,91
Gebäudeertragswert ****	**132.022,97**

Schritt 3	
Gebäudeertragswert	132.022,97
+ Bodenwert	50.000,00
Gesamtwert Gebäude	**182.022,97**

Legende:
*   Restnutzungsdauer = Nutzungsdauer - (Aktuelles Jahr - Baujahr) / mind. 30 % d. wirtschaftl. Gesamtnutzungsdauer
**   Laut NHK 2005, Nutzungsdauer von industriellen Produktionsstätten 40-60 Jahre (NHK: Normalherstellungskosten)
*** Kapitalisierungsfaktor = $(q^n - 1) / (q^n \times (q - 1))$; $q = 1 + p / 100$
     p = Liegenschaftszinssatz
     n = Restnutzungsdauer
**** Gebäudeertragswert = Gebäudeertragswert II x Vervielfältiger

Soweit auf dem örtlichen Grundstücksmarkt keine Vergleichsmiete bzw. übliche Miete ermittelbar ist, steht das **Sachwertverfahren** zur Verfügung.[1]   1430

„Das Sachwertverfahren ist für die Bewertung der sonstigen bebauten Grundstücke heranzuziehen. Darüber hinaus ist das Sachwertverfahren das Auffangverfahren für … Geschäftsgrundstücke und gemischt genutzte Grundstücke, für die sich auf dem örtlichen Grundstücksmarkt keine übliche Miete ermitteln lässt."[2]

Bei Fehlen einer üblichen Miete sind insbesondere die folgenden **Gebäude** durch das Sachwertverfahren zu bewerten:[3]   1431

Lagerhäuser, Ausstellungs- und Messehallen, Alten-, Pflege- und Kinderheime, Hotelgebäude, Kliniken, Kühlhäuser, Laboratorien, Parkhäuser, Produktionsgebäude, Tankstellengebäude, Werkstattgebäude.

Für die Anwendung des Sachwertverfahrens ist ausreichend, dass bei Vorhandensein von mehreren Gebäuden auf dem Grundstück, ein Gebäude nicht auf Basis einer üblichen Miete bzw. dem Ertragswertverfahren zu bewerten ist. In der Folge ist die gesamte wirtschaftliche Einheit nach dem Sachwertverfahren zu bewerten.   1432

„Befinden sich auf einem Grundstück mehrere selbständige Gebäude oder Gebäudeteile und lässt sich für mindestens eines dieser Gebäude oder Gebäudeteile

---

1 ErbStR 2011, R B 182 Abs. 4.
2 ErbStR 2011, R B 182 Abs. 4.
3 Drosdzol/Stemmler, Die neue Bewertung des Grundbesitzes nach dem Erbschaftsteuerreformgesetz Kommentar, 2010, § 182, S. 62.

keine übliche Miete ermitteln, erfolgt die Wertermittlung für die **gesamte wirtschaftliche Einheit** einheitlich nach dem Sachwertverfahren."[1]

1433 Im Sachwertverfahren sind Gebäudesachwert und Bodenwert wie im Ertragswertverfahren getrennt zu ermitteln. Die Bewertung des Bodenwertes entspricht der Vorgehensweise wie beim Ertragswertverfahren. Der aus Bodenwert und Gebäudesachwert ermittelte Sachwert ist mit einer Wertzahl zu multiplizieren.

„Die Summe aus Gebäudesachwert und Bodenwert ergibt den vorläufigen Sachwert, der zur Anpassung an den gemeinen Wert mit einer Wertzahl nach § 191 BewG zu multiplizieren ist."[2]

1434 Bei der Ermittlung des Gebäudesachwerts ist nicht von den Herstellungskosten im bilanzrechtlichen Sinne auszugehen, sondern von den sogenannten **Regelherstellungskosten** (RHK) gemäß § 190 BewG. Die Regelherstellungskosten 2007 (RHK 2007) stellen das Pendant zu den Normalherstellungskosten (NHK) gemäß ImmoWertV dar und wurden aus diesen abgeleitet.[3]

14.8.5.4 Maschinen und Betriebs- und Geschäftsausstattung

1435 Die Erbschaftsteuerrichtlinien betonen die Bewertung des abnutzbaren Anlagevermögens zum **gemeinen Wert**. Der Ansatz mit mindestens 30 % der Anschaffungs- oder Herstellungskosten bleibt eine Option, um die Bewertung zu vereinfachen. Abgesehen von der Berechnungsbasis, entspricht diese Vereinfachung dem Vorschlag der Betriebswirtschaft.[4]

„Wirtschaftsgüter des beweglichen abnutzbaren Anlagevermögens sind mit dem gemeinen Wert anzusetzen. Als gemeiner Wert kann aus Vereinfachungsgründen ein angemessener Restwert in Höhe von mindestens 30 Prozent der Anschaffungs- oder Herstellungskosten berücksichtigt werden, wenn dies nicht zu unzutreffenden Ergebnissen führt."[5]

14.8.5.5 Umlaufvermögen

1436 Entgegen der generellen Anweisung des §11 Abs. 2 BewG und im Falle des Substanzwertes des § 11 Abs. 2 Satz 3 BewG, ist die Bewertung nach den Erb-

---

1 ErbStR 2011, R B 182 Abs. 5.
2 ErbStR 2011, R B 189 Satz 3.
3 ErbStR 2011, R B 190.1 Abs. 1 Satz 3; zu den Normalherstellungskosten siehe Rdn. 441.
4 WP-Handbuch, Band II, 2008, S. 160 Tz. 446.
5 ErbStR 2011, R B 11.3 Abs. 7.

schaftsteuerrichtlinien **nicht** mit dem **gemeinen Wert** vorzunehmen, sondern wie bei einem betriebswirtschaftlichen Substanzwert, mit den Wiederbeschaffungskosten.

*„Wirtschaftsgüter des Umlaufvermögens sind mit ihren **Wiederbeschaffungs- oder Wiederherstellungskosten** zum Bewertungsstichtag anzusetzen."*[1]

Dieses Vorgehen entspricht der Bewertungspraxis im **Bilanzrecht** und unterstellt eine fiktive Reproduktion zum Bewertungsstichtag. Die Bestandteile der Herstellungskosten werden nach den Verhältnissen des Bilanzstichtages angesetzt.[2] Die Realisierung eines gemeinen Wertes für unfertige Erzeugnisse dürfte auch unter Typisierungsgedanken nicht in Höhe der Reproduktionskosten möglich sein. Der Bewertungsansatz ist somit ein Systembruch, da das Umlaufvermögen zum Verkauf bestimmt ist und bei einer Stichtagsbetrachtung damit nur der Veräußerungspreise bzw. der gemeine Wert zum Ansatz kommen kann. Es ist immer wieder darauf hinzuweisen, dass der Steuerpflichtige nach der Regierungsbegründung den Substanzwert am Markt jederzeit erzielen können soll – dass muss umso mehr für die Komponenten des Substanzwertes gelten. 1437

Mit dem Ziel einer **verlustfreien Bewertung** kann im Bilanzrecht auch retrograd bewertet werden, um zu erwartende Verluste aus dem Verkauf der späteren Fertigerzeugnisse bereits zu antizipieren.[3] Dieses Verfahren wird für den Substanzwert übernommen. 1438

*„Ihr Wert kann auch nach der **retrograden Methode** ermittelt werden."*[4]

Ein so ermittelter Wert stellt grundsätzlich auf **Verkaufspreise** ab und kürzt diese um noch anfallende Kosten und den Unternehmergewinn.[5] Zur Realisierbarkeit unter Verkaufsgesichtspunkten gilt das zu den Wiederherstellungskosten gesagte. 1439

Stille Reserven, die durch die Verwendung von Verbrauchsfolgeverfahren gebildet wurden, sind aufzulösen. 1440

---

1 ErbStR 2011, R B 11.3 Abs. 8 Satz 1.
2 Ellrott/Roscher, in Ellrott/Förschle/Kozikowski/Winkeljohann (Hrsg.), Beck'scher Bilanzkommentar, 2010, S. 496 Tz. 544.
3 Ellrott/Roscher, in Ellrott/Förschle/Kozikowski/Winkeljohann (Hrsg.), Beck'scher Bilanzkommentar, 2010, S. 491 Tz. 521.
4 ErbStR 2011, R B 11.3 Abs. 8 Satz 2.
5 Ellrott/Roscher, in Ellrott/Förschle/Kozikowski/Winkeljohann (Hrsg.), Beck'scher Bilanzkommentar, 2010, S. 496 Tz. 545.

"Auf Grund der Verbrauchsfolgefiktion des Lifo-Verfahrens gebildete stille Reserven sind bei der Ermittlung des Substanzwertes anzusetzen."[1]

1441 Ein Verweis auf den gemeinen Wert fehlt. D.h. für die Rohstoffe muss zum Bewertungsstichtag unabhängig von der bilanziellen Bildung stiller Reserven ein **potenzieller Veräußerungspreis** ermittelt werden. Die schematische Erhöhung der Buchwerte um die stillen Reserven dürfte das Ziel zur Bewertung nach dem gemeinen Wert verfehlen.

14.8.5.6 Rückstellungen

1442 Rückstellungen stellen Schulden im Sinne von § 103 BewG dar.[2] Auch für Schulden gilt die Vorgabe der Bewertung mit dem gemeinen Wert. So sind z. B. **Pensionsrückstellungen** mit dem erwarteten Wert der Inanspruchnahme zu erfassen. Die Berechnung der Pensionsrückstellung für Zwecke der Substanzwertermittlung erfolgt damit auf Basis des handelsrechtlich anzusetzenden Kapitalisierungszinssatzes und nicht mit dem durch § 6a Abs. 3 Satz 3 EStG vorgegebenen Kapitalisierungszinssatz von 6 %. Dies führt zur Erfassung einer vergleichsweise höheren Schuldposition in der Vermögensaufstellung.[3]

1443 **Drohverlustrückstellungen** sind auch im bewertungsgesetzlichen Substanzwert zu berücksichtigen.

"Eine handelsrechtlich gebotene Rückstellung (z. B. Drohverlustrückstellung), die steuerlich nicht passiviert werden darf (§ 5 Absatz 4a Satz 1 EStG), ist bei der Ermittlung des Substanzwerts gleichwohl anzusetzen."[4]

14.8.5.7 Latente Steuern auf stille Reserven – Substanzwert nach BewG

1444 **Latente Steuern** stellen die Steuerbelastung dar, die verdeckt auf der Wertdifferenz zwischen Buchwerten und gemeinen Werten der aktiven und passiven Wirtschaftsgüter des Vermögens eines Betriebes lasten.[5] Die Wertdifferenz der Aktiva zwischen Buchwert und höherem gemeinen Wert bzw. der Schulden zwischen Buchwert und niedrigerem gemeinen Wert werden als **stille Reserven** bezeichnet. Stille Reserven sind im Rahmen erbschaftsteuerlicher Sach-

---

1 ErbStR 2011, R B 11.3 Abs. 8 Satz 3.
2 Zu den Details siehe Rdn. 859.
3 Praxis der Unternehmensnachfolge, IDW (Hrsg.), 2009, S. 205 Tz. 802.
4 ErbStR 2011, RB 11.3 Abs. 3 Satz 3.
5 Meinicke, J. P., ErbStG Kommentar, 2009, § 10, S. 349 f., Tz. 32; Gebel, D., in Troll/Gebel/Jülicher (Hrsg.), ErbStG, Oktober 2010, § 10, Tz. 139. Zur Abgrenzung gegenüber dem Begriff latenter Steuern gemäß HGB siehe Rdn. 468.

verhalte nur dann am Bewertungsstichtag vorhanden, wenn diese durch den unentgeltlichen Erwerb via Erbfall oder Schenkung nicht aufgelöst werden. Diese Voraussetzung wird bei der Übertragung von Betrieben und Mitunternehmeranteilen durch § 6 Abs. 3 EStG und für die Übertragung von Anteilen an Kapitalgesellschaften nach § 17 Abs. 1 und Abs. 2 EStG sichergestellt.

„Wird ein **Betrieb**, ein Teilbetrieb oder der **Anteil eines Mitunternehmers** an einem Betrieb **unentgeltlich** übertragen, so sind bei der Ermittlung des Gewinns des bisherigen Betriebsinhabers (Mitunternehmers) die Wirtschaftsgüter mit den **Werten** anzusetzen, die sich nach den Vorschriften über die **Gewinnermittlung** ergeben; …Der Rechtsnachfolger ist an die in Satz 1 genannten Werte gebunden."[1]

„Zu den Einkünften aus Gewerbebetrieb gehört auch der Gewinn aus der Veräußerung von Anteilen an einer Kapitalgesellschaft, wenn der Veräußerer innerhalb der letzten fünf Jahre am Kapital der Gesellschaft unmittelbar oder mittelbar zu mindestens 1 Prozent … beteiligt war. … Hat der Veräußerer den veräußerten **Anteil** innerhalb der letzten fünf Jahre vor der Veräußerung **unentgeltlich erworben**, so gilt **Satz 1** entsprechend, wenn der Veräußerer zwar nicht selbst, aber der Rechtsvorgänger oder, sofern der Anteil nacheinander unentgeltlich übertragen worden ist, einer der Rechtsvorgänger innerhalb der letzten fünf Jahre im Sinne von Satz 1 beteiligt war."[2]

„Hat der Veräußerer den veräußerten Anteil unentgeltlich erworben, so sind als Anschaffungskosten des Anteils die **Anschaffungskosten des Rechtsvorgängers** maßgebend, der den Anteil zuletzt entgeltlich erworben hat."[3]

Der Erbe oder Beschenkte tritt somit in die **Rechtsstellung** des Erblassers oder Schenkers ein.[4]

1445

Dreh- und Angelpunkt für die Beantwortung der Frage, ob die latente Ertragsteuerlast auf die stillen Reserven bei der Ermittlung des Substanzwertes als Schulden zu berücksichtigen sind, ist das **Stichtagsprinzip**. Wie im Gliederungspunkt „Statischer und dynamischer Stichtagsgedanke" gezeigt wurde, gilt die Wurzeltheorie zur Interpretation des statischen Stichtagsprinzips auch für das Erbschaftsteuerrecht.[5] Damit sind zunächst unabhängig vom verwen-

1446

---

1 § 6 Abs. 3 Satz 1 erster Halbsatz EStG.
2 § 17 Abs. 1 Satz 1 und Satz 4 EStG.
3 § 17 Abs. 2 Satz 5 EStG.
4 Hinsichtlich vorhandener Verlustvorträge siehe Rdn. 256.
5 Siehe Rdn. 691.

deten Bewertungsverfahren alle Umstände im Unternehmenswert zu berücksichtigen, die am Bewertungsstichtag „in der Wurzel" angelegt waren.

1447 Ausgehend vom Stichtagsprinzip lehnt der **BFH** die Berücksichtigung latenter Steuern in der Unternehmensbewertung mit folgenden Argumenten kategorisch ab:

*„Diese **Korrektur** darf allerdings **nicht dazu führen**, dass am streitigen Stichtag noch nicht vorhandenes, erst **künftig entstehendes (Aktiv- oder Passiv-)Vermögen** bei der Vermögenswertermittlung berücksichtigt wird."*[1]

*„Die Schätzung des gemeinen Werts **nichtnotierter Anteile** an Kapitalgesellschaften ... gebietet es, die Grundsätze des Bewertungsrechts und damit insbesondere das **Stichtagsprinzip** zu beachten .... Hiernach dürfen sich bei der Ermittlung des **Vermögenswerts** nur solche Verhältnisse und Gegebenheiten auswirken, die im **Bewertungszeitpunkt so hinreichend konkretisiert** sind, dass mit ihnen als **Tatsache** zu rechnen ist. Daraus folgt, dass bei der Ermittlung des Vermögenswerts nur **entstandene Schulden oder wenigstens ausreichend begründete Verhältnisse** für ein Leistungsgebot berücksichtigt werden dürfen ..."*[2]

1448 Die oben dargestellte Rechtsprechung des BFH zu latenten Steuern war im Zusammenhang mit der Anwendung des **Stuttgarter Verfahrens** ergangen. Das Stuttgarter Verfahren ist ein Mischverfahren vom Typ Übergewinnverfahren. D.h. der Vermögenswert repräsentiert die kapitalisierte Normalverzinsung, während der Ertragshundertsatz für einen begrenzten Zeitraum Überrenditen kapitalisiert, womit dem Stuttgarter Verfahren ein **prognostisches Element** innewohnt. Aus dieser Systematik heraus sind die Aussagen des BFH zu beurteilen, der seine ablehnende Position zu latenten Steuern wie folgt präzisiert:

*„Ebenfalls nicht zu überzeugen vermag das Argument der Klägerin, die **Berücksichtigung der stillen Reserven** bei der Ermittlung des Vermögenswerts habe zwangsläufig zur Konsequenz, dass auch die latente Belastung der stillen Reserven berücksichtigt werden müsse. Hierbei wird übersehen, dass die Wirtschaftsgüter des Betriebsvermögens, auch soweit ihr Ansatz in der **Steuerbilanz stille Reserven** in sich birgt, am **Stichtag** in Höhe ihres **wirtschaftlichen Werts** tatsächlich vorhanden sind ..., wohingegen die **latenten Belastungen dieser stillen Rücklagen** mit Ertragsteuern ... von der noch in mehrfacher Hinsicht **ungewissen Realisierung der stillen Reserven in der Zukunft** abhängen und daher im Bewertungszeitpunkt als **passive Vermögensposten noch nicht existieren**.*[3]

---

1 BFH v. 2.10.1991 - II R 153/88, BStBl 1992 II S. 274.
2 BFH v. 2.10.1991 - II R 153/88, BStBl 1992 II S. 274.
3 BFH v. 2.10.1991 - II R 153/88, BStBl 1992 II S. 274.

Weiterhin führt der BFH aus:

*Ebensowenig wie als selbständige gegenwärtige Schuldposten können die besagten **latenten Verpflichtungen als wertmindernde Eigenschaft** der mit den stillen Reserven behafteten (aktiven) Wirtschaftsgüter begriffen werden. Denn sie stehen mit diesen Wirtschaftsgütern nicht in so engem Zusammenhang, dass sie als deren immanente Bestandteile anzusehen wären …. **Die latenten Verpflichtungen hängen von den künftigen Überschüssen des Unternehmens ab**, die nicht allein von der Auflösung stiller Reserven, sondern von einer Vielzahl verschiedener –auch gegenläufig wirkender– Faktoren beeinflusst werden. Diese latenten Verpflichtungen **belasten im übrigen nur die zukünftigen Erträge**.*"[1]

Zu der Position des BFH ist wie folgt Stellung zu nehmen: Durch das **BVerFG** wurde der **gemeine Wert** zum Bewertungsmaßstab erhoben. Dessen Ableitung erfolgt über einen fingierten Verkauf zum Bewertungsstichtag.[2] An diesem Maßstab haben sich die in § 11 Abs. 2 BewG genannten Bewertungsverfahren messen zu lassen. Während sich allerdings Bewertungsverfahren wie das Ertragswertverfahren oder branchenübliche Bewertungsverfahren hinsichtlich des **Bewertungsergebnisses „Wert des Eigenkapitals"** am gemeinen Wert ausrichten müssen, stellt die Konzeption des Substanzwertes in § 11 Abs. 2 Satz 3 BewG auf den von jedermann erzielbaren Normalveräußerungspreis bzw. gemeinen Wert für die einzelnen aktiven und passiven **Wirtschaftsgüter** ab.

1449

*„Die durch den Erwerb eines nicht in Geld bestehenden Wirtschaftsguts vermittelte finanzielle Leistungsfähigkeit wird daher **durch den bei einer Veräußerung unter objektivierten Bedingungen erzielbaren Preis**, mithin durch den gemeinen Wert im Sinne des § 9 Abs. 2 BewG, bemessen. Nur dieser bildet den **durch den Substanzerwerb vermittelten Zuwachs an Leistungsfähigkeit** zutreffend ab und ermöglicht eine gleichheitsgerechte Ausgestaltung der Belastungsentscheidung. Selbst bei Wirtschaftsgütern, deren Wert typischerweise durch ihren regelmäßig anfallenden Ertrag realisiert wird, ist nicht notwendig der Ertragswert der einzig „wahre" Wert zur Bestimmung des Vermögenszuwachses, **weil auch bei ihnen die Realisierung des Verkehrswerts durch Veräußerung nicht ausgeschlossen ist**. Daher bedarf es in dem generell am Substanzzugewinn orientierten System der Erbschaft- und Schenkungsteuer auch bei solchen Wirtschaftsgütern zur Ver-*

---

1 BFH v. 2.10.1991 - II R 153/88, BStBl 1992 II S. 274.
2 BFH v. 6.6.2001 – II R 7/98 (nv).

gewisserung einer belastungsgleichen Besteuerung des **Rückgriffs auf den Verkehrswert, ..."**[1]

1450 Der Substanzwert stellt insofern eine Fiktion dar, die eine **Betriebsveräußerung** durch den Erben oder Beschenkten (den erbschaftsteuerlichen Erwerber!) unter Außerachtlassung des negativen Geschäftswertes unterstellt.[2]

1451 Gemessen an der Stichtagsregelung des § 11 ErbStG und seiner Interpretation durch die **Wurzeltheorie** haben wir es bei dieser zu Bewertungszwecken angeordneten Betriebsveräußerung mit einem Vorgang zu tun, der tatsächlich so nicht stattfindet. Gemessen an der Wurzeltheorie kann nur in Bezug auf das Vorratsvermögen davon ausgegangen werden, dass dessen Veräußerung zum Bewertungsstichtag in der Wurzel angelegt war, da es die Bestimmung dieser Vermögensposition ist verkauft zu werden – in diesem Falle unabhängig von einem unterstellten Fortführungs- oder Zerschlagungsszenario. Für alle anderen Vermögenspositionen eines Betriebsvermögens wie z. B. das Anlagevermögen gilt, dass deren Nutzung zur Gewinnerzielung am Bewertungsstichtag in der Wurzel angelegt ist.

1452 Die Verletzung des bei Bewertungsanlässen im Gesellschaftsrecht, Erbrecht aber auch Erbschaftsteuerrecht immer wieder betonten Stichtagsprinzips durch § 11 Abs. 2 Satz 3 BewG ist somit insbesondere zulässig, da der Gesetzgeber die **Fiktion der Veräußerung** der Unternehmenssubstanz entgegen der tatsächlichen Verwendung des Betriebsvermögens zum **Bewertungsverfahren** erhebt. Der Umstand einer Fiktion wird insbesondere deutlich, wenn man sich die oben bereits erläuterte Unterstellung eines Geschäftswertes von 0 für das so bewertete Unternehmen vor Augen hält, die Voraussetzung für die Umsetzbarkeit des so errechneten Bewertungsergebnisses ist.[3]

1453 Unter Beachtung dieses Zusammenhangs deckt sich die Argumentation des BFH nicht mehr mit der aktuellen Bewertungswelt des Bewertungsgesetzes. D.h. die Argumente,

a) es sei nicht sicher ob und wann die stillen Reserven des Betriebsvermögens tatsächlich zur Auflösung kämen und

b) deshalb sei eine Steuerbelastung unwahrscheinlich,

---

1 BVerfG v. 7. 11. 2006 - 1 BvL 10/02, BStBl 2007 II S. 192.
2 Auch der Ermittlung eines Gutachtenwertes nach IDW S1 enthält eine Veräußerungsfiktion und berücksichtigt den effektiven Steuersatz auf die zukünftige Auflösung stiller Reserven, die durch die Teilausschüttungshypothese erzeugt werden.
3 Siehe Rdn. 628 sowie Rdn. 1372.

widersprechen m. E. der eindeutigen Bewertungsanweisung in § 11 Abs. 2 Satz 3 BewG, die eine Auflösung stiller Reserven unterstellt.

1454 Dem Argument, die auf den stillen Reserven lastenden Steuern seien kein **immanenter Bestandteil** des Vermögensgegenstandes, wie etwa dessen gemeiner Wert, kann entgegnet werden, dass auch der Veräußerungspreis kein immanenter Wert des jeweiligen Vermögensgegenstandes ist, da sich ein Vermögensgegenstand des Betriebsvermögens in einem organisatorischen Verbund befindet, dessen Zwecksetzung die kontinuierliche Leistungsabgabe im Rahmen der betrieblichen Leistungserstellung ist, aber nicht die Veräußerung. Dies gilt für bilanziertes wie auch für nicht bilanziertes Anlagevermögen. Der Verkauf z. B. selbst erstellter Patente oder deren Lizenzierung würden u.U. sogar die Grundlage der Lebensfähigkeit des Unternehmens zerstören. D.h. die Realisierung der stillen Reserven durch Verkauf wird für das überwiegende Vermögen eines Unternehmens, gemessen an realen Umständen, tatsächlich nicht zu erwarten sein. Die Existenz und die Auflösung der stillen Reserven sind aber eine Funktion der Zeit und damit des Bewertungsstichtages. Wird somit die Ebene der Realität durch eine **Bewertungsfiktion** verlassen, muss dies nicht nur für die stillen Reserven sondern auch für die stillen Lasten gelten.

1455 Diese Sichtweise folgt der **Nettowertbetrachtung** des § 10 ErbStG ebenso wie der Leitlinie des **BVerfG**, nach dem die Bereicherung des Erwerbers und die damit **gestiegene Leistungsfähigkeit** der Besteuerung zu unterwerfen ist.[1]

*„Der Gesetzgeber verfolgt mit der Erbschaftsteuer in ihrer derzeitigen Ausgestaltung das Ziel, den durch Erbfall oder Schenkung anfallenden **Vermögenszuwachs** jeweils gemäß seinem Wert zu erfassen und die daraus resultierende **Steigerung der wirtschaftlichen Leistungsfähigkeit** (die durch Erbfall oder Schenkung vermittelte Bereicherung) des Erwerbers … zu besteuern (§ 10 Abs. 1 ErbStG)."[2]*

1456 Eine Bereicherung des Erwerbers, wie nach der Regierungsbegründung zu § 11 BewG in der Mindestwertregel unterstellt, findet aber beim Erwerber definitiv nicht in dieser Höhe statt. Wird die Veräußerungsfiktion zum Besteuerungsmaßstab erhoben, kann nicht mit dem Stichtagsprinzip der latente Anfall einer Steuerbelastung wegargumentiert werden. Eine **realitätsgerechte Mindestwertregel** unter Fortführungsgesichtspunkten hätte vielmehr den Ansatz von Buchwerten für das für den Verbleib im Unternehmen vorgesehene Anla-

---

1 Meincke, J. P., ErbStG Kommentar, 2009, § 10, S. 348, Tz. 31 und S. 351, Tz. 32; Hilgers, H., Die Berücksichtigung vom Erblasser herrührender Einkommensteuervor- und -nachteile bei der Nachlaßbewertung in Erbrecht, 2002, S. 103; BVerfG v. 7. 11. 2006 – 1 BvL 10/02.
2 BVerfG v. 7. 11. 2006 - 1 BvL 10/02, S. 15, BStBl 2007 II S. 192.

gevermögen vorsehen müssen und gemeine Werte für das Umlaufvermögen. Für die so zur Auflösung kommenden stillen Reserven wäre dann die Berücksichtigung latenter Steuern ebenso systemgerecht wie stichtagsverträglich.

1457   Die Verwendung von **Bewertungsfiktionen**, die mit dem **Stichtagsgedanken** kollidieren, ist in der Bewertungslehre keine Neuigkeit. Allerdings muss diese Vorgehensweise konsequent angewendet werden. So stellt die zivilrechtliche Rechtsprechung seit jeher auf den Liquidationswert als Mindestwert einer Unternehmensbewertung ab, wenn Abfindungsansprüche ausscheidender oder zu kompensierender Gesellschafter zu ermitteln sind. Obwohl sich die Rechtsprechung zur Unternehmensbewertung bei diesen Bewertungsanlässen konsequent an dem **Stichtagsgedanken** und der Wurzeltheorie ausrichtet, wird die **Fiktion einer Liquidation** verwendet und auch als Fiktion unabhängig von der Unternehmensfortführung bezeichnet, um einen Mindestwert zu ermitteln. Konsequent werden in diesem Zusammenhang aber die Ertragsteuern auf die stillen Reserven zum Abzug gebracht, die entstehen würden, wenn das Betriebsvermögen versilbert würde.

*„Die Kosten der Liquidation sind abzusetzen und die **steuerlichen Folgen für das Unternehmen zu beachten (z. B. Ertragsteuern auf den Erlös)** – unabhängig davon, ob liquidiert wird oder liquidiert werden soll."* [1]

1458   Diese fiktive Betrachtung des Liquidationswertes gilt, für Zwecke der wahren Abfindungswertermittlung, unabhängig von der zu beurteilenden Rechtsform.

*„Da auch der Liquidationswert ein fiktiver Wert ist, sind neben den Verbindlichkeiten die Liquidationskosten **einschließlich etwaiger Ertragsteuern** oder auch bei Liquidation noch fortbestehender Verpflichtungen (z. B. Pensionsverpflichtungen) **unabhängig davon abzuziehen, ob liquidiert wird oder eine Liquidationsabsicht besteht** ..."* [2]

1459   Gemessen am Stichtagsgedanken kann somit für das Erbschaftsteuerrecht nichts anderes gelten, da wie oben gezeigt wurde, die Wurzeltheorie hier 1:1 Anwendung findet.

1460   Die Argumentation des BFH, latente Steuern könnten nur bei **Gesamtbewertungsverfahren** zum Ansatz kommen, trifft zumindest für den in der zivilrechtlichen Rechtsprechung verwendeten Liquidationswert als Mindestwert gerade nicht zu. Da durch den Bewertungsmaßstab gemeiner Wert die Veräußerungsfiktion auf alle Bewertungsverfahren des § 11 Abs. 2 BewG anzuwenden ist,

---

1 Großfeld, B., Recht der Unternehmensbewertung, 2011, S. 330 Tz. 1157.
2 OLG Stuttgart v. 14. 2. 2008 - 20 W 9/06, AG 2008, S. 789.

scheint eine Differenzierung nach Bewertungsverfahren auch nicht mehr aktuell zu sein, ebensowenig wie die Vorschrift § 62b BewG 1963.

*"Der Bundesgerichtshof hat allerdings in seinem Urteil ... zugelassen, dass die bei der Veräußerung eines Unternehmens durch den Erben auf den dabei erzielten Veräußerungsgewinn entfallende Einkommensteuer bei der im Rahmen der Berechnung des Pflichtteils erforderlichen Unternehmensbewertung berücksichtigt wird. Hieraus können jedoch für den vorliegenden Fall keine Schlussfolgerungen gezogen werden, weil bei der **Erbschaftbesteuerung das Unternehmen nicht im ganzen zu bewerten ist, vielmehr die Einzelbewertung gilt** ... und in diesem Rahmen der Abzug latenter Steuerbelastungen durch § 62 b BewG i.d.F. des ÄndG-BewG 1963 ... ausgeschlossen ist."*[1]

D.h. aus heutiger Sicht kann vielmehr konstatiert werden, dass das **Bewertungsverständnis** im Zivilrecht und im Erbschaftsteuerrecht gleich ist; Gesamtbewertungsverfahren als Bewertungsvorgabe und Einzelbewertungsverfahren zur Mindestwertbestimmung. Die Zivilgerichte berücksichtigen die latente Steuerlast für beide Bewertungsverfahren. Eine aktuelle Entscheidung des BGH im Zusammenhang mit einer Zugewinnausgleichsregelung bestätigt die dargestellten Überlegungen, und berücksichtigt den Abzug der latenten Ertragsteuerlast bei der Bewertung des Unternehmens mit der Begründung einer **Veräußerungsfiktion** und zwar unabhängig von der Gesamtbewertung, sondern mit Verweis auf den realisierbaren Vermögenswert.

1461

*"Die Bewertung einer freiberuflichen Praxis im Zugewinnausgleich erfolgt **stichtagsbezogen** und demgemäß **losgelöst von einer beabsichtigten Veräußerung**. Maßgebend ist, dass der am Stichtag vorhandene Wert und die damit verbundene Nutzungsmöglichkeit dem Inhaber zur Verfügung stehen. Die Nutzungsmöglichkeit bestimmt aber auch den **Vermögenswert**, vorausgesetzt, Praxen der entsprechenden Art werden in nennenswertem Umfang veräußert .... Ziel der Bewertung ist es deshalb, **einen Wert der freiberuflichen Praxis zu ermitteln, der im Fall einer Veräußerung auf dem Markt erzielt werden könnte**. Insofern folgt die **Berücksichtigung latenter Ertragsteuern aus der Prämisse der Verwertbarkeit**. Abgesehen davon darf nicht außer Betracht bleiben, dass wegen der mit einer Veräußerung verbundenen Auflösung der stillen Reserven **dem Verkäufer wirtschaftlich nur der um die Steuern geschmälerte Erlös verbleibt**. Deshalb ist der in der Senatsrechtsprechung angeführte Gesichtspunkt der unvermeidbaren Veräußerungskosten gerechtfertigt.*

---

1 BFH v 5. 7. 1978 - II R 64/73, BStBl 1979 II S. 23.

> *Aus Gründen der Gleichbehandlung dürfte es allerdings geboten sein, eine latente Steuerlast **auch bei der Bewertung anderer Vermögensgegenstände** (etwa bei Grundstücken, Wertpapieren oder Lebensversicherungen) dann zu berücksichtigen, **wenn deren Veräußerung** - bezogen auf die Verhältnisse am Stichtag und **ungeachtet einer bestehenden Veräußerungsabsicht** - eine Steuerpflicht auslösen würde. **Denn eine Bewertung, die auf den am Markt erzielbaren Preis abstellt, hat die mit einer Veräußerung zwangsläufig verbundene steuerliche Belastung wertmindernd einzubeziehen.**"[1]

1462 Weiteres Beispiel für eine zivilrechtliche Bewertungsfiktion, die die Grundlagen der Stichtagsregelungen verlässt, ist die Bewertung **nicht betriebsnotwendigen Betriebsvermögens**. Auch hier wird völlig unabhängig von einer Beschlusslage zum Bewertungsstichtag unterstellt, dass dieses Vermögen im Zuge der Bewertung veräußert wird und so die stillen Reserven offengelegt werden.[2] Allerdings wird auch in diesem Falle die **latente Ertragsteuerlast** auf diesen stillen Reserven zum Abzug gebracht.

> *„Denn es entspricht gängiger Bewertungspraxis, darin (im nicht betriebsnotwendigen Vermögen) enthaltene latente Ertragssteuern wertmindern in Abzug zu bringen."*[3]

1463 Eine weitere Argumentationslinie des BVH verweist auf die bei Einzelbewertungsverfahren zu beachtenden §§ 4 bis 8 BewG und hängt insofern ebenfalls mit dem Stichtagsgedanken zusammen.

> *„Aufschiebend bedingte Lasten dürfen nach § 6 BewG nicht berücksichtigt werden. Der Wortlaut des § 6 BewG, ebenso derjenige der §§ 4, 5, 7 und 8 BewG, läßt nicht erkennen, dass diese Vorschriften auf Schulden des Betriebsvermögens nicht anwendbar sein sollen."*[4]

1464 Aber auch das Argument, aufschiebend bedingte Lasten könnten bei der Substanzwertermittlung keine Berücksichtigung finden, verfängt nicht, da die Regierungsbegründung zu § 11 BewG unmissverständlich zum Ausdruck bringt, dass der Substanzwert im Grunde nach den **Leitlinien** des § 98a BewG a. F. zu ermitteln ist, in dem die Nichtberücksichtigung der §§ 4 bis 8 BewG geregelt war.

---

1 BGH v. 2. 2. 2011 - XII ZR 185/08, Tz. 49 und Tz. 50, NWB Dok ID: AAAAD-88296.
2 Siehe entsprechend § 200 Abs. 2 BewG; JDW S. 1 i. d. F. 2008 Tz. 60 und Tz. 61.
3 OLG Düsseldorf v. 20. 11. 2001 – 19 W 2/00 AktE, AG 2002, S. 401.
4 BFH v. 12. 7. 1968 – III 181/64.

"Die Definition des Substanzwerts entspricht inhaltlich den Grundsätzen der bisherigen §§ 98a und 103 BewG."[1]

Die Kommentierung und die Erbschaftsteuerrichtlinien gehen ebenso davon aus, dass die §§ 4 bis 8 BewG für die Bewertungen gemäß § 11 BewG keine Anwendung mehr finden.[2]

1465

Der Hinweis, **objektivierte Unternehmenswerte** in zivilrechtlichen Abfindungsfällen würden die latente Ertragsteuerlast der stillen Reserven in den bewerteten Anteilen unberücksichtigt lassen, kann mit den Besonderheiten der Typisierung des objektivierten Unternehmenswertes in diesen Fällen und § 17 EStG pariert werden. D.h. in diesen Entscheidungen wurde bis zum 1.1.2009 davon ausgegangen, dass die typisierte Beteiligungshöhe eine steuerfreie Realisierung der stillen Reserven ermöglicht. Seit dem **1.1.2009** ist auch hier eine typische Haltedauer und Besteuerung fingiert, die über den effektiven Steuersatz die durch die Teilausschüttungshypothese gelegten Wertsteigerungen rechentechnisch unter einer **Verkaufsfiktion** versteuert.[3] D.h. ein nach § 11 Abs. 2 BewG zulässiger Gutachtenwert nach IDW S1 berücksichtigt ebenfalls die Steuerbelastung auf Veräußerungsgewinne. Eine derartige Versteuerung erübrigt sich bei dem **vereinfachten Ertragswertverfahren** nur, da hier durch die unterstellte Vollausschüttung bewertungstechnisch keine stillen Reserven gebildet werden können.

1466

Mit Verweis auf die angeführten Argumente ist somit zu empfehlen, dass die auf den stillen Reserven lastenden Ertragsteuern im Rahmen der Substanzwertermittlung vollumfänglich zum Abzug gebracht werden.[4] Der Besteuerungsumfang sollte sich an den zum jeweiligen **Bewertungsstichtag** gültigen **Steuersätzen** und den gesetzlich geregelten Steuerfolgen einer Betriebsveräußerung ausrichten. Dass die so ermittelte Besteuerungsgrundlage dann immer noch nicht mit dem gemeinen Wert des Unternehmens als Gesamtheit in Deckung zu bringen sein wird, wurde oben bereits ausführlich erläutert.

1467

---

1 Begründung zum Gesetzentwurf der Bundesregierung, Teil 2. Materialien II Artikel 2, Änderung des BewG, Nr. 2, § 11 BewG, abgedruckt in Hübner, H., Erbschaftsteuerreform 2009 Gesetze Materialien Erläuterungen, 2009, S. 245.
2 Horn, H.-J., in Fischer/Jüptner/Pahlke/Wachter, ErbStG Kommentar, 2010, § 12, S. 504, Tz. 305; Riedel, C., in Daragan/Halczinsky/Riedel (Hrsg.), Praxiskommentar ErbStG und BewG, 2010, § 11 BewG, S. 877, Tz. 44; ErbStR 2011, R B 11.3 Abs. 3 Satz 2 und Satz 3.
3 WP-Handbuch, Band II, 2008, S. 36.
4 Siehe ausführlich Wollny, C., Substanzwert reloaded – Renaissance eines wertlosen Bewertungsverfahrens, DStR 2012, S. 768 ff.

14.8.6 Paketzuschlag – Abschlag wegen fehlenden Einflusses

1468 Wird der Substanzwert gemäß der Mindestwertregelung in § 11 Abs. 2 Satz 3 BewG ermittelt, ist ein Paketzuschlag **ausgeschlossen**.

„Ein Paketzuschlag ist in den Fällen der Bewertung mit dem Substanzwert nicht vorzunehmen."[1]

1469 Die Anwendung eines Abschlages wegen mangelnden Einflusses ist im Fall des Substanzwertes in den Erbschaftsteuerrichtlinien nicht geregelt, da sich RB 11.6 Abs. 2 Satz 4 mit seinem Hinweis auf einen Abschlag auf R B 11.6 Abs. 2 Satz 1 bis Satz 3 bezieht, der Substanzwert dort aber nicht genannt ist.

15. Bewertung von Beteiligungen

15.1 Notwendigkeit der Aufteilung von Unternehmenswerten – Bewertung von Beteiligungen

1470 Unternehmenswerte werden regelmäßig als Wert des **gesamten Unternehmens**, also für 100 % der beteiligten Anteilseigner, ermittelt. Das ist unabhängig davon, ob der Wert in Abhängigkeit von den Ertragsaussichten (z. B. Ertragswert, DCF-Wert, Multiplikatorbewertung) oder im Hinblick auf den Vermögensbestand (Substanzwert, Liquidationswert) oder als Kombination beider Wertaspekte (Mittelwertverfahren) ermittelt wird. Der Wert eines Anteils bzw. einer Beteiligung am Unternehmen kann anschließend auf Grundlage der Beteiligungsquote aus dem Gesamtwert abgeleitet werden. Dieses Vorgehen wird als indirekte Methode bezeichnet.

*„Der Wert für einen Unternehmensanteil kann direkt oder indirekt ermittelt werden. Bei der **direkten** Anteilsbewertung wird der Anteilswert direkt aus den Zahlungsströmen zwischen dem Unternehmen und dem einzelnen Anteilseigner abgeleitet. Bei der **indirekten** Anteilsbewertung wird der Wert des Unternehmensanteils aus dem Gesamtwert des Unternehmens abgeleitet."*[2]

1471 Für die indirekte Methode sprechen zum einen Praktikabilitätsüberlegungen, da die zu bewertenden Ausschüttungen immer auf einem **Ausschüttungsbeschluss** für die Gesamtheit der Gesellschafter beruhen. Zum anderen geht die Zivilrechtsprechung von der indirekten Methode aus, da das Gesetz den „Wert des **Gesellschaftsvermögens**" (siehe § 738 Abs. 2 BGB) bzw. die „Verhält-

---

[1] ErbStR 2011, R B 11.6 Abs. 2 Satz 5.
[2] IDW S1 i. d. F. 2008, Tz. 13.

nisse der **Gesellschaft**" (siehe § 305 Abs. 3 Satz 2 AktG) in das Zentrum der Bemessung der Abfindung für ausscheidende Gesellschafter stellt.

Das Steuerrecht folgt dieser Methode, indem § 11 Abs. 2 Satz 2 BewG anordnet, dass der gemeine Wert von Anteilen an einer Kapitalgesellschaft „…unter Berücksichtigung der Ertragsaussichten der Kapitalgesellschaft zu ermitteln" ist. Damit ist auch hier Bewertungsgegenstand die **Gesellschaft**. Der Wert der Anteile ist deshalb durch Aufteilung des gesamten Unternehmenswerts zu ermitteln.[1] Da der Unternehmenswert als objektivierter Unternehmenswert und damit bei unverändertem Unternehmenskonzept ermittelt wird, ergibt sich die besondere Problematik zur Berücksichtigung eines Paketzuschlages gemäß § 11 Abs. 3 BewG.[2] 1472

Eine Ausnahme von diesem Grundsatz besteht bei der Bewertung von Anteilen an einer börsennotierten Gesellschaft. Da hier der Börsenkurs der Aktie aufgrund der Verkehrsfähigkeit der Aktie unmittelbar zur Bewertung der Aktie Verwendung finden kann, ergibt sich kein Aufteilungsproblem. Der auf diese Weise direkt ermittelte Wert der Beteiligung, wird gegebenenfalls durch § 11 Abs. 3 BewG modifiziert, um den Wertaspekt von Kontrollmehrheiten über einen Paketzuschlag zu erfassen.[3] 1473

15.2 Beteiligung an einer nicht börsennotierten Kapitalgesellschaft

15.2.1 Ermittlung des Anteilswerts

Der gemeine Wert eines nicht notierten Anteils an einer Kapitalgesellschaft ergibt sich aus der gesellschaftsrechtlichen **Beteiligungsquote** und dem gemeinen Wert der 100 %igen Beteiligung an der Kapitalgesellschaft. Die Beteiligungsquote bestimmt sich aus dem **Anteil des Gesellschafters** am Nennkapital der Kapitalgesellschaft. Das Nennkapital wird bei der Aktiengesellschaft durch das Grundkapital und bei der Gesellschaft mit beschränkter Haftung durch das Stammkapital repräsentiert. Für die Aktiengesellschaft bestimmt sich die Beteiligungsquote gemäß § 8 Abs. 4 AktG: 1474

---

1 ErbStR 2011, R B 11.5.
2 Siehe Rdn. 109.
3 ErbStR 2011, R B 11.6.

> „Der Anteil am Grundkapital bestimmt sich bei Nennbetragsaktien nach dem Verhältnis ihres Nennbetrags zum Grundkapital, bei Stückaktien nach der Zahl der Aktien."[1]

1475 Für die Gesellschaft mit beschränkter Haftung bestimmt sich die Beteiligungsquote gemäß § 5 Abs. 2 GmbHG wie folgt:

> „Der Nennbetrag jedes Geschäftsanteils muss auf volle Euro lauten. Ein Gesellschafter kann bei Errichtung der Gesellschaft mehrere Geschäftsanteile übernehmen."[2]

1476 Soweit die Gesellschaft eigene Anteile hält, mindern diese das Nennkapital. Die Beteiligungsquote berechnet sich damit auf Grundlage eines „reduzierten" Nennkapitals.

15.2.2 Beispiel zur Ermittlung des Anteilswerts

1477 Das Stammkapital einer GmbH beträgt 100.000 €. Der Gesellschafter B hatte bei Gründung der GmbH Geschäftsanteile von nominal 20.000 € übernommen. Die Anteile des Gesellschafters B wurden von der GmbH eingezogen. Der Gesellschafter wurde durch die GmbH abgefunden. Die GmbH hat damit eigene Anteile von nominal 20.000 € erworben. Die Beteiligungsquoten der Gesellschafter A und C, die bei der Gründung Geschäftsanteile von nominal 60.000 € (A) und 20.000 € (C) übernommen hatten, bestimmen sich unter Berücksichtigung der eigenen Anteile der Gesellschaft wie folgt:

Nennkapital	100.000 €
Abzgl. Eigene Anteile	20.000 €
Maßgebliches Nennkapital	80.000 €
Beteiligungsquote von A	60.000 / 80.000 = 75 %
Beteiligungsquote von C	20.000 / 80.000 = 25 %

Der gemeine Wert des Betriebsvermögens der GmbH beträgt gemäß Gutachterwert, der nach dem Ertragswertverfahren ermittelt wurde, 2.000.000 €. Der Substanzwert des Betriebsvermögens der GmbH beträgt 3.000.000 €. Unter Berücksichtigung der Mindestwertregelung in § 11 Abs. 2 Satz 3 BewG ergeben sich folgende Mindestwerte der Beteiligungen von A und C.

A: 75 % x 3.000.000 = 2.250.000 €
C: 25 % x 3.000.000 = 750.000 €

---

[1] § 8 Abs. 4 AktG.
[2] § 5 Abs. 2 GmbHG.

Obwohl der Substanzwert, gemessen an § 9 Abs. 2 BewG, nicht den gemeinen Wert eines Unternehmens repräsentieren kann, ist davon auszugehen, dass sich die Aufteilungsregel in § 97 Abs. 1b BewG auch auf die Aufteilung des Substanzwertes beziehen soll. Das Verfahren zur Aufteilung gilt auch, soweit das Nennkapital noch nicht voll eingezahlt worden ist § 97 Abs. 1b Satz 2 BewG. Der gemeine Wert wird jeweils für 100 € des Nennkapitals ermittelt. 1478

Nur wenn die Beteiligung am Gewinn und Vermögen der Gesellschaft auf Grund einer ausdrücklichen Vereinbarung abhängig von der Höhe des eingezahlten Nennkapitals sein soll, bezieht sich der gemeine Wert nur nach dem eingezahlten Kapital gemäß § 97 Abs. 1b Satz 3 BewG. Der gemeine Wert wird jeweils für 100 € des eingezahlten Nennkapitals ermittelt. 1479

15.3 Beteiligung an einer Personengesellschaft

15.3.1 Aufteilung des Betriebsvermögens

Entsprechend der Regelung im Ertragsteuerrecht, umfasst der Gewerbebetrieb der Personengesellschaft gemäß § 97 Abs. 1 Nr. 5 BewG auch im Bewertungsrecht, 1480

▶ das Gesamthandsvermögen, sowie

▶ das Sonderbetriebsvermögen I und II.

Für den Ausweis des Eigenkapitals im Gesamthandsvermögen werden für die Gesellschafter, insbesondere für Kommanditisten, Kapitalkonten geführt, die in Fest-Kapitalkonten und variable Kapitalkonten unterteilt sind. Diese Konten werden im Gesellschaftsvertrag der Personengesellschaft in bis zu 4 Kapitalkonten, wie nachfolgend dargestellt, aufgeteilt:[1] 1481

Kapitalkonto I:

Festes Kapitalkonto (= Hafteinlage), von diesem Kapitalkonto ist die Beteiligung am Jahresergebnis bzw. am Liquidationserlös bei Unternehmensbeendigung abhängig. Das Feste Kapitalkonto bestimmt auch den Umfang der Stimmrechte.

Kapitalkonto II:

Auf diesem Kapitalkonto werden Gewinnanteile verbucht, die nicht entnommen werden dürfen.

---

1 OFD Hannover v. 7. 2. 2008 - S 2241 a - 96 - StO 222/221, NWB Dok ID: GAAAC-78295.

Kapitalkonto III:

Auf diesem Kapitalkonto werden entnahmefähige Gewinnanteile, Zinsen und gegebenenfalls Tätigkeitsvergütungen verbucht. Entnahmen werden hier ebenfalls verbucht.

Konto IV:

Auf diesem Konto werden Verluste verbucht. Auf dem Kapitalkonto IV werden Gewinnanteile des Gesellschafters solange gutgeschrieben, bis die Verlustvorträge wieder ausgeglichen sind.

1482 Die Zurechnung von Betriebsvermögen zum **Sonderbetriebsvermögen**, geht der Zurechnung zum Betriebsvermögen des Gesellschafters vor.[1] Wird ein Grundstück des Sonderbetriebsvermögens nur teilweise für betriebliche Zwecke der Personengesellschaft genutzt, erfolgt eine Aufteilung nach ertragsteuerlichen Grundsätzen.[2]

1483 Ein Grundstück des **Gesamthandsvermögens**, dass fast ausschließlich der privaten Nutzung von einem oder mehreren Gesellschaftern dient, ist nach den Erbschaftsteuerrichtlinien kein bewertungsgesetzliches Betriebsvermögen.[3] § 97 Abs. 1 Satz 1 BewG geht dagegen davon aus, dass unabhängig von der Nutzung „... **alle** Wirtschaftsgüter" des Gesamthandsvermögens zum bewertungsgesetzlichen Betriebsvermögen gehören.[4]

1484 Um den **Anteil am Gewerbebetrieb** der Personengesellschaft zu ermitteln, ist gemäß § 97 Abs. 1a BewG wie folgt vorzugehen:[5]

1. Der gemeine Wert des Gesamthandsvermögens ist zu ermitteln und mit dem gemäß § 151 Abs. 1 Nr. 2 BewG auf den Bewertungsstichtag festgestellten Wert anzusetzen. Maßgeblich ist der Wert, der gemäß § 109 Abs. 2 i. V. m. § 11 Abs. 2 BewG ermittelt wurde. Der Wert kann damit durch ein **Gesamtbewertungsverfahren** (z. B. Ertragswertverfahren) als gemeiner Wert berechnet worden sein oder in Form des höheren **Substanzwertes** zum Anschlag kommen.

2. Die **Kapitalkonten** sind den Gesellschaftern vorab zuzurechnen. Als Kapitalkonten gelten Festkapitalkonten und variable Kapitalkonten. Relevant ist

---

1 ErbStR 2011, R B 97.1 Abs. 1 Satz 2.
2 ErbStR 2011, R B 97.1 Abs. 1 Satz 4.
3 ErbStR 2011, R B 97.1 Abs. 1 Satz 5.
4 Siehe dazu Rdn. 816.
5 ErbStR 2011, R B 97.3.

der Eigenkapitalcharakter der Konten.[1] Bei Ausschluss der Verlustbeteiligung liegt ein Darlehenskonto und damit Fremdkapital vor.

3. Die **Differenz** zwischen dem anzusetzenden, nach § 151 Abs. 1 Nr. 2 BewG i.V. m. § 157 Abs. 5 BewG festgestellten Wert des Gesamthandvermögens (gemeiner Wert oder Mindest-Substanzwert) und der Summe der Kapitalkonten, wird nach dem Gewinnverteilungsschlüssel auf die Gesellschafter verteilt.

4. Der gesondert festgestellte bzw. separiert ermittelte Wert des **nicht betriebsnotwendigen** Vermögens ist den Gesellschaftern zuzurechnen.

5. Die Wirtschaftsgüter und Schulden des **Sonderbetriebsvermögens** sind separiert und nur für den Gesellschafter zu bewerten, dessen Anteil übertragen wird.[2] Soweit für die Wirtschaftsgüter des Sonderbetriebsvermögens Werte nach § 151 Abs. 1 Nr. 1 bis Nr. 3 BewG festgestellt wurden, sind diese Werte zu verwenden.

Die Verfahrensschritte Nr. 2 und Nr. 3 sollen gemäß den Erbschaftsteuerrichtlinien nur für das vereinfachte Ertragswertverfahren und den Substanzwert gelten.[3]

15.3.2 Beispiel zur Aufteilung des Betriebsvermögens

Die Maschinenbau OHG gehört den zwei Gesellschaftern A (40 %) und B (60 %). A verschenkt seinen Anteil an seinen Sohn. Das Eigenkapital in der Gesamthandsbilanz beträgt 12 Mio. € und besteht aus Festkapitalkonten (10 Mio. €, A 4 Mio. €, B 6 Mio. €) und variablen Kapitalkonten (2 Mio. €). Das variable Kapitalkonto von A beträgt 0,75 Mio. €. In der Gesamthandsbilanz ist ein Mietshaus bilanziert, dessen gemeiner und gesondert festgestellter Wert 2 Mio. € beträgt (nicht betriebsnotwendiges Vermögen). A vermietet der OHG eine Lagerhalle, die als Auslieferungslager der OHG verwendet wird. Der gemeine und gesondert festgestellte Wert der Lagerhalle beträgt 3 Mio.€ (Sonderbetriebsvermögen I). Der gemeine und gesondert festgestellt Wert des Gesamthandsvermögens der OHG, ermittelt nach dem Ertragswertverfahren, beträgt 20 Mio. € ohne das nicht betriebsnotwendige Grundstück. Der Substanzwert der OHG beträgt, ohne das nicht betriebsnotwendige Grundstück, 14 Mio. €.

1485

---

1 BFH v. 7. 4. 2005 - IV R 24/03, BStBl 2005 II S. 598.
2 ErbStR 2011, R B 97.2 Satz 5.
3 Siehe Rdn. 1306 und Rdn. 1486.

ABB. 88:	Aufteilung des Betriebsvermögens der Maschinenbau OHG		
	Summe	A	B
Beteiligungsquote		40%	60%
	€	€	€
Ermittlung gemeiner Wert			
1. Gesamthandsvermögen			
Ertragswert	20.000.000,00		
Substanzwert	14.000.000,00		
Gemeiner Wert Gesamthandsvermögen GHV	20.000.000,00		
2. Verteilung Kapitalkonten			
Festkapitalkonten	10.000.000,00	4.000.000,00	6.000.000,00
variable Kapitalkonten	2.000.000,00	750.000,00	1.250.000,00
Eigenkapital lt. Kapitalkonten	12.000.000,00	4.750.000,00	7.250.000,00
3. Verteilung Unterschiedsbetrag			
Unterschied Gemeiner Wert GHV/ Kapitalkonten	8.000.000,00	3.250.000,00	4.750.000,00
4. Verteilung nicht betriebsnotw. Vermögen			
Gemeiner Wert nicht betriebsnotw. Vermögen	2.000.000,00	800.000,00	1.200.000,00
5. Zuordnung Sonderbetriebsvermögen			
Gemeiner Wert Sonderbetriebsvermögen	3.000.000,00	3.000.000,00	
Wert der Beteiligung von A		**11.800.000,00**	

15.3.3 Ausnahmeregelung zur Aufteilung des Gesamthandsvermögens

1486 Die Erbschaftsteuerrichtlinien gehen über § 97 Abs. 1a Nr. 1 BewG hinweg und ordnen ohne gesetzliche Grundlage eine Sonderregelung für Gutachtenwerte an. D. h., für Gutachtenwerte soll das Gesamthandsvermögen dann offensichtlich nach dem Gewinnverteilungsschlüssel aufgeteilt werden. Was als Gutachtenwert gilt, beschreibt R B 97.3 Abs. 2 Satz 2 missverständlich.

„Wenn der Wert des Anteils eines Gesellschafters am Gesamthandsvermögen aus Verkäufen abgeleitet oder unter Berücksichtigung der Ertragsaussichten der Gesellschaft oder einer anderen anerkannten, auch im gewöhnlichen Geschäftsverkehr für nichtsteuerliche Zwecke üblichen Methode ermittelt wird (Gutachtenwert) ist Satz 1 (Vorabverteilung der Kapitalkonten und Restverteilung über Gewinnverteilungsschlüssel – Anmerkung des Verfassers), *nicht anzuwenden und eine Aufteilung nach § 97 Abs. 1a* (hier fehlt Nr. 1 – Anmerkung des Verfassers) *BewG ist nicht vorzunehmen."*

Da auch das vereinfachte Ertragswertverfahren die Ertragsaussichten berücksichtigt, bliebe nur das Substanzwertverfahren für die gesetzliche Regelung in § 97 Abs. 1a Nr. 1 BewG übrig. Gemeint ist dagegen wohl die Definition des Gutachtenwertes in R B 11.3 Abs. 1 Satz 1.

„Der Substanzwert ist als Mindestwert nur anzusetzen, wenn der gemeine Wert nach dem vereinfachten Ertragswertverfahren (§§ 199 bis 203 BewG ...) oder mit einem Gutachtenwert (Ertragswertverfahren oder andere im gewöhnlichen Geschäftsverkehr für nichtsteuerliche Zwecke üblichen Methode), ermittelt wird."

Dann stellt das vereinfachte Ertragswertverfahren keinen Gutachtenwert dar und der danach ermittelte Wert des Gesamthandsvermögens ist gemäß § 97 Abs. 1a Nr. 1 BewG aufzuteilen. Eine gesetzliche Grundlage ist für diese Differenzierung der Erbschaftsteuerrichtlinien hinsichtlich der Aufteilung des Gesamthandsvermögens nicht ersichtlich.

STICHWORTVERZEICHNIS

Die Zahlen verweisen auf die Randnummern.

A

Abfindungsanspruch 51, 656
Abfindungsklausel 51
Abgeltungsteuer 96
Abtretungspflicht 58
Abzinsung 83
Adjusted Beta 307
Adjusted Present Value-Verfahren 173
Alternativinvestition 67
Alternativrendite 85, 108, 281
Altlasten 447
Amortisationsrechnung 75
Anwachsung 51
Äquivalenzgedanke 66
Äquivalenzgrundsätze 84 ff., 1264
Arbeitseinsatzäquivalenz 90 f.
Argumentationswerte 512
Arithmetisches Mittel 293
Asset Deal 150, 473 ff., 824
Auflösung 50
Aufschiebend bedingte Lasten 859
Aufwandsrückstellung 376, 464
Aufzinsung 83
Auseinandersetzung 37
Ausgangswert 712, 1122, 1190 ff.
Ausgleichsverpflichtung 54
Ausgleichszahlung 37
Ausländisches Vermögen 543, 867
Ausscheiden 51
Ausschüttungsäquivalenz 96 f.
Ausschüttungshypothese 204
Ausschüttungspolitik 96, 204

B

Barwertfaktor 446
Basiswertregelung 865 ff.
Basiszins 1265
Basiszinssatz 85, 276, 280 ff.
Bepreisungsmodell 143
Bereicherung 52
Bereinigung 130
Bestimmtheitsmaßstab R^2 314 f.
Beta
— adjusted 307
— fundamental 312
— levered 309
— pure 308
— pure play 308
— raw 307
— unlevered 309
Beta-Faktor 276, 1268
Beteiligung
— wesentliche 59
Beteiligungsbewertung 65
Beteiligungsgesellschaft 455
Betriebsergebnis 1122
Betriebsgrundstücke 1418
Betriebsveräußerung 1360 ff., 1450
Betriebsvermögen 661 ff., 784, 1369
— gewillkürtes 722, 807
— notwendiges 806
Betriebsvorrichtungen 1419
Bewertung

VERZEICHNIS Stichwörter

– verlustfreie 1438
Bewertungsanlass 538
– ertragsteuerrechtlich 22
– gesetzlich 65
Bewertungskonzept 101
– objektiv
– objektiviert
– subjektiv
Bewertungsperspektive 1344
Bewertungsstichtag 29, 64 ff., 667 ff., 709 ff.
Bewertungsverfahren 19, 102
Bewirtschaftungskosten 445
BilMoG 166, 856
Bilanzierung
– phasenverschobene 848
Bodenrichtwert 1422
Bodenwert 1433
Bodenwertverzinsung 445
Branchenanalyse 186 ff.
Branchenbeta 311
Briefkurs 941
Bruttokapitalwert 74
Bruttoverfahren 140, 498
Buchwert 48
BVerfG 33

C

Capital Asset Pricing Model (CAPM) 24, 85
Comparable Company Approach 494
Comparable Transaction Approach 494

D

DCF-Methode 24, 169 ff.
Desinvestition 206
Detailplanungsphase 202
Direkte Methode 531
Diskontierungseffekt 75
Dominierte Verhandlungssituation 274, 619

Drohverlustrückstellung 376, 466, 1193, 1443
Durchschnittsertrag 1123
Durchschnittsgehalt 385
Durchschnittszinssatz 291

E

Effektiver Steuersatz 152
Eigene Anteile 457
Eigenkapitalkostensatz 435
Eigentum
– wirtschaftliche 794
– zivilrechtliches 794
Einheitsbilanz 857
Einheitskurs 929
Einkommensteuerpauschale 1301
Einmaleffekt 177
Eintrittswahrscheinlichkeit 265
Einzelbewertungsverfahren 66, 79, 135
Einzelunternehmen 47 ff., 154 ff.
Einzelveräußerbarkeit 791
Einziehungsklausel 58
Enterbung 36
Enterprise Value-Verfahren 498 ff.
Enterprise-Value 144
Entity-Value 144
Entnahme 145
Entry Standard 925
Equity Value-Verfahren 498 ff.
Equity-Value 144
Erbanfallsteuer 32
Erbauseinandersetzung 32
Erbengemeinschaft 36 f.
Erbfall 35, 37
Erbfolge 37
Erbquote 32
Erbrecht 657 ff.

Erbschaftsteuer 32
Erbschaftsteuerreformgesetz 3
Erbschaftsteuer-Richtlinien 2011 28
Erfüllungsbetrag 464
Ergänzungsbilanz 157, 478, 825
Ergebnisänderung 1243
Ergebnisbereinigung 178, 184
Ergebnisverwendung 1009
Eröffnungskurs 931
Ertragswert 34
Ertragswertprognose 194
Ertragswertverfahren 24
Erwartungswert 77, 195
Erwerb von Todes wegen 539
Erwerber 7
Erzeugnisse 470
– fertige
– unfertige
Ewige Rente 81 ff.

F

Fairness Opinion 131, 513 f.
FAUB 61, 1237
Feststellungserklärung 647
Feststellungsverfahren 866
Finanzierungsrisiko 85, 264
Flow-to-Equity 169 ff.
– Verfahren 173
Fortführungsfähigkeit 132
Fortführungsfall 132
Fortführungsphase 203, 321 ff.
Fortführungsprognose 374
Fortführungswürdigkeit 374
Fortlaufender Handel 931
Free-Cashflow 169 ff.
Free-float 526
Freibetrag 39

Freiverkehr 916
Fundamental-Beta 312
Fundamentalbewertung 495
Fundamentalwert 518

G

Gebäudeertragswert 1429
Gebäudesachwert 1433
Gebrauchswert 339
Geldkurs 941
Gemeiner Wert 2
Gemischte Schenkung 39
General Standard 921
Geometrisches Mittel 293
Gesamtbewertungsverfahren 66, 79
Gesamthand 478
Gesamthandsvermögen 47, 251
Gesamtrechtsnachfolge 47
Geschäftsgrundstück 1430
Geschäftsmodell 178
Geschäftswert 133, 414 ff.
Geschäftswertbildende Faktoren 790
Geschossflächenzahl 1424
Gesellschaftsvertrag 251
Gesonderte Feststellung 865 ff., 1171
Gewillkürtes Betriebsvermögen 722, 807
Gleich lautende Ländererlasse 28 f.
Gleichbehandlungsgebot 110
Gleichbehandlungsgrundsatz 158, 513 f.
Gutachterausschüsse 1423
Gutachterwert 191, 542, 987 ff.

H

Handel
– fortlaufender 931
– variabler 929
Handelsrechtlicher Verlustvortrag 205 ff.

Handelsunternehmen 14
Herstellungskosten 355, 448 ff.

I

Indirekte Methode 1470
Inflation 217, 321 ff.
Inflationsrate 217 ff.
Insolvenzrisiko 319
Investition 117, 205
Innnenfinanzierung 96
Immobilienwertermittlungsverordnung 352
Immaterielle Vermögensgegenstände 429 ff.
Indirekte Methode 531
Inländisches Vermögen 543
Informationseffizienz 112
Iterationsmodell 157
IFRS 166

K

Kalkulationszinssatz 84, 269 ff.
Kanzleiwert 1058
Kapazitätsänderung 117
Kapitalgesellschaft 57 ff., 146 ff.
Kapitalisierungsfaktor 1302
Kapitalkonten 251
– fest
– variabel
Kapitalkosten 75
Kapitalmarkt 80
Kapitalwertkriterium 75
Kapitalwertneutrale Wiederanlagerendite 97, 148
Kapitalwertorientierte Verfahren 432
Kassakurs 929
Kaufkraftäquivalenz 98
KMU 125, 191, 324 ff.
Kommanditist 252 f.

Kontenmodell 251
Kontrollprämie 517, 536
Kostenorientierte Verfahren 436
Kurs
– variabler 931

L

Latente Steuern 340, 469, 1448
Latentes Steuerrisiko 5
Laufzeitäquivalenz 87 f.
Leverage-Effekt 264
Levered Beta 309
Liegenschaftszinssatz 446
Lifo-Verfahren 1440
Liquidation 50
Liquidationskosten 1329
Liquidationswert 50, 136
Liquidität 317 f.
Liquiditätsbestand 508
Liquiditätsgeschwindigkeit 377
Liquiditätsintensität 372
Lizenzierungszeitraum 432
Lizenzpreisanalogieverfahren 432
Lizenzrate 432

M

Marke 437
Markt
– organisierter 917
– regulierter 917
Marktenge 318, 523
Marktpreisorientierte Verfahren 432
Marktrendite 276
Marktrisikoprämie 276, 1267
Marktsegmente 913 ff.
Marktwert 9
Marktzinssatz 465

Mehrdividende 951
Mehrgewinnmethode 432
Mehrheitsbeteiligung 848
Mehrkapital 478, 825
Methode
– direkt 531
– indirekt 531, 1470
– retrograde 1438
Methodenbindung 1172
Minderkapital 827
Mindestwert 20, 620, 628 ff., 1312 ff.
Mindestwertregel 12
Mindestwertregelung 1338
Mischverfahren 161, 617
Miterben 32
Mittelbare Typisierung 1236
Mitunternehmer 48
Multiplikator-Bewertung 131

N

Nachbaukosten 393, 472
Nachfolgeklausel
– einfache 53
– qualifizierte 54
Nachfolger 35
Nachlass 37
Nachlasssteuersystem 32
Nachversteuerung 155
Näherungslösung 11
Negativer Geschäftswert 633, 1366
Nettokapitalwert 74
Nettoverfahren 140, 498
Nominalwert 98
Nettowertbetrachtung 1455
Normalherstellungskosten 449, 1434
Normalverzinsung 398
Notierung
– variable 931

Notwendiges Betriebsvermögen 806
Nullhypothese 316
Nullkuponanleihe 288 f., 1278
Nutzungsdauer 438

O

Objektiver Wert 11
Objektivierter Unternehmenswert 15, 62
Open Market 925
Operative Risiken 85
Opportunitätskosten 168, 281
Organisierter Markt 917

P

Paketkauf 517
Paketzuschlag 535, 957 ff.
Parketthandel 928
Partialmodell 80
Pauschale Bewertung 450
Peer Group 308 ff.
Pensionsrückstellungen 1442
Personengesellschaft 50 ff., 154 ff.
Pflichtteilsanspruch 36
Phasenmethode 182
Phasenverschobene Bilanzierung 848
Planungssegment 201
Porter-Modell 187 f.
Präsenzhandel 928
Praxiswert 1355
Preissteigerung 98, 218 ff.
Prime Standard 922
Produktlebenszyklus 438
Pure Beta 308
Pure Play Beta 308

581

R

R^2 314 f.
Raw Beta 307
Realwert 98
Rechtsformneutral 1369
Regelherstellungskosten 1434
Regulierter Markt 917
Reinertrag 445
Reinvestition 117
Relevern 309
Rentenbarwert 1303
Reserven
– stille 1440
Restnutzungsdauer 446
Restwertphase 204, 321 ff.
Retrograde Bewertung 458
Retrograde Methode 1438
Risiko
– unternehmensindividuelles 1287
Risikoäquivalenz 85 f., 1264
Risikozuschlag 85, 281, 1265
Rohertrag 445
Rückstellungen für Pensionen 464 ff.

S

Sachwert 355
Sachwertverfahren 443, 1430
Schenkung unter Lebenden 539
Schenkungsteuer 32
Schlusskurs 931
Share Deal 150, 473, 824
Sonderabschreibungen 855
Sonderbetriebsvermögen 739
Sonderposten 461 ff.
– mit Rücklageanteil 854
Sonderrechtsnachfolge 53
Sozialplan 340, 380 ff., 1324
Sozialplanaufwendung 343
Spezialimmobilie 356
Spot Rates 288 ff.
Spruchstellungsverfahren 62
Squeez-Out 111
Stammaktien 946
Startbilanz 198, 997 f.
Step-Up 157, 477
Steueräquivalenz 92 ff.
Steuerbilanz 786
Steuerbilanzgewinn 1122
Steuerbilanzwert 1, 549, 1171
Steuern
– latente 1448
Steuerrechtlicher Verlustvortrag 256 ff.
Steuerrisiko
– latent 5
Steuerrückstellung 467
Steuerverstrickung 59
Stichtag 691 ff.
– statischer
– dynamischer
Stichtagbilanz 709 ff.
Stille Reserven 470, 1440
Stimmrecht 951
Strategischer Zuschlag 517
Stufentheorie 1362
Stuttgarter Verfahren 1, 161, 549, 617, 1319
Substanz 33
Substanzerhalt 117, 205
Substanzverlust 66
Substanzwert 20
Substanzwertverfahren 132, 135, 137
Svensson-Methode 1271
Svensson-Modell 287
Synergieeffekte
– echte 116, 211 ff.
– unechte 211 ff.

T

Tatsache 70
- wertaufhellend
- wertbegründend
Tax Amortisation Benefit 158
Tax-Capital Asset Pricing Model (Tax-CAPM) 85, 278 f.
Technische Anlagen und Maschinen 453 f.
Teilausschüttungshypothese 148, 241
Teilreproduktionszeitwert 413
Teilungsanordnung 40 ff.
Teilveräußerungswert 1354
Teilwerte 1362
Testament 40
Thesaurierungsbegünstigung 155
Thesaurierungsquote 97
Total-Cashflow-Verfahren 173
t-Test 316
Typisierung 147
- anlassbezogen 156
- mittelbar 153, 1236

U

Überschuldung 254
Überschuss 1122
Umlaufvermögen 470
Unterbewertung 1
Unternehmensgruppe 851, 1172
Unternehmensindividuelles Risiko 1287
Unternehmenskauf 77, 395
Unternehmenskonzept 204, 404, 687
Unternehmensplanung 189 ff.
Unternehmenswert
- objektiver 101, 104 f.
- objektivierter 15, 62, 101, 109 ff.
- subjektiver 64, 101, 103, 106 ff.
US GAAP 166

V

Variabler Handel 929
Variable Notierung 931
Variabler Kurs 931
Veräußerungsgewinnbesteuerung 246 ff.
Veräußerungspreis 560
Verbundeffekt 215
Verfahren
- kapitalwertorientiert 432
- kostenorientiert 436
- marktpreisorientiert 131, 432
Vergangenheitsanalyse 175 ff.
Vergleichsunternehmen 496
Vergleichswertverfahren 443
Verkauf 18
Verkaufsfiktion 1466
Verkaufspreis 551
Verkehrswert 9
Verlustfreie Bewertung 1438
Verlustvortrag 49, 158, 211
- handelsrechtlich 250 ff.
- steuerrechtlich 256 ff.
Vermächtnis 40, 46
Vermögen
- ausländisches 543, 867
- betriebsnotwendiges 126 ff.
- inländisches 543
- nicht betriebsnotwendiges 127 ff., 721
Vermögensanfall 35
Vermögensaufstellung 647 f., 711 f., 857
Vermögenszuordnung 39
Verschonungsabschlag 661 ff.
Verschonungsregelung 32
Verschuldungsgrad 436
Versorgungsleistung 39
Verwaltungsvermögen 648, 661 ff., 722
Vollausschüttung 96
Vollausschüttungshypothese 148

VERZEICHNIS — Stichwörter

Vollkosten 458
Vollreproduktionszeitwert 414 ff.
Voll-Thesaurierung 96
Vollveräußerungswert 1366
Vorausvermächtnis 40, 44 f.
Vorräte 458
Vorweggenommene Erbfolge 32, 38
Vorzugsaktien 946
Vorzugsdividende 951

W

WACC-Verfahren 173
Wachstum 217 ff., 321 ff.
Wachstumsabschlag 219 ff.
Wachstumsrate 219
Wahre Wert 33
Wahrscheinlichkeit 265
Wahrscheinlichkeitsverteilung 77
Währungsäquivalenz 99
Wertaufhellung 689 ff.
Wertmaßstab 34
Wertpapierbörsen 915
WertV 442
Wiederbeschaffungszeitwert 339

Wirtschaftliche Einheit 6, 768
Wirtschaftliches Eigentum 794
Wirtschaftsgut 6
Wurzeltheorie 67, 116

X

Xetra 928

Z

Zero Bonds 1278
Zerschlagungsfall 132
Zerschlagungswert 339
Zinsstrukturkurve 88, 283, 1273
Zinstragende Verbindlichkeit 507
Zinszuschlagsmethode 85
Zirkularität 157, 436
Zivilrechtliches Eigentum 794
Zugewinnausgleich 619
Zugewinnausgleichsregelung 65
Zurechnungsprinzip 155
Zusatzdividende 951
Zweckadäquanzprinzip 131
Zwerganteil 974